Introdução ao Estudo do Direito

O GEN | Grupo Editorial Nacional – maior plataforma editorial brasileira no segmento científico, técnico e profissional – publica conteúdos nas áreas de concursos, ciências jurídicas, humanas, exatas, da saúde e sociais aplicadas, além de prover serviços direcionados à educação continuada.

As editoras que integram o GEN, das mais respeitadas no mercado editorial, construíram catálogos inigualáveis, com obras decisivas para a formação acadêmica e o aperfeiçoamento de várias gerações de profissionais e estudantes, tendo se tornado sinônimo de qualidade e seriedade.

A missão do GEN e dos núcleos de conteúdo que o compõem é prover a melhor informação científica e distribuí-la de maneira flexível e conveniente, a preços justos, gerando benefícios e servindo a autores, docentes, livreiros, funcionários, colaboradores e acionistas.

Nosso comportamento ético incondicional e nossa responsabilidade social e ambiental são reforçados pela natureza educacional de nossa atividade e dão sustentabilidade ao crescimento contínuo e à rentabilidade do grupo.

Paulo Nader

Introdução ao Estudo do Direito

47ª edição revista, atualizada e ampliada

- O autor deste livro e a editora empenharam seus melhores esforços para assegurar que as informações e os procedimentos apresentados no texto estejam em acordo com os padrões aceitos à época da publicação, e todos os dados foram atualizados até a data de fechamento do livro. Entretanto, tendo em conta a evolução das ciências, as atualizações legislativas, as mudanças regulamentares governamentais e o constante fluxo de novas informações sobre os temas que constam do livro, recomendamos enfaticamente que os leitores consultem sempre outras fontes fidedignas, de modo a se certificarem de que as informações contidas no texto estão corretas e de que não houve alterações nas recomendações ou na legislação regulamentadora.

- Fechamento desta edição: *18.02.2025*

- O Autor e a editora se empenharam para citar adequadamente e dar o devido crédito a todos os detentores de direitos autorais de qualquer material utilizado neste livro, dispondo-se a possíveis acertos posteriores caso, inadvertida e involuntariamente, a identificação de algum deles tenha sido omitida.

- **atendimento ao cliente:** (11) 5080-0751 | faleconosco@grupogen.com.br

- Direitos exclusivos para a língua portuguesa
  Copyright © 2025 by
  Editora Forense Ltda.
  Uma editora integrante do GEN | Grupo Editorial Nacional
  Travessa do Ouvidor, 11 – Térreo e 6º andar
  Rio de Janeiro – RJ – 20040-040
  www.grupogen.com.br

- Reservados todos os direitos. É proibida a duplicação ou reprodução deste volume, no todo ou em parte, em quaisquer formas ou por quaisquer meios (eletrônico, mecânico, gravação, fotocópia, distribuição pela Internet ou outros), sem permissão, por escrito, da Editora Forense Ltda.

- 1ª edição – 1980
- 47ª edição – 2025
- Capa: Aurélio Corrêa

- **CIP-BRASIL. CATALOGAÇÃO NA PUBLICAÇÃO**
  SINDICATO NACIONAL DOS EDITORES DE LIVROS, RJ

  N13i
  47. ed.

  Nader, Paulo
  Introdução ao estudo do direito / Paulo Nader. - 47. ed., rev., atual. e reform. - Rio de Janeiro : Forense, 2025.
  24 cm.

  Inclui bibliografia e índice
  ISBN 978-85-3099-689-5

  1. Direito - Estudo e ensino. 2. Ciências jurídicas. 3. Conceitos. I. Título.

  25-96424   CDU: 340.11

  Meri Gleice Rodrigues de Souza - Bibliotecária - CRB-7/6439

À Dea Emília, na totalidade de nosso amor; ao Danilo, à Letícia, à Eliana e à Cristina.

SOBRE O AUTOR

Era Professor Emérito da Universidade Federal de Juiz de Fora. Foi Membro Titular da Academia Brasileira de Letras Jurídicas, Membro da Association Internationale de Méthodologie Juridique e Membro do Instituto Brasileiro de Filosofia e do Instituto dos Advogados Brasileiros. Era Juiz de Direito aposentado do Estado do Rio de Janeiro e Especialista de Notório Saber pela Universidade do Estado do Rio de Janeiro.

PREFÁCIO

Se há uma disciplina jurídica que dependa, fundamentalmente, da perspectiva de quem a cultiva é a *Introdução ao Estudo do Direito*. É que o mundo do Direito tem tamanha amplitude e tão largos horizontes que infinitas são as suas vias de acesso.

Por tais motivos, cada obra sobre o referido assunto, excluídas as de mera compilação, que nada significam, reflete, de maneira fiel, a orientação pedagógica, bem como as preferências de seu autor nos domínios da experiência jurídica. Donde, aliás, a minha predileção por livros que representam, como no caso do ora prefaciado, o resultado de dedicado convívio com o corpo discente, procurando descobrir os temas que mais interessam aos jovens, que lhes poderão servir de guia nos estudos ulteriores. Basta uma breve vista de olhos à obra de Paulo Nader para verificar que a sua preocupação constante consiste em evitar que os iniciantes no complexo conhecimento do Direito se percam em veredas secundárias, escapando-lhes a situação do Direito no contexto das atividades sociais, tendo como ponto de partida e de chegada os valores humanos.

Num mundo cada vez mais ameaçado por reducionismos perversos, ou pela perda do sentido de totalidade orgânica e diferençada, que gera o angustiado "homem unidimensional", analisado por MacLuhan, ninguém mais do que o jurista deve procurar preservar os horizontes múltiplos e abertos essenciais ao Estado de Direito.

Merece encômios, pois, a orientação seguida pelo jovem, mas já experiente, mestre de Juiz de Fora ao dar ênfase à globalidade das perspectivas culturais, históricas e sociológicas que condicionam a emergência das normas jurídicas, sua interpretação e aplicação, sabendo evitar, contudo, os exageros tanto do sociologismo como das demais concepções unilaterais do Direito, cujos títulos de autonomia ele sabe preservar, com lúcida compreensão de seus limites.

Panorama amplo é descortinado nas lições de Paulo Nader, desde o estudo da estrutura lógica das regras jurídicas até o dos processos técnicos aplicáveis na esfera jurídica, para culminar em breve, mas substanciosa exposição sobre os fundamentos do Direito, com precisa síntese da teoria tridimensional.

Tendo o cuidado de manter-se nos lindes próprios da Introdução ao Estudo do Direito, sem cair no equívoco ou na tentação de convertê-la em Filosofia do Direito elementar,

Nader, de outro lado, situa o problema da Enciclopédia Jurídica de maneira estrita, sem identificá-la com a Ciência ou a Teoria Geral do Direito.

Em linguagem clara, de necessário caráter expositivo, dada a natureza da matéria que exige adequados processos de comunicação com jovens que ainda estão adquirindo o vocabulário jurídico, nem por isso o Autor olvida a necessidade de fixar, com o devido rigor, os conceitos e categorias fundantes do Direito, o que revela o cuidado e a responsabilidade científica que presidiram a elaboração do Curso.

É claro que nem sempre poderemos concordar com as teses sustentadas no presente livro, como, por exemplo, ao reconhecer, acertadamente, a autonomia dos valores no quadro de uma Ontologia Regional, mas ainda concordando com a sua inserção entre os "objetos ideais", embora com "conotações próprias", enquanto, no meu modo de ver, os valores são autônomos exatamente por não corresponderem a "objetos ideais": enquanto estes "*são*", os valores "*devem ser*", tomados esses verbos em sentido ontognoseológico, sem qualquer conteúdo de ordem ética. Mas, se, nesse ponto – essencial, penso eu, para uma Axiologia plenamente autônoma –, surge um elemento de discordância, esta não desmerece a opção feita por Paulo Nader, com cujas conclusões, no mais das vezes, há convergências de opiniões.

O fato é que estamos perante uma obra que, fundada em adequada bibliografia, reflete uma experiência pedagógica seriamente vivida.

São Paulo, Natal de 1979.

Miguel Reale

NOTA DA EDITORA

Para a editora tem sido um inigualável aprendizado e um enorme prazer poder publicar esta obra desde sua primeira edição, em 1980.

Paulo Nader é um amigo da casa desde que apresentou os originais ao Conselho da Editora Forense em 1979.

São 45 anos de sucesso ininterrupto. Com sua insuperável capacidade didática, ele trouxe a milhares de primeiranistas a proximidade das lições iniciais da Ciência Jurídica.

Não está mais conosco fisicamente, mas temos a certeza de que está ao lado do Pai e olha por seus alunos, amigos e colegas professores.

Como costumava fazer, alterando objetivamente apenas os temas que entendia indispensáveis em razão de novas leis ou decisões judiciais, foi esse o espírito da equipe da Editora em manter a sua obra atualizada, focando unicamente o indispensável.

Esperamos que possamos contribuir para a continuidade deste clássico que se renovará a cada ano.

Boa leitura.

NOTA DO AUTOR

A cada edição esta obra se renova, mantendo-se atualizada com as exigências do mundo contemporâneo. Cuidadosamente o autor revê a linguagem, os conceitos, a informação legislativa e jurisprudencial, não poupando esforços na renovação de seu compromisso com a comunidade universitária. É claro que esta disciplina propedêutica não possui por objeto a definição da ordem jurídica, entretanto, não é possível situar o iniciante na esfera do Direito sem as ilustrações dos princípios constitucionais formadores do Estado Democrático de Direito, nem de leis estruturais, como a Lei de Introdução às normas do Direito Brasileiro. Nesta linha de entendimento, há de se dar o devido destaque a algumas decisões inovadoras do Judiciário, e questioná-las eventualmente, uma vez que a esse Poder compete tão somente a aplicação do ordenamento preexistente.

Mais do que em qualquer época, a Introdução cumpre, na atualidade, um papel da maior relevância, subministrando as noções fundamentais e indispensáveis à articulação do raciocínio jurídico. Priorizar a literatura em formato de esquemas, resumos, sinopses, não contribui para a formação do jurista, daquele que sabe *ler* o Direito nas novas leis. Tais métodos de estudo são válidos apenas quando o estudante possui uma sólida base, que se constrói a partir dos primeiros anos de estudo, notadamente na dedicação às disciplinas epistemológicas.

Embora a Introdução ao Estudo do Direito não seja disciplina normativa, não estando, assim, subordinada a mudanças na ordem jurídica, possui conteúdo perfectível, que se aprimora com o passar do tempo, uma vez que integra o mundo da cultura e este possui caráter evolutivo. Dessa forma, não há como se dar definitividade aos estudos introdutórios ao Direito. Estes devem ser continuamente revistos e atualizados. Ao seu cultor cabe o estado de permanente vigilância, sempre atento às tendências do pensamento científico.

No momento em que esta edição vem a lume, reiteramos aos professores universitários o nosso reconhecimento pelo seu especial apoio, seja recomendando a leitura da obra, seja nos encaminhando valiosas sugestões. Aos estudantes, uma palavra de apoio, estímulo e a nossa certeza de que a sua dedicação à Introdução ao Estudo do Direito, no início do curso, em muito contribuirá para a sua formação jurídica.

NOTA DO AUTOR
À 25ª EDIÇÃO

Nas várias edições que sucederam o lançamento desta *Introdução ao Estudo do Direito*, em 1980, cuidamos de mantê-la sempre moderna, ajustada não apenas à doutrina, mas igualmente aos fatos da época, à legislação vigente e à evolução de nossas ideias e concepções. Durante este largo período, ampliou-se a nossa experiência, tanto pela maior vivência acadêmica quanto pelo ingresso na magistratura cível – fato expressivo que ampliou a nossa compreensão do Direito e das relações de vida.

O encontro com as classes docente e discente, na vastidão de nosso País, colocou-nos em contato com diversas formas de pensar e de questionar o Direito e instituições públicas. Na visão diversificada, constatamos um denominador comum nas preocupações: o anseio por uma ordem jurídica substancialmente justa e a prevalência deste valor nas decisões judiciais. A expectativa é que as leis correspondam à *ordem natural das coisas* e que os juízes decidam com sabedoria e em tempo oportuno. Em parte, a nossa formação jurídica foi influenciada por provocações acadêmicas, fecundamente lançadas por professores e universitários.

A aplicação da lei aos casos concretos propiciou-nos a visão mais realista do fenômeno jurídico. Todavia, reconhecemos que a prática dos tribunais é apenas um dado relevante na definição do ordenamento, nem o decisivo, pois as sentenças judiciais às vezes se contrapõem ao *Jus Positum*. A *súmula* e a *jurisprudência* influenciam a interpretação da ordem jurídica, porém não devem paralisar os processos cognitivos, impedindo o surgimento de princípios e interpretações atualizadoras. O Direito deve ser dinâmico tanto pela atividade legiferante, quanto pelos processos hermenêuticos. A *communis opinio doctorum*, que articula o raciocínio jurídico distante dos embates forenses, embora consciente de sua existência, constitui a fonte mais expressiva de revelação do Direito. Tanto quanto possível, deve haver convergência entre as produções legislativa, jurisprudencial e doutrinária. A ordem jurídica somente se aperfeiçoa quando o *legislador*, o *magistrado* e o *jurisconsulto* se entendem e mutuamente se influenciam.

Com renovada postura intelectual, procuramos acompanhar o mundo novo, buscando outras fórmulas de conciliação dos valores segurança e justiça. Desta tentativa, surgiu a nossa *concepção humanista do Direito*, lançada na 18ª edição. Solidificou-se o entendimento de que há limites para o legislador, decorrentes da presença compulsória ou presumida de princípios protetores da vida, liberdade da pessoa natural e igualdade de oportunidades. Se o valor segurança jurídica impõe a observância das regras vigentes, a exclusão de qualquer balizamento implica a consagração de um *positivismo absoluto*, capaz de validar eventual atentado à dignidade humana, provocado por leis ou decretos.

A presente edição marca o *jubileu de prata* desta obra. São vinte e cinco edições em vinte e cinco anos! Este fato especial motivou-nos não apenas a rever todos os capítulos, mas a repensar as afirmações, os conceitos e os posicionamentos. Houve alguns acréscimos. No âmbito da Hermenêutica Jurídica, trouxemos informações sobre os princípios da *razoabilidade* e *proporcionalidade, interpretação da lei conforme a constituição* e *interpretação da constituição conforme a lei*, além do relativo à *boa-fé objetiva*. No tema afeto às *normas jurídicas*, introduzimos a classificação *quanto à inteligibilidade*, criada à luz de nossa experiência. O sistema romano de Direito, que nas edições anteriores foi objeto de referências esparsas, distribuídas em diferentes capítulos, é considerado agora na abrangência de seus caracteres, princípios e significado, na abordagem específica do item 74.

Em toda a extensão da obra buscamos o aprimoramento do texto, tanto em sua matéria de fundo, quanto de forma. Em diversos pontos, como reforço de exposição, valemo-nos do *argumento de autoridade*, trazendo à colação o pensamento de alguns expoentes da ciência em geral e da jurídica, em particular, antigos e contemporâneos. Entre aqueles, colhemos em *Cultura, Religião e Direito* – conferência de Nélson Hungria – valiosa análise sobre a importância da prática religiosa na organização das sociedades e, *ipso facto*, no Direito. De Spencer Vampré, a referência histórica à *Universidade Popular* e seu papel na difusão do conhecimento jurídico. Das novas fontes, haurimos lições de *Teoria Geral do Direito* em C. Massimo Bianca e em Boris Starck.

No momento em que lançamos a presente edição – histórica para o autor –, desejamos reiterar a importância da *Introdução ao Estudo do Direito* na formação dos futuros bacharéis e considerar o seu papel nos currículos dos cursos jurídicos. O seu aprendizado permite a assimilação das disciplinas específicas, mas o seu magistério requer a prévia consciência de seu objeto, a fim de que, sob o seu rótulo, não se ministrem conteúdos de outras disciplinas.

Não basta acolher a Introdução no currículo; imprescindível é a adequação do programa à sua índole, à sua identidade. Em sua abordagem deve ocorrer um equilíbrio nas dimensões histórica, sociológica, normativa e axiológica do Direito. Ou seja, não se deve fazer da disciplina uma réplica da História ou Sociologia Jurídica, da Filosofia do Direito ou da Enciclopédia Jurídica. Por outro lado, a Introdução é bastante rica em conteúdo, não se justificando que se ministre, paralelamente, uma pluralidade de disciplinas epistemológicas, como a Teoria Geral do Direito ou a Filosofia do Direito, que, em essência, já participam de seu conteúdo. Acresce, ainda, que, por influência francesa, o Curso de Direito Civil inicia-se com uma abordagem introdutória ao Direito em geral.

O elenco das disciplinas enumeradas é valioso e se justifica, mas o seu ensino impõe a sistematização dos programas e a diversificação dos períodos de estudo, a fim de que não se verifique a concomitância da análise de iguais unidades ou conceitos, de um lado em razão da dispersão cultural e, de outro, pela natural variedade de enfoques. Esta é saudável em cursos de pós-graduação, não, porém, nas primeiras lições de Direito. É fora de dúvida que, tanto a ausência de uma disciplina propedêutica quanto a profusão desordenada de conteúdos epistemológicos constituem práticas desaconselháveis.

Temos a consciência de que uma obra não alcança a 25ª edição sem o envolvimento de outros personagens, além da natural dedicação do autor. Os professores universitários tiveram um papel importante na projeção da obra no tempo e no espaço, tanto por sua acolhida quanto pelo estímulo e encaminhamento de oportunas sugestões, acatadas no mais das vezes. A esta atenção, soma-se a demonstração de apoio dos estudantes, expresso em *e-mails*, palestras e congressos. Cabe à Editora Forense, por sua Diretoria e Corpo de Funcionários, uma parcela de responsabilidade nos resultados positivos alcançados pela obra. A todos esses personagens, o reconhecimento e a gratidão do autor.

AOS JURISTAS DE AMANHÃ
(Mensagem aos iniciantes no estudo do Direito)

Conheço as dúvidas e inquietações dos acadêmicos ao ingressarem nos cursos jurídicos. Durante muitos anos, no magistério de disciplinas propedêuticas, desenvolvi processos interativos com os jovens, tendo por objeto não apenas os conceitos gerais ou específicos de nossa Ciência, mas, ainda, os aspectos psicológicos que envolvem o começo da aprendizagem.

Na fase de iniciação, muitas são as dificuldades. A linguagem técnica dos livros constitui, invariavelmente, um desafio a ser superado e, às vezes, o obstáculo do acadêmico situa-se também na verbalização de suas ideias, ao carecer de recursos para a exposição clara de seu pensamento. Acresce, para muitos, a frustração ao não encontrar, de imediato, os assuntos que despertam o seu fascínio, como o *habeas corpus* ou o *mandado de segurança*.

Em lugar da análise de institutos jurídicos populares, a temática que se lhes apresenta é de conteúdo sociológico ou filosófico, que o seu espírito não assimila com avidez. As especificidades se limitam, por ora, às noções fundamentais do Direito. Compreende-se, um projeto tão grandioso quanto o de formação do jurista de amanhã não se executa aleatoriamente, nem atendendo à imediatidade dos interesses. Os conteúdos são relevantes, mas o método adequado de aprendizagem é indispensável, tanto na seleção dos temas, quanto na sequencialidade de seus estudos.

Durante o curso, a teoria e a prática são igualmente importantes e devem ser cultivadas sem preponderância de enfoque. O saber apenas teórico é estéril, pois não produz resultados; a prática, sem o conhecimento principiológico, é nau sem rumo, não induz às soluções esperadas. Para ser um operador jurídico eficiente, o profissional há de dominar os princípios informadores do sistema. O raciocínio em torno dos casos concretos se organiza a partir deles, que são os pilares da Ciência do Direito. A resposta para as grandes indagações e a solução dos casos complexos não se encontram em artigos isolados de leis, mas na articulação de paradigmas e a partir dos inscritos na Constituição da República.

A experiência de vida é um fator favorável ao estudo do Direito, que é uma disciplina das relações humanas. Quem está afeito à engrenagem social ou aos problemas da convivência possui uma vantagem, pois o conhecimento da pessoa natural e da sociedade constitui um pré-requisito à compreensão dos diversos ramos jurídicos.

As disciplinas epistemológicas, que não tratam do teor normativo das leis, mas de suas categorias fundantes, devem ser a prioridade nos primeiros períodos. O acadêmico pode até, paralelamente, acompanhar o andamento de processos, engajando-se em escritório de advocacia, o que não deve é preterir os estudos de embasamento ou adiá-los. A assimilação de práticas concretas, sem aquela preparação, pode gerar vícios insanáveis.

Tão importante quanto a formação técnica do futuro profissional é o desenvolvimento paralelo de sua consciência ética; é o seu compromisso com a justiça. A seriedade na conduta, a firmeza de caráter e a opção pelo bem despertam o respeito e dão credibilidade à palavra. O saber jurídico, sem os predicados éticos, não se impõe, não convence, pois gera a desconfiança.

A implementação do jurista de amanhã se faz mediante muita dedicação. A leitura em geral, especialmente na área de ciências humanas, se revela da maior importância. O desejável é que o espírito se mantenha inquieto, movido pela curiosidade científica, pela vontade de conhecer a organização social e política, na qual se insere o Direito. Para os acadêmicos, tão importante quanto a lição dos livros é a observação dos fatos, da lógica da vida, pois eles também ensinam. O hábito de raciocinar é da maior relevância, pois nada aproveita quem apenas se limita a ler ou a ouvir. Cada afirmativa, antes de assimilada, deve ser avaliada, submetida a análise crítica.

O curso jurídico é um processo pedagógico, que visa a criar o hábito de estudo. A educação jurídica requer perseverança; é obra do tempo. Ela amolda o espírito, orientando-o na interpretação do ordenamento e na arte de raciocinar. A busca do saber é atividade que apenas se inicia nos centros universitários; o seu processo é interminável. Por mais sábio que seja o jurista, não poderá abandonar os compêndios. A renovação dos conhecimentos há de ser uma prática diária, ao longo da existência.

Na vida universitária, que é toda de preparação, o estudo de línguas deve ser cultivado e a partir da *bela flor do Lácio*, que é instrumento insubstituível em nosso trabalho. Ao seu lado, outras se revelam da maior importância para as pesquisas científicas, como a espanhola, a francesa, a italiana e a alemã, entre outras. O conhecimento da língua inglesa permitirá a participação do futuro jurista em conclaves internacionais.

Ao ingressar nas faculdades, os estudantes devem ter em mente um projeto, visando a sua formação profissional. Haverão de ser ousados em sua pretensão: por que não um jurista ou um causídico de projeção? Um mestre ou um jurisconsulto de nomeada? O fundamental, depois, será a coerência durante o período de aprendizado: a utilização de meios ou instrumentos que transformem o projeto em realidade.

A nota que distingue o verdadeiro jurista, a meu ver, é a sua autonomia para interpretar as novas leis; é a capacidade para revelar o direito dos casos concretos, sem a dependência direta da doutrina ou da jurisprudência. Estas são importantes instrumentos na definição das normas e do sistema jurídico em geral, mas devem ser apenas coadjuvantes nos processos cognitivos. Dentro desta visão, o acadêmico há de preocupar-se mais com os princípios e técnicas de decodificação do que propriamente em assimilar os conteúdos normativos. Estes, muitas vezes, possuem vida efêmera, pois as leis e os códigos estão em contínua mutação, acompanhando a evolução da sociedade.

O ordenamento jurídico que o legislador oferece aos profissionais do Direito carece de sistematização ou de coerência interna e apresenta importantes omissões, ditadas algumas pelo avanço no âmbito das ciências da natureza, como a Biologia e a Física. Cabe ao intérprete a tarefa de cultivar a harmonia do sistema e propor o preenchimento de lacunas.

A teoria, como se depreende, é importante, não a ponto de prescindir da experiência, adquirida na análise de casos propostos. Não se formam juristas apenas pela leitura de livros, no recolhimento das bibliotecas. Ressalvadas, pelo menos em nosso meio, as figuras exponenciais de Pontes de Miranda e de Miguel Reale, desconheço a figura do jurista precoce, daquele que domina o saber jurídico em plena juventude, antes mesmo de sua colação de grau e de se afeiçoar aos embates forenses.

O jurista de amanhã se encontra, hoje, nas faculdades de Direito. Este *vir a ser* depende, preponderantemente, do esforço de cada acadêmico, de sua determinação em realizar o seu projeto pessoal. Seus pais e mestres, com seu apoio, orientação e palavra de estímulo, desempenham importante papel nesta conversão de potência em ato.

Paulo Nader

ÍNDICE SISTEMÁTICO

PRIMEIRA PARTE – O ESTUDO DO DIREITO 1

Capítulo 1 – SISTEMA DE IDEIAS GERAIS DO DIREITO 3
1. A Necessidade de um Sistema de Ideias Gerais do Direito 3
2. A Introdução ao Estudo do Direito 4
    2.1. Apresentação da Disciplina 4
    2.2. Objeto da Introdução ao Estudo do Direito 5
    2.3. A Importância da Introdução 5
3. Outros Sistemas de Ideias Gerais do Direito 6
    3.1. Filosofia do Direito 6
    3.2. Teoria Geral do Direito 6
    3.3. Sociologia do Direito 7
    3.4. Enciclopédia Jurídica 7
4. A Introdução ao Estudo do Direito e os Currículos dos Cursos Jurídicos no Brasil 8
Bibliografia principal 9

Capítulo 2 – AS DISCIPLINAS JURÍDICAS 11
5. Considerações Prévias 11
6. Disciplinas Jurídicas Fundamentais 12
    6.1. Ciência do Direito 12
    6.2. Filosofia do Direito 12
    6.3. Sociologia do Direito 13
7. Disciplinas Jurídicas Auxiliares 14
    7.1. História do Direito 14
    7.2. Direito Comparado 15
Bibliografia principal 16

XXIV INTRODUÇÃO AO ESTUDO DO DIREITO · PAULO NADER

SEGUNDA PARTE – A DIMENSÃO SOCIOLÓGICA DO DIREITO.. 17

Capítulo 3 – O DIREITO COMO PROCESSO DE ADAPTAÇÃO SOCIAL 19

8. O Fenômeno da Adaptação Humana.. 19
    8.1.   Aspectos Gerais... 19
    8.2.   Adaptação Interna 19
    8.3.   Adaptação Externa 20
9. Direito e Adaptação... 20
    9.1.   Colocações Prévias 20
    9.2.   O Direito como Processo de Adaptação Social 21
    9.3.   A Adaptação das Ações Humanas ao Direito 22
Bibliografia principal 23

Capítulo 4 – SOCIEDADE E DIREITO 25

10. A Sociabilidade Humana 25
11. O "Estado de Natureza".. 26
12. Formas de Interação Social e a Ação do Direito.. 26
    12.1. A Interação Social 26
    12.2. O Solidarismo Social... 27
    12.3. A Ação do Direito... 28
13. A Mútua Dependência entre o Direito e a Sociedade 29
    13.1. Fato Social e Direito 29
    13.2. O Papel do Legislador 30
Bibliografia principal 31

Capítulo 5 – INSTRUMENTOS DE CONTROLE SOCIAL 33

14. Considerações Prévias... 33
15. Normas Éticas e Normas Técnicas.. 34
16. Direito e Religião 34
    16.1. Aspectos Históricos 34
    16.2. Convergência e Peculiaridades.. 35
17. Direito e Moral 37
    17.1. Generalidades 37
    17.2. A Noção da Moral 37
    17.3. Setores da Moral 37
    17.4. O Paralelo entre a Moral e o Direito 38
          17.4.1.   Grécia e Roma 38
          17.4.2.   Critérios de Tomásio, Kant e Fichte... 39
          17.4.3.   Modernos critérios de distinção.. 40
                17.4.3.1.   Distinções de ordem formal 40
                17.4.3.2.   Distinções quanto ao conteúdo 42
18. O Direito e as Regras de Trato Social.. 44
    18.1. Conceito das Regras de Trato Social.. 44

18.2.	Alguns Aspectos Históricos		44
18.3.	Caracteres das Regras de Trato Social		45
	18.3.1.	Aspecto social	45
	18.3.2.	Exterioridade	45
	18.3.3.	Unilateralidade	45
	18.3.4.	Heteronomia	46
	18.3.5.	Incoercibilidade	46
	18.3.6.	Sanção difusa	46
	18.3.7.	Isonomia por classes e níveis de cultura	46
18.4.	Natureza das Regras de Trato Social		46
	18.4.1.	Corrente negativista	46
	18.4.2.	Corrente positiva	47
	18.4.3.	Conclusão	47

Bibliografia principal 48

Capítulo 6 – FATORES DO DIREITO 49

19.	Conceito e Função dos Fatores do Direito		49
20.	Princípios Metodológicos		50
	20.1.	Interferência das Causas	50
	20.2.	Distinção dos Fatores em Categorias	50
	20.3.	Eficácia Direta e Indireta dos Fatores	50
21.	Fatores Naturais do Direito		51
	21.1.	Fator Geográfico	51
		21.1.1. Clima	51
		21.1.2. Recursos naturais	51
		21.1.3. O território	52
	21.2.	Fator Demográfico	52
	21.3.	Fatores Antropológicos	52
22.	Fatores Culturais do Direito		52
	22.1.	Fator Econômico	52
	22.2.	Invenções	53
	22.3.	Moral	53
	22.4.	Religião	53
	22.5.	Ideologia	53
	22.6.	Educação	54
23.	Forças Atuantes na Legislação		54
	23.1.	Política	54
	23.2.	Opinião Pública	54
	23.3.	Grupos Organizados	55
	23.4.	Medidas de Hostilidade	55
24.	Direito e Revolução		55

Bibliografia principal 55

TERCEIRA PARTE – A NOÇÃO DO DIREITO 57

Capítulo 7 – O DIREITO NO QUADRO DO UNIVERSO 59

25.	Indagação Fundamental	59
26.	Algumas Notas do Direito	60
27.	A Teoria dos Objetos	60
	27.1. Conceituações Prévias	60
	27.2. O Quadro das Ontologias	61
28.	Objetos Naturais	61
	28.1. Conceito	61
	28.2. Caracteres	61
	28.3. Princípio da Causalidade	62
	28.4. Leis da Natureza	62
	28.4.1. Universais	62
	28.4.2. Imutáveis	62
	28.4.3. Invioláveis	62
	28.4.4. Isonomia	62
	28.5. Importância	63
29.	Objetos Ideais	63
30.	Os Valores	63
	30.1. Axiologia	63
	30.2. Conceito	63
	30.3. Caracteres	64
	30.4. Localização	64
	30.5. Os Valores e a Teoria dos Objetos	64
31.	Objetos Metafísicos	65
32.	Objetos Culturais	65
	32.1. Conceito	65
	32.2. Cultura Material	66
	32.3. Cultura Espiritual	66
33.	O Mundo do Direito	66
	33.1. Considerações Prévias	66
	33.2. Direito e Objetos Naturais	67
	33.3. Direito e Objetos Ideais	67
	33.4. Direito e Objetos Metafísicos	67
	33.5. Direito e Cultura	68
34.	Conclusões	68
	Bibliografia principal	68

Capítulo 8 – DEFINIÇÕES E ACEPÇÕES DA PALAVRA DIREITO 69

35.	Considerações Prévias	69
36.	Definições Nominais	70

36.1. Definição Etimológica	71
36.2. Definição Semântica	71
37. Definições Reais ou Lógicas	71
38. Definições Históricas do Direito	73
39. Acepções da Palavra Direito	74
39.1. Considerações Prévias	74
39.2. Ciência do Direito	74
39.3. Direito Natural e Direito Positivo	74
39.4. Direito Objetivo e Direito Subjetivo	75
39.5. O Emprego do Vocábulo no Sentido de Justiça	75
40. Conceito de Ordem Jurídica	75
Bibliografia principal	76

Capítulo 9 – NORMA JURÍDICA	77
41. Conceito de Norma Jurídica	77
42. Instituto Jurídico	78
43. Estrutura Lógica da Norma Jurídica	78
43.1. Concepção de Kelsen	78
43.2. O Juízo Disjuntivo de Carlos Cossio	79
43.3. Conclusões	79
43.4. Quadro das Estruturas Lógicas	79
44. Caracteres	80
44.1. Bilateralidade	80
44.2. Generalidade	80
44.3. Abstratividade	80
44.4. Imperatividade	80
44.5. A Coercibilidade e a Questão da Essência da Norma Jurídica	81
45. Classificação	82
45.1. Classificação das Normas Jurídicas quanto ao Sistema a que Pertencem	82
45.2. Normas Jurídicas quanto à Fonte	82
45.3. Classificação das Normas Jurídicas quanto aos Diversos Âmbitos de Validez	83
45.4. Classificação das Normas Jurídicas quanto à Hierarquia	83
45.5. Normas Jurídicas quanto à Sanção	83
45.6. Normas Jurídicas quanto à Qualidade	84
45.7. Normas Jurídicas quanto às Relações de Complementação	84
45.8. Classificação das Normas Jurídicas quanto à Vontade das Partes	84
45.9. Quanto à Flexibilidade ou Arbítrio do Juiz: Normas Rígidas ou Cerradas e Elásticas ou Abertas	84
45.10. Quanto ao Modo da Presença no Ordenamento: Normas Implícitas e Explícitas	85
45.11. Quanto à Inteligibilidade	85
46. Vigência, Efetividade, Eficácia e Legitimidade da Norma Jurídica	86
46.1. Vigência	86

46.2.	Efetividade	86
46.3.	Eficácia	86
46.4.	Legitimidade	87

Bibliografia principal ... 87

Capítulo 10 – A DIVISÃO DO DIREITO POSITIVO ... 89

47. Direito Público e Direito Privado ... 89
- 47.1. Aspectos Gerais ... 89
- 47.2. O Problema Relativo à Importância da Distinção ... 90
- 47.3. A Teoria Monista de Hans Kelsen ... 90
- 47.4. Teorias Dualistas ... 91
  - 47.4.1. Teorias substancialistas ... 91
    - 47.4.1.1. Teoria dos interesses em jogo ... 91
    - 47.4.1.2. Teoria do fim ... 91
  - 47.4.2. Teorias formalistas ... 91
    - 47.4.2.1. Teoria do titular da ação ... 91
    - 47.4.2.2. Teoria das normas distributivas e adaptativas ... 92
    - 47.4.2.3. Teoria da natureza da relação jurídica ... 92
- 47.5. Trialismo ... 92
- 47.6. Conclusões ... 93
48. Direito Geral e Direito Particular ... 93
49. Direito Comum e Direito Especial ... 94
50. Direito Regular e Direito Singular ... 94
51. Privilégio ... 95

Bibliografia principal ... 95

Capítulo 11 – JUSTIÇA E EQUIDADE ... 97

52. Conceito de Justiça ... 97
53. O Caráter Absoluto da Justiça ... 98
54. A Importância da Justiça para o Direito ... 98
55. Critérios da Justiça ... 99
- 55.1. Critérios Formais da Justiça ... 100
- 55.2. Critérios Materiais da Justiça ... 100
56. A Concepção Aristotélica ... 101
57. Justiça Convencional e Justiça Substancial ... 101
58. Classificação da Justiça ... 102
- 58.1. Justiça Distributiva ... 102
- 58.2. Justiça Comutativa ... 102
- 58.3. Justiça Geral ... 102
- 58.4. Justiça Social ... 103
59. Justiça e Bem Comum ... 104
60. Equidade ... 104

61.	Leis Injustas	105
	61.1. Conceito	105
	61.2. Espécies	106
	61.3. O Problema da Validade das Leis Injustas	106
	Bibliografia principal	107

Capítulo 12 – SEGURANÇA JURÍDICA ... 109

62.	Conceito de Segurança Jurídica	109
63.	A Necessidade Humana de Segurança	110
64.	Princípios Relativos à Organização do Estado	111
65.	Princípios do Direito Estabelecido	112
	65.1. A Positividade do Direito	112
	65.2. Segurança de Orientação	113
	65.3. Irretroatividade da Lei	115
	65.4. Estabilidade Relativa do Direito	115
66.	Princípios do Direito Aplicado	116
	66.1. Decisão de Casos Pendentes e sua Execução	116
	66.2. Prévia Calculabilidade da Sentença	117
	66.3. Respeito à Coisa Julgada	117
	66.4. Uniformidade e Continuidade Jurisprudencial	117
	Bibliografia principal	118

Capítulo 13 – DIREITO E ESTADO ... 119

67.	Considerações Prévias	119
68.	Conceito e Elementos do Estado	120
	68.1. Conceito	120
	68.2. Elementos do Estado	120
	68.2.1. População	121
	68.2.2. Território	121
	68.2.3. Soberania	122
69.	Origem do Estado	122
	69.1. Teoria do Contrato Social	122
	69.2. Teoria Patriarcal	123
	69.3. Teoria Matriarcal	123
	69.4. Teoria Sociológica	123
70.	Fins do Estado	124
	70.1. As Três Concepções	124
	70.2. Concepção Individualista	124
	70.3. Concepção Supraindividualista	124
	70.4. Concepção Transpersonalista	125
71.	Teorias sobre a Relação entre o Direito e o Estado	125
72.	Arbitrariedade e Estado de Direito	126

INTRODUÇÃO AO ESTUDO DO DIREITO · PAULO NADER

72.1. Arbitrariedade 126

72.2. Estado de Direito 126

Bibliografia principal 127

QUARTA PARTE – FONTES DO DIREITO 129

Capítulo 14 – A LEI 131

73. Fontes do Direito 131

    73.1. Aspectos Gerais 131

    73.2. Fontes Históricas 131

    73.3. Fontes Materiais 132

    73.4. Fontes Formais 132

74. O Direito Romano 133

75. Conceito e Formação da Lei 135

    75.1. Considerações Prévias 135

    75.2. Etimologia do Vocábulo Lei 136

    75.3. Lei em Sentido Amplo 136

    75.4. Lei em Sentido Estrito 137

    75.5. Lei em Sentido Formal e em Sentido Formal-Material 137

    75.6. Lei Substantiva e Lei Adjetiva 137

    75.7. Leis de Ordem Pública 138

    75.8. Formação da Lei – O Processo Legislativo 138

        75.8.1. Iniciativa da lei 138

        75.8.2. Exame pelas comissões técnicas, discussões e aprovação 138

        75.8.3. Revisão do projeto 138

        75.8.4. Sanção 139

        75.8.5. Promulgação 139

        75.8.6. Publicação 139

    75.9. Lei Delegada 139

    75.10. LINDB 139

76. Obrigatoriedade da Lei 140

77. Aplicação da Lei 140

    77.1. Diagnose do Fato 140

    77.2. Diagnose do Direito 140

    77.3. Crítica Formal 141

    77.4. Crítica Substancial 141

    77.5. Interpretação da Lei 141

    77.6. Aplicação da Lei 141

Bibliografia principal 141

Capítulo 15 – DIREITO COSTUMEIRO 143

78. Considerações Preliminares 143

79. Conceito de Direito Costumeiro 144

80.	Elementos dos Costumes	146
81.	A Posição da Escola Histórica do Direito	146
82.	Espécies de Costumes	147
83.	Valor dos Costumes	148
84.	Prova dos Costumes	148
	Bibliografia principal	148

Capítulo 16 – O DESUSO DAS LEIS 151

85.	Conceito de Desuso das Leis	151
86.	Causas do Desuso	152
	86.1. Leis Anacrônicas	152
	86.2. Leis Artificiais	153
	86.3. Leis Injustas	153
	86.4. Leis Defectivas	153
87.	A Tese da Validade das Leis em Desuso	153
88.	A Tese da Revogação da Lei pelo Desuso	154
89.	Conclusões	155
	Bibliografia principal	156

Capítulo 17 – JURISPRUDÊNCIA 157

90.	Conceito	157
91.	Espécies	158
92.	Paralelo entre Jurisprudência e Costume	158
93.	O Grau de Liberdade dos Juízes	159
	93.1. A Livre Estimação	159
	93.2. Limitação à Subsunção	160
	93.3. Complementação Coerente e Dependente do Preceito	161
	93.4. Judicialização e Ativismo Judicial	162
	93.5. Direito ao Esquecimento e Direito à Informação	162
94.	A Jurisprudência cria o Direito?	162
95.	A Jurisprudência Vincula os Tribunais?	163
96.	Processos de Unificação da Jurisprudência	164
	Bibliografia principal	165

Capítulo 18 – A DOUTRINA JURÍDICA 167

97.	O Direito Científico e os Juristas	167
98.	As Três Funções da Doutrina	168
	98.1. Atividade Criadora	168
	98.2. Função Prática da Doutrina	168
	98.3. Atividade Crítica	169
99.	A Influência da Doutrina no Mundo Jurídico	169
100.	A Doutrina como Fonte Indireta do Direito	170
101.	Argumento de Autoridade	170

101.1. Conceito e Importância 170

101.2. Orientação Prática 171

102. O Valor da Doutrina no Passado 172

103. A Doutrina no Presente 172

Bibliografia principal 174

Capítulo 19 – PROCEDIMENTOS DE INTEGRAÇÃO: ANALOGIA LEGAL 175

104. Lacunas da Lei 175

104.1. Noções de Integração e de Lacunas 175

104.2. Teorias sobre as Lacunas 176

104.2.1. Realismo ingênuo 176

104.2.2. Empirismo científico 177

104.2.3. Ecletismo 177

104.2.4. Pragmatismo 177

104.2.5. Apriorismo filosófico 177

105. O Postulado da Plenitude da Ordem Jurídica 177

106. Noção Geral de Analogia 178

106.1. Conceito 178

106.2. Fundamento da Analogia 178

107. O Procedimento Analógico 179

108. Analogia e Interpretação Extensiva 180

Bibliografia principal 180

Capítulo 20 – PROCEDIMENTOS DE INTEGRAÇÃO: PRINCÍPIOS GERAIS DE DIREITO 181

109. Considerações Prévias 181

110. As Duas Funções dos Princípios Gerais de Direito 182

111. Conceito dos Princípios Gerais de Direito 182

112. Natureza dos Princípios Gerais de Direito 183

113. Os Princípios Gerais de Direito e os Brocardos 184

114. A Pesquisa dos Princípios Gerais de Direito 185

115. Os Princípios e o Direito Comparado 185

Bibliografia principal 186

Capítulo 21 – A CODIFICAÇÃO DO DIREITO 187

116. Aspectos Gerais 187

117. Conceito de Código 188

118. A Incorporação 189

119. A Duração dos Códigos 189

120. Os Códigos Antigos 190

120.1. Considerações Gerais 190

120.2. Código de Hamurabi 190

120.3. Legislação Mosaica 191

120.4. Lei das XII Tábuas 191

120.5. Código de Manu	192
120.6. Alcorão	192
121. A Era da Codificação	192
122. Os Primeiros Códigos Modernos	193
122.1. O Código Civil da Prússia	193
122.2. O Código Napoleão	193
122.3. O Código Civil da Áustria	195
123. A Polêmica entre Thibaut e Savigny	195
124. O Código Civil Brasileiro de 1916 e o de 2002	196
125. A Recepção do Direito Estrangeiro	197
Bibliografia principal	198

QUINTA PARTE – TÉCNICA JURÍDICA 199

Capítulo 22 – O ELEMENTO TÉCNICO DO DIREITO	201
126. O Conceito de Técnica	201
127. Conceito e Significado da Técnica Jurídica	202
128. Espécies de Técnica Jurídica	202
128.1. Técnica de Interpretação	203
128.2. Técnica de Aplicação	203
129. Conteúdo da Técnica Jurídica	204
129.1. Meios Formais	204
129.1.1. Linguagem	204
129.1.1.1. Vocábulos	205
129.1.1.2. Fórmula	205
129.1.1.3. Aforismos	205
129.1.1.4. Estilo	205
129.1.2. Formas	206
129.1.3. Sistemas de publicidade	206
129.2. Meios Substanciais	206
129.2.1. Definição	206
129.2.2. Conceito	207
129.2.3. Categorias	207
129.2.4. Presunções	207
129.2.4.1. Presunção simples	208
129.2.4.2. Presunção legal	208
129.2.5. Ficções	209
130. Cibernética e Direito	209
130.1. Elaboração das Leis	210
130.2. Administração da Justiça	210
130.3. Pesquisa Científica	211
130.4. Advocacia	211
130.5. LGPD	212

131. O Direito como Técnica e Ciência	212
Bibliografia principal	214

Capítulo 23 – TÉCNICA LEGISLATIVA 215

132. Conceito, Objeto e Importância da Técnica Legislativa	215
133. Da Apresentação Formal dos Atos Legislativos	216
133.1. Conceituação	216
133.2. Preâmbulo	216
133.2.1. Epígrafe	216
133.2.2. Rubrica ou ementa	217
133.2.3. Autoria e fundamento legal da autoridade	217
133.2.4. Causas justificativas	217
133.2.4.1. Considerandos	218
133.2.4.2. Exposição de motivos	218
133.2.5. Ordem de execução ou mandado de cumprimento	218
133.2.6. Valor do preâmbulo	218
133.3. Corpo ou Texto	219
133.4. Disposições Complementares	219
133.4.1. Disposições preliminares	219
133.4.2. Disposições gerais e finais	219
133.4.3. Disposições transitórias	219
133.5. Cláusulas de Vigência e de Revogação	220
133.6. Fecho	220
133.7. Assinatura	220
133.8. Referenda	220
134. Da Apresentação Material dos Atos Legislativos	221
134.1. Dos Artigos	221
134.2. Divisão dos Artigos	222
134.2.1. Parágrafo	222
134.2.2. Inciso, alínea e item	222
134.3. Agrupamentos dos Artigos	223
Bibliografia principal	223

Capítulo 24 – A EFICÁCIA DA LEI NO TEMPO E NO ESPAÇO 225

135. Vigência e Revogação da Lei	225
136. O Conflito de Leis no Tempo	227
137. O Princípio da Irretroatividade	227
138. Teorias sobre a Irretroatividade	229
138.1. Doutrina Clássica ou dos Direitos Adquiridos	229
138.2. Teoria da Situação Jurídica Concreta	229
138.3. Teoria dos Fatos Cumpridos	229
138.4. Teoria de Paul Roubier	229
138.5. A Concepção de Planiol	230

138.6. O Princípio *Ratione Materiae* 230

139. A Noção do Conflito de Leis no Espaço 230

140. O Estrangeiro perante o Direito Romano 231

141. Teoria dos Estatutos 231

142. Doutrinas Modernas quanto à Extraterritorialidade 232

    142.1. Sistema da Comunidade de Direito 232

    142.2. Sistema da Nacionalidade 233

143. O Direito Interespacial e o Sistema Brasileiro 233

Bibliografia principal 233

Capítulo 25 – HERMENÊUTICA E INTERPRETAÇÃO DO DIREITO 235

144. Conceito e Importância da Hermenêutica Jurídica 235

145. Conceito de Interpretação em Geral 236

146. A Interpretação do Direito 237

    146.1. Noção Geral 237

    146.2. A Interpretação conforme a Constituição 238

    146.3. A Interpretação da Constituição conforme a Lei 239

147. O Princípio *In Claris Cessat Interpretatio* 239

148. A Vontade do Legislador e a *Mens Legis* 240

    148.1. O Sentido da Lei 240

    148.2. A Teoria Subjetiva 241

    148.3. A Teoria Objetiva 241

149. A Interpretação do Direito quanto ao Resultado e Fonte 242

    149.1. Interpretação Declarativa 242

    149.2. Interpretação Restritiva 242

    149.3. Interpretação Extensiva 242

150. O Art. 5º da Lei de Introdução às Normas do Direito Brasileiro 243

    150.1. A Obrigatoriedade do Art. 5º da LINDB 243

    150.2. O Significado do Art. 5º da LINDB 244

151. A Interpretação dos Negócios Jurídicos 244

Bibliografia principal 246

Capítulo 26 – ELEMENTOS DA INTERPRETAÇÃO DO DIREITO 247

152. Considerações Prévias 247

153. Elemento Gramatical 247

154. Elemento Lógico 248

    154.1. Lógica Interna 248

    154.2. Lógica Externa 249

    154.3. A Lógica do "Razoável" 249

155. Elemento Sistemático 249

156. Elemento Histórico 250

157. Elemento Teleológico 251

Bibliografia principal 251

XXXVI | INTRODUÇÃO AO ESTUDO DO DIREITO · PAULO NADER

Capítulo 27 – MÉTODOS DE INTERPRETAÇÃO DO DIREITO 253

158. Método Tradicional da Escola da Exegese 253

159. Método Histórico-Evolutivo 254

160. A Livre Investigação Científica do Direito 255

    160.1. Aspectos Gerais 255

    160.2. A Livre Investigação Científica 256

161. A Corrente do Direito Livre 256

    161.1. A Doutrina 256

    161.2. Principais Adeptos 257

    161.3. Crítica à Doutrina 258

Bibliografia principal 258

SEXTA PARTE – RELAÇÕES JURÍDICAS 259

Capítulo 28 – SUJEITOS DO DIREITO: PESSOA NATURAL E PESSOA JURÍDICA 261

162. Personalidade Jurídica 261

163. Pessoa Natural 263

    163.1. Considerações Prévias 263

    163.2. Início e Fim da Personalidade 263

    163.3. Capacidade de Fato 264

    163.4. Registro, Nome e Domicílio Civil 265

    163.5. Proteção de Dados Pessoais 266

164. Pessoa Jurídica 267

    164.1. Conceito 267

    164.2. Natureza Jurídica das Pessoas Jurídicas 268

        164.2.1. Teoria da ficção 268

        164.2.2. Teoria dos direitos sem sujeitos 268

        164.2.3. Teorias realistas 269

    164.3. Classificação das Pessoas Jurídicas 269

Bibliografia principal 270

Capítulo 29 – RELAÇÃO JURÍDICA: CONCEITO, FORMAÇÃO, ELEMENTOS 271

165. Conceito de Relação Jurídica 271

166. Formação da Relação Jurídica 272

167. Elementos da Relação Jurídica 273

    167.1. Sujeitos da Relação Jurídica 273

    167.2. Vínculo de Atributividade 275

    167.3. Objeto 275

Bibliografia principal 276

Capítulo 30 – DIREITO SUBJETIVO 277

168. Origem do Direito Subjetivo e Aspectos Gerais 277

169. Conceito de Direito Subjetivo 278

ÍNDICE SISTEMÁTICO | **XXXVII**

170. Situações Subjetivas 279

171. A Natureza do Direito Subjetivo – Teorias Principais 280

    171.1. Teoria da Vontade 280

    171.2. Teoria do Interesse 280

    171.3. Teoria Eclética 281

    171.4. Teoria de Duguit 281

    171.5. Teoria de Kelsen 281

172. Classificação dos Direitos Subjetivos 281

    172.1. Direitos Subjetivos Públicos 281

    172.2. Direitos Subjetivos Privados 282

        172.2.1.   Direitos absolutos e relativos 283

        172.2.2.   Direitos transmissíveis e não transmissíveis 283

        172.2.3.   Direitos principais e acessórios 283

        172.2.4.   Direitos renunciáveis e não renunciáveis 283

173. Aquisição, Modificações e Extinção dos Direitos 283

    173.1. Aquisição 283

    173.2. Modificações 284

    173.3. Extinção 284

        173.3.1.   Perecimento do objeto 284

        173.3.2.   Alienação 285

        173.3.3.   Renúncia 285

        173.3.4.   Prescrição 285

        173.3.5.   Decadência 285

Bibliografia principal 286

Capítulo 31 – DEVER JURÍDICO 287

174. Considerações Prévias 287

175. Aspecto Histórico 287

176. Conceito de Dever Jurídico 288

177. Espécies de Dever Jurídico 290

    177.1. Dever Jurídico Contratual e Extracontratual 290

    177.2. Dever Jurídico Positivo e Negativo 290

    177.3. Dever Jurídico Permanente e Transitório 290

178. Axiomas de Lógica Jurídica 290

    178.1. Axioma de Inclusão 290

    178.2. Axioma de Liberdade 291

    178.3. Axioma de Contradição 291

    178.4. Axioma de Exclusão do Meio 291

    178.5. Axioma de Identidade 291

179. Dever Jurídico e Efetividade do Direito 291

Bibliografia principal 291

SÉTIMA PARTE – DOS FATOS JURÍDICOS 293

Capítulo 32 – FATO JURÍDICO: CONCEITO E CLASSIFICAÇÃO 295

180. Considerações Gerais 295

181. Suposto Jurídico e Consequência 296

    181.1. Conceituações 296

    181.2. Relação entre a Hipótese e a Consequência 296

    181.3. Suposto Jurídico Simples e Complexo 297

182. Conceito de Fato Jurídico 297

183. Caracteres e Classificação dos Fatos Jurídicos 299

    183.1. Caracteres 299

    183.2. Classificação 299

Bibliografia principal 300

Capítulo 33 – DOS NEGÓCIOS JURÍDICOS 301

184. Conceitos e Aspectos Doutrinários 301

185. A Relação entre os Negócios Jurídicos e o Ordenamento Jurídico 302

186. Classificação dos Negócios Jurídicos 303

    186.1. Negócio Jurídico Unilateral e Bilateral 303

    186.2. Negócio Jurídico Oneroso e Gratuito 303

    186.3. Negócio Jurídico *Inter Vivos* e *Mortis Causa* 303

    186.4. Negócio Jurídico Solene ou Formal e Não Solene 303

    186.5. Negócio Jurídico Típico e Atípico 304

    186.6. Existência, Validade e Eficácia 304

187. Elementos dos Negócios Jurídicos 304

    187.1. Elementos Essenciais 304

    187.2. Elementos Acidentais 305

        187.2.1. Condição 305

        187.2.2. Termo 305

        187.2.3. Modo ou encargo 306

188. Defeitos dos Negócios Jurídicos 306

    188.1. Erro ou Ignorância 306

    188.2. Dolo 306

    188.3. Coação 307

    188.4. Estado de Perigo 307

    188.5. Lesão 307

    188.6. Fraude contra os Credores 307

    188.7. Simulação 307

Bibliografia principal 308

Capítulo 34 – ATO ILÍCITO 309

189. Conceito e Elementos 309

190. Categorias 310

191. Classificação do Elemento Culpa	311
191.1. Intensidade da Culpa	311
191.2. Conteúdo da Culpa	311
191.3. Critérios de Avaliação	311
191.4. Natureza da Relação	311
191.5. Agente	311
192. Excludentes do Ilícito	312
192.1. Legítima Defesa	312
192.2. Exercício Regular de um Direito	312
192.3. Estado de Necessidade	312
193. Teoria Subjetiva e Teoria Objetiva da Responsabilidade	312
193.1. A Responsabilidade no Passado	312
193.2. As Teorias da Responsabilidade	313
194. Abuso do Direito	314
Bibliografia principal	315

OITAVA PARTE – ENCICLOPÉDIA JURÍDICA 317

Capítulo 35 – RAMOS DO DIREITO PÚBLICO 319

195. Considerações Prévias	319
196. Direito Constitucional	319
196.1. Direito Ambiental	322
197. Direito Administrativo	323
198. Direito Financeiro	324
199. Direito Internacional Público	324
200. Direito Internacional Privado	326
201. Direito Penal	327
202. Direito Processual	328
Bibliografia principal	331

Capítulo 36 – RAMOS DO DIREITO PRIVADO 333

203. Direito Civil	333
204. Direito Comercial ou Empresarial	334
204.1. Noção do Ramo	334
204.2. A Palavra "Comércio"	335
204.3. A Relação entre o Direito Comercial e o Civil	336
204.4. A História do Comércio	336
204.5. Evolução Histórica do Direito Comercial	337
205. Direito do Trabalho	338
205.1. Denominações.	338
205.2. Classificação	338
205.3. Definição	338
205.4. Características	338

205.5. Fins do Direito do Trabalho... 339

205.6. A Autonomia do Direito do Trabalho.. 339

205.7. A Evolução do Direito do Trabalho no Século XX 339

205.8. Direito do Consumidor 340

Bibliografia principal 342

NONA PARTE – FUNDAMENTOS DO DIREITO 343

Capítulo 37 – A IDEIA DO DIREITO NATURAL.. 345

206. A Insuficiência do Direito Positivo 345

207. Conceito... 346

208. Origem e Via Cognoscitiva 347

209. Caracteres 348

210. A Escola do Direito Natural 348

211. Revolucionário ou Conservador?... 349

212. Crítica... 349

213. Os Direitos do Homem e o Direito Natural 351

214. Concepção Humanista do Direito.. 351

Bibliografia principal 352

Capítulo 38 – O POSITIVISMO JURÍDICO... 353

215. O Positivismo Filosófico... 353

215.1. A Lei dos Três Estados 354

215.2. Classificação das Ciências 354

216. O Positivismo Jurídico 354

217. Crítica... 355

Bibliografia principal 356

Capítulo 39 – O NORMATIVISMO JURÍDICO 357

218. O Significado da Teoria Pura do Direito 357

219. A Teoria Pura do Direito 358

220. A Pirâmide Jurídica e a Norma Fundamental 358

221. Crítica à Teoria Pura do Direito 359

Bibliografia principal 359

Capítulo 40 – A TRIDIMENSIONALIDADE DO DIREITO 361

222. A Importância de Reale no Panorama Jurídico Brasileiro.. 361

223. A Teoria Tridimensional do Direito.. 362

Bibliografia principal 363

BIBLIOGRAFIA 365

ÍNDICE ALFABÉTICO DE ASSUNTOS... 371

– Primeira Parte –

O ESTUDO
DO DIREITO

– Capítulo 1 –
SISTEMA DE IDEIAS GERAIS DO DIREITO

Sumário: 1. A Necessidade de um Sistema de Ideias Gerais do Direito. **2.** A Introdução ao Estudo do Direito. **3.** Outros Sistemas de Ideias Gerais do Direito. **4.** A Introdução ao Estudo do Direito e os Currículos dos Cursos Jurídicos no Brasil.

1. A NECESSIDADE DE UM SISTEMA DE IDEIAS GERAIS DO DIREITO

O Direito que se descortina aos estudantes, neste primeiro quartel de século, além de exigir renovados métodos de aprendizado, encontra-se revigorado por princípios e normas, que tutelam os direitos da personalidade, impõem a ética nas relações, dão prevalência ao social e atribuem aos juízes um papel ativo na busca de soluções equânimes. Em sua constante mutação, a fim de acompanhar a marcha da história e conectar-se aos avanços da ciência, o Direito pátrio, entretanto, por vários de seus institutos, requer adequação à modernidade, desafiando, além da classe política e, em primeiro plano, a comunidade de juristas, a quem compete oferecer ao legislador os modelos alternativos de leis. É este, em linhas gerais, o quadro que se apresenta aos iniciantes no aprendizado da Ciência Jurídica.

Identificar o Direito, no universo das criações humanas, situando-o como ordem social dotada de coerção e, ao mesmo tempo, fórmula de garantia da liberdade, é a grande meta do conjunto de temas que se abrem à compreensão dos acadêmicos. Antes de iniciarmos a execução deste importante projeto, impõe-se a abordagem do estatuto metodológico da *Introdução ao Estudo do Direito*.

O ensino do Direito pressupõe a organização de uma disciplina de base, introdutória à matéria, a quem cumpre definir o objeto de estudo, indicar os limites da área de conhecimento, apresentar as características da ciência, seus fundamentos, valores e princípios cardiais. À medida que a ciência evolui e cresce o seu campo de pesquisa, torna-se patente a necessidade da elaboração de uma disciplina estrutural, com o propósito de agrupar os conceitos e elementos comuns às diversas especializações. No dizer preciso de Benjamin de Oliveira Filho, a disciplina constitui um *sistema de ideias gerais*.[1] Ao mesmo tempo em que revela o denominador comum dos diversos departamentos da ciência, ela se ocupa igualmente com a visão global do objeto, na pretensão de oferecer ao iniciante a ideia do conjunto.[2]

O desenvolvimento alcançado pela Ciência do Direito, a partir da *era da codificação*, com a multiplicação dos institutos jurídicos, formação incessante de novos conceitos e permanente ampliação da terminologia específica, exigiu a criação de um sistema de ideias gerais, capaz de revelar o Direito como um todo e alinhar os seus elementos comuns. A árvore jurídica, a cada dia que passa, torna-se mais densa, com o surgimento de novos ramos que, em permanente adequação às transformações sociais, especializam-se em sub-ramos. Em decorrência desse fenômeno de crescimento do Direito Positivo, de expansão dos códigos e leis, aumenta a dependência do ensino da *Jurisprudência* às disciplinas propedêuticas, que possuem a arte de centralizar os elementos necessários e universais do Direito, seus conceitos fundamentais, em um foco de menor dimensão.[3]

Em função dessa necessidade, é imperioso proceder-se à escolha de uma disciplina, entre as várias sugeridas pela doutrina, capaz de atender, ao mesmo tempo, às exigências pedagógicas e científicas. Antes de a Introdução ao Estudo do Direito ser reconhecida como a mais indicada, houve várias tentativas e experiências com a Enciclopédia Jurídica, Filosofia do Direito, Teoria Geral do Direito e Sociologia do Direito.

2. A INTRODUÇÃO AO ESTUDO DO DIREITO

2.1. Apresentação da Disciplina. A Introdução ao Estudo do Direito é matéria de iniciação, que fornece ao estudante as noções fundamentais para a compreensão do fenômeno jurídico.[4] Apesar de se referir a conceitos científicos, a Introdução não é, em si, uma ciência, mas um sistema de ideias gerais estruturado para atender a finalidades pedagógicas. Considerando a sua condição de matéria do curso jurídico, deve ser entendida como disciplina autônoma, pois desempenha função exclusiva, que não se confunde com a de qualquer outra. Sob este enfoque Luiz Luisi reconhece a autonomia, que "deriva de seu fim específico: reduzir o Direito a unidade sistemática".[5] Se tomarmos, porém, a palavra *disciplina* no sentido de *ciência jurídica* (v. item 5), devemos afirmar que a Introdução ao Es-

---

[1] Benjamim de Oliveira Filho, *Introdução à Ciência do Direito*, 4ª ed., José Konfino Editor, Rio de Janeiro, 1967, p. 86.

[2] "... é oportuno, antes de baixar aos pormenores, abarcar num relance o conjunto, sob risco de deixar o todo pelos pormenores, a floresta pelas árvores, a filosofia pelas filosofias. O espírito exige a posse de uma representação geral do escopo e da finalidade do conjunto para saber a que deva consagrar-se" (Hegel, *Introdução à História da Filosofia*, Armênio Amado, Editor, Sucessor, 3ª ed., Coimbra, 1974, p. 42). Em sua *Carta aos Jovens*, dirigida aos estudiosos de sua pátria, o russo I. Pavlov aconselhou-os: "... Aprendam o ABC da ciência antes de tentar galgar seu cume. Nunca acreditem no que se segue sem assimilar o que vem antes. Nunca tentem dissimular sua falta de conhecimento, ainda que com suposições e hipóteses audaciosas. Como se alegra nossa vista com o jogo de cores dessa bolha de sabão – no entanto, ela, inevitavelmente, arrebenta e nada fica além da confusão...".

[3] O termo jurisprudência está empregado no sentido romano, ou seja, de Ciência do Direito.

[4] "Introduzir é um termo composto de duas palavras latinas: um advérbio (intro) e um verbo (ducere). Introduzir é conduzir de um lugar para outro, fazer penetrar num lugar novo" (Michel Miaille, *Uma Introdução Crítica ao Direito*, 1ª ed., Moraes Editores, Lisboa, 1979, p. 12).

[5] *Filosofia do Direito*, Sérgio Antônio Fabris Editor, Porto Alegre, 1993, p. 161. O antigo professor da Faculdade de Direito de Santo Ângelo reproduziu o seu trabalho publicado na *Revista Jurídica*, vol. V, 1953, onde apresenta uma lúcida visão do objeto da Introdução ao Estudo do Direito e de suas conexões com a Filosofia do Direito, Sociologia Jurídica e Teoria Geral do Direito. Entre nós aquele estudo foi um dos pioneiros.

tudo do Direito não possui autonomia; ela não cria o saber, apenas recolhe das disciplinas jurídicas (Filosofia do Direito, Ciência do Direito, Sociologia Jurídica, História do Direito, Direito Comparado) as informações necessárias para compor o quadro de conhecimentos a ser apresentado aos acadêmicos. A cada instante, na fundamentação dos elementos da vida jurídica, recorre aos conceitos filosóficos, sociológicos e históricos, sem chegar, porém, a se confundir com a Filosofia do Direito, nem com a Sociologia do Direito, que são disciplinas autônomas. De caráter descritivo e pedagógico, não "consiste na elaboração científica do mundo jurídico", como pretende Werner Goldschmidt,[6] pois o conteúdo que desenvolve não é de domínio próprio. O que possui de específico é a sistematização dos conhecimentos gerais. Em semelhante equívoco incorre Bustamante y Montoro, que reconhece na disciplina uma "índole normativa".[7] Embora de caráter descritivo, a disciplina deve estar infensa ao dogmatismo puro, que tolhe o raciocínio e a reflexão. O tratamento exageradamente crítico aos temas é também inconveniente, de um lado porque torna a matéria de estudo mais complexa e de difícil entendimento para os iniciantes e, de outro lado, porque configura o objeto da Filosofia do Direito. Os temas que envolvem controvérsias e abrem divergências na doutrina, longe de constituírem fator negativo, habituam o estudante com a pluralidade de opiniões científicas, que é uma das tônicas da vida jurídica.[8] As Institutas de Gaio, do séc. II a.C., são citadas entre as primeiras obras do gênero *Introdução ao Estudo do Direito*.

2.2. Objeto da Introdução ao Estudo do Direito. A disciplina Introdução ao Estudo do Direito visa a fornecer ao iniciante uma visão global do Direito, que não pode ser obtida através do estudo isolado dos diferentes ramos da árvore jurídica. As indagações de caráter geral, comuns às diversas áreas, são abordadas e analisadas nesta disciplina. Os *conceitos gerais*, como o de Direito, fato jurídico, relação jurídica, lei, justiça, segurança jurídica, por serem aplicáveis a todos os ramos do Direito, fazem parte do objeto de estudo da Introdução. Os *conceitos específicos*, como o de crime, mar territorial, hipoteca, desapropriação, aviso prévio, fogem à finalidade da disciplina, porque são particulares de determinados ramos, em cujas disciplinas deverão ser estudados. A técnica jurídica, vista em seus aspectos mais gerais, é também uma de suas unidades de estudo.

Para proporcionar a visão global do Direito, a Introdução examina o objeto de estudo dos principais ramos, levando os alunos a se familiarizarem com a linguagem jurídica. O estudo que desenvolve não versa sobre o teor das normas jurídicas; não se ocupa em definir o que se acha conforme ou não à lei, pois é disciplina de natureza epistemológica, que expressa uma *teoria da ciência jurídica*. Concluindo, podemos dizer que ela possui um tríplice objeto:

a) os conceitos gerais do Direito;

b) a visão de conjunto do Direito;

c) os lineamentos da técnica jurídica.

2.3. A Importância da Introdução. Os primeiros contatos do estudante com a Ciência do Direito se fazem através da Introdução ao Estudo do Direito, que funciona

---

[6] *Introducción al Derecho*, 1ª ed., Aguilar, Buenos Aires, 1960, p. 32.

[7] *Introducción a la Ciencia del Derecho*, 3ª ed., Cultural S.A., La Habana, 1945, p. 22.

[8] Ainda sobre o objeto da disciplina, importante estudo subordinado à visão de autores brasileiros é apresentado por Paulo Condorcet Barbosa Ferreira, em sua obra *A Introdução ao Estudo do Direito no Pensamento de Seus Expositores*, Editora Líber Juris Ltda., Rio de Janeiro, 1982.

como um elo entre a cultura geral, obtida no curso médio, e a específica do Direito. O papel que desempenha é de grande relevância para o processo de adaptação cultural do iniciante.

Ao encetar os primeiros estudos de uma ciência, é comum ao estudante sentir-se atônito, com muitas dificuldades, em face dos novos conceitos, métodos, terminologia e diante do próprio sistema que desconhece. É ilustrativo o depoimento de Edmond Picard, nas primeiras páginas de seu famoso livro *O Direito Puro*, obra introdutória ao estudo do Direito. Conta-nos o eminente jurista francês a angústia que sentiu, ao início de seu curso de Direito, com a falta de uma disciplina propedêutica, diante da "abundância prodigiosa dos fatos" e da dificuldade em relacioná-los; "da ausência de clareza e de harmonia na visão do Direito".[9] É por meio da Introdução ao Estudo do Direito que o estudante deverá superar esses primeiros desafios e testar a sua vocação para a Ciência do Direito.

A importância de nossa disciplina, entretanto, não decorre apenas do fato de propiciar aos estudantes a adaptação ao curso, de vez que ministra também noções essenciais à formação de uma consciência jurídica. Além de descortinar os horizontes do Direito pelo estudo dos conceitos jurídicos fundamentais, a Introdução lança no espírito dos estudantes, em época própria, os dados que tornarão possível, no futuro, o desenvolvimento do *raciocínio jurídico* a ser aplicado nos campos específicos do conhecimento jurídico.[10]

3. OUTROS SISTEMAS DE IDEIAS GERAIS DO DIREITO

3.1. Filosofia do Direito. A Filosofia do Direito é uma reflexão sobre o Direito e seus postulados, com o objetivo de formular o conceito do *Jus* e de analisar as instituições jurídicas no plano do *dever ser*, levando-se em consideração a condição humana, a realidade objetiva e os valores justiça e segurança. Pela profundidade de suas investigações e natural complexidade, os estudos filosóficos do Direito requerem um conhecimento anterior tanto de filosofia quanto de Direito. Uma certa maturidade no saber jurídico é indispensável a quem pretende estudar a *scientia altior* do Direito. Este aspecto já evidencia a impossibilidade de essa disciplina figurar nos currículos de Direito como matéria propedêutica. A importância de seu estudo é patente, mas a sua presença nos cursos jurídicos há de se fazer em um período mais avançado, quando os estudantes já se familiarizaram com os princípios gerais de Direito (v. item 6).

3.2. Teoria Geral do Direito. Como forma de reação ao caráter abstrato e metafísico da Filosofia Jurídica, surgiu a Teoria Geral do Direito que, de índole positivista e adotando subsídios da Lógica, é disciplina formal que apresenta conceitos úteis à compreensão de todos os ramos do Direito. A sua atenção não se acha voltada para os valores e fatos que integram a norma jurídica e por isso a sua tarefa não é descrever o conteúdo de

---

[9] Edmond Picard, *O Direito Puro*, Francisco Alves & Cia., Rio de Janeiro, s/d, pp. 5 e 6. A primeira edição francesa – *Le Droit Pur* – data de 1899. O autor belga viveu no período de 1836 a 1924 e advogou nas Cortes de Apelação e de Cassação de seu País.

[10] A Introdução ao Estudo do Direito foi comparada, por Pepere, com o alto de um mirante, de onde o estrangeiro observa a extensão de um país, para fazer a sua análise. Mostrando a absoluta necessidade de uma disciplina de iniciação, Vareilles-Sommières comentou que começar o curso de Direito sem uma disciplina introdutória é o mesmo que se pretender conhecer um grande edifício, entrando por uma porta lateral, percorrendo corredores e saindo por uma porta de serviço. O observador não se aperceberá do conjunto e nem terá uma visão da harmonia e estética da obra. (*Apud* Benjamim de Oliveira Filho, *op. cit.*, pp. 96 e 98.)

leis ou formular a sua crítica. Seu objeto consiste na análise e conceituação dos elementos estruturais e permanentes do Direito, como *suposto* e *disposição* da norma jurídica, *coação*, *relação jurídica, fato jurídico, fontes formais*. Na expressão de Haesaert, a Teoria Geral do Direito "concerne ao estudo das condições intrínsecas do fenômeno jurídico".[11]

Esta ordem de estudo é valiosa ao aprendizado jurídico, contudo carece de importantes unidades que versam sobre os fundamentos, valores e conteúdo fático do Direito. Daí por que essa disciplina, que constitui uma grande seção de estudo da Introdução, é insuficiente para revelar aos iniciantes da *Jurisprudentia* as várias dimensões do fenômeno jurídico.

A Teoria Geral do Direito surgiu no século XIX e alcançou o seu maior desenvolvimento na Alemanha, onde foi denominada *Allgemeine Rechtslehre*. Seus principais representantes foram Adolf Merkel, Berbohm, Bierling, Binding e Felix Somló.

3.3. Sociologia do Direito. O estudo das relações entre a sociedade e o Direito, desenvolvido em ampla extensão pela Sociologia do Direito, é um dos temas necessários a uma disciplina introdutória. Esta, porém, não pode ter o seu conteúdo limitado ao problema da efetividade do Direito, nem empreender aquela pesquisa em profundidade, em nível de especialização. A Sociologia do Direito não oferece a visão global do Direito, não estuda os elementos estruturais e constitutivos deste, nem cogita do problema de sua fundamentação. Além desta série de lacunas, acresce ainda o fato de que o objeto da Sociologia do Direito não está inteiramente definido e seus principais cultores procuram formar, entre si, um consenso a este respeito (v. item 6).[12]

3.4. Enciclopédia Jurídica. A etimologia do vocábulo *enciclopédia* dá uma visão do que a presente disciplina pretende objetivar: *encyclios paidêia* correspondia a um conjunto variado de conhecimentos indispensáveis à formação cultural do cidadão grego. A Enciclopédia Jurídica tem por objeto a formulação da síntese de um determinado sistema jurídico, mediante a apresentação de conceitos, classificações, esquemas, acompanhados de numerosa terminologia. Sem conteúdo próprio, de vez que procura resumir as conclusões da Ciência do Direito, o que caracteriza a Enciclopédia Jurídica é o método de exposição dos assuntos, ao dividi-los em títulos, categorias, rubricas, e a tentativa de reduzir o saber jurídico a fórmulas e esquemas lógicos.

Na prática a Enciclopédia Jurídica não se revelou uma disciplina pedagógica, porque conduz à memorização, tornando o seu estudo cansativo e sem atingir às finalidades de um sistema de ideias gerais do Direito. Estendendo o seu estudo aos conceitos específicos, peculiares a determinados ramos da árvore jurídica, a Enciclopédia Jurídica não evita a dispersão cultural. Querer enfeixar, por outro lado, todo o panorama da vida jurídica em uma disciplina é pretensão utópica e sem validade científica.[13]

---

[11] *Théorie Générale du Droit*, 1ª ed., Établissements Émile Bruylant, Bruxelles, 1948, p. 19.

[12] A obra *Princípios de Sociologia Jurídica*, publicada pelo brasileiro Queiroz Lima, destinada aos estudos preliminares de Direito, obteve, na realidade, aprovação nos meios universitários, contudo, os capítulos nela desenvolvidos não são próprios da Sociologia do Direito e configuram, antes, a temática da Introdução ao Estudo do Direito.

[13] Entre as críticas que Piragibe da Fonseca faz à denominação, destaca a circunstância de que "hoje pesa sobre o vocábulo suspeição nada lisonjeira: *enciclopedismo* é sinônimo de superficialismo pretensioso e pedante, e "enciclopédico" é o indivíduo que nada sabe, precisamente porque pretende saber tudo" (*Introdução ao Estudo do Direito*, 2ª ed., Livraria Freitas Bastos, Rio de Janeiro, 1964, p. 36).

Como obras mais antigas no gênero, citam-se a de Guilherme Duramti, de 1275, denominada *Speculum Juris*, preparada para ser utilizada pelos causídicos perante os tribunais; a *Methodica Juris Utriusque Traditio*, de Lagus, em 1543; o *Syntagma Juris Universi*, de Gregório de Tolosa, de 1617 e a *Encyclopoedia Juris Universi*, de Hunnius, em 1638. A *Enciclopedia Giuridica*, de Filomusi Guelfi, do final do século XIX, revela a multiplicidade dos temas abordados na disciplina. Além de uma parte introdutória e uma geral, onde desenvolve, respectivamente, sobre o conceito do Direito e suas relações com a Moral e aborda o tema da origem do Direito Positivo e o problema das fontes formais, a obra do notável mestre italiano apresenta uma parte especial, a mais extensa, dedicada aos institutos jurídicos fundamentais, tanto de Direito Público como de Direito Privado. Nesta parte, o autor faz incursões demoradas em todos os ramos do Direito, analisando o sistema jurídico italiano. Não obstante o seu grande valor, essa obra não deve ser catalogada como propedêutica, porque não se limita a analisar os conceitos gerais do Direito.[14]

4. A INTRODUÇÃO AO ESTUDO DO DIREITO E OS CURRÍCULOS DOS CURSOS JURÍDICOS NO BRASIL

A primeira disciplina jurídica de caráter propedêutico, em nosso País, foi o Direito Natural – denominação antiga da Filosofia do Direito –, a partir de 11 de agosto de 1827, com a criação dos cursos jurídicos em São Paulo e em Olinda.[15] Já em 1877, Rui Barbosa reivindicava a substituição da disciplina Direito Natural pela Sociologia Jurídica, em sua "Reforma do Ensino Secundário e Superior", conforme relata Luiz Fernando Coelho. (15) Em 1891, com o advento da República, o currículo do curso jurídico sofreu alterações e a disciplina Direito Natural foi substituída pela Filosofia e História do Direito, lecionada na primeira série. Em 1895, houve o desmembramento dessa disciplina, figurando a Filosofia do Direito na primeira série e a História do Direito, que pouco tempo perdurou, na quinta série.

Em 1912, com a reforma Rivadávia Correia, foi instituída a Enciclopédia Jurídica, que permaneceu como matéria de iniciação durante três anos, sendo posteriormente suprimida pela reforma Maximiliano. A Filosofia do Direito passou então a ser estudada como disciplina introdutória, lecionada na primeira série até que, em 1931, com a chamada Reforma Francisco Campos, passou a ser ensinada na última série e nos cursos de pós-graduação. Em seu lugar, para a primeira série, foi criada a Introdução à Ciência do Direito. A Resolução nº 3, de 2 de fevereiro de 1972, do então Conselho Federal de Educação, alterou a sua nomenclatura para *Introdução ao Estudo do Direito* e a Portaria nº 1.886, de 30 de dezembro de 1994, do Ministério da Educação e do Desporto, ao estabelecer novas diretrizes para o curso jurídico, confirmou o caráter obrigatório da disciplina, passando a denominá-la *Introdução ao Direito*.

Estão em vigor, a partir de 1º de outubro de 2004, as *Diretrizes Curriculares Nacionais do Curso de Graduação em Direito*, instituídas pelo Conselho Nacional de Educação, com a Resolução CNE/CES nº 9, de 29 de setembro de 2004. A orientação pretende assegurar aos acadêmicos *"sólida formação geral, humanística e axiológica, capacidade de análise, domínio de conceitos e da terminologia jurídica, adequada argumentação, interpretação e valorização dos fenômenos jurídicos e sociais..."*. Diferentemente das fórmulas anteriores, a atual não indica as disciplinas que devam integrar o chamado *Eixo de Formação Fundamental*, optando por assegurar aos estudos *"conteúdos essenciais sobre Antropologia, Ciência Política, Econo-*

---

[14] Filomusi Guelfi, *Enciclopedia Giuridica*, 6ª ed., Nicola Jovene & Cia. Editori, Napoli, 1910.

[15] Luiz Fernando Coelho, *Teoria da Ciência do Direito*, 1ª ed., Edição Saraiva, São Paulo, 1974, p. 2.

mia, Ética, Filosofia, História, Psicologia e Sociologia." Cabe, assim, às coordenações de curso, a indicação das disciplinas capazes de atender aos objetivos propostos.

Inequivocamente, as disciplinas que se encaixam no perfil delineado do *Eixo de Formação Fundamental,* dado o atual nível de nossa cultura e experiência acadêmica, são: *Introdução ao Estudo do Direito, Sociologia Jurídica, Filosofia do Direito, Introdução à Ciência Política, Economia Aplicada ao Direito* e *História do Direito.*[16]

O Ministério da Educação, no decorrer de 2014, manifestou o seu empenho em modificar o currículo do curso, contando, para tanto, com a colaboração da Ordem dos Advogados do Brasil. Especialistas preconizam, entre outras mudanças, o reforço nos estudos de ordem prática com abordagem da conciliação e mediação, além de atenção especial para o processo digital.

Nos currículos, especial atenção deve ser atribuída às disciplinas de natureza formativa, ou seja, as que fornecem elementos embasadores do raciocínio jurídico, como as de Teoria Geral e de Hermenêutica Jurídica. As informativas, como as de Direito Civil, Direito Penal, Direito Administrativo, são valiosas, mas pressupõem o saber subministrado pelas disciplinas formativas.

O pensamento predominante, na atualidade, ainda no campo das ideias, é que a grade curricular atenda às especificidades locais, isto é, às necessidades do mercado de trabalho da região. Relativamente ao estágio supervisionado em Direito, o Projeto de Lei 9.193/2017, que fora arquivado, previu a sua ampliação de dois para três anos.[17]

BIBLIOGRAFIA PRINCIPAL

Ordem do Sumário:

1 – Benjamim de Oliveira Filho, *Introdução à Ciência do Direito*; Miguel Reale, *Lições Preliminares de Direito*;

2 – Miguel Reale, *op. cit.*; Mouchet e Becu, *Introducción al Derecho*;

3 – Mouchet e Becu, *op. cit.*; Benjamim de Oliveira Filho, *op. cit.*;

4 – Luiz Fernando Coelho, *Teoria da Ciência do Direito.*

---

[16] Louvável, por um lado, a preocupação do Conselho Nacional de Educação ao traçar o perfil do *homo juridicus* dentro de uma perspectiva de sólido embasamento científico e filosófico, mas pecou pela falta de praticidade, ao deixar em aberto as disciplinas que realizam tal ideário, correndo-se o risco de um recuo histórico à época em que não havia consenso sobre as unidades de estudo. O bom-senso há de nortear as coordenações de curso, a fim de não se renunciar a experiência acumulada.

[17] Com a finalidade de favorecer a boa qualidade do ensino, pesquisa e extensão do ensino jurídico, existe em nosso país a Associação Brasileira de Ensino do Direito (ABEDI).

– Capítulo 2 –
AS DISCIPLINAS JURÍDICAS

Sumário: 5. Considerações Prévias. **6.** Disciplinas Jurídicas Fundamentais. **7.** Disciplinas Jurídicas Auxiliares.

5. CONSIDERAÇÕES PRÉVIAS

Os avançados estudos que se desenvolvem sobre o Direito, na atualidade, diversificam-se em vários planos de pesquisa que, no conjunto, favorecem a ampla compreensão do fenômeno jurídico. Ao ser objeto de estudo de diferentes disciplinas afins, mais frequentemente denominadas *ciências jurídicas*, o Direito não perde a sua unidade fundamental.[1] Apesar dos enfoques unilaterais, a ação totalizante do espírito alcança o fenômeno jurídico em sua composição integral, em sua completude.

As disciplinas jurídicas dividem-se em duas classes: as *fundamentais* e as *auxiliares*. A Ciência do Direito, Filosofia do Direito e Sociologia do Direito, integram o primeiro grupo, enquanto a História do Direito e o Direito Comparado, entre outras, compõem o segundo.[2]

Se o conhecimento do Direito se faz por meio de cada uma dessas disciplinas, que abrem, cada qual, uma perspectiva própria de estudo, capaz de motivar intensamente o espírito, é indispensável uma orientação inicial aos que visam a alcançar o conhecimento sistemático do Direito: a compreensão plena de nossa ciência exige o conhecimento anterior do homem e da sociedade. Em nenhum momento do estudo do Direito se poderá fazer abstração destes dois agentes, pois as normas jurídicas são estabelecidas de acordo com a natureza humana, em função de seus interesses, e sofrem ainda a influência das condições culturais, morais e econômicas do meio social. Esta mesma linha de pensamento é apresentada por Michel Virally, para quem "o Direito descansa sempre sobre uma determinada

---

[1] "... a noção do Direito se encontra necessariamente em todos os fenômenos jurídicos concretos, dando-lhes unidade." (Rudolf Stammler, *La Génesis del Derecho*, Calpe, Madrid, 1925, p. 95.)

[2] Anteriormente, na esteira de García Máynez, classificávamos a Sociologia do Direito entre as disciplinas auxiliares, malgrado já reconhecêssemos que o *fato* era um dos elementos nucleares do Direito. Ora, se na formação do fenômeno jurídico participam a norma, o valor e o fato em igual nível de importância, devemos admitir que as disciplinas ou ciências que os abordam – respectivamente a Ciência do Direito em sentido estrito, Filosofia Jurídica e Sociologia do Direito – possuem também igual relevância.

concepção do homem e da sociedade, de suas relações recíprocas e, por conseguinte, também sobre um determinado sistema de valores".[3]

Há mais de um século e meio Ferrer já enfatizava a importância do estudo da natureza humana para o conhecimento do Direito: "... debalde se procurará a razão dos princípios do Direito, sem primeiro se ter estudado a *natureza do ser*, que tem direitos."[4]

O conhecimento da vida humana, por seu lado, pressupõe experiência e reflexão filosófica, enquanto os dados referentes à realidade social são fornecidos pela Sociologia. A análise do homem e da sociedade deve ser uma tarefa permanente a ser desenvolvida pelo estudioso do Direito.

6. DISCIPLINAS JURÍDICAS FUNDAMENTAIS

6.1. Ciência do Direito. Também chamada *Dogmática Jurídica*, esta disciplina aborda o Direito vigente em determinada sociedade e as questões relativas à sua interpretação e aplicação. O seu papel é revelar o *ser* do Direito, aquele que é obrigatório, que se acha *posto* à coletividade e se localiza, basicamente, nas leis e nos códigos. Não é de natureza crítica, isto é, não penetra no plano de discussão quanto à conveniência social das normas jurídicas. Ao operar no plano da Ciência do Direito, o cientista tão somente cogita dos juízos de constatação, a fim de apurar as determinações contidas no conjunto normativo. É irrelevante, nesse momento, qualquer consideração sobre o valor justiça, pois a disciplina se mantém alheia aos valores. Cumpre apenas, à Ciência do Direito, definir e sistematizar o conjunto de normas que o Estado impõe à sociedade. É irrecusável a importância desta disciplina para a organização da vida jurídica, mas, pergunta-se, o seu estudo é suficiente? Enquanto os positivistas respondem afirmativamente à indagação, fiéis à sua concepção legalista do Direito, os jusnaturalistas negam suficiência à disciplina, de vez que se preocupam com a justiça substancial e com o Direito Natural.

A visão que a Ciência do Direito oferece é limitada, fenomênica, não suficiente para revelar ao espírito o conhecimento integral do Direito, cuja majestade não decorre apenas das leis, mas do seu significado, da importância de sua função social, dos valores espirituais que consagra e imprime às relações interindividuais.

Observe-se, finalmente, que a expressão *Ciência do Direito*, além de ser empregada em sentido restrito, como uma das disciplinas jurídicas, é usada em sentido amplo, como referência à totalidade dos estudos desenvolvidos sobre o Direito.

6.2. Filosofia do Direito. Enquanto a Ciência do Direito se limita a descrever e sistematizar o Direito vigente, a Filosofia do Direito transcende o plano meramente normativo, para questionar o critério de justiça adotado nas normas jurídicas. De um lado, a Ciência do Direito responde à indagação *Quid juris?* (o que é de Direito?); de outro, a Filosofia Jurídica atende à pergunta *Quid jus?* (o que é o Direito?). Esta é uma disciplina de reflexão sobre os fundamentos do Direito. É a própria Filosofia Geral aplicada ao objeto Direito. Preocupado com o *dever ser*, com o melhor Direito, com o Direito justo, é indispensável que o jusfilósofo conheça tanto a natureza humana quanto o teor das leis. Basicamente o objeto da Filosofia do Direito envolve uma pesquisa lógica, pela qual se investiga o concei-

---

[3]   *Apud* Elías Díaz, *Sociología y Filosofía del Derecho*, 3ª ed., Taurus, Madrid, 1977, p. 253.

[4]   Vicente Ferrer Neto Paiva, *Elementos de Direito Natural*, 2ª ed., impressão da Universidade de Coimbra, Coimbra, 1850, p. 2.

to do Direito em seus aspectos mais variados e complexos, e outra de natureza axiológica que desenvolve a crítica às instituições jurídicas, sob a ótica dos valores justiça e segurança.

Além do conhecimento científico do Direito, que oferece a noção sistemática da ordem jurídica, e do filosófico, que vê esse ordenamento em função do conjunto dos interesses humanos, a fim de harmonizar a ordem jurídica com a ordem geral da vida e das coisas, há o chamado conhecimento vulgar, que é elementar, fragmentário e resulta da experiência. Enquanto os conhecimentos científico e filosófico do Direito se obtêm pela seleção e emprego de métodos adequados de pesquisa, o vulgar é adquirido pela vivência e participação na dinâmica social. É a noção que o leigo possui, oriunda de leitura assistemática ou de simples informações (v. item 3).

Sob o ponto de vista didático, Ernildo Stein distingue três formas de exposição do pensamento filosófico: 1. *Filosofia de ornamentação*, ou *cosmética*: a que se apresenta em textos, dando a fundamentação devida aos arrazoados jurídicos, palestras, artigos sobre os mais variados assuntos; 2. *Filosofia de orientação*: consiste na reflexão filosófica de cunho ético, estético ou metafísico, da qual se orientam juristas, pedagogos, antropólogos, no enfrentamento de questões muitas vezes polêmicas; 3. *Filosofia que funda paradigmas de racionalidade*: nesta modalidade, o filósofo busca novos paradigmas, que devem nortear o pensamento reflexivo. Nesta perspectiva ele contribui para o enriquecimento da própria Filosofia, dando-lhe instrumentos para a multiplicação do saber.[5]

6.3. Sociologia do Direito. Esta disciplina busca a mútua convergência entre o Direito e a sociedade. No âmbito internacional, o *"Research Committee on Sociology of Law"*, órgão vinculado à *"International Sociological Association" (ISA)*, formado em 1962, congrega especialistas de todas as partes do globo e centraliza pesquisas científicas. Seus primeiros dirigentes foram: R. Treves, da Itália, A. Podgoreki, da Polônia e W. M. Evans, dos Estados Unidos da América do Norte. A partir de 1964, o Comitê promove importantes reuniões internacionais em diferentes partes do mundo, quando se aborda o estatuto epistemológico da disciplina, além de temas sobre matéria de fundo.

A Sociologia do Direito é a disciplina que examina o fenômeno jurídico do ponto de vista social, a fim de observar a adequação da ordem jurídica aos fatos sociais. As relações entre a sociedade e o Direito, que formam o núcleo de seus estudos, podem ser investigadas sob os seguintes aspectos principais:

a) adaptação do Direito à vontade social;

b) cumprimento pelo povo das leis vigentes e a aplicação destas pelas autoridades;

c) correspondência entre os objetivos visados pelo legislador e os efeitos sociais provocados pelas leis.

O Direito de um povo se revela autêntico, quando retrata a vida social, quando se adapta ao momento histórico, quando evolui à medida que o organismo social ganha novas dimensões. A Sociologia do Direito desenvolve importante trabalho para a correção dos desajustamentos entre a sociedade e o Direito. O conhecimento da sociedade se revela, pois, da maior importância à prática da disciplina. Ao prefaciar a sua obra *Fundamentos da Sociologia do Direito*, Eugen Ehrlich enfatiza tal importância: "... também em nossa época, como em todos os tempos, o fundamental no desenvolvimento do Direito não

---

[5] *Exercícios de Fenomenologia*, Ijuí: Unijuí, p. 153-154, conforme André Karam Trindade, em A Filosofia do Direito e as condições de possibilidade do discurso jurídico, *Revista Consultor Jurídico*, edição de 14 de junho de 2014.

INTRODUÇÃO AO ESTUDO DO DIREITO · PAULO NADER

está no ato de legislar nem na jurisprudência ou na aplicação do Direito, mas na própria sociedade. Talvez se resuma nesta frase o sentido de todo o fundamento de uma Sociologia do Direito".[6] Para o especialista espanhol Elías Díaz, a disciplina possui como zona central o *Direito efetivo*: "Investigação sobre a ciência do Direito e, em outro plano, constatação do sistema de legitimidade criado ou aceito por uma coletividade: quer dizer, segundo o nível da legitimidade, a legitimidade eficaz."[7]

Os sociólogos, em relação ao Direito, quase sempre incidem em um sociologismo, ao supervalorizarem a ciência da sociedade, a ponto de reduzirem o Direito à categoria única de fato social. O sociologismo jurídico corresponde à tendência expansionista dos sociólogos de conceberem o Direito como simples capítulo da Sociologia. Este pensamento, originário de Augusto Comte, circulou no âmbito dos sociólogos mais radicais, por não possuir embasamento científico. Não obstante, o jurista Georges Scelle, professor honorário da Universidade de Paris, negou autonomia à Ciência do Direito, situando-a como um ramo da Sociologia: "A ciência do Direito, que os anglo-saxões chamam de jurisprudência, forma um ramo da sociologia, da mesma maneira que a moral, a psicologia, a ciência das religiões, a geografia humana, a política...".[8] O erro fundamental do sociologismo jurídico, diz Badenes Gasset, "está em derivar do dado bruto da experiência aquilo que deve ser, e em erigir a situação de fato em situação de Direito"[9] (v. item 3). A Sociologia do Direito é, portanto, um ramo autônomo do conhecimento, característica retratada, com precisão, por Sergio Cavalieri Filho, em seu *Programa de Sociologia Jurídica*: "Não se confunde o objeto da Sociologia Jurídica com o de qualquer outra ciência que também se relacione com o direito, por isso que se preocupa apenas com o direito como um fato social concreto, integrante de uma superestrutura social". Com oportunidade, ressalva: "É evidente, porém, que, embora se tratando de uma ciência autônoma, com objeto próprio e inconfundível, mantém a Sociologia Jurídica íntimas relações com todas as ciências sociais, principalmente com a Ciência do Direito e Filosofia do Direito, com as quais tem muito em comum".[10]

7. DISCIPLINAS JURÍDICAS AUXILIARES

7.1. História do Direito. O Homem, em seu permanente trabalho de aperfeiçoamento do mundo cultural, submete os objetos materiais e espirituais a novas formas e conteúdos, visando ao seu melhor aproveitamento, a sua maior adaptação aos novos valores e aos fatos da época. Esse patrimônio não resulta do esforço isolado de uma geração, pois corresponde à soma das experiências vividas no passado e no presente. As conquistas científicas de hoje são acréscimos ao trabalho de ontem. Assim, a compreensão plena do significado de um objeto cultural exige o conhecimento de suas diferentes fases de elabo-

---

[6] Trad. brasileira por René Ernani Gertz, Editora Universidade de Brasília, Brasília, 1986.

[7] O autor espanhol empregou o termo *eficácia* no sentido de efetividade, isto é, de observância do Direito. *Op. cit.*, p. 63. Ainda sobre o objeto da disciplina, importante é o depoimento de Henri et Leon Mazeaud, Jean Mazeaud e François Chabas: "*La sociologie juridique est l'étude de la formation sociale des règles juridiques et celle de leurs sur la société. Des enquêtes sociologiques ont été effectuées sur l'adoption, la famille, etc. La réforme des régimes matrimoniaux, en 1965, a été précédée d'une enquête sur la pratique matrimoniale des Français. La sociologie met en lumière les comportements sociaux, les disparités locales ou professionnelles, les besoins nouveaux de la société, l'influence des groupes de pression. Elle révèle l'effectivité ou l'ineffectivité du droit, c'est-à-dire la mesure dans laquelle le droit est respecté ou transgressé. Il appartient ensuite à la politique juridique de décider si la règle transgressée doit être maintenue, modifiée ou abrogée*" Em *Leçons de Droit Civil*, 12ª ed., Paris, Montchrestien, 2000, tomo I, 1º vol., p. 46.

[8] Georges Scelle et alii, *Introduction a L'Étude du Droit*, 1ª ed., Paris, Éditions Rousseau et Cie., 1951, tomo I, p. 4.

[9] Ramon Badenes Gasset, *Metodología del Derecho*, Bosch, Barcelona, 1959, p. 205.

[10] *Programa de Sociologia Jurídica*, 11ª ed., Rio de Janeiro, Editora Forense, 2004, p. 58.

ração. Este fenômeno ocorre, com igual importância, na área do Direito, onde a memorização dos acontecimentos jurídicos representa um fator coadjuvante de informação, para a definição atual do Direito.

A História do Direito é uma disciplina jurídica que tem por escopo a pesquisa e a análise dos institutos jurídicos do passado. O seu estudo pode limitar-se a uma ordem nacional, abranger o Direito de um conjunto de povos identificados pela mesma linguagem ou formação, ou se estender ao plano mundial.

O Direito e a História vivem em regime de mútua influência, a ponto de Ortolan, com algum exagero, ter afirmado que "todo historiador deveria ser jurisconsulto, todo jurisconsulto deveria ser historiador".[11] O certo é que o Direito vive impregnado de fatos históricos, que comandam o seu rumo, e a sua compreensão exige, muitas vezes, o conhecimento das condições sociais existentes à época em que foi elaborado. A Escola Histórica do Direito, de formação germânica, criada no início do século XIX, valorizou e deu grande impulso aos estudos históricos do Direito. Para esta Escola, que teve em Gustavo Hugo, Savigny e Puchta seus vultos mais preeminentes, o Direito era um produto da História.

É necessário que a História do Direito, paralelamente à análise da legislação antiga, proceda à investigação nos documentos históricos da mesma época. A pesquisa histórica pode recorrer às *fontes jurídicas*, que tomam por base as leis, o Direito costumeiro, sentenças judiciais e obras doutrinárias, e às *fontes não jurídicas*, como livros, cartas e documentos. O método a ser seguido deve ser uma conjugação do cronológico e sistemático. Ao encetar a investigação, conforme expõem Mouchet e Becu, o cientista deve dividir o quadro histórico em períodos de tempo para, em seguida, proceder à análise sistemática das instituições jurídicas.[12] (v. item 156).

7.2. Direito Comparado. Embora a circunstância de o Direito variar no tempo e no espaço e a sua tendência para ser a expressão de uma realidade concreta, apresenta também elementos de validade universal, cujo conhecimento pode contribuir para o avanço da legislação de outros povos. A disciplina Direito Comparado tem por objeto o estudo comparativo de ordenamentos jurídicos de diferentes Estados, no propósito de revelar as novas conquistas alcançadas em determinado ramo da árvore jurídica e que podem orientar legisladores. Tal estudo não deve prender-se apenas às leis e aos códigos. É imperioso que, paralelamente ao exame das instituições jurídicas, se analisem os fatos culturais e políticos que serviram de suporte ao ordenamento jurídico. Ao empreender essa ordem de estudos, o especialista deve selecionar as legislações mais avançadas no ramo a que tem interesse, pois só assim poderá obter resultados positivos.

Para Vittorio Scialoja o Direito Comparado visa:

a) a dar ao estudioso uma orientação acerca do Direito de outros países;

b) a determinar os elementos comuns e fundamentais das instituições jurídicas e registrar o sentido da evolução destas;

c) a criar um instrumento adequado para futuras reformas.[13]

O efeito prático do Direito Comparado é o aproveitamento, por um Estado, da experiência jurídica de outro. Tal hipótese, contudo, para ocorrer, exige perfeita adequação

---

[11] *Apud* Jônatas Serrano, *Filosofia do Direito*, 3ª ed., F. Briguiet & Cia., Rio de Janeiro, 1942, p. 19.

[12] Carlos Mouchet e Zorraquin Becu, *Introducción al Derecho*, 6ª ed., Editorial Perrot, Buenos Aires, 1967, p. 93.

[13] *Apud* Eduardo García Máynez, *Introducción al Estudio del Derecho*, 12ª ed., Editorial Porrua S.A., México, 1964, p. 163.

INTRODUÇÃO AO ESTUDO DO DIREITO · PAULO NADER

do novo conjunto normativo à realidade social a que se destina. Nenhum sentimento nacionalista, por outro lado, deve criar resistência às contribuições do Direito Comparado, de vez que a Ciência não possui nacionalidade e é uma propriedade do gênero humano.

BIBLIOGRAFIA PRINCIPAL

Ordem do Sumário:

5 – Eduardo Garcia Máynez, *Introducción al Estudio del Derecho*; Machado Netto, *Compêndio de Introdução à Ciência do Direito*;

6 – Giorgio Del Vecchio, *Lições de Filosofia do Direito*; Elías Díaz, *Sociología y Filosofía del Derecho*; Sergio Cavalieri Filho, *Programa de Sociologia Jurídica*;

7 – Carlos Mouchet e Zorraquin Becu, *Introducción al Derecho*.

– Segunda Parte –
A DIMENSÃO SOCIOLÓGICA DO DIREITO

– Capítulo 3 –
O DIREITO COMO PROCESSO DE ADAPTAÇÃO SOCIAL

Sumário: 8. O Fenômeno da Adaptação Humana. **9.** Direito e Adaptação.

8. O FENÔMENO DA ADAPTAÇÃO HUMANA

8.1. Aspectos Gerais. Para alcançar a realização de seus projetos de vida – *individuais*, *sociais* ou de *humanidade* – o homem tem de atender às exigências de um condicionamento imensurável: *submeter-se às leis da natureza e construir o seu mundo cultural*. São duas exigências valoradas pelo Criador como requisitos à vida do homem na Terra – com o vocábulo vida implicando desenvolvimento de todas as faculdades do ser.

O condicionamento, imposto ao homem de forma inexorável, gera múltiplas necessidades, por ele atendidas mediante os processos de adaptação. Graças a esse mecanismo, o homem se torna forte, resistente, apto a enfrentar os rigores da natureza, capaz de viver em sociedade, desfrutar de justiça e segurança, de conquistar, enfim, o seu mundo cultural. Por dois processos distintos – interna e externamente – se faz a adaptação humana.

8.2. Adaptação Interna. Também denominada *orgânica*, esta forma de adaptação se processa através dos órgãos do corpo, sem a intervenção do elemento vontade. Tal processo não constitui privilégio do homem, mas um mecanismo comum a todos os seres vivos da escala animal e vegetal. Os órgãos, em seu ininterrupto trabalho, desenvolvendo funções de vida, superam situações físicas adversas, algumas transitórias e outras permanentes, mediante transformações operadas na área atingida ou no todo orgânico. A perda de um rim promove ativo trabalho de adaptação orgânica às novas condições, com o órgão solitário passando a desenvolver uma atividade mais intensa. Pessoas que se locomovem para regiões de maior altitude sentem-se afetadas pela menor pressão atmosférica, o que provoca o início imediato de um processo de adaptação, no qual várias modificações são realizadas, salientando-se a multiplicação dos glóbulos vermelhos no sangue. Em pouco tempo, porém, readquirem o vigor físico, voltando às suas condições normais de vida. Alexis Carrel coloca em evidência toda a importância desse mecanismo: "A adaptação é essencialmente teleológica. É graças a ela que o meio interno se mantém constante, que o corpo conserva a sua unidade, que se cura das doenças. É graças a ela que duramos, apesar da fragilidade e do caráter transitório dos nossos tecidos."[1]

8.3. Adaptação Externa. Ao homem compete, com esforço e inteligência, complementar a obra da natureza. As necessidades humanas, não supridas diretamente pela natureza, obrigam-no a desenvolver esforço no sentido de gerar os recursos indispensáveis. Consciente de suas necessidades e carências, ele elabora. A atividade que desenvolve, modelando o mundo exterior, tem um sentido de adaptação, de acomodar os objetos, as ideias e a vida social às suas inumeráveis necessidades. Em consequência de seu esforço, perspicácia e imaginação, surge o chamado mundo da cultura, composto de tudo aquilo que ele constrói, visando a sua adaptação externa: a cadeira, o metrô, uma canção, as crenças, os códigos etc. O processo adaptativo é elaborado sempre diante de uma necessidade, configurada por um obstáculo da natureza ou de carências. Esta forma de adaptação é igualmente denominada *extraorgânica*.

A própria vida em sociedade já constitui um processo de adaptação humana. Para atingir a plenitude do seu ser, o homem precisa não só da convivência, mas da participação na sociedade. Do trabalho que esta produz, o homem extrai proveitos e se realiza não apenas quando aufere os benefícios que a coletividade gera, mas principalmente quando se faz presente nos processos criativos.

9. DIREITO E ADAPTAÇÃO

9.1. Colocações Prévias. A relação entre a sociedade e o Direito apresenta um duplo sentido de adaptação: de um lado, o ordenamento jurídico é elaborado como processo de adaptação social e, para isto, deve ajustar-se às condições do meio; de outro, o Direito estabelecido cria a necessidade de o povo adaptar o seu comportamento aos novos padrões de convivência.

A vida em sociedade pressupõe organização e implica a existência do Direito. A sociedade cria o Direito no propósito de formular as bases da justiça e segurança. Com este processo as ações sociais ganham estabilidade. A vida social torna-se viável. O Direito, porém, não é uma força que gera, unilateralmente, o bem-estar social. Os valores espirituais que apresenta não são inventos do legislador. Por definição, o Direito deve ser uma expressão da vontade social e, assim, a legislação deve apenas assimilar os valores positivos que a sociedade estima e vive. O Direito não é, portanto, uma fórmula mágica capaz de transformar a natureza humana. Se o homem em sociedade não está propenso a acatar os valores fundamentais do bem comum, de vivê-los em suas ações, o Direito será inócuo, impotente para realizar a sua missão.

Por não ser criado pelo homem, o Direito Natural, que corresponde a uma ordem de justiça que a própria natureza ensina aos homens pelas vias da experiência e da razão, não pode ser admitido como um processo de adaptação social. O Direito Positivo, aquele que o Estado impõe à coletividade, é que deve estar adaptado aos princípios fundamentais do Direito Natural, cristalizados no respeito à vida, à liberdade e aos seus desdobramentos lógicos.

À indagação, no campo da mera hipótese e especulação, se o Direito se apresentaria como um processo de adaptação, caso a natureza humana atingisse o nível da perfei-

---

[1] Alexis Carrel, *O Homem, Esse Desconhecido*, Editora Educação Nacional, Porto, s/d, p. 263.

Segunda Parte • **Cap. 3** • O DIREITO COMO PROCESSO DE ADAPTAÇÃO SOCIAL | **21**

ção, impõe-se a resposta negativa. Se reconhecemos que o Direito surge em decorrência de uma necessidade humana de ordem e equilíbrio, desde que desapareça a necessidade, cessará, obviamente, a razão de ser do mecanismo de adaptação. Outras normas sociais continuarão existindo, com o caráter meramente indicativo, como as relativas à higiene pública, trânsito, tributos, mas sem o elemento coercibilidade, que é uma característica exclusiva do Direito.

9.2. O Direito como Processo de Adaptação Social. As necessidades de paz, ordem e bem comum levam a sociedade à criação de um organismo responsável pela instrumentalização e regência desses valores. Ao Direito é conferida esta importante missão. A sua faixa ontológica localiza-se no mundo da cultura, pois representa elaboração humana. O Direito não corresponde às necessidades individuais, mas a uma carência da coletividade. A sua existência exige uma equação social. Só se tem direito relativamente a alguém. O homem que vive fora da sociedade vive fora do império das leis. O homem só, não possui direitos nem deveres.

Para o homem e para a sociedade, o Direito não constitui um fim, apenas um meio para tornar possível a convivência e o progresso social. *Apesar de possuir um substrato axiológico permanente, que reflete a estabilidade da "natureza humana", o Direito é um engenho à mercê da sociedade e deve ter a sua direção de acordo com os rumos sociais.*

As instituições jurídicas são inventos humanos que sofrem variações no tempo e no espaço. Como processo de adaptação social, o Direito deve estar sempre se refazendo, em face da mobilidade social. A necessidade de ordem, paz, segurança, justiça, que o Direito visa a atender, exige procedimentos sempre novos. Se o Direito se envelhece, deixa de ser um processo de adaptação, pois passa a não exercer a função para a qual foi criado. Não basta, portanto, o *ser* do Direito na sociedade, é indispensável o *ser atuante*, o *ser atualizado*. Os processos de adaptação devem-se renovar, pois somente assim o Direito será um instrumento eficaz na garantia do equilíbrio e da harmonia social.

Este processo de adaptação externa da sociedade compõe-se de normas jurídicas, que são as células do Direito, modelos de comportamento social, que fixam limites à liberdade do homem, mediante imposição de condutas. Na expressiva síntese de Cosentini, "... *o Direito não é uma criação espontânea e audaciosa do legislador, mas possui uma raiz muito mais profunda: a consciência do povo... O Direito nasce da vida social, se transforma com a vida social e deve se adaptar à vida social.*"[2]

Como os fatos sociais ocorrem dentro de uma variação quase infinita, ao legislador não seria possível, nem conveniente, tratar todas as questões relevantes no formato de seus matizes ou singularidades, isto é, *casuisticamente*. Já em Roma a adaptação do Direito possuía caráter seletivo, como se pode inferir da lição de seus jurisconsultos. Pompônio já comentara: "*Iura constitui oportet, ut dixit Theophrastus, in his, quae ut plurimum accidunt, non quae ex inopinato*" (i.e. " Convém que se estabeleçam as leis, segundo disse Teofrasto, sobre o que muito frequentemente sucede, não sobre o inopinado"). Celso complementou a lição: "*Nam ad ea potius debet aptari ius, quae et frequentur et facile, quam quae perraro*

---

[2]   Franceso Cosentini, *Le Droit de Famille – Essai de Réforme*, 1ª ed., Paris, Librairie Générale de Droit & de Jurisprudence, 1929, p. 1.

22 | INTRODUÇÃO AO ESTUDO DO DIREITO · PAULO NADER

aveniunt" (i.e., "Porque a lei deve adaptar-se ao que acontece frequente e facilmente e não ao que ocorre muito raramente").[3]

Na sua missão de proporcionar bem-estar, a fim de que os homens possam livremente atingir os ideais de vida e desenvolver o seu potencial para o bem, o Direito não deve absorver todos os atos e manifestações humanas, de vez que não é o único responsável pelo sucesso das relações sociais. A Moral, a Religião, as Regras de Trato Social, igualmente zelam pela solidariedade e benquerença entre os homens. Cada qual, porém, em sua faixa própria. A do Direito é regrar a conduta social, com vista à segurança e justiça. A sua intervenção no comportamento social deve ocorrer, unicamente, em função daqueles valores. Somente os fatos mais importantes para o convívio social devem ser disciplinados. O Direito, portanto, não visa ao aperfeiçoamento do homem – esta meta pertence à Moral; não pretende preparar o ser humano para a conquista de uma vida supraterrena, ligada a Deus – valor perquirido pela Religião; não se preocupa em incentivar a cortesia, o cavalheirismo ou as normas de etiqueta – âmbito específico das Regras de Trato Social. *Se o Direito regulamentasse todos os atos sociais, o homem perderia a iniciativa, a sua liberdade seria utópica e passaria a viver como autômato.*

De uma forma enfática, Pontes de Miranda se refere ao Direito como um fenômeno de adaptação: "O Direito não é outra coisa que processo de adaptação"; "Direito é processo de adaptação social, que consiste em se estabelecerem regras de conduta, cuja incidência é independente da adesão daqueles a que a incidência da regra jurídica possa interessar."[4] A vinculação entre Direito e necessidade, essencial à compreensão do fenômeno jurídico como processo adaptativo, é feita também por Recaséns Siches, quando afirma que "o Direito é algo que os homens fabricam em sua vida, sob o estímulo de umas determinadas necessidades; algo que vivem em sua existência com o propósito de satisfazer àquelas necessidades..."[5]

A dificuldade em se adaptar ao sistema jurídico, leis projetadas para outra realidade, tem sido o grande obstáculo ao fenômeno da recepção do Direito estrangeiro.

9.3. A Adaptação das Ações Humanas ao Direito. A sociedade cria o Direito e, ao mesmo tempo, se submete aos seus efeitos. O novo Direito impõe, em primeiro lugar, um processo de assimilação e, posteriormente, de adequação de atitudes. O conhecimento do ordenamento jurídico estabelecido não é preocupação exclusiva de seus destinatários. O mundo jurídico passa a se empenhar na exegese do verdadeiro sentido e alcance das regras introduzidas no meio social. Esta fase de cognição do Direito algumas vezes é complexa. As interrogações que a lei apresenta abrem divergências na doutrina e nos tribunais, além de deixar inseguros os seus destinatários.

Com a definição do espírito da lei, a sociedade passa a viver e a se articular de acordo com os novos parâmetros. Em relação aos seus interesses particulares e na gestão de seus negócios, os homens pautam o seu comportamento e se guiam em conformidade com os atuais conceitos de lícito e de ilícito.

As condições ambientais favoráveis à interação social não são obtidas com a pura criação do Direito. É indispensável que a lei promulgada ganhe efetividade, isto é, que os comandos por ela estabelecidos sejam vividos e aplicados nos diferentes níveis de rela-

---

3   *Digesto*, Livro I, tít. III, respectivamente fragmentos 4 e 5.

4   Pontes de Miranda, *Comentários à Constituição de 1967*, 1ª ed., Revista dos Tribunais, São Paulo, 1967, tomo I, p. 31.

5   Luis Recaséns Siches, *Introducción al Estudio del Derecho*, 1ª ed., Editorial Porrua S.A., México, 1970, p. 16.

cionamento humano.[6] O conteúdo de justiça da lei e o sentimento de respeito ao homem pelo bem comum devem ser a motivação maior dos processos de adaptação à nova lei. Contudo, a experiência revela que o homem, embora a sua tendência para o bem, é *fraco*. Por este motivo a coercibilidade da lei atua, com intensidade, como estímulo à efetividade do Direito.

BIBLIOGRAFIA PRINCIPAL

Ordem do Sumário:

8 – Alexis Carrel, *O Homem, esse Desconhecido*; Queiroz Lima, *Princípios de Sociologia Jurídica*;

9 – L. Recaséns Siches, *Introducción al Estudio del Derecho*; Pontes de Miranda, *Sistema de Ciência Positiva do Direito*.

---

[6] A lei obtém *efetividade* quando observada por seus destinatários e aplicada por quem de direito.

– Capítulo 4 –
SOCIEDADE E DIREITO

Sumário: 10. A Sociabilidade Humana. **11.** O "Estado de Natureza". **12.** Formas de Interação Social e a Ação do Direito. **13.** A Mútua Dependência entre o Direito e a Sociedade.

10. A SOCIABILIDADE HUMANA

A própria constituição física do ser humano revela que ele foi programado para conviver e se completar com outro ser de sua espécie. A prole, decorrência natural da união, passa a atuar como fator de organização e estabilidade do núcleo familiar. O pequeno grupo, formado não apenas pelo interesse material, mas pelos sentimentos de afeto, tende a propagar-se em cadeia, com a formação de outros pequenos núcleos, até se chegar à formação de um grande grupo social.

A lembrança de Ortega y Gasset, ao narrar que a História registra, periodicamente, movimentos de "querer ir-se", conforme aconteceu com os eremitas, indo para os desertos praticar a "moné" – solidão; com os monges cristãos e, ainda, nos primeiros séculos do Império Romano, com homens fugindo para os desertos, desiludidos da vida pública, não enfraquece a tese da sociabilidade humana. A experiência tem demonstrado que o homem é capaz, durante algum tempo, de viver isolado. Não, porém, durante a sua existência. Ele conseguirá, nesse tempo, prescindir da convivência e não da produção social.[1]

O exemplo de Robinson Crusoé serve para reflexão. Durante *algum tempo*, esteve isolado em uma ilha, utilizando-se de instrumentos achados na embarcação. Em relação àquele personagem da ficção, dois fatos merecem observações. Quando Robinson chegou à ilha, já possuía conhecimentos e compreensão, alcançados em sociedade e que muito o ajudaram naquela emergência. Além disso, o uso de instrumentos, certamente adquiridos pelo sistema de troca de riquezas, que caracteriza a dinâmica da vida social, dá a evidência de que, ainda na solidão, Robinson utilizou-se de um trabalho social.[2]

---

[1] "... a sociabilidade penetra todo o fazer humano até o ponto que toda ação é uma verdadeira coação, um *fazer com outros*" (Sebastián Soler, *Las Palabras de la Ley*, 1ª ed., Fondo de Cultura Económica, México, 1969, p. 27).

[2] Em igual perspectiva é a preleção e comentário de Rudolf Stammler: *"Lo único que cabe afirmar con seguridad es que donde quiera que aparecen seres humanos, encontramos siempre una ordenación jurídica. La conocida historia*

Examinando o fenômeno da sociabilidade humana, Aristóteles considerou o homem fora da sociedade "um bruto ou um deus", significando algo inferior ou superior à condição humana. O homem viveria alienado, sem o discernimento próprio ou, na segunda hipótese, viveria como um ser perfeito, condição ainda não alcançada por ele. Santo Tomás de Aquino, estudando o mesmo fenômeno, enumerou três hipóteses para a vida humana fora da sociedade:

a) *mala fortuna*;

b) *corruptio naturae*;

c) *excellentia naturae*.

No *infortúnio*, o isolamento se dá em casos de naufrágio ou em situações análogas, como a queda de um avião em plena selva. Na *alienação mental*, o homem, desprovido de inteligência, vai viver distanciado de seus semelhantes. A última hipótese é a de quem possui uma *grande espiritualidade*, como São Simeão, chamado "Estilita" por tentar isolar-se, construindo uma alta coluna, no topo da qual viveu algum tempo.

É na sociedade, não fora dela, que o homem encontra o complemento necessário ao desenvolvimento de suas faculdades, de todas as potências que carrega em si. Por não conseguir a autorrealização, concentra os seus esforços na construção da sociedade, seu *habitat* natural e que representa o grande empenho do homem para adaptar o mundo exterior às suas necessidades de vida.

11. O "ESTADO DE NATUREZA"

É na sociedade que o homem encontra o ambiente propício ao seu pleno desenvolvimento. Qualquer estudo sobre ele há de revelar o seu instinto de vida gregária. O pretenso "estado de natureza", em que os homens teriam vivido em solidão, originariamente, isolados uns dos outros, é mera hipótese, sem apoio na experiência e sem dignidade científica. O seu estudo, entretanto, presta-se a fins científicos, conforme revela Del Vecchio.[3] Através dessa hipótese se chegará, com argumentação *a contrario*, à comprovação de que fora da sociedade não há condições de vida para o homem. Acrescenta o mestre italiano que a mesma prática poderia ser adotada por um cientista da natureza, com relação, por exemplo, à lei da gravidade. Explicar as coisas do mundo, com abstração desta lei, seria um meio de demonstrar a sua imprescindibilidade.

12. FORMAS DE INTERAÇÃO SOCIAL E A AÇÃO DO DIREITO

12.1. A Interação Social. As pessoas e os grupos sociais se relacionam estreitamente, na busca de seus objetivos. Os processos de mútua influência, de relações interindividuais e intergrupais, que se formam sob a força de variados interesses, denominam-se *interação social*. Esta pressupõe cultura e conhecimento das diferentes espécies de normas de conduta adotadas pelo corpo social. Na relação interindividual, em que o *ego* e o *alter* se colocam frente a frente, com as suas pretensões, a noção comum dos padrões de comportamento e atitudes é decisiva à natural fluência do fato. O quadro psicológico que se apresenta é abor-

---

de Robinsón no debe inducirnos a error en este respecto. Robinsón procedrá, como todo hombre, de una colectividad sujeta a Derecho, y a la que se reintegra en definitiva, y durante su aislamiento voluntario se sustenta con el patrimonio espiritual adquirido de esa colectividad." Em *La Genesis del Derecho*, 1ª ed., Madrid, Talleres Calpe, 1925, p. 8.

[3] Giorgio Del Vecchio, *Lições de Filosofia do Direito*, trad. da 10ª ed. original, Armênio Amado, Editor, Suc., Coimbra, 1959, vol. II, p. 219.

dado, com agudeza, por Parsons e Shills: "... como os resultados da ação do *ego* dependem da reação do *alter*, o *ego* orienta-se não apenas pelo provável comportamento manifesto do *alter*, mas também pela interpretação que faz das expectativas do *alter* com relação a seu comportamento, uma vez que o *ego* espera que as expectativas do *alter* influenciarão o seu comportamento."[4]

A interação social se apresenta sob as formas de *cooperação, competição* e *conflito* e encontra no Direito a sua garantia, o instrumento de apoio que protege a dinâmica das ações.

Na cooperação as pessoas estão movidas por igual objetivo e valor e por isso conjugam o seu esforço. A interação se manifesta direta e positiva. Na competição há uma disputa, uma concorrência, em que as partes procuram obter o que almejam, uma visando a exclusão da outra. Uma das grandes características da sociedade moderna, esta forma revela atividades paralelas, em que cada pessoa ou grupo procura reunir os melhores trunfos, para a consecução de seus objetivos. A interação, nesta espécie, se faz indireta e, sob muitos aspectos, positiva. O conflito se faz presente a partir do impasse, quando os interesses em jogo não logram uma solução pelo diálogo e as partes recorrem à luta, moral ou física, ou buscam a mediação da justiça. Podemos defini-lo como *oposição de interesses, entre pessoas ou grupos, não conciliados pelas normas sociais*. No conflito a interação é direta e negativa. O Direito só irá disciplinar as formas de cooperação e competição onde houver relação potencialmente conflituosa.

Os conflitos são fenômenos naturais à sociedade, podendo-se até dizer que lhe são imanentes.[5] Quanto mais complexa a sociedade, quanto mais se desenvolve, mais se sujeita a novas formas de conflito e o resultado é o que hoje se verifica, como já se afirmou, em que "o maior desafio não é o de como viver e sim o da convivência".

Conforme Anderson e Parker analisam, as formas de ação social não costumam desenvolver-se dentro de um único tipo de relacionamento, pois "na maior parte das situações estão intimamente ligadas e mutuamente relacionadas de diversas formas".[6] De fato, tal fenômeno ocorre, por exemplo, com empresas concorrentes que, no âmbito de um determinado departamento, firmam convênio para o desenvolvimento de um projeto de pesquisa, ou se unem a fim de pleitear um benefício de ordem fiscal. Na opinião dos dois sociólogos norte-americanos "nenhuma forma de ação é mais importante para a dinâmica da sociedade do que outra", embora reconheçam que uma pode ser mais desejável do que a outra. Em abono à presente opinião, é de se lembrar a tese do jurisconsulto alemão, Rudolf von Ihering, para quem a "luta" sempre foi, no desenrolar da história, um fator de propulsão das ideias e instituições jurídicas.

12.2. O Solidarismo Social. Léon Duguit, na esfera da Sociologia do Direito, desenvolveu uma importante teoria em relação à interação social por cooperação, no primeiro quartel do séc. XX. Baseando os seus estudos no pensamento do sociólogo Émile Durkheim, que dividiu as formas de solidariedade social em "mecânica" e "orgânica",[7] Léon

---

[4] Talcott Parsons e Edward A. Shills, *Homem e Sociedade*, de Fernando H. Cardoso e Octávio Ianni, Cia. Editora Nacional, São Paulo, 1966, p. 125.

[5] Pensava Heráclito que "se ajusta apenas o que se opõe, que a mais bela harmonia nasce das diferenças, que a discórdia é a lei de todo devir", *apud* Aristóteles, *Ética a Nicômaco*, VIII, I.

[6] Anderson e Parker, *Uma Introdução à Sociologia*, Zahar Editores, Rio de Janeiro, 1971, p. 544.

[7] Émile Durkheim, *Divisão do Trabalho Social*, Os Pensadores, Abril Cultural, São Paulo, 1973, cap. II e III.

Duguit estruturou a sua concepção a partir desse ponto, substituindo, porém, essas denominações, respectivamente, "por semelhança" e "por divisão do trabalho". Consideramos a expressão *entrosamento social* mais adequada, em virtude de que a palavra *solidariedade* implica uma participação consciente numa situação alheia, *animus* esse que não preside todas as formas de relacionamento social. O motorista de praça, que conduz um passageiro ao seu destino, não age solidariamente ao semelhante, verificando-se, tão somente, um entrosamento de interesses.

A solidariedade por semelhança caracteriza-se pelo fato de que os membros do grupo social conjugam seus esforços em um mesmo trabalho. Miguel Reale exemplifica esta modalidade: "podemos lembrar o esforço conjugado de cinco ou dez indivíduos para levantar um bloco de granito. Este é um caso de coordenação de trabalho, que tem como resultado uma solidariedade mecânica."[8] Esta forma foi mais desenvolvida no início da civilização e é a espécie que predomina entre os povos menos desenvolvidos. Na solidariedade por divisão do trabalho a atividade global da sociedade é racionalizada e divididas as tarefas por natureza do serviço. Os homens desenvolvem trabalhos diferentes e beneficiam-se mutuamente da produção alheia, mediante um sistema de troca de riquezas. Por essa diversificação de atividades, as tendências e vocações tendem a realizar-se.

Um plano de elaboração conjunta de um anteprojeto de código, que pressupõe o trabalho solidário de juristas, pode consagrar uma ou outra forma de solidariedade, havendo, inclusive, a possibilidade da adoção das duas concomitantemente. Esta última hipótese se configuraria quando, dividido o trabalho global em partes, cada uma destas ficasse confiada a um grupo que estudaria em conjunto.

A estrutura da sociedade, na teoria de Léon Duguit, estaria no pleno desenvolvimento das formas de solidariedade social. O Direito se revelaria como o agente capaz de garantir a solidariedade social, seu fundamento, e a lei seria legítima enquanto promovesse tal tipo de interação social.

12.3. A Ação do Direito. O Direito está em função da vida social. A sua finalidade é favorecer o amplo relacionamento entre as pessoas e os grupos sociais, que é uma das bases do progresso da sociedade. Ao separar o lícito do ilícito, segundo valores de convivência que a própria sociedade elege, o ordenamento jurídico torna possíveis os nexos de *cooperação* e disciplina a *competição*, estabelecendo as limitações necessárias ao equilíbrio e à justiça nas relações.

Em relação ao *conflito*, a ação do Direito se opera em duplo sentido. De um lado, preventivamente, ao evitar desentendimentos quanto aos direitos que cada parte julga ser portadora. Isto se faz mediante a exata definição do Direito, que deve ter na clareza, simplicidade e concisão de suas regras, algumas de suas qualidades. De outro lado, diante do conflito concreto, o Direito apresenta solução de acordo com a natureza do caso, seja para definir o titular do direito, determinar a restauração da situação anterior ou aplicar penalidades de diferentes tipos. O silogismo da sociabilidade expressa os elos que vinculam o homem, a sociedade e o Direito: *Ubi homo, ibi societas; ubi societas, ibi jus; ergo, ubi homo, ibi jus* (onde o homem, aí a sociedade; onde a sociedade, aí o Direito; logo, onde o homem, aí o Direito).

Cenário de lutas, alegrias e sofrimentos do homem, a sociedade não é simples aglomeração de pessoas. Ela se faz por um amplo relacionamento humano, que gera

---

[8] Miguel Reale, *Filosofia do Direito*, 7ª ed., Edição Saraiva, 1975, vol. II, p. 389.

a amizade, a colaboração, o amor, mas que promove, igualmente, a discórdia, a intolerância, as desavenças. Vivendo em ambiente comum, possuindo idênticos instintos e necessidades, é natural o aparecimento de conflitos sociais, que vão reclamar soluções. Os litígios surgidos criam para o homem as necessidades de segurança e de justiça. Mais um desafio lhe é lançado: a adaptação das condutas humanas ao bem comum. Como as necessidades coletivas tendem a satisfazer-se, ele aceita o desafio e lança-se ao estudo de fórmulas e meios, capazes de prevenirem os problemas, de preservarem os homens, de estabelecerem paz e harmonia no meio social. O Direito se manifesta, assim, como um corolário inafastável da sociedade. Esta foi definida por Massimo Bianca como "todo agregado humano que se submete às regras jurídicas comuns, ou seja, a um mesmo ordenamento jurídico."[9] A característica fundamental da sociedade é, assim, a submissão de um agrupamento de pessoas a iguais leis ou sistema jurídico, sem o que não poderia haver entendimento e convivência.

A sociedade sem o Direito não resistiria, seria anárquica, teria o seu fim. O Direito é a grande coluna que sustenta a sociedade. Criado pelo homem, para corrigir a sua imperfeição, o Direito representa um grande esforço para adaptar o mundo exterior às suas necessidades de vida.

13. A MÚTUA DEPENDÊNCIA ENTRE O DIREITO E A SOCIEDADE

13.1. Fato Social e Direito. Direito e sociedade são entidades congênitas e que se pressupõem. O Direito não tem existência em si próprio. Ele existe na sociedade. A sua causa material está nas relações de vida, nos acontecimentos mais importantes para a vida social. A sociedade, ao mesmo tempo, é fonte criadora e área de ação do Direito, seu foco de convergência. Existindo em função da sociedade, o Direito deve ser estabelecido à sua imagem, conforme as suas peculiaridades, refletindo os fatos sociais, que significam, no entendimento de Émile Durkheim, "maneiras de agir, de pensar e de sentir, exteriores ao indivíduo, dotadas de um poder de coerção em virtude do qual se lhe impõem".[10]

Fatos sociais são criações históricas do povo, que refletem os seus costumes, tradições, sentimentos e cultura. A sua elaboração é lenta, imperceptível e feita espontaneamente pela vida social. Costumes diferentes implicam fatos sociais diferentes. Cada povo tem a sua história e seus fatos sociais. O Direito, como fenômeno de adaptação social, não pode formar-se alheio a esses fatos. As normas jurídicas devem achar-se conforme as manifestações do povo. Os fatos sociais, porém, não são as matrizes do Direito. Exercem importante influência, mas o condicionamento não é absoluto. Nem tudo é histórico e contingente no Direito. Ele não possui apenas um conteúdo nacional, como adverte Del Vecchio. A natureza social do homem, fonte dos grandes princípios do Direito Natural, deve orientar as "maneiras de agir, de pensar e de sentir do povo" e dimensionar todo o *Jus Positum*. Falhando a sociedade, ao estabelecer fatos sociais contrários à natureza social do homem, o Direito não deve acompanhá-la no erro. Nesta hipótese, o Direito vai superar os fatos existentes, impondo-lhes modificações.

---

9   C. Massimo Bianca, *Diritto Civile*, 2ª ed., Milano, Giuffrè Editore, 2002, vol. I, p. 5.

10   Émile Durkheim, *As Regras do Método Sociológico*, Cia. Editora Nacional, São Paulo, 1960, cap. I. Sobre a presente definição, v. José Florentino Duarte, *O Direito como Fato Social*, Sérgio Antônio Fabris Editor, Porto Alegre, 1982, p. 17 e segs.

13.2. O Papel do Legislador. O Direito é criado pela sociedade para reger a própria vida social. No passado, manifestava-se exclusivamente nos costumes, quando era mais sensível à influência da vontade coletiva. Na atualidade, o Direito escrito é forma predominante, malgrado alguns países, como a Inglaterra, Estados Unidos e alguns povos muçulmanos, conservarem sistemas de Direito não escrito. O Estado moderno dispõe de um poder próprio, para a formulação do Direito – o *Poder Legislativo*. A este compete a difícil e importante função de estabelecer o Direito.

Semelhante ao trabalho de um sismógrafo, que acusa as vibrações havidas no solo, o legislador deve estar sensível às mudanças sociais, registrando-as nas leis e nos códigos.

Atento aos reclamos e imperativos do povo, o legislador deve captar a vontade coletiva e transportá-la para os códigos. Assim formulado, o Direito não é produto exclusivo da experiência, nem conquista absoluta da razão. O povo não é seu único autor e o legislador não extrai exclusivamente de sua razão os modelos de conduta. O concurso dos dois fatores é indispensável à concreção do Direito. Este pensamento é confirmado por Edgar Bodenheimer, quando declara que "seria unilateral a afirmação de que só a razão ou só a experiência como tal nos deveriam guiar na administração da justiça".[11]

No presente, o Direito não representa somente instrumento de disciplinamento social. A sua missão não é, como no passado, apenas garantir a segurança do homem, a sua vida, liberdade e patrimônio. A sua meta é mais ampla; consiste em promover o bem comum, que implica justiça, segurança, bem-estar e progresso. O Direito, na atualidade, é um fator decisivo para o avanço social. Além de garantir o homem, favorece o desenvolvimento da ciência, da tecnologia, da produção das riquezas, a preservação da natureza, o progresso das comunicações, a elevação do nível cultural do povo, promovendo ainda a formação de uma consciência nacional.

O legislador deste início de milênio não pode ser mero espectador do panorama social. Se os fatos caminham normalmente à frente do Direito, conforme os interesses a serem preservados, o legislador deverá antecipar-se aos fatos. Ele deve fazer das leis uma cópia dos costumes sociais, com os devidos acertos e complementações. O *volksgeist* deve informar às leis, mas o Direito contemporâneo não é simples repetidor de fórmulas sugeridas pela vida social. Se de um lado o Direito recebe grande influxo dos fatos sociais, provoca, igualmente, importantes modificações na sociedade. Quando da elaboração da lei, o legislador haverá de considerar os fatores *histórico, natural* e *científico* e a sua conduta será a de adotar, entre os vários modelos possíveis de lei, o que mais se harmonize com os três fatores. Na visão de Demolombe "A suprema missão do legislador é precisamente a de conciliar o respeito devido à liberdade individual dos cidadãos com a boa ordem e harmonia moral da sociedade".[12]

Earl Warren, na presidência da Suprema Corte Norte-Americana, salientou a importância do Direito para o progresso e segurança dos povos: "A história tem demonstrado que onde a lei prevalece, a liberdade individual do Homem tem sido forte e grande o progresso. Onde a lei é fraca ou inexistente, o caos e o medo imperam e o progresso humano é destruído ou retardado".[13]

---

[11] Edgar Bodenheimer, *Ciência do Direito, Filosofia e Metodologia Jurídicas*, Forense, Rio, 1966, p. 178.

[12] *Cours de Code Napoléon*, Paris, Cosse, Marchal et Billard, s/d., vol. 1, p. 3.

[13] Earl Warren, *Tribuna da Justiça*, nº 357, de 28.11.66, artigo "A busca da paz por meio da Lei". Warren presidiu a Suprema Corte no período de 1953 a 1969 e notabilizou-se pela defesa dos direitos individuais e proteção aos direitos das minorias.

As transformações que o mundo atual experimenta, no setor científico e tecnológico, vêm favorecendo as comunicações humanas, tão precárias no passado. O mundo, notadamente com o incremento das redes sociais geradas pela *internet*, apresenta sinais evidentes de uma grande aldeia. O desenvolvimento das comunicações entre povos distantes e de diferentes origens provocará o fenômeno da *aculturação* e, em consequência, a abertura de um caminho para a unificação dos fatos sociais e uma tendência para a universalidade do Direito. A unificação absoluta, tanto dos fatos sociais quanto do Direito, será inalcançável, em face da permanência de diversidades culturais.

No início de 2020, a humanidade foi surpreendida com a pandemia da Covid-19, que, além de ceifar a vida de milhões de pessoas pelo mundo afora, causou imensa turbulência na organização social. A fim de restringir o surto da doença, os Estados e municípios brasileiros, a exemplo dos países em geral, fixaram novos parâmetros para o funcionamento do comércio e da indústria, das escolas, além de impor restrições à conduta social. Houve, assim, uma adaptação das leis aos novos fatos sociais. Dada a grande onda de desemprego, o Estado brasileiro instituiu o *auxílio emergencial* para os mais carentes. Novos costumes surgiram, como o *home-office*, aulas *on-line*, generalizando-se as compras *delivery*. Os esportes passaram a ser praticados sem plateia. O surgimento dos novos costumes visou a impedir ou diminuir o aglomerado de pessoas. O ensino foi prejudicado pela vedação de aulas presenciais, que, em muitos casos, foram substituídas pelo *ensino remoto emergencial*, valendo-se para tanto de transmissões digitais.

BIBLIOGRAFIA PRINCIPAL

Ordem do Sumário:

10 – Giorgio del Vecchio, *Lições de Filosofia do Direito*;

11 – *Idem*;

12 – Émile Durkheim, *As Regras do Método Sociológico; Da Divisão do Trabalho Social*; Paulo Dourado de Gusmão, *Introdução ao Estudo do Direito*;

13 – Mouchet e Becu, *Introducción al Derecho*; Felippe Augusto de Miranda Rosa, *Sociologia do Direito*; José Florentino Duarte, *O Direito como Fato Social*.

– Capítulo 5 –

INSTRUMENTOS DE CONTROLE SOCIAL

Sumário: 14. Considerações Prévias. **15.** Normas Éticas e Normas Técnicas. **16.** Direito e Religião. **17.** Direito e Moral. **18.** O Direito e as Regras de Trato Social.

14. CONSIDERAÇÕES PRÉVIAS

O Direito não é o único instrumento responsável pela harmonia da vida social. A Moral, Religião e Regras de Trato Social são outros processos normativos que condicionam a vivência do homem na sociedade. De todos, porém, o Direito é o que possui maior pretensão de efetividade, pois não se limita a descrever os modelos de conduta social, simplesmente sugerindo ou aconselhando. A coação – força a serviço do Direito – é um de seus elementos e inexistente nos setores da Moral, Regras de Trato Social e Religião. Para que a sociedade ofereça um ambiente incentivador ao relacionamento entre os homens é fundamental a participação e colaboração desses diversos instrumentos de controle social. Se os contatos sociais se fizessem exclusivamente sob a pressão dos mandamentos jurídicos, a socialidade não se desenvolveria naturalmente, mas sob a influência dos *valores de existência*. Os negócios humanos, por sua vez, atingiriam limites de menos expressão. A convivência não existiria como um valor em si mesma, pois teria um significado restrito de meio.

O mundo primitivo não distinguiu as diversas espécies de ordenamentos sociais. O Direito absorvia questões afetas ao plano da consciência, própria da Moral e da Religião, e assuntos não pertinentes à disciplina e equilíbrio da sociedade, identificados hoje por *usos sociais*. Na expressão de Spencer, as diferentes espécies de normas éticas se achavam em um estado de *homogeneidade indefinida e incoerente*. Todos esses processos de organização social vinham reunidos em um só embrião. A partir da Antiguidade clássica, segundo José Mendes, começou-se a cogitar das diferenciações. O mesmo autor chama a atenção para o fato de que, ainda no presente, os indivíduos das classes menos favorecidas olham

34 | INTRODUÇÃO AO ESTUDO DO DIREITO · PAULO NADER

as normas reitoras da sociedade como um todo confuso, homogêneo e indefinido. Para eles "os territórios ainda estão *pro indiviso*."[1]

O jurista e o legislador deste início de milênio não podem confundir as diversas esferas normativas. O conhecimento do campo de aplicação do Direito é um *a priori* lógico e necessário à tarefa de elaboração das normas jurídicas. O legislador deve estar cônscio da legítima faixa de ordenamento que é reservada ao Direito, para não se exorbitar, alcançando fenômenos sociais de natureza diversa, específicos de outros instrumentos controladores da vida social. Toda norma jurídica é uma limitação à liberdade individual e por isso o legislador deve regulamentar o agir humano dentro da estrita necessidade de realizar os fins reservados ao Direito: segurança através dos princípios de justiça.

É indispensável que se demarque o território do *Jus*, de acordo com as finalidades que lhe estão reservadas na dinâmica social. O contrário, com o legislador tendo campo aberto para dirigir inteiramente a vida humana, seria fazer do Direito um instrumento de opressão, em vez de meio de libertação. O Direito seria a máquina da despersonalização do homem. Se não houvesse um raio de ação como limite, além do qual é ilegítimo dispor; se todo e qualquer comportamento ou atitude tivesse de seguir os parâmetros da lei, o homem seria um *robot*, sua vida estaria integralmente programada e não teria qualquer poder de criação (v. item 17, mínimo ético).

15. NORMAS ÉTICAS E NORMAS TÉCNICAS

A atividade humana, além de subordinar-se às leis da natureza e conduzir-se conforme as normas éticas, ditadas pelo Direito, Moral, Religião e Regras de Trato Social, tem necessidade de orientar-se pelas *normas técnicas*, ao desenvolver o seu trabalho e construir os objetos culturais. Enquanto as normas éticas determinam o *agir social* e a sua vivência já constitui um *fim*, as normas técnicas indicam fórmulas do *fazer* e são apenas *meios* que capacitam o homem a atingir resultados.

Estas normas, que alguns preferem denominá-las apenas por *regras técnicas*, não constituem deveres, mas possuem o caráter de imposição àqueles que desejarem obter determinados fins. São neutras em relação aos valores, pois tanto podem ser empregadas para o bem quanto para o mal. Foram definidas por São Tomás de Aquino como "certa ordenação da razão acerca de como, por quais meios, os atos humanos chegaram a seu fim devido".[2]

Para que uma nova descoberta científica seja acompanhada por um correspondente avanço tecnológico, o homem tem de estudar as normas técnicas a serem utilizadas. Isto se dá em relação aos vários campos de investigação do conhecimento. O saber teórico da medicina seria ineficaz se, paralelamente, não houvesse um conjunto de normas técnicas assentadas, capazes de, como meios, levarem a resultados práticos. A concepção científica de novos princípios do Direito não produziria resultados sem os contributos da técnica jurídica, que orienta a elaboração dos textos legislativos (v. item 126).

16. DIREITO E RELIGIÃO

16.1. Aspectos Históricos. Por muito tempo, desde as épocas mais recuadas da história, a Religião exerceu um domínio absoluto sobre as coisas humanas. A falta do conhe-

---

[1]   José Mendes, *Ensaios de Filosofia do Direito*, Duprat & Cia., São Paulo, 1903, vol. I, p. 21.

[2]   *Apud* Federico Torres Lacroze, *Manual de Introducción al Derecho*, 1ª ed., La Ley, Buenos Aires, 1969, p. 36.

Segunda Parte · **Cap. 5** · INSTRUMENTOS DE CONTROLE SOCIAL | **35**

cimento científico era suprida pela fé. As crenças religiosas formulavam as explicações necessárias. Segundo o pensamento da época, Deus não só acompanhava os acontecimentos terrestres, mas neles interferia. Por sua vontade e determinação, ocorriam fenômenos que afetavam os interesses humanos. Diante das tragédias, viam-se os castigos divinos; com a fartura, via-se o prêmio.

O Direito era considerado como expressão da vontade divina. Em seus oráculos, os sacerdotes recebiam de Deus as leis e os códigos. Pela versão bíblica, Moisés acolheu das mãos de Deus, no Monte Sinai, o famoso decálogo. Conservado no museu do Louvre, na França, há um exemplar do Código de Hamurabi (2000 a.C.) esculpido em pedra, que apresenta uma gravura onde aparece o deus Schamasch entregando a legislação mesopotâmica ao Imperador (v. item 120).

Nesse largo período de vida da humanidade, em que o Direito se achava mergulhado na Religião, a classe sacerdotal possuía o monopólio do conhecimento jurídico. As fórmulas mais simples eram divulgadas entre o povo, mas os casos mais complexos tinham de ser levados à autoridade religiosa. Os textos não eram divulgados. Durante a Idade Média, ficaram famosos os chamados *juízos de Deus*, que se fundavam na crença de que Deus acompanhava os julgamentos e interferia na justiça. As decisões ficavam condicionadas a um jogo de sorte e de azar.[3]

A laicização do Direito recebeu um grande impulso no séc. XVII, através de Hugo Grócio, que pretendeu desvincular de Deus a ideia do Direito Natural. A síntese de seu pensamento está expressa na frase categórica: "O Direito Natural existiria, mesmo que Deus não existisse ou, existindo, não cuidasse dos assuntos humanos." O movimento de separação entre o Direito e a Religião cresceu ao longo do séc. XVIII, especialmente na França, nos anos que antecederam a Revolução Francesa. Vários institutos jurídicos se desvincularam da Religião, como a assistência pública, o ensino, o estado civil. Modernamente, os povos adiantados separaram o Estado da Igreja, ficando, cada qual, com o seu ordenamento próprio. Alguns sistemas jurídicos, contudo, continuam a ser regidos por livros religiosos, notadamente no mundo muçulmano (v. item 129). Em 1979, o Irã restabeleceu a vigência do Alcorão, livro da seita islâmica, para disciplinar a vida do seu povo (v. item 120).

16.2. Convergência e Peculiaridades. Além de abranger uma parte descritiva, a Religião é um sistema de princípios e preceitos, que visa a realização de um valor supraterreno: a *divindade*. A sua preocupação fundamental é orientar os homens na busca e conquista da felicidade eterna. Um sistema religioso não se limita a descrever o além ou a figura do Criador. Define o caminho a ser percorrido pelos homens. Para este fim, estabelece uma escala de valores a serem cultivados e, em razão deles, dispõe sobre a conduta humana. Esse conjunto ético deve ser, forçosamente, uma interpretação sobre o *bem*. De onde se infere que a doutrina religiosa, enquanto define o comportamento social, é instrumento valioso para a harmonia e a benquerença entre os homens. Ao chamarem a atenção para o fato de que a Religião é "um dos mais poderosos controles sociais de que dispõe a

---

[3] Hélio Tornaghi descreve várias espécies de ordália – do alemão Urteil: sentença –, entre as quais a *prova da cruz*. Por ela, "quando alguém fosse morto em rixa, escolhiam-se sete rixadores, que eram levados à frente de um altar. Sobre este punham-se duas varinhas, uma das quais marcada com uma cruz, e ambas envolvidas em pano. Em seguida tirava-se uma delas: se saía a que não tinha marca, era sinal de que o assassino não estava entre os sete. Se, ao contrário, saía a assinalada, concluía-se que o homicida era um dos presentes. Repetia-se a experiência em relação a cada um deles, até sair a vara com a cruz, que se supunha apontar o criminoso." (*Instituições de Processo Penal*, 1ª ed., Forense, Rio, 1959, tomo IV, p. 210).

sociedade", Anderson e Parker expõem que "a injustiça e a imoralidade, que diminuem o homem e impedem o desenvolvimento da personalidade, são intoleráveis para as pessoas verdadeiramente religiosas".[4] Ao abordar o tema *Cultura, Religião e Direito*, Nélson Hungria, famoso penalista brasileiro, enfatizou a importância da religião na paz e equilíbrio social: "A religião tem sido sempre um dos mais relevantes instrumentos no governo social do homem e dos agrupamentos humanos. Se esse grande fator de controle enfraquece, apresenta-se o perigo do retrocesso do homem às formas primitivas e antissociais da conduta, de regresso e queda da civilização, de retorno ao paganismo social e moral. O que a razão faz pelas ideias, a religião faz pelos sentimentos...".[5]

Diversas são as religiões, todas, porém, pressupõem a existência de Deus. É possível não se saber quem inventou o computador ou quem fez determinada obra de arte, mas é um suposto da razão que toda obra pressupõe um ou diversos autores. Como, então, imaginar que o Universo, com seu mundo formado por grandes matas, oceanos, territórios imensos habitados por pessoas naturais, por inumeráveis espécies de animais irracionais e de seres aquáticos, não pressupõe a existência de um Criador?

Há vários pontos de convergência entre o Direito e a Religião. O maior deles diz respeito à vivência do *bem*. É inquestionável que a justiça, causa final do Direito, integra a ideia do *bem*. Assim, o valor justiça não é consagrado apenas pelo ordenamento jurídico. Este se interessa pela realização da justiça apenas dentro de uma equação social, na qual participa a ideia do bem comum. A Religião analisa a justiça em âmbito maior, que envolve os deveres dos homens para com o Criador. Os dois processos normativos possuem ativos elementos de intimidação de conotações diversas. A sanção jurídica, em sua generalidade, atinge a liberdade ou o patrimônio, enquanto a religiosa limita-se ao plano espiritual.

Há duas diferenças estruturais entre o Direito e a Religião, na concepção de Legaz y Lacambra.[6] A *alteridade*, essencial ao Direito, não é necessária à Religião. Se a história de Robinson Crusoé nos revelasse um *homo religiosus*, esse personagem, que se achava fora do império das leis, sem direitos ou deveres jurídicos, estaria subordinado às normas de sua Religião. A opinião de Legaz y Lacambra é confirmada por Mayer, para quem "o *próximo* não é um elemento necessário da ideia religiosa".[7] O semelhante é visto assim, dentro desta perspectiva de análise, como algo circunstancial. O que se projeta como fundamental é a prática do *bem*, nas diversas situações em que o homem se encontre. A Religião, costuma-se dizer, é o diálogo do homem com Deus.

A segunda diferença estrutural apontada pelo autor reside no fato de que o Direito tem por meta a *segurança*, enquanto a Religião parte da premissa de que esta é inatingível. Ao descrever o mistério da vida e da eternidade, a Religião revela a fraqueza e a insegurança humana. Entendemos, neste particular, que a comparação não tomou por base a correspondência de caracteres. A segurança procurada pelo Direito nada tem a ver com a segurança questionada pela Religião. A segurança jurídica se alcança a partir da *certeza ordenadora*, enquanto a religiosa se refere a questões transcendentais (v. item 22).

---

[4]   Anderson e Parker, *op. cit.*, p. 722.

[5]   *Cultura, Religião e Direito*, Rio de Janeiro, 1943, p. 16. Texto da conferência proferida na Faculdade Católica de Direito, no Rio de Janeiro, em 29 de agosto de 1943. Publicação particular por iniciativa de amigos e admiradores de Nélson Hungria.

[6]   Luis Legaz y Lacambra, *Filosofía del Derecho*, 2ª ed., Bosch, Casa Editorial, Barcelona, 1961, p. 419.

[7]   Max Ernst Mayer, *Filosofía del Derecho*, trad. da 2ª ed., Editorial Labor S.A., Barcelona, 1937, p. 102.

17. DIREITO E MORAL

17.1. Generalidades. A análise comparativa entre a ordem moral e a jurídica é importante não apenas quando indica os pontos de distinção, mas também quando destaca os focos de convergência. A compreensão cabal do Direito não pode prescindir do exame dos intricados problemas que esta matéria apresenta. Apesar de antigo, o tema oferece aspectos que se renovam e despertam o interesse científico dos estudiosos. Seu estudo mais aprofundado pertence à disciplina Filosofia do Direito, enquanto à Introdução ao Estudo do Direito compete estabelecer os lineamentos que envolvem os dois processos normativos. Direito e Moral são instrumentos de controle social que não se excluem, antes, se completam e mutuamente se influenciam. Embora cada qual tenha seu objetivo próprio, é indispensável que a análise cuidadosa do assunto mostre a ação conjunta desses processos, evitando-se colocar um abismo entre o Direito e a Moral. Seria um grave erro, portanto, pretender-se a separação ou o isolamento de ambos, como se fossem sistemas absolutamente autônomos, sem qualquer comunicação, estranhos entre si. O Direito, malgrado distinguir-se cientificamente da Moral, é grandemente influenciado por esta, de quem recebe valiosa substância. Direito e Moral, afirmou Giorgio del Vecchio, "são conceitos que se distinguem, mas que não se separam". Tal distinção, contudo, é tarefa das mais difíceis, constituindo-se no "Cabo de Horn" da Filosofia do Direito, conforme expressão de Ihering.

17.2. A Noção da Moral. A pesquisa quanto ao nível de relação entre o Direito e a Moral exige o conhecimento prévio das notas essenciais destes dois setores da Ética. Pelos capítulos anteriores, já nos familiarizamos com a ideia do Direito e seus caracteres mais gerais, impõe-se, agora, idêntico procedimento quanto à Moral. Esta se identifica, fundamentalmente, com a noção de *bem*, que constitui o seu valor. As teorias e discussões filosóficas que se desenvolvem em seu âmbito giram em torno do conceito de bem. Esta é a palavra-chave no campo da Moral e que deflagrou, ao longo da história, interminável dissídio, que teve início na antiga Grécia entre os estoicos e os seguidores de Epicuro. Para o estoicismo o bem consistia no desprendimento, na resignação, em saber suportar serenamente o sofrimento, pois a virtude se revelava como a única fonte da felicidade. Em oposição à escola fundada por Zenão de Cítio, o epicurismo identificou a ideia de bem com o *prazer*, não um prazer desordenado, mas concebido dentro de uma escala de importância. Modernamente os sistemas éticos ainda se dividem, com variações, de acordo com o velho antagonismo grego.

Consideramos *bem* tudo aquilo que promove a pessoa de uma forma integral e integrada. *Integral* significa a plena realização da pessoa, e *integrada*, o condicionamento a idêntico interesse do próximo. Dentro desta concepção tanto a resignação quanto o prazer podem constituir-se em um *bem*, desde que não comprometam o desenvolvimento integral da pessoa e nem afetem igual interesse dos membros da sociedade. A fonte de conhecimento do bem há de ser a ordem natural das coisas, aquilo que a natureza revela e ensina às pessoas e a via cognoscitiva deve ser a experiência combinada com a razão.

A partir da ideia matriz de bem, organizam-se os sistemas éticos, deduzem-se princípios e chegam-se às normas morais, que vão orientar as consciências humanas em suas atitudes.

17.3. Setores da Moral. O paralelo entre o Direito e a Moral não pode conduzir a resultados claros e positivos, sem a prévia distinção entre os vários setores da Moral. Impõe-

-se, em primeiro lugar, a distinção entre a Moral natural e a Moral positiva, analogamente às duas ordens que o Direito apresenta. A Moral natural não resulta de uma convenção humana. Consiste na ideia de *bem* captada diretamente na fonte natureza, isto é, na ordem que envolve, a um só tempo, a vida humana e os objetos naturais. A Moral natural toma por base não o que há de peculiar a um povo, mas considera o que há de permanente no gênero humano. Corresponde à ideia de *bem* que não varia no tempo e no espaço e deve servir de critério à Moral positiva. Esta se revela dentro de uma dimensão histórica, como a interpretação que o homem, de um determinado lugar e época, faz em relação ao *bem*.

A Moral positiva possui três esferas distintas, que Heinrich Henkel denomina por: *a*) Moral autônoma; *b*) Ética superior dos sistemas religiosos; *c*) Moral social.[8] Como o autor esclarece, qualquer referência sobre a Moral deve, forçosamente, particularizar a esfera correspondente, pois a não diferenciação pode conduzir a qualificações falsas.

A Moral autônoma corresponde à noção de bem particular a cada consciência. O homem atua como legislador para a sua própria conduta. A consciência individual, que é o centro da Moral autônoma, com base na experiência pessoal, elege o *dever-ser* a que se obriga. Esta esfera exige vontade livre, isenta de qualquer condicionamento.

A Ética superior dos sistemas religiosos consiste nas noções fundamentais sobre o *bem*, que as seitas religiosas consagram e transmitem a seus seguidores. Ao aderir ou confirmar a fé por determinada Religião, a consciência age em estado de liberdade, com autonomia de vontade. Se o sistema religioso não for um todo coerente e harmônico e se alguns preceitos se desviarem de suas linhas doutrinárias gerais, pode ocorrer conflito entre essas normas e a consciência individual. Neste momento, a *ética superior* se revela heterônoma, isto é, os preceitos serão acatados não com vontade própria, mas em obediência à crença em uma força superior, que o próprio sistema religioso procura expressar. Heinrich Henkel admite, em termos, a autonomia dessa esfera da Moral, sob o argumento de que a Religião "só fornece conteúdos normativos, como princípios gerais reitores da atuação moral...", o que permite, aos seguidores da seita religiosa, uma certa flexibilidade, uma faixa de liberdade, que favorece a adaptação da conduta àqueles princípios.

A *Moral social* constitui um conjunto predominante de princípios e de critérios que, em cada sociedade e em cada época, orienta a conduta dos indivíduos. Socialmente cada pessoa procura agir em conformidade com as exigências da Moral social, na certeza de que seus atos serão julgados à luz desses princípios. Os critérios éticos não nascem, pois, de uma determinada consciência individual. Na medida em que a Moral autônoma não coincide com a Moral social, esta assume um caráter heterônomo e impõe aos indivíduos uma norma de agir não elaborada por sua própria consciência.

17.4. O Paralelo entre a Moral e o Direito

17.4.1. Grécia e Roma. A Filosofia do Direito surgiu na Grécia antiga e, por este motivo, é natural que o exame da presente questão se inicie justamente ali, no berço das especulações mais profundas sobre o espírito humano. É opinião corrente entre os expositores da matéria, que os gregos não chegaram a distinguir, na teoria e na prática, as duas ordens normativas. O fato de o pensamento de Platão e Aristóteles registrar "la concepción de la moralidad como orden interna", como anota García Máynez, não induz à convicção de

---

[8]   Heinrich Henkel, *Introducción a la Filosofía del Derecho*, 1ª ed., Biblioteca Política Taurus, Madrid, 1968, p. 218.

que ambos chegaram a distinguir o Direito da Moral. Em seus diálogos, Platão considerou a justiça como virtude, e Aristóteles, apesar de atentar para o aspecto social da justiça, considerou-a, dentro da mesma perspectiva, como o princípio de todas as virtudes.

O Estado grego não se limitava a dispor a respeito dos problemas sociais. Preocupado em desenvolver também uma função educativa, chegava a interferir nos assuntos particulares das pessoas, o que não suscitava polêmica. Não havia nascido ainda, conforme lembra-nos Abelardo Torré, a noção acerca dos direitos humanos fundamentais. Os gregos chegaram a distinguir apenas a ordem religiosa da ordem moral e, na opinião de alguns, nem sequer se aperceberam da especificidade dos dois segmentos principais da Ética.

Ao espírito especulativo e teórico dos gregos correspondeu a índole pragmática dos romanos. Se as primeiras reflexões sobre o Direito originaram-se na Grécia, Roma foi a origem da Ciência do Direito. Foi lá que se formou o primeiro grande sistema jurídico, representado pelo *Corpus Juris Civilis* (ano 533 d.C.), considerado a *ratio scripta*. Essa primeira grande codificação do Direito soube situar os fenômenos jurídicos distintamente do plano da Moral. Roma, porém, não nos legou uma teoria diferenciadora. Ao definir o Direito como "a arte do bom e do justo", o jurisconsulto Celso confundiu as duas esferas, de vez que o conceito de *bom* pertence à Moral. Os sempre invocados princípios *Honeste vivere, alterum non laedere, suum cuique tribuere* (viver honestamente, não lesar a outrem, dar a cada um o que é seu), formulados na Instituta de Justiniano e considerados como a definição romana de Direito, confirmam a não diferenciação doutrinária entre o Direito e a Moral, de vez que a primeira máxima – viver honestamente – possui caráter puramente moral. Alguns autores, conforme realça Ruiz Moreno, afirmam que os três princípios devem ser interpretados em conjunto e não separadamente, o que implicaria, então, a revisão da crítica apresentada. Em contrapartida às duas citações, indica-se a afirmação do jurisconsulto Paulo: *Non omne quod licet, honestum est* (nem tudo que é lícito é honesto). Apesar de não expressar qualquer critério diferenciador, é inegável que o autor referiu-se às esferas do Direito e da Moral.

17.4.2. Critérios de Tomásio, Kant e Fichte. Com o desaparecimento do Império Romano, a Europa experimentou uma fase de declínio cultural que, em alguns aspectos, a assemelhou aos povos primitivos. Em um longo período da Idade Média o Direito não se distinguiu da Moral e da Religião.

Foi Cristiano Tomásio, em sua obra *Fundamenta Juris Naturae et Gentium*, em 1705, quem formulou o primeiro critério diferenciador entre o Direito e a Moral. O jurista e filósofo alemão, com a sua teoria, pretendeu limitar a área do Direito ao *foro externo* das pessoas, negando ao poder social legitimidade para interferir nos assuntos ligados ao *foro interno*, reservado à Moral. O Direito se ocuparia apenas dos aspectos exteriores do comportamento social, sem se preocupar com os elementos subjetivos da conduta, ficando, assim, alheio aos problemas da consciência. A importância deste critério, do ponto de vista teórico, foi a de abrir uma perspectiva para aperfeiçoados estudos. A teoria de Tomásio apresenta uma dose de radicalismo: o Direito ocupando-se apenas do *forum externum* e a Moral voltando-se somente para o *forum internum*. Se, em linhas gerais, os dois processos normativos assim se caracterizam, em muitas situações vemos o Direito interessar-se pelo *animus* da ação, pelo elemento vontade, como acontece em matéria penal, onde a intenção do agente é de suma relevância à configuração do delito. A Moral, por outro lado, não se satisfaz apenas com a boa intenção, pois exige a *prática do bem*. Ao elaborar essa teoria, Tomásio estava motivado por interesse de natureza política, pois pretendeu subtrair da esfera de competência do Estado as questões referentes

40 INTRODUÇÃO AO ESTUDO DO DIREITO · PAULO NADER

ao pensamento, à liberdade de consciência, à ideologia, ao credo religioso. Foi influenciado também pelo fato de que eram comuns, naquela época, os processos de heresia e magia, em que se procurava, pela tortura, descobrir a intenção dos acusados.

Emmanuel Kant e Fichte levaram avante a concepção de Tomásio reproduzindo-a com alguns acréscimos. Para o filósofo de Koenigsberg, uma conduta se põe de acordo com a Moral, quando tem por motivação, unicamente, o respeito ao dever, o amor ao bem. Quanto ao Direito, este não tem de se preocupar com os motivos que determinam a conduta, senão com os seus aspectos exteriores. Em duas máximas, expõe o seu pensamento. Em relação à Moral: "aja de tal maneira que a máxima de teus atos possa valer como princípio de legislação universal." Ao mesmo tempo em que reconhece a autonomia da consciência, exige que a conduta possa servir de modelo para o homem, pois somente assim terá valor moral. Em relação ao Direito: "procede exteriormente de tal modo que o livre uso de teu arbítrio possa coexistir com o arbítrio dos demais, segundo uma lei universal de liberdade". Por esta máxima, infere-se que o fundamento do Direito repousa na liberdade.

Fichte exagerou a distinção kantiana, colocando distâncias que se afiguram verdadeiro abismo entre o Direito e a Moral. Partiu da premissa de que o Direito permite situações que a Moral não concorda, como seria o caso de um credor poder levar o seu devedor ao estado de pobreza e miséria. Para Del Vecchio, contudo, só haveria contradição entre os dois setores da Ética se o Direito obrigasse a uma conduta proibida pela Moral.[9] Com a divulgação das teorias que consideravam o Direito e a Moral como dois processos desvinculados, quase estranhos, surgiu uma reação por parte de muitos pensadores, preocupados com uma recolocação do problema, com o objetivo de reaproximar, na Filosofia do Direito, as duas ordens.

17.4.3. Modernos critérios de distinção. São várias as teorias, fórmulas e critérios de distinção, atualmente apresentados. Todos têm sido alvo de críticas, a tal ponto que se corre o risco de um recuo histórico, à época em que as normas éticas constituíam um todo homogêneo e indiferenciado. Para o exame da matéria, parece-nos obrigatório o método adotado por Alessandro Groppali, que traça o paralelo entre o Direito e a Moral, separando os aspectos *forma* e *conteúdo*.[10]

17.4.3.1. Distinções de ordem formal

a) A Determinação do Direito e a Forma não Concreta da Moral – Enquanto o Direito se manifesta mediante conjunto de regras que definem a dimensão da conduta exigida ou fórmula de agir, a Moral, em suas três esferas, estabelece uma diretiva mais geral, sem particularizações.

b) A Bilateralidade do Direito e a Unilateralidade da Moral – As normas jurídicas possuem uma estrutura imperativo-atributiva, isto é, ao mesmo tempo em que impõem um dever jurídico a alguém, atribuem um poder ou direito subjetivo a outrem. Daí se dizer que *a cada direito corresponde um dever*. Se o trabalhador possui direitos, o empregador possui deveres. A Moral apresenta uma estrutura mais simples, pois impõe deveres apenas. Perante ela, ninguém tem o poder de exigir uma conduta de outrem. Fica-se apenas na expectativa de o *próximo* aderir às normas. Assim, enquanto o Direito é bilateral, a Moral é unilateral. Chamamos a atenção para o fato de que este critério diferenciador não se baseia na existência ou não de vínculo social. Se assim o fosse, seria um critério ineficaz, pois tanto a Moral quanto o Direito dispõem sobre a convivência. A esta qualidade vinculativa,

---

9 Giorgio del Vecchio, *op. cit.*, vol. 2, p. 95.

10 Alessandro Groppali, *Introdução ao Estudo do Direito*, Coimbra Editora Ltda., Coimbra, 1968, p. 75.

que ambos possuem, utilizamos a denominação *alteridade*, de *alter*, outro. À característica apontada do Direito, Miguel Reale prefere denominar *bilateralidade atributiva*.[11] No quadro comparativo que apresenta sobre os campos da Ética, assinala a bilateralidade como característica da Moral. O autor distingue, portanto, a bilateralidade atributiva da simples bilateralidade, termo este que emprega no sentido de liame ou vínculo social.

c) Exterioridade do Direito e Interioridade da Moral – A partir de Tomásio, surgiu o presente critério, desenvolvido por Kant, posteriormente, e conduzido ao extremo por Fichte. Afirma-se que o Direito se caracteriza pela *exterioridade*, enquanto a Moral, pela *interioridade*. Com isto se quer dizer, modernamente, que os dois campos seguem linhas diferentes. Enquanto a Moral se preocupa pela vida interior das pessoas, como a consciência, julgando os atos exteriores apenas como meio de aferir a intencionalidade, o Direito cuida das ações humanas em primeiro plano e, em função destas, quando necessário, investiga o *animus* do agente. Este critério nos parece verdadeiro para as esferas da Moral autônoma e religiosa sem atingir a Moral social. Partindo da premissa de que não há atos puramente externos, porque as ações revelam sempre algo que se passa no interior, Elías Díaz prefere outra terminologia: *atos interiorizados* e *exteriorizados*.[12] Os primeiros figuram apenas no plano do pensamento, enquanto os *exteriorizados*, que já possuem *una zona de intencionalidad*, têm uma dimensão objetiva, mostram-se externamente. Para o jusfilósofo espanhol, o Direito se limita aos atos exteriorizados, enquanto a Moral se ocupa tanto dos interiorizados quanto dos exteriorizados. Este critério, como o próprio autor confessa, não é decisivo, mas é importante ao afirmar que o Direito não deve interferir no plano do pensamento, da consciência, dos atos que não se exteriorizam.

d) Autonomia e Heteronomia – De uma forma generalizada, os compêndios registram a autonomia, *querer espontâneo*, como um dos caracteres da Moral. Nesta parte, é indispensável a distinção suscitada por Heinrich Henkel. Se a adesão espontânea ao padrão moral é inerente à Moral autônoma e peculiar à Ética superior, o mesmo não ocorre em relação à Moral social. Diante do conjunto de exigências morais que a sociedade formula a seus membros, o agente se sente compelido a seguir os mandamentos. Neste setor, não há espontaneidade da consciência. O fenômeno que se dá é o de adaptação das condutas aos padrões morais que a sociedade elege. A Moral social, portanto, não é autônoma.

Em relação ao Direito, este possui heteronomia, que significa *sujeição ao querer alheio*. As regras jurídicas são impostas independentemente da vontade de seus destinatários. O indivíduo não cria o *dever-ser*, como acontece com a Moral autônoma. A regra jurídica não nasce na consciência individual, mas no seio da sociedade. A adesão espontânea às leis não descaracteriza a heteronomia do Direito.

e) Coercibilidade do Direito e Incoercibilidade da Moral – Uma das notas fundamentais do Direito é a coercibilidade. Entre os processos que regem a conduta social, apenas o Direito é coercível, ou seja, capaz de adicionar a força organizada do Estado, para garantir o respeito aos seus preceitos. A via normal de cumprimento da norma jurídica é a voluntariedade do destinatário, a adesão espontânea. Quando o sujeito passivo de uma relação jurídica, portador do dever jurídico, opõe resistência ao mandamento legal, a coação se faz necessária, essencial à efetividade. A coação, portanto, somente se manifesta na hipótese da não observância dos preceitos legais. A Moral, por seu lado, carece do elemento coativo. É incoercível. Nem por isso as normas da Moral social deixam de exercer uma certa intimidação. Consistindo em uma ordem

---

[11] Miguel Reale, *Lições Preliminares de Direito*, 3ª ed., Saraiva S.A., São Paulo, 1976, p. 57.
[12] Elías Díaz, *op. cit.*, p. 19.

valiosa para a sociedade, é natural que a inobservância de seus princípios provoque uma reação por parte dos membros que integram o corpo social. Essa reação, que se manifesta de forma variada e com intensidade relativa, assume caráter não apenas punitivo, mas exerce também uma função intimidativa, desestimulante da violação das normas morais (v. item 44).

17.4.3.2. Distinções quanto ao conteúdo

a) O Significado de Ordem do Direito e o Sentido de Aperfeiçoamento da Moral – Ao dispor sobre o convívio social, o Direito elege valores de convivência. O seu objetivo limita-se a estabelecer e a garantir um ambiente de ordem, a partir do qual possam atuar as forças sociais. A função primordial do Direito é de caráter estrutural: o sistema de legalidade oferece consistência ao edifício social. A realização individual, o progresso científico, tecnológico e o avanço da Humanidade passam a depender do trabalho e discernimento do homem. A Moral visa ao aperfeiçoamento do ser humano e por isso é absorvente, estabelecendo deveres do homem em relação ao próximo, a si mesmo e, segundo a Ética superior, para com Deus. O *bem* deve ser vivido em todas as direções.

b) Teorias dos Círculos e o "Mínimo Ético":

1º) *A teoria dos círculos concêntricos* – Jeremy Bentham (1748-1832), jurisconsulto e filósofo inglês, concebeu a relação entre o Direito e a Moral, recorrendo à figura geométrica dos círculos. A ordem jurídica estaria incluída totalmente no campo da Moral. Os dois círculos seriam concêntricos, com o maior pertencendo à Moral. Desta teoria, infere-se: *a)* o campo da Moral é mais amplo do que o do Direito; *b)* o Direito se subordina à Moral. As correntes tomistas e neotomistas, que condicionam a validade das leis à sua adaptação aos valores morais, seguem esta linha de pensamento.

2º) *A teoria dos círculos secantes* – Para Du Pasquier, a representação geométrica da relação entre os dois sistemas não seria a dos círculos concêntricos, mas a dos círculos secantes. Assim, Direito e Moral possuiriam uma faixa de competência comum e, ao mesmo tempo, uma área particular independente.

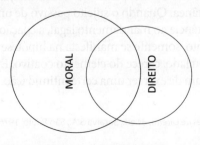

De fato, há um grande número de questões sociais que se incluem, ao mesmo tempo, nos dois setores. A assistência material que os filhos devem prestar aos pais necessitados é matéria regulada pelo Direito e com assento na Moral. Há assuntos da alçada exclusiva da Moral, como a atitude de gratidão a um benfeitor. De igual modo, há problemas jurídicos estranhos à ordem moral, como, por exemplo, a divisão da competência entre a Justiça Federal e a Estadual.

3º) *A visão kelseniana* – Ao desvincular o Direito da Moral, Hans Kelsen concebeu os dois sistemas como esferas independentes. Para o famoso cientista do Direito, a norma é o único elemento essencial ao Direito, cuja validade não depende de conteúdos morais.

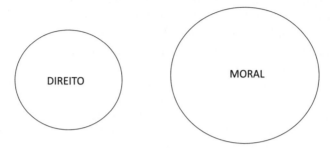

4º) *A teoria do "mínimo ético"* – Desenvolvida por Jellinek, a teoria do mínimo ético consiste na ideia de que o Direito representa o mínimo de preceitos morais necessários ao bem-estar da coletividade. Para o jurista alemão toda sociedade converte em Direito os axiomas morais estritamente essenciais à garantia e preservação de suas instituições. A prevalecer essa concepção o Direito estaria implantado, por inteiro, nos domínios da Moral, configurando, assim, a hipótese dos *círculos concêntricos*.

Empregamos a expressão *mínimo ético* para indicar que o Direito deve conter apenas o mínimo de conteúdo moral, indispensável ao equilíbrio das forças sociais, em oposição ao pensamento do *máximo ético*, exposto por Schmoller. Se o Direito não tem por finalidade o aperfeiçoamento do homem, mas a segurança social, não deve ser uma cópia do amplo campo da Moral; não deve preocupar-se em trasladar para os códigos todo o continente ético. Diante da vastidão do território jurídico, não se pode dizer que o *mínimo ético* não seja expressivo. Basta que se consulte o Código Penal para certificar-se de que o mencionado bem-estar da coletividade exige uma complexidade normativa. A não adoção dessa teoria, assim interpretada, implicaria a acolhida do *máximo ético*, pelo qual o Direito deveria ampliar a sua missão, para reger, de uma forma direta e mais penetrante, a problemática social.[13]

---

[13] A expressão *mínimo ético* tem sido empregada em vários sentidos, conforme anotam Aftalion, Olano e Vilanova, que a consideram pouco definida e vaga (*Introducción al Derecho*, 9ª ed., Cooperadora de Derecho e Ciencias Soc., Buenos Aires, 1972, p. 149, nota 26). Alguns autores a conceituam equivalente à teoria dos círculos concêntricos (v. Miguel Reale, *Lições Preliminares de Direito*, ed. cit., p. 42; Enrique Vescovi, *Introducción al Derecho*, 4ª ed., Editorial Letras, Montevideo, 1967, p. 28; José de Oliveira Ascensão, *O Direito – Introdução e Teoria Geral*, 1ª ed., Fundação Calouste Gulbenkian, Lisboa, 1978, p. 174). Del Vecchio a emprega no mesmo sentido que apresentamos no texto, ou seja, como antítese à concepção do *máximo ético* (*op. cit.*, vol. II, pp. 102 e 396, nota 9). Esta mesma orientação foi adotada por Icílio Vanni (*Lições de Filosofia do Direito*, trad. da 3ª ed., Pocai Weiss & Cia., São Paulo, 1916, p. 69). Ainda neste sentido é o pensamento do jurista alemão Hans Welzel, para quem "o Direito tem que limitar-se ao "mínimo ético" e às categorias fundamentais das instituições sociais" ("O problema da Validez do Direito", em *Derecho Injusto y Derecho Nulo*, Aguilar, Madrid, 1971, p. 112).

18. O DIREITO E AS REGRAS DE TRATO SOCIAL

18.1. Conceito das Regras de Trato Social. Se o homem observasse apenas os preceitos jurídicos no meio social, o relacionamento humano, como já vimos, se tornaria mais difícil, mais áspero e por isso menos agradável. A própria experiência foi indicando certas regras distintas do Direito, da Moral e da Religião, que desempenham a função de amortecedores do convívio social. São as Regras de Trato Social, chamadas também *Convencionalismos Sociais e Usos Sociais*.[14] Recaséns Siches condena estas duas últimas denominações. O termo convencionalismo, para ele, traz a ideia de convenção, o que não corresponde à realidade dessas regras, enquanto a expressão Usos Sociais é imprópria, pois, em sua generalidade, atinge tanto aos usos não jurídicos quanto aos jurídicos.[15] Para designar esse tipo de regras, os alemães empregam o vocábulo *Sitte*, e os franceses a palavra *moeur*.

As Regras de Trato Social são *padrões de conduta social, elaboradas pela sociedade e que, não resguardando os interesses de segurança do homem, visam a tornar o ambiente social mais ameno, sob pressão da própria sociedade*. São as regras de cortesia, etiqueta, protocolo, cerimonial, moda, linguagem, educação, decoro, companheirismo, amizade etc. Entre as questões doutrinárias que as Regras de Trato Social suscitam apresenta-se uma ordem de indagações axiológicas: Qual o valor ou valores que esse campo normativo realiza? Essas normas possuem algum valor exclusivo? Enquanto os demais instrumentos de controle social possuem um valor próprio, bem definido, essas regras exigem um estudo mais apurado, para se descobrir, na multiplicidade de suas espécies, uma unidade de propósito. Para facilitar a nossa tarefa, adotamos, inicialmente, o método da exclusão. Os assuntos pertinentes à segurança, sendo exclusivos do Direito, não podem participar dos objetivos dessas regras. Por outro lado, somente a Moral e a Religião procuram o aperfeiçoamento do homem. Se colocarmos entre parênteses o valor segurança e os referentes ao aperfeiçoamento espiritual do homem, atentando para o fato de que são regras que orientam o comportamento interindividual, projeta-se o campo de normatividade das Regras de Trato Social e singulariza-se o seu valor. A faixa de atuação das Regras incide nas maneiras de o homem se apresentar perante o seu semelhante, e o seu valor consiste no aprimoramento do nível das relações sociais. O papel das Regras de Trato Social é propiciar um ambiente de efetivo bem-estar aos membros da coletividade, favorecendo os processos de interação social, tornando agradável a convivência, mais amenas as disputas, possível o diálogo. As Regras de Trato Social, em conclusão, cultivam um valor próprio, que é o de aprimorar o nível das relações sociais, dando-lhes o polimento necessário à compreensão. Esse valor, contudo, não é de natureza independente, mas complementar. Pressupõe a atuação dos valores fundamentais do Direito e da Moral. O valor que as Regras de Trato Social traduzem constitui uma sobrecapa dos valores éticos de convivência.

18.2. Alguns Aspectos Históricos. Na época em que os diferentes instrumentos de controle social ainda se mantinham indiferenciados, era comum o legislador disciplinar os mais simples fatos do trato social. Assim é que, em Esparta, conforme relato de Fustel de Coulanges, o penteado feminino era previsto em lei; as mulheres, em Atenas, não podiam

---

[14] Enquanto García Máynez prefere a denominação "convencionalismos sociais", Miguel Reale adota a expressão "normas de trato social".

[15] L. Recaséns Siches, em: *a) Tratado General de Filosofía del Derecho*, 5ª ed., Ed. Porrua S.A., México, 1975, p. 199; *b) Introducción al Estudio del Derecho*, 1ª ed., Editorial Porrua S.A., México, 1970, p. 99; *c) Vida Humana, Sociedad y Derecho*, 3ª ed., Editorial Porrua S.A., México, 1952, p. 104.

levar consigo mais de três vestidos em viagem; enquanto a lei espartana proibia o uso do bigode, a de Rodes impedia que se fizesse a barba.[16]

A lei das Doze Tábuas, conforme Cícero narra em De Legibus, prova a intromissão do legislador em assuntos reservados, hoje, ao exclusivo campo das Regras de Trato Social: "que as mulheres não pintem as sobrancelhas nem façam queixume lúgubre nos funerais".[17] Uma outra lei romana determinou que os elogios ao morto só poderiam ser feitos nas exéquias públicas e por intermédio de orador oficial, limitado também o número de assistentes nos funerais, a fim de que a tristeza e a lamentação não fossem maiores. A deusa Themis não estendia o seu manto apenas sobre as normas do Direito. Hirzel, citado por R. Siches, destaca o fato de que a deusa era a personificação do bom conselho para todos os assuntos da vida, significando, ao mesmo tempo, o símbolo da atividade do chefe da família patriarcal, que não distinguia os conteúdos do Direito, Moral, Religião e Regras de Trato Social. Dike, uma espécie de filha de Themis, mais tarde, foi a deusa ligada apenas à decisão judicial.

Léon Duguit, como lembra Bustamante y Montoro, viu um denominador comum em toda essa rede de normas que governa a vida em sociedade. Era a *norma da solidariedade*, assim expressa: "não fazer nada que atente contra a solidariedade social, em qualquer de suas formas, e fazer tudo que conduza a realizar e a desenvolver a solidariedade social mecânica e orgânica".[18]

18.3. Caracteres das Regras de Trato Social. Entre os caracteres principais das Regras de Trato Social, apresentam-se: *a) aspecto social; b) exterioridade; c) unilateralidade; d) heteronomia; e) incoercibilidade; f) sanção difusa; g) isonomia por classes e níveis de cultura.*

18.3.1. Aspecto social. Como a própria denominação induz, as regras possuem um significado social. Constituem sempre *maneira de se apresentar perante o outro.* O indivíduo isolado não se subordina a esses preceitos. Ninguém é cortês consigo próprio. Se a sua finalidade é o aperfeiçoamento do convívio social, é natural que essas regras atinjam apenas a dimensão social dos homens.

18.3.2. Exterioridade. Via de regra essas normas visam apenas à superficialidade, às aparências, ao exterior. Assim, por exemplo, são as normas de etiqueta, cerimonial, cortesia. Quando se deseja *bom dia* a alguém, cumpre-se um dever social, que não requer intencionalidade. O *querer* do indivíduo não é necessário. Há algumas normas, todavia, como as de amizade e companheirismo, em que se exige além das aparências. Um gesto de consideração não espontâneo, desprovido de vontade própria, não possui significado nas relações de amizade.

18.3.3. Unilateralidade. A cada regra correspondem deveres e nenhuma exigibilidade. As relações sociais, fundadas nessas regras, não apresentam um titular capacitado a reclamar o cumprimento de uma obrigação. As Regras de Trato Social são unilaterais porque possuem estrutura imperativa: impõem deveres e não atribuem poderes de exigir.

---

[16] *Apud* Dínio de Santis Garcia, "As Regras de Trato Social em confronto com o Direito", em *Ensaios de Filosofia do Direito*, Editora Saraiva, São Paulo, 1952, p. 156.

[17] Cícero, *Das Leis*, Clássicos Cultrix, São Paulo, 1967, p. 87.

[18] A. S. Bustamante y Montoro, *Introducción a la Ciencia del Derecho*, 3ª ed., Cultural S.A., La Habana, 1945, p. 37.

18.3.4. Heteronomia. Os procedimentos, os padrões de conduta, não nascem na consciência de cada indivíduo. A sociedade cria essas regras de forma espontânea, natural e, por considerá-las úteis ao bem-estar, passa a impor o seu cumprimento. O caráter heterônomo dessas regras decorre do fato de que obrigam os indivíduos independentemente de suas vontades. A cada um compete apenas a adaptação de atitudes em conformidade com os preceitos instituídos.

18.3.5. Incoercibilidade. Por serem unilaterais e não sofrerem a intervenção do Estado, essas regras não são impostas coercitivamente. O mecanismo de constrangimento não é dotado do elemento força, para induzir à obediência. A partir do momento em que o Estado assume o controle de alguns desses preceitos, estes perdem o caráter de Trato Social e se transmutam em Direito. Quando a lei estabelece a indumentária dos militares, as normas que definem os uniformes e o seu uso não são Regras de Trato Social, mas se acham incorporadas ao mundo do Direito.

18.3.6. Sanção difusa. A sanção que as Regras de Trato Social oferecem é difusa, incerta e consiste na reprovação, na censura, crítica, rompimento de relações sociais e até expulsão do grupo. O indivíduo que nega uma ajuda a seu amigo, por exemplo, viola os preceitos de companheirismo. A sanção será a reprovação, o enfraquecimento da amizade ou até mesmo o seu rompimento. A apresentação em sociedade com traje inadequado provoca naturalmente a crítica. O constrangimento que as regras impõem é, muitas vezes, mais poderoso do que a própria coação do Direito. O duelo, hoje em desuso, é um exemplo. Durante muito tempo existiu apenas como convenção social *contra legem*. O indivíduo preferia romper com a lei a fugir da praxe social.

18.3.7. Isonomia por classes e níveis de cultura. As obrigações que as Regras de Trato Social irradiam não se destinam, de igual modo, aos membros da sociedade. O seu caráter impositivo varia em função da classe social e nível de cultura. Assim, não se espera de um simples trabalhador o trajar elegante de acordo com a moda. Um juiz, porém, que se apresente socialmente com as vestes de um andarilho provoca estranheza e reprovação. De um matuto do interior admite-se o linguajar incorreto, mas de indivíduo com escolaridade, a pronúncia errônea ou a concordância incorreta conduz à crítica.

18.4. Natureza das Regras de Trato Social. Uma outra questão levantada na doutrina refere-se à natureza das Regras de Trato Social. Constituem um *tertium genus*, ao lado do Direito e da Moral? Ou, bem examinadas, se vinculam a um ou a outro compartimento ético?

18.4.1. Corrente negativista. Entre os autores que contestam a especificidade das Regras de Trato Social, como principais nomes destacam-se: Del Vecchio e Gustav Radbruch. Para o jusfilósofo italiano, as normas de conduta social ou pertencem ao campo do Direito ou ao setor da Moral. Ou as normas são imperativas, característica da Moral, ou são imperativo-atributivas, peculiaridade do Direito. Em sua maior parte, tais normas são "subespécies da Moral". Em sua opinião, há certas regras que não revelam imediatamente a sua natureza, mas, submetidas a rigoroso estudo, revelam-se portadoras apenas de deveres, sendo, assim, imperativos morais; ou apresentam uma estrutura imperativo--atributiva, hipótese em que se identificam como preceitos jurídicos.

Para Gustav Radbruch, os preceitos ordenadores da conduta social se bipartem, igualmente, entre os setores do Direito e da Moral. O ponto de partida de seu raciocínio consiste na afirmação de que os processos culturais visam a realização de um valor específico. Assim, o Direito se estrutura em função da justiça; a Moral procura alcançar o bem e a Religião persegue a divindade. As Regras de Trato Social, em sua concepção, não visam a um valor específico ou exclusivo, não constituindo, assim, processo normativo de natureza própria.

18.4.2. Corrente positiva. Para Rudolf Stammler a distinção entre os dois processos culturais, Direito e Convencionalismos Sociais, baseia-se nos diversos graus de pretensão de efetividade. Enquanto o Direito é imposto coercitivamente, os convencionalismos são apenas orientações para o comportamento social, que se acompanham apenas de uma pressão psicológica, sem contar com o elemento força. Negou a possibilidade de uma diferenciação com base na matéria das Regras de Trato Social, pois é comum um determinado conteúdo deslocar-se de uma espécie para outra. A etiologia das normas, para ele, não pode igualmente servir de critério, pois tanto o Direito como as Regras nascem de uma formulação reflexiva ou da prática consuetudinária.[19]

Felix Somló estabeleceu, como critério diferenciador, a origem dos preceitos. Enquanto as normas jurídicas seriam criações estatais, os Convencionalismos Sociais emanariam da própria sociedade. Este critério é falho, de vez que o Direito costumeiro não é uma criação estatal.

18.4.3. Conclusão. No tópico relativo ao conceito das Regras de Trato Social, deixamos clara a nossa opinião acerca da natureza própria, singular, desse processo normativo. Reconhecemos também que essas normas buscam um valor particular, que é o aprimoramento das relações sociais. Quanto às argumentações expendidas pelos diversos autores, julgamos impossível a distinção com base apenas em um ou outro critério. Concordamos com Stammler quando exclui a possibilidade da distinção com apoio na origem das normas ou em relação ao seu conteúdo. Acompanhamos ainda o jusfilósofo alemão no que se refere à coercibilidade como nota exclusiva do Direito. Não admitimos, contudo, a sua pretensão em erigir este critério como o único e definitivo meio de se chegar ao conceito das Regras de Trato Social. Este é alcançado pelo exame de caracteres, enquanto a sua distinção dos demais instrumentos de controle social é atingida pelo confronto geral dos traços peculiares de cada um, assinalado no quadro que se segue.

DIREITO	MORAL	REGRAS DE TRATO SOCIAL	PRECEITOS RELIGIOSOS
Bilateral	Unilateral	Unilaterais	Unilaterais
Heterônomo	Autônoma, com ressalvas à ética superior e à moral social	Heterônomas	Prevalentemente autônomos

---

[19] Rudolf Stammler, *Tratado de Filosofía del Derecho*, trad. da 2ª ed. alemã, Editora Nacional, México, 1974, p. 106 e segs.

DIREITO	MORAL	REGRAS DE TRATO SOCIAL	PRECEITOS RELIGIOSOS
Exterior	Interior	Exteriores	Interiores
Coercível	Incoercível	Incoercíveis	Incoercíveis
Sanção prefixada	Sanção difusa	Sanção difusa	A sanção geralmente é prefixada

BIBLIOGRAFIA PRINCIPAL

Ordem do Sumário:

14 – Recaséns Siches, *Introducción al Estudio del Derecho*; José Mendes, *Filosofia do Direito*;

15 – Federico Torres Lacroze, *Manual de Introducción al Derecho*; A. Torré, *Introducción al Derecho*; Paulo Dourado de Gusmão, *Introdução ao Estudo do Direito*; Carlos Mouchet e Zorraquin Becu, *Introducción al Derecho*;

16 – Legaz y Lacambra, *Filosofía del Derecho*; Heinrich Henkel, *Introducción a la Filosofía del Derecho*;

17 – Eduardo García Máynez, *Introducción al Estudio del Derecho*; Henrique Vescovi, *Introducción al Derecho*; Heinrich Henkel, *op. cit*; Alessandro Groppali, *Introdução ao Estudo do Direito*; Giorgio del Vecchio, *Lições de Filosofia do Direito*;

18 – Recaséns Siches, *op. cit.*; Eduardo García Máynez, *op. cit.*; Rudolf Stammler, *Tratado de Filosofía del Derecho*; Gustav Radbruch, *Filosofia do Direito*.

– Capítulo 6 –
FATORES DO DIREITO

Sumário: 19. Conceito e Função dos Fatores do Direito. **20.** Princípios Metodológicos. **21.** Fatores Naturais do Direito. **22.** Fatores Culturais do Direito. **23.** Forças Atuantes na Legislação. **24.** Direito e Revolução.

19. CONCEITO E FUNÇÃO DOS FATORES DO DIREITO

O Direito Positivo não é uma concepção metafísica de normas jurídicas. Compõe-se de modelos, que se referem aos acontecimentos sociais e à organização do Estado. São as relações de vida que indicam ao legislador as questões sociais que devem ser regulamentadas. As leis refletem, a um só tempo, valores permanentes de convivência, oriundos do Direito Natural, e elementos variáveis, contingentes, que decorrem tanto de motivações históricas, como de condições diversas, impostas pelo reino da natureza.

A formação e a evolução do Direito não resultam da simples vontade do legislador, mas estão subordinadas à realidade social subjacente, à presença de determinados *fatores* que influenciam fortemente à própria sociedade, definindo as suas diversas estruturas.

Para ser instrumento eficaz ao bem-estar e progresso social, o Direito deve estar sempre adequado à realidade, refletindo as instituições e a vontade coletiva. A sua evolução deve expressar sempre um esforço do legislador em realizar a adaptação de suas normas ao momento histórico.[1] Os fatores que influenciam a vida social, provocando-lhe mutações, vão produzir igual efeito no setor jurídico, determinando alterações no Direito Positivo. Esses fatores, chamados *sociais* e também *jurídicos*, funcionam como motores da vida social e do Direito. *Fatores jurídicos são, pois, elementos que condicionam os fenômenos sociais e, em consequência, induzem transformações no Direito.*

---

[1] Não obstante ser este o caminho científico, Georges Ripert, impressionado com as distorções que se passam na gênese da lei, declarou: "O Direito nasce na luta e pelo triunfo dos mais fortes"... "O mais forte sai vencedor de um combate cujo prêmio é a lei. Após o que o jurista declara gravemente que a lei é a expressão da vontade geral. Ela não é nunca senão a expressão da vontade de alguns." (*Les Forces Créatrices du Droit, apud* Machado Netto e Zahidé Machado Netto, *O Direito e a Vida Social*, Cia. Edit. Nacional, São Paulo, 1966, pp. 79 e 81.)

INTRODUÇÃO AO ESTUDO DO DIREITO · PAULO NADER

A variação a que o Direito está sujeito não é ilimitada. Há setores que, por já se acharem sistematizados de acordo com o Direito Natural e com as peculiaridades regionais, sofrem lentas e eventuais reformulações. Na opinião de Icílio Vanni, os fenômenos sociais estão sujeitos a princípio análogo a uma lei biológica, ilustrada por Messedaglia, segundo a qual o ser vivo possui elementos estáveis que raramente se modificam, mas quando isto ocorre as consequências são da maior importância. O Direito Privado, por exemplo, é conservador em relação ao Direito Público, que sofre diretamente os efeitos das transformações políticas; entretanto, as variações que eventualmente nele se processam, notadamente nas instituições *família* e *propriedade*, repercutem na estrutura social.[2]

A Sociologia do Direito estuda os fatores jurídicos responsáveis pela criação e aceleração dos institutos de Direito. Há dois grupos de fatores jurídicos: os *naturais* e os *culturais*.

20. PRINCÍPIOS METODOLÓGICOS

O estudo dos fatores do Direito deve ser precedido pelo exame dos princípios metodológicos aplicáveis à matéria. Esses critérios operacionais orientam o pesquisador quanto ao processo de investigação e na fase de conclusões, evitando a falsa interpretação de resultados. Entre os princípios metodológicos básicos, Vanni indica os seguintes: interferência das causas; a distinção dos fatores em categorias e a distinção entre eficácia direta e indireta.

20.1. Interferência das Causas. Os fenômenos sociais são sempre dotados da *máxima complexidade*, pois não decorrem de um fator exclusivo, mas de uma pluralidade deles. Ao pesquisador cumpre constatar quais são estas causas que, reciprocamente se influenciando, compõem a chamada *interferência das causas*. Conhecidos os vários fatores, deve-se apurar em que medida ou proporção contribuíram na formação do fenômeno social. Esta parte se revela a mais difícil da investigação.

20.2. Distinção dos Fatores em Categorias. Quanto mais a sociedade evolui, aumenta a *complexidade* dos fenômenos sociais. Os fatores não se apresentam sempre de modo idêntico. Não se repetem quantitativamente, porque surgem novos fatores. Qualitativamente também não se repetem, porque o seu grau de eficácia varia com a evolução social. Assim é que, enquanto nos tempos primitivos a interferência das causas se dava fundamentalmente pelos fatores naturais, de vez que os homens viviam dominados pela natureza, modernamente, à medida que o homem progride culturalmente, a hegemonia das causas se transfere para os fatores históricos ou culturais, que são criações sociais. O desenvolvimento social, na colocação precisa de Gabriel Tarde, não se apresenta uniforme e predeterminado, porque a evolução dos fatores de que depende também não possui esses caracteres.[3]

20.3. Eficácia Direta e Indireta dos Fatores. Há fatores que atuam diretamente sobre o fenômeno social e há os que revelam a sua eficácia por intermédio de outros, como ocorre na maioria dos fatores naturais, que só indiretamente exercem influência sobre os fenômenos sociais. Em relação aos fatores de eficácia indireta, desejando o homem neu-

---

2 Icílio Vanni, *op. cit.*, p. 141.
3 Gabriel Tarde, *Las Transformaciones del Derecho*, Editorial Atalaya, Buenos Aires, 1947, p. 193.

Segunda Parte · **Cap. 6** · FATORES DO DIREITO | **51**

tralizar os seus efeitos deverá escolher, na cadeia causal, o fator mais conveniente para ser enfrentado. Exemplo: uma região insalubre, portadora de insetos transmissores de malária, constitui um desafio para o homem, que poderá atacar a causa imediata, ingerindo preventivamente quinino, ou a anterior, providenciando a dessecação de pântanos.

21. FATORES NATURAIS DO DIREITO

Estes fatores são os determinados pelo reino da natureza, que exerce um amplo condicionamento sobre o homem no tocante à sobrevivência, ao espaço vital e à criação dos objetos culturais. Os diversos fatores naturais podem ser agrupados nos seguintes tipos: 1) geográficos; 2) demográficos; 3) antropológicos.

21.1. Fator Geográfico. Entre os fatores geográficos merecem atenção especial: clima, recursos naturais e território.

21.1.1. Clima. É um fator de eficácia indireta, que influi no crescimento e no comportamento humano. Nos países de clima frio, por exemplo, o pleno desenvolvimento físico do homem se processa mais lentamente em comparação aos que vivem em regiões quentes.[4] O clima influencia hábitos e costumes, sem condicionar, todavia, as esferas da moral, em que a educação e o sentimento religioso cumprem importante papel.

Em sua obra *Do Espírito das Leis*, Montesquieu dissertou amplamente sobre a influência do clima em relação aos homens. Se afirmou, de um lado, que só os maus legisladores se submetem unicamente ao clima e aos demais fatores naturais, de outro, ao exagerar a influência climática sobre os homens e declarar que "as leis devem ser relativas à diferença desses caracteres", caiu em contradição porque acabou por sustentar um verdadeiro monismo climático. Dentro de sua concepção global, os demais fatores seriam apenas derivações do fator climático. É o que se pode inferir de várias passagens de sua obra, como esta: "Vós encontrareis nos climas do Norte povos que possuem poucos vícios, bastantes virtudes, muita sinceridade e muita franqueza. Aproximai-vos dos países do Sul, e julgareis afastar-vos da própria moral... Nos países temperados, vereis povos inconstantes em suas maneiras, e mesmo em seus vícios e em suas virtudes; o clima não possui uma qualidade bastante determinada para fixá-lo."[5] O condenável monismo climático, desenvolvido pelo eminente autor francês, não possui embasamento científico; constitui uma visão retrógrada, que minimiza a importância dos processos educacionais na formação do caráter.

21.1.2. Recursos naturais. O mundo atual é o da tecnologia, dos aparelhos, dos objetos culturais. A matéria-prima utilizada na industrialização desses bens é fornecida pela natureza, extraída de suas diversas jazidas e fontes. Os minerais, o petróleo, flora, fauna,

---

[4] Um macroexemplo da influência do fator climático sobre a organização social é representado pela cultura esquimó. Durante o verão a sociedade é patriarcal e se forma à base de pequenas famílias, que não mantêm maiores vínculos sociais. No inverno a família é grande e não possui caráter patriarcal; a chefia é entregue normalmente a um homem velho e bom caçador ou pai de um bom caçador. Seus membros, conforme narra Marcel Mauss, vivem em um comunismo econômico e sexual. Expressando as peculiaridades de uma estação e de outra, há um *direito de inverno* e um *de verão* (Marcel Mauss, *Sociologia e Antropologia*, Editora Pedagógica e Universitária Ltda., São Paulo, 1974, vol. II, p. 300 e segs.).

[5] Montesquieu, *Do Espírito das Leis*, vol. I, Edições e Publicações do Brasil, São Paulo, 1960, p. 260.

águas, são recursos que a natureza oferece ao homem e que, por sua importância e limitação, têm a sua exploração regulamentada por leis.[6]

21.1.3. O território. As características de um território influenciam no regime de vida, nas formas de habitação, na economia e na organização social de um povo. A adaptação do homem à superfície da Terra é uma providência imediata, com prioridade em relação a outros interesses. Os grupos sociais, no correr da história, deram preferência às regiões mais favoráveis ao cultivo da terra. A localização das terras em relação aos rios, mares e montanhas, as riquezas naturais e as diversas distâncias são outros aspectos fundamentais à fixação dos grupos sociais em um território. Quanto ao elemento distância, em face do atual desenvolvimento dos meios de comunicação, tornou-se uma condição apenas relativa. O *polígono das secas*, em nosso país, por suas peculiaridades, tem sido objeto de várias leis de proteção, o que exemplifica a importância do fator geográfico na formação do Direito.

21.2. Fator Demográfico. A maior ou menor concentração humana por quilômetro quadrado, em um território, é fator importante à vida de um país. O equilíbrio entre o espaço vital e o número de habitantes é o ponto ideal, pois favorece, de um lado, a segurança do território e, de outro, a solução dos problemas de habitação e alimentação. Para obter esse nível, os Estados utilizam-se da legislação. Os países de baixo índice demográfico têm interesse em incentivar a natalidade e em atrair o estrangeiro com mão de obra qualificada. Para tal fim, as leis devem ser favoráveis aos imigrantes e facilitar o seu processo de naturalização. Já os países que possuem grande densidade demográfica adotam política de desestímulo à imigração, favorecem a emigração, incentivam o controle da natalidade e alguns chegam a liberar a prática do aborto.

21.3. Fatores Antropológicos. Estes fatores decorrem do próprio homem. Referem-se ao grau de desenvolvimento dos membros da sociedade, de acordo com a sua constituição fisiológica e mental. Abrangem também o caráter étnico, pelas aptidões, tendências, características peculiares a cada raça, que influenciam o fenômeno social.

22. FATORES CULTURAIS DO DIREITO

Entre os fatores culturais, também chamados *históricos* – aqueles produzidos pelo homem – destacam-se, como principais: Econômico, Invenções, Moral, Religião, Educação e Ideologia.

22.1. Fator Econômico. Este fator refere-se às riquezas e pode ser avaliado pecuniariamente. É de capital importância na formação e evolução do Direito. Na árvore jurídica, há ramos que possuem grande conteúdo econômico, como acontece com o Direito do Trabalho, o Empresarial, o Tributário, o Civil, especialmente quanto aos direitos reais, obrigacionais e sucessórios. Há correntes de pensamento que sustentam a tese de que o Direito

---

[6] Nauru, pequeno estado da Oceania, é formado por uma ilha do mesmo nome, cuja principal característica são os imensos depósitos de fosfato, que monopolizam a vida econômica e social desse país. Com uma reduzida população, elevada renda "per capita" e sólida organização, esse Estado corre o risco de desaparecer, submerso nas águas do Oceano Pacífico, em consequência dos imensos sulcos da terra, provocados pela extração de fosfato. A economia, os fenômenos sociais e o Direito são determinados fortemente por esse fator natural.

Segunda Parte • **Cap. 6** • FATORES DO DIREITO | **53**

subordina-se inteiramente a esse fator, defendendo, assim, a teoria do *monismo econômico*. Para o materialismo histórico, a economia compõe a infraestrutura da vida social e determina a superestrutura, composta pelo Direito, Moral, Política, Religião, entre outros.

A influência do fator econômico no Direito, como já se afirmou, é uma realidade, porém, não é menos real a influência do Direito sobre os processos econômicos. Karl Marx e Engels foram os principais sistematizadores da teoria, que hoje é defendida notadamente por Achille Loria e Berolzheimer. Este último chegou a afirmar que a Economia está para o Direito assim como o grão está para a casca, em uma relação de conteúdo e forma. Declarou que "o Direito, sem a Economia, é vazio e a Economia, sem o Direito, é sem forma".[7]

22.2. Invenções. As ciências se desembocam nas técnicas, através das invenções. Ao conhecer as leis da natureza, o homem da ciência procura tirar proveito do conhecimento obtido, aplicando-o de acordo com as necessidades humanas. Esta forma de inovar é representada pelas invenções, que provocam novos hábitos e costumes, indo determinar a evolução nas instituições jurídicas, de vez que estas devem ser um reflexo da realidade social. Jean Cruet deu grande realce à importância das invenções na vida do Direito. O famoso advogado francês observou que "o sábio, sem que o suspeite, é um tanto legislador, porque, muito mais que o jurista pelos seus raciocínios, prepara pelas suas descobertas o Direito de amanhã".[8] De um lado, as invenções envelhecem o Direito e, de outro, geram a necessidade social de novos instrumentos jurídicos. O legislador não pode prevenir-se, aguardando as invenções, porque estas são imprevisíveis. Este fator foi também enfatizado por Gabriel Tarde, para quem "o futuro jurídico será o que o fizerem as invenções por nascer..."[9]

22.3. Moral. A Moral favorece o Direito Positivo, emprestando-lhe valores. O Direito, contudo, não é de todo programado pela Moral. Esta não é, como já se afirmou, onipresente no território jurídico. Há matérias de indagação no Direito estranhas ao setor da Moral. Apesar desse coeficiente de competência própria, o Direito se revela sensível às mutações que ocorrem na Moral social, acompanhando essa evolução, a fim de adaptar-se às novas necessidades sociais (v. item 17).

22.4. Religião. Se na Antiguidade o Direito se achava subordinado à Religião, no presente ambos constituem processos independentes, que visam a objetivos distintos. De um fator de eficácia direta no passado, a Religião, hoje, influencia apenas indiretamente o fenômeno jurídico. Como o *homo religiosus* é participante no processo social, contribui, com o seu modo de pensar e de sentir, na formação da vontade social que por sua vez é decisiva na elaboração do Direito. Como um traço a marcar ainda a presença da Religião no ordenamento jurídico de nosso país, a lei civil admite efeitos jurídicos ao casamento religioso, mediante certas exigências (v. item 16).[10]

22.5. Ideologia. As tendências da ordem jurídica estão diretamente ligadas à ideologia consagrada pelo poder social. Cada ideologia corresponde a uma concepção distinta de

---

7   *Apud* Mário Franzen de Lima, *Da Interpretação Jurídica*, 2ª ed., Forense, Rio de Janeiro, 1955, p. 54.

8   Jean Cruet, *A Vida do Direito e a Inutilidade das Leis*, José Bastos e Cia. – Livraria Editora, Lisboa, 1908, p. 242.

9   *Apud* Jean Cruet, *op. cit.*, p. 239.

10   Previsto na Constituição Federal de 1988, pelo § 2º do art. 226, o efeito civil do casamento religioso se acha regulado nos artigos 1.511 e 1.512 do Código Civil de 2002.

organização social e reúne valores específicos. Enquanto os países socialistas modelam o seu Direito, colocando o corpo social em primeiro plano e o indivíduo em plano secundário, o liberalismo, de natureza individualista, reconhece a autonomia da vontade individual. O nacionalismo é outra ideologia fortemente influenciadora na ordem jurídica, sobretudo na área política e econômica. Após situar o Direito como instrumento de determinada concepção política, Novoa Monreal, em seu exacerbado positivismo, enfatiza a importância desse fator na esfera jurídica: "... o Direito se limita a proporcionar a técnica formal, já que o conteúdo de fundo é dado pelas concepções ideológicas que imperam no grupo dominante...". Para o autor chileno, seguidor neste ponto da orientação de Hans Kelsen, o conteúdo das regras jurídicas não pertence ao Direito, pois este pode agasalhar qualquer esquema ideológico possível.[11]

22.6. Educação. O progresso de uma sociedade pressupõe o seu desenvolvimento no campo moral, técnico e científico. É através da educação que se pode dotar o corpo social de um *status* ético e intelectual, capaz de promover a superação de seus principais problemas. Para assegurar o conhecimento, a cultura, a pesquisa, o Estado utiliza-se de numerosas leis que organizam a educação em todos os seus níveis.[12]

23. FORÇAS ATUANTES NA LEGISLAÇÃO

Os fatores jurídicos, por seu próprio significado, podem levar o legislador a elaborar novas leis, espontaneamente, ou podem ser impostos mediante apoio ou instrumento de certas forças atuantes na sociedade, como a política, a opinião pública, os grupos organizados e as chamadas medidas de hostilidade.

23.1. Política. Cada segmento político deve corresponder a um ideário de valores sociais, ligado à organização da sociedade em seu amplo sentido. Em função de sua linha doutrinária, cada partido político deve movimentar-se, a fim de que suas teses se realizem concretamente. Georges Ripert reclama a atenção dos juristas para a ação desse fator: "Os tratados de Direito Civil nenhuma alusão fazem a esta influência do Poder Político sobre a confecção e a transformação das leis. Acusam, com frequência, a inabilidade do legislador, mas nunca ousam dizer o interesse político que ditou o projeto ou deformou a lei."[13]

23.2. Opinião Pública. A opinião pública se manifesta, eventualmente, em relação às leis. Tal ocorre, notadamente, quando a atenção do povo é despertada por algum caso particular, da sua simpatia, e que não encontra amparo na ordem jurídica vigente, como anota Luis Recaséns Siches. Dá-se então o *sobressalto da opinião pública*. Esta, através das mais variadas formas (artigos de jornais, rádio e televisão, passeatas, *e-mails*, postagens na *web*), exerce pressão sobre o poder social, no sentido de modificar a ordem jurídica. A Constituição Federal, pelo art. 61, prevê a apresentação de projeto de lei por iniciativa do povo. A chamada *Lei da Ficha Limpa*, por exemplo, que veda a candidatura de político com antecedentes criminais, nasceu de um projeto de iniciativa popular.

---

[11] *Derecho, Política y Democracia* (Un Punto de Vista de Izquierda), Editorial Temis Librería, Bogotá, 1983, p. 12.

[12] Tal a presença da educação no Direito Positivo, que já se fala na existência de um Direito Educacional, denominação esta, inclusive, de uma obra publicada em nosso país por Renato Alberto Teodoro di Rio, em 1982, sob os auspícios da Universidade de Taubaté. A esta, seguiram-se outras obras.

[13] Ripert, *op. cit.*, p. 160.

Segunda Parte · Cap. 6 · FATORES DO DIREITO | 55

23.3. Grupos Organizados. Na defesa de seus interesses comuns, as pessoas procuram se organizar em grupos conforme as diversas classes, a fim de alcançar maior força e prestígio perante as autoridades públicas. Exemplos: sindicatos, associação de inquilinos, sociedades pró-melhoramentos de bairros, entre outros, que lutam junto ao poder público pleiteando em favor de seus interesses e muitas vezes influenciando na legislação.

23.4. Medidas de Hostilidade. A greve do trabalhador, o *lock-out*, a greve dos contribuintes, o engarrafamento do trânsito, são algumas medidas hostis, utilizadas a fim de pressionar o poder público para o atendimento de reivindicações.

24. DIREITO E REVOLUÇÃO

Enquanto os fatores jurídicos provocam uma evolução gradativa no Direito, o fato histórico de uma revolução desencadeia, necessariamente, rápidas e amplas modificações na área do Direito Público.

A revolução é um acontecimento político motivado pela insatisfação social quanto às instituições e regime vigentes. Caracteriza-se por uma dupla ação: *intelectual* e de *força*. Pressupõe idealismo, que se funda em novas concepções, em uma ideologia que se pretende implantar na organização social. Imbuído pelo espírito revolucionário, o grupo que destitui os governantes e assume o poder deve iniciar o trabalho de reformulação social, de acordo com a filosofia preconizada. É com essa mudança efetiva que a revolução se completa. Se o movimento contraria o sistema de legalidade do Estado, possui o poder de instituir uma nova ordem jurídica. A legitimidade do Direito criado baseia-se no apoio popular, pois revolução implica adesão social. A possibilidade de instauração de um novo Direito, notadamente o Constitucional, é básica, pois a luta revolucionária exige um novo instrumental jurídico capaz de dar validade e eficácia às transformações que visa a operar no quadro social. Para Reinhold Zippelius, cientista político alemão, em sentido jurídico revolução "significa modificação não legal dos princípios fundamentais da ordem constitucional existente."[14]

Ter-se-á revolução apenas quando o movimento se fizer vitorioso. Se ocorrer fracasso, conforme lembra Zippelius citando Giese, a relevância será jurídico-penal; se o movimento triunfou, a qualificação será jurídico-política.[15]

Os efeitos jurídicos que os chamados "golpes de Estado" causam são menores que os promovidos pelas revoluções, isto pelo fato de objetivarem apenas a queda de um governo e a consequente ascensão do grupo que se tornou vitorioso pelo emprego da força. Normalmente os movimentos desse tipo não se fazem acompanhar de maiores alterações no Direito Positivo, sendo comum, inclusive, a permanência da constituição vigente.

BIBLIOGRAFIA PRINCIPAL

Ordem do Sumário:

19 – Mouchet e Becu, *Introducción al Derecho*; Flóscolo da Nóbrega, *Introdução ao Direito*; Machado Netto e Zahidé Netto, *O Direito e a Vida Social*;

20 – Icílio Vanni, *Lições de Filosofia do Direito*;

---

[14] *Teoria Geral do Estado*, Fundação Calouste Gulbenkian, trad. da 12ª ed., Lisboa, 1997, p. 191.

[15] *Op. cit.*, p. 191.

56 INTRODUÇÃO AO ESTUDO DO DIREITO · PAULO NADER

21 – Icílio Vanni, *op. cit.*; Montesquieu, *Do Espírito das Leis*; Marcel Mauss, *Sociologia e Antropologia*; Flóscolo da Nóbrega, *op. cit.*;

22 – Mouchet e Becu, *op. cit.*; I. Vanni, *op. cit.*; F. da Nóbrega, *op. cit.*;

23 – Luis Recaséns Siches, "Forças Sociais que atuam sobre a Legislação", *O Direito e a Vida Social*;

24 – Machado Netto, *Sociologia Jurídica*; Lino Rodrigues-Arias Bustamante, *Ciencia y Filosofía del Derecho*; Reinhold Zippelius, *Teoria Geral do Estado*.

– Terceira Parte –
A NOÇÃO
DO DIREITO

– Capítulo 7 –
O DIREITO NO QUADRO DO UNIVERSO

Sumário: 25. Indagação Fundamental. **26.** Algumas Notas do Direito. **27.** A Teoria dos Objetos. **28.** Objetos Naturais. **29.** Objetos Ideais. **30.** Os Valores. **31.** Objetos Metafísicos. **32.** Objetos Culturais. **33.** O Mundo do Direito. **34.** Conclusões.

25. INDAGAÇÃO FUNDAMENTAL

A compreensão do que seja Direito, a sua conceituação, exige que enfrentemos, primeiramente, a questão de saber em que setor do universo das coisas, em que faixa ontológica, ele se localiza. Sem uma tomada de consciência do problema e da fixação de um ponto de vista a respeito, não se pode chegar a uma definição do Direito, que explicite os seus elementos essenciais. Esta opinião é confirmada por Miguel Reale, quando assinala: "À medida que situamos o Direito na esfera da realidade que lhe é própria, determinando a estrutura do objeto que lhe corresponde, volvemos a nós mesmos, indagando como aquela realidade se representa em nosso espírito como conceito."[1] Igual critério é adotado por Recaséns Siches.

O objeto Direito é apenas um, no inumerável mundo dos objetos. Uma grande parte deste é fornecida pela natureza, enquanto outra decorre do homem, do ser inteligente, da atuação deste sobre a realidade natural, de sua criatividade e imaginação. Assim, o universo dos objetos nos oferece um panorama sumamente variado: árvore, livro, cores, amor, regra de conduta social etc.

Se, em aparência, o quadro geral dos objetos sugere que esse "todo" é um conjunto desorganizado, uma observação profunda, pelas vias da ciência e da filosofia, há de revelar uma surpreendente harmonia: a *ordem natural das coisas*. A ação humana, ao desenvolver processos criativos, corresponde a uma tentativa de ajustamento, de engajamento à essa *ordem natural das coisas*. Progresso efetivo, conquista real, o homem só obtém quando padroniza o seu comportamento e o *fazer* com as determinantes da natureza.

---

[1] Miguel Reale, *Filosofia do Direito*, ed. cit., vol. II, p. 270.

60 INTRODUÇÃO AO ESTUDO DO DIREITO · PAULO NADER

Os diferentes objetos classificam-se em *ideais, naturais, culturais* e *metafísicos*. Em relação ao Direito a indagação fundamental que surge é: onde se localiza o seu território?

26. ALGUMAS NOTAS DO DIREITO

Ao mesmo tempo em que se coloca a pesquisa da localização do Direito na ordem do universo, como tarefa preliminar à investigação do conceito, deve-se reconhecer a inadiável necessidade de se oferecer ao iniciante algumas notas essenciais do Direito, como subsídio ao seu raciocínio e conclusões.

Temos conhecimento de que o Direito é algo criado pelo homem para estabelecer as condições gerais de organização e de respeito interindividual, necessárias ao desenvolvimento da sociedade. O objeto Direito se coloca em função da convivência humana: visa a favorecer à dinâmica das relações sociais; é um caminho, não o único, para se chegar a uma sociedade justa. Os homens não vivem para o Direito, embora a vida social não tenha sentido quando dissociada do valor justiça. O Direito é imposto heteronomamente, sem dependência à vontade de seus destinatários, e, para isto, dispõe, somente ele, do elemento coação.

A função disciplinadora se faz mediante regras que comandam a conduta interindividual. A causa motivadora do Direito é a satisfação das necessidades de justiça. O conjunto de regras pode ser criado diretamente pela sociedade ou por seus órgãos especializados; em qualquer hipótese, porém, o Direito pressupõe a chancela do Estado.

A síntese preliminar da noção ou conceito do Direito positivo engloba três elementos:

a) relações sociais (fato);

b) justiça: causa final (valor);

c) regras impostas pelo Estado (norma).

27. A TEORIA DOS OBJETOS

27.1. Conceituações Prévias. Para se chegar a responder à indagação fundamental "onde se localiza o território do Direito?", é necessária uma incursão prévia na *teoria dos objetos*. Esta é um dos capítulos da Ontologia (ontos = ser, logos = teoria). Destacada é a sua importância para todas as áreas do saber. A ordem do universo se compõe de objetos, entre os quais se inclui o Direito. Essa composição do universo não é estática. É um permanente *devenir*. Seu aspecto dinâmico não decorre necessariamente da ação humana. As forças sinérgicas da natureza, em um constante fluxo de causa e efeito, modificam os objetos naturais.

Pelo fato de a *teoria dos objetos* ser um estudo centralizado no sujeito de um juízo lógico, a noção deste se torna imperiosa neste momento. Em linguagem simples, podemos dizer que *juízo lógico* consiste no ato de se atribuir ou de se negar alguma coisa a um ser. Compreende, obrigatoriamente, três elementos: *sujeito*, de quem se afirma ou se nega; *predicado*, o que se afirma ou se nega; *cópula*, afirmação ou negativa. Na frase o *Direito é dinâmico*, temos: *Direito* – sujeito; *dinâmico* – predicado; *é* – cópula.

O objeto é sempre o sujeito de um juízo lógico. É o ser a quem se atribui ou se nega alguma coisa.

27.2. O Quadro das Ontologias. O jusfilósofo argentino, Carlos Cossio, elaborou um quadro sobre as diversas ordens de objetos que, além de esclarecedor, é útil por seu aspecto didático.[2]

ONTOLOGIAS REGIONAIS

Objetos	1º caráter	2º caráter	3º caráter	Métodos	Ato gnosiológico
Ideais	Irreais: não têm existência	Não estão na experiência	Neutros ao valor	Racional--dedutivo	Intelecção
Naturais	Reais: têm existência	Estão na experiência	Neutros ao valor	Empírico--dedutivo	Explicação
Culturais	Reais: têm existência	Estão na experiência	Valiosos, positiva ou negativa-mente	Empírico--dialético	Compreensão
Metafísicos	Reais: têm existência	Não estão na experiência	Valiosos, positiva ou negativa-mente	–	–

28. OBJETOS NATURAIS

28.1. Conceito. Objeto natural é todo elemento que integra o reino da natureza e se subordina ao princípio da causalidade. A sua existência independe da vontade humana. Graças a ele o homem mantém a sua vida, cria o seu instrumental de trabalho e produz. A planta, os rios, os peixes, os minerais são alguns dos objetos que a natureza coloca à mercê do homem. O seu estudo se faz pelas ciências naturais: Física, Química, Biologia, Astronomia, entre outras. Os objetos naturais dividem-se em duas espécies: físicos e psíquicos. Estes são tratados pela Psicologia e se referem, por exemplo, à emoção, ao desejo, à sensação etc.

Para bem aproveitar os benefícios desse imenso potencial, o ser humano procura conhecer a estrutura dos diferentes objetos naturais, os princípios e as leis que os regem.

28.2. Caracteres. Conforme se pôde verificar no quadro das Ontologias Regionais, de Carlos Cossio, os objetos naturais possuem os seguintes caracteres: *a) reais*: existem no tempo e no espaço, à exceção dos objetos psíquicos, que possuem apenas a dimensão temporal; *b) estão na experiência*: são acessíveis pelos sentidos humanos. Enquanto os objetos físicos são apreendidos pela percepção externa, os fenômenos psíquicos se desenvolvem pela percepção interna; *c) neutros ao valor*: objetivamente, não possuem sentido. O homem, sim, pode atribuir-lhes valor.

---

[2] Carlos Cossio, *apud* Aftalion, Olano e Vilanova, *Introducción al Derecho*, 9ª ed., Cooperadora de Derecho y Ciências Sociales, Buenos Aires, 1972, p. 15.

28.3. Princípio da Causalidade. No reino da natureza, nada ocorre por acaso. Cada fenômeno tem a sua explicação em uma causa determinante. O *princípio da causalidade corresponde ao nexo existente entre a causa e o efeito de um fenômeno*. O eclipse solar, por exemplo, é um *efeito* que se explica por uma determinada *causa*. O fenômeno é um efeito que pode, dialeticamente, constituir-se em causa de um novo fenômeno. Diante de um fato da natureza a indagação que se apresenta é sempre um *porquê*. A explicação do fenômeno exige um recuo ao passado, a fim de se constatar a circunstância que lhe serviu de causa. Literariamente situado o princípio, pode-se dizer que "na esfera da natureza não há recompensas nem punições: há consequências".[3]

28.4. Leis da Natureza. A natureza é um corpo vivo, que se mantém em permanente movimento e transformação, em decorrência da existência de numerosas leis que regem o seu mundo. A lei natural, definida por Montesquieu como "a relação necessária derivada da natureza das coisas",[4] possui caracteres particulares, entre os quais se destacam: *universalidade, imutabilidade, inviolabilidade e isonomia.*

28.4.1. Universais. Porque são iguais em todos os lugares.

28.4.2. Imutáveis. As leis da natureza não sofrem variações. Não evoluem. Não perdem e nem recebem novas dimensões. A noção que o cientista possui sobre determinada lei é que é passível de retificação. É indispensável não se confundir, portanto, a lei da natureza com o enunciado que dela se faz.[5] Quando os tratados científicos modificam o enunciado de uma lei natural, é sinal que a concepção anterior era falsa. Nem se pode afirmar que o cientista cria uma lei natural, pois na realidade tem o poder apenas de constatar a sua existência.

28.4.3. Invioláveis. O homem só pode influenciar os objetos naturais até onde as leis permitem. E o que a lei permitirá no futuro é o mesmo que permite hoje e no passado distante, de vez que a *ordem natural das coisas* é inalterável. Se o homem obtém, na atualidade, a fecundação do óvulo pelo método de inseminação artificial, teoricamente tal fenômeno já era possível desde o início da criação. Ao homem, porém, faltavam conhecimento e recursos tecnológicos.

28.4.4. Isonomia. É o princípio da igualdade de todos perante a natureza. A morte, por exemplo, é fenômeno decorrente de leis biológicas e atinge a todos os seres vivos indistintamente.

---

[3] "*In nature there are neither rewards nor punishments: there are consequences*", cf. Robert G. Ingersoll, *apud* Mariza Ferrari e Sarah G. Rubin, *Inglês*, Ed. Scipione, 1ª ed., São Paulo, 2001, p. 99.

[4] Montesquieu, *op. cit.*, p. 9.

[5] Neste equívoco incorre Fausto E. Vallado Berrón, quando afirma: "De acordo com as modernas concepções da física, a lei natural só expressa com um alto grau de probabilidade o acontecer causal dos fenômenos." Nesta passagem, como em outras, de seu estudo sobre "La Ley de la Naturaleza", identifica lei natural com enunciado. (*Teoria General del Derecho*, Universidad Nacional Autónoma del México, 1972, p. 81). Nesta falha não incidiu J. M. Bochenski, ao expressar igual pensamento: "... as teorias científicas nunca são verdades absolutamente certas. Tudo o que a ciência pode alcançar neste domínio é a probabilidade" (*Diretrizes do Pensamento Filosófico*, 4ª ed., Editora Herder, São Paulo, 1971, p. 62). O conhecimento científico não se confunde, pois, com o objeto de estudo das ciências da natureza, que são as leis naturais.

28.5. Importância. À medida que o homem obtém conhecimento sobre os objetos naturais, procura traduzir a sua nova experiência em fatos concretos. O avanço da ciência vai repercutir no mundo das invenções e no campo tecnológico. O progresso material gera a necessidade de o homem caminhar igualmente no setor espiritual. Sob pena de incidir no materialismo, o agente da evolução científica precisa compatibilizar as conquistas com as suas atitudes, sob o apoio de uma segura filosofia de vida.

29. OBJETOS IDEAIS

Os objetos ideais tornam-se inteligíveis a partir do exame de seus caracteres. Conforme se irá constatar, o termo *ideal* não possui qualquer conotação de ordem moral ou de aperfeiçoamento. Constituem campo de pesquisa da matemática, geometria e lógica. Os números, as figuras geométricas, os conceitos, são alguns de seus exemplos. Recaséns Siches distingue duas espécies nesta categoria: objetos ideais puros e valores.[6] Como essa inclusão é negada por outros autores e ainda pelo fato de os valores apresentarem caracteres especiais, para efeito didático esta segunda espécie apontada será focalizada isoladamente. Portanto, os caracteres, a seguir apresentados, referem-se tão somente aos objetos ideais que Siches denomina *puros*.

Caracteres básicos: *a) são irreais*, isto é, não ocupam um lugar no espaço e não têm duração. São, portanto, inespaciais e intemporais; *b) não estão na experiência sensível*: não são acessíveis pelos sentidos. A mentalização de um quadrado não depende de qualquer conclusão sobre o mundo exterior. Se o técnico fabricar algum objeto sob a forma de um quadrado, ter-se-á, aí, um objeto cultural e não um objeto ideal; *c) neutros em relação aos valores*: carecem de sentido. Não podem ser qualificados dentro de uma escala que compreende o bem e o mal. A sua materialização ou configuração prática pode, sim, obter significado, representar valor, mas já não se terá um objeto ideal.

30. OS VALORES

30.1. Axiologia. A parte da Filosofia que estuda os valores em seu caráter abstrato, sem considerar a sua projeção nas diferentes ciências, denomina-se *teoria dos valores* ou *axiologia*. Os valores específicos, concretos, ficam ao nível das próprias ciências. Assim, os valores jurídicos são abordados na Filosofia do Direito; os econômicos, nas Ciências Econômicas; os políticos, na Ciência Política.

Antes de se questionar a participação individual dos valores no quadro das Ontologias Regionais, impõe-se uma explanação sobre o seu conceito e importância.

30.2. Conceito. O homem é um ser em ação, que elabora planos e dirige o seu movimento com objetivo de alcançar determinados fins. A escolha desses fins não é feita por acaso, mas em função do que o homem considera importante à sua vida, de acordo com os *valores* que elege. A atividade humana, em última análise, é motivada pelos valores. Estes assumem a condição de fator decisivo, determinante dos projetos que o homem constrói e de cada providência que toma.

A ideia de valor está vinculada às necessidades humanas. Só se atribui valor a algo, na medida em que este pode atender a alguma necessidade. Assim, a *necessidade gera o valor; este coloca o homem em ação, que por sua vez vai produzir algum resultado prático:*

---

6   L. Recaséns Siches, *Introducción al Estudio del Derecho*, ed. cit., p. 11.

a obtenção de algum objeto natural ou cultural, ou a mentalização e vivência espiritual de objeto ideal ou metafísico.

Como todo conceito-limite, o valor não comporta uma definição lógica ou real. Pode-se dizer, contudo, que a ideia de valor se compreende na noção que temos entre o *bem* e o *mal*, entre as coisas que promovem o homem e as que o destroem. O valor não existe no ar, desvinculado dos objetos. Vem impregnado na realidade, na existência.

Todo processo cultural é estruturado com vista à realização de um valor próprio. A estética existe em função do *belo*, a técnica visa a alcançar o *útil*, a Moral projeta o *bem*, a Religião valora a *divindade* e o Direito tem na *justiça* a sua causa principal.

30.3. Caracteres. Assinalamos quatro caracteres fundamentais para os valores: *a) correspondem a necessidades humanas*: para que algo possua valor, é indispensável que seja dotado de algumas propriedades, capazes de satisfazer às necessidades humanas. Se o homem não possuísse necessidades, não haveria sequer a ideia de valor; *b) são relativos*: como as necessidades humanas não são padronizadas, não obstante se possa acusar uma faixa comum, os valores não se apresentam com idêntico significado para todas as pessoas. Assim, um código é sempre valioso para o estudante de Direito e não possui tal importância para o aluno de Engenharia. Diante das coisas o homem pode assumir três posições básicas: atribuir valor positivo, negativo ou manter-se neutro. A intensidade da valoração também é relativa, de acordo com o grau de necessidade da pessoa; *c) bipolaridade*: a cada valor positivo corresponde um valor negativo ou desvalor. Exemplos: justiça e injustiça; amor e ódio. Essa estrutura polar dos valores é designada *polaridade essencial* pelo filósofo Johannes Hessen;[7] *d) possuem hierarquia*: o homem estabelece uma linha de prioridade entre os valores. Esta é também variável de um ser humano para outro. De um ponto de vista objetivo, considerando-se as necessidades e interesses do gênero humano, pode-se estabelecer uma graduação entre os valores de forma estável. Assim, os valores espirituais ocupariam um plano superior aos de ordem material. Entre estes, os de sobrevivência teriam primazia em relação aos de ostentação.

30.4. Localização. Quanto à localização dos valores, há, basicamente, três posições: *a) no sujeito*; *b) no objeto*; *c) na relação entre o sujeito e o objeto*. A primeira teoria, que se pode chamar de *subjetiva*, tem como ponto básico a circunstância de que o *sujeito* é portador de necessidade. A segunda, *objetiva*, apoia-se no fato de que o objeto, que irá suprir a necessidade, possui certas propriedades que o fazem valioso perante o homem. A última é uma teoria *eclética*, para a qual o valor não existe isolado, mas na coparticipação do sujeito e objeto.

30.5. Os Valores e a Teoria dos Objetos. Podem os valores ser considerados objetos e, como tais, incluídos no *Quadro das Ontologias Regionais*?

Entre os filósofos não há uniformidade de orientação. O exame simplificado da questão indica as seguintes posições e argumentos:

1ª) Opinião Contrária à Inclusão – Aftalion, Olano e Vilanova, sob a alegação fundamental de que os valores não possuem autonomia, pois não têm existência isolada e se manifestam apenas nos objetos culturais, para dar-lhes sentido, negam-lhes a condição de

---

7   Johannes Hessen, *Filosofia dos Valores*, 3ª ed., Arménio Amado, Editor, Sucessor, Coimbra, 1967, p. 60.

objetos. Para os argentinos, não seria possível admitir a inclusão de objetos *não indepen-dentes* no *Quadro das Ontologias Regionais*.[8]

2ª) Opinião Favorável à Inclusão – Ao dividir os objetos em *sensíveis* (empíricos), *su-prassensíveis* (metafísicos) e *não sensíveis* (ideais), Johannes Hessen incluiu os valores na última categoria. Pensava o filósofo alemão que "os valores pertencem à classe dos objetos não sensíveis. A sua particular maneira ou modo de ser é a do Ser ideal ou do Valer. Num ponto de vista mais ontológico-estático, podemos também falar, certamente, num *ser ideal* dos valores, como o fazemos a propósito dos objetos matemáticos, e dizer que, num certo sentido, eles, assim como estes, também *são*."[9]

Em nossa opinião, além de se manifestar nos objetos culturais, os valores podem existir autonomamente, enquanto ideia. Assim considerados, é inegável a sua inclusão na categoria dos objetos. Essa autonomia é possível, de vez que os valores, como ideia, podem ser sujeitos de um juízo lógico. Quando afirmamos que a *justiça é indefinível*, o valor se apresenta como sujeito do juízo. Nesse momento, não há como se pretender reduzir o valor a elemento de alguma outra categoria de objeto. Daí se infere, em conclusão lógica, que os valores consti-tuem objeto específico, devendo ocupar, destarte, uma faixa própria no quadro das ontolo-gias regionais.[10]

31. OBJETOS METAFÍSICOS

Objetos metafísicos são aqueles que, apesar de possuírem uma existência real, estão fora da experiência do homem, como Deus, a *coisa em si* de Kant. Tais objetos não são alcançados pelos sentidos, embora se reconheça a sua existência individual no espaço e no tempo. Enquanto os objetos ideais carecem de sentido, os metafísicos não são neutros em relação aos valores.

32. OBJETOS CULTURAIS

32.1. Conceito. *Objeto cultural é qualquer ente criado pela experiência do homem.* Em sua origem latina, o vocábulo *cultura*, que não sofreu alteração em sua grafia, signi-ficava a *ação de tratar a terra*. A evolução semântica vinculou a palavra às artes e às ciên-cias. Atualmente os autores sentem dificuldades na sua conceituação. Todavia, do ponto de vista antropológico, pode-se afirmar que cultura é o produto da criatividade humana. Em sentido mais amplo, Wilhelm Sauer atribuiu-lhe o significado de "cultivo, aperfeiçoa-mento, enobrecimento, aspiração progressiva, superação da natureza, trânsito do estado natural a um estado social realizador de valores".[11] O mundo da cultura compõe-se do produto das realizações humanas; de todas as coisas que o homem cria, visando a atender às suas múltiplas necessidades. É resultante do trabalho humano. Dotado de inteligência, o homem modifica a paisagem da natureza, adequando-a à sua vida. Os elementos que a Terra oferece são manipulados e transformados, até atingirem a forma e funcionalidade necessárias ao uso do homem.

---

[8]   Aftalion, Olano e Vilanova, *op. cit.*, p. 26.

[9]   Johannes Hessen, *op. cit.*, p. 51.

[10]   Esta conclusão difere da apresentada nas cinco primeiras edições deste livro. Uma vez demonstrada a autonomia dos valores como premissa de raciocínio, inevitavelmente há de se reconhecer que os valores configuram catego-ria ontológica própria.

[11]   Wilhelm Sauer, *Filosofía Jurídica y Social*, Editorial Labor S.A., Barcelona, 1933, p. 117.

INTRODUÇÃO AO ESTUDO DO DIREITO · PAULO NADER

Os objetos culturais participam, ao mesmo tempo, do mundo da natureza, responsável pelo seu substrato físico, e do mundo dos valores, que empresta sentido à matéria. O automóvel, por exemplo, é objeto cultural e tem o seu suporte físico extraído da natureza, consistindo em metais, energia, borrachas e vidros que, trabalhados pelo homem, ganham significado, ou seja, valor.

32.2. Cultura Material. Como as realizações humanas se processam nos planos material e espiritual, a cultura vai classificar-se nessas duas espécies. A *cultura material* é o resultado do trabalho humano sobre o mundo da natureza. Desta inesgotável fonte, extrai os objetos que lhe serão úteis, dando-lhes forma e sentido, de acordo com as suas conveniências. A natureza, por exemplo, não dá ao homem o computador eletrônico. Partindo do conhecimento desta necessidade, ele vai àquela fonte e, usando de força e inteligência, seleciona a matéria-prima de que necessita, impõe-lhe transformações e constrói o aparelho desejado. *A cultura material possui um substrato físico, ao qual o homem dá um sentido.* De uma pedra de mármore, o homem faz uma obra de arte. Com o cinzel atuando sobre esse suporte físico, vai realizar o *belo.* O objeto esculpido deixa de ser classificado como natural e passa a integrar o mundo da cultura. Esta reúne, portanto, suporte da natureza e valor.

32.3. Cultura Espiritual. O homem, entretanto, não se contenta apenas com a sua produção material. A sua espiritualidade, o seu idealismo, o seu afã de aperfeiçoamento tornam a vida humana mais complexa, gerando necessidades não materiais, atendidas pela cultura espiritual. A vida humana em sociedade, o Direito, a Moral, as ideias, crenças, histórias, canções são alguns processos de cultura espiritual e que se revestem de importância para o homem. A cultura espiritual, específica do ser humano, pressupõe sempre substrato e valor. Necessariamente o substrato há de ser de natureza espiritual e basear-se na experiência.

Cultura material e cultura espiritual não são duas ordens separadas e nem se mantêm estáticas. Relacionam-se dialeticamente em um processo de interação permanente. Igual fenômeno se passa entre a cultura e a comunidade. Uma vez formada a cultura, esta exerce condicionamento sobre aquela. Como acentua Mayer, "... a cultura depois exerce influência sobre a própria sociedade, reflui sobre o seu criador".[12] A cada dia surgem outros inventos que conduzem à criação de novos objetos. Ao longo da história, o homem desenvolve uma linha ininterrupta de criatividade espiritual e material. E é nesse *criar* e nesse *fazer* que ele se realiza, quando dá uma dimensão social à sua atividade.

Ao mundo da cultura, Recaséns Siches denomina "vida humana objetivada". Diz o eminente jurista e sociólogo que *Dom Quixote*, por exemplo, "ao ser escrito, era um pedaço da vida palpitante de Cervantes. Depois de escrito e mesmo após a morte de seu autor, está aí como um conjunto de pensamentos cristalizados, que podem ser revividos, repensados por qualquer pessoa que o leia".[13] Esta visão de Siches, ao falar em "vida humana objetivada", revela a carga de influência filosófica recebida de seu mestre Ortega y Gasset, que interpretava os fenômenos do mundo e da vida a partir do conceito de vida individual.

33. O MUNDO DO DIREITO

33.1. Considerações Prévias. Com oportunidade, renova-se agora a indagação fundamental: onde se localiza o território do Direito? Com base nas notas essenciais do

---

[12] Max Ernst Mayer, *Filosofía del Derecho*, 2ª ed., Editorial Labor S.A., Barcelona, 1937, p. 80.

[13] Recaséns Siches, *op. cit.* p. 25.

Direito, já discriminadas, e tendo em vista os caracteres das diversas categorias de objetos, torna-se possível responder à indagação, indicando a posição do Direito no quadro das Ontologias Regionais.

33.2. Direito e Objetos Naturais. Tanto o *mundo do Direito* quanto o *reino da natureza* possuem leis. Mas enquanto as leis naturais são universais, imutáveis, invioláveis e se manifestam com absoluta isonomia, as leis jurídicas revestem-se de outros predicados:

a) O Direito Positivo *não é universal*, pois varia no tempo e no espaço, a fim de expressar a experiência de um povo, manifesta em seus costumes, cultura e desenvolvimento geral.

b) Para ser um efetivo processo de adaptação social, *o Direito não pode ser imutável.* À medida que se operam mudanças sociais, o Direito deve apresentar-se sob novas formas e conteúdos.

c) Apesar de o Direito ser obrigatório e possuir coercibilidade, não dispõe de meios para impedir a violação de seus preceitos. Os mecanismos sociais de segurança, por mais aperfeiçoados que sejam, revelam-se impotentes para impedir as diversas práticas de ilícito.

d) No Direito, o princípio da isonomia, segundo o qual todos são iguais perante a lei, não possui a eficácia absoluta que existe no *mundo da natureza*. Se, do ponto de vista teórico, a isonomia da lei é princípio de validade absoluta, no campo das aplicações práticas o absoluto se transforma em relativo, por força de múltiplos fatores de distorções.

e) Enquanto as leis da natureza são regidas pelo princípio da *causalidade*, pelo qual há uma sucessão infalível, previsível, entre causa e efeito nos fenômenos naturais, o Direito é dominado pelo princípio da *finalidade*, segundo o qual a ideia de fim a ser alcançado é responsável pelo fenômeno jurídico. Enquanto no Mundo da Natureza indaga-se o *porquê* do fenômeno ocorrido, no Direito pergunta-se o *para quê* de determinada lei.

f) A *ordem natural das coisas* é obra do Criador, enquanto o Direito Positivo é elaboração humana.

g) Os objetos naturais pressupõem sempre um suporte físico, enquanto o *ser* do Direito não possui matéria.

h) Os objetos naturais são neutros em relação aos valores, enquanto o Direito é processo que visa a realização de valores.

O paralelo entre as leis naturais e as jurídicas, com toda evidência, revela-nos que o Direito não se localiza no Mundo da Natureza.

33.3. Direito e Objetos Ideais. A simples menção de que os objetos ideais *não têm existência*, "não estão na experiência" e são *neutros ao valor*, põe em manifesto a impossibilidade de o Direito identificar-se com essa categoria de objetos, de vez que *tem existência, está na experiência* e *realiza valores*. Em relação a estes, é inegável a sua importância na vida do Direito, que deve ser visto como instrumento de realização da justiça. Contudo, não se pode dizer que Direito é apenas valor, e, com maior razão, valor apenas como ideia.

33.4. Direito e Objetos Metafísicos. O fato de o Direito Positivo *estar na experiência*, de vez que é cognoscível empírica e racionalmente, afasta a possibilidade de vir a ser catalogado entre os objetos metafísicos. Estes possuem, entre outras características, a de não estarem na experiência.

33.5. Direito e Cultura. Como processo de adaptação social, o Direito é gerado pelas forças sociais, com o objetivo de garantir a ordem na sociedade, segundo os princípios de justiça. Assim, o Direito é um objeto criado pelo homem e dotado de valor. Como, por definição, objeto cultural é qualquer ente criado pela experiência humana, infere-se que o Direito é objeto cultural.

34. CONCLUSÕES

O território do Direito localiza-se no *Mundo da Cultura*. É um processo de cultura espiritual que possui substrato não físico e valor a ser alcançado. Qual seria o suporte do Direito? Inegavelmente, a *conduta social do homem*. Estabelecendo diretrizes para a convivência, modelando o agir em sociedade, o Direito modifica o comportamento social, canalizando as ações para a vivência de valores. Como os processos culturais realizam valores, o Direito visa à concreção da justiça, que é a sua causa final, a grande razão de ser, a motivadora da formação dos institutos jurídicos. A justiça encerra toda a grandeza do Direito. Em termos absolutos, é um ideal não alcançável. A história, contudo, é a testemunha do notável esforço do homem para o aperfeiçoamento do Direito. A justiça privada, a lei de talião, o sistema das ordálias, o regime da escravidão, vigentes em épocas recuadas da história, revelam um Direito profundamente injusto, distanciado dos grandes princípios do Direito Natural. Hoje, o Direito valoriza a vida humana, protege os mais fracos, estabelece o princípio da isonomia legal. Contemplar o passado e observar o presente é esperar futuro promissor para as instituições jurídicas.

Outro valor de grande importância no mundo do Direito é a segurança jurídica que, em síntese, constitui um *saber a que se ater*, objeto de estudo no Capítulo 12.

BIBLIOGRAFIA PRINCIPAL

Ordem do Sumário:

25 – Recaséns Siches, *Introducción al Estudio del Derecho*; Flóscolo da Nóbrega, *Introdução ao Direito*;

26 – Miguel Reale, *Lições Preliminares de Direito*;

27 – Aftalion, Olano e Vilanova, *Introducción al Derecho*; Abelardo Torré, *Introducción al Derecho*;

28 – Recaséns Siches, *op. cit.*; Fausto E. Vallado Berrón, *Teoria General del Derecho*; Flóscolo da Nóbrega, *op. cit.*; Miguel Reale, *op. cit.*;

29 – Aftalion, Olano e Vilanova, *op. cit.*; Abelardo Torré, *op. cit.*;

30 – Johannes Hessen, *Filosofia dos Valores*; Flóscolo da Nóbrega, *op. cit.*;

31 – Aftalion, Olano e Vilanova, *op. cit.*; Alberto Torré, *op. cit.*;

32 – Ernst Mayer, *Filosofía del Derecho*; Wilhelm Sauer, *Filosofía Jurídica y Social*; Recaséns Siches, *op. cit.*;

33 – Recaséns Siches, *op. cit.*; Aftalion, Olano e Vilanova, *op. cit.*; Flóscolo da Nóbrega, *op. cit.*;

34 – Texto.

– Capítulo 8 –
DEFINIÇÕES E ACEPÇÕES DA PALAVRA DIREITO

Sumário: 35. Considerações Prévias. **36.** Definições Nominais. **37.** Definições Reais ou Lógicas. **38.** Definições Históricas do Direito. **39.** Acepções da Palavra Direito. **40.** Conceito de Ordem Jurídica.

35. CONSIDERAÇÕES PRÉVIAS

A ampla divergência entre os juristas, quanto à definição do Direito, levou Kant a afirmar, no século XVIII, que os "juristas ainda estão à procura de uma definição para o Direito". Decorridos três séculos, esta crítica, sob certo aspecto, mantém-se atual, de vez que os cultores da *Jurisprudentia* não lograram abranger, por meio de uma definição, todos os sentidos do vocábulo. As dificuldades que o problema oferece estão ligadas a dois motivos básicos, sendo um de natureza metodológica e outro vinculado a tendências filosóficas perante o Direito. O primeiro se refere à prática de se examinar diretamente o tema da definição, sem que antes se proceda ao exame dos diversos sentidos que o termo encerra.[1]

De outro lado, as definições sofrem a influência das inclinações do jurista; dependem do tipo de *homo juridicus* que representa. Se de têmpera legalista, identificará o Direito com a norma jurídica; se idealista, colocará a justiça como elemento primordial. Os sociólogos do Direito, por sua vez, enfatizam o elemento social, enquanto os historicistas fazem referência ao caráter evolutivo do Direito. Formas especiais de experiência conduzem a definições muitas

---

[1] Luis Legaz y Lacambra desenvolveu uma investigação científica, a fim de buscar um conceito unitário que, em sua generalidade, abrangesse os vários significados do Direito. Com esta finalidade, formulou a seguinte definição descritiva: *"una forma de vida social en la cual se realiza un punto de vista sobre la justicia, que delimita las respectivas esferas de licitud y deber, mediante un sistema de legalidad, dotado de valor autárquico."* Esta definição, inspirada em Santo Tomás, é rica em elementos e possui a virtude de captar, em sua generalidade, o sentido global do Direito. Por seu elevado teor de abstração, contudo, requer complementações que explicitem os seus dados (*Op. cit.*, p. 246).

vezes curiosas, como a formulada por Pitágoras que, sob a ótica da matemática, afirmou: "O Direito é o igual múltiplo de si mesmo".[2]

Em lógica, o vocábulo Direito é classificado como termo análogo ou analógico, pelo fato de possuir vários significados que, apesar de se diferenciarem, guardam entre si alguns nexos. Assim, empregamos esse termo, ora em sentido objetivo, como norma de organização social, ora do ponto de vista subjetivo, para indicar o poder de agir que a lei garante; algumas vezes, como referência à Ciência do Direito e outras, como equivalente à justiça. Com esse vocábulo, fazemos alusão tanto ao Direito Positivo quanto ao Direito Natural.

Uma única definição seria capaz de revelar as diversas acepções, de acordo com os pressupostos da lógica? A dificuldade seria a mesma que a de um fotógrafo que pretendesse registrar, com uma só chapa fotográfica, todas as faces de um poliedro. Daí decorre que seria um erro, conforme acentua Goffredo Telles Júnior, enunciar-se apenas uma definição do Direito. Devem-se dar tantas definições quantos os sentidos do vocábulo.

36. DEFINIÇÕES NOMINAIS

Para elaborarmos a definição do Direito devemos, primeiramente, alcançar o seu conceito, isto é, representá-lo intelectualmente. Sem que ao espírito seja familiar a noção de um objeto não será possível defini-lo. A definição é arte de exteriorização do conceito, que segue método de exposição. Ela se revela uma atividade de finalização, quando o sujeito cognoscente já conhece o objeto. Somente podemos definir o que realmente conhecemos. O conceito do Direito não é captado pelo estudioso logo nas primeiras reflexões. A sua formação passa por um processo evolutivo, que se inicia a partir do conhecimento vulgar, daquele que o homem comum possui e vai se aperfeiçoando à medida que o *homo juridicus* adquire novas experiências, até alcançar o nível científico ou mesmo o filosófico.

O conceito do Direito é de suma importância não apenas para a teoria, mas também para as atividades práticas, que envolvem a interpretação das regras jurídicas e sua aplicação aos casos concretos. O conceito é um valioso instrumento do raciocínio jurídico. Enquanto em outras áreas do saber o conceito da ciência não é essencial às práticas correspondentes, ao cultor do Direito assume caráter fundamental. Quando o jurista articula um processo argumentativo recorre, necessariamente, a alguns paradigmas e o principal deles é o *conceito do Direito*. Diante de certas questões o jurista deve buscar no próprio conceito do *Jus* o grande referencial que lhe proporcionará o encaminhamento das soluções buscadas.

As definições podem ser *nominais* e *reais* ou *lógicas*. As nominais procuram expressar o significado da palavra em função do *nome* do objeto. Dividem-se em *etimológicas* e *semânticas*. As definições reais ou lógicas fixam a essência do objeto, fornecendo as suas notas básicas. Temos assim o quadro das definições:

$$\text{Definições}\begin{cases} 1 - \text{Nominais} \begin{cases} 1.1 - \text{Etimológicas} \\ 1.2 - \text{Semânticas} \end{cases} \\ \\ 2 - \text{Reais ou Lógicas} \end{cases}$$

---

[2] Considerando-a *misteriosa definição*, Pontes de Miranda, que possuía sólidos conhecimentos de matemática, sobre ela conjeturou: "... quis talvez o sábio grego vagamente expressar o imutável que há na sucessão das formas e a despeito delas" (*Sistema de Ciência Positiva do Direito*, 2ª ed., Editor Borsói, Rio de Janeiro, 1972, vol. I, p. XXVI).

36.1. Definição Etimológica. Esta espécie explica a origem do vocábulo, a sua genealogia. A palavra Direito é oriunda do adjetivo latino *directus, a, um* (qualidade do que está conforme a reta; o que não tem inclinação, desvio ou curvatura), que provém do particípio passado do verbo *dirigo, is, rexi, rectum, dirigere*, equivalente a *guiar, conduzir, traçar, alinhar*. O vocábulo surgiu na Idade Média, aproximadamente no século IV, e não foi empregado pelos romanos, que se utilizaram de *jus*, para designar o que era *lícito* e de *injuria*, para expressar o *ilícito*. A etimologia de *jus* é discutida pelos filólogos. Para uma corrente, provém do latim *Jussum* (mandado), particípio passado do verbo *jubere*, que corresponde, em nossa língua, a *mandar, ordenar*. O radical seria do sânscrito *Yu* (vínculo). Para outra corrente, o vocábulo estaria ligado a *Justum* (o que é justo), que teria o seu radical no védico *Yós*, que significa *bom, santidade, proteção*. Do vocábulo *jus* surgiram outros termos, que se incorporaram à terminologia jurídica: justiça, juiz, juízo, jurisconsulto, jurista, jurisprudência, jurisdição. A preferência dos povos em geral pelo emprego do vocábulo *Direito* decorre, provavelmente, do fato de possuir significado mais amplo do que *jus*.

36.2. Definição Semântica. Semântica é a parte da gramática que registra os diferentes sentidos que a palavra alcança em seu desenvolvimento. O mundo das palavras possui vida e é dinâmico. O povo cria a linguagem e é agente de sua evolução. A palavra Direito também possui história. Desde a sua formação, até o presente, passou por significados vários. Expressou, primeiramente, a *qualidade do que está conforme a reta* e, sucessivamente, designou: *Aquilo que está conforme a lei; a própria lei; conjunto de leis; a ciência que estuda as leis.*

A definição nominal, a par de algumas contribuições que oferece, não pode ser indicada como fator decisivo à formação do conhecimento científico. O excessivo recurso à lexicografia, Herman Kantorowicz denomina de "realismo verbal" e o condena: "uma definição científica não pode ser estruturada através da lexicografia, ainda quando uma grande parte dos juristas de todos os tempos haja acreditado na possibilidade da utilização desse método... Constitui, pois, erro fundamental, que tem viciado numerosas investigações em todos os campos do conhecimento, o fato de estimar as definições como algo relacionado com a questão do uso verdadeiro ou errôneo da linguagem."[3]

37. DEFINIÇÕES REAIS OU LÓGICAS

Definir implica delimitar, assinalar as notas mais gerais e as específicas do objeto, a fim de distingui-lo de qualquer outro. Se a tarefa é difícil e, algumas vezes, árdua, nem por isto deve ser evitada, porque corresponde a uma necessidade de ordem e de firmeza dos conhecimentos, o que é indispensável à organização das ciências. Se os romanos chegaram a afirmar que *Omne definitio periculosa est* (toda definição é perigosa), não negaram que *Definitio est initium omni disputationi* (a definição é o princípio para toda disputa).

A técnica das definições reais exige a escolha de um método adequado. Para se atender aos pressupostos da lógica formal, a definição deverá apontar o *gênero próximo* e a *diferença específica*. Este critério era conhecido e adotado pelos antigos romanos, que já afirmavam: *Definitio fit per genus proximum et differentiam specificam*.

O gênero próximo de uma definição apresenta as notas comuns às diversas espécies que compõem um gênero, enquanto a diferença específica fornece o traço peculiar, exclusivo, que vai distinguir o objeto definido das demais espécies. Em relação ao Direito,

---

[3] Hermann Kantorowicz, *La Definición del Derecho*, Revista de Occidente, Madrid, 1964, p. 32.

72 INTRODUÇÃO AO ESTUDO DO DIREITO · PAULO NADER

o gênero próximo da definição é constituído pelo núcleo comum aos diferentes instrumentos de controle social: Direito, Moral, Regras de Trato Social e Religião. Já a diferença específica deve apontar a característica que somente o Direito possui e o separa dos demais processos de conduta social.

Examinando o vocábulo do ponto de vista objetivo, assim o consideramos: Direito *é um conjunto de normas de conduta social, imposto coercitivamente pelo Estado, para a realização da segurança, segundo os critérios de justiça*. Decompondo, em partes, vamos encontrar:

a) Conjunto de normas de conduta social: é o gênero próximo. Nesta primeira parte da definição, comum aos demais instrumentos de controle social, estão presentes dois importantes elementos: *normas e conduta social*. As normas definem os procedimentos a serem adotados pelos destinatários do Direito. Fixam pautas de comportamento social; estabelecem os limites de liberdade para os homens em sociedade. As proibições impostas pelas normas jurídicas traçam a linha divisória entre o lícito e o ilícito. As normas impõem obrigações apenas do ponto de vista social. A conduta exigida não alcança o homem na sua intimidade, pois este âmbito é reservado à Moral e à Religião. É fundamental, para a vida do Direito, que haja adesão aos comandos jurídicos; que as condutas sociais sigam os ditames das normas jurídicas. O Direito sem efetividade é letra morta; existirá apenas formalmente.

Além de normas que disciplinam o convívio social, o ordenamento jurídico reúne disposições que organizam o Estado e se impõem a quem detém parcela de poder, cuidando ainda das relações entre as pessoas e os órgãos públicos.

b) Imposto coercitivamente pelo Estado: é a diferença específica. Entre as diversas espécies de normas, apenas as jurídicas requerem a participação do Estado. Este controla a vida jurídica do país e, para isto, é indispensável que esteja devidamente estruturado de acordo com a clássica divisão dos poderes: Legislativo, Executivo e Judiciário, que devem cumprir as funções que lhes são próprias. O comando que o Estado exerce não significa, obrigatoriamente, o monopólio das fontes criadoras do Direito. Ao Estado compete estabelecer o elenco das fontes formais e a sua hierarquia. Na dependência dos critérios adotados pelo sistema jurídico do Estado, os costumes e as decisões uniformes dos tribunais (jurisprudência) podem figurar, ao lado da lei, como elementos fontais. Assim ocorrendo, a sociedade e os tribunais, diretamente, poderão introduzir, no mundo jurídico, novas normas de conduta social.

As regras de comportamento não existem apenas como enunciados submetidos à vontade de seus destinatários. Os deveres jurídicos se revelam em uma ambiência, onde a liberdade e a força coexistem. Como ser racional e responsável, o homem deve ajustar a sua conduta, com vontade própria, aos preceitos legais. Esta atitude de espontânea adesão, contudo, não é prática comum a todos os homens. Surge, daí, a imperiosa necessidade de o Direito ser dotado de um mecanismo de coerção, em que o elemento força se apresente em estado latente, mas apto a ser acionado nas circunstâncias próprias. A coercitividade, a cargo do Estado, é uma reserva de força que exerce intimidação sobre os destinatários das normas jurídicas.

c) Para a realização da segurança segundo os critérios de justiça: o aparato legal deve ser considerado como instrumento, meio, recurso, colocado em função do bem-estar da sociedade. A justiça é a causa final do Direito, a sua razão de ser. A fórmula de alcançá-la juridicamente é através de normas. Para realizar-se plenamente na sociedade, a justiça pressupõe organização, ordem jurídica bem definida e a garantia de respeito ao patrimônio jurídico dos cidadãos; em síntese, pressupõe a segurança jurídica. Assim sendo, para se chegar à justiça é necessário cultivar-se o valor segurança jurídica. No afã de se aperfeiçoarem os fatores de segurança jurídica, não se deve descurar da ideia de que a justiça é a meta, o alvo, o objetivo maior na vida do Direito.

Não há, entre os filósofos do Direito, uma definição padronizada sobre a justiça, entretanto, a ideia matriz de quase todas as concepções partiu de Ulpiano, jurisconsulto romano, que a empregou como virtude moral: *Iustitia est constans et perpetua voluntas ius suum quique tribuendi* (a justiça é a constante e permanente vontade de dar a cada um o seu direito)[4] (v. Cap. 11).

38. DEFINIÇÕES HISTÓRICAS DO DIREITO

Entre as definições que se tornaram clássicas, selecionamos algumas, como exercício de análise crítica:

1. Celso, jurisconsulto romano do século I: *Jus est ars boni et aequi* (Direito é a arte do bom e do justo). A definição é de cunho filosófico e eticista. Coloca em evidência apenas a finalidade do objeto, o que é insuficiente para induzir o conhecimento. Costuma ser citada como exemplo de que os romanos, no plano teórico, não distinguiam o Direito da Moral. A explicação de alguns, segundo a qual a tradução correta seria "justo equitativo", não altera o significado da oração.

2. Dante Alighieri, escritor italiano do século XIII, em sua *De Monarchia*, onde expôs as suas ideias político-jurídicas, formulou a definição que ficou famosa: *Jus est realis ac personalis hominis ad hominem proportio, quae servata societatem servate, corrupta corrumpti* (Direito é a proporção real e pessoal de homem para homem que, conservada, conserva a sociedade e que, destruída, a destrói). Apontam-se três méritos nesta definição: *1º*) A distinção entre os direitos reais e pessoais; *2º*) A *alteridade*, qualidade que o Direito possui de vincular sempre e apenas pessoas, expressa nas palavras "de homem para homem"; *3º*) A fundamental importância do Direito, que é visto como a coluna que sustenta o edifício social. A admiração, ainda atual, decorre principalmente da época em que a definição foi elaborada. Diante das virtudes que apresenta, as deficiências que possui tornam-se secundárias.

3. Hugo Grócio, jurisconsulto holandês do século XVII, considerado o *pai do Direito Natural* e do *Direito Internacional Público*: "O Direito é o conjunto de normas ditadas pela razão e sugeridas pelo *appetitus societatis*." A presente definição carece de uma *diferença específica*, de uma nota singular do Direito. Revela a posição racionalista do autor, quando indica a *razão* como entidade elaboradora das normas. *Appetitus societatis* (instinto de vida gregária) é o elemento motivador do Direito, que não chega a expressar os valores justiça e segurança.

4. Emmanuel Kant, filósofo alemão do século XVIII: "Direito é o conjunto das condições segundo as quais o arbítrio de cada um pode coexistir com o arbítrio dos outros, de acordo com uma lei geral de liberdade." A definição kantiana destaca o papel a ser cumprido pelo Direito. Converge-se para os resultados que ele deve apresentar. Entendemos que a expressão "conjunto das condições" não é suficiente para esclarecer o objeto. Este pode ser entendido como sendo esse núcleo capaz de gerar aqueles fins, mas é indispensável que se revelem, de forma menos abstrata, os elementos que dão estrutura ao "conjunto das condições".

5. Rudolf von Ihering, jurisconsulto alemão do século XIX: "Direito é a soma das condições de existência social, no seu amplo sentido, assegurada pelo Estado através da coação." Em seu gênero próximo, esta definição se assemelha à de Kant, pois ambas fazem

---

[4] *Digesto*, Liv. 1, Tít. 1, lei 10; *Instituta*, Tít. 1, preâmbulo.

referência às "condições" necessárias à vida social. Enquanto a colocação kantiana fundamenta o Direito em um valor espiritual, a *liberdade*, a definição de Ihering manifesta uma tendência materialista, pois não explica a forma ou o sentido da "existência social". A nota singular do Direito, segundo o jurisconsulto alemão, é a sua estadualidade (ou estatalidade) e força coativa.

39. ACEPÇÕES DA PALAVRA DIREITO

39.1. Considerações Prévias. Na linguagem comum e nos compêndios especializados, o vocábulo Direito é empregado em várias acepções. Saber distinguir cada um desses sentidos corresponde a uma exigência não apenas de ordem teórica, mas igualmente prática. A inconveniência dessa polissemia foi sentida por Edmond Picard que observou: "A que mal-entendidos constantes dá ocasião a homonímia entre *um direito* e *o Direito!*". Ao reclamar a falta de um vocábulo que distinguisse o *Direito total* de um *direito isolado*, sugeriu a formação urgente de um neologismo.[5] Lévy-Bruhl, *para evitar qualquer confusão*, propôs a palavra *Jurística* para designar a Ciência do Direito, mas sem repercussão.[6]

39.2. Ciência do Direito. É comum empregar-se o vocábulo Direito como referência à Ciência do Direito. Quando se diz que "fulano é aluno de Direito", este substantivo não expressa, naturalmente, normas de conduta social, mas a ciência que as enlaça como objeto. Em *lato sensu*, a Ciência do Direito corresponde ao setor do conhecimento humano que investiga e sistematiza os conhecimentos jurídicos. Em *stricto sensu*, é a particularização do saber jurídico, que toma por objeto de estudo o teor normativo de um determinado sistema jurídico. É neste sentido que se fala também em Dogmática Jurídica ou Jurisprudência Técnica (v. item 6).

39.3. Direito Natural e Direito Positivo. Quando ouvimos falar em Direito, podemos associar o termo ao Direito Natural ou ao Direito Positivo, que constituem duas ordens distintas, mas que possuem recíproca convergência. O Direito Natural revela ao legislador os princípios fundamentais de proteção ao homem, que forçosamente deverão ser consagrados pela legislação, a fim de que se obtenha um ordenamento jurídico substancialmente justo. O Direito Natural não é escrito, não é criado pela sociedade, nem é formulado pelo Estado. Como o adjetivo *natural* indica, é um Direito espontâneo, que se origina da própria natureza social do homem e que é revelado pela conjugação da experiência e razão. É constituído por um conjunto de princípios, e não de regras, de caráter universal, eterno e imutável. Como exemplos maiores: o direito à vida e à liberdade. Em contato com as realidades concretas, esses princípios são desdobrados pelo legislador, mediante normas jurídicas, que devem adaptar-se ao momento histórico (v. Cap. 37).

Positivo é o Direito institucionalizado pelo Estado. É a ordem jurídica obrigatória em determinado lugar e tempo. Malgrado imprópria, a expressão *Direito Positivo* foi cunhada para efeito de distinção com o Direito Natural. Logo, não houvesse este não haveria razão para aquele adjetivo. Não é necessário, à sua caracterização, que seja escrito. As normas costumeiras, que se manifestam pela oralidade, constituem também Direito Positivo. As diversas formas de expressão jurídica, admitidas pelo sistema adotado pelo Estado, configuram o Direito Positivo. Assim, pode-se afirmar que, na antiga Roma, a doutrina de

---

5   E. Picard, *op. cit.*, p. 59.

6   Henri Lévy-Bruhl, *Sociologia do Direito*, Difusão Europeia do Livro, São Paulo, 1964, p. 92.

Terceira Parte · **Cap. 8** · DEFINIÇÕES E ACEPÇÕES DA PALAVRA DIREITO | **75**

alguns jurisconsultos, como Ulpiano, Papiniano, Modestino, Gaio e Paulo, constituía parte do Direito Positivo daquele povo, pois condicionava as decisões prolatadas pelos pretores.

Autores há que, separando a positividade da vigência, admitem como Direito Positivo não somente as normas em vigor como também as que organizaram a vida no passado e já se encontram revogadas. Em nossa opinião, embora configurem noções distintas, positividade e vigência se interdependem. Direito, por definição, é conjunto normativo que ordena o convívio social; ora, o Direito que perdeu a vigência não se impõe mais às relações interindividuais, deixando de ser Direito para ser apenas história do Direito. Ainda quando se opera a *ultratividade da lei*[7] não se deve entender que o Direito Positivo prescinde da vigência. As normas que se aplicam já não estão vigentes e nem são *Jus Positum*, mas estiveram em vigor à época em que o fato jurídico se realizou, nele permanecendo ligadas por todo o tempo e sem se destacar. Tais normas, que perdem a generalidade, transformando-se em individualizadas, se assemelham às normas de um contrato. O entendimento aqui exposto é confirmado pelo jurista português Antunes Varela, apoiado na lição do lente Pires de Lima: "Por direito positivo devemos entender o conjunto de normas jurídicas vigentes em determinada sociedade".[8]

39.4. Direito Objetivo e Direito Subjetivo. Não são duas realidades distintas, mas dois lados de um mesmo objeto. Entre ambos, não há uma antítese ou oposição. O Direito vigente pode ser analisado sob dois ângulos diferentes: objetivo ou subjetivo. Do ponto de vista objetivo, o Direito é norma de organização social. É o chamado *Jus norma agendi*. Quando se afirma que o *Direito do Trabalho não é formalista*, emprega-se o vocábulo *Direito* em sentido *objetivo*, como referência às normas que organizam as relações de emprego.

O direito subjetivo corresponde às possibilidades ou poderes de agir, que a ordem jurídica garante a alguém. Equivale à antiga colocação romana, hoje superada, do *Jus facultas agendi*. O direito subjetivo é um direito personalizado, em que a norma, perdendo o seu caráter teórico, projeta-se na relação jurídica concreta, para permitir uma conduta ou estabelecer consequências jurídicas. Quando dizemos que "fulano tem direito à indenização", afirmamos que ele possui direito subjetivo. É a partir do conhecimento do Direito objetivo que deduzimos os direitos subjetivos de cada parte dentro de uma relação jurídica (v. item 168).

39.5. O Emprego do Vocábulo no Sentido de Justiça. É comum ainda observar-se o emprego da palavra Direito como referência ao que é justo. Ao se falar que "Antonio é homem direito", pretende-se dizer que ele é justo em suas atitudes.

40. CONCEITO DE ORDEM JURÍDICA

Ordem Jurídica é expressão que coloca em destaque uma das qualidades essenciais do Direito Positivo, que é agrupar normas que se ajustam entre si e formam um todo harmônico e coerente de preceitos. A estas qualidades José Afonso da Silva se refere como "princípio da coerência e harmonia das normas do ordenamento jurídico" e define este último como "reunião de normas vinculadas entre si por uma fundamentação unitária".[9]

---

[7] *Ultratividade* é o poder que a lei possui de vir a ser aplicada, após a sua revogação, ao fato produzido sob a sua vigência e em se tratando de determinadas matérias.

[8] João de Matos Antunes Varela, *Noções Fundamentais de Direito Civil*, 1ª ed., Coimbra, Coimbra Editora, 1945, vol. 1, p. 11.

[9] *Curso de Direito Constitucional Positivo*, 7ª ed., Ed. Revista dos Tribunais, São Paulo, 1991, p. 46.

Justamente por ser a ordem jurídica um corpo normativo, quando ocorre a incidência de uma norma sobre um fato social, ali se encontra presente não apenas a norma considerada mas a ordem jurídica, pois as normas, apreciadas isoladamente, não possuem vida.

A ideia de ordem pressupõe uma pluralidade de elementos que, por sua adequada posição ou função, compõem uma *unidade de fim*. A ordem jurídica, que é o sistema de legalidade do Estado, forma-se pela totalidade das normas vigentes, que se localizam em diversas fontes e se revelam a partir da Constituição Federal – a responsável pelas regras mais gerais e básicas à organização social. As demais formas de expressão do Direito (leis, decretos, costumes) devem estar ajustadas entre si e conjugadas à Lei Maior.

A pluralidade de elementos que o Direito oferece compõe-se de normas jurídicas que não se acham justapostas, mas se entrelaçam em uma conexão harmônica. A formação de uma ordem jurídica exige, pois, uma coerência lógica nos comandos jurídicos. Os conflitos entre as regras do Direito, porventura revelados, deverão ser solucionados mediante a interpretação sistemática. O aplicador do Direito, recorrendo aos subsídios da hermenêutica jurídica, deverá redefinir o Direito Positivo como um todo lógico, como *unidade de fim* capaz de irradiar segurança e justiça.

Ainda que mal elaboradas sejam as leis,[10] com visível atraso em relação ao momento histórico; ainda que apresentem disposições contraditórias e numerosas lacunas ou omissões, ao jurista caberá, com a aplicação de seu conhecimento científico e técnico, revelar a ordem jurídica subjacente. Em seu trabalho deverá submeter as regras à interpretação atualizadora, renovando a sua compreensão à luz das exigências contemporâneas; deverá expungir, não considerar, as regras conflitantes com outras disposições e que não se ajustem à índole do sistema; preencher os vazios da lei mediante o emprego da analogia e da projeção dos princípios consagrados no ordenamento.

É falsa a ideia de que o legislador entrega à sociedade uma ordem jurídica pronta e aperfeiçoada. Ele elabora as leis, mas a ordem fundamental – ordem jurídica – é obra de beneficiamento a cargo dos juristas, definida em tratados e em acórdãos dos tribunais.

BIBLIOGRAFIA PRINCIPAL

Ordem do Sumário:

35 – Luis Legaz y Lacambra, *Filosofía del Derecho*; Goffredo Telles Júnior, *Filosofia do Direito*;

36 – Goffredo Telles Júnior, *op. cit.*; Miguel Reale, *Lições Preliminares de Direito*;

37 – Carlos Mouchet y Zorraquin Becu, *Introducción al Derecho*; Goffredo Telles Júnior, *Filosofia do Direito*; Hermann Kantorowicz, *La Definición del Derecho*; Eduardo García Máynez, *La Definición del Derecho*; Henri Levi-Ulmann, *La Definición del Derecho*;

38 – Miguel Reale, *op. cit.*,

39 – Eduardo García Máynez, *Introducción al Estudio del Derecho*; Giorgio del Vecchio, *Lições de Filosofia do Direito*;

40 – Hermes Lima, *Introdução à Ciência do Direito*; Carlos Mouchet y Zorraquin Becu, *op. cit.*

---

10   Eduardo Novoa Monreal, de modo enfático, coloca em destaque mazelas das leis: "O Direito é, desafortunadamente, um conjunto de regras atrasadas, mal combinadas entre si, cheias de vazios e contradições, elaboradas por indivíduos de carne e osso, sem conhecimento jurídico profundo e, às vezes, dominados por paixões. Elas nem sempre são obedecidas e nem sempre produzem, ao serem aplicadas, saudáveis efeitos sociais" (*op. cit.*, p. 57). Com toda evidência o jurista chileno referiu-se ao conjunto de leis e não ao Direito propriamente, porque este se identifica com a ordem jurídica, que é um todo harmônico e coerente.

– Capítulo 9 –
NORMA JURÍDICA

Sumário: 41. Conceito de Norma Jurídica. **42.** Instituto Jurídico. **43.** Estrutura Lógica da Norma Jurídica. **44.** Caracteres. **45.** Classificação. **46.** Vigência, Efetividade, Eficácia e Legitimidade da Norma Jurídica.

41. CONCEITO DE NORMA JURÍDICA

Na Teoria Geral do Direito o estudo da norma jurídica é de fundamental importância, porque se refere a elemento essencial do Direito positivo. Ao dispor sobre fatos e consagrar valores, as normas jurídicas são o ponto culminante do processo de elaboração do Direito e a estação de partida operacional da Dogmática Jurídica, cuja função é sistematizar e descrever a ordem jurídica vigente. Conhecer o Direito é conhecer as normas jurídicas em seu encadeamento lógico e sistemático. As normas ou regras jurídicas estão para o Direito de um povo, assim como as células para um organismo vivo.

Para promover a ordem social, o Direito Positivo deve ser prático, ou seja, revelar-se mediante normas orientadoras das condutas interindividuais. Não é suficiente, para se alcançar o equilíbrio na sociedade, que os homens estejam dispostos à prática da justiça; é necessário que se lhes indique a fórmula de justiça que satisfaça a sociedade em determinado momento histórico. A norma jurídica exerce justamente esse papel de ser o instrumento de definição da conduta exigida pelo Estado. Ela esclarece ao agente *como* e *quando* agir. O Direito Positivo, em todos os sistemas, compõe-se de normas jurídicas, que são padrões de conduta ou de organização social impostos pelo Estado, para que seja possível a convivência dos homens em sociedade. São fórmulas de agir, determinações que fixam as pautas do comportamento interindividual. Pelas regras jurídicas o Estado dispõe também quanto à sua própria organização. Em síntese, norma jurídica é a *conduta exigida ou o modelo imposto de organização social*.

As expressões *norma* e *regra* jurídicas são sinônimas, apesar de alguns autores reservarem a denominação regra para o setor da técnica e, outros, para o mundo natural. Distinção há entre norma jurídica e lei. Esta é apenas uma das formas de expressão das normas, que se manifestam também pelo Direito costumeiro e, em alguns países, pela jurisprudência.

42. INSTITUTO JURÍDICO

Instituto Jurídico *é a reunião de normas jurídicas afins, que rege um tipo de relação social ou interesse e se identifica pelo fim que procura realizar.* É uma parte da *ordem jurídica* e, como esta, deve apresentar algumas qualidades: harmonia, coerência lógica, unidade de fim. Enquanto a ordem jurídica dispõe sobre a generalidade das relações sociais, o instituto se fixa apenas em um tipo de relação ou de interesse: adoção, poder familiar, naturalização, hipoteca etc. Considerando-os análogos aos seres vivos, pois nascem, duram e morrem, Ihering chamou-os de *corpos jurídicos*, para distingui-los da simples matéria jurídica. Diversos institutos afins formam um ramo, e o conjunto destes, a ordem jurídica.

43. ESTRUTURA LÓGICA DA NORMA JURÍDICA

A visão moderna da estrutura lógica das normas jurídicas tem o seu antecedente na distinção kantiana sobre os imperativos. Para o filósofo alemão, o *imperativo categórico,* próprio dos preceitos morais, obriga de maneira incondicional, pois a conduta é sempre necessária. Exemplo: deves honrar a teus pais. O *imperativo hipotético*, relativo às normas jurídicas, técnicas, políticas, impõe-se de acordo com as condições especificadas na própria norma, *como meio para alcançar alguma outra coisa que se pretende.* Exemplo: se um pai deseja emancipar o filho, deve assinar uma escritura pública.

43.1. Concepção de Kelsen. Segundo o autor da *Teoria Pura do Direito*, a estrutura lógica da norma jurídica pode ser enunciada do modo seguinte:

> Em determinadas circunstâncias, um determinado sujeito deve observar tal ou qual conduta; se não a observa, outro sujeito, órgão do Estado, deve aplicar ao infrator uma sanção.[1]

Da formulação kelseniana, infere-se que o esquema possui duas partes, que o autor denomina por "norma secundária" e "norma primária". Com a inversão terminológica efetuada em sua obra *Teoria Geral das Normas*, publicada *post mortem*, a primeira estabelece uma sanção para a hipótese de violação do dever jurídico. A primária define o dever jurídico em face de determinada situação de fato. Reduzindo à fórmula prática, temos:

a) Norma secundária: "Dado ñP, deve ser S" – Dada a não prestação, deve ser aplicada a sanção. Exemplo: o pai que não prestou assistência moral ou material ao filho menor deve ser submetido a uma penalidade.

b) Norma primária: "Dado Ft, deve ser P" – Dado um fato temporal deve ser feita a prestação. Exemplo: o pai que possui filho menor, deve prestar-lhe assistência moral e material.

Hans Kelsen distinguiu *proposição normativa* de *norma jurídica*. A primeira é um juízo hipotético o qual enuncia que, "sob certas condições ou pressupostos fixados por esse ordenamento, devem intervir certas consequências pelo mesmo ordenamento determinadas".[2] Em outras palavras, a proposição jurídica é a linguagem que descreve a norma jurídica. Esta não foi considerada juízo lógico, conforme alguns autores apontam,[3]

---

[1]   Hans Kelsen, *apud* Eduardo García Máynez, *op. cit.* p. 169.

[2]   Hans Kelsen, *Teoria Pura do Direito*, 2ª ed., Arménio Amado, Editor, Sucessor, Coimbra, 1962, vol. I, p. 138.

[3]   V. Machado Netto, *Compêndio de Introdução à Ciência do Direito*, 2ª ed., Saraiva S.A., São Paulo, 1973, p. 136. Aftalion, Olano e Vilanova, *op. cit.*, p. 112 e segs.

mas um mandamento ou imperativo: "As normas jurídicas, por seu lado, não são juízos, isto é, enunciados sobre um objeto dado ao conhecimento. Elas são antes, de acordo com o seu sentido, mandamentos e, como tais, comandos, imperativos".[4]

43.2. O Juízo Disjuntivo de Carlos Cossio. O renomado jusfilósofo argentino concebeu a estrutura das regras jurídicas como um *juízo disjuntivo*, que reúne também duas normas: *endonorma* e *perinorma*. Esta concepção pode ser assim esquematizada. "Dado A, deve ser P, ou dado ñP, deve ser S". A *endonorma* corresponde ao juízo que impõe uma prestação (P) ao sujeito que se encontra em determinada situação (A) e equipara-se à norma primária de Kelsen. Exemplo: o indivíduo que assume uma dívida (A), deve efetuar o pagamento na época própria (P). A *perinorma* impõe uma sanção (S) ao infrator, isto é, ao sujeito que não efetuou a prestação a que estava obrigado (ñ). Corresponde à norma secundária de Kelsen. Exemplo: o devedor que não efetuou o pagamento na época própria deverá pagar multa e juros.

Carlos Cossio não concordou com o reduzido significado atribuído por Kelsen anteriormente à norma secundária, que prescrevia a conduta obrigatória, lícita. Enquanto a norma primária e a secundária se justapõem, a endonorma e a perinorma estão unidas pela conjunção *ou*.

43.3. Conclusões. Dividir a estrutura da norma jurídica em duas partes, como fizeram Kelsen e Cossio, parece-nos o mesmo que se dizer que a norma oferece uma alternativa para o seu destinatário: adotar a conduta definida como lícita ou sujeitar-se à sanção prevista. Se muitas vezes torna-se difícil, ou até mesmo impossível, impedir-se a violação de uma norma, isto não significa que a violação é facultada. A ordem jurídica possui, inclusive, dispositivos de proteção, que visam a impedir a violação de suas regras.

Assim, a norma jurídica, considerada em sua forma genérica, apresenta uma *estrutura una*, na qual a sanção se integra. Como decorrência lógica, o esquema possui o seguinte enunciado: "Se A é, B deve ser, sob pena de S", em que "A" corresponde à situação de fato; "B" é a conduta exigida e "S" a sanção aplicável, na eventualidade do não cumprimento de "B". Exemplo: quem é contribuinte do imposto de renda (A) deve apresentar a sua declaração até determinada data (B), sob pena de incidir em multa (S).

43.4. Quadro das Estruturas Lógicas. Reduzindo a estrutura lógica das normas morais, jurídicas, técnicas e naturais a esquemas, temos o seguinte quadro:

NORMA	ESQUEMA	INTERPRETAÇÃO
MORAL	"Deve ser A"	Impõe-se por si própria (A)
JURÍDICA	"Se A é, B deve ser, sob pena de S"	Sob determinada condição (A), deve-se agir de acordo com o que for previsto (B), sob pena de sofrer uma sanção (S)
TÉCNICA	"Se A é, tem de ser B"	Ao escolher um fim (A), tem-se que adotar um meio (B)
NATURAL	"Se A é, é B"	Ocorrida a causa (A), ocorrerá o efeito (B)

---

4   Hans Kelsen, *op. cit.*, p. 138.

80 | INTRODUÇÃO AO ESTUDO DO DIREITO · PAULO NADER

44. CARACTERES

Se levarmos em conta, na pesquisa dos caracteres das normas jurídicas, todas as categorias de regras existentes, forçosamente chegaremos à mesma conclusão que Miguel Reale: "o que efetivamente caracteriza uma norma jurídica, de qualquer espécie, é o fato de ser uma estrutura proposicional enunciativa de uma forma de organização ou de conduta, que deve ser seguida de maneira objetiva e obrigatória".[5] Isto porque há regras jurídicas de natureza tão peculiar, que escapariam a quase todos os critérios lógicos de enquadramento. O art. 579 do Código Civil de 2002, ao definir o comodato como "empréstimo gratuito de coisas não fungíveis", expressa, por exemplo, uma norma jurídica que não encerra, em si, nenhuma determinação.

Considerando-se, contudo, as categorias mais gerais das normas jurídicas, verificam-se que estas apresentam alguns caracteres que, na opinião predominante dos autores, são os seguintes: *bilateralidade, generalidade, abstratividade, imperatividade, coercibilidade.*

44.1. Bilateralidade. O Direito existe sempre vinculando duas ou mais pessoas, atribuindo poder a uma parte e impondo dever à outra. Bilateralidade significa, pois, que a norma jurídica possui dois lados: um representado pelo direito subjetivo e outro pelo dever jurídico, de tal sorte que um não pode existir sem o outro. Em toda relação jurídica há sempre um sujeito ativo, portador do direito subjetivo e um sujeito passivo, que possui o dever jurídico.

44.2. Generalidade. O princípio da generalidade revela que a norma jurídica é preceito de ordem geral, obrigatório a todos que se acham em igual situação jurídica. A importância dessa característica levou o jurisconsulto Papiniano a incluí-la na definição da lei: *Lex est generale praeceptum.* Da generalidade da norma jurídica deduzimos o *princípio da isonomia da lei*, segundo o qual *todos são iguais perante a lei.*

44.3. Abstratividade. Visando a atingir o maior número possível de situações, a norma jurídica é *abstrata*, regulando os casos dentro do seu denominador comum, ou seja, como ocorrem via de regra. Se o método legislativo pretendesse abandonar a abstratividade em favor da *casuística*, para alcançar os fatos como ocorrem singularmente, com todas as suas variações e matizes, além de se produzirem leis e códigos muito mais extensos, o legislador não lograria o seu objetivo, pois a vida social é mais rica do que a imaginação do homem e cria sempre acontecimentos novos e de formas imprevisíveis. Benedetto Croce, ao formular a noção da lei, refere-se à sua condição abstrata: *"lei é um ato volitivo que tem por conteúdo uma série ou classe de ações".*[6] Tanto a *generalidade* quanto a *abstratividade*, embora constituam características típicas das normas jurídicas, não chegam a ser essenciais a estas, como anota Massimo Bianca, pois há situações especiais em que as normas se revelam *individuais* e *concretas*.[7]

44.4. Imperatividade. Na sua missão de disciplinar as maneiras de agir em sociedade, o Direito deve representar o mínimo de exigências, de determinações necessárias. Para garantir efetivamente a ordem social, o Direito se manifesta através de normas que

---

5   Miguel Reale, *Lições Preliminares de Direito*, ed. cit., p. 95.

6   *Apud* Norberto Bobbio, *Studi per una Teoria Generale del Diritto*, 1ª ed., Giappichelli – Editori, Torino, 1970, p. 12.

7   *Op. cit.*, vol. 1, p. 12.

Terceira Parte • **Cap. 9** • NORMA JURÍDICA | **81**

possuem caráter imperativo. Não fosse assim, o Direito não lograria estabelecer segurança, nem justiça. A norma não imperativa não pode ser jurídica. A matéria contida nas leis promulgadas durante a Revolução Francesa, relativas à definição do *bom cidadão* ou à *existência de Deus*, não possui juridicidade. O caráter imperativo da norma significa imposição de vontade e não mero aconselhamento. Nas normas de tipo *preceptivo* e *proibitivo*, segundo impõem uma ação ou uma omissão, a imperatividade se manifesta mais nitidamente. Já em relação às normas *explicativas* ou *declarativas*, conforme salienta Groppali, é menos fácil de se descobrir a imperatividade.[8] Nesses casos esta característica existe na associação de duas normas, ou seja, na vinculação entre a norma secundária (explicativa ou declarativa) e a primária (objeto da explicação ou definição).

44.5. A Coercibilidade e a Questão da Essência da Norma Jurídica. Coercibilidade quer dizer *possibilidade de uso da coação*. Esta possui dois elementos: *psicológico* e *material*. O primeiro exerce a intimidação, através das penalidades previstas para a hipótese de violação das normas jurídicas. O elemento material é a força propriamente, que é acionada quando o destinatário da regra não a cumpre espontaneamente.

As noções de coação e de sanção não se confundem. A primeira é *uma reserva de força a serviço do Direito*, enquanto a segunda é considerada, geralmente, *medida punitiva para a hipótese de violação de normas*. Quando o juiz determina a condução da testemunha *manu militari* ou ordena o leilão de bens do executado, ele aciona a força a serviço do Direito; quando condena o acusado a uma pena privativa de liberdade ou pecuniária, aplica a sanção legal. Alguns autores se referem, também, à chamada *sanção premial*, partindo do entendimento de que sanção é o *estímulo à efetividade da norma*. Denomina-se *sanção premial* o benefício conferido pelo ordenamento como incentivo ao cumprimento de determinada obrigação. É o que se passa, por exemplo, quando uma ação de despejo apresenta pedido de retomada para uso próprio. A lei, nesta hipótese, oferece um estímulo especial: se o locatário concorda com o pedido pode permanecer no imóvel durante seis meses e se livrar do ônus do pagamento de custas judiciais e de honorários advocatícios, caso entregue o imóvel dentro desse prazo.[9]

Uma das indagações polêmicas que se apresentam na teoria do Direito refere-se à questão se a coação é ou não elemento essencial ao Direito. A corrente que responde negativamente entende que a nota essencial é a *atributividade*, ou seja, o fato de o Direito Positivo conceder, ao sujeito ativo de uma relação jurídica, o poder de agir e de exigir do sujeito passivo o cumprimento da sua obrigação. Argumentam que atributividade é característica exclusiva do Direito, não presente em qualquer outra espécie normativa. Considerando que o normal, na vida do Direito, é o acatamento espontâneo às normas jurídicas, não admitem que o elemento coação possa ser essencial ao fenômeno jurídico. Se a coação somente é acionada excepcionalmente, é um fator contingente, não necessário. Essencial é uma qualidade que não pode faltar a um objeto, sob pena de não existir como tal.

Entre os muitos autores que defendem opinião contrária, destacamos Ihering e Max Weber. Para o primeiro, o Direito sem a coação "é um fogo que não queima; uma luz que não ilumina"; para o segundo "o decisivo no conceito do direito é a existência de um quadro coativo". Este sequer precisaria ser organizado, pois "o clã mesmo pode representar esse quadro coativo (nos casos de vingança de sangue e de lutas internas), quando rege de fato, para as formas de suas reações, ordenações de qualquer índole". Em sua linha de pen-

---

8   Alessandro Groppali, *op. cit.*, p. 48.
9   *Vide* o disposto no art. 61 da Lei nº 8.245, de 18.10.1991 – Lei do Inquilinato.

82 | INTRODUÇÃO AO ESTUDO DO DIREITO · PAULO NADER

samento, Max Weber desconsidera o Direito Internacional Público como ramo jurídico, pois "não se pode designar por direito, em realidade, uma ordem que se encontre garantida apenas pela expectativa da reprovação e das represálias dos lesionados..."[10] (v. item 199).

45. CLASSIFICAÇÃO

Muitas são as classificações propostas por diferentes autores quanto às normas jurídicas. Classificar implica uma arte que deve ser desenvolvida com espírito prático, pois a sua validade se revela à medida que traduz uma utilidade teórica ou prática. A classificação apresentada por García Máynez, por sua clareza e objetividade, fornece ao jurista um conjunto terminológico e conceitual útil ao discurso jurídico.[11] Os critérios de sua classificação são os seguintes:

a) quanto ao sistema a que pertencem;

b) quanto à fonte;

c) quanto aos diversos âmbitos de validez;

d) quanto à hierarquia;

e) quanto à sanção;

f) quanto à qualidade;

g) quanto às relações de complementação;

h) quanto às relações com a vontade dos particulares.

45.1. Classificação das Normas Jurídicas quanto ao Sistema a que Pertencem. Em relação ao presente critério, as regras jurídicas podem ser: *nacionais*, *estrangeiras* e de *Direito uniforme*. Chamam-se *nacionais*, as normas que, obrigatórias no âmbito de um Estado, fazem parte do ordenamento jurídico deste. Em face do Direito Internacional Privado, é possível que uma norma jurídica tenha aplicação além do território do Estado que a criou. Quando, em uma relação jurídica existente em um Estado, for aplicável a norma jurídica própria de outro Estado, ter-se-á configurada a norma jurídica *estrangeira*. Finalmente, quando dois ou mais Estados resolvem, mediante tratado, adotar internamente uma legislação padrão, tais normas recebem a denominação de *Direito uniforme*.

45.2. Normas Jurídicas quanto à Fonte. De acordo com o sistema jurídico a que pertencem, as normas podem ser *legislativas*, *consuetudinárias* e *jurisprudenciais*. As normas jurídicas escritas, corporificadas nas leis, medidas provisórias, decretos, denominam-se *legislativas*. Enquanto as leis emanam do Poder Legislativo, as duas outras espécies são ditadas pelo Poder Executivo. *Consuetudinárias*: são as normas não escritas, elaboradas espontaneamente pela sociedade. Para que uma prática social se caracterize costumeira, necessita ser reiterada, constante e uniforme, além de achar-se enraizada na consciência popular como regra obrigatória. Reunindo tais elementos, a prática é costume com valor jurídico. A importância do costume varia de acordo com os sistemas jurídicos (v. item 83). Chamam-se *jurisprudenciais* as normas criadas pelos tribunais. No sistema de tradição romano-germânica, ao qual se filia o Direito brasileiro, a jurisprudência não deve ser con-

---

[10] *Economia y Sociedad*, trad. espanhola da 4ª ed. alemã, México, Fondo de Cultura Económica, 1987, p. 28.

[11] Eduardo García Máynez, *op. cit.*, p. 78.

siderada fonte formal do Direito. No sistema do *Common Law*, adotado pela Inglaterra e Estados Unidos, os precedentes judiciais têm força normativa.

45.3. Classificação das Normas Jurídicas quanto aos Diversos Âmbitos de Validez. *Âmbito espacial de validez*: gerais e *locais*. Gerais são as que se aplicam em todo o território nacional. Locais, as que se destinam apenas à parte do território do Estado. Na primeira hipótese, as normas serão sempre federais, enquanto na segunda poderão ser federais, estaduais ou municipais. Esta divisão corresponde ao Direito geral e ao particular. *Âmbito temporal de validez*: de *vigência por prazo indeterminado* e de *vigência por prazo determinado*. Quando o tempo de vigência da norma jurídica não é prefixado, esta é de vigência por prazo indeterminado. Ocorre, com menos frequência, o surgimento de regras que vêm com o seu tempo de duração previamente fixado, hipótese em que são denominadas de *vigência por prazo determinado*. *Âmbito material de validez*: normas de Direito Público e de Direito Privado (v. Cap. 10). Nas primeiras a relação jurídica é de subordinação, com o Estado impondo o seu *imperium*, enquanto nas segundas é de coordenação. *Âmbito pessoal de validez*: genéricas e individualizadas. A generalidade é uma característica das normas jurídicas e significa que os preceitos se dirigem a todos que se acham na mesma situação jurídica. As normas individualizadas, segundo Eduardo García Máynez, "designam ou facultam a um ou a vários membros da mesma classe, individualmente determinados".[12]

45.4. Classificação das Normas Jurídicas quanto à Hierarquia. Sob este aspecto, dividem-se em: constitucionais, complementares, ordinárias, regulamentares e individualizadas. As normas guardam entre si uma hierarquia, uma ordem de subordinação entre as diversas categorias. No primeiro plano alinham-se as normas *constitucionais* – originais na Carta Magna ou decorrentes de emendas – que condicionam a validade de todas as outras normas e têm o poder de revogá-las. Assim, qualquer norma jurídica de categoria diversa, anterior ou posterior à constitucional, não terá validade caso contrarie as disposições desta. Na ordem jurídica brasileira há normas que se localizam em leis complementares à Constituição e se situam, hierarquicamente, entre as constitucionais e as ordinárias. A aprovação das normas *complementares* se dá, conforme o art. 69 da Lei Maior, por maioria absoluta. Em plano inferior estão as normas *ordinárias*, que se localizam nas leis, medidas provisórias, leis delegadas. Seguem-se as normas *regulamentares*, contidas nos decretos, e as *individualizadas*, denominação e espécie sugeridas por Merkel para a grande variedade dos negócios jurídicos: testamentos, sentenças judiciais, contratos etc.

45.5. Normas Jurídicas quanto à Sanção. Dividem-se, quanto à sanção, em *leges perfectae, leges plus quam perfectae, leges minus quam perfectae, leges imperfectae*. Diz-se que uma norma é *perfeita* do ponto de vista da sanção, quando prevê a nulidade do ato, na hipótese de sua violação. A norma é *mais do que perfeita* se, além de nulidade, estipular pena para os casos de violação. *Menos do que perfeita* é a norma que determina apenas penalidade, quando descumprida. Finalmente, a norma é *imperfeita* sob o aspecto da sanção, quando não considera nulo ou anulável o ato que a contraria, nem comina castigo aos infratores. Exemplos desta última espécie são as disposições constantes na Lei Complementar nº 95, de 26.02.1998, relativamente às técnicas de elaboração, redação e alteração das leis, como prevê o seu art. 18.

---

[12] *Op. cit.*, p. 82. Sobre normas individualizadas *vide* a obra *Normas Jurídicas Individualizadas*, de Antonio Carlos Campos Pedroso, Editora Saraiva, 1ª ed., São Paulo, 1993.

84 | INTRODUÇÃO AO ESTUDO DO DIREITO · PAULO NADER

45.6. Normas Jurídicas quanto à Qualidade. Sob o aspecto da *qualidade*, as normas podem ser *positivas* (ou permissivas) e *negativas* (ou proibitivas). De acordo com a classificação de García Máynez, positivas são as normas que permitem a ação ou omissão. Negativas, as que proíbem a ação ou omissão.

45.7. Normas Jurídicas quanto às Relações de Complementação. Classificam-se as normas jurídicas, quanto às relações de complementação, em primárias e secundárias. Denominam-se *primárias* as normas jurídicas cujo sentido é complementado por outras, que recebem o nome de *secundárias*. Estas são das seguintes espécies: *a*) de iniciação, duração e extinção da vigência; *b*) declarativas ou explicativas; *c*) permissivas; *d*) interpretativas; *e*) sancionadoras.

45.8. Classificação das Normas Jurídicas quanto à Vontade das Partes. Quanto a este aspecto, dividem-se em taxativas e dispositivas. As normas jurídicas *taxativas* ou *cogentes*, por resguardarem os interesses fundamentais da sociedade, obrigam independentemente da vontade das partes. As *dispositivas*, que dizem respeito apenas aos interesses dos particulares, admitem a não adoção de seus preceitos, desde que por vontade expressa das partes interessadas.

Embora a amplitude da taxinomia das normas jurídicas elaborada por García Máynez, a doutrina assinala outros critérios de classificação e que se revelam úteis à compreensão do fenômeno jurídico, a seguir expostos.

45.9. Quanto à Flexibilidade ou Arbítrio do Juiz: Normas Rígidas ou Cerradas e Elásticas ou Abertas.[13] Na análise dos caracteres das normas jurídicas, vimos que, em geral, elas são abstratas, pois dispõem sobre os fatos de uma forma genérica, sem casuísmo, a fim de alcançarem uma série de situações assemelhadas. As normas, todavia, apresentam graus de abstratividade, pois do ponto de vista do sistema ora convém que sejam do tipo *aberto*, ora do tipo *cerrado* ou *fechado*. As da primeira espécie são elásticas; expressam conceitos vagos, amplos, como *boa-fé objetiva, justa causa*, quando caberá ao juiz decidir com equidade os casos concretos. Confere-se ao julgador certa margem de liberdade na definição da norma a ser aplicada. São tratadas pela doutrina também por *cláusulas gerais*. Uma das características do Código Civil de 2002 é a adoção de diversas normas de tipo *aberto*, que propiciam ao juiz uma contribuição pessoal na distribuição da justiça. O poder discricionário do juiz, nesta tarefa, não é ilimitado, pois deve guiar-se de acordo com o senso comum, *regras da experiência* e a orientação jurisprudencial.

As de tipo *fechado* ou *cerrado*, ao contrário, não deixam margem à discricionariedade do juiz. Ainda convencido de que o jovem de dezessete anos possui discernimento e experiência, não pode considerá-lo imputável criminalmente, pois a norma que estabelece a responsabilidade criminal aos dezoito anos é de tipo fechado.[14] Se tais normas, de um lado, favorecem a efetividade do valor segurança jurídica, de outro, podem comprometer

---

[13] Até a 31ª edição desta obra, optamos por tratar, separadamente, as classificações *quanto à flexibilidade* e *abstratividade*. Reexaminando o tema, concluímos pela conveniência da unificação de ambas, uma vez que as normas rígidas são também de tipo fechado, enquanto as elásticas, de tipo aberto. Consideramos, ainda, mais expressivo o enfoque das normas, levando em consideração *o arbítrio do juiz*, pois, como se verá, nas *rígidas* ou *cerradas*, não se atribui margem discricionária ao aplicador do Direito, a qual se faz presente nas *elásticas* ou *abertas*.

[14] Sobre as normas de tipo aberto e de tipo fechado v. a obra de Jorge Tosta, *Manual de Interpretação do Código Civil*, 1ª ed., Rio de Janeiro, Campus Jurídico, 2008.

a justiça, pois nem sempre há plena adequação da fórmula do legislador à exigência do caso concreto.

Impende, nesta oportunidade, uma distinção entre *cláusulas abertas* e *conceitos jurídicos indeterminados*. Ambos contêm uma certa vaguidade. Enquanto nos conceitos jurídicos indeterminados a vaguidade está apenas na *hipótese*, nas cláusulas abertas a imprecisão está na *hipótese* e na *disposição*. O parágrafo único do art. 927 do Código Civil, contém exemplo de conceito jurídico indeterminado, pois a vaguidade se localiza apenas na *hipótese* ao expressar *"atividade de risco"*, já a disposição ou consequência, todavia, é precisa: a caracterização da responsabilidade objetiva (a que independe de dolo ou culpa).

A norma que atribui *função social do contrato* constitui *cláusula aberta*, pois deixa ao arbítrio do juiz a caracterização da hipótese no caso concreto e não define a disposição ou consequência, que pode ser nulidade ou indenização.

45.10. Quanto ao Modo da Presença no Ordenamento: Normas Implícitas e Explícitas. Com o advento da Era da Codificação passou a vigorar o princípio da suficiência dos códigos. Estes não apresentavam lacunas ou omissões. A postura era *juspositivista*. Com o passar do tempo a experiência foi revelando *espaços em branco* na legislação. Desenvolveu-se, então, a ideia do Direito implícito, exposta originalmente por Rudolf von Ihering e objeto de análise por Clóvis Beviláqua ao estudar o pensamento do jurista alemão: *"... existem regras latentes, cuja aplicação se faz, por assim dizer, inconscientemente, que completam os preceitos expressamente formulados".*[15] Além das normas *explícitas*, que objetivamente definem a conduta, procedimento ou modelo de organização, existem as *implícitas*, que complementam fórmulas adotadas diretamente pelo legislador. Na revelação destas normas – que é procedimento de integração do Direito – valiosa é a contribuição da *doutrina* e, em especial, da *jurisprudência*. Para os adeptos do positivismo jurídico, seriam deduções normativas de princípios consagrados pelo legislador. Para os jusnaturalistas, tais normas seriam irradiações *da ordem natural das coisas*, especialmente da *natureza humana*. Entendemos, por princípio de coerência lógica do sistema, que tais normas devem ser apuradas tomando-se por paradigma os critérios consagrados no código e nas leis, avultando de importância o procedimento analógico.

45.11. Quanto à Inteligibilidade. Ao revermos a taxinomia das normas jurídicas, em 2002, visando o preparo de nosso *Curso de Direito Civil*, elaboramos outra classificação, que esperamos seja útil à doutrina. Diz respeito às normas jurídicas quanto à *inteligibilidade*, ou seja, quanto ao processo de compreensão. O acesso ao conhecimento das normas em geral varia do simples ao complexo, daí distinguirmos três modalidades: *normas de percepção imediata, normas de percepção reflexiva ou mediata e normas de percepção complexa*. As primeiras são diretamente assimiladas pelo espírito cognoscente. O intérprete capta diretamente o sentido e o alcance da norma sem esforço intelectual. O método utilizado é o intuitivo. Se a norma é de percepção imediata não se justifica a busca da interpretação pelo aproveitamento de recursos metodológicos ou do Direito Comparado. Nas de *percepção reflexiva ou mediata* o intérprete utiliza-se basicamente dos métodos dedutivo e indutivo. Finalmente, na interpretação das normas de *percepção complexa*, ao alcance apenas da classe dos juristas, daqueles que possuem o conhecimento do sistema e se acham afinados com a teleologia dos institutos jurídicos, o intérprete impõe toda a sua

---

[15] *Juristas Philósophos*, Livraria Magalhães, Bahia, 1897, p. 70, *apud* Arnaldo Vasconcelos, *Teoria da Norma Jurídica*, 1ª ed., Forense, Rio de Janeiro, 1987, p. 229.

86 | INTRODUÇÃO AO ESTUDO DO DIREITO · PAULO NADER

acuidade intelectual a fim de apurar o sentido e o alcance dos mandamentos. Pesquisa, às vezes, os princípios gerais de Direito, os elementos históricos e os da *lógica externa*, a qual se revela nos usos e na organização social, podendo recorrer à índole do sistema e ao Direito Comparado. A simples leitura do texto ou o apoio nos métodos exclusivamente lógicos se mostram impotentes para a definição da *mens legis*, daí o exegeta partir para os recursos intelectuais mais complexos e não rotineiros.

46. VIGÊNCIA, EFETIVIDADE, EFICÁCIA E LEGITIMIDADE DA NORMA JURÍDICA

O estudo sobre a norma jurídica não estará completo se não for acompanhado da abordagem dos atributos de vigência, efetividade, eficácia e legitimidade. Em torno da matéria há muita controvérsia e a começar pela própria terminologia, notadamente em relação ao termo eficácia.[16]

46.1. Vigência. Para que a norma disciplinadora do convívio social ingresse no mundo jurídico e nele produza efeitos, indispensável é que apresente validade formal, isto é, que possua vigência. Esta significa que a norma social preenche os requisitos técnico--formais e imperativamente se impõe aos destinatários. A sua condição não se resume a *vacatio legis*, ou seja, ao decurso de tempo após a publicação, em se tratando de *Jus scriptum*. Assim, não basta a existência da norma emanada de um poder, pois é necessário que satisfaça a determinados pressupostos extrínsecos de validez. Se o processo de formação da lei foi irregular, não tendo havido, por exemplo, tramitação perante o Senado Federal, as normas reguladoras não obterão vigência (v. item 135).

46.2. Efetividade. Este atributo consiste no fato de a norma jurídica ser observada tanto por seus destinatários quanto pelos aplicadores do Direito. No dizer de Luís Roberto Barroso, a efetividade "*... simboliza a aproximação, tão íntima quanto possível, entre o dever ser normativo e o ser da realidade social*".[17] Enquanto alguns autores empregam o termo efetividade como sinônimo de eficácia, a grande parte dos estudiosos simplesmente utiliza este último naquele mesmo sentido. Pelo desenvolvimento deste parágrafo observaremos a necessidade de se atribuírem dois nomes para situações que realmente são distintas: efetividade e eficácia.

É intuitivo que as normas são feitas para serem cumpridas, pois desempenham o papel de meio para a consecussão de fins que a sociedade colima. As normas devem alcançar a máxima efetividade; todavia, em razão de fatores diversos, isto não ocorre, daí podermos falar em *níveis de efetividade*. Há normas que não chegam a alcançar qualquer grau, enquanto outras perdem o atributo, isto é, durante algum tempo foram observadas e, posteriormente, esquecidas. Ambas situações configuram a chamada *desuetude*. A indagação relevante que emerge se refere ao problema da validade das normas em desuso, matéria abordada no Cap. 16. Para o austríaco Hans Kelsen a validade da norma pressupõe a sua efetividade.

46.3. Eficácia. As normas jurídicas não são geradas por acaso, mas visando a alcançar certos resultados sociais. Como processo de adaptação social que é, o Direito se

---

16 Sobre a matéria deste item, exposição mais ampla apresentamos no Cap. VIII de nossa Filosofia do Direito.

17 *Direito Constitucional e a Efetividade de suas Normas*, 5ª ed., Rio de Janeiro, Editora Renovar, 2001, p. 85.

apresenta como fórmula capaz de resolver problemas de convivência e de organização da sociedade. O atributo *eficácia* significa que a norma jurídica produz, realmente, os efeitos sociais planejados. Para que a eficácia se manifeste, indispensável é que seja observada socialmente. Eficácia pressupõe, destarte, efetividade. A lei que institui um programa nacional de combate a determinado mal e que, posta em execução, não resolve o problema, mostrando-se impotente para o fim a que se destinava, carece de eficácia. A rigor, tal lei não pode ser considerada Direito, pois este é processo de adaptação social; é instrumento que acolhe a pretensão social e a provê de meios adequados.

46.4. Legitimidade. Inúmeros são os questionamentos envolvendo o atributo legitimidade. O seu estudo mais aprofundado se localiza na esfera da Filosofia do Direito. Para um positivista, na abordagem da norma é suficiente o exame de seus aspectos extrínsecos – vigência. A pesquisa afeta ao sistema de legitimidade seria algo estranho à instância jurídica. Para as correntes espiritualistas, além de atender aos pressupostos técnico-formais, as normas necessitam de legitimidade. Via de regra, o ponto de referência na pesquisa da legitimidade é o exame da fonte de onde emana a norma. Se aquela é legítima esta também o será. Fonte legítima seria a constituída pelos representantes escolhidos pelo povo ou então por este próprio, no exercício da chamada democracia direta. Conforme a tendência do *homo juridicus*, outra fonte poderá ser apontada como instância legitimadora. Se ele for também um *homo religiosus* haverá de reconhecer na vontade divina a fonte de legitimação das normas jurídicas. Se adepto do pensamento jusnaturalista apontará a natureza humana como a fonte criadora dos princípios que configuram o Direito Natural e devem fornecer a estrutura básica do *Jus Positum*.

BIBLIOGRAFIA PRINCIPAL

Ordem do Sumário:

41 – Mouchet y Zorraquin, *Introducción al Derecho*;

42 – Vicente Ráo, *O Direito e a Vida dos Direitos*; Benjamim de Oliveira Filho, *Introdução à Ciência do Direito*;

43 – Hans Kelsen, *Teoria Pura do Direito*; Aftalion, Olano e Vilanova, *Introducción al Derecho*; Miguel Reale, *Lições Preliminares de Direito*; Machado Netto, *Compêndio de Introdução à Ciência do Direito*;

44 – Alessandro Groppali, *Introdução ao Estudo do Direito*; Goffredo Telles Júnior, *Filosofia do Direito*;

45 – Eduardo García Máynez, *Introducción al Estudio del Derecho*; Machado Netto, *Compêndio de Introdução à Ciência do Direito*;

46 – Miguel Reale, *Lições Preliminares de Direito*; Elías Díaz, *Sociología y Filosofía del Derecho*; Luiz Diez Picazo, *Experiencias Jurídicas y Teoria del Derecho*; Paulo Nader, *Filosofia do Direito*.

– Capítulo 10 –
A DIVISÃO DO DIREITO POSITIVO

Sumário: 47. Direito Público e Direito Privado. **48.** Direito Geral e Direito Particular. **49.** Direito Comum e Direito Especial. **50.** Direito Regular e Direito Singular. **51.** Privilégio.

47. DIREITO PÚBLICO E DIREITO PRIVADO

47.1. Aspectos Gerais. A maior divisão do Direito Positivo, também a mais antiga, é representada pelas classes do Direito Público e Direito Privado, peculiar aos sistemas jurídicos de tradição romano-germânica. Tal distinção, familiar aos romanos, só foi conhecida pelo Direito germânico no período da Renascença, com o fenômeno da incorporação do Direito romano. Envolvendo esta matéria, há discussões doutrinárias que se manifestam, a começar pela relevância ou não desta ordem de estudo. As dúvidas posteriores recaem sobre a natureza da matéria, quando se apresentam teorias monistas, dualistas e trialistas. A corrente monista, com duas vertentes, defende a existência de apenas um domínio. Internamente, os publicistas formam o grupo majoritário, enquanto nomes da expressão de Rosmini e Ravà formam o grupo oposto, que procura limitar o Direito Positivo ao *Jus Privatum*. É inegável que o Direito Privado, nos sistemas jurídicos de origem romano-germânica, além de ter sido único durante séculos, alcançou nível de aperfeiçoamento não atingido ainda pelo Direito Público. O *dualismo*, que sustenta a clássica divisão do Direito Positivo e constitui a corrente maior, é concebido sob diferentes critérios. Segundo Gurvitch, o jurista Hölinger chegou a arrolar uma centena de teorias diferenciadoras, que não lograram, todavia, precisão em seus resultados. O *trialismo*, que teve em Paul Roubier a sua principal figura, sustenta a existência de um *tertium genus*, denominado *Direito Misto*.

As reflexões a que o presente estudo conduz revelam-nos que o caráter evolutivo do Direito não dimana tão só da espontânea e natural variação dos costumes ou de novas projeções científico-tecnológicas. O anseio crescente por uma justiça social eficaz, aliado aos influxos político-ideológicos, levam o Estado moderno a comandar as formas de relacionamento dos indivíduos. Esse comportamento estatal, típico de nossa época, repercute diretamente no Direito, que é o seu instrumento de penetração e influência na vida privada. A fim de ampliar a proteção ao homem, o Estado vem interferindo nas relações anteriormente entregues ao livre jogo das forças sociais.

90 | INTRODUÇÃO AO ESTUDO DO DIREITO · PAULO NADER

É relevante destacar-se a disputa de hegemonia, travada entre o *liberalismo* e o *socialismo*, quanto aos domínios do Direito Público e Direito Privado. Para o liberalismo, o fundamental e mais importante é o Direito Privado, enquanto o Direito Público é uma forma de proteção ao Direito Privado, especialmente ao Direito de propriedade. A radicalização do liberalismo constitui o *anarquismo*, que pretende a privatização absoluta do Direito. O socialismo, ao contrário, reivindica uma progressiva publicização, admitindo a permanência de uma reduzida parcela de relações sociais sob o domínio do Direito Privado, passível ainda de interferência do Estado, desde que reclamada pelos interesses sociais.

47.2. O Problema Relativo à Importância da Distinção. Para o jusfilósofo alemão Gustav Radbruch, tal estudo se afigura no pórtico dos temas jurídicos, constituindo-se um *a priori* necessário à compreensão do Direito. Tanto valorizou a presente temática que chegou a sustentar a tese de que "não só no conceito do Direito, mas também na própria ideia de Direito, se acha como que enraizada a ideia da distinção entre o Direito Público e o Direito Privado".[1] O autor faz questão de salientar que a sua posição não implica o reconhecimento de que todos os sistemas jurídicos devam apresentar conteúdo de uma classe e de outra, pois as variações históricas podem levar à absorção de uma pela outra. Além de negar a existência de uma fronteira uniforme entre o Direito Público e o Direito Privado, Gustav Radbruch reconheceu que alguns ramos, como o Direito do Trabalho e o Econômico, participam, ao mesmo tempo, dos dois domínios.

Pietro Cogliolo sublinhou também a importância da distinção, citando a regra do Direito romano: *jus publicum privatorum pactis mutari non potest*. (Não pode o Direito Público ser substituído pelas convenções dos particulares – D. II, 14, 38). Em todos os contratos é preciso verificar, acrescenta o autor italiano, a que gênero de normas as partes pretendem substituir.[2]

Adolfo Posada, entre outros autores, nega qualquer validade teórica e alcance prático à distinção. Esta, ao ser elaborada pelos jurisconsultos romanos, estava ligada a necessidades históricas, hoje inexistentes. A divisão parte do falso pressuposto de que o Direito é obra do Estado, quando, na realidade, este se limita a reconhecer o que se origina nas relações subjetivas dos indivíduos. Entre outros aspectos mais, alegou que o Direito inglês, por exemplo, prescindiu quase inteiramente dessa distinção, sem sofrer prejuízos.

47.3. A Teoria Monista de Hans Kelsen. Entre as teorias que suprimem a bipartição do Direito Positivo em Público e Privado, apresenta-se a formulada pelo austríaco Hans Kelsen, um dos mais notáveis jusfilósofos de todas as épocas, autor da famosa Teoria Pura do Direito, que reduz o fenômeno jurídico apenas ao elemento normativo. Kelsen, em sua análise, parte do reconhecimento de que a moderna Ciência do Direito atribui uma grande importância à divisão do Direito naquelas duas grandes classes. Tomando por critério de distinção os métodos de criação do Direito, desenvolveu a tese de que todas as formas de produção jurídica se apoiam na vontade do Estado, inclusive os negócios jurídicos firmados entre particulares, que apenas realizam "a individualização de uma norma geral".[3] Deve-se entender, portanto, que todo Direito é público, não só em relação à sua origem, mas também quanto à validez. De menor rigor foi a posição de Bacon, para quem *Jus privatum sub tutela juris publici latet* (o Direito Privado vive sob a tutela do Direito Pú-

---

1.   Gustav Radbruch, *Filosofia do Direito*, Arménio Amado, Editor, Sucessor, Coimbra, 1961, vol. II, p. 7.
2.   Pietro Cogliolo, *Filosofia do Direito Privado*, Livraria Clássica Editora, Lisboa, 1915, p. 115.
3.   Hans Kelsen, *op. cit.*, vol. II, p. 167.

blico). Jellinek limitou-se também a declarar a dependência do Direito Privado ao Direito Público: "O Direito Privado só é possível porque existe o Direito Público."

47.4. Teorias Dualistas. As múltiplas concepções dualistas baseiam-se ou no *conteúdo* ou na *forma* das normas jurídicas, como critério diferenciador. De acordo com essa orientação, apresentamos as principais opiniões dualistas em dois grupos: *teorias substancialistas* e *teorias formalistas*.

47.4.1. Teorias substancialistas

47.4.1.1. Teoria dos interesses em jogo. Também denominada *clássica* ou *romana*, é a mais antiga das teorias. A sua formulação é atribuída a Ulpiano: *Publicum ius est quod ad statum rei romanae spectat; privatum quod ad singulorum utilitatem pertinet* (Direito Público é o que se liga ao interesse do Estado romano; Privado, o que corresponde à utilidade dos particulares).[4] Na opinião de alguns romanistas, entre os quais Bonfante, o texto referido foi uma elaboração dos glosadores. Uma dupla motivação histórica levou os romanos a estabelecerem a distinção: *a*) a necessidade de separação entre as coisas do rei e as do Estado; *b*) a vontade de se concederem alguns direitos aos estrangeiros. Este critério de diferenciação é passível de críticas, porque se fundamenta na separação de interesses entre o Estado e os particulares. Não se deve admitir um divórcio entre os interesses de ambos, de vez que tudo que interessa ao Estado há de interessar, com maior ou menor intensidade, aos seus cidadãos. Igualmente, os interesses dos particulares repercutem, de algum modo, na atividade do Estado, despertando a atenção de seus dirigentes. Entre os juristas que seguem a teoria de Ulpiano, destacam-se: Chironi-Abello, D'Aguano, Ranelletti, Waline e May.

Essa teoria foi aperfeiçoada por Dernburg, que respeitou a ideia nuclear do interesse, para reconhecer que no Direito Público *predomina* o interesse do Estado, enquanto no Direito Privado *predomina* o dos particulares. Matos Peixoto, entre nós, adotou esta linha de pensamento.[5]

47.4.1.2. Teoria do fim. Com base na finalidade das normas jurídicas, Savigny e Stahl pretenderam estabelecer a linha divisória entre as duas grandes áreas do Direito Positivo. Segundo esta concepção, quando o Direito tem o Estado como fim e os indivíduos ocupam lugar secundário, caracteriza-se o Direito Público. Se, ao contrário, as normas jurídicas têm por fim o indivíduo, e o Estado figura apenas como meio, o Direito será Privado. Este critério não satisfaz, porque, na hipótese, por exemplo, em que o Estado vier a adquirir um bem imóvel segundo o Código Civil, as normas reguladoras serão de Direito Privado, enquanto, aplicado o critério da teoria teleológica de Savigny e Stahl, as normas serão classificadas como de Direito Público.

47.4.2. Teorias formalistas

47.4.2.1. Teoria do titular da ação. Desenvolvida pelo jurista Thon, esta concepção toma por referência a tutela jurídica, para a hipótese de violação das normas. Se a iniciativa da ação compete aos órgãos do Estado, o Direito é Público; ao contrário, se a movimenta-

---

[4] L. 1, § 2 D. 1.1 – § 4 *Inst.* 1.1.

[5] Cf. Hermes Lima, *Introdução à Ciência do Direito*, 21ª ed., Freitas Bastos, Rio de Janeiro, 1971, p. 99.

ção judicial for da competência dos particulares, o Direito é Privado. Verifica-se que essa teoria não se ocupa diretamente das normas a serem classificadas e se revela falha, de vez que há normas de Direito Público que, violadas, impõem uma espera aos órgãos judiciais, que ficam na dependência da iniciativa privada. Como anota Ruggiero, "não é a natureza da ação o que determina o caráter da norma, o inverso é que é verdadeiro".[6]

47.4.2.2. Teoria das normas distributivas e adaptativas. Baseando-se em Zitovich, o jurista Korkounov concebeu a distinção, partindo da premissa de que o Direito é uma faculdade de se servir de algum bem. A utilização dos objetos se faz por *distribuição* ou por *adaptação*. Os bens que não podem ser distribuídos, por exemplo, um rio navegável, impõem o seu aproveitamento mediante processos adaptativos. Segundo o autor russo, o Direito Privado tem por objeto a distribuição e o Direito Público, a adaptação. Mais aplicável aos direitos patrimoniais, essa teoria também se ajusta a outros ramos do Direito. Uma das críticas que se fazem à teoria de Korkounov é a sua inadequação ao Direito Penal. A sanção criminal, não obstante o seu caráter distributivo, pertence ao âmbito do Direito Público.

47.4.2.3. Teoria da natureza da relação jurídica. Aceita por Fleiner, Legaz y Lacambra, García Máynez, entre outros juristas, a teoria da natureza da relação jurídica é, atualmente, a mais em voga. Segundo esta concepção, quando a relação jurídica for de coordenação, isto é, quando o vínculo se der entre particulares num mesmo plano de igualdade, a norma reguladora será de Direito Privado. Quando o poder público participa da relação jurídica, investido de seu *imperium*, impondo a sua vontade, a relação jurídica será de *subordinação* e, em consequência, a norma disciplinadora será de Direito Público. Quando houver predominância de relações de coordenação, o ramo deverá ser considerado de Direito Privado e, de igual modo, quando houver o predomínio das relações de subordinação o ramo será de Direito Público. Saliente-se, finalmente, que o Estado pode participar de uma relação jurídica de coordenação, hipótese em que não se investe de seu poder soberano, submetendo-se às normas de Direito Privado em igualdade de condições com os particulares. Ao fundamentar uma de suas decisões, o Superior Tribunal de Justiça declarou: "Nos contratos de compromisso de compra e venda celebrados entre a Administração e o particular, aquela não participa com supremacia de poder, devendo a dita relação jurídica reger-se pelas regras do Direito Privado".[7]

A presente teoria, além de não se aplicar às normas de Direito Internacional Público, oferece, muitas vezes, a dificuldade de se concluir se o Estado participa da relação investido ou não do seu poder soberano.

47.5. Trialismo. A dificuldade que a distinção entre as duas grandes classes do Direito oferece levou alguns juristas a conceberem a existência de um terceiro gênero, por uns denominado *Direito Misto* e por outros *Direito Social*. Paul Roubier concebeu um Direito Misto formado pelo *Direito Profissional* e pelo *Direito Regulador*. O primeiro, composto pelo Direito Comercial, Direito do Trabalho e Legislação Social, enquanto o segundo, pelo Direito Penal e Direito Processual.[8] Entre nós, Paulo Dourado de Gusmão defende a

---

6   Roberto de Ruggiero, *Instituições de Direito Civil*, Edição Saraiva, São Paulo, 1971, vol. I, p. 48.

7   Acórdão prolatado no REsp. nº 172.724/SP pela Primeira Turma, sendo relator o Min. José Delgado. Julgamento realizado em 15.10.1998 e publicado no *DJ* de 01.03.1999, p. 00235.

8   Paul Roubier, *Théorie Générale du Droit*, 2ª ed., Recueil Sirey, Paris, 1951, p. 304: "Por mais importante que seja a distinção do Direito Privado e do Direito Público, devemos todavia admitir a existência de certos ramos do Direito que se encontram fora dessa classificação. Sem dúvida, podemos, a rigor, experimentar incluí-los numa dessas classificações

existência do Direito Misto, "que tutela tanto o interesse público ou social como o interesse privado, como, por exemplo, no caso do direito de família, do direito do trabalho, do direito profissional...".[9]

Entendemos que a admissão de um Direito Misto implicaria, praticamente, a supressão do Direito Público e Direito Privado, de vez que, em todos os ramos do Direito Positivo, há normas de um e de outro gênero.

47.6. Conclusões. É um equívoco supor que haja antítese entre o Direito Público e o Direito Privado. O Direito Positivo não se compõe de substâncias diferentes, estranhas entre si. A principiologia básica, fundamental, informa a todos os ramos da árvore jurídica. Há um conjunto de princípios onipresentes na esfera do dever ser jurídico. Além de necessários e universais, proporcionam ao Direito o foro de ciência. Igualmente é única a fórmula da justiça, que enlaça tanto o Direito Público quanto o Privado: *constante e permanente vontade de dar a cada um o que é seu.*

A distinção entre o Direito Público e o Privado é útil no plano didático e benéfica do ponto de vista prático, pois favorece a pesquisa, o aperfeiçoamento e a sistematização de princípios de um gênero e de outro. A teoria da natureza da relação jurídica, apesar de apresentar alguma falha, é simples, prática e se funda em critérios objetivos. Quanto aos ramos tradicionais do Direito Positivo, sem negar as dificuldades que alguns apresentam, notadamente o Direito do Trabalho e o Internacional Privado, em nossa opinião, assim se classificam: I) *Direito Público*: Direito Constitucional, Administrativo, Financeiro, Internacional Público, Internacional Privado, Processual; II) *Direito Privado*: Direito Civil, Comercial ou Empresarial e do Trabalho (v. capítulos 35 e 36).[10]

48. DIREITO GERAL E DIREITO PARTICULAR

A distinção entre o Direito geral e o particular tem como ponto de referência o alcance geográfico das normas jurídicas. O primeiro é aplicável a todo o território e o particular a uma parte deste. Os Estados federativos, além de um Direito geral, universal, possuem direitos particulares, locais, para cada Estado-Membro. Dentro destes, os municípios dispõem de uma competência legiferante limitada ao seu âmbito espacial. Esta pluralidade de direitos não é exclusiva dos Estados federais. Antes do Código Napoleão, a França possuía um Direito diversificado em costumes regionais. O Direito Civil, Comercial ou Empresarial e Penal são exemplos de Direito geral. A legislação sobre o *polígono das secas* ou a referente à *zona franca de Manaus* exemplificam o Direito particular pois têm alcance territorial limitado. A distinção pode ser ampliada a esferas menores. Uma lei estadual é Direito particular em relação à Federação. Quanto ao Estado-Membro, será geral se aplicável à totalidade de sua área geográfica, e particular se destinada a determinada região.

A diversificação de direitos se justifica dentro de um Estado pela necessidade de a ordem jurídica se ajustar à realidade social e ficar em harmonia com a vida e tradição dos lugares.

---

    e não deixemos de fazê-lo; mas ainda que isto não apresente nenhum interesse prático, há alguma coisa de forçado na classificação e então é melhor admitir francamente a existência de um Direito Misto."

[9]   Paulo Dourado de Gusmão, *Introdução ao Estudo do Direito*, 8ª ed., Forense, Rio de Janeiro, 1978, p. 184.

[10]   A doutrina se acha dividida quanto à classificação do Direito do Trabalho. Pelas razões expostas no capítulo 36, passamos a catalogar tal ramo entre os de Direito Privado.

49. DIREITO COMUM E DIREITO ESPECIAL

A distinção entre o Direito comum e o especial tem por critério o maior ou menor alcance sobre as relações de vida. O Direito comum projeta-se sobre todas as pessoas, sobre todas as relações jurídicas, enquanto o Direito especial é aplicável apenas a uma parte limitada das relações jurídicas. Toda pessoa, independentemente de sua profissão ou classe social, é atingida pelo Direito comum, como acontece com o Direito Civil, Direito Penal, entre outros. Desde as mais altas autoridades ao mais simples trabalhador, todos se acham sujeitos às suas normas. Tal não se dá com o Direito especial, que possui um âmbito de aplicação mais restrito e se destina muitas vezes a determinadas categorias. Não é, obrigatoriamente, um Direito de classe, mas Direito especializado, que não atinge a todos indiscriminadamente, como o Direito à propriedade literária e industrial.

Via de regra o Direito especial nasce e se destaca do Direito comum, conforme ocorreu com o Direito Comercial e o Direito do Trabalho, que hoje são ramos autônomos. Ambos se emanciparam do Direito Civil, pela necessidade de se submeterem a princípios próprios e possuírem índole mais dinâmica. De um Direito especial podem destacar-se novos ramos, como ocorre atualmente com o Direito Marítimo, Direito Aeronáutico, que reivindicam independência do Direito Comercial.

50. DIREITO REGULAR E DIREITO SINGULAR

O *Jus regulare*, como o próprio nome induz, é o Direito normal, que expressa o caráter e fins do Direito. Forma um conjunto de normas que se baseia nos princípios científicos do Direito e segue, harmonicamente, as linhas do sistema jurídico a que pertence. É o Direito criado em situações normais, em que o legislador procura, com base na ciência e na realidade social, estabelecer uma ordem justa. O Direito regular é a regra geral, e o *Jus singulare*, a exceção. Para Windscheid: "*regular* é o Direito conforme aos princípios jurídicos reconhecidos; quando, porém, por motivos especiais, contradiz estes princípios, o Direito é irregular."[11] O *Direito singular* é criado em atenção a situações excepcionais, para atender a necessidades imperativas. Surge, via de regra, em uma época de dificuldades transitórias, que forçam o legislador a desviar-se dos princípios gerais de Direito e a quebrar a sistemática de ordem jurídica vigente. O jurisconsulto Paulo definiu-o: *jus singulare est quod contra tenorem rationis propter aliquam utilitatem auctoritate constituenticum introduto est* (Direito singular é o que foi introduzido, contra o teor da razão, por alguma utilidade, pela autoridade dos que o constituíram).[12]

O conjunto de atos e de leis, emanado em um período pós-revolucionário, normalmente constitui Direito singular. Pode ocorrer o fenômeno do Direito singular se transformar em regular, desde que o ordenamento jurídico sofra reformulações e se adapte a ele. Em nosso país, tal fato ocorreu quando alguns atos ditados pelo Movimento de 1964 foram incorporados à Constituição Federal de 1967.

É critério assente na doutrina a não aplicação do Direito singular por analogia. Na opinião de Roberto de Ruggiero, a interpretação do Direito singular não deve ser especial,

---

[11]   Windscheid, *apud* Vicente Ráo, *O Direito e a Vida dos Direitos*, Max Limonad, São Paulo, 1960, vol. I, tomo I, p. 230.

[12]   *Digesto*, 1, 3, 16. Segundo Antonio Hernández-Gil, o Direito singular "*es una proposición jurídica de naturaleza abstracta (general o especial), que, en razón a una determinada necesidad y fundada en una particular utilitas, ratio o aequitas, contradice un principio jurídico general*", *apud* José Puig Brutau, *Fundamentos de Derecho Civil*, 4ª ed., Barcelona, Bosch, 1988, tomo preliminar, p. 30.

mas comum ao Direito regular e admitir, inclusive, a chamada interpretação extensiva. No período em que a sociedade esteve dominada pela pandemia do *coronavírus*, os estados e municípios brasileiros valeram-se do Direito Singular ao estabelecerem, em sua generalidade, regras restritivas ao funcionamento de empresas, visando a evitar a expansão do contágio viral.

51. PRIVILÉGIO

Uma das características da norma jurídica é a generalidade, isto é, as normas se dirigem a todos que se encontram em igual situação jurídica. O privilégio jurídico é uma exceção à regra. *É o ato legislativo que disciplina uma situação concreta, não aplicável, por analogia, a situações semelhantes.* Na palavra de José Puig Brutau, privilégio *"son disposiciones que se dictan en atención a una relación concreta y determinada, por lo que sólo pueden valer para ella"*.[13] Há privilégios que se impõem como fórmula de justiça prática, como a concessão de pensão vitalícia a um vulto importante da história; há os que são ditados pela necessidade de organização: a lei que determina a criação de uma universidade em determinada região; há outros, porém, que configuram dádivas de proteção injustificada e que ao senso de justiça repugnam. Neste sentido, foram condenados pela Lei das Doze Tábuas dos romanos. Comentando a nona tábua, *De jure publico*, Cícero expôs: "Não quiseram que se fizessem as leis acerca dos particulares, pois constituem privilégios; e não há nada mais injusto que o privilégio, pois é próprio da lei ser estabelecida e promulgada para todos."[14]

BIBLIOGRAFIA PRINCIPAL

Ordem do Sumário:

47 – Eduardo García Máynez, *Introducción al Estudio del Derecho*; Mouchet y Becu, *Introducción al Derecho*; Gustav Radbruch, *Filosofia do Direito*; Luiz Fernando Coelho, *Teoria da Ciência do Direito*; Machado Netto, *Compêndio de Introdução à Ciência do Direito*;

48 – Roberto de Ruggiero, *Instituições de Direito Civil*, I; Vicente Ráo, *O Direito e a Vida dos Direitos*;

49 – Vicente Ráo, *op. cit.*; Benjamin de Oliveira Filho, *Introdução à Ciência do Direito*; Alessandro Groppali, *Introdução ao Estudo do Direito*; Hermes Lima, *Introdução à Ciência do Direito*;

50 – Hermes Lima, *op. cit.*; Paulo Dourado de Gusmão, *Introdução ao Estudo do Direito*;

51 – Roberto de Ruggiero, *op. cit.*; Machado Paupério, *Introdução à Ciência do Direito*.

---

[13] *Fundamentos de Derecho Civil*, ed. cit., tomo preliminar, p. 30.

[14] Cícero, op. cit. p. 113.

– Capítulo 11 –
JUSTIÇA E EQUIDADE

Sumário: 52. Conceito de Justiça. **53.** O Caráter Absoluto da Justiça. **54.** A Importância da Justiça para o Direito. **55.** Critérios da Justiça. **56.** A Concepção Aristotélica. **57.** Justiça Convencional e Justiça Substancial. **58.** Classificação da Justiça. **59.** Justiça e Bem Comum. **60.** Equidade. **61.** Leis Injustas.

52. CONCEITO DE JUSTIÇA

A justiça é o magno tema do Direito e, ao mesmo tempo, permanente desafio aos filósofos do Direito, que pretendem conceituá-la, e ao próprio legislador que, movido por interesse de ordem prática, pretende consagrá-la nos textos legislativos. A sua definição clássica foi uma elaboração da cultura greco-romana. Com base nas concepções de Platão e de Aristóteles, o jurisconsulto Ulpiano assim a formulou: *Justitia est constans et perpetua voluntas jus suum cuique tribuendi* (Justiça é a constante e firme vontade de dar a cada um o que é seu).[1] Inserida no *Corpus Juris Civilis*, a presente definição, além de retratar a justiça como virtude humana, apresenta a ideia nuclear desse valor: *Dar a cada um o que é seu*. Esta colocação, que enganadamente alguns consideram ultrapassada em face da justiça social, é verdadeira e definitiva; válida para todas as épocas e lugares, por ser uma definição apenas de natureza formal, que não define o conteúdo do *seu* de cada pessoa. O que sofre variação, de acordo com a evolução cultural e sistemas políticos, *é o que deve ser atribuído a cada um*. O capitalismo e o socialismo, por exemplo, não estão de acordo quanto às medidas de repartição dos bens materiais na sociedade.

Dar a cada um o que é seu é esquema lógico que comporta diferentes conteúdos e não atinge apenas a divisão das riquezas, como pretendeu Locke, ao declarar que a justiça existe apenas onde há propriedade. O *seu* representa algo que deve ser entendido como *próprio* da pessoa. Configura-se por diferentes hipóteses: salário equivalente ao trabalho; penalidade proporcional ao crime. A ideia de justiça não é pertinente apenas ao Direito. A Moral, a Religião e algumas Regras de Trato Social preocupam-se também com as ações justas. O *seu* de uma pessoa é também o respeito moral; um elogio; um

---

[1] *Instituições de Justiniano*, Livro I, Tít. I, nº 1, Tribunais do Brasil Editora Ltda., Curitiba, 1979.

perdão. A palavra *justo*, vinculada à justiça, revela *aquilo que está conforme, que está adequado*. A parcela de ações justas que o Direito considera é a que se refere às riquezas e ao *mínimo ético* necessário ao bem-estar da coletividade.

Justiça *é síntese dos valores éticos*. Onde se pratica justiça, respeita-se a vida, a liberdade, a igualdade de oportunidade. Praticar justiça é praticar o bem nas relações sociais.

A justiça é uma das primeiras verdades que afloram ao espírito. Não é uma ideia inata, mas se manifesta já na infância, quando o ser humano passa a reconhecer o que é *seu*. A semente do justo se acha presente na consciência dos homens. A *alteridade* é um dos caracteres da justiça, de vez que esta existe sempre em função de uma relação social, *Justitia est ad alterum* (a justiça é algo que se refere ao semelhante). Segundo Aristóteles, a justiça reúne quatro termos: "duas são as pessoas para quem ele é de fato justo, e duas são as coisas em que se manifesta – os objetos distribuídos."[2]

53. O CARÁTER ABSOLUTO DA JUSTIÇA

A justiça possui um caráter absoluto? Os autores que seguem a linha positivista admitem apenas a justiça relativa. Segundo esta opinião, a justiça é algo inteiramente subjetivo e as medidas do justo seriam variáveis de grupo para grupo ou até mesmo de pessoa para pessoa. Kelsen considerou a justiça absoluta "um bonito sonho da humanidade", uma utopia.[3] Para ele esse tipo de justiça "é um ideal irracional" e a própria história do conhecimento humano revela "a inutilidade das tentativas para se encontrar, por meios racionais, uma norma de conduta justa que tenha validade absoluta". Para o autor austríaco a razão humana só pode conceber valores relativos. Neste mesmo sentido Pascal opinou: "... quase nada se vê de justo ou de injusto que não mude de qualidade mudando de clima. Três graus de elevação no polo derrubam a jurisprudência. Um meridiano decide da verdade; em poucos anos de posse, as leis fundamentais mudam; o Direito tem suas épocas."[4]

A corrente jusnaturalista, coerente com a sua linha de pensamento, sustenta a tese do caráter absoluto da justiça como valor. Se as medidas do justo derivam do Direito Natural, que é eterno, imutável e universal, devem possuir igualmente esses caracteres.

O relativismo implica a afirmação de que justo é aquilo que o legislador dispõe e o conceito de legitimidade do Direito desaparece em favor da simples legalidade. Os problemas maiores que envolvem o valor justiça estão na sua conceituação e conversão em termos práticos, mediante normas jurídicas. Destas dificuldades, contudo, não se pode concluir que a justiça possua caráter meramente relativo.

54. A IMPORTÂNCIA DA JUSTIÇA PARA O DIREITO

A ideia de justiça faz parte da essência do Direito. Para que a ordem jurídica seja legítima, é indispensável que seja a expressão da justiça. O Direito Positivo deve ser entendido como um instrumento apto a proporcionar o devido equilíbrio nas relações sociais. A justiça se torna viva no Direito quando deixa de ser apenas ideia e se incorpora às leis,

---

[2] Aristóteles, *Ética a Nicômaco*, Os Pensadores, Livro V, Abril Cultural, São Paulo, 1973, p. 325.

[3] Hans Kelsen, *Qué es la Justicia?*, Universidad Nacional de Córdoba, 1966, pp. 77, 78 e 86.

[4] Blaise Pascal, *Pensamentos*, Clássicos Garnier da Difusão Europeia do Livro S.A., 1961, p. 125.

dando-lhes sentido, e passa a ser efetivamente exercitada na vida social e praticada pelos tribunais.

Ao estabelecer em leis os critérios da justiça, o legislador deverá basear-se em uma fonte irradiadora de princípios, onde também os críticos vão buscar fundamentos para a avaliação da qualidade das leis. Essa fonte há de ser, necessariamente, o Direito Natural. Enquanto as leis se basearem na *ordem natural das coisas*, haverá o império da justiça. Se o ordenamento jurídico se afasta dos princípios do Direito Natural, prevalecem as leis injustas. Da mesma forma que o Direito depende da justiça para cumprir o seu papel, a justiça necessita também de se corporificar nas leis, para se tornar prática. A simples ideia de justiça não é capaz de atender os anseios sociais. É necessário que os seus critérios se fixem em normas jurídicas. Iniludivelmente, nesse processo em que a justiça deixa o seu caráter apenas ideal e se transfunde em regras práticas, sofre uma distorção, perdendo um pouco de substância. A *abstratividade* das regras do Direito, que não permite uma variação de critério em função de cada caso, a não ser excepcionalmente, colabora também para o enfraquecimento da eficácia do valor justiça.

Enquanto o *positivismo* não atribui importância à presença da justiça no Direito, porque este se compõe apenas de normas que comportam qualquer conteúdo, o *eticismo* sustenta uma outra colocação radical, pois pretende reduzir o Direito apenas ao elemento valor.[5] A importância de um componente do Direito não exige a sua prevalência sobre os demais. A justiça ganha significado quando se refere ao fato social, por intermédio de normas jurídicas.

A justiça é importante não apenas no campo do Direito, mas em todos os fatos sociais por ela alcançados. A vida em sociedade, sem ela, seria insuportável. Ao referir-se à justiça, o filósofo Kant declarou: "Se esta pudesse perecer, não teria sentido e nenhum valor que os homens vivessem sobre a Terra".[6]

55. CRITÉRIOS DA JUSTIÇA

A noção de justiça pressupõe uma avaliação de certos critérios, que dispomos em duas ordens:

Justiça
- 1 – Critérios Formais
  - 1.1 – Igualdade;
  - 1.2 – Proporcionalidade
- 2 – Critérios Materiais
  - 2.1 – Mérito;
  - 2.2 – Capacidade;
  - 2.3 – Necessidade

---

[5] A corrente do Direito Livre, de Erlich e Kantorowicz, expressou o pensamento segundo o qual as decisões judiciais deveriam ser guiadas sempre pelo sentimento de justiça. Se as leis fossem justas, deveriam ser aplicadas; se não o fossem, deveriam ser desprezadas.

[6] *Apud* J. Castan Tobeñas, *La Justicia*, Reus S.A., Madrid, 1968, p. 8.

55.1. Critérios Formais da Justiça. A ideia de justiça exige tratamento igual para situações iguais. No Direito, a igualdade está consagrada pelo princípio da *isonomia*, segundo o qual *todos são iguais perante a lei*. Foi Pitágoras que considerou, primeiramente, a importância da igualdade na noção de justiça. Para ele, no dizer de Truyol y Serra, "a justiça se caracteriza como uma relação aritmética de igualdade entre dois termos, por exemplo, uma injúria e a sua reparação".[7] Posteriormente, Aristóteles deu curso a esse pensamento, desenvolvendo-o. A simples noção de igualdade não é suficiente para expressar o critério de justiça. O *dar a cada um o mesmo* não é medida ideal. A proporcionalidade é elemento essencial nos diversos tipos de repartição. É indispensável se recorrer a este critério, diante de situações desiguais. Dante Alighieri não desconheceu isto, ao salientar que o Direito era "uma proporção real e pessoal de homem para homem...". Rui Barbosa também deu ênfase a este elemento: "A regra da igualdade não consiste senão em aquinhoar desigualmente aos desiguais, na medida em que se desigualam. Nesta desigualdade social, proporcionada à desigualdade natural, é que se acha a verdadeira lei da igualdade".[8]

55.2. Critérios Materiais da Justiça. O que se deve levar em consideração ao julgar: o mérito, a capacidade ou a necessidade? Mérito é o valor individual, é a qualidade intrínseca da pessoa. O atribuir a cada um, segundo o seu mérito, requer não um tratamento de igualdade, mas de proporcionalidade. Ao se recompensar o mérito de alguém, deve-se fazê-lo de acordo com o seu grau de intensidade. Como os valores possuem bipolaridade, ao lado do mérito existe o demérito, que é um desvalor ou valor negativo, que condiciona também a aplicação da justiça. A ele deve corresponder um castigo, que por sua vez não pode ser um padrão único, mas deve apresentar uma graduação. A *capacidade*, como critério de justiça, corresponde às obras realizadas, ao trabalho produzido pelo homem. Este elemento deve ser tomado como base para a fixação do salário a ser pago ao trabalhador e ser aplicado também nos exames e concursos. Ao se estabelecer a contribuição de cada indivíduo para a coletividade, deve ser observada a capacidade de todos. O imposto de renda, cujo valor varia de acordo com os ganhos, é exemplo de aplicação deste critério.[9]

A fórmula *a cada um segundo suas necessidades* corresponde à justiça social, que modernamente vem se desenvolvendo e se institucionalizando pelo Direito. As necessidades devem ser as essenciais ao homem. A distinção entre necessidades essenciais e as outras oferece, na prática, alguma dificuldade e controvérsia. Este critério, conforme acentua Perelman, exige não só a fixação das necessidades essenciais, como também a definição de uma hierarquia entre estas, para que se possa conhecer aquelas que devem ser atendidas primeiramente.[10] Estas são chamadas *minimum* vital.

O Programa Bolsa Família, destinado a prover as famílias de baixa renda, se fundamenta em imperativo da Justiça Social. Igualmente o Auxílio Emergencial, criado em 2020, para fornecer apoio financeiro aos carentes e, especialmente, aos trabalhadores informais, prejudicados pela pandemia do *coronavírus*, que desorganizou a economia.

---

[7]   Truyol y Serra, *História de la Filosofia del Derecho y del Estado*, tomo I, Editorial Revista de Occidente S.A., 1970, p. 123.

[8]   Rui Barbosa, *Oração aos Moços*, Editora Leia, São Paulo, 1959, p. 46.

[9]   Para a teoria de Marx e de Engels, na sociedade inteiramente socializada, a máxima que deverá imperar é: *De cada um segundo sua capacidade e a cada um segundo suas necessidades*. A constituição das extintas Repúblicas Socialistas Soviéticas, no art. 14, dispunha diferentemente: "... O Estado exerce o controle da quantidade do trabalho e do consumo, segundo o princípio do socialismo: 'de cada um segundo as suas capacidades, a cada um segundo o seu trabalho'..."

[10] Chaim Perelman, *De la Justicia*, Centro de Estudios Filosóficos, Universidad Nacional Autónoma de México, 1964, p. 35.

56. A CONCEPÇÃO ARISTOTÉLICA

A ideia de justiça havia sido a pedra angular do sistema filosófico de Platão, que a concebera como a *máxima virtude do indivíduo e do Estado*. Sem chegar a defender um determinismo social, mas convencido das desigualdades humanas, armou o seu raciocínio a partir da premissa de que cada indivíduo é dotado de uma aptidão própria. Assim é que uns nascem para governar e outros para serem comerciantes, artistas, militares, agricultores, auxiliares, entre outras profissões. Todo indivíduo, por imperativo de justiça, deveria dedicar-se apenas à atividade para a qual possuísse qualidades. A fórmula de justiça consistiria em que os homens se limitassem apenas aos afazeres que lhes coubessem.

Foi com Aristóteles que a ideia de justiça alcançou o seu lineamento mais rigoroso e preciso. Tão importante foi a sua contribuição que Emil Brunner não hesitou em considerá-la definitiva: "Pode-se dizer, em verdade, que a doutrina da justiça nunca foi além de Aristóteles, mas sempre se volta a ele".[11] O discípulo de Platão distinguiu a justiça em dois tipos: *geral* e *particular*. A primeira correspondia a uma virtude da pessoa, concebida anteriormente por Focílides e Teógnis, poetas do séc. VI a.C., e por Platão. A justiça particular dividiu-a em duas espécies: *distributiva* e *corretiva*, esta também denominada igualadora ou sinalagmática. A justiça distributiva consistia na repartição das honras e dos bens entre os indivíduos, de acordo com o mérito de cada um e respeitado o princípio da proporcionalidade, que chamou de proporção geométrica. Cumpria principalmente ao legislador a sua fixação. Já a justiça corretiva se aplicava às relações recíprocas e atingia não apenas às transações voluntárias, que se manifestavam pelos contratos, como às involuntárias, que eram criadas pelos delitos. Nesta forma de justiça o princípio aplicável era o da igualdade aritmética: "Mas a justiça nas transações entre um homem e outro é efetivamente uma espécie de igualdade e a injustiça uma espécie de desigualdade; não de acordo com essa espécie de proporção, todavia, mas de acordo com uma proporção aritmética."[12]

Del Vecchio vê, na justiça corretiva de Aristóteles, duas subespécies: *comutativa* e *judiciária*. A primeira se aplicaria às relações de troca, em que deveria haver igualdade entre os quinhões das duas partes. A *judiciária*, desenvolvida pelos juízes, se destinaria a corrigir os desequilíbrios, a violação dos deveres, tanto da esfera civil como da criminal. Nesta passagem o mestre italiano critica a colocação aristotélica, ao situar a justiça penal em um plano mais privado do que público, pois o filósofo grego se refere à reparação ao dano como se o interesse afetado fosse apenas individual e não o de toda a coletividade.[13]

57. JUSTIÇA CONVENCIONAL E JUSTIÇA SUBSTANCIAL

Justiça *convencional* é a que decorre da simples aplicação das normas jurídicas aos casos previstos por lei. É alcançada quando o juiz ou o administrador subministram as leis de acordo com o seu verdadeiro sentido. É irrelevante, para esta categoria, que a lei seja intrinsecamente boa, consagre ou não os valores positivos do Direito. O valioso é que a lei se destine efetivamente ao caso em questão. Diz-se que é *convencional*, porque fruto apenas de uma convenção social, sem qualquer outro fundamento. Esta é a única conotação de justiça admitida pelos positivistas.

Não é a legalidade que confere justiça a uma relação social. Na arbitrariedade, que é um ato de violação da ordem jurídica, às vezes se encontra a verdadeira justiça.

---

[11]   Emil Brunner, *La Justicia*, Centro de Estudios Filosóficos, Universidad Nacional Autónoma de México, 1961, p. 36.

[12]   Aristóteles, op. cit., p. 326.

[13]   Del Vecchio, *A Justiça*, Edição Saraiva, São Paulo, 1960, p. 49.

102 | INTRODUÇÃO AO ESTUDO DO DIREITO · PAULO NADER

A justiça *substancial* se fundamenta nos princípios do Direito Natural. Não se contenta com a simples aplicação da lei. É a justiça verdadeira, que promove efetivamente os valores morais. É a justiça que dá a cada um o que lhe pertence. Pode estar consagrada ou não em lei. Quando coincide o justo convencional com o substancial, a sociedade acha-se sob o império de uma ordem jurídica legítima. A hipótese contrária caracteriza a injustiça. Um exemplo vivo de justiça substancial encontra-se nas palavras de Cristo, no Sermão da Montanha: "Não entrareis no reino do céu se a vossa justiça não for mais abundante do que a dos escribas e fariseus." A quase totalidade dos pensadores considera uma utopia a ideia de que essa justiça substancial possa vir, algum dia, a dominar inteiramente as relações humanas. Santo Agostinho, ao preconizar que a *Cidade Terrena*, que é o reino da impiedade, será substituída, ainda neste planeta, pela *Cidade de Deus*, onde haverá a comunhão dos fiéis, proclamou que a justiça será alcançada plenamente no futuro distante.

58. CLASSIFICAÇÃO DA JUSTIÇA

A classificação atual da justiça decorre ainda da distinção aristotélica entre a justiça distributiva e corretiva. A esta divisão, Santo Tomás acrescentou a justiça geral. Modernamente a humanidade reconhece a necessidade de implementar a justiça social, que não constitui uma espécie distinta das anteriores, mas se caracteriza pela condição dos beneficiados e pelas necessidades que visa a atender.

58.1. Justiça Distributiva. Esta espécie apresenta o Estado como agente, a quem compete a repartição dos bens e dos encargos aos membros da sociedade. Ao ministrar ensino gratuito, prestar assistência médico-hospitalar, efetuar doação à entidade cultural ou beneficente, o Estado desenvolve a justiça distributiva. Orienta-se de acordo com a igualdade proporcional, aplicada aos diferentes graus de necessidade. A justiça penal inclui-se nesta espécie, pois o Estado participa da relação jurídica e impõe penalidades aos autores de delitos.

58.2. Justiça Comutativa. É a forma de justiça que preside às relações de troca entre os particulares. O critério que adota é o da igualdade quantitativa, para que haja correspondência entre o quinhão que uma parte dá e o que recebe. Abrange as relações de coordenação e o seu âmbito é o Direito Privado. Manifesta-se principalmente nos contratos de compra e venda, em que o comprador paga o preço equivalente ao objeto recebido. Hobbes criticou a concepção de que a justiça comutativa consistia em uma proporção aritmética, pela qual se exigia igualdade de valor das coisas que são objetos de contrato. Afirmou que "o valor de todas as coisas contratadas é medido pelo apetite dos contratantes, portanto o valor justo é o que eles acham conveniente oferecer".[14] Igualmente negou que a justiça distributiva fosse uma proporção geométrica que repartisse benefícios iguais a pessoas de mérito igual. Entendia que "o mérito não é devido por justiça, é recompensado apenas pela graça... A justiça distributiva é a justiça de um árbitro, isto é, o ato de definir o que é justo".

58.3. Justiça Geral. Para o *Doutor Angélico* esta forma de justiça consiste na contribuição dos membros da comunidade para o bem comum. Os indivíduos colaboram na medida de suas possibilidades, pagando impostos, prestando o serviço militar etc. É chamada *legal* por alguns, pois geralmente vem expressa em lei.

---

[14]   Hobbes, Leviatã, Os Pensadores, Abril Cultural, São Paulo, 1974, vol. XIV, pp. 93-94.

58.4. Justiça Social. A finalidade da justiça social consiste na proteção aos mais pobres e aos desamparados, mediante a adoção de critérios que favoreçam uma repartição mais equilibrada das riquezas. Conforme acentuam Mouchet y Becu, a justiça social pode coincidir com as outras espécies em uma relação jurídica. Assim, ao mesmo tempo, o justo salário configura a justiça comutativa e a social. Em 1891, Leão XIII, na Encíclica *Rerum Novarum*, chamava a atenção da humanidade para ela: "Estamos persuadidos, e todos concordam nisto, de que é necessário, com medidas prontas e eficazes, vir em auxílio dos homens das classes inferiores, atendendo a que eles estão, pela maior parte, numa situação de infortúnio e de miséria imerecida."[15] Um século após, em sua Carta Encíclica *Centesimus Annus*, João Paulo II amplia a esfera do débito social, não o circunscrevendo à dimensão das riquezas: "É estrito dever de justiça e verdade impedir que as necessidades humanas fundamentais permaneçam insatisfeitas e que pereçam os homens por elas oprimidos. Além disso, é necessário que esses homens carentes sejam ajudados a adquirir conhecimentos, a entrar no círculo de relações, a desenvolver as suas aptidões, para melhor valorizar as suas capacidades e recursos."[16] A justiça social observa os princípios da igualdade proporcional e considera a necessidade de uns e a capacidade de contribuição de outros. No plano internacional é defendida atualmente com o objetivo de que as nações mais ricas e poderosas favoreçam às que se acham em fase de desenvolvimento.

Amplamente difundidas na atualidade, as chamadas *ações afirmativas* se inserem na orientação e ideologia da justiça social, pois visam proporcionar igualdade de oportunidade a segmentos sociais discriminados em razão de raça, etnia, gênero, religião ou por motivos diversos, injustificáveis à luz da moral. Entre as ações afirmativas destacam-se: o sistema de cotas para ingresso de afro-descendentes nas universidades; reserva de cargos públicos para a admissão de deficientes físicos. A implementação desta política pública requer apurado senso de justiça, a fim de que, no intuito de proporcionar oportunidade aos socialmente inferiorizados, não se criem obstáculos aos preparados para a ascensão social. Em realidade, os direitos individuais, assegurados no art. 5º da Constituição Federal, só teoricamente satisfazem às exigências de igualdade de oportunidade. Eles não têm o poder de eliminar a injustiça histórica, presente na sociedade contemporânea, daí a necessidade de implementação de medidas eficazes à inclusão social.

As *ações afirmativas* surgiram na década de 1960, nos Estados Unidos da América, com o objetivo de proporcionar aos afro-descendentes oportunidades de inclusão social, uma vez que recebiam tratamento discriminatório em relação aos de raça branca.

Recorrendo a um gráfico, vários autores ilustram três espécies de justiça:

---

[15] *Encíclicas e Documentos Sociais*, Edições LTr., São Paulo, 1972, p. 14.
[16] Edições Paulinas, São Paulo, 1991, p. 65.

59. JUSTIÇA E BEM COMUM

Os autores que seguem a linha filosófica aristotélico-tomista soem situar a finalidade do Direito no *bem comum*. Como se pode inferir de seu estudo, a noção de bem comum acha-se compreendida no conceito mais amplo de um outro valor, que é a justiça. A ideia de bem comum consiste em *um acervo de bens, criado pelo esforço e a participação ativa dos membros de uma coletividade e cuja missão é ajudar os indivíduos que dele necessitam, para a realização de seus fins existenciais*. "Não é simplesmente – diz Luño Peña – a soma dos bens particulares, mas implica uma ordenação dos membros."[17] Nem se situa excepcionalmente no plano dos interesses materiais, pois atende às necessidades de paz e liberdade. Alípio Silveira definiu-a como "o conjunto organizado das condições sociais, graças às quais a pessoa humana pode cumprir seu destino natural e espiritual". Neste sentido, afirma esse autor, "o primeiro dos bens comuns aos homens é a própria existência da sociedade, a existência de uma ordem em suas relações sociais".[18]

Os membros de uma sociedade ou comunidade vinculam-se aos interesses do bem comum, de um duplo modo: *como seus elaboradores* e *beneficiados*. Há o dever de todos na formação do bem comum, o qual se põe a serviço do aperfeiçoamento moral e cultural dos indivíduos, bem como de seus interesses econômicos vitais. Este controle e organização estão entregues à política social do Estado, não obstante a existência de instituições particulares que desenvolvem a nobre função de prover o bem comum.

A justiça é um valor compreensivo que absorve a ideia de bem comum. A justiça geral e a distributiva, associadas à justiça social, atendem plenamente às exigências do bem comum.

60. EQUIDADE

Na *Ética* a *Nicômaco*, Aristóteles traçou, com precisão, o conceito de equidade, considerando-a "uma correção da lei quando ela é deficiente em razão da sua universalidade" e comparou-a com a "régua de Lesbos" que, por ser de chumbo, se ajustava às diferentes superfícies: "A régua adapta-se à forma da pedra e não é rígida, exatamente como o decreto se adapta aos fatos".[19]

Tal é a diversidade dos acontecimentos sociais submetidos à regulamentação jurídica que ao legislador seria impossível a sua total catalogação. Daí por que a lei não é casuística e não prevê todos os casos possíveis, de acordo com as suas peculiaridades. A sistemática exige do aplicador da lei, juiz ou administrador, uma adaptação da norma jurídica, que é genérica e abstrata, às condições do caso concreto. Não fosse assim, a aplicação rígida e automática da lei poderia fazer do Direito um instrumento da injustiça, conforme o velho adágio *Summum jus, summa injuria*.

Algumas normas há que se ajustam inteiramente ao caso prático, sem a necessidade de qualquer adaptação; outras há, porém, que se revelam rigorosas para o caso específico. Nesse momento, então, surge o papel da equidade, que é adaptar a norma jurídica geral e abstrata às condições do caso concreto. Equidade é a justiça do caso particular. Não é caridade, nem misericórdia, como afirmavam os romanos – *justitia dulcore misericordiae temperata* (justiça doce, temperada de misericórdia). Não é, via de regra, fonte criadora do Direito, apenas sábio critério que desenvolve o espírito das normas jurídicas, projetando-o

---

[17]   Henrique Luño Peña, *Derecho Natural*, Editorial La Hormiga de Oro S.A., Barcelona, 1947, p. 158.

[18]   Alípio Silveira, *Repertório Enciclopédico do Direito Brasileiro*, Editor Borsói, Rio de Janeiro, vol. V, s/d., p. 357.

[19]   Aristóteles, *op. cit.*, p. 337.

nos casos concretos. Icílio Vanni precisou, com clareza e objetividade, que a equidade "não é mais do que um modo particular de aplicar a norma jurídica aos casos concretos; um critério de aplicação, pelo qual se leva em conta o que há de particular em cada relação".[20]

Também configura a equidade o fato de o juiz, devidamente autorizado por lei, julgar determinado caso com plena liberdade. Nesta circunstância não ocorre uma adaptação da norma ao caso concreto, mas a elaboração da norma e sua aplicação. Tal prática se enquadra no conceito de que *equidade é a justiça do caso concreto.*

No Direito brasileiro a equidade está prevista no art. 8º da Consolidação das Leis do Trabalho, que determina a sua aplicação "na falta de disposições legais ou contratuais". Enquanto a Lei de Introdução às normas do Direito Brasileiro é omissa, o Código de Processo Civil de 2015, pelo parágrafo único do art. 140, dispõe: "o juiz só decidirá por equidade nos casos previstos em lei".[21] O Código Civil de 2002, no capítulo sobre *indenização* – parágrafo único do art. 944 – autoriza o juiz a reduzir *equitativamente* a indenização na hipótese de excessiva desproporção entre a gravidade da culpa e o dano. Igualmente o autoriza a fixar o valor da indenização, *equitativamente*, quando a vítima não puder comprovar prejuízo material (art. 953, parág. único).

Citam-se, entre outros exemplos de autorização legal, a previsão dos arts. 6º e 25 da Lei nº 9.099, de 26.09.95 (Juizados Especiais) e do parágrafo único do art. 723 do Código de Processo Civil, que permite ao juiz "adotar em cada caso a solução que considerar mais conveniente ou oportuna", em se tratando de jurisdição voluntária, isto é, quando não houver contenda a ser decidida, como ocorre no divórcio consensual. Em Direito Penal, dado o caráter peculiar desse ramo, que subordina inteiramente as decisões do juiz ao texto legal, a possibilidade de adaptação da norma geral ao caso concreto limita-se ao *quantum* da pena. A fixação desta não fica entregue à apreciação subjetiva do juiz. Os arts. 61 e 65 do Código Penal indicam ao juiz as circunstâncias que agravam e atenuam a pena, respectivamente. Pelo art. 108, o Código Tributário Nacional – Lei nº 5.172, de 25.10.66 – prevê a aplicação da equidade para a hipótese de disposição expressa e desde que inviável a solução mediante o emprego, em ordem de prioridade, da analogia, princípios gerais de Direito Tributário e princípios gerais de Direito Público. Em qualquer caso, pelo uso da equidade não se poderá dispensar pagamento de tributo devido.

61. LEIS INJUSTAS

61.1. Conceito. A incompetência ou a desídia do legislador pode levá-lo à criação de leis irregulares, que vão trair a mais significativa das missões do Direito, que é espargir justiça. *Lei injusta é a que nega ao homem o que lhe é devido, ou lhe confere o indevido, quer pela simples condição de pessoa humana, por seu mérito, capacidade ou necessidade.*

No passado, um complexo de causas, místicas e mistificadoras, permitia que os governantes criassem normas contrárias aos princípios basilares do Direito Natural. A Religião e a crença, autorizadas pela tradição, constituíam uma rede protetora dos interesses dos maus dirigentes que, em vez de se utilizarem dos preceitos jurídicos como um instru-

---

[20] Icílio Vanni, *op. cit.*, p. 43.

[21] A fim de tornar a justiça social exequível e prática em dimensão maior e visando também a compatibilizar a ordem jurídica com os antigos anseios da corrente do *Direito Livre* (v. §§ 93 e 161) e dos defensores, hoje, do chamado *Uso Alternativo do Direito,* preconizamos outra disposição legal para a equidade do revogado Código de Processo Civil brasileiro: "Art. 127. O juiz só decidirá por equidade nos casos previstos em lei". Norma prevista atualmente no parágrafo único do art. 140 do atual CPC."

106 | INTRODUÇÃO AO ESTUDO DO DIREITO · PAULO NADER

mento de benquerença e avanço social, colocavam-nos a seu próprio serviço, num escárnio ao sentimento e à vida do povo.

Forjavam a crença de que o Direito Positivo e o vitalício mandato de governante eram um produto da vontade divina, correspondendo aos desígnios dos deuses. Era flagrante o engodo, mas este se encontrava apoiado em uma tradição milenar, à qual devotavam profundo respeito, temerosos de provocarem a ira dos deuses. Fustel de Coulanges, historiando a época, relata: "A lei antiga nunca fazia considerandos. Para que precisava ela de os ter? Não necessitava de explicar razões: existia, porque os deuses a fizeram. A lei não se discute, impõe-se; representa ofício de autoridade e, os homens, obedecem-lhe cheios de fé."[22]

61.2. Espécies. Distinguimos, nas leis injustas, uma divisão tricotômica: as injustas por destinação, as casuais e as eventuais. As *injustas por destinação* são as que vão cumprir uma finalidade já prevista pelo legislador. São leis que já nascem com o pecado original e levam consigo o selo da imoralidade. As *casuais* são as que surgem em decorrência de uma falha de política jurídica. A regulamentação do fato social é feita de uma forma infeliz, em consequência de inépcia na apreciação do fenômeno e na consagração dos valores. Não há, por parte do órgão que as edita, consciência dos efeitos prejudiciais que irão causar. As suas normas são injustas não apenas em concreto, ou seja, no momento da subsunção, mas também em abstrato, independentemente das características peculiares do fato real. As leis injustas *eventuais*, do mesmo modo que as casuais, não têm por base a má-fé do legislador. Surgem por incompetência de técnica legislativa. Em abstrato, são justas, podendo, contudo, tomar feição oposta eventualmente, de acordo com as particularidades do caso em si. Na dependência, pois, das coordenadas da questão, a lei poderá ser injusta ou não. Sê-lo-á, portanto, eventualmente.

61.3. O Problema da Validade das Leis Injustas. Em torno das leis injustas, o problema de maior indagação refere-se à sua validade ou não. Entre os jusfilósofos, encontramos quatro posições diferentes. Os positivistas consideram válidas e obrigatórias as leis injustas, enquanto permanecem em vigor. Iniciam a sua argumentação em estilo socrático: o que se deve entender por leis injustas e qual o critério para o seu reconhecimento? Daí passam a analisar os riscos e a confusão que reinaria, caso fossem passíveis de discussão. Por outro lado, onde a segurança das pessoas em seus negócios e em outras espécies de interação jurídica? A previsibilidade, companheira dos homens prudentes, deixaria de existir, do mesmo modo a segurança jurídica, que representa um dos mais sérios anseios da sociedade.

Os jusnaturalistas, de modo geral, negam validade às leis injustas. Esta corrente de pensamento considera o Direito como um meio a serviço dos fins procurados pela sociedade, em determinado momento e ponto do espaço. A sua concepção do Direito é teleológica, julgando-o bom ou mau, segundo realize bons ou maus valores. O Direito Positivo, sendo criado pelos homens, deve por estes ser dominado e não erigir-se em dominador do próprio homem. A lei como súdita e não como suserana![23]

Em posição eclética, encontram-se os pensamentos de Santo Tomás, Gustav Radbruch e John Rawls. O primeiro, apesar de considerar todas as leis injustas ilegítimas, reconhece validade naquelas cujo mal provocado não chega a ser insuportável. Pensava que a não observância de uma lei injusta pode, às vezes, dar origem a um mal maior, daí

---

[22] Fustel de Coulanges, *A Cidade Antiga*, 2ª ed., Livraria Clássica Editora, Lisboa, 1957, vol. I, p. 292.

[23] "Ai daqueles que fazem leis injustas, e dos escribas que redigem sentenças opressivas, para afastar os pobres dos tribunais e denegar direitos aos fracos de meu povo" (Cap. 10. vers. 1 e 3, do profeta Isaías).

a necessidade da tolerância nesses casos. Mas, uma vez incompatível o preceito jurídico com a natureza e dignidade humanas, não deverá ser cumprido, pois nem Direito será. Para John Rawls, filósofo e cientista político norte-americano, "*há normalmente um dever (e, para alguns, também uma obrigação) de acatar leis injustas desde que não excedam certos limites de injustiça*". O autor de *Uma Teoria da Justiça* parte do princípio de que as "*Leis injustas não estão todas no mesmo nível*". A resistência se mostra razoável quando a lei injusta se distancia de "*padrões publicamente reconhecidos... Se, todavia, a concepção vigente de justiça não for violada, a situação será outra*".[24] Finalmente, há aqueles que, como Kelsen, negam a existência das leis injustas, por considerarem que a justiça é apenas relativa. Fiel à sua teoria pura, Kelsen só concebe como injustiça a não aplicação da norma jurídica ao caso concreto.

Entendemos que não cabe ao aplicador do Direito, em princípio, abandonar os esquemas da lei, sob a alegação de seu caráter injusto. Alguns resultados positivos poderão ser alcançados mediante os trabalhos de interpretação do Direito objetivo. Uma lei injusta normalmente é um elemento estranho no organismo jurídico, a estabelecer um conflito com outros princípios inseridos no ordenamento. Ora, como o aplicador do Direito não opera com leis isoladas, mas as examina e as interpreta à luz do sistema jurídico a que pertencem, muitas vezes logra constatar uma antinomia de valores, princípios ou critérios, entre a lei injusta e o ordenamento jurídico. Como este não pode apresentar contradição interna, há de ser sempre uma única voz de comando, o conflito deverá ser resolvido e, neste caso, com prevalência da índole geral do sistema.

BIBLIOGRAFIA PRINCIPAL

Ordem do Sumário:

52 – Emil Brunner, *La Justicia*; Goffredo Telles Júnior, *Filosofia do Direito*; Aristóteles, *Ética a Nicômaco*;

53 – Emil Brunner, *op. cit.*; Hans Kelsen, *Que es la Justicia?*;

54 – Texto;

55 – Emil Brunner, *op. cit.*; Chaim Perelman, *De la Justicia*;

56 – Edgar Bodenheimer, *Ciência do Direito, Filosofia e Metodologia Jurídicas*; Aristóteles, *op. cit.*; Del Vecchio, *A Justiça*;

57 – Goffredo Telles Júnior, *op. cit.*;

58 – Emil Brunner, *op. cit.*; Del Vecchio, *op. cit.*; Mouchet y Becu, *Introducción al Derecho*;

59 – Luño Peña, *Derecho Natural*; Alípio Silveira, *Repertório Enciclopédico do Direito Brasileiro*, vol. V;

60 – Aristóteles, *op. cit.*;

61 – Paulo Nader, *Lvmina Spargere*, vol. 5, Revista da Universidade Federal de Juiz de Fora.

---

[24] John Rawls nasceu em Baltimore, em 1921, e a obra em referência é *Uma Teoria da Justiça*, Brasília, Editora Universidade de Brasília, 1981, pp. 264/8. O eminente filósofo-político faleceu em 2002, em Lexington, Massachusets.

– Capítulo 12 –
SEGURANÇA JURÍDICA

Sumário: 62. Conceito de Segurança Jurídica. **63.** A Necessidade Humana de Segurança. **64.** Princípios Relativos à Organização do Estado. **65.** Princípios do Direito Estabelecido. **66.** Princípios do Direito Aplicado.

62. CONCEITO DE SEGURANÇA JURÍDICA

Historicamente o Direito surgiu como meio de defesa da vida e patrimônio do homem. O seu papel era apenas o de pacificação. Hoje, a sua faixa de proteção é bem mais ampla. Além de defender aqueles interesses, pelo estabelecimento da ordem e manutenção da paz, visa a *dar a cada um o que é seu* de modo mais amplo, favorecendo e estimulando ainda o progresso, educação, saúde, cultura, ecologia.

A justiça é o valor supremo do Direito e corresponde também à maior virtude do homem. Para que ela não seja apenas uma ideia e um ideal, necessita de certas condições básicas, como a da organização social mediante normas e do respeito a certos princípios fundamentais; em síntese, a justiça pressupõe o valor segurança. Apesar de hierarquicamente superior, a justiça depende da segurança para produzir os seus efeitos na vida social. Por este motivo se diz que a segurança é um valor fundante e a justiça é um valor fundado. Daí Wilhelm Sauer ter afirmado, em relação ao Direito, que "a segurança jurídica é a finalidade próxima; a finalidade distante é a justiça".[1]

Alguns autores concebem a segurança jurídica apenas como sistema de legalidade, que fornece aos indivíduos a certeza do Direito vigente. Neste sentido é a colocação de Heinrich Henkel, para quem a *certeza ordenadora* constitui o núcleo desse valor. O jusfilósofo alemão definiu-a como "a exigência feita ao Direito positivo, para que promova, dentro de seu campo e com seus meios, certeza ordenadora".[2] Outros autores entendem que a simples certeza ordenadora não é suficiente para revelar as exigências contidas no valor segurança. O *saber a que se ater* pode conduzir, ironicamente, *à certeza da insegurança*. Elías Díaz não concorda que a segurança se identifique apenas com a noção da existência de uma ordem jurídica, com o conhecimento do que está proibido e permitido, com o

---
[1] Wilhelm Sauer, *op. cit.*, p. 221.
[2] Heinrich Henkel, *op. cit.*, p. 544.

saber a que se ater. Exige, além de um sistema de legalidade, um sistema de legitimidade, pelo qual o Direito objetivo consagre os valores julgados imprescindíveis "no nível social alcançado pelo homem e considerado por ele como conquista histórica irreversível: a segurança não é só um fato, é também, sobretudo, um valor".[3]

Se a identificação da segurança com a simples legalidade e certeza jurídica se manifesta insuficiente, a segunda posição nos parece portadora de uma exigência excessiva, pois pretende que a segurança absorva o valor justiça.

Admitimos dois níveis de segurança, um elementar e outro de segurança plena. A elementar é insuficiente, se satisfaz com o sistema de legalidade e a certeza jurídica, enquanto a segurança plena requer outros predicados, que genericamente já indicamos como *respeito a certos princípios fundamentais*, que serão desenvolvidos neste capítulo. Adotando, em parte, a orientação de Henkel, reunimos os princípios gerais de segurança em três grupos: *a)* princípios relativos à organização do Estado; *b)* princípios do Direito estabelecido; *c)* princípios do Direito aplicado.

Os conceitos de segurança jurídica e de certeza jurídica não se confundem. Enquanto o primeiro é de caráter objetivo e se manifesta concretamente através de um Direito definido que reúne algumas qualidades, a certeza jurídica expressa o estado de conhecimento da ordem jurídica pelas pessoas. Pode-se dizer, de outro lado, que a segurança possui um duplo aspecto: *objetivo* e *subjetivo*. O primeiro corresponde às qualidades necessárias à ordem jurídica e já definidas, enquanto o subjetivo consiste na ausência de dúvida ou de temor no espírito dos indivíduos quanto à proteção jurídica.

A segurança jurídica é um valor que extrapola os lindes da Ciência do Direito, pois desperta o interesse e a preocupação da sociedade e do Estado como um todo. Nesta perspectiva, surge o *garantismo*, sistema sociocultural que visa a evitar a arbitrariedade, reforçando o conceito do Estado de Direito. Ele se refere à proteção dos direitos subjetivos; visa a assegurar, afiançar, tutelar os legítimos interesses. A sua filosofia se dissemina amplamente na área criminal, assegurando a presunção de inocência, os princípios *in dubio pro reo* e do contraditório, entre outros.

Em nosso País, muito se tem argumentado sob o viés do valor segurança jurídica. Algumas decisões dos tribunais superiores, notadamente do Supremo Tribunal Federal, provocam o questionamento da prática do ativismo judicial, que se patenteia quando ocorre adoção de critérios contrários a disposições legais (V. item 93.4).

63. A NECESSIDADE HUMANA DE SEGURANÇA

Pelo fato de o homem não ser autossuficiente no plano material e espiritual, ele não se sente totalmente seguro. Necessita, ao mesmo tempo, da natureza, que lhe fornece meios de sobrevivência e comanda a sua vida biológica, e do meio social, que é o ambiente propício ao seu desenvolvimento moral. O seu estado de permanente dependência proporciona-lhe a inquietude. A certeza das coisas e a garantia de proteção são uma eterna procura do homem. A segurança é, portanto, uma aspiração comum aos homens. Embora o seu natural desejo de segurança, o homem se lança ao perigo e termina por se adaptar ao risco, quando se dispõe a lutar pela sobrevivência ou se entrega, de corpo e alma, em favor de certos valores ideológicos e aos ideais de justiça.[4]

---

[3]   Elías Díaz, op. cit., p. 47.

[4]   No dizer de José Corts Grau, "o homem é *animal insecurum*, frente aos demais animais, cujas possibilidades de evolução estão já definidas em sua situação, determinadas perfeitamente através de sua natureza. As infinitas

Por alguns setores do pensamento que se opõem ao individualismo, a segurança tem sido interpretada como ideologia burguesa, como pretensão de comodidade, fuga ou renúncia à luta. O fascismo, aproveitando as afirmações do filósofo Nietzsche, adotou como lema *o vivere pericolosamente* e, conforme salienta Legaz y Lacambra, os juristas alemães do nacional-socialismo não admitiram a ideia de que a segurança fosse um valor jurídico fundamental.

No plano jurídico a segurança corresponde a uma primeira necessidade, a mais urgente, porque diz respeito à ordem. Como se poderá chegar à justiça se não houver, primeiramente, um Estado organizado, uma ordem jurídica definida? É famoso o dito de Goethe: "Prefiro a injustiça à desordem". Entre os muitos efeitos produzidos pelo Código Napoleão (Código Civil da França), no início do séc. XIX, pode-se acrescentar o fato de que condicionou inteiramente os juristas franceses ao valor segurança. Os novos critérios adotados para o estudo e aplicação do Direito, que podem ser denominados por *codicismo*, limitaram-se à interpretação do texto legislativo, ficando vedado o recurso a qualquer outra fonte ou princípios. O positivismo jurídico, que teve em Kelsen a sua mais alta expressão, exalta o valor segurança, enquanto o jusnaturalismo não se revela tão inflexível quanto a este valor, por se achar demais comprometido com os ideais de justiça e envolvido com as aspirações dos direitos humanos.

Recaséns Siches entende que a segurança jurídica, em termos absolutos, é um ideal inatingível. As mudanças jurídicas, que decorrem do interesse de aperfeiçoamento do Direito, criam um coeficiente natural de insegurança.[5] O ideal para o homem é desfrutar de segurança e justiça e um dos grandes desafios que se apresentam ao legislador está justamente em atender a esses dois valores em uma conjugação harmônica. Concordamos com Camus, quando diz: "... entre justiça e segurança existe uma compenetração mútua, sendo de absoluta necessidade a coexistência de ambas para o desenvolvimento ordenado de uma sociedade civilizada".[6] Entretanto, o conflito entre segurança e justiça é comum na vida do Direito e quando este fenômeno ocorre é forçoso que prevaleça a segurança, pois, a predominar o idealismo de justiça, a ordem jurídica ficaria seriamente comprometida e se criaria uma perturbação na vida social.

O exemplo histórico mais significativo de prevalência da segurança foi dado por Sócrates, em seus derradeiros dias de vida. Instado por seus discípulos para fugir à execução de uma injusta condenação à morte, o filósofo grego disse-lhes que era necessário que os homens bons cumprissem as leis más, para que os homens maus cumprissem as leis boas.

64. PRINCÍPIOS RELATIVOS À ORGANIZAÇÃO DO ESTADO

Para que a segurança jurídica seja alcançada e, por seu intermédio, a justiça, é indispensável, em primeiro lugar, que o Estado adote certos padrões de organização interna. A clássica divisão dos poderes, em legislativo, executivo e judiciário, enunciada por Aristóteles e desenvolvida em seus principais aspectos por Montesquieu, é considerada essencial. Cada órgão possui a sua faixa de competência peculiar a sua especialização. Não se acham separados por um sistema hermético, mas conjugam as suas funções em uma atividade harmônica e com-

---

possibilidades do homem observam-se já pelo seu exterior, nos infinitos matizes de sua expressão, de seus olhos, de suas mãos, que lhe criam uma radical inquietude, em contraste com a segurança do animal, verdadeiro regalo da natureza" (*Curso de Derecho Natural*, 4ª ed., Editora Nacional, Madrid, 1970, p. 26).

5 Luis Recaséns Siches, *Nueva Filosofía de La Interpretación del Derecho*, 2ª ed., Editorial Porrua S.A., México, 1973, p. 294.

6 E.F. Camus, *Filosofía Jurídica*, Universidad de la Habana, 1948, p. 221.

112 | INTRODUÇÃO AO ESTUDO DO DIREITO · PAULO NADER

plementar. Desenvolvem, por assim dizer, uma forma de solidariedade orgânica. O que traduz um imperativo de segurança é a impossibilidade de um mesmo poder açambarcar as funções próprias de um outro poder. Quando isto ocorre, configura-se uma anomalia, que coloca em risco a segurança jurídica. A partir do momento, por exemplo, em que o Poder Judiciário passe a criar o Direito que irá aplicar, de uma forma genérica e sistemática, estará praticando uma subtração de competência do Poder Legislativo e ameaçando seriamente a segurança jurídica. Esta prática institucionalizaria a incerteza do Direito vigente.

Além da fixação da linha divisória entre os três poderes, definida pela Constituição Federal, é necessário que o Poder Judiciário se apresente organizado de uma forma apta não só a decidir as questões que lhe forem submetidas, dentro de um tempo razoável, mas a dispor também de um aparato coercitivo para tornar eficazes as suas sentenças. Para este fim é imprescindível que esse Poder reúna pessoal qualificado para as diversas funções, não apenas a de juiz, promotor de justiça ou defensor público, mas igualmente a de escrivão, escrevente juramentado, oficial de justiça. Esta organização deve-se estender a um âmbito não estritamente judiciário, como o dos cartórios de notas, cartórios de registros civis. Além dos agentes judiciários, impõe-se que esses vários departamentos da justiça estejam dotados do suficiente equipamento de trabalho. Se o aparelho judiciário não estiver preparado, com pessoal competente e recursos necessários, o Direito objetivo não alcançará o índice de efetividade desejado, ficando frustrados os anseios de segurança e de justiça.

As garantias da magistratura constituem também um fator de segurança jurídica. Os juízes devem gozar de ampla liberdade no exercício de suas funções, tendo por limite apenas a ordem jurídica. A falta de garantias constitucionais pode levar ao temor ou constrangimento e comprometer o ato judicial.

O processo de escolha dos membros de nossos tribunais superiores deve ser objeto de revisão, a fim de se evitar a ingerência do fator político na composição das cortes.

65. PRINCÍPIOS DO DIREITO ESTABELECIDO

Entre os princípios básicos do Direito estabelecido, consideramos os seguintes: *positividade do Direito, segurança de orientação, irretroatividade da lei, estabilidade relativa do Direito.* Os princípios do Direito estabelecido se referem ao Direito em sua forma estática, ou seja, na sua maneira de apresentar-se aos seus destinatários.

O valor segurança jurídica é importante para o Direito em geral e para alguns institutos jurídicos em particular. O fundamento jurídico da usucapião, no entendimento de Ebert Chamoun, consiste na salvaguarda desse valor, que é *"um dos objetivos cardiais do direito e a verdadeira justificativa da usucapião".* Gaio já atribuíra a esse valor o fundamento filosófico da usucapião, revelando que esta existe *"ne rerum dominia in incerto essent".*[7]

65.1. A Positividade do Direito. A positividade do Direito é o caminho da segurança jurídica. Esta se constrói a partir da existência do Direito, objetivado através de normas indicadoras dos direitos e deveres das pessoas. A positividade pode manifestar-se em códigos ou em costumes; o essencial é que oriente efetivamente a conduta social.

Envolvido por seu idealismo, Platão imaginou o "Estado sem lei", no qual os juízes teriam ampla liberdade para as suas decisões, sem qualquer outro condicionamento além dos imperativos da justiça. A sua concepção não implicava anarquia, pois o Direito existiria

---

[7]   Ebert Chamoun, *Instituições de Direito Romano,* 5ª ed., Rio de Janeiro, Editora Forense, 1968, p. 253.

exteriorizado nas decisões dos magistrados. Posteriormente, em uma fase mais adiantada de pensamento, admitiu a conveniência do "Estado Legal", porque o "Estado sem lei", que ainda reconhecia como superior, exigia a infalibilidade e grande sabedoria, condições não comuns aos juízes.[8] A corrente do Direito Livre, ao adotar o lema a *justiça pelos códigos ou apesar dos códigos*, consagrou uma doutrina análoga à do "Estado sem lei". A positividade do Direito, para seus defensores, possuía uma importância relativa, pois sustentaram a tese de que os juízes deveriam abandonar as leis, quando não oferecessem soluções justas.

A positividade implica divulgação do Direito. Este deve estar ao alcance de todos, não apenas de seus destinatários. O Direito costumeiro, por ser elaborado pelo próprio povo e achar-se enraizado na consciência popular, tem as suas normas divulgadas pelos membros da coletividade, que as transmitem às novas gerações. Em relação ao Direito codificado, é indispensável a sua publicação em diários oficiais ou em jornais de grande penetração na sociedade.[9] Não houvesse a publicação das leis, e o aforismo *Ignorantia juris non excusat* (ninguém se escusa do cumprimento da lei alegando a sua ignorância) não poderia ser aplicado.

No desenrolar da História, a divulgação do Direito passou por altos e baixos. Nos tempos mais antigos, quando não havia a escrita, as normas eram elaboradas em versos, para que melhor se fixassem na memória do povo. Salomão, recorrendo ao processo mnemônico, orientava as pessoas para que relacionassem os dez mandamentos aos seus dez dedos das mãos. Conforme narrativa de Hobbes, quando Moisés entregou a lei ao povo de Israel, na renovação do contrato, "recomendou que a ensinassem a seus filhos, discorrendo sobre ela tanto em casa como nos caminhos, tanto ao deitar como ao levantar, e escrevendo-a nos montantes e nas portas de suas casas; e também que se reunisse o povo, homens, mulheres e crianças, para a ouvirem ler".[10]

A contrastar com o seu legado de sabedoria jurídica à humanidade, a Roma dos tempos primitivos negou à classe dos plebeus o conhecimento do Direito, então privilégio da classe patrícia. Após muita reivindicação, com a Lei das XII Tábuas (séc. V a.C.) o conhecimento do Direito ficou ao alcance de todos. Na China antiga, segundo Ángel Latorre,[11] governantes evitavam a divulgação das leis, porque o seu conhecimento poderia quebrar a harmonia social, impedindo a composição amigável dos litígios.[12]

65.2. Segurança de Orientação. A positividade e divulgação do Direito não são o bastante para proporcionar a certeza jurídica. É indispensável ainda que as normas sejam dotadas de *clareza, simplicidade, univocidade* e *suficiência*. O conhecimento do Direito não decorre da simples existência das normas jurídicas e de sua publicidade. Um texto de lei mal elaborado, com linguagem ambígua e complexa, longe de ser esclarecedor, gera a dúvida nos espíritos quanto ao Direito vigente. As normas devem ser inteligíveis e ao

---

[8]   Edgar Bodenheimer, *Ciência do Direito, Filosofia e Metodologia Jurídicas*, Forense, Rio de Janeiro, 1966, p. 23.

[9]   Jean Cruet, sobre o assunto, fez a seguinte alusão: "Desde que não passe de uma dedução dos costumes preexistentes, a lei tem necessidade de ser ensinada como uma língua estrangeira, de ser pregada como uma religião" (*op. cit.*, p. 236).

[10]   Hobbes, *op. cit.*, p. 169.

[11]   Ángel Latorre, *Introducción al Derecho*, 2ª ed., Ediciones Ariel, Barcelona, 1969, p. 40.

[12]   Em sua famosa obra *Dos Delitos e das Penas*, cap. V, Beccaria fez uma referência sobre a importância do conhecimento do Direito: "Quanto maior for o número dos que compreendem e tenham em suas mãos o sagrado código das leis, com menor frequência haverá delitos, porque não há dúvida de que a ignorância e a incerteza das penas ajudam à eloquência das paixões."

alcance do homem comum. Em nosso país, segundo depoimento de João Arruda, discutiu-se, durante algum tempo, sobre a conveniência da criação do *código popular*, ideia que pretendia retirar os elementos técnicos dos códigos, substituindo-os pela linguagem simples e comum do povo. O plano não obteve êxito.[13] Ideia análoga foi desenvolvida pela Universidade Popular, que funcionou anexa à Universidade de São Paulo e que visava, segundo Spencer Vampré, "a distribuir gratuitamente os princípios elementares da ciência, vulgarizar e difundir, em linguagem profana, os ensinamentos, que fazem a preocupação de vidas inteiras de desinteressado amor pela verdade". Na opinião do eminente jurista, o Código Civil seria o objeto mais promissor "para realizar esse apostolado de propagação científica".[14] Visando à simplificação da linguagem aplicada nas sentenças judiciais, a Associação dos Magistrados Brasileiros, em 2005, já iniciara campanha para a adoção, pelos operadores jurídicos em geral, de terminologia mais simples, direta e objetiva, lançando na ocasião o livro *O Judiciário ao alcance de todos – noções básicas de juridiquês*.

Em um Estado plenamente democrático, o conhecimento da ordem jurídica deve estar acessível à população em geral, fundamentalmente no tocante aos seus direitos básicos. A legislação obscura, que leva à incerteza, provoca grandes danos aos indivíduos e ao próprio Estado, pois, além de favorecer a exclusão social, repercute negativamente no Exterior, uma vez que desestimula o investimento de grandes empresas no País.

O denominado *princípio da acessibilidade do código* dividiu a opinião de dois importantes nomes da literatura clássica inglesa: Jeremy Bentham (1748-1832) e John Austin (1790-1859). O primeiro, cognominado de o "Newton da legislação", adepto de uma democracia radical, pensava que o código deveria ser acessível ao povo, enquanto seu discípulo, seguidor de um liberalismo moderado, defendia opinião divergente: *acessibilidade limitada à classe dos juristas*.[15]

A *univocidade* significa que as leis não devem apresentar incoerências, contradições ou conflitos internos. As diversas partes que compõem a ordem jurídica devem estar em perfeita harmonia, de modo a existir uma *única voz de comando*. A *suficiência* significa que a ordem jurídica deve estar plena de soluções para resolver quaisquer problemas oriundos da vida social. A lei pode apresentar lacunas; a ordem jurídica, não. A suficiência é garantida pelos processos de integração do Direito, como a analogia e os princípios gerais de Direito. Ao fazer alusão à segurança, Philipp Heck coloca em destaque o aspecto de suficiência e prévio conhecimento do Direito.[16]

Entre os sistemas jurídicos, qual favorece melhor à segurança de orientação: o de Direito codificado ou o costumeiro? O Direito escrito é próprio do sistema de origem romano-germânica, também denominado *continental* ou *europeu*, enquanto o Direito costumeiro ou consuetudinário, não escrito, é característica do sistema jurídico do *Common Law*, adotado pela Inglaterra, Estados Unidos, Canadá. Segundo Cogliolo, os romanos quiseram o código para evitar o *Jus Incertum*, o Direito não definido. Para René David, especialista francês em Direito Comparado, a superioridade do sistema continental sobre

---

[13] João Arruda, *Filosofia do Direito*, 3ª ed., Faculdade de Direito da Universidade de São Paulo, 1942, 1º vol., p. 425: "O Código pertence aos profissionais. O Código há de ser manejado por pessoas profissionais, que tenham o curso de uma academia, ou que de outro modo tenham feito estudos regulares de Direito, por homens que conheçam a Técnica Jurídica. Isso de Código para o vulgo é tão absurdo como pretender que um homem, sem a menor cultura, possa manejar um instrumento de engenharia, de cirurgia, de ótica, de astronomia ou mesmo de guerra."

[14] Em *O que é o Código Civil*, São Paulo, Livraria e Oficinas Magalhães, s/d., p. 5. A obra é uma coletânea de conferências realizadas na Universidade de São Paulo, logo após a promulgação do Código Civil de 1916.

[15] *Cf.* Norberto Bobbio, *O Positivismo Jurídico – Lições de Filosofia do Direito*, Rio de Janeiro, Ed. Ícone, 1995, p. 117.

[16] Philipp Heck, *El Problema de la Creación del Derecho*, Ediciones Ariel, Barcelona, 1961, p. 37.

o anglo-americano, sob a ótica da segurança, é mais aparente do que real. Se o advogado francês, egípcio ou japonês pode explicar ao seu cliente o Direito aplicável ao seu caso, com maior facilidade do que o seu colega inglês, essa vantagem é mais ilusória, porque a visão que o Direito codificado oferece é apenas superficial. Os sistemas jurídicos da família romano-germânica apresentam um menor número de normas jurídicas as quais, por seu caráter mais genérico, conferem um maior poder discricional aos juízes na aplicação do Direito. Essa margem de apreciação, na sua opinião, é prejudicial à certeza do Direito.[17] Entendemos que as deficiências da codificação, apontadas por René David, são naturalmente supridas pela valiosa contribuição da jurisprudência que registra, além do sentido, o *alcance* das normas jurídicas. O seu ponto de vista é contraditado por Kelsen que, ao referir-se às democracias parlamentares, afirma que "este sistema tem a desvantagem da falta de flexibilidade; tem, em contrapartida, a vantagem da segurança jurídica, que consiste no fato de a decisão dos tribunais ser, até certo ponto, previsível e calculável..."[18] A codificação atende melhor, em termos gerais, às exigências de segurança do que o sistema consuetudinário, em que as normas se apresentam difusas.

A efetividade da segurança jurídica não depende apenas da organização do Estado, pois também na formatação dos pactos é essencial a clareza das cláusulas: indicação dos contratantes; objeto e natureza do vínculo; condições; direitos e deveres das partes contratantes.

65.3. Irretroatividade da Lei. No momento em que a lei penetra no mundo jurídico, para reger a vida social, deve atingir apenas os atos praticados na constância de sua vigência. O princípio da irretroatividade da lei consiste na impossibilidade de um novo Direito atuar sobre fatos passados e julgar velhos acontecimentos. A anterioridade da lei ao fato é o máximo princípio de segurança jurídica. É uma garantia contra o arbitrarismo. É conhecida a frase de Walker: "leis retroativas somente tiranos as fazem e só escravos se lhes submetem."

Se a lei nova pudesse irradiar os seus efeitos sobre o passado e considerar defeituoso um negócio jurídico realizado à luz da antiga lei, a insegurança jurídica seria total e os demais princípios, que visam à certeza ordenadora, passariam a ter um valor apenas relativo. Conforme comentou Bonnecase, "se fosse permitido à lei destruir ou perturbar todo um passado jurídico regularmente estabelecido, a lei não representaria mais do que o instrumento da opressão e da anarquia".[19] O Direito brasileiro, acorde com o Direito Comparado, admite a retroatividade na hipótese em que a lei nova não venha ferir o direito adquirido, o ato jurídico perfeito e a coisa julgada[20] (v. item 137).

65.4. Estabilidade Relativa do Direito. O legislador há de possuir a arte de harmonizar as duas forças atuantes no ordenamento jurídico do Estado, em sentidos opostos: a *conservadora* e a de *evolução*. A estabilidade nas instituições jurídicas é anseio comum aos

---

[17] René David, *Los Grandes Sistemas Jurídicos Contemporáneos*, trad. da 2ª ed., Biblioteca Jurídica Aguilar, 1969, Madrid, p. 76.

[18] Hans Kelsen, *Teoria Pura do Direito*, ed. cit., vol. II, p. 116.

[19] *Apud* João Franzen de Lima, *Curso de Direito Civil Brasileiro*, 4ª ed., Forense, Rio, 1960, vol. I, p. 64.

[20] Em sua permanente preocupação em invalidar princípios e instituições que informam os sistemas jurídicos de Estados capitalistas, a corrente socialista do Direito critica a "irretroatividade da lei", por favorecer a classe dominante, que possui bens e direitos subjetivos. Considera que o respeito aos direitos adquiridos é prática conservadora e reacionária que impede a correção de situações jurídicas formadas injustamente, à base de privilégios (V. Eduardo Novoa Monreal, *El Derecho como Obstáculo al Cambio Social*, 3ª ed., Siglo Veintiuno Editores, México, 1979).

juristas e ao povo. Aos juristas, porque é mais simples operar com leis enriquecidas pela doutrina e jurisprudência; ao povo, porque a experiência já lhe revelou o conhecimento vulgar de seus direitos e obrigações. Esta aspiração, por uma ordem jurídica estável, não configura o misoneísmo ou uma atitude reacionária, de vez que não consiste em uma pretensão absoluta e incondicional.[21] A partir do momento em que uma lei se revela anacrônica, incapaz de atender às exigências modernas, a sua revogação por uma outra, adaptada aos valores e fatos da época, constitui um imperativo.

Como fato histórico que é, o Direito Positivo deve acompanhar o desenvolvimento social; não pode ser estático, enquanto a sociedade se revela dinâmica. A ordem jurídica que não evolui de acordo com os fatores sociais deixa de ser um instrumento de apoio e progresso, para prejudicar o avanço e o bem-estar social.[22] Compete à *política jurídica* fixar os interesses sociais que, em determinado momento histórico, devem ser objeto de proteção jurídica. Para isto, verifica a conveniência e a oportunidade das mudanças jurídicas. Assim, o valor segurança não implica necessariamente a conservação do ordenamento vigente; não é de índole reacionária. Ainda que eventuais donos de poder lutem pela continuidade do *Jus Positum* em vigor a fim de preservarem seus privilégios, o valor segurança jurídica não se apresenta para dar fundamento ao *statu quo*.

O ideal é que a ordem jurídica se desenvolva em bases científicas e não a título de experiência ou sob impulsos emocionais. Ao introduzir uma nova lei no mundo jurídico, o legislador há de tê-la estudado o suficiente, para não ser surpreendido com efeito prático indesejado. Como um jogador de xadrez, que deve calcular os diversos desdobramentos possíveis, que podem advir de um lance em uma partida, o legislador deve estudar a sociedade e, com a mesma prudência, lançar uma nova lei no quadro social.

Tanto a ordem jurídica que não se altera diante do progresso quanto a que se transforma de maneira descontrolada atentam contra a segurança jurídica. Para a realização deste valor, é necessária a estabilidade relativa do Direito, ou seja, a evolução gradual das instituições jurídicas.

66. PRINCÍPIOS DO DIREITO APLICADO

Estes princípios se referem às decisões judiciais, ao Direito que deixou de ser apenas norma geral e abstrata, para transformar-se em norma jurídica individualizada. Entre os principais, destacamos os seguintes: *decisão de casos pendentes e sua execução, prévia calculabilidade da sentença, firmeza jurídica* (respeito à coisa julgada), *uniformidade e continuidade da jurisprudência.*

66.1. Decisão de Casos Pendentes e sua Execução. Como *a priori* lógico dos princípios afetos ao Direito aplicado, tem-se o julgamento dos processos judiciais e administrativos. O art. 140 do Código de Processo Civil, como nos lembra o civilista Francisco Amaral, consagra aquele valor, ao impedir que os juízes se abstenham de julgar ou despachar sob a alegação de que a lei é ambígua ou lacunosa.[23]

---

[21] "O Direito deve ser estável e, contudo, não pode permanecer imóvel" (Roscoe Pound, *apud* Benjamim N. Cardozo, *A Natureza do Processo e a Evolução do Direito*, Cia. Editora Nacional, São Paulo, 1943, p. 117).

[22] "No Direito a *traditio* e a *reformatio* devem ser equivalentes, como peso e contrapeso, mantendo reciprocamente o equilíbrio da balança" (Heinrich Henkel, *op. cit.*, p. 73).

[23] *Direito Civil – Introdução*, 4ª ed., Rio de Janeiro, Editora Renovar, 2002, p. 19.

Terceira Parte • **Cap. 12** • SEGURANÇA JURÍDICA | **117**

O processo administrativo brasileiro, por força do art. 2º da Lei nº 9.784/99, merece especial destaque nesta abordagem, pois, além de invocar expressamente o valor segurança, se acha afinado, com suas várias disposições, com o princípio. No *caput* do citado artigo, a Lei discrimina os princípios a serem observados no processo administrativo: *legalidade, finalidade, motivação, razoabilidade, proporcionalidade, moralidade, ampla defesa, contraditório, segurança jurídica, interesse público e eficiência.* Quanto aos critérios a serem observados, entre outros, enumera: motivação fática e legal da decisão; forma simples, para a compreensão do procedimento pelos administrados e respeito aos seus direitos; interpretação das normas administrativas pelo modo mais favorável ao fim público, vedado o efeito retroativo às novas interpretações.

66.2. Prévia Calculabilidade da Sentença. As decisões judiciais e administrativas devem assentar-se em elementos objetivos, extraídos da ordem jurídica. Os critérios aleatórios, adotados na Antiguidade e na Idade Média, são incompatíveis com a era científica do Direito. O princípio da prévia calculabilidade da sentença, fruto dos tempos modernos, revela que, se os fatos estão claros e definidos, se a lei está ao alcance de todos, havendo, assim, a certeza jurídica, como em um silogismo, as partes poderão deduzir, antecipadamente, o conteúdo da sentença judicial. O advogado poderá orientar o seu cliente quanto à conveniência do ajuizamento de uma ação. A não prevalecer este critério, a busca da justiça nos pretórios se assemelhará ao "processo" kafkiano, em uma aventura que provocará o desprestígio da justiça e, por extensão, de todos aqueles que participam do drama judiciário. O raciocínio jurídico do advogado, como expõe Kenneth J. Vandevelde, "*é essencialmente o processo de tentar prever a decisão do tribunal*".[24]

66.3. Respeito à Coisa Julgada. Dá-se a coisa julgada quando a decisão judicial é irrecorrível, não admitindo qualquer modificação. A presunção de verdade que a coisa julgada estabelece constitui princípio de segurança jurídica. Onde a garantia da parte vencedora em juízo se, em qualquer tempo, as decisões judiciais pudessem ser reversíveis? Como se programar para o futuro com base em uma sentença judicial, se esta for passível de reforma futura? O respeito à coisa julgada é princípio indeclinável de segurança.[25]

66.4. Uniformidade e Continuidade Jurisprudencial. Para que haja certeza jurídica é indispensável que a interpretação do Direito, pelos tribunais, tenha um mesmo sentido e permanência. A divergência jurisprudencial, em certo aspecto, é nociva, pois transforma a lei em *Jus Incertum*. A segurança que o Direito estabelecido pode oferecer fica anulada em face da oscilação e da descontinuidade jurisprudencial.

Em termos de segurança jurídica a Lei nº 13.655, de 2018, trouxe um significativo avanço. A orientação administrativa ou jurisprudencial, existente à época da prática de ato negocial ou administrativo, deverá prevalecer quando de sua avaliação, ainda que outro seja o critério que a instância administrativa ou judicial tenha passado a adotar.

---

[24] *Pensando como um Advogado*, 1ª ed., São Paulo, Editora Martins Fontes, 2000, p. XV.

[25] Para situações extraordinárias, mediante a *ação rescisória*, prevista no artigo 966 do Código de Processo Civil, é admitida a reabertura de um processo, cuja sentença final haja transitado em julgado. A revisão de processos findos, com sentença condenatória, excepcionalmente é também possível em matéria criminal, como dispõem os arts. 621 e seguintes do Código de Processo Penal.

BIBLIOGRAFIA PRINCIPAL

Ordem do Sumário:

62 – Heinrich Henckel, *Introducción a la Filosofía del Derecho*; Rafael Preciado Hernandez, *Lecciones de Filosofía del Derecho*; Elías Díaz, *Sociología y Filosofía del Derecho*; Recaséns Siches, *Nueva Filosofía de la Interpretación del Derecho*;

63 – José Corts Grau, *Curso de Derecho Natural*; Luiz Legaz y Lacambra, *Filosofía del Derecho*;

64 – Heinrich Henkel, *op. cit.*

65 – Heinrich Henkel, *op. cit.*; Flóscolo da Nóbrega, *Introdução ao Direito*; Ángel Latorre, *Introducción al Derecho*;

66 – Heinrich Henkel, *op. cit.*; Flóscolo da Nóbrega, *op. cit.*; Francisco Amaral, *Direito Civil – Introdução*.

– Capítulo 13 –
DIREITO E ESTADO

Sumário: **67.** Considerações Prévias. **68.** Conceito e Elementos do Estado. **69.** Origem do Estado. **70.** Fins do Estado. **71.** Teorias sobre a Relação entre o Direito e o Estado. **72.** Arbitrariedade e Estado de Direito.

67. CONSIDERAÇÕES PRÉVIAS

A visão do fenômeno jurídico não pode ser completa se não for acompanhada pela noção de Estado e seus fins. Entre ambos, na expressão de Alessandro Groppali, há uma *interdependência* e *compenetração*. O Direito emana do Estado e este é uma instituição jurídica. Da mesma forma que a sociedade depende do Direito para organizar-se, este pressupõe a existência do *Poder Político*, como órgão controlador da produção jurídica e de sua aplicação. Ao mesmo tempo, a ordem jurídica impõe limites à atuação do Estado, definindo seus direitos e obrigações.[1]

Vários elementos são comuns a ambos. Direito e Estado constituem um meio ou instrumento a serviço do bem-estar da coletividade. Pelo fato de colimarem igual objetivo, Gustav Radbruch subordina o estudo de seus fins a um mesmo enfoque.[2] Ao analisar a questão das relações entre o Direito e o Estado, Hermann Heller justificou a impossibilidade de resolvê-la, apontando um motivo revelador de mais um aspecto comum aos dois: "Não se pode chegar em nossa época a um conceito do Direito que, pelo menos em certa medida, seja universalmente aceito, nem tampouco se chegou a um conceito do Estado que reúna essa mesma condição."[3] Em decorrência de tal particularidade, o jurista alemão

---

[1] Alessandro Groppali faz observações nesse sentido: "Nem o Direito é qualquer coisa que está por si mesmo, fora e acima do Estado, uma vez que ele representa o procedimento e a forma através dos quais o Estado se organiza e dá ordens; nem o Estado, por outro lado, pode agir independentemente do Direito, porque é através do Direito que ele forma, manifesta e faz atuar a própria vontade" *(Doutrina do Estado*, 2ª ed., trad. da 8ª ed. original, Edição Saraiva, São Paulo, 1952, p. 168). Idêntico é o pensamento de Heinrich Henkel: "Há uma correspondência funcional entre Direito e Estado: seu 'necessitar' e 'ser necessitado' recíprocos, no sentido de que só com sua união podem alcançar ambos a plena capacidade funcional" *(op. cit.*, p. 185).

[2] Gustav Radbruch, *op. cit.*, vol. I, p. 144.

[3] Hermann Heller, *Teoria do Estado*, Editora Mestre Jou, São Paulo, 1968, p. 221.

resolveu adotar método idêntico para alcançar a noção de cada um: a análise da *realidade histórico-social*.

A *estadualidade*, que é a participação ou chancela do Estado, é uma nota inseparável do Direito Positivo. A única ordem de Direito que independe da organização política é a *natural*, que expressa ditames da natureza. Tanto as leis quanto os decretos emanam de poderes constituídos do Estado. Se a norma costumeira é aplicável a uma determinada relação jurídica, tal fato é possível em face da permissibilidade estatal. A própria *fonte negocial*, que encampa a produção dos atos jurídicos, possui validade porque o sistema de Direito institucionalizado pelo Estado assim o admite.

A participação do Estado na vida do Direito não se restringe ao controle da elaboração das regras jurídicas. Além de zelar pela manutenção da ordem social por seus dispositivos de prevenção, com o seu aparelho coercitivo aplica o Direito a casos concretos.

68. CONCEITO E ELEMENTOS DO ESTADO

68.1. Conceito. O vocábulo *Estado*, no sentido em que é empregado modernamente, *a nação politicamente organizada*, era estranho aos antigos, pois advém da época de Maquiavel (1469-1527), que iniciou a sua obra *O Príncipe* (1513) com as seguintes palavras: "Todos os Estados, todos os domínios que têm havido e que há sobre os homens foram e são repúblicas ou principados."[4] Os gregos designavam *polis* a sua cidade-estado, termo equivalente a *civitas* dos romanos. Em *Do Espírito das Leis*, Montesquieu empregou-o para designar o Direito Público. Atualmente, Estado *é um complexo político, social e jurídico, que envolve a administração de uma sociedade estabelecida em caráter permanente em um território e dotado de poder autônomo*. Queiroz Lima definiu-o como "uma nação encarada sob o ponto de vista de sua organização política"[5] e León Duguit considerou-o "força a serviço do Direito".[6]

As investigações que a doutrina moderna desenvolve sobre o Estado caminham em três direções:

a) sociológica: que analisa o Estado do ponto de vista social, abrangendo a totalidade de seus aspectos econômico, jurídico, espiritual, bem assim o seu processo de formação e composição étnica (*objeto da Sociologia*);

b) política: corresponde à pesquisa dos meios a serem empregados pelo Estado, para promover o bem-estar da coletividade, que é o seu objetivo (*objeto da Ciência Política*);

c) jurídica: que examina a estrutura normativa do Estado, a partir das constituições até a legislação ordinária (*objeto da Ciência do Direito*).

Quanto à *natureza do Estado*, de um lado há *teorias naturalistas*, que consideram a organização estatal um fenômeno natural, uma decorrência espontânea e necessária da vida social e, de outro lado, *as teorias da dominação*, expostas sobretudo pela antiga corrente comunista, que vê no Estado um processo artificial, útil para manter o domínio de classes.

68.2. Elementos do Estado. É a definição do Estado que nos indica seus três componentes essenciais: *população, território, soberania*. Os dois primeiros formam o elemento material e o último, o de natureza formal. Analisemo-los de *per si*.

---

4   Nicolau Maquiavel, *O Príncipe*, Os Pensadores, Abril Cultural, São Paulo, 1973, vol. IX, p. 11.

5   Eusébio de Queiroz Lima, *Teoria do Estado*, 7ª ed., A Casa do Livro Ltda., Rio de Janeiro, 1953, p. 5.

6   *Apud* Eusébio de Queiroz Lima, *Teoria do Estado*, ed. cit., p. 6.

68.2.1. População. Esta é o centro de vida do Estado e de suas instituições. A organização política tem por finalidade controlar a sociedade e, ao mesmo tempo, protegê-la. Conforme assinala Máynez, a população atua como *objeto* e como *sujeito* da atividade estatal. Sob o primeiro aspecto, subordina-se ao império do Estado, suas leis e atividades. Como sujeito, os indivíduos revelam-se como membros da comunidade política.[7]

Não há limite mínimo ou máximo de habitantes para a formação de um Estado. Alguns há que possuem um reduzido número como o de Nauru que, em julho de 2010, possuía 14.019 habitantes, enquanto outros são superpovoados, como a China, cuja população já superou um bilhão e trezentos milhões de habitantes. Entre os pensadores antigos, Platão estimou em 5.040 o número ideal de homens livres para um determinado território; já Aristóteles pensou em uma população formada por 10.000 habitantes, excluídos os escravos, para que a *polis* pudesse ser bem governada. Rousseau também calculou em 10.000 o número ideal de habitantes para cada Estado.

A população que vive em um Estado pode caracterizar-se como *povo* ou *nação*. O conceito de ambos, porém, não se confunde. Denomina-se *povo* aos habitantes de um território, considerados do ponto de vista jurídico, como indivíduos subordinados a determinadas leis e que podem apresentar nacionalidade, religião e ideias diferentes. *Nação* é uma sociedade formada por indivíduos que se identificam por alguns elementos comuns, como a origem, língua, religião, ética, cultura, e sentem-se unidos pelas mesmas aspirações. Enquanto o povo se forma pela simples reunião de indivíduos que habitam a mesma região e se subordinam à soberania do Estado, a nação corresponde a uma coletividade de indivíduos irmanados pelo sentimento de amor à pátria. Essa coesão decorre de um longo processo histórico. Como afirmam os autores, *povo é uma entidade jurídica e a nação é uma entidade moral.*

68.2.2. Território. A sede do organismo estatal é constituída por seu território – base geográfica que se estende em uma linha horizontal de superfície terrestre ou de água e uma vertical, que corresponde tanto à parte interior da terra e do mar quanto à do espaço aéreo.[8] Em relação ao território, também não há limite máximo ou mínimo de extensão. Há de ser o suficiente, porém, para que a sua população possa viver e extrair da natureza os recursos necessários à sua sobrevivência. Cada Estado, por suas fronteiras, possui demarcado o seu limite territorial. Dentro de sua base geográfica, o Estado exerce a sua soberania.

Conforme expõe Jellinek, o significado do território revela-se por dupla forma: *negativa* e *positiva*. A primeira manifesta o aspecto de que é vedado a qualquer outro Estado exercer a sua autoridade nessa área; a positiva expressa que todos os indivíduos que se acham em um território estão sob o império do Estado.[9]

Segundo Eduardo García Máynez, o território possui dois atributos, do ponto de vista normativo: *impenetrabilidade* e *indivisibilidade*. O primeiro significa que em um território só pode haver um Estado e o segundo quer dizer que, da mesma forma que o Estado, enquanto pessoa jurídica, não pode ser dividido, seus elementos também serão indivisíveis.[10]

---

[7]   Eduardo García Máynez, *op. cit.*, p. 101.

[8]   Segundo García Máynez: "Em realidade trata-se de um espaço tridimensional ou, como diz Kelsen, de corpos cônicos cujos vértices consideram-se situados no centro do globo", *op. cit.*, p. 100.

[9]   *Apud* Eduardo García Máynez, *op. cit.*, p. 98.

[10]   *Op. cit.*, p. 100.

68.2.3. Soberania. É o necessário poder de autodeterminação do Estado. Expressa o poder de livre administração interna de seus negócios. É a *maior força* do Estado, a *summa potestas*, pela qual dispõe sobre a organização política, social e jurídica, aplicável em seu território. No plano externo, a soberania significa a independência do Estado em relação aos demais; a inexistência do nexo de subordinação à vontade de outros organismos estatais. Isto não quer dizer, porém, que o Estado não se acha condicionado a uma ordem jurídica internacional. O Direito Internacional Público, que disciplina as relações jurídicas entre Estados soberanos e entidades análogas, estabelece princípios e normas para o convívio internacional, que devem ser acatados pelos membros da comunidade internacional.

Como atributo fundamental, a soberania é *una* e *indivisível*; o poder de administração não pode ser compartido. Aristóteles, em "*A Política*", já havia declarado esta característica: "a soberania é una e indivisível – *ut omnes partem habeant in principatu, non ut singuli, sed ut universi*".[11] Com muita ênfase, João Mendes de Almeida Júnior coloca em destaque esse predicado: "Não há duas soberanias, nem meia soberania. A soberania é uma força simples, infracionável; ou existe toda ou não existe."[12]

Certos autores predicam à soberania um poder ilimitado ou ilimitável. Tal qualidade não pode ser aceita em face das consequências lógicas que apresenta. A ausência de limites à situação do Estado equivaleria a um retorno à *cidade antiga*, em que os indivíduos eram propriedades do Estado. O poder estatal há de ser amplo, mas respeitados os parâmetros necessários à proteção aos direitos humanos e ao reconhecimento dos direitos dos demais Estados que integram a comunidade internacional. Tal atributo seria inconciliável à ideia do Estado de Direito.

Alguns autores analisam a soberania sob o ponto de vista de sua titularidade, afirmando que a questão apresenta variações no tempo e espaço. Assim é que, nos Estados absolutistas, o seu titular seria o monarca; em outros regimes, como o aristocrata, a soberania estaria centralizada em um grupo; e nos Estados constitucionais, regidos pela democracia, o povo seria o seu titular. A questão parece-nos mal colocada, porque a soberania é sempre do Estado, é atributo seu, que pode ser controlado, exercitado, sob formas diversas, variáveis de acordo com as épocas e lugares.

69. ORIGEM DO ESTADO

A questão da origem do Estado acha-se envolvida por uma névoa de incerteza, que gera, na doutrina, uma pluralidade de opiniões, que se guiam mais por motivos instintivos ou lógicos do que por razões históricas propriamente. A orientação religiosa, apresentada por São Paulo, é no sentido de que todo poder emana de Deus e o Estado decorre de uma intencionalidade divina. Esta teoria situa-se apenas no plano da fé e, por carecer de elementos fatuais ou científicos, não esclarece a gênese do organismo estatal.

69.1. Teoria do Contrato Social. Esta concepção não surgiu com o objetivo de apresentar uma explicação histórica para a formação do Estado, mas para esclarecer a sua fundação racional. Foi divulgada principalmente pelos adeptos da Escola de Direito Natural e suas raízes se localizam na filosofia epicurista.

---

[11] *Apud* João Mendes de Almeida Júnior, *Noções Ontológicas de Estado, Soberania, Fundação, Federação, Autonomia*, Edição Saraiva, São Paulo, 1960, p. 63.

[12] João Mendes de Almeida Júnior, *op. cit.*, p. 65.

O *contrato social* é uma ideia ligada ao *estado de natureza*. Quando os homens passaram do *status naturae* para o *status societatis*, teria havido um pacto de harmonia (*pactum unionis*), por força do qual se obrigariam a viver pacificamente. Concomitantemente, ou em um segundo momento, o *povo*, criado pelo *pactum unionis*, firma um outro contrato, o *pactum subjectionis*, em virtude do qual os homens em sociedade se submetiam a um governo por eles escolhido.

Essa doutrina, como acentua Del Vecchio, tem mais a finalidade de mostrar como o poder político emana do povo e reivindicar para este o direito soberano. Foi Rousseau quem apresentou e analisou o contrato social apenas como fator explicativo e não como um fato historicamente havido.[13]

69.2. Teoria Patriarcal. A presente teoria teve em Sumner Maine (1822-1888) o seu principal expositor, que a desenvolveu na obra *As Instituições Primitivas*. A ideia básica desta concepção é que, no passado mais remoto, a única organização social existente era representada pelas famílias separadas. Em cada um desses núcleos, formados pela agrupação de consanguíneos, a autoridade competia ao ascendente varão mais antigo, que possuía um poder absoluto sobre a vida e a morte de seus integrantes. Quanto à descendência, esta se definia pela linha masculina, a partir de um antepassado varão. Segundo a teoria patriarcalista, a evolução que a seguir se processou teve as seguintes etapas: família patriarcal, gens, tribo, cidade, Estado. Maine fundou o seu estudo em pesquisas que encetou sobre a organização de alguns povos antigos, entre os quais o hindu, grego, romano, germano, entre outros.

69.3. Teoria Matriarcal. Para o matriarcalismo, a vida humana se desenvolveu, primeiramente, pela *horda*, em que os indivíduos eram nômades e não possuíam normas definidas. Nessa fase não havia sequer a noção de família ou de parentesco. A promiscuidade sexual era absoluta (*eterismo*). Tal hipótese foi formulada por Bachofen, na obra *O Direito Materno* (1861). Para o matriarcado, que teve em Lewis Morgan (1818-1881) o seu principal expositor, por sua obra *A Sociedade Primitiva* (1871), a filiação feminina antecedeu à masculina e a chefia da família competia à mãe, enquanto o pai, ou não era membro da família, ou ocupava uma posição subordinada (*período do direito das mães*). Apenas em uma etapa mais adiantada é que a família teria se organizado com a preeminência do pai.

69.4. Teoria Sociológica. Entre os adeptos da presente teoria, destaca-se o nome do eminente sociólogo francês Émile Durkheim (1858-1917) que, na obra *Formas Elementares da Vida Religiosa* (1912), sustentou a ideia de que os primeiros grupos não foram constituídos pela família, mas pelo *clã*, formado não por vínculos de parentesco, mas pela identidade de crença religiosa. Os membros do *clã* acreditavam na existência do *totem*, que seria o antepassado místico do qual eram descendentes. O Estado teria surgido como decorrência da evolução da organização clânica para a territorial, em que os laços espirituais já não decorriam do totemismo, mas do fato de ocuparem uma igual área geográfica.

---

[13] Em *Leviatã*, Hobbes sintetiza o fenômeno do contrato social: "Cedo e transfiro meu direito de governar-me a mim mesmo a este homem, ou a esta assembleia de homens, com a condição de transferires a ele teu direito, autorizando de maneira semelhante todas as tuas ações. Feito isto, à multidão assim unida numa só pessoa se chama Estado, em latim *civitas*." (*op. cit.*, p. 109).

70. FINS DO ESTADO

70.1. As Três Concepções. O *fim* a ser alcançado pelo Estado, na gestão dos interesses sociais, pode ser inspirado por filosofias distintas, em que se apresentam duas posições radicais: uma que situa o indivíduo em primeiro plano e outra que se caracteriza pelo pensamento coletivista. Nesse processo dialético, a síntese se apresenta por uma corrente de natureza eclética, que zela pela convivência dos valores individualistas e coletivistas. Gustav Radbruch estudou essa questão apresentando as três concepções sob as denominações: individualista, supraindividualista e transpersonalista, a seguir analisadas.

70.2. Concepção Individualista. O individualismo é impregnado pelo pensamento liberal, da máxima liberdade dos indivíduos e da mínima intervenção do Estado. Esta filosofia se projeta no campo político, jurídico, econômico. Seus adeptos entendem que o Direito e o Estado são apenas instrumentos para o bem-estar dos indivíduos. Esta concepção deu os seus primeiros avanços já na Idade Média, com a famosa Carta Magna, promulgada em 1215, pelo rei João Sem Terra, que atendeu a uma série de reivindicações dos senhores barões. A teoria do contrato social surgiu diante da necessidade de se estabelecerem limites à ação do Estado. Igual foi o objetivo pelo qual Cristiano Tomásio, em 1705, fixou a distinção entre o campo do Direito e o da Moral. Ao Estado competia apenas disciplinar o *forum externum* dos indivíduos e não o *forum internum*, que seria um setor exclusivo da Moral.

As revoluções inglesa (1688), americana (1774) e francesa (1789) revelaram já o enfraquecimento da onipotência do Estado, em favor do pensamento liberal. Kant limitou a função do poder estatal à atividade de natureza jurídica, como *guardião do Direito*. Seria apenas um Estado Jurídico, em função da segurança jurídica.[14]

No campo econômico, como analisa Del Vecchio, o liberalismo individualista exerceu poderosa influência no sentido de impedir a intervenção estatal, em favor das chamadas *leis naturais da oferta e da procura*. As afirmações individualistas foram sintetizadas por João Mendes de Almeida Júnior: "1º) Sempre que o direito individual estiver em oposição ao interesse social, prevalece o direito individual; 2º) O Estado deve ser, tanto quanto possível, um simples mantenedor do interesse social, sem iniciativa, sem ação integral e até mesmo sem ação conservadora, nem fiscalizadora."[15] Os defensores dessa concepção pensam que, uma vez atendidos os interesses individuais, *ipso facto*, as necessidades coletivas estarão satisfeitas.[16]

70.3. Concepção Supraindividualista. Esta teoria, denominada também por *intervencionista*, é uma exaltação aos valores coletivistas, em oposição aos valores do individualismo. Em algumas épocas o caráter intervencionista do Estado esteve a serviço de seu próprio fortalecimento e não com o objetivo de promover diretamente o bem-estar da coletividade. Fustel de Coulanges, sobre o poder sem limites do Estado antigo, dá o seu depoimento: "Nada no homem havia de independente. O seu corpo pertencia ao Estado e estava voltado à sua defesa... Os seus haveres estavam sempre à disposição do Estado...

---

[14] A expressão utilizada por Kant foi *Estado de Direito*, cujo sentido atual é diverso do empregado pelo famoso filósofo alemão.

[15] João Mendes de Almeida Júnior, *op. cit.*, p. 38.

[16] O pensamento expresso por Schiller dá bem a medida dessa concepção: "tudo deve ser sacrificado ao interesse do Estado, menos aquilo a que o Estado serve já de meio. O Estado em si mesmo não é um fim. É apenas condição para atingir os fins da humanidade, e estes não podem consistir senão no desenvolvimento harmônico de todas as forças do homem." *Apud* Gustav Radbruch, *op. cit.*, vol. I, p. 150.

Terceira Parte · **Cap. 13** · DIREITO E ESTADO | **125**

O Estado tinha o direito de não permitir cidadãos disformes ou monstruosos... O Estado considerava o corpo e a alma de cada cidadão como sua pertença..."[17] Para Fustel de Coulanges a grande força do Estado decorria do fato de ter sido gerado pela Religião. O Estado protegia a Religião e esta o apoiava, formando assim um *petitio principii*. O mesmo autor cita um texto de Platão, em que o filósofo grego admite a onipotência do Estado: "Os pais não devem ter a liberdade de enviar ou deixar de enviar os seus filhos aos mestres pela cidade escolhidos, porque estas crianças pertencem menos a seus pais do que à cidade."[18]

Uma revivescência, mais trágica ainda, dessa concepção de Estado, foi dramatizada por Hitler e Mussolini, em pleno séc. XX. O primeiro afirmou: "O dogma da liberdade não valerá um vintém no dia em que organizarmos verdadeiramente a nossa nação"; e o segundo declarou: "Para o fascista tudo se acha no Estado, nada humano nem espiritual existe fora dele."

Como pensamento filosófico e científico, o coletivismo começou a surgir durante a Idade Moderna, com a atribuição ao organismo estatal de outras funções, como a sugerida pela fórmula *Estado de Cultura (Kulturstaat)*. No setor econômico surgiu a *Escola do Socialismo-Catedrático*, que preconizava a intervenção do Estado no setor da economia. No âmbito do Direito, a ação coletivista atuou principalmente para o enfraquecimento do *princípio da autonomia da vontade*. Quando em uma sociedade predomina a concepção coletivista, diz Miguel Reale, a interpretação do Direito é dirigida "no sentido da limitação da liberdade em favor da igualdade".[19] Sobre as afirmações coletivistas, João Mendes de Almeida Júnior apresenta também uma síntese: "1º) que a vida social é naturalmente necessária à conservação e aperfeiçoamento do indivíduo e que, mesmo no interesse do indivíduo, o direito individual deve sempre ceder ao interesse social; 2º) que a ação do Estado deve ser integral ou, pelo menos, conservadora, em relação às necessidades econômicas da sociedade e fiscalizadora, em relação aos direitos individuais; 3º) que, em relação às necessidades econômicas da sociedade, a ação do Estado deve ser não de conservação e de aperfeiçoamento, mas de iniciativa e integral..."[20]

70.4. Concepção Transpersonalista. Esta doutrina pretende a síntese integradora entre as duas correntes opostas, aproveitando os elementos conciliáveis existentes no individualismo e coletivismo. Tanto os valores individuais como os coletivistas devem subordinar-se aos valores da cultura. A opção entre um valor e outro, quando se revelam inconciliáveis, deve ser feita de acordo com a natureza do fato concreto e em função dos princípios de justiça, de tal sorte que o indivíduo não seja esmagado pelo todo, nem que a coletividade seja prejudicada pelos caprichos individualistas.

71. TEORIAS SOBRE A RELAÇÃO ENTRE O DIREITO E O ESTADO

A análise do presente tema já deixou patenteada a ampla conexão existente entre o Direito e o Estado. Urge, agora, se estabelecer o nível desse relacionamento. A doutrina registra três concepções básicas: *dualística, monística* e a *do paralelismo*.

Para a teoria *dualística*, Direito e Estado constituem duas ordens inteiramente distintas e estão, um para o outro, como dois mundos que se ignoram. O absurdo desta concepção salta

---

[17] Fustel de Coulanges, *op. cit.*, vol. I, p. 348 e segs.

[18] *Apud* Fustel de Coulanges, *op. cit.*, vol. I, p. 351.

[19] Miguel Reale, *Filosofia do Direito, op. cit.*, vol. I, p. 253.

[20] João Mendes de Almeida Júnior, *op., cit.*, p. 38.

INTRODUÇÃO AO ESTUDO DO DIREITO · PAULO NADER

aos olhos. O Estado, além de ser uma instituição social, é uma pessoa jurídica, é portador de direitos e deveres. O Direito, para obter ampla efetividade, pressupõe a ação estatal.

A teoria *monística* sustenta a opinião de que Direito e Estado constituem uma só entidade. Kelsen é o seu principal defensor. O Estado não é mais do que a personalização de uma ordem jurídica. Para ele, Direito e Estado *sunt unum et idem*. Entre os adeptos desta concepção, alguns admitem que o Estado é um *prius* em relação ao Direito, enquanto outros o consideram um *posterius*. Há um consenso amplo, contudo, de que o Direito, historicamente, antecedeu ao aparecimento do Estado.

A teoria do *paralelismo*, ditada pelo bom-senso, afirma que Direito e Estado são entidades distintas, mas que se acham interligadas e em regime de mútua dependência.

72. ARBITRARIEDADE E ESTADO DE DIREITO

72.1. Arbitrariedade. O conceito de arbitrariedade decorre de uma inferência do sistema de legalidade do Estado. Arbitrariedade é *conduta antijurídica praticada por órgãos da administração pública e violadora de formas do Direito*. Arbitrariedade e Direito são ideias antitéticas, inconciliáveis. O que caracteriza propriamente a arbitrariedade é o fato de uma ação violar a ordem jurídica vigente, com desatenção às formas jurídicas. Pode ser praticada mediante ação, quando o poder público, por exemplo, exorbita a sua competência, ou por omissão, que pode ocorrer na hipótese de um órgão administrativo negar-se à prática de um ato para o qual é competente. Consoante ressalta Júlio O. Chiappini, a violação do Direito pode alcançar tanto o aspecto de forma quanto o de conteúdo e ambas hipóteses caracterizam a infração jurídica; todavia, arbitrariedade haverá apenas quando houver ataque às *formas*.[21] Isto se passa, por exemplo, quando o executivo não respeita a sua faixa de competência e dispõe sobre assunto afeto à órbita do legislativo; quando o executivo pratica ato judicante e transgride a ordem constitucional; quando o legislativo aprova uma lei sem respeitar o *quorum* exigido. O conceito de arbitrariedade independe, pois, do valor justiça. Ela pode ser justa ou injusta. O que não é possível é haver uma arbitrariedade legal.[22] Conforme, ainda, o ilustre jurista argentino Júlio Chiappini, *"falar de um Direito arbitrário, inclusive, é cair em uma* contradictio in adjecto".

Entre os meios preconizados para o combate à arbitrariedade, apontam-se os seguintes: *a)* eliminação do arbítrio judicial, negando-se ao Poder Judiciário a possibilidade de criar o Direito; *b)* o controle jurídico dos atos administrativos, pela instauração de uma justiça especializada; *c)* o controle da constitucionalidade das leis.

72.2. Estado de Direito. O fundamental à caracterização do Estado de Direito é a proteção efetiva aos *direitos humanos*. Para que esse objetivo seja alcançado é necessário que o Estado se estruture de acordo com o clássico modelo dos *poderes independentes e harmônicos*; que a ordem jurídica seja um todo coerente e bem definido; que o Estado se

---

[21] Em *Anuário nº 1 da Facultad de Derecho y Ciencias Sociales de la Pontificia U. Católica Argentina* – Rosário, 1979, p. 87.

[22] Na opinião de Recaséns Siches, nem todo ato ilegal praticado pelo poder público configura arbitrariedade. É indispensável que o ato antijurídico seja inapelável e emane, conseguintemente, de quem dispõe do *supremo poder social efetivo*. Se o ato praticado for retificável por instância superior ou emanar de particular, não haverá arbitrariedade no sentido rigoroso do termo, mas um ato ilegal ou errôneo (*Introducción al Estudio del Derecho*, ed. cit., p. 107). Em igual sentido expõe Juan Manuel Teran: "... um ato antijurídico ou ilegal é susceptível de reparação, mas um ato arbitrário é impossível que possa ser reparado dentro da ordem jurídica estabelecida... só pode incorrer em arbitrariedade a autoridade que tenha a máxima potestade, colocando-se acima do Direito" (*Filosofía del Derecho*, Editorial Porrua S.A., México, 1952, p. 72).

apresente não apenas como poder sancionador, mas como pessoa jurídica portadora de obrigações. A plenitude do Estado de Direito pressupõe, enfim, a participação do povo na administração pública, pela escolha de seus legítimos representantes. Goffredo Telles Júnior identifica o Estado de Direito por três notas principais: "por ser *obediente ao Direito*; por ser *guardião dos direitos*; e por ser *aberto para as conquistas da cultura jurídica*".[23]

A elaboração do conceito de Estado de Direito mediante a indicação de caracteres foi considerada por Ulrich Klug uma tarefa plena de dificuldades. Em seu lugar, o jurista alemão adotou o método de delimitação negativa, recorrendo ao modelo de pensamento que denomina por *máxima de controle*: não haverá Estado de Direito quando uma pessoa puder exercer sobre outra um poder incontrolado.[24]

BIBLIOGRAFIA PRINCIPAL

Ordem do Sumário:

67 – Giorgio del Vecchio, *Lições de Filosofia do Direito*, vol. II;

68 – Eduardo García Máynez, *Introducción al Estudio del Derecho*; Alessandro Groppali, *Doutrina do Estado*; Darcy Azambuja, *Teoria Geral do Estado*; Icílio Vanni, *Lições de Filosofia do Direito*; João Mendes de Almeida Júnior, *Noções Ontológicas de Estado, Soberania, Fundação, Federação, Autonomia*;

69 – Abelardo Torré, *Introducción al Derecho*; Federico Torres Lacroze, *Manual de Introducción al Derecho*;

70 – Gustav Radbruch, *Filosofia do Direito*, vol. II; Miguel Reale, *Filosofia do Direito*, vol. I; Giorgio del Vecchio, *op. cit.*; Alessandro Groppali, *op. cit.*;

71 – Alessandro Groppali, *op. cit.*;

72 – Luis Legaz y Lacambra, *Filosofía del Derecho*.

---

[23]   Em Carta aos Brasileiros, *Jornal do Brasil*, ed. de 08.08.77, 1º caderno, p. 5.

[24]   Cf. *Problemas de Filosofía del Derecho*, Editorial SUR, S.A., Buenos Aires, 1966, p. 28.

– Quarta Parte –

FONTES
DO DIREITO

– Capítulo 14 –
A LEI

Sumário: 73. Fontes do Direito. **74.** O Direito Romano. **75.** Conceito e Formação da Lei. **76.** Obrigatoriedade da Lei. **77.** Aplicação da Lei.

73. FONTES DO DIREITO

73.1. Aspectos Gerais. A doutrina jurídica não se apresenta uniforme quanto ao estudo das fontes do Direito. Entre os cultores da Ciência do Direito, há uma grande diversidade de opiniões quanto ao presente tema, principalmente em relação ao elenco das fontes. Esta palavra provém do latim, *fons, fontis* e significa *nascente de água*. No âmbito de nossa Ciência é empregada como metáfora, como observa Du Pasquier, pois "remontar à fonte de um rio é buscar o lugar de onde as suas águas saem da terra; do mesmo modo, inquirir sobre a fonte de uma regra jurídica é buscar o ponto pelo qual sai das profundidades da vida social para aparecer na superfície do Direito".[1] Distinguimos três espécies de fontes do Direito: *históricas, materiais* e *formais*.

73.2. Fontes Históricas. Apesar de o Direito ser um produto cambiante no tempo e no espaço, contém muitas ideias permanentes. A evolução dos costumes e o progresso induzem o legislador a criar novas formas de aplicação para esses princípios. As fontes históricas do Direito indicam a gênese das modernas instituições jurídicas: a época, local, as razões que determinaram a sua formação. A pesquisa pode limitar-se aos antecedentes históricos mais recentes ou se aprofundar no passado, na busca das concepções originais. Esta ordem de estudo é significativa não apenas para a memorização do Direito, mas também para a melhor compreensão dos quadros normativos atuais. No setor da interpretação do Direito, onde o fundamental é captar-se a finalidade de um instituto jurídico, sua essência e valores capitais, a utilidade dessa espécie de fonte revela-se com toda evidência.

A Dogmática Jurídica, que desenvolve o seu estudo em função do ordenamento vigente, com o objetivo de revelar o conteúdo atual do Direito, proporcionando um conhecimento pleno, deve buscar subsídios nas fontes históricas pois, como anota Sternberg,

---

[1] *Apud* Hübner Gallo, *Indroducción al Derecho*, Editorial Jurídica de Chile, 3ª ed., Santiago de Chile, 1966, p. 180.

"aquele que quisesse realizar o Direito sem a História não seria jurista, nem sequer um utopista, não traria à vida nenhum espírito de ordenamento social consciente, senão mera desordem e destruições".[2] Nessa perspectiva de análise, o retorno aos estudos do Direito Romano, fonte do Direito ocidental, torna-se imperativo.

73.3. Fontes Materiais. O Direito não é um produto arbitrário da vontade do legislador, mas uma criação que se lastreia no querer social. É a sociedade, como centro de relações de vida, como sede de acontecimentos que envolvem o homem, quem fornece ao legislador os elementos necessários à formação dos estatutos jurídicos. Como causa produtora do Direito, as fontes materiais são constituídas pelos fatos sociais, pelos problemas que emergem na sociedade e que são condicionados pelos chamados *fatores do Direito*, como a Moral, a Economia, a Geografia, entre outros.[3] Hübner Gallo divide as fontes materiais em *diretas* e *indiretas*. Estas são identificadas com os fatores jurídicos, enquanto as fontes diretas são representadas pelos órgãos elaboradores do Direito Positivo, como a sociedade, que cria o Direito consuetudinário, o Poder Legislativo, que elabora as leis, e o Judiciário, que produz a jurisprudência.[4]

73.4. Fontes Formais. O Direito Positivo apresenta-se aos seus destinatários por diversas formas de expressão, notadamente pela lei e costume. *Fontes formais* são os meios de expressão do Direito, as formas pelas quais as normas jurídicas se exteriorizam, tornam-se conhecidas. Para que um processo jurídico constitua fonte formal é necessário que tenha o poder de criar o Direito. Em que consiste o ato de criação do Direito? – Criar o Direito significa introduzir no ordenamento jurídico novas normas jurídicas. Quais são os órgãos que possuem essa capacidade de criar regras de conduta social? – O elenco das fontes formais varia de acordo com os sistemas jurídicos e também em razão das diferentes fases históricas. Na terminologia adotada pelos autores, embora sem uniformidade, há a distinção entre as chamadas fontes *direta* e *indireta* do Direito. Aquela é tratada aqui por *fonte formal*, enquanto a *indireta* não cria a norma, mas fornece ao jurista subsídios para o encontro desta, como é a situação da doutrina jurídica em geral e da jurisprudência em nosso país (v. item 94, *in fine*).

Para os países que seguem a tradição romano-germânica, como o Brasil, a principal forma de expressão é o Direito escrito, que se manifesta por leis e códigos, enquanto o costume figura como fonte complementar. A jurisprudência, que se revela pelo conjunto uniforme de decisões judiciais sobre determinada indagação jurídica, não constitui uma fonte formal, pois a sua função não é gerar normas jurídicas, apenas interpretar o Direito à luz dos casos concretos.

A doutrina moderna tem admitido que os atos jurídicos que não se limitam à aplicação das normas jurídicas e criam efetivamente regras de Direito objetivo constituem fontes

---

[2] *Apud* Limongi França, *Formas e Aplicação do Direito Positivo*, Editora Revista dos Tribunais Ltda., São Paulo, 1969, p. 29.

[3] O estudo das fontes divide a opinião dos juristas a tal ponto que encontramos colocações diametralmente opostas, como as de Miguel Reale e Paulo Dourado de Gusmão. Para o autor da Teoria Tridimensional do Direito, a expressão *fonte material* é imprópria, pois "não é outra coisa senão o estudo filosófico ou sociológico dos motivos éticos ou dos fatos que condicionam o aparecimento e as transformações das regras do Direito" (*Lições Preliminares de Direito*, ed. cit., p. 140). De outro lado, Paulo Dourado de Gusmão assinala que "no sentido próprio de fontes, as únicas fontes do Direito são as materiais, pois fonte, como metáfora, significa de onde o Direito provém" (*op. cit.*, p. 127).

[4] Hübner Gallo, *op. cit.*, p. 180.

Quarta Parte · **Cap. 14** · A LEI | **133**

formais. Duguit denominou *atos-regras* às diferentes espécies de atos jurídicos que, apesar de não possuírem generalidade, atingem a um contingente de indivíduos, de que são exemplos os *estatutos de entidade, consórcios, contratos particulares* e *públicos*. A doutrina tradicional, contudo, não admite essa categoria de fonte formal sob o fundamento de que suas normas não possuem generalidade. O argumento é falho, de vez que há leis que não são gerais; por outro lado, há *atos-regras* que possuem amplo alcance, como ocorre, por exemplo, com os contratos coletivos de trabalho firmados por sindicatos.

As diferentes categorias de fontes formais que indicamos revelam uma origem própria. Consoante a lição de Miguel Reale, toda fonte pressupõe uma *estrutura de poder*. A lei é emanação do Poder Legislativo; o costume é a expressão do *poder social*; a sentença, ato do Poder Judiciário; os atos-regras, que denomina por *fonte negocial*, são manifestações do *poder negocial* ou da *autonomia da vontade*.[5]

No sistema do *Common Law*, adotado pela Inglaterra e Estados que receberam a influência do seu Direito, a forma mais comum de expressão deste é a dos precedentes judiciais. A cada dia que passa, porém, avolumam-se as leis nesses países, com a circunstância de que, na hierarquia das fontes, a lei possui o primado sobre os precedentes judiciais.

74. O DIREITO ROMANO

Ao longo desta obra, numerosas referências são feitas ao Direito Romano, tal a sua influência nos ordenamentos do mundo ocidental, especialmente no Direito Privado. Daí a necessidade de se oferecer aos iniciantes a visão global daquele sistema, tanto por referência às fontes históricas quanto por sua organização, princípios e características fundamentais. Embora os romanos não tenham se notabilizado nas especulações do espírito, a sua cultura jurídica não teria alçado nível elevado sem o apoio de uma segura orientação filosófica. E esta não lhes faltou, pois os seus juristas receberam influência do *estoicismo* – filosofia grega difundida em Roma por Cícero, Sêneca, Marco Aurélio e Epíteto. A repercussão da filosofia estoica, em Roma, é atribuída à sua doutrina ética, dado o caráter austero do povo romano e, também, por sustentar, na esfera política, a ideia do Estado único, à qual correspondiam as aspirações romanas.

As referências ao Direito Romano tomam por base, apenas, o ordenamento vigente em Roma, no período compreendido entre a sua fundação (754 a.C.) e a morte do imperador Justiniano, em 565 de nossa Era. Abrange três fases: a) a do *Direito antigo* ou *pré-clássico* (754 a 126 a. C. – aproximadamente); b) a do *Direito clássico* (125 a.C. a 305 d.C.); c) a do *Direito pós-clássico* (306 a 565).[6] Para a compreensão de cada uma dessas fases, importante é a distinção dos diversos períodos da história de Roma: I) *Período régio* – da fundação ao fim da realeza (510 a. C.). O *Jus Positum* era costumeiro e ligado à religião. Os pontífices revelavam o Direito, exercendo o seu monopólio; II) *Período republicano* – de 510 a 27 a. C. O *jus* (Direito laico) se emancipa do *faz* (Direito sagrado) e surge a classe de jurisconsultos leigos; III) *Período do principado* – do Imperador Augusto (27 a.C.) até Diocleciano (285). Considerado *monarquia atenuada*, esse período é de transição entre a república e a monarquia absoluta. Além dos costumes e das leis, o Direito da época teve por fonte os editos dos magistrados, os *senatus-consultos*, as constituições imperiais e as *responsa prudentium*. Estas consistiram em pareceres de jurisconsultos distinguidos pelo imperador com o *jus publice respondendi* e que definiam o *jus*, tornando-se obrigatória aos

---

[5]   Miguel Reale, *Lições Preliminares de Direito*, ed. cit., p. 141.

[6]   Cf. José Carlos Moreira Alves, *Direito Romano*, 11ª ed., Rio de Janeiro, Editora Forense, 1998, vol. I, p. 1.

134 INTRODUÇÃO AO ESTUDO DO DIREITO · PAULO NADER

pretores a sua orientação (v. item 102); IV) O *Período dominato* ou da *monarquia absoluta* estendeu-se de 285 até 565. O imperador assume integralmente o poder e passa a ser a única fonte reveladora do Direito. Neste período surgem a *Lei das Citas* e o *Corpus Juris Civilis*.

De acordo com J. Esser e Puig Brutau, o Direito Romano é o único que passou por todas as fases que um sistema jurídico pode experimentar: "Direito sacerdotal, Direito das gentes, Direito judicial (*Richterrecht*), Direito de funcionários, Direito legislativo e Direito decretado pelo imperador".[7]

Inicialmente o Direito Romano foi constituído pelo *Jus Civile*, que se aplicava apenas aos cidadãos (*cives*) e se manifestava nos costumes, envolvido em práticas solenes de fundo religioso. Posteriormente, as leis, votadas em comícios, na época republicana, tiveram a função de complementar as normas consuetudinárias, seja suprindo as lacunas ou corrigindo as distorções, além de dispor sobre o regime de governo. Quando os romanos entraram em contato com outros povos, em decorrência de suas conquistas militares, surgiu o *Jus Gentium*, que não possuía excessos formalistas e era menos costumeiro e mais universal. O novo sistema se destinava às relações dos estrangeiros entre si e em seus contatos com os *cives*. O pretor urbano (*praetor urbanus*) aplicava o *Jus Civile*, enquanto o pretor peregrino (*praetor peregrinus*) decidia as questões afetas aos estrangeiros, segundo o *Jus Gentium*. Os pretores não criavam o Direito, mas tinham o poder de declarar, mediante *editos*, as regras que aplicariam no exercício de suas funções. Tais enunciados não se contrapunham ao *Jus Civile*, mas o complementavam. Na definição de Papiniano, o Direito Pretoriano, também denominado Honorário, "é o que, por razão de utilidade pública, introduziram os pretores, para ajudar, suprir ou corrigir o Direito Civil; o qual se chama também honorário, assim denominado em honra dos pretores".[8]

Como se depreende, o Direito Romano não se originou de uma única fonte, nem resultou do esforço isolado de uma época. Sua formação foi lenta e sedimentou-se a partir da famosa Lei das XII Tábuas, elaborada pelos *decênviros*, em 452 a.C., estendendo-se até o período da monarquia absoluta. A *Lex Duodecim Tabularum*, destinada à comunidade rural, inspirou-se em fontes gregas e ordenou a vida romana durante vários séculos. Entre a sua aprovação e o *Corpus Juris Civilis*, a *jurisprudentia* evoluiu, especialmente pela ação dos juristas dos dois últimos séculos a.C., que adaptaram a cultura jurídica à realidade socioeconômica, então dominada pela indústria e comércio.

O apogeu do Direito Romano se deu nos primeiros séculos de nossa Era, graças ao labor dos jurisconsultos e editos dos magistrados. A Lei das Citas, do ano 426, obrigava os pretores a seguirem as lições do chamado *tribunal dos mortos*, formado pelos jurisconsultos Gaio, Papiniano, Paulo, Ulpiano e Modestino. Digno de registro, também, o Código Teodosiano, do séc. V da atual Era, que influenciou o ordenamento jurídico francês anterior ao *Code Napoléon*.

O sistema romano, expresso notadamente no *Corpus Juris Civilis* (Corpo do Direito Civil), séc. VI, constitui o grande legado romano à humanidade. É o repositório da cultura jurídica alicerçada em vários séculos de experiência. A codificação, ordenada por Justiniano (483 a 565) e elaborada por uma comissão de juristas sob a coordenação do ministro Triboniano, compõe-se de quatro partes. A primeira, denominada *Código*, reúne a legislação existente a partir do reinado de Adriano (76 a 138). Em 532, a comissão entregou o *Digesto*

---

[7]   José Puig Brutau, *Fundamentos de Derecho Civil*, 2ª ed., Barcelona, Bosch, Casa Editorial, S. A., 1989, tomo preliminar, p. 47.

[8]   *Digesto*, Livro I, tít. I, frag. 7, § 1.

ou *Pandectas* – coletânea de lições de grandes jurisconsultos. Seguiram-se as *Institutas*, formadas por uma apresentação didática dos princípios existentes no *Código* e no *Digesto*. Sua exposição inicia-se com a definição de justiça: *"Justitia est constans et perpetua voluntas ius suum cuique tribuens"* (Justiça é a constante e firme vontade de dar a cada um o que é seu), seguindo-se a da Ciência do Direito: *"Jurisprudentia est divinarum atque humanarum rerum notitia, iusti atque iniusti scientia"* (Jurisprudência é o conhecimento das coisas divinas e humanas, a ciência do justo e do injusto). Ainda no preâmbulo estão os famosos princípios: *"Iuris praecepta sunt haec: honeste vivere, alterum non laedere, suum cuique tribuendi"* (Os preceitos do Direito são: viver honestamente, não lesar a outrem e dar a cada um o que é seu). O Direito natural não seria privativo do gênero humano, mas "o que a natureza ensinou a todos os animais".[9]

A última parte – *Novelas* – contém a legislação promulgada por Justiniano, à qual se acrescentaram as leis supervenientes. Com o *Corpus Juris Civilis*, nas palavras do historiador Edward McNall Burns, "o direito clássico romano estava sendo revisado para atender às necessidades de um monarca oriental cuja soberania só era limitada pela lei de Deus".[10]

75. CONCEITO E FORMAÇÃO DA LEI

75.1. Considerações Prévias. A lei é a forma moderna de produção do Direito Positivo. É ato do Poder Legislativo, que estabelece normas de acordo com os interesses sociais. Não constitui, como outrora, a expressão de uma vontade individual (*L'État c'est moi*), pois traduz as aspirações coletivas. Apesar de uma elaboração intelectual que exige técnica específica, não tem por base os artifícios da razão, pois se estrutura na realidade social. A sua fonte material é representada pelos próprios fatos e valores que a sociedade oferece.

É por esta forma de expressão que a Ciência do Direito poderá aperfeiçoar as instituições jurídicas. Como obra humana, o processo legislativo apresenta pontos vulneráveis e críticos. Hervarth indica dois aspectos negativos das leis, como fatores da crise do Direito escrito: *a)* o *decretismo*, isto é, excesso de leis; *b)* *vícios do parlamentarismo*, de vez que o legislativo se perde em discussões inúteis, sem atender às exigências dos tempos modernos.[11] Para superar as deficiências que esse processo apresenta, a corrente do Direito Livre reivindicou valor apenas relativo para as leis, enquanto alguns juristas pretenderam a sua substituição pelo Direito científico, a cargo da doutrina, e outros pelo Direito Judicial.

Se há defeitos na produção do Direito mediante leis, as falhas seriam maiores se consagrado o Direito Livre ou o decisionismo. Como as deficiências apontadas não são imanentes ao processo legislativo, podem ser suprimidas mediante a racionalização de suas causas e pela ação positiva do *homo juridicus*. As vantagens que a lei oferece do ponto de vista da segurança jurídica fazem tolerável um coeficiente mínimo de distorções na elaboração do Direito objetivo.

---

[9] Em seu preâmbulo, consta a invocação *"In Nomine Domini Nostri Iesu Christi"* e a destinação "à juventude desejosa de estudar leis". As definições e princípios transcritos encontram-se no Livro I, intróito e tít. I, §§ I e II; e intróito do Livro II.

[10] *História da Civilização Ocidental*, trad. da 4ª ed. norte-americana, Porto Alegre, Editora Globo, 1967, tomo I, p. 293.

[11] *Apud* Lino Rodriguez-Arias Bustamante, *Ciencia y Filosofía del Derecho*, 1ª ed., Ediciones Jurídicas Europa-América, Buenos Aires, 1961, p. 556.

75.2. Etimologia do Vocábulo Lei. A origem da palavra *lei* ainda não foi devidamente esclarecida. As opiniões se dividem, recaindo as preferências nos seguintes verbos: *legere* (ler); *ligare* (ligar); *eligere* (escolher). Para cada uma das versões há uma explicação pertinente. Em *legere,* porque os antigos tinham o costume de se reunir em praça pública, local em que se afixavam cópias das leis, para a *leitura* e comentário dos novos atos. Em *ligare,* por força da bilateralidade da norma jurídica, que vincula, *liga,* duas ou mais pessoas, a uma impondo o dever e à outra atribuindo poder. Finalmente, em *eligere,* porque o legislador *escolhe,* entre as diversas proposições normativas possíveis, uma para ser a lei. Segundo Cícero, a origem da palavra provém deste último verbo: "Julgam que esta lei deriva seu nome grego da ideia de dar a cada um o que é seu, e eu julgo que o nome latino está vinculado à ideia de *escolher,* pois, sob a palavra lei eles apresentam um conceito de equidade e nós uma noção de escolha, e ambos são atributos verdadeiros da lei".[12] Para Tomás de Aquino "lei vem de *ligar,* porque obriga a agir".[13] Na opinião de Isidoro de Sevilha "a lei é assim chamada do verbo *ler* e está escrita".[14]

75.3. Lei em Sentido Amplo. Em sentido amplo, emprega-se o vocábulo lei para indicar o *Jus scriptum.* É uma referência genérica que atinge à lei propriamente, à medida provisória e ao decreto.[15] Criada pela Constituição Federal de 1988, a *medida provisória* é ato de competência do presidente da República, que poderá editá-la na hipótese de *relevância* e *urgência,* excluída a permissão constitucional sobre matéria afeta à nacionalidade, cidadania, direitos políticos, partidos políticos, Direito Eleitoral, Penal, Processual Penal e Processual Civil, entre outros assuntos, como prevê o art. 62 da Constituição Federal, conforme a redação dada pela Emenda Constitucional nº 32, de 11 de setembro de 2001. Tanto quanto o decreto-lei, a quem substitui em nosso ordenamento, possui forma de decreto e conteúdo de lei. Uma vez editada deve ser submetida imediatamente à apreciação do Congresso Nacional. Caso não logre a *conversão em lei* dentro do prazo de sessenta dias da publicação, prorrogável por igual tempo, a medida provisória perderá seu caráter obrigatório, com efeitos retroativos ao início de sua vigência.[16] Ocorrendo esta hipótese, o Congresso Nacional deverá disciplinar as relações sociais afetadas pelas medidas provisórias rejeitadas.

Os atos normais de competência do Chefe do Executivo – Presidente da República, Governador de Estado, Prefeito Municipal –, são baixados mediante simples decretos. A validade destes não exige o referendo do Poder Legislativo. Entre as diversas espécies de decretos, há os autônomos e os regulamentares. Os primeiros são editados na rotina da função administrativa, sobre as matérias definidas na Constituição Federal, nas constituições estaduais e em leis que organizam a vida dos municípios. Os decretos regulamentares complementam as leis, dando-lhes a forma prática de aplicação. O regulamento não pode

---

12   Cícero, *op. cit.,* p. 40.

13   *Suma Teológica,* trad. de Alexandre Correa, 2ª ed., EST-Sulina-UCS, Porto Alegre, 1980, vol. IV, p. 1.732.

14   Em *Etimol.* (cap. X) *apud* Tomás de Aquino, *op. cit.,* vol. IV, p. 1.736.

15   Hésio Fernandes Pinheiro critica o uso do vocábulo *lei* em sentido amplo: "A palavra lei, como expressão genérica e ampla, não deve ser empregada. *Lei* será quando o ato for, de fato, uma lei; *Decreto-Lei* quando for decreto-lei; *Decreto* quando for decreto..." (*Técnica Legislativa,* 2ª ed., Livraria Freitas Bastos S.A., Rio de Janeiro, 1962, p. 218).

16   A PEC 91/2019, já aprovada pelo Congresso Nacional e aguardando sanção presidencial até a data de fechamento desta edição, altera as regras e prazos de tramitação de medidas provisórias, conferindo prazos específicos para cada fase de apreciação (emissão de parecer por comissão mista no prazo de 40 dias; aprovação pela Câmara dos Deputados no prazo de quarenta dias; aprovação pelo Senado Federal no prazo de trinta dias; apreciação pela Câmara dos Deputados de eventuais emendas do Senado Federal no prazo de dez dias).

introduzir novos direitos e deveres; deve limitar-se a estabelecer os critérios de execução da lei.

75.4. Lei em Sentido Estrito. Neste sentido, lei *é o preceito comum e obrigatório, emanado do Poder Legislativo, no âmbito de sua competência.* A lei possui duas ordens de caracteres: substanciais e formais. 1º) *Caracteres Substanciais* – Como a lei agrupa normas jurídicas, há de reunir também os caracteres básicos destas: generalidade, abstratividade, bilateralidade, imperatividade, coercibilidade. É indispensável ainda que o conteúdo de lei expresse o bem comum. 2º) *Caracteres Formais* – Sob o aspecto de forma, a lei deve ser: escrita, emanada do Poder Legislativo em processo de formação regular, promulgada e publicada.

Os romanos a definiram como *lex est quod populus atque constituit* (lei é o que o povo ordena e constitui) e *lex est commune praeceptum* (lei é o preceito comum). Para Tomás de Aquino, "é preceito racional orientado para o bem comum e promulgado por quem tem a seu cargo os cuidados da comunidade". Crisipo, o estoico, colocou-a no mais alto pedestal, afirmando que "é a rainha de todas as coisas, divinas e humanas, critério do justo e do injusto, preceptora do que se deve fazer e proibidora do que se não deve fazer". As virtudes da lei foram discriminadas por Isidoro de Sevilha: "a lei há de ser honesta, justa, possível, adequada à natureza e aos costumes, conveniente no tempo, necessária, proveitosa e clara, sem obscuridade que ocasione dúvida, e estatuída para utilidade comum dos cidadãos e não para benefício particular." (Etimologias, V, 21).[17] Esta definição, na verdade, constitui um esquema de uma Filosofia do Direito. A já citada definição formulada por Montesquieu: "a relação necessária, derivada da natureza das coisas", na opinião de alguns, é aplicável apenas às leis da natureza, mas na realidade é de caráter genérico, alcança a lei jurídica e lhe dá foro de cientificidade.

75.5. Lei em Sentido Formal e em Sentido Formal-Material. Em sentido formal, lei é o instrumento que atende apenas aos requisitos de forma (processo regular de formação, poder competente), faltando-lhe pelo menos alguma característica de conteúdo, como a generalidade, ou por não possuir sanção ou carecer de substância jurídica. A aprovação, pela assembleia da Revolução Francesa, da lei que declarava a existência de Deus e a imortalidade da alma é exemplo claro de lei apenas em sentido formal. Em sentido formal-material, a lei, além de atender os requisitos de forma, possui conteúdo próprio do Direito, reunindo todos os caracteres substanciais e formais.

75.6. Lei Substantiva e Lei Adjetiva. *Lei substantiva* ou *material* é a que reúne normas de conduta social que definem os direitos e deveres das pessoas em suas relações de vida. As leis relativas ao Direito Civil, Penal, Comercial, normalmente são dessa natureza. *Lei adjetiva* ou *formal* consiste em um agrupamento de regras que definem os procedimentos a serem cumpridos no andamento das questões forenses. Exemplos: leis sobre Direito Processual Civil, Direito Processual Penal. As leis que reúnem normas substantivas e adjetivas são denominadas *institutos unos*. Exemplo: Lei de Falências. A lei substantiva é, naturalmente, a lei principal, que deve ser conhecida por todos, enquanto a adjetiva é de natureza apenas instrumental e o seu conhecimento é necessário somente àqueles que participam nas ações judiciais: advogados, juízes, promotores.

---

[17] *Apud* Mouchet e Becu, *op. cit.*, p. 192.

75.7. Leis de Ordem Pública. A lei de ordem pública, ao contrário das que integram a ordem privada, reúne preceitos de importância fundamental ao equilíbrio e à segurança da sociedade, pois disciplina os fatos de maior relevo ao bem-estar da coletividade. Por tutelar os interesses fundamentais da sociedade, prevalece independentemente da vontade das pessoas. É cogente e se sobreleva à opinião de todos, inclusive à daqueles a quem beneficia. Tal entendimento surgiu como consequência e extensão do brocardo de Papiniano *Jus publicum privatorum pactis mutari non potest* (não pode o Direito Público ser substituído pelas convenções dos particulares). Constituem leis de ordem pública as que dispõem sobre a família, direitos personalíssimos, capacidade das pessoas, prescrição, nulidade de atos, normas constitucionais, administrativas, penais, processuais, as pertinentes à segurança e à organização judiciária. São igualmente as que garantem o trabalho e dispõem sobre previdência e acidente do trabalho. Para o reconhecimento dessas leis, tem sido importante o papel da jurisprudência. Diante da função relevante de prover a segurança da sociedade, entende a doutrina que tais normas devam ser aplicadas em conjunto, como condição à garantia do equilíbrio social. A interpretação deve ser estrita, condenando-se tanto a amplitude quanto a limitação do alcance de suas normas jurídicas. Tanto a interpretação extensiva quanto a analogia não são admitidas. As normas não preceptivas, que se destinam apenas à organização, podem ser interpretadas extensivamente, de vez que não estabelecem limitações aos direitos individuais.

75.8. Formação da Lei – O Processo Legislativo. O processo legislativo é estabelecido pela Constituição Federal e se desdobra nas seguintes etapas: apresentação de projeto, exame das comissões, discussão e aprovação, revisão, sanção, promulgação e publicação.

75.8.1. Iniciativa da lei. Conforme dispõe o art. 61 da Constituição Federal de 1988, a iniciativa das leis complementares e ordinárias compete: a qualquer membro ou comissão da Câmara dos Deputados, do Senado Federal ou do Congresso Nacional, ao Presidente da República, ao Supremo Tribunal Federal, aos Tribunais Superiores, ao Procurador-Geral da República e ao cidadãos. A iniciativa pelo Presidente da República pode ocorrer sob duas modalidades distintas. O Chefe do Executivo pode encaminhar projeto em regime normal, caso em que o andamento será comum aos apresentados por outras fontes; poderá o Presidente solicitar urgência na apreciação de projetos de sua iniciativa, hipótese em que a matéria deverá ser examinada pela Câmara dos Deputados em quarenta e cinco dias e, sucessivamente, pelo Senado Federal em igual prazo. Esgotado este sem manifestação, o projeto entrará na ordem do dia em caráter prioritário, consoante dispõe o § 2º do art. 64 do texto constitucional.

75.8.2. Exame pelas comissões técnicas, discussões e aprovação. Uma vez apresentado, o projeto tramita por diversas comissões parlamentares, às quais se vincula por seu objeto. Passado pelo crivo das comissões competentes, deverá ir ao plenário para discussão e votação. No regime bicameral, como é o nosso, é indispensável a aprovação do projeto pelas duas Casas.

75.8.3. Revisão do projeto. O projeto pode ser apresentado na Câmara ou no Senado Federal. Iniciado na Câmara, o Senado funcionará como Casa revisora e vice-versa, com a circunstância de que os projetos encaminhados pelo Presidente da República, Supremo Tribunal Federal e Tribunais Federais serão apreciados primeiramente pela Câmara dos

Deputados. Se a Casa revisora aprová-lo, deverá ser encaminhado à Presidência da República para sanção, promulgação e publicação; se o rejeitar, será arquivado; se apresentar emenda, volverá à Casa de origem para nova apreciação. Não admitida a emenda, o projeto será arquivado.

75.8.4. Sanção. A sanção consiste na aquiescência, na concordância do Chefe do Executivo com o projeto aprovado pelo Legislativo. É ato da alçada exclusiva do Poder Executivo: do Presidente da República, Governadores Estaduais e Prefeitos Municipais. Na esfera federal, dispõe o Presidente do prazo de quinze dias para sancionar ou vetar o projeto. A sanção pode ser *tácita* ou *expressa*. Ocorre a primeira espécie quando o Presidente deixa escoar o prazo sem manifestar-se. É expressa quando declara a concordância em tempo oportuno. Na hipótese de veto, o Congresso Nacional – as duas Casas reunidas – disporá de trinta dias para a sua apreciação. Para que o veto seja rejeitado é necessário o voto da maioria absoluta dos deputados e senadores, em escrutínio secreto. Vencido o prazo, sem deliberação, o projeto entrará na ordem do dia da sessão seguinte e em regime prioritário.

75.8.5. Promulgação. A lei passa a existir com a promulgação, que ordinariamente é ato do Chefe do Executivo. Consiste na declaração formal da existência da lei. Rejeitado o veto presidencial, será o projeto encaminhado à presidência, para efeito de promulgação no prazo de quarenta e oito horas. Esta não ocorrendo, o ato competirá ao presidente do Senado Federal, que disporá de igual prazo. Se este não promulgar a lei, o ato deverá ser praticado pelo vice-presidente daquela Casa.

75.8.6. Publicação. A publicação é indispensável para que a lei entre em vigor e deverá ser feita por órgão oficial. O início de vigência pode dar-se com a publicação ou decorrida a *vacatio legis*, que é o tempo que medeia entre a publicação e o início de vigência.

75.9. Lei Delegada. Embora a elaboração de lei seja da competência do Poder Legislativo, o § 1º do art. 68 da Constituição Federal prevê a hipótese de o Presidente da República solicitar delegação ao Congresso Nacional para legislar sobre determinada matéria, vedada a inclusão do seguinte elenco: "I – organização do Poder Judiciário e do Ministério Público, a carreira e a garantia de seus membros; II – nacionalidade, cidadania, direitos individuais, políticos e eleitorais; III – planos plurianuais, diretrizes orçamentárias e orçamentos". Na delegação, que se faz mediante resolução do Congresso Nacional, deve constar a matéria e os termos de seu exercício. Caso conste na delegação, o projeto do Executivo deverá ser apreciado pelo Congresso Nacional em votação única, vedada qualquer emenda.

75.10. LINDB. A Lei de Introdução às Normas do Direito Brasileiro (LINDB), anteriormente denominada Lei de Introdução ao Código Civil, fixa princípios e regras auxiliares à aplicação do Direito pátrio em geral, abrangendo tanto o *Jus Publicum* quanto o *Jus Privatum*. Esta valiosa fonte foi editada pelo Dec.-lei 4.657/1942 e substancialmente alterada em 25 de abril de 2018 pela Lei 13.655, conhecida como Lei da Segurança Jurídica (V. item 150), sendo posteriormente regulamentada pelo Decreto 9.830 de 10 de junho de 2019 (arts. 20 a 30).

76. OBRIGATORIEDADE DA LEI

A consequência natural da vigência da lei é a sua obrigatoriedade, que dimana do caráter imperativo do Direito. Em face do significado da lei para o equilíbrio social, nos diversos sistemas jurídicos vigora o princípio de que *nemo jus ignorare censetur*, consagrado pelo nosso Direito no art. 3º da Lei de Introdução às normas do Direito Brasileiro, que dispõe: "Ninguém se escusa de cumprir a lei, alegando que não a conhece." Tal preceito, na opinião de alguns autores, firma a presunção de que todos conhecem a lei, enquanto outros identificam-no com a ficção jurídica. Como reconhece a doutrina moderna, esse princípio se justifica pela necessidade social, pois visa a atender interesses da coletividade. Para Villoro Toranzo, "a obrigatoriedade jurídica se faz sentir na vontade dos homens em forma intuitiva, evidente e inata..."[18] Em decorrência do aludido princípio, o *erro de Direito* não é relevante em relação aos atos jurídicos, salvo na hipótese em que for a sua única causa. Em matéria penal, a ignorância da lei é inescusável enquanto o erro inevitável sobre a ilicitude do fato apenas isenta de pena o agente, por força do que dispõe o art. 21 do Código Penal. Já a Lei de Contravenções Penais, pelo art. 8º, prevê a não aplicação da pena quando a ignorância ou a errada compreensão da lei for escusável.

– Por que a lei obriga? – Há várias teorias a respeito, entre as quais se apresentam:

a) Teoria da Autoridade, formulada notadamente por Hobbes e Austin, que consideram a obrigatoriedade da lei uma simples decorrência da força. Icílio Vanni critica tal opinião, lembrando que "acima da norma jurídica e do poder que a impôs, há uma força que torna possível a existência da norma e que é a vontade popular".[19]

b) Teorias da Valoração, que subordinam a obrigatoriedade da lei ao seu conteúdo ético.

c) Teorias Contratualistas, para quem a norma jurídica é obrigatória se e enquanto os que devem obedecê-la concorrerem para a sua formação.

d) Teorias Neocontratualistas, que condicionam a obrigatoriedade à adesão ou reconhecimento dos que lhe são subordinados.

e) Teoria Positivista, que sustenta, na palavra de Vanni, que "a norma jurídica deve ser considerada como o último elo de uma corrente, cujos elos precedentes constituem a ordem jurídica já existente em uma certa comunidade".

77. APLICAÇÃO DA LEI

A aplicação da lei apresenta várias etapas, estudadas por Vicente Ráo como fases da interpretação do Direito:[20]

77.1. Diagnose do Fato. Consiste no levantamento e estudo da *quaestio facti*, dos acontecimentos que aguardam a aplicação da lei. É a tarefa preliminar de definição dos fatos. Para isto, o magistrado considera a narrativa apresentada pelas partes interessadas, examina cuidadosamente as provas e firma o diagnóstico quanto à matéria de fato.

77.2. Diagnose do Direito. Esta etapa consiste na indagação da existência de lei que discipline os fatos. É um trabalho apenas de constatação da existência da lei.

---

[18] Villoro Toranzo, *Introducción al Estudio del Derecho*, 1ª ed., Editorial Porrua S.A., México, 1966, p. 7.
[19] Icílio Vanni, *op. cit.*, p. 45.
[20] Vicente Ráo, *op. cit.*, vol. I, tomo II, p. 543.

77.3. Crítica Formal. Conhecidos os fatos e verificada a existência da lei, cumpre ao aplicador do Direito examinar se o ato legislativo se reveste de todos os requisitos de caráter formal. Deve-se verificar se a lei contém todos os autógrafos necessários, se há correspondência entre o texto aprovado e o publicado e, ainda, se o seu processo de formação foi regular. Hobbes atentou para a importância de se submeter a lei a uma crítica de ordem formal: "E não basta que a lei seja escrita e publicada, é preciso também que haja sinais manifestos de que ela deriva da vontade do soberano. Porque os indivíduos que têm ou julgam ter força suficiente para garantir seus injustos desígnios, e levá-los em segurança até seus ambiciosos fins, podem publicar como lei o que lhes aprouver, independentemente ou mesmo contra a autoridade legislativa. Porque não basta apenas uma declaração da lei, são necessários também sinais suficientes do autor e da autoridade."[21]

77.4. Crítica Substancial. Nesta fase o aplicador deverá verificar os elementos intrínsecos de validade e de efetividade da lei. A sua atenção se dirigirá para o teor das normas jurídicas, a fim de examinar se o poder legiferante era competente para editar o ato; se a lei é constitucional ou não; se é de natureza taxativa ou simplesmente dispositiva etc.

77.5. Interpretação da Lei. Com a definição dos fatos, certificada a existência da lei disciplinadora e a validade formal e substancial desta, impõe-se ao aplicador a tarefa de conhecer o espírito da lei. Interpretar o Direito consiste em revelar o sentido e o alcance das normas jurídicas.

77.6. Aplicação da Lei. Vencidas as etapas preliminares, a autoridade judiciária ou administrativa já estará em condições de promover a aplicação da lei, atividade essa que segue a forma de um silogismo. A aplicação do Direito é uma operação lógica, mas não exclusivamente lógica, pois importante é a contribuição do juiz, com as suas estimativas pessoais. A premissa maior corresponde à *lei*; a premissa menor consiste no *fato*; a conclusão deverá ser a projeção dos fatos na lei, a *subsunção*, ou seja, a sentença judicial (v. item 128).

BIBLIOGRAFIA PRINCIPAL

Ordem do Sumário:

73 – Jorge I. Hübner Gallo, *Introducción al Derecho*; Miguel Reale, *Lições Preliminares de Direito*; R. Limongi França, *Formas e Aplicação do Direito Positivo*;

74 – Edward McNall Burns, *História da Civilização Ocidental*; José Carlos Moreira Alves, *Direito Romano*; José Puig Brutau, *Fundamentos de Derecho Civil*; Max Kaser, *Direito Privado Romano*; Mouchet e Becu, *Introducción al Derecho*;

75 – Celso Ribeiro Bastos, *Curso de Direito Constitucional*; Lino Rodriguez-Arias Bustamante, *Ciencia y Filosofía del Derecho*; Machado Netto, *Compêndio de Introdução à Ciencia do Direito*; Mouchet e Becu, *Introducción al Derecho*; Tomás de Aquino, *Suma Teológica – Questão XC*;

76 – Miguel Villoro Toranzo, *Introducción al Estudio del Derecho*; Icílio Vanni, *Filosofia do Direito*;

77 – Vicente Ráo, *O Direito e a Vida dos Direitos*.

---

[21] Hobbes, *op. cit.*, p. 169.

– Capítulo 15 –
DIREITO COSTUMEIRO

Sumário: 78. Considerações Preliminares. **79.** Conceito de Direito Costumeiro. **80.** Elementos dos Costumes. **81.** A Posição da Escola Histórica do Direito. **82.** Espécies de Costumes. **83.** Valor dos Costumes. **84.** Prova dos Costumes.

78. CONSIDERAÇÕES PRELIMINARES

Através dos tempos, o Direito Positivo sempre manteve uma íntima conexão com os fatos sociais que constituem a sua fonte material. Essa dependência da ordem jurídica às manifestações sociais é fato comum na história do Direito. No passado a influência era mais visível, de vez que o costume, além de fonte material, era a forma de expressão do Direito por excelência. Na atualidade, como órgão gerador do Direito, o costume se apresenta com pouca expressividade, com função apenas supletiva da lei. O Direito escrito já absorveu a quase totalidade das normas consuetudinárias, salvo o dos povos anglo-americanos onde o Direito costumeiro mantém uma relativa importância, que tende a diminuir em face da crescente produção legislativa.

Na opinião de alguns autores, haveria uma lei natural, imanente ao Direito, pela qual os sistemas jurídicos deixariam a sua forma consuetudinária e se transformariam, progressivamente, em Direito codificado. O bosquejo histórico confirma esse pensamento. Todos os povos, primitivamente, adotaram normas de controle social, geradas pelo consenso popular e as antigas legislações, como a de Hamurabi e as XII Tábuas, foram, em grande parte, compilações dos costumes. Esta opinião é confirmada por Cogliolo: "Quem procura a origem de todo aquele Direito (Romano), acha que ele é atribuído ou à obra dos jurisconsultos, ou ao edito do pretor, mas na realidade a origem primária foi muitas vezes o costume".[1]

Não é de se admitir, contudo, que entre os antigos o Direito teve a sua formação totalmente espontânea, com uma criação do povo, em um processo democrático. Como assinala Edgar Bodenheimer, as pesquisas atuais revelam que em muitas sociedades primitivas a estrutura existente era mais patriarcal do que democrática. Aceita esta premissa, é forçoso admitir-se a conclusão firmada por esse jusfilósofo: "Se cremos na existência dessa

---

[1] Pietro Cogliolo, *op. cit.*, p. 47.

autoridade patriarcal, temos que supor que as regras de conduta da sociedade primitiva eram determinadas em grande parte pelo chefe autocrático ou ao menos que só podiam desenvolver aqueles usos e costumes que possuíam a sua aprovação."[2]

A partir do início do século XIX, começou a operar a mudança na forma de manifestação do Direito. O racionalismo filosófico, doutrina que destacava o poder criador da razão humana, e a elaboração do Código Napoleão influenciaram decisivamente nos processos de codificação do Direito de quase todos os povos. Os benefícios que o Direito escrito pode oferecer, diante de rápidas mudanças históricas, diante de sempre novos e surpreendentes desafios que a ciência e a tecnologia apresentam, dão-nos a convicção de que o Direito costumeiro é uma espécie jurídica em desaparecimento.

79. CONCEITO DE DIREITO COSTUMEIRO

Enquanto a lei é um processo intelectual que se baseia em fatos e expressa a opinião do Estado, o costume é uma prática gerada espontaneamente pelas forças sociais e ainda, segundo alguns autores, de forma inconsciente.[3] A lei é Direito que aspira à efetividade e o costume é norma efetiva que aspira à validade. A formação do costume é lenta e decorre da necessidade social de fórmulas práticas para resolverem problemas em jogo. "O povo afirma por ele – diz Edmond Picard – a sua confiança em si mesmo para a edificação da Justiça."[4] Diante de uma situação concreta, não definida por qualquer norma vigente, as partes envolvidas, com base no bom-senso e no sentido natural de justiça, adotam uma solução que, por ser racional e acorde com o bem comum, vai servir de modelo para casos semelhantes. Essa pluralidade de casos, na sucessão do tempo, cria a norma costumeira.

Para Icílio Vanni, duas forças psicológicas concorrem para a formação dos costumes: o *hábito* e a *imitação*. O primeiro, considerado *a segunda natureza do homem*, é regulado pela lei de *inércia*, que nos induz a repetir um ato pela forma já conhecida e experimentada. Igual fenômeno ocorre com a imitação, que corresponde a uma tendência, natural nos seres humanos, de copiar os modelos adotados por outras pessoas e que se revelam úteis.[5]

O Direito costumeiro pode ser definido como *conjunto de normas de conduta social, criadas espontaneamente pelo povo, através do uso reiterado, uniforme e que gera a certeza de obrigatoriedade, reconhecidas e impostas pelo Estado*. Ou, na expressiva definição de Ulpiano: *mores sunt tacitus consensus populi longa consuetudine inveteratus* (Os costumes são o tácito consenso do povo, inveterado por longo uso).

Os costumes jurídicos, *consuetudo*, não se confundem com as Regras de Trato Social. Aqueles se caracterizam pela exigibilidade e versam sobre interesses básicos dos indivíduos, enquanto os usos sociais não são exigíveis e relacionam-se a questões de menor profundidade. Jacques Cujas, jurista francês, ao vincular lei e costume, apresentou este expressivo paralelo:

"*Quid consuetudo?*

---

[2]   Edgar Bodenheimer, *Teoria del Derecho*, Fondo de Cultura Económica, México, 1942, p. 109.

[3]   Ihering, que inicialmente simpatizou-se com o historicismo jurídico, rompeu com essa doutrina, discordando de que o Direito pudesse ser criado inconscientemente. Atribuindo importância fundamental ao princípio da finalidade, Ihering sustentou que a ideia do fim é o motor do Direito. A norma jurídica não pode ser criada *inconscientemente, instintivamente*. A formação de uma regra de Direito se dá em virtude de um determinado fim que se pretende realizar.

[4]   Edmond Picard, *op. cit.,* p. 148.

[5]   Icílio Vanni, *op. cit.,* p. 50.

– Lex non scripta:

Quid lex?

– Consuetudo scripta".

Tal consideração revela que, na prática, a única distinção objetiva que deve existir entre ambos consiste no fato de a lei ser sempre escrita e o costume ser oral, pois a genuína fonte e o conteúdo devem ser iguais. Segue-se daí a conclusão de que, uma vez escrita, a norma deixa de ser costumeira para incorporar-se à categoria de Direito codificado. Lei e costume devem emoldurar o quadro da vida em sociedade e ser um produto da vivência social condicionados no tempo e no espaço pela história.

Estendendo o paralelo entre costume jurídico e lei nos deparamos diante do seguinte quadro:

Referências	Lei	Costume
Autor	Poder Legislativo	Povo
Forma	Escrita	Oral
Obrigatoriedade	Início de vigência	A partir da efetividade
Criação	Reflexiva	Espontânea
Positividade	Validade que aspira à efetividade	Efetividade que aspira à validade
Condições de validade	Cumprimento de formas e respeito à hierarquia das fontes	Ser admitido como fonte e respeito à hierarquia das fontes
Quanto à legitimidade	Quando traduz os costumes e valores sociais	Presumida

Apesar de o costume ser a expressão mais legítima e autêntica do Direito, pois produto voluntário das relações de vida, não atende mais aos anseios de segurança jurídica. O Direito codificado favorece mais a certeza do Direito do que as normas costumeiras. É justamente esta circunstância que dá à lei uma superioridade sobre o costume, notadamente nos Estados de grande base territorial, em que há diversidade de usos e costumes. Se os costumes possuem, de um lado, a vantagem de ser um Direito que traduz presumivelmente as aspirações do povo, sem qualquer compromisso de natureza política, de outro lado, além da incerteza jurídica que geram, muitas vezes as suas normas vêm impregnadas de sentido moral e religioso. Pretendendo explicar como as normas sociais se transformam espontaneamente em Direito, Jellinek esposou a *teoria da força normativa dos fatos*. Estes seriam dotados de uma certa força jurídica, pela qual sempre que uma prática social se repetisse com assiduidade criaria, nos membros da sociedade, a convicção de seu valor jurídico e obrigatoriedade.[6] Fundamentando-se no pensamento kantiano, segundo o qual, entre o mundo do ser e o do dever ser, há um grande abismo, García Máynez criticou essa teoria, alegando que não basta a repetição de uma prática, para que esta alcance o estado

---

[6] *Apud* E. García Máynez, *op. cit.*, p. 62.

146 | INTRODUÇÃO AO ESTUDO DO DIREITO · PAULO NADER

de norma jurídica. Às vezes o que é obrigatório não é praticado e o que é praticado não é Direito (v. item 99).

80. ELEMENTOS DOS COSTUMES

Para que o costume alcance força jurídica é necessário, em primeiro plano, que esteja previsto no ordenamento jurídico como forma de expressão do Direito. Uma vez incluído no elenco das fontes formais, é indispensável que reúna dois elementos: *material* e *psicológico*. O primeiro, também denominado objetivo, exterior, é a *inveterata consuetudo* dos romanos. Consiste na *repetição constante e uniforme de uma prática social*. O costume pressupõe, assim, a pluralidade de atos, um longo tempo, uma única fórmula. Faltando um destes elementos a norma social não apresentará valor jurídico. Quanto ao tempo necessário de duração da prática social e o número de atos, a generalidade dos sistemas não predetermina. No Direito Romano, com base no vocábulo *longaevum*, que significa *centenário*, constante em texto legal, alguns autores concluem pela exigência de cem anos.

Julgando que a sociologia dos valores pode ser útil nesta matéria, Legaz y Lacambra cita um texto de Carlos Cossio, onde o jusfilósofo argentino expõe a sua opinião: "A maior altura do valor realizado pelo costume, menor número de casos e de tempo são necessários para que se considere o costume existente."[7] Não haveria assim nem tempo e nem número de casos predeterminados. A solução ficaria na dependência de o interesse social reclamar ou não a positividade da prática social. Se de um lado a sugestão de Carlos Cossio se manifesta racional, de outro lado se revela subjetiva e de difícil consenso. Entendemos que o quantitativo de atos e de tempo deva ser o suficiente para gerar, na consciência popular, a convicção da obrigatoriedade da prática social. Ao aplicador do Direito competirá, fundamentalmente, verificar se a norma seguida chegou a criar raízes no pensamento social.

O elemento psicológico, subjetivo ou interno, a *opinio iuris seu necessitatis* dos romanos, é o pensamento, a convicção de que a prática social reiterada, constante e uniforme, é necessária e obrigatória. É a certeza de que a norma adotada espontaneamente pela sociedade possui valor jurídico. Quanto à preeminência de um elemento sobre o outro, divide-se a doutrina jurídica em duas correntes: a materialista e a espiritualista. A primeira, integrada por Dernburg, Micelli, Ahrens, defende a tese de que a norma costumeira pressupõe apenas o elemento material, enquanto a segunda corrente, formada principalmente por Savigny e Puchta, entende desnecessário o elemento material, que constitui apenas o aspecto exterior do elemento psicológico, que é o fundamental.

81. A POSIÇÃO DA ESCOLA HISTÓRICA DO DIREITO

A importância do costume, como fonte jurídica, foi objeto de ampla análise da Escola Histórica do Direito, que surgiu na Alemanha, no início do século XIX, com o objetivo principal de combater o movimento racionalista, que sustentava a tese da codificação do Direito pelo raciocínio puro e através do método dedutivo. O programa dessa Escola foi sintetizado por Ruiz Moreno: *a)* comparação do Direito com a linguagem; *b)* o espírito ou consciência do povo como origem do Direito; *c)* o costume como a fonte mais importante do Direito.[8]

Foi Gustavo Hugo quem desenvolveu a primeira tese: a formação e o desenvolvimento do Direito seriam análogos ao processo linguístico. O povo é o autor da língua, que a

---

[7] L. Legaz y Lacambra, *op. cit.*, p. 550.

[8] Ruiz Moreno, *Filosofía del Derecho*, Editorial Guillermo Kraft, Buenos Aires, 1944, p. 327.

elabora espontaneamente, enquanto a classe dos gramáticos surge somente mais tarde, com a função de promover o apuro técnico e estético da linguagem. Igual fenômeno se passaria com o Direito, que teria as suas regras formadas naturalmente pelo povo, como resultado das vivências sociais. A missão dos juristas e técnicos seria semelhante à dos gramáticos: prover a forma e não a criação do Direito.

Defendida principalmente por Savigny, sob a influência de Shelling e Möser, a segunda tese historicista identificou a fonte do Direito com o *espírito do povo*. O fenômeno jurídico não se fundamentaria em ideias abstratas, em conceitos puros extraídos da razão, mas na *consciência jurídica do povo*. Como criação espontânea das forças sociais, a formação do Direito seria lenta, gradual, imperceptível e inconsciente. Em condição idêntica à dos demais processos culturais, como a Moral, arte, religião, costumes, política, o Direito seria uma objetivação do espírito do povo. Estando umbilicalmente ligado aos fatos históricos, o Direito não poderia ser um padrão universal, como sustentavam os defensores da ideia do Direito Natural.

A terceira tese historicista considerava o costume a forma ideal de manifestação do Direito, superior à lei. Foi Puchta, discípulo de Savigny, quem melhor definiu a função do costume no campo do Direito. Para os partidários da Escola Histórica, o costume seria a expressão mais legítima da vontade do povo, que o cria diretamente.

82. ESPÉCIES DE COSTUMES

As espécies se definem pela forma com que o costume se apresenta em relação à lei. A doutrina distingue as seguintes: *secundum legem, praeter legem* e *contra legem*.

a) Costume "Secundum Legem" – Há divergência doutrinária quanto ao significado desta espécie. Para alguns ela se caracteriza quando a prática social corresponde à lei. Não seria uma prática social ganhando efetividade jurídica, mas a lei introduzindo novos padrões de comportamento à vida social e que são acatados efetivamente. É também denominado costume interpretativo, pois, expressando o sentido da lei, a prática social espontaneamente consagra um tipo de aplicação das normas. Há autores que não admitem esta espécie, sob o fundamento de que não se trata de norma gerada voluntariamente pela sociedade, mas uma prática decorrente da lei. Esse costume se caracterizaria, na opinião de outros autores, quando a própria lei remete seus destinatários aos costumes, determinando o seu cumprimento. Sob este entendimento, é inegável que a norma costumeira atua efetivamente como fonte formal, apesar de sua aplicação ser ordenada por lei.

b) Costume "Praeter Legem" – É o que se aplica supletivamente, na hipótese de lacuna da lei. Esta espécie é admitida pela generalidade das legislações. O Código Civil Suíço, de 1912, pelo art. 1º prevê esta espécie: "A lei rege todas as matérias às quais se referem a letra ou o espírito de uma de suas disposições. Na falta de uma disposição legal aplicável, deverá o juiz decidir de acordo com o Direito costumeiro e, onde também este faltar, como havia ele de estabelecer se fosse legislador. Inspirar-se-á para isso na doutrina e jurisprudência mais autorizadas." Em nosso país, o costume assume o mesmo caráter, pelo que dispõe o art. 4º da Lei de Introdução às normas do Direito Brasileiro: "Quando a lei for omissa, o juiz decidirá o caso de acordo com a analogia, os costumes e os princípios gerais de direito." O Direito argentino, pelo art. 17 do Código Civil, só admite a aplicação da norma costumeira quando as leis a determinarem: "o uso, o costume ou prática não podem criar direitos, senão quando as leis se referirem a eles."

INTRODUÇÃO AO ESTUDO DO DIREITO · PAULO NADER

c) Costume "Contra Legem" – É a chamada *consuetudo abrogatoria*, que se caracteriza pelo fato de a prática social contrariar as normas de Direito escrito. Apesar de haver divergência doutrinária quanto à sua validade, é pensamento predominante que a lei só pode ser revogada por outra. O mérito da presente questão se confunde com o problema da validade das leis em desuso (v. item 85).

83. VALOR DOS COSTUMES

Para o Direito brasileiro, filiado ao sistema continental, a lei é a principal fonte formal, como se pode inferir do disposto no art. 4º da Lei de Introdução às normas do Direito Brasileiro. No julgamento da lide caber-lhe-á aplicar as normas legais; não as havendo, recorrerá à analogia, aos costumes e aos princípios gerais de direito. No âmbito do Direito Comercial a sua aplicação é prevista em vários dispositivos do Código Comercial, entre os quais podemos indicar o art. 673. A sua aplicação está prevista na legislação trabalhista brasileira, pelo art. 8º da Consolidação das Leis do Trabalho. Segundo Amauri Mascaro Nascimento o costume é uma norma do Direito do Trabalho admitida, com maior ou menor extensão, nos principais sistemas de Direito.[9] Quanto ao Direito Penal, em face do *princípio da reserva legal*, enunciado por Feuerbach: *nullum crimen, nulla poena, sine lege praevia* (não há crime, não há pena, sem lei anterior), a norma costumeira não é admitida como fonte. No Direito Internacional Público, em face da peculiaridade desse ramo, que não é comandado por um poder centralizador, o costume constitui a sua fonte universal. As normas consuetudinárias, contudo, não possuem natureza cogente ou taxativa, pelo que podem ser substituídas mediante tratados internacionais. Se no passado o costume foi a principal fonte desse Direito, no presente, como atesta Celso D. de Albuquerque Mello, "ele se encontra em regressão, tendo em vista a sua lentidão e incerteza."[10] No âmbito do Direito Civil há previsão, igualmente, para a aplicação da norma costumeira, como se pode constatar nos artigos 569, II, e 596, ambos do Código de 2002.

84. PROVA DOS COSTUMES

O princípio *iura novit curia* (os juízes conhecem o Direito), pelo qual as partes não precisam provar a existência do Direito invocado, não tem aplicação quanto aos costumes, em face do disposto no art. 376 do Código de Processo Civil de 2015: "A parte que alegar direito municipal, estadual, estrangeiro ou consuetudinário provar-lhe-á o teor e a vigência, se assim o juiz determinar". Na justiça ou perante órgãos da administração pública, os costumes podem ser provados pelos mais diversos modos: documentos, testemunhas, vistorias etc. Em matéria comercial, porém, devem ser provados através de certidões fornecidas pelas juntas comerciais, que possuem fichários organizados para esse mister.

BIBLIOGRAFIA PRINCIPAL

Ordem do Sumário:

78 – Pietro Cogliolo, *Filosofia do Direito Privado*; Edgar Bodenheimer, *Teoría del Derecho*;

79 – Icílio Vanni, *Lições de Filosofia do Direito*; Eduardo García Máynez, *Introducción al Estudio del Derecho*; Mouchet e Becu, *Introducción al Derecho*;

---

9   Amauri Mascaro Nascimento, *Compêndio de Direito do Trabalho*, 2ª ed., Edições LTr., São Paulo, 1976, p. 213.

10   Celso D. de Albuquerque Mello, *Curso de Direito Internacional Público*, 6ª ed., Biblioteca Jurídica Freitas Bastos, Rio de Janeiro, 1979, 1º vol. p. 190.

Quarta Parte • **Cap. 15** • DIREITO COSTUMEIRO | **149**

80 – L. Legaz y Lacambra, *Filosofía del Derecho*; João Arruda, *Filosofia do Direito*; Mouchet e Becu, *Introducción al Derecho*;

81 – Martin T. Ruiz Moreno, *Filosofía del Derecho*; Edgar Bodenheimer, *Ciência do Direito, Filosofia e Metodologia Jurídicas*;

82 – Roberto de Ruggiero, *Instituições de Direito Civil*, vol. I; Mouchet e Becu, *op. cit.*;

83 – Amauri Mascaro Nascimento, *Compêndio de Direito do Trabalho*; Celso D. de Albuquerque Mello, *Curso de Direito Internacional Público*;

84 – Legislação citada.

– Capítulo 16 –
O DESUSO DAS LEIS

Sumário: **85.** Conceito de Desuso das Leis. **86.** Causas do Desuso. **87.** A Tese da Validade das Leis em Desuso. **88.** A Tese da Revogação da Lei pelo Desuso. **89.** Conclusões.

85. CONCEITO DE DESUSO DAS LEIS

Há temas que conservam permanente atualidade nos quadros da doutrina jurídica. Um deles se refere à validade das leis em desuso – problema comum às legislações de tradição romano-germânica. A importância da questão provém, em parte, da insegurança que a *desuetudo* provoca no meio social. As leis em desuso geram, no espírito de seus destinatários, a incerteza da obrigatoriedade, quando não conduzem à crença de que deixaram de produzir efeitos. A dúvida representa um mal social e um mal jurídico, pois a vida exige definições e o Direito não pode abrigar reticências. Todo fator de incerteza é corpo estranho na ordem jurídica, que compromete o sistema, devendo ser eliminado.

Teoricamente as leis em desuso podem incidir tanto no campo do Direito Público como no do Direito Privado. Na realidade, porém, a *desuetudo* se manifesta quase exclusivamente nas relações jurídicas de subordinação, em que o poder público participa como um dos sujeitos. A caracterização do desuso não se dá apenas com a não aplicação da lei pelos órgãos competentes. É imperioso que o descaso da autoridade seja à vista da ocorrência dos fatos que servem de suporte à lei. Quando esta cai em desuso, realizam-se os fatos descritos no *suposto* ou *hipótese* da norma jurídica, sem haver, contudo, a aplicação da *consequência* ou *disposição* prevista. Uma lei que nunca foi aplicada nem sempre se transforma em *desuetudo*. É importante verificar-se, primeiramente, se tem ocorrido a hipótese da norma com o conhecimento da autoridade responsável pela sua aplicação. Em matéria de Direito Privado, contudo, é despiciendo o conhecimento aludido. O desuso pode ter sido consagrado espontaneamente pelas relações de vida, sem qualquer manifestação ou autenticação do Poder Judiciário. Para a caracterização ainda do desuso, é indispensável o concurso de dois elementos: *generalidade* e *tempo*. O desuso deve estar generalizado na área de alcance da lei e por um prazo de tempo suficiente para gerar, no povo, o esquecimento da lei.

INTRODUÇÃO AO ESTUDO DO DIREITO · PAULO NADER

Uma visão reducionista de desuso encontramos no pensamento de Machado Netto, para quem se caracteriza apenas quando a lei "nasceu letra morta, não tendo logrado eficácia logo de sua formal entrada em vigor..."[1] Não há qualquer imperativo lógico para a limitação pretendida. As causas que conduzem ao desuso podem surgir mais tarde, alcançando a lei em um estádio mais avançado. O desuso, como expõe Serpa Lopes, é espécie do gênero *costume contra legem*. A outra espécie denomina-se *costume ab-rogatório (consuetudo abrogatoria)* e consiste em uma norma que se opõe à lei. François Gény, porém, não fez qualquer distinção entre as espécies, dizendo que "uso contrário e desuso, tudo é uma coisa só e produzem o mesmo efeito em relação à lei escrita. Trata-se só de saber qual deve ser o efeito".[2] O autor da *Livre Investigação Científica* comenta ainda que Savigny demonstrou a identidade dos dois aspectos do problema de um modo irrefutável e ainda não contestado. Na opinião de Carlos Cossio, quando se opera o desuso da lei tem-se uma fonte formal do Direito sem a correspondente fonte material.[3]

86. CAUSAS DO DESUSO

Expressando o pensamento do corpo de juristas que elaborou o Código Napoleão, Portalis afirmou que as leis em desuso são "a obra de uma potência invisível que, sem comoção e sem abalo, nos faz justiça das más leis e que parece proteger o povo contra as surpresas do legislador, e ao legislador contra si mesmo..."[4] Essa "potência invisível", esclareceu Portalis, é a mesma que cria naturalmente os usos, os costumes e as línguas. Resultam, assim, da contradição existente entre a lei e as fontes reais do Direito. Julien Bonnecase ressalta igualmente a influência das fontes reais, dizendo que "a ab-rogação das leis pelo desuso revela toda a força das fontes reais, verdadeiros elementos geradores das regras de Direito e das instituições jurídicas, cuja substância proporcionam".[5]

Essa suplantação da lei pelas fontes reais, porém, não é a causa primária do desuso. Essas forças são impulsionadas por motivos mais profundos, que se localizam nas qualidades negativas das leis. As verdadeiras causas do desuso estão centralizadas em certos defeitos que as leis costumam apresentar, além, naturalmente, da hipótese em que derivam da reiterada negligência de órgãos responsáveis por sua aplicação. Distinguimos, portanto, duas séries de causas: uma que se localiza na própria lei e outra provocada por interesses, de variada espécie, da administração pública.

Em função dos defeitos que apresentam, causadores do desuso, formulamos a seguinte classificação: 1 – leis anacrônicas; 2 – leis artificiais; 3 – leis injustas; 4 – leis defectivas.[6]

86.1. Leis Anacrônicas. As que denominamos por anacrônicas são leis que envelheceram durante o seu período de vigência e não foram revogadas por obra do legislador. Permaneceram imutáveis, enquanto a vida evoluía. Durante uma época, cumpriram a sua finalidade, para depois prejudicar o avanço social. O legislador negligenciou, permitindo

---

[1] Machado Netto, *Compêndio de Introdução à Ciência do Direito*, ed. cit., pp. 274 e 283.

[2] François Gény, *Método de Interpretación y Fuentes en Derecho Privado Positivo*, 2ª ed., Editorial Reus (S.A.), Madrid, 1925, p. 401.

[3] *Teoria de la Verdad Jurídica*, Buenos Aires, Editorial Losada, S.A., 1954, p. 255.

[4] *Apud* Julien Bonnecase, *Introducción al Estudio del Derecho*, Cajica, Puebla, 1944, trad. da 3ª ed. francesa, p. 199.

[5] *Op. cit.*, p. 200.

[6] Esta classificação, que originalmente apresentamos em trabalho doutrinário publicado na revista Lemi – Legislação Mineira, nº 49, de dezembro de 1971, foi adotada, entre outros juristas, pelo renomado escritor J. M. Othon Sidou, em sua obra *O Direito Legal* – Forense, Rio, 1985, p. 24.

Quarta Parte · **Cap. 16** · O DESUSO DAS LEIS | **153**

a defasagem entre as mudanças sociais e a lei. A própria vida social incumbiu-se de afastar a sua vigência, ensaiando novos esquemas disciplinares, em substituição à lei anacrônica.

86.2. Leis Artificiais. Como processo de adaptação social, o Direito deve ser criado à imagem da sociedade, revelando os seus valores e as suas instituições. A lei que não tem por base a experiência social, que é mera criação teórica e abstrata, sem vínculos com a vida da sociedade, não pode corresponder à vontade social. Seus modelos de comportamento não têm condições de organizar a vida desse povo. São artificiais, fruto apenas do pensamento, distanciados da realidade que vão governar. A Icílio Vanni não escapou este aspecto, ao salientar que "... quando falta toda correspondência entre a norma jurídica e os sentimentos públicos, a eficácia real da norma está comprometida e, às vezes, poderá mesmo cair em desuso."[7]

86.3. Leis Injustas. A incompetência ou desídia do legislador pode levá-lo à criação de leis irregulares, que vão trair a mais significativa das missões do Direito, que é espargir justiça. Lei injusta é a que nega ao homem o que lhe é devido ou lhe confere o indevido. Um coeficiente das leis em desuso decorre da natureza das leis injustas (v. item 61).

86.4. Leis Defectivas. Há leis não planejadas com suficiência, revelando-se, na prática, sem condições de aplicabilidade. São leis que não fornecem todos os recursos técnicos para a sua aplicação, exigindo uma complementação do órgão que as editou. Faltando os meios necessários à sua vigência, tais leis deixam de ingressar no mundo jurídico. São leis que já nascem com a marca do desuso. Em relação às normas da administração pública, há uma outra série de causas que não se acha ligada aos defeitos das leis. A negligência dos administradores decorre, muitas vezes, de interesses exclusivamente políticos. Em outros casos é o próprio interesse da administração que está em jogo, havendo ainda uma outra parcela de leis em desuso, resultante da falta de organização administrativa, notadamente no setor de fiscalização.

87. A TESE DA VALIDADE DAS LEIS EM DESUSO

A corrente partidária da permanência em vigor das leis em desuso desenvolve a sua dialética em função de dois argumentos básicos, um de caráter político e outro fundado na hierarquia das fontes formais do Direito. Sob o primeiro argumento, entendem seus defensores, como Aubry e Rau,[8] que a ab-rogação só encontraria justificativa nas monarquias absolutas, em que a lei é um produto exclusivo da vontade do governante. O costume *contra legem* seria uma forma de participação do povo na elaboração da ordem jurídica, funcionando como válvula moderadora. No Estado moderno, dividido em poderes independentes e harmônicos entre si, em que o povo escolhe os seus representantes, participando, assim, da administração, inadmissível se torna o princípio de revogação. Duvergier, Hello, Foucart, Demolombe, Laurent, Huc, Planiol, Hauriou, Baudry Lacantinerie e Houques Fourcarde, entre outros juristas, seguiram esta linha de pensamento. Em longo exame da matéria, F. Gény subordinou a solução do problema às condições sociopolíticas da época, dizendo que "... podem dar-se soluções diferentes segundo o estado da civilização e o grau

---

[7] Icílio Vanni, *op. cit.*, p. 45.

[8] *Apud* F. Gény, *op. cit.*, p. 393.

de evolução política em que se encontre".[9] A questão deve ser resolvida, pensava Gény, estudando-se o valor da lei e do costume no conjunto da organização social. Culminou por negar valor ao desuso, excetuando, porém, a matéria comercial, por peculiaridades próprias e quando as leis forem interpretativas, supletivas e permissivas. Também na atualidade da evolução jurídica, Giorgio del Vecchio fundamentou a sua contestação ao costume *contra legem*, em matéria civil.[10]

Em nosso país, o eminente jurista Clóvis Beviláqua deu curso a tais ideias, malgrado viesse a adotar uma teoria eclética, ao admitir a ab-rogação em casos excepcionais. Em sua obra *Teoria Geral do Direito*, afirmou que "no estado atual de nossa cultura, com o funcionamento regular dos poderes políticos, que servem de órgão à soberania, dados o contato direto entre o povo e os seus representantes e a influência sobre estes da opinião pública, não se faz necessário dar ao costume a ação revogatória da lei escrita...".[11]

O segundo ponto de apoio da corrente baseia-se na hierarquia das fontes formais, que nos sistemas filiados à família romano-germânica dá primazia à lei sobre o costume. Entre nós, notadamente Orlando Gomes, Vicente Ráo e Alípio Silveira sustentaram tal ponto de vista. Orlando Gomes adotou uma posição extrema, negando valor ao costume *contra legem* ainda em relação às leis supletivas. Escreveu o notável civilista que na tábua das fontes formais a lei, inequivocamente, se justapõe ao costume e que "princípio incontestável, decorrente da organização política atual, é que a lei só se revoga por outra lei".[12] Seguindo idêntica linha doutrinária, Vicente Ráo concordou com os autores contemporâneos, que "rejeitam os conceitos de *consuetudo abrogatoria* ou de *desuetudo*, por incompatíveis com a função legislativa do Estado e com a regra segundo a qual as leis só por outras leis se alteram, ou revogam, no todo, ou em parte".[13] Com base no art. 2º da Lei de Introdução às normas do Direito Brasileiro, Alípio Silveira nega força revogatória ao desuso e à *consuetudo ab-rogatoria*, abrindo uma exceção, contudo, às leis supletivas e interpretativas da vontade das partes, mas somente quando estas não se manifestam.[14] Limongi França e Carlos Maximiliano incorporam-se também a esta corrente. O primeiro afirmou que nenhum tribunal ou juiz pode deixar de aplicar a norma jurídica que não foi, direta ou indiretamente, revogada por outra lei, pois do contrário seria a desordem. Maximiliano baseou-se em um argumento de caráter subjetivo, considerando que a missão do intérprete seria dar vida aos textos e não subtrair-lhes a vigência.[15]

88. A TESE DA REVOGAÇÃO DA LEI PELO DESUSO

Examinando hoje a controvertida matéria, não são poucos os juristas, *intraneus* e *extraneus*, que sustentam a ab-rogação da lei pelo desuso. Dentro da corrente, variam os posicionamentos conforme a valorização absoluta ou relativa dos costumes *contra legem*.[16] Comparadas as opiniões e reunidas as várias ideias, sintetizamos o pensamento através de três argumentos principais: *a*) renúncia tácita do Estado pela aplicação da lei; *b*) irrelevân-

---

[9]   *Op. cit.*, p. 385.

[10] Giorgio del Vecchio, *op. cit.*, vol. II, p. 167.

[11] Clóvis Beviláqua, *Teoria Geral do Direito*, 3ª ed., Ministério da Justiça e Negócios Interiores, 1966, p. 32.

[12] Orlando Gomes, *Introdução ao Direito Civil*, 1ª ed., Forense, Rio de Janeiro, 1957, p. 52.

[13] Vicente Ráo, *op. cit.*, vol. I, tomo I, p. 294.

[14] Alípio Silveira, *Hermenêutica no Direito Brasileiro*, 1ª ed., Revista dos Tribunais, São Paulo, 1968, vol. I, p. 333.

[15] Carlos Maximiliano, *Hermenêutica e Aplicação do Direito*, 7ª ed., Editora Freitas Bastos, Rio de Janeiro, 1961, p. 242.

[16] Inteirando-se da questão: "Se o costume pode obter força de lei e ab-rogar a lei", Tomás de Aquino concluiu pela afirmativa: "... pela palavra humana a lei não só pode ser mudada, mas também exposta, manifestando o movimento interior e o conceito da razão humana" (*op. cit.*, vol. IV, p. 1.786).

cia e insubsistência do sistema jurídico excluir o caráter revocatório do desuso; *c*) validade da lei condicionada a um mínimo de eficácia.

Em relação à primeira tese, argui-se que o responsável pelo esvaziamento e despres- tígio da lei é o próprio Estado, através de seus órgãos incumbidos da aplicação da lei e da exigência de seu cumprimento. A responsabilidade, contudo, nem sempre pode ser lançada sobre o Poder Executivo. Agindo com desídia ou incompetência, o Poder Legis- lativo pode ser o agente do desencontro da vida com o Direito, provocando a *revolta dos fatos contra o código*. A inação governamental, disse Jean Cruet, é quem cria "um direito contra o direito". Como autor da ordem jurídica, o Estado possui o dever de garantir a sua efetividade. A negligência nesse mister, permitindo ações contrárias ou o descaso pela lei, representa um contrassenso e que importa na renúncia tácita à vigência e obrigatoriedade da lei em questão.

Examinando a controvérsia à luz do Estado moderno, onde a lei é a fonte principal do Direito, Flóscolo da Nóbrega pensa que: "O Estado, que dita as leis, tem o dever de fazê- -las cumprir; a eficácia da lei, a sua vitalidade, promana dessa garantia, dessa convicção de que as suas prescrições serão cumpridas como ordem de uma autoridade superior. Se essa garantia não se positiva, se essa autoridade não se faz respeitar, se o poder negligencia o dever de impor obediência à lei, esta perde a força moral, desmoraliza-se, torna-se letra morta".[17] Machado Paupério, condicionando o valor da *desuetudo* a uma razoável perma- nência no tempo, revela seu ponto de vista favorável à prevalência do desuso, diante da manifestação da vontade do Estado de renunciar, tacitamente, à aplicação de determinada lei.[18]

Uma tese mais avançada, fundada, porém, na autoridade de eminentes mestres da Ciência do Direito, sustenta o ponto de vista de que a *desuetudo* é força capaz de revogar a lei, ainda quando a ordem jurídica expressamente exclua essa possibilidade. Enneccerus, talvez o primeiro a argumentar em termos tão francos e conclusivos, reconheceu que, na prática, essa exclusão do costume *ab-rogador* tem condicionado, com frequência, as decisões, não obstante faltar à lei o poder de anular o costume *contra legem*, "pois o que avança como vontade jurídica, geralmente manifestada, é direito, ainda que contradiga uma proibição".[19]

De grande significação é a surpreendente posição assumida por Hans Kelsen diante do problema, isto porque abre uma fenda comprometedora na sua famosa "pureza me- tódica". O autor da *Teoria Pura do Direito*, que pretendeu reduzir o fenômeno jurídico a simples estrutura normativa, isolando-o dos demais fenômenos sociais, fez uma concessão aos fatos sociais ao condicionar a validade da lei a um mínimo de eficácia (v. item 218 e segs.).[20]

89. CONCLUSÕES

Sobre o tema central, validade ou não da lei em desuso, a solução deve ser guiada pelos dois valores supremos do Direito: *justiça* e *segurança*. Como justiça não pode haver sem segurança, o centro de gravidade do problema reduz-se aos critérios de segurança jurídica. Onde estaria a segurança da sociedade? Nas leis que ninguém cumpre e os órgãos

---

[17] Flóscolo da Nóbrega, *Introdução ao Direito*, 4ª ed., Konfino, Rio de Janeiro, 1968, p. 124.

[18] Machado Paupério, *Introdução à Ciência do Direito*, 3ª ed., Forense, Rio de Janeiro, 1977, p. 123.

[19] *Apud* Luis Legaz y Lacambra, *op. cit.*, p. 560.

[20] Hans Kelsen, *Teoria Pura do Direito*, ed. cit., vol. I, p. 20.

públicos rejeitam, ou nos costumes, que criaram raízes na consciência popular? Mais uma vez, pensamos, a verdade não se localiza nos grandes extremos. A lei em desuso é um mal que não oferece soluções ideais. Dar validade à lei abandonada, esquecida pelo povo e negligenciada pelo próprio Estado, seria um ato de violência e que poderia provocar situações por demais graves e incômodas. A adoção de um critério absoluto de revogação da lei pela *desuetudo*, de igual modo, atenta contra os princípios de segurança da sociedade. As leis de ordem pública que resguardam os interesses maiores da sociedade devem estar a salvo de convenções em contrário e da negligência dos órgãos estatais.

De importância igual ao problema de validade da lei em desuso, julgamos o estudo de prevenção desse fenômeno. As parcelas de responsabilidade na prevenção dividem-se entre os poderes da República – Legislativo, Executivo e Judiciário – que têm na lei o seu grande elo. A eliminação do fenômeno *desuetudo* está na dependência direta da fidelidade dos três poderes aos princípios iluminados pela Ciência do Direito.

BIBLIOGRAFIA PRINCIPAL

Ordem do Sumário:

85 – François Gény, *Método de Interpretación y Fuentes en Derecho Privado Positivo*; Serpa Lopes, *Curso de Direito Civil*, I; Paulo Nader, *Lemi*, nº 49;

86 – Paulo Nader, *op. cit.*;

87 – François Gény, *op. cit.*; Paulo Nader, *op. cit.*;

88 – Luis Legaz y Lacambra, *Filosofía del Derecho*; Paulo Nader, *op. cit.*;

89 – Paulo Nader, *op. cit.*

– Capítulo 17 –
JURISPRUDÊNCIA

Sumário: **90.** Conceito. **91.** Espécies. **92.** Paralelo entre Jurisprudência e Costume. **93.** O Grau de Liberdade dos Juízes. **94.** A Jurisprudência cria o Direito? **95.** A Jurisprudência vincula os Tribunais? **96.** Processos de Unificação da Jurisprudência.

90. CONCEITO

No curso da história o vocábulo *jurisprudência* sofreu uma variação semântica. De origem latina, formado por *juris* e *prudentia*, o vocábulo foi empregado em Roma para designar a Ciência do Direito ou teoria da ordem jurídica e definido como *Divinarum atque humanarum rerum notitia, justi atque injusti scientia* (conhecimento das coisas divinas e humanas, ciência do justo e do injusto). Neste sentido ainda é aplicado modernamente, mas com pouca frequência. Considerando muito significativa a acepção romana, que realça uma qualidade essencial ao jurista, que é a *prudência,* Miguel Reale entende que tudo deve ser feito para manter-se também em uso o sentido original de jurisprudência.[1] Atualmente o vocábulo é adotado para indicar os precedentes judiciais, ou seja, a reunião de decisões judiciais, interpretadoras do Direito vigente.

Em seu contínuo labor de julgar, os tribunais desenvolvem a análise do Direito, registrando, na prática, as diferentes hipóteses de incidência das normas jurídicas. Sem o escopo de inovar, essa atividade oferece, contudo, importante contribuição à experiência jurídica. Ao revelar o sentido e o alcance das leis, o Poder Judiciário beneficia a ordem jurídica, tornando-a mais definida, mais clara e, em consequência, mais acessível ao conhecimento. Para bem se conhecer o Direito que efetivamente rege as relações sociais, não basta o estudo das leis, é indispensável também a consulta aos repertórios de decisões judiciais. A jurisprudência constitui, assim, a definição do Direito elaborada pelos tribunais.

---

[1] Miguel Reale, *Lições Preliminares de Direito*, ed. cit., p. 62.

INTRODUÇÃO AO ESTUDO DO DIREITO · PAULO NADER

Na linha doutrinária de A. Torré, distinguimos, no conceito moderno de jurisprudência, duas noções: 1) Jurisprudência em sentido amplo; 2) Jurisprudência em sentido estrito.[2]

1 – *Jurisprudência em Sentido Amplo*: é a coletânea de decisões proferidas pelos tribunais sobre determinada matéria jurídica. Tal conceito comporta: *a) Jurisprudência uniforme*: quando as decisões são convergentes; quando a interpretação judicial oferece idêntico sentido e alcance às normas jurídicas; *b) Jurisprudência divergente ou contraditória*: ocorre quando não há uniformidade na interpretação do Direito pelos julgadores.

2 – *Jurisprudência em sentido estrito*: dentro desta acepção, jurisprudência consiste apenas no conjunto de decisões *uniformes*, prolatadas pelos órgãos do Poder Judiciário, sobre uma determinada questão jurídica. É a *auctoritas rerum similiter judicatorum* (autoridade dos casos julgados semelhantemente). A nota específica deste sentido é a uniformidade no critério de julgamento. Tanto esta espécie quanto a anterior pressupõem uma pluralidade de decisões.

Se empregássemos o termo apenas em sentido estrito, conforme a quase totalidade dos autores, que significado teriam as expressões: *a jurisprudência é divergente*; *procedimentos para a unificação da jurisprudência*. Tais afirmativas seriam contraditórias, pois o que é uniforme não diverge e não necessita de unificação.

91. ESPÉCIES

A jurisprudência se forma não apenas quando há lacunas na lei ou quando esta apresenta defeitos. Como critério de aplicação do Direito vigente, como interpretadora de normas jurídicas preexistentes, a jurisprudência reúne modelos extraídos da ordem jurídica, de leis suficientes ou lacunosas, claras ou ambíguas, normais ou defeituosas. Assim, a jurisprudência pode apresentar-se sob três espécies: *secundum legem, praeter legem, contra legem*.

A jurisprudência *secundum legem* se limita a interpretar determinadas regras definidas na ordem jurídica. As decisões judiciais refletem o verdadeiro sentido das normas vigentes. A *praeter legem* é a que se desenvolve na falta de regras específicas, quando as leis são omissas. Com base na analogia ou princípios gerais de Direito, os juízes declaram o Direito. A *contra legem* se forma ao arrepio da lei, contra disposições desta. É prática não admitida no plano teórico, contudo, é aplicada e surge quase sempre em face de leis anacrônicas ou injustas. Ocorre quando os precedentes judiciais contrariam a *mens legis*, o espírito da lei.

92. PARALELO ENTRE JURISPRUDÊNCIA E COSTUME

Na doutrina, alguns autores, levados pela semelhança existente entre o costume e a jurisprudência, afirmaram a igualdade de ambos. Korkounov, porém, viu mais fundo a questão e situou a jurisprudência entre a lei e o costume. Seria análoga à lei por sua formação reflexiva e semelhante ao costume por necessitar de uma pluralidade de atos.[3] Entre a jurisprudência e o costume, há semelhanças e alguns pontos de distinção. A formação de ambos exige a pluralidade de prática: enquanto o costume necessita da repetição de um ato pelo povo, a jurisprudência requer uma série de decisões judiciais sobre uma determinada

---

[2] Abelardo Torré, *Introducción al Derecho*, 5ª ed., Editorial Perrot, Buenos Aires, 1965, p. 325.

[3] *Apud* Serpa Lopes, *Curso de Direito Civil*, 4ª ed., Freitas Bastos, Rio de Janeiro, 1962, vol. I, p. 111.

questão de Direito. Costume e jurisprudência *stricto sensu* pressupõem a uniformidade de procedimentos: é necessário que a prática social se reitere igualmente e que as sentenças judiciais sejam invariáveis.

A par dessa similitude, distinguem-se principalmente nos seguintes pontos: *a*) enquanto a norma costumeira é obra de uma coletividade de indivíduos que integram a sociedade, a jurisprudência é produto de um setor da organização social; *b*) norma costumeira é criada no relacionamento comum dos indivíduos, no exercício natural de direitos e cumprimento de deveres; a jurisprudência forma-se, geralmente, diante de conflitos e é produto dos tribunais; *c*) a norma costumeira é criação espontânea, enquanto a jurisprudência é elaboração intelectual, reflexiva.[4]

93. O GRAU DE LIBERDADE DOS JUÍZES

Em Roma, apesar de suas importantes ordenações jurídicas, os juízes influenciavam no Direito Positivo. Ao assumirem as suas funções, os pretores publicavam as regras que iriam aplicar durante a sua gestão, além da legislação vigente e dos costumes. Aquelas disposições, que se chamavam *edicta*, eram obrigatórias enquanto durasse o mandato do pretor. Muitas, porém, eram adotadas por seus sucessores e acabavam se incorporando ao Direito em caráter permanente. Os editos não se limitavam a complementar ou a suprir as fontes objetivas do Direito Romano, conforme se pode inferir do comentário de Papiniano, famoso jurisconsulto romano: "O Direito pretoriano é o que, por razão de utilidade pública, introduziram os pretores, para ajudar, ou suprir, ou corrigir o Direito Civil; o qual se chama também honorário, assim denominado em honra dos pretores".[5]

Atualmente, quanto à margem de liberdade a ser atribuída ao Judiciário, a doutrina registra três propostas: a *livre estimação, limitação à subsunção* e a *complementação coerente e dependente do preceito*.[6]

93.1. A Livre Estimação. Norteada pelo idealismo de justiça, esta corrente preconizou uma ampla liberdade para os juízes, que poderiam aplicar o Direito consoante os princípios de equidade. Esta posição foi adotada pela corrente do *Direito Livre*, de origem francesa, bem como pelo *realismo jurídico* norte-americano.[7] Entre estes dois movimentos, que não se confundem em princípios e métodos, há, como ponto maior de convergência, o reconhecimento da necessidade de se permitir ao Judiciário uma amplitude de atribuições para a solução dos conflitos. Partem da premissa de que o Direito, considerado como normas rígidas, de natureza apenas lógica, não é capaz de traduzir os anseios do bem comum. Jerome Frank, um dos expoentes do *legal realism*, indicou que a missão do juiz é escolher os princípios de acordo com o seu critério de justiça, para depois aplicá-los aos casos concretos.[8] Holmes, bem antes do surgimento dessa corrente, havia atribuído, à lógica no Direito, um valor apenas relativo: "A vida do Direito não foi a lógica; foi a experiência".[9]

---

[4] Aftalion, Olano e Vilanova, *op. cit.*, p. 363.

[5] "*Ius praetorium est, quod praetores introduxerunt adiuvandi, vel supplendi, vel corrigendi iuris civilis gratia, propter utilitatem publicam; quod et honorarium dicitur, ad honorem praetorum sic nominatum.*" *Digesto*, Livro I, tít. I, frag. 7, § 1º.

[6] Philipp Heck, *op. cit.*, p. 40.

[7] Sobre a corrente do Direito Livre, consultar o cap. 27.

[8] *Apud* José Puig Brutau, *La Jurisprudencia como Fuente del Derecho*, Bosch Casa Editorial, Barcelona, p. 34.

[9] Oliver Wendell Holmes, *O Direito Comum*, O Cruzeiro, Rio de Janeiro, 1967, p. 29.

160 | INTRODUÇÃO AO ESTUDO DO DIREITO · PAULO NADER

Historicamente e com fundamentações diversas surgem correntes que sustentam a ampliação da esfera de liberdade dos juízes, a fim de lhes possibilitar a *justiça do caso concreto independentemente do ditame legal*. Foi o que ocorreu, no último quartel do séc. XX, com o chamado *uso alternativo do Direito* ou, simplesmente, Direito Alternativo. Com a finalidade de se alcançar a justiça social preconiza-se a figura do *juiz reformador*, daquele que não se mantém neutro ideologicamente, mas que se conscientiza do grau de injustiça que atinge economicamente camadas sociais e deve minorar a sorte dos pobres, incutindo ação política nos atos decisórios. Além de se influenciar pelo esquema legal, deveria o juiz levar em conta a condição de pobreza da parte envolvida no litígio. Seguindo tal doutrina alguns magistrados do sul de nosso país já não admitiram, em matéria de locação, a chamada *denúncia vazia*, autorizada em parte na legislação pátria (v. item 60, nota 21 e item 161).

Visando a tornar o Direito Positivo mais racional e adequado aos valores éticos, o *princípio da razoabilidade e proporcionalidade*, pelo qual as normas jurídicas devem ser entendidas como fórmulas lógicas e justas para a realização de determinados fins, tem sido consagrado atualmente por doutrinadores e juízes. Tal princípio estabelece limites ao legislador, invalidando as regras que impõem sacrifícios injustificados aos seus destinatários, quando os resultados almejados poderiam ser atingidos com menor ônus. Ao aplicador do Direito seria permitido alterar os meios empregados pelo legislador, seja modificando o critério adotado ou apenas ajustando o seu grau de intensidade, tornando-o proporcional à exigência do caso concreto. O princípio *sub examine* encontra a sua maior aplicação no âmbito do Direito Administrativo, notadamente nos atos do Poder Executivo (v. item 154.3). Em processo de *habeas corpus*, a Sexta Turma do Superior Tribunal de Justiça, no ano de 2012, com fundamento na exigência de proporcionalidade entre o valor de uma condenação ao pagamento de fiança e as condições financeiras do réu, desconsiderou o *quantum* fixado na sentença condenatória, pois, de acordo com o entendimento do relator, Ministro Og Fernandes, estava patenteada *"a desproporção entre meios e fins"*. Em consequência, dois moradores de rua ficaram isentos do pagamento da fiança para efeito de sua libertação (HC 238.956).

93.2. Limitação à Subsunção. Por esta doutrina o juiz operaria apenas com os critérios rígidos das normas jurídicas, com esquemas lógicos, sem possibilidade de contribuir, com a sua experiência, na adaptação do ordenamento à realidade emergente. Com esta orientação se evitaria o subjetivismo e o arbítrio nos julgamentos, ao mesmo tempo em que se preservaria a integridade dos códigos.[10] Com esse objetivo, algumas legislações chegaram a proibir que os advogados invocassem os precedentes judiciais, como o fez o Código dinamarquês de 1683.[11] A teoria da divisão dos poderes, enunciada por Montesquieu, foi tomada como um dogma a impedir a participação do Judiciário na formação do Direito. A Revolução Francesa, impregnada pela filosofia racionalista, idealizou a elaboração de um código perfeito, conforme a razão e que regulasse todos os fatos e conflitos

---

[10] Apoiando-se no pensamento aristotélico de que "é melhor que tudo seja regulado por lei, do que entregue ao arbítrio de juízes", Tomás de Aquino limitou as atribuições do magistrado a indagar, por exemplo, "se um fato se deu ou não, ou coisas semelhantes". Justificou a sua posição apresentando três argumentos: *a)* "ser mais fácil encontrar uns poucos homens prudentes, suficientes para fazer leis retas, do que muitos que seriam necessários, para julgar bem de cada caso particular"; *b)* "os legisladores, com muita precedência consideram sobre o que é preciso legislar; ao contrário, os juízes sobre fatos particulares procedem de casos nascidos subitamente"; *c)* "os legisladores julgam em geral e para o futuro; ao passo que os homens, que presidem ao juízo, julgam do presente, apaixonados pelo amor ou pelo ódio..." (*op. cit.*, p. 1.768).

[11] Alf Ross, *Sobre el Derecho y la Justicia*, Editorial Universitária de Buenos Aires, 1974, p. 83.

sociais. Com a promulgação do Código Napoleão, no início do século XIX, a função do juiz ficou reduzida à de mero aplicador de normas; máquina de subsumir, sem qualquer outra tarefa senão a de consultar os artigos do código, inteirar-se da *vontade do legislador* e aplicá-la aos casos em espécie. Montesquieu já havia afirmado que "no governo republicano, pela natureza de sua constituição, os juízes hão de seguir o texto literal da lei" e Robespierre, na Assembleia de 27 de novembro de 1790, proclamou: "essa palavra *jurisprudência dos tribunais*, na acepção que tinha no antigo regime nada significa no novo; deve desaparecer de nosso idioma. Em um Estado que conta com uma constituição, uma legislação, a jurisprudência dos tribunais não é outra coisa que a lei."[12]

A chamada *jurisprudência conceptualista*, por seu método de pretender esquematizar todos os fatos sociais passíveis de regulamentação jurídica, reduzindo-os a conceitos lógicos, limita consideravelmente o papel dos juízes. Seria possível enquadrar todos os fatos da vida, mediante esquemas rígidos? O principal construtor da jurisprudência conceptualista foi o pandectista alemão Windscheid, que tratou os conceitos, no dizer de Wilhelm Sauer, "com um método normativo rigoroso, com exatidão matemática e filológica, tendo como fim a liberdade de discussão sistemática para a realização da máxima garantia jurídica, rechaçando ou delimitando ao máximo a liberdade do arbítrio judicial..."[13] Philipp Heck, principal nome da *jurisprudência de interesses*, não poupou críticas ao tecnicismo conceptualista: "A jurisprudência de conceitos é como o mago que não pode ajudar, mas há os que lhe prestam fé cega."[14]

93.3. Complementação Coerente e Dependente do Preceito. Como um ponto de equilíbrio entre os dois radicalismos, esta constitui a posição mais aceita e que reconhece a necessidade de se conciliarem os interesses de segurança jurídica, pelo respeito ao Direito vigente, com uma indispensável margem de liberdade aos juízes.

É um dado da experiência que o Direito codificado não é suficiente, pelo simples enunciado das normas, para proporcionar ao juiz a solução necessária ao julgamento. O Direito Positivo apresenta-se mediante normas genéricas e abstratas, que não podem ser aplicadas com automatismo. Ao lidar com os conceitos amplos e gerais da norma jurídica, guiado pela *ratio legis* e pelo elemento teleológico, o juiz avalia o alcance da disposição, com o seu discernimento. A Consolidação das Leis do Trabalho, por exemplo, pela letra "e" do art. 482, prevê a desídia do empregado como fato que autoriza a rescisão de seu contrato de trabalho. A doutrina expõe o conceito de *desídia,* mas o seu alcance prático é definido pela jurisprudência. O papel dos juízes e tribunais se revela, assim, como o de complementação das normas jurídicas.

É princípio assente na moderna hermenêutica jurídica que os juízes devem interpretar o Direito evolutivamente, conciliando velhas fórmulas com as novas exigências históricas. Nesse trabalho de atualização, em que a letra da lei permanece imutável e a sua compreensão é dinâmica e evolutiva, o juiz colabora decisivamente para o aperfeiçoamento da ordem jurídica. Ele não cria o mandamento jurídico, apenas adapta princípios e regras à realidade social. Mantém-se fiel, portanto, aos propósitos que nortearam a elaboração das normas. Ihering valorizou essa atividade, lembrando a importante função da *interpretatio* romana, que não consistia na simples aplicação de normas aos casos concretos, mas na conciliação do Direito com os fatos sociais.

---

[12]   Cf. Ramon Badenes Gasset, *Metodologia del Derecho*, 1ª ed., Bosch Casa Editorial, Barcelona, 1959, p. 87.

[13]   *Apud* Ramon Badenes Gasset, *op. cit.*, p. 119.

[14]   Philipp Heck, *op. cit.*, p. 50.

162 | INTRODUÇÃO AO ESTUDO DO DIREITO · PAULO NADER

93.4. Judicialização e Ativismo Judicial. Neste capítulo, verificamos que a jurisprudência consiste na interpretação do Direito efetuada pelo Poder Judiciário. Necessário se faz, agora, uma breve consideração sobre os fenômenos de *judicialização* e de *ativismo judicial*, amplamente discutidos na atualidade.

Judicialização é o fato de o Poder Judiciário tomar conhecimento e deliberar sobre assuntos não regulados em lei e, ao mesmo tempo, de relevância social. Este Poder se apoia, então, em princípios constitucionais como o da dignidade da pessoa humana. Para os críticos, na judicialização haveria uma interferência indevida do Judiciário em temas da alçada do Legislativo ou do Executivo. A judicialização se adjetiva conforme a área de interferência alcançada, como *judicialização da saúde, judicialização da política*.

O conceito *supra* não se confunde com a noção de *ativismo judicial*. Ocorre este quando o Judiciário, ao deliberar sobre os casos que lhe são submetidos, não se limita a interpretar o Direito, mas vai além e inova o ordenamento, substituindo, destarte, o Legislador em sua tarefa de criar ou modificar a ordem jurídica. O ativismo judicial é uma prática nociva ao valor segurança jurídica e, como tal, não deve ser adotada pelos tribunais.

No Colóquio Internacional, que reuniu, em Jundiaí, processualistas brasileiros e de outras nacionalidades, ao ensejo do primeiro ano de vigência do Código de Processo Civil de 2015, foi assinada uma Carta, em 19.8.2017, na qual severas críticas foram dirigidas à prática do ativismo judicial no Brasil e em diversos outros países. A prática, que conduz os juízes à condição de protagonistas, configura violação da ordem constitucional.

93.5. Direito ao Esquecimento e Direito à Informação. Há fatos pretéritos que integram a história da vida individual ou familiar e provocam somente ressentimento e dor. *In casu*, não se justifica, pois, a sua divulgação pelos meios de comunicação. Ressalvada tal hipótese, impõe-se a liberdade de divulgação, que é inerente ao Estado Democrático de Direito. O direito ao esquecimento, consoante o Enunciado 531 da VI Jornada de Direito Civil, integra os direitos da personalidade e da dignidade da Pessoa humana.

Por outro lado, a condenação de um professor de educação física, em nosso País, acusado de pedofilia, foi amplamente divulgada. Comprovado o crime, incabível se revelou o direito ao esquecimento.[15]

94. A JURISPRUDÊNCIA CRIA O DIREITO?

Para os ordenamentos jurídicos filiados ao sistema anglo-americano, a jurisprudência constitui uma importante forma de expressão do Direito. Ao fundamentar uma pretensão judicial, os advogados indicam uma série de sentenças ou acórdãos prolatados pelos tribunais, com pertinência ao caso enfocado. Em determinadas causas, as partes, ou o magistrado, reportam-se a decisões de mais de um século.[16] Em seu *Note Book*, Bracton coleciou cerca de 2.000 casos resolvidos pelos tribunais e que ofereciam subsídios práticos.

---

[15]   Nesse sentido, o STF fixou a tese de que é incompatível com a Constituição a ideia de um direito ao esquecimento, assim entendido como o poder de obstar, em razão da passagem do tempo, a divulgação de fatos ou dados verídicos e licitamente obtidos e publicados em meios de comunicação social analógicos ou digitais. Ainda, eventuais excessos ou abusos no exercício da liberdade de expressão e de informação devem ser analisados caso a caso, especialmente os relativos à proteção da honra, da imagem, da privacidade e da personalidade em geral (STF, RE 1.010.606-RJ, Rel. Min. Dias Toffoli, j. 11.02.2021).

[16]   Hermes Lima cita que: "em junho de 1923, no caso Bremer del Transport contra Drewry, o juiz citou e discutiu decisões de 1679, 1704, 1732, 1805, 1818, 1827, 1855 e 1886. A mais recente tinha 49 anos, a mais antiga 254" (*op. cit.*, p. 171).

Nos Estados que seguem a tradição romano-germânica, a cujo sistema vincula-se o Direito brasileiro, não obstante alguma divergência doutrinária, prevalece o entendimento de que o papel da jurisprudência limita-se a revelar o Direito preexistente. No Estado moderno, estruturado na clássica divisão dos três poderes, o papel dos tribunais não poderá ir além da interpretação ou integração do Direito a ser aplicado. Se os juízes passassem a criar o Direito, haveria uma intromissão arbitrária na área de competência do Legislativo. Bustamante y Montoro salienta que "se a jurisprudência fosse uma fonte de Direito, se converteria em uma prisão intelectual para o próprio Supremo Tribunal, escravizado, depois que houvesse reiterado uma norma elaborada por ele".[17] Em vez de as normas jurídicas anteciparem-se aos fatos, estes seriam um *prius* e aquelas um *posterius*, o que tornaria vulnerável a segurança jurídica dos indivíduos. Os juízes devem ser leais guardiões da lei e o seu papel consiste, como assinala Bacon, em *ius dicere* e não em *ius dare*, isto é, a sua função é de interpretar o Direito e não de criá-lo. Esta opinião não exclui a contribuição da jurisprudência para o progresso da vida jurídica, nem transforma os juízes em autômatos, com a missão de encaixar as regras jurídicas aos casos concretos. É através dela que se revelam as virtudes e as falhas do ordenamento. É pela interpretação executada pelo Poder Judiciário que as determinações latentes na ordem jurídica se manifestam. Portanto, a atividade dos juízes é fecunda e, sob certo ponto de vista, criadora. O papel do magistrado foi definido, lucidamente, por Cabral de Moncada: "O juiz será, em muitos casos, não um *deus ex machina* da ordem jurídica, não um demiurgo caprichoso e arbitrário, mas uma espécie de oráculo inteligente que ausculta e define o sentido duma realidade espiritual que, em última análise, lhe é transcendente e possuidora de tanta objetividade como o direito já expresso e formulado na lei. Nisto consiste o seu particular poder criador do direito, *condicionado* e *colaborante,* como se vê, e não livre e arbitrário."[18]

Na prática, reconhecemos que, a cada momento, os julgadores, à guisa de interpretar, introduzem novos preceitos no mundo jurídico dissimuladamente. Tal situação decorre, muitas vezes, da má ou insuficiente legislação e da inércia do legislador, que permite a revolta dos fatos contra o Direito. Como um elo entre as instituições jurídicas e a vida, o juiz procura ser de fato o *interpres*, o conciliador, conjugando o Direito com as aspirações de justiça. Concordamos com Portalis, quando observa que "é necessário que o legislador vigie a jurisprudência... mas também é necessário que tenha uma."[19] Admitimos para a jurisprudência, no sistema continental, a condição de fonte indireta, que influencia na formação das leis, por seu conteúdo doutrinário (v. item 73.4), além de revelar o real sentido e alcance das normas jurídicas.

95. A JURISPRUDÊNCIA VINCULA OS TRIBUNAIS?

Na Inglaterra a jurisprudência tornou-se obrigatória, com o objetivo de dotar o sistema jurídico de maior definição, pois a fonte vigente, *costumes gerais do Reino*, era incerta e muitas vezes contraditória. Nos Estados de Direito codificado, a jurisprudência apenas orienta, informa, possui autoridade científica. Os juízes de instância inferior não têm o dever de acompanhar a orientação hermenêutica dos tribunais superiores. A interpretação do Direito há de ser um procedimento intelectual do próprio julgador. Ao decidir, o juiz deve aplicar a norma de acordo com a sua convicção, com base na *mens legis* e recorrendo às várias fontes de estudo, nas quais se incluem a doutrina e a própria jurisprudência. Se

---

[17]   A. S. Bustamante y Montoro, *Introducción a la Ciencia del Derecho*, 3ª ed., Cultural S.A., 1945, La Habana, 1, p. 87.

[18]   Cabral de Moncada, *Estudos Filosóficos e Históricos*, Acta Universitas Conimbrigensis, Coimbra, 1958, vol. I, p. 214.

[19]   Jean Cruet, *op. cit.*, p. 75.

há uma presunção de que a jurisprudência firmada pelos tribunais superiores expressa melhor o Direito, Jean Cruet sustentou opinião oposta: "Explica-se assim que a ação inovadora da jurisprudência comece sempre a fazer-se sentir nos tribunais inferiores: veem estes de mais perto os interesses e os desejos dos que recorrem à justiça: uma jurisdição demasiado elevada não é apta a perceber rápida e nitidamente a corrente das realidades sociais. *A lei vem de cima; as boas jurisprudências fazem-se em baixo*"[20] (Grifamos).

Em tempos pósteros à independência norte-americana (1776), o direito norte-americano começa seu afastamento da matriz inglesa que trazia forte influência dos precedentes aliada ao direito positivo unívoco, já que o Reino Inglês possuía um único centro emanador da norma jurídica positivada, o parlamento.

Tanto na época da independência, quanto na atual, forma-se na comunidade norte-americana a valorização dos precedentes, mas estamos diante de dois sistemas abrangentes: o federal e os estaduais. E dentro do sistema estadual, temos pelo menos cinquenta sistemas de valoração do precedente em voga no direito norte-americano atual.[21]

Os Tribunais norte-americanos realmente produzem e trabalham com a cultura do precedente, mas há inúmeras formas de se interpretar a "obrigatoriedade" desses precedentes, ainda mais se tratando de cinquenta microssistemas. A afirmação de que o Juiz não está atrelado inteiramente à cultura do precedente procede, mas reconhece-se que no direito norte-americano, mas do que no inglês, a força do precedente é incontestável.

96. PROCESSOS DE UNIFICAÇÃO DA JURISPRUDÊNCIA

Empregamos, aqui, o termo jurisprudência em *lato sensu*, o qual compreende também as decisões heterogêneas dos tribunais sobre determinada matéria legal. A necessidade de a ordem jurídica oferecer a certeza quanto ao Direito vigente, de dar clara definição às normas jurídicas, para melhor orientação de seus destinatários, faz com que a jurisprudência divergente seja considerada um problema a reclamar solução. O sistema jurídico brasileiro dispõe de recurso especial para combater a jurisprudência conflitante. Com base na divergência de julgados entre dois ou mais tribunais de estados diferentes, a parte interessada poderá, com fundamento no art. 105, III, "c", da Constituição Federal, interpor um recurso especial para pronunciamento do Superior Tribunal de Justiça, que julgará, provocando, naturalmente, a unificação nos procedimentos de aplicação do Direito. As *súmulas* dos tribunais possuem também esse importante papel. Sobre questões de Direito, em que se manifestam divergências de interpretação entre turmas ou câmaras, os tribunais fixam a sua *inteligência*, mediante ementas, que servem de orientação para advogados e juízes e favorecem à unificação jurisprudencial.

A título de ilustração, transcrevemos algumas súmulas enunciadas pelo Supremo Tribunal Federal: nº 402 – "Vigia noturno tem direito a salário adicional." nº 414 – "Não se distingue a visão direta da oblíqua na proibição de abrir janela, ou fazer terraço, eirado, ou varanda, a menos de metro e meio do prédio de outrem." nº 605 – "Não se admite continuidade delitiva nos crimes contra a vida."

Matéria bastante polêmica do ponto de vista doutrinário é a *súmula vinculante*, prevista no art.103-A da Constituição Federal. Por ela, a interpretação de matéria constitucio-

---

[20] Jean Cruet, *op. cit.*, p. 77.

[21] Antônio Aurélio de S. Viana e Dierle Nunes, *Precedentes* – A mutação no ônus argumentativo, Rio de Janeiro, Forense, 2017. *E-book*. Disponível em: https://app.minhabiblioteca.com.br/#/books/9788530978112/. Acesso em: 11 out. 2023.

nal, aprovada por dois terços dos membros do Supremo Tribunal Federal (STF), se torna obrigatória para os demais órgãos do Poder Judiciário, bem como para a administração pública direta ou indireta, nas esferas federal, estadual e municipal. Tal efeito visa a evitar o congestionamento de ações junto às altas cortes de justiça, que se veem obrigadas a julgar questões jurídicas anteriormente decididas em numerosos processos. A corrente doutrinária que se posiciona contra o efeito vinculante da súmula entende que a sua adoção é nociva, pois retira dos juízes a liberdade de interpretação, impedindo-lhes de decidir de acordo com suas próprias convicções jurídicas.

Além do Supremo Tribunal Federal, possuem competência para a proposta de criação, mudança ou extinção de súmulas vinculantes: o Presidente da República, diversos órgãos públicos como o Conselho Federal da Ordem dos Advogados do Brasil, o Procurador-Geral da República, a Mesa do Senado Federal e a da Câmara dos Deputados, Governadores, enfim, todos os que têm legitimidade para a propositura de ação direta de inconstitucionalidade.

Eis o teor de algumas súmulas vinculantes: nº 2 – "É inconstitucional a lei ou ato normativo estadual ou distrital que disponha sobre sistemas de consórcios e sorteios, inclusive bingos e loterias"; nº 5 – "A falta de defesa técnica por advogado no processo administrativo disciplinar não ofende a Constituição"; nº 12 – "A cobrança de taxa de matrícula nas universidades públicas viola o disposto no art. 206, IV, da Constituição Federal".

Com repercussão polêmica nos meios jurídicos, o Conselho Nacional de Justiça, que não possui função judicante, em 2014 emitiu *enunciados* com o objetivo de orientar juízes em suas decisões na esfera da saúde. Tais enunciados não obrigam os juízes, pois visam apenas a gerar uniformidade em suas decisões. Embora imbuído do melhor propósito, o CNJ, assim atuando, extrapola em suas funções, como no Enunciado 16 onde se refere à prova a ser produzida para a comprovação do fato.

BIBLIOGRAFIA PRINCIPAL

Ordem do Sumário:

90 – Abelardo Torré, *Introducción al Derecho*; Miguel Reale, *Lições Preliminares de Direito*;

91 – Machado Netto, *Compêndio de Introdução à Ciência do Direito*; Paulo Dourado de Gusmão, *Introdução ao Estudo do Direito*;

92 – Aftalion, Olano e Vilanova, *Introducción al Derecho*; Machado Netto, *op. cit.*;

93 – Philipp Heck, *El Problema de la Creación del Derecho*;

94 – José Puig Brutau, *La Jurisprudencia como Fuente del Derecho*; Hermes Lima, *Introdução à Ciência do Direito*; Jean Cruet, *A Vida do Direito e a Inutilidade das Leis*; A. S. Bustamante y Montoro, *Introducción a la Ciencia del Derecho*;

95 – Aftalion, Olano y Vilanova, *op. cit.*;

96 – Hermes Lima, *op. cit.*; Paulo Dourado de Gusmão, *op. cit.*

– Capítulo 18 –
A DOUTRINA JURÍDICA

Sumário: **97.** O Direito Científico e os Juristas. **98.** As Três Funções da Doutrina. **99.** A Influência da Doutrina no Mundo Jurídico. **100.** A Doutrina como Fonte Indireta do Direito. **101.** Argumento de Autoridade. **102.** O Valor da Doutrina no Passado. **103.** A Doutrina no Presente.

97. O DIREITO CIENTÍFICO E OS JURISTAS

Antes de se lançar na vida social como norma reitora de convivência, o Direito é princípio e conceito, assentados doutrinariamente pelos cultores da ciência jurídica. A doutrina, ou Direito Científico, *compõe-se de estudos e teorias, desenvolvidos pelos juristas, com o objetivo de interpretar e sistematizar as normas vigentes e de conceber novos institutos jurídicos, reclamados pelo momento histórico.* É a *communis opinio doctorum*. Esse acervo de conhecimentos é resultado da experiência de juristas, mestres de Jurisprudência e dos juízes. Os estudos doutrinários localizam-se nos tratados, monografias, sentenças prolatadas pelos mais sábios juízes.

O cientista do Direito, como os pesquisadores em geral, é movido pelo espírito perscrutador, que indaga o desconhecido, a fim de trazer, à luz do conhecimento, os princípios básicos que controlam a realidade. Para cumprir o seu papel perante a Ciência do Direito, o jurista necessita reunir algumas qualidades:

a) independência: deve subordinar-se apenas aos imperativos da ciência; seu espírito deve ser livre para enunciar os postulados ditados por sua consciência jurídica. Essa imparcialidade é que desperta a confiança na doutrina jurídica e lhe dá maior prestígio;

b) autoridade científica: o jurista deve reunir sólidos conhecimentos na área do Direito e possuir talento, conforme expõe Ferrara: "O jurisconsulto necessita de um *poder de concepção e de abstração*, da faculdade de transformar o concreto em abstrato, do golpe de vista seguro e da percepção nítida dos princípios de direito a aplicar, numa palavra, da *arte jurídica*. A mais disto deve ter o *senso jurídico*, que é como o ouvido musical para o músico, ou seja, uma pronta intuição espontânea que o guia para a solução justa."[1]

---

[1] Francesco Ferrara, *Interpretação e Aplicação das Leis*, 2ª ed., Arménio Amado, Editor, Sucessor, Coimbra, 1963, p. 182.

168 INTRODUÇÃO AO ESTUDO DO DIREITO · PAULO NADER

c) responsabilidade: é o senso do dever, a necessidade de cumprir os compromissos assumidos perante o mundo científico; é indispensável, para isto, que possua uma sólida formação moral.

Nos tempos antigos, quando não havia a imprensa e as normas jurídicas eram divulgadas apenas pela oralidade, não apenas o Direito era expresso em versos, para facilitar a sua memorização, como os ensinamentos jurídicos ganhavam a forma de aforismos e provérbios. Se o valor destes era absoluto no passado, na atualidade a sua importância é limitada. Cogliolo expressou o significado dessas máximas: "a sabedoria popular condensada em provérbios é tanto maior quanto menos civilizado é o povo... ainda hoje nos nossos tribunais estes ditérios, gratos ao ouvido, são a consolação e o orgulho dos leguleios ignorantes."[2]

A doutrina jurídica, por alguns setores da cultura, é considerada fator de conservação da organização social, por fornecer suporte científico ao Direito que estrutura e informa às instituições e aos órgãos da sociedade. Para o marxismo, por exemplo, o jurista é visto como agente protetor dos interesses das classes dominantes e a Ciência do Direito, como a expressão ideológica desses interesses.[3]

98. AS TRÊS FUNÇÕES DA DOUTRINA

A atividade desenvolvida pelos juristas se revela fecunda em três direções: na formação das leis, no processo de interpretação do Direito Positivo e na crítica aos institutos vigentes.

98.1. Atividade Criadora. Para acompanhar a dinâmica da vida social o Direito tem que evoluir, mediante a criação de novos princípios e formas. Esse aperfeiçoamento permanente da ordem jurídica, com a substituição de velhos institutos por concepções modernas, calcadas na realidade subjacente, decorre do labor dos juristas. É a doutrina que introduz os neologismos, os novos conceitos, teorias e institutos no mundo jurídico. As inovações devem ser estudadas com a prudência necessária, para que não se insurjam no erro apontado por Cogliolo: "A obra dos juristas, em todos os tempos, teve a tendência para exagerar. A técnica jurídica frequentes vezes se converte em sutileza, formalismo e pedantaria. Em alguns séculos dá-se isto mais do que em outros, mas em geral à Ciência do Direito é inato o pecado original de impelir teorias e interpretações para além da verdade."[4]

98.2. Função Prática da Doutrina. Ao desenvolver estudos sobre o Direito Positivo, os juristas lidam com uma grande quantidade de normas jurídicas dispersas em numerosos textos legislativos. Para analisar as regras vigentes, o jurista precisa desenvolver um trabalho prévio de sistematização, reunindo o conjunto das disposições relativas ao assunto de sua pesquisa. Essa tarefa se revela de grande importância, pois é a seleção das normas que irá permitir o conhecimento jurídico. Sistematizado o Direito, desenvolve-se o trabalho de interpretá-lo, de revelar o sentido e o alcance das disposições legais. O resultado desse trabalho de seleção e interpretação do Direito vigente é útil para todos os participantes na vida do

---

[2] Cogliolo, *op. cit.*, p. 76.
[3] Roberto José Vernengo, *Curso de Teoría General del Derecho*, Cooperadora de Derecho y Ciencias Sociales, Buenos Aires, 1972, p. 395.
[4] Cogliolo, *op. cit.*, p. 82.

Direito, não só para os profissionais, como para os destinatários das normas, que têm o dever de seguir as suas determinações.

98.3. Atividade Crítica. Diante da ordem jurídica o papel dos juristas não se limita a definir a mensagem contida nos mandamentos de Direito. Não deve apenas dizer o Direito vigente. É indispensável submeter a legislação a juízos de valor, a uma plena avaliação, sob diferentes ângulos de enfoque. Deve acusar as falhas e deficiências, do ponto de vista lógico, sociológico e ético. É dentro de uma visão dialética de oposições doutrinárias que o progresso jurídico se transforma em realidade. É do contraste entre as teorias e as opiniões, do embate das correntes de pensamento, que nasce o instrumento eficaz, a fórmula ideal para reger os interesses da sociedade.

99. A INFLUÊNCIA DA DOUTRINA NO MUNDO JURÍDICO

A Ciência do Direito proporciona resultados práticos no setor da legislação, dos costumes, na atividade judicial e no ensino do Direito. A doutrina se desenvolve apenas no plano teórico, oferecendo valiosos subsídios ao legislador na elaboração dos documentos legislativos. Se ao legislador compete a atualização do Direito Positivo, a tarefa de investigar os princípios e institutos necessários é própria dos juristas. Se estes falham em sua missão, se não propõem modelos concretos, o legislador não alcançará o seu intento de modernizar o sistema jurídico. O livro *Digesto* dos romanos formou-se pela coletânea de lições de vários jurisconsultos famosos. Durante a Idade Média, no âmbito das universidades, a doutrina criava o chamado *Direito-modelo*, aproveitado pelos legisladores, quando surgiram as codificações. Na França, a doutrina exposta pelos juristas Cujas, Domat e Pothier teve influência decisiva na elaboração do Código Napoleão.

Para o filósofo do Direito Felice Battaglia, a Ciência do Direito exerce influência também sobre o costume e o faz por um duplo modo. Quando não há uma norma orientadora da conduta jurídica e a sociedade vai gerar espontaneamente uma regra costumeira, os juristas, intuindo tal necessidade, antecipam-se à consciência jurídica da coletividade. Além dessa influência indireta, os teóricos do Direito participam diretamente na formação da norma costumeira, pois "erraria quem acreditasse que todos os membros da comunidade participam na formação do costume de um modo igual, sejam doutos ou iletrados. Não há dúvida de que os primeiros, porque se aprofundam no estudo do Direito, gozam de maior sensibilidade jurídica do que os segundos, pelo que influem mais do que os outros sobre as orientações jurídicas, ainda que estas pareçam suceder de um modo irreflexível".[5] O cientista italiano acrescenta ainda que a formação de normas costumeiras, relativas a certos negócios jurídicos, decorre de prévio aconselhamento dos juristas.

A atividade doutrinária de sistematização e interpretação das normas jurídicas beneficia o trabalho dos advogados e juízes. Tanto a arte de postular em juízo quanto a de julgar requerem o conhecimento do Direito. A lição dos juristas, apresentada em seus tratados e monografias, é uma fonte valiosa de orientação, capaz de propiciar embasamento científico ao raciocínio jurídico.

---

[5] Felice Battaglia, *Curso de Filosofía del Derecho*, Reus S. A., Madrid, 1951, vol. II, p. 321.

INTRODUÇÃO AO ESTUDO DO DIREITO · Paulo Nader

A influência da obra dos juristas se torna mais palpável e decisiva no tocante ao ensino do Direito nas universidades. O instrumental básico do estudante são os livros e os códigos. Enquanto as ciências da natureza possibilitam a investigação em laboratórios, a compreensão do fenômeno jurídico se alcança pelo estudo e reflexão das teorias expostas em livros. Ao escrever a sua *Introdução*, A. D'Ors, como primeira frase de sua obra, destacou este aspecto: "El estudio del derecho es un estudio de libros".[6] Se a prática forense é necessária à formação do bacharel, a verdadeira cultura tem por fundamento o sólido conhecimento doutrinário.

100. A DOUTRINA COMO FONTE INDIRETA DO DIREITO

Ao submeter o Direito Positivo a uma análise crítica e ao conceber novos conceitos e institutos, a doutrina favorece o trabalho do legislador e assume a condição de *fonte indireta* do Direito. Para que o Direito científico fosse reconhecido como fonte direta ou formal, seria indispensável que o sistema jurídico o incluísse no elenco das fontes. O anteprojeto da "Lei Geral de Aplicação das Normas Jurídicas", de 1965, preparado pelo jurista Haroldo Valadão, na segunda parte do art. 6º, incluiu a "doutrina aceita, comum e constante, dos jurisconsultos" como elemento fontal do Direito.

Modernamente os estudos científicos, reveladores do Direito vigente e de suas tendências, não obrigam os juízes. A doutrina não é fonte formal, porque não possui *estrutura de poder*, indispensável à caracterização das formas de expressão do Direito.

O comparatista René David, ao atribuir importância primordial à doutrina, para ela reivindica o caráter de fonte, como se pode inferir de sua exposição: "quem quer alimentar ficções ou denominar Direito à parcela do mesmo constituída pelas normas legislativas, pode fazê-lo; mas quem quer ser realista e ter uma visão mais ampla e, em nosso juízo, mais exata do Direito, haverá de reconhecer que a doutrina constitui todavia, como no passado, uma fonte muito importante e viva do mesmo."[7] Para o cientista francês, contudo, a doutrina não chega a ser fonte formal do Direito, apenas mediata.

Entre os poucos juristas que reconheceram na doutrina o caráter de fonte, encontram-se os adeptos da Escola Histórica do Direito e, em particular, Savigny, porque o Direito científico expressava mais autenticamente o Direito popular. O jurista alemão, porém, condicionou aquele reconhecimento a alguns requisitos: *a*) alta reputação e sabedoria dos juristas; *b*) convergência de opiniões; *c*) sendo nova a doutrina, que correspondesse à espera, de um longo tempo, do povo.[8]

101. ARGUMENTO DE AUTORIDADE

101.1. Conceito e Importância. O argumento *"ab auctoritate"* consiste na citação *de opiniões doutrinárias, como fundamento de uma tese jurídica que se desenvolve, normalmente, perante a justiça.* Ao atuar nos pretórios, em defesa de seus clientes, o advogado deve empregar todos os elementos éticos disponíveis para induzir o julgador às conclusões que lhe são favoráveis. A advocacia é uma arte de convencer e para isso o profissional deverá aliar aos seus conhecimentos jurídicos as noções básicas de lógica e psicologia. De um

---

[6] A. D'Ors, *Una Introducción al Estudio del Derecho*, Rialp, Madrid, 1963, p. 9.

[7] René David, *op. cit.*, p. 108.

[8] *Apud* Legaz y Lacambra, *op. cit.*, p. 575.

Quarta Parte • **Cap. 18** • A DOUTRINA JURÍDICA | **171**

lado se empenha na diagnose dos fatos, utilizando-se para isso dos elementos de prova e, de outro lado, desdobra-se na caracterização do direito. Para este fim, o ponto de partida é a análise das fontes formais. Fundamental, a seguir, é a exegese dos dispositivos legais. Quando a porfia judiciária gira em torno da *quaestio juris*, o causídico deverá dispensar maior cuidado à caracterização de sua tese, recorrendo não só ao próprio argumento, mas invocando também os subsídios da doutrina e da jurisprudência. A citação doutrinária deve ser feita de maneira razoável, sem excesso e com oportunidade. O advogado deve procurar convencer com base nas técnicas de interpretação, tomando como padrão de referência o Direito Positivo. Os antecedentes judiciais e as lições dos jurisconsultos famosos devem apenas complementar a argumentação e não ocupar o primeiro plano. Os advogados frequentemente abusam do *argumento de autoridade*, louvando-se mais na palavra dos jurisconsultos do que na própria exegese da lei. Argumentam, não com base em raciocínio lógico e jurídico, mas apoiando-se no prestígio de renomados cultores do Direito.

O recurso ao argumento *ab auctoritate* tem por base, muitas vezes, o princípio da inércia: em vez de se desenvolver raciocínio próprio e a citação doutrinária servir de complemento, transcreve-se o raciocínio de alguma autoridade no assunto. É mais fácil para o causídico e também para o magistrado que, receoso de errar, prefere ficar com a jurisprudência dominante e com os autores de projeção. O procedimento correto se dá quando o magistrado, convencido quanto ao acerto de determinada tese, aduz às suas razões os complementos doutrinários e judiciais. O condenável é seguir-se o caminho oposto, dos assentos doutrinários e jurisprudenciais extrair, por automatismo, a opinião pessoal.

101.2. Orientação Prática. Não se deve atribuir ao *argumento de autoridade* um valor absoluto. Como toda obra humana é passível de falhas, também o são as lições dos jurisconsultos. Não é incomum se ver um autor, de uma edição para outra de sua obra, modificar o seu entendimento quanto à matéria controvertida em Direito. Aliás, nesse momento o autor dá uma prova cabal de probidade intelectual. A eficácia do argumento de autoridade nunca é garantida, pois o magistrado, com base em convicção própria, poderá adotar tese contrária.

O argumento se revela de maior valor e poder de convencimento, quando se forma, entre os doutrinadores, um consenso a respeito de determinada matéria. Pode-se questionar, contudo, diante da unanimidade de entendimento por parte dos jurisconsultos, sobre a utilidade do argumento de autoridade. Se há uniformidade de pensamento, o Direito não oferece controvérsias e, onde não há controvérsias, de pouca valia se revela o argumento. Neste caso, a referência doutrinária se faz apenas como margem de segurança contra uma eventual concepção personalista do magistrado. E é neste sentido que François Gény atribui maior valor ao argumento: "Quando a doutrina dos escritores aparece como um feixe compacto, um bloco, melhor ainda quando é unânime, constitui uma autoridade muito positiva, que, sem excluir absolutamente o critério profissional do intérprete, lhe impõe grande prudência para romper, de frente, contra o que a mesma lhe sugere."[9]

Quando a matéria enseja controvérsia, com divisão de opinião entre os expositores do Direito, o fundamental é o raciocínio lógico e jurídico formulado pelo profissional. O argumento de autoridade apresentado poderá ser neutralizado com a apresentação de outro, em sentido contrário. Apesar do relativo valor do argumento de autoridade, o advogado não deverá desprezá-lo, porque ajuda a fortalecer a sua tese no processo.

---

9 *Apud* Carlos Maximiliano, *op. cit.*, p. 341.

172 | INTRODUÇÃO AO ESTUDO DO DIREITO · PAULO NADER

De maior valor que o argumento de autoridade é o *argumento de fonte*, quando se invoca a opinião do jurisconsulto que forneceu, por suas obras, subsídios para a elaboração da lei. Destaque-se, finalmente, que é prática condenável pela Deontologia Jurídica invocar-se a autoridade daquele contra quem se discute uma tese jurídica.

102. O VALOR DA DOUTRINA NO PASSADO

A *communis opinio doctorum* exerceu um amplo papel no passado. A circunstância de o Direito não ser escrito exigia a consulta aos seus cultores, toda vez que houvesse dúvida sobre as regras jurídicas. O Direito não estava ao alcance de todos, mas de uma classe especial: a dos juristas, que zelavam pelo ordenamento jurídico. Pelo vínculo existente entre o Estado e a Igreja, os sacerdotes, considerados mandatários dos deuses, eram os juristas do passado. Quando esse monopólio dos sacerdotes chegou ao fim, o Direito alcançou maior progresso: a lei passou a ser interpretada; reconheceram-se a insuficiência da lei e a necessidade de suprir-lhe as lacunas; os juristas aperfeiçoaram o Direito, mediante o edito dos pretores, pelos pareceres dos jurisconsultos, tratados jurídicos e ensino da Jurisprudência.

Na Roma antiga, a doutrina desfrutou de elevada importância, chegando a alcançar, inclusive, a condição de fonte formal do Direito, a partir do Imperador Tibério (42 a.C. – 37 d.C.), como indica García Máynez. Aos jurisconsultos de maior prestígio, designados por *jurisprudentes* ou simplesmente *prudentes*, o imperador concedia o *jus publice respondendi*, a autoridade de emitir pareceres por escrito, que deveriam ser selados e obrigavam aos pretores em suas decisões. Tais pareceres eram denominados *responsa prudentium*. No ano de 426, o Imperador Teodósio promulgou a "Lei das Citas", pela qual os escritos jurídicos deixados por Gaio, Papiniano, Ulpiano, Paulo e Modestino condicionavam as decisões dos pretores. Historicamente a instituição criada passou a ser conhecida como "Tribunal dos Mortos", porque os mencionados jurisconsultos já eram falecidos. Ao julgar uma questão em que houvesse controvérsia sobre o Direito, o pretor deveria acatar a opinião dominante entre esses jurisconsultos. Se nem todos apresentassem estudos a respeito e houvesse empate, deveria prevalecer a opinião de Papiniano e, na falta desta, o pretor teria a liberdade de seguir a orientação doutrinária que considerasse mais justa (v. item 74).

Na Espanha, na época dos reis católicos, a partir de 1499, instituiu-se semelhante tribunal, em que as opiniões de Bártolo de Saxoferrato, Juan Andrés, Baldo de Ubaldis e Nicolas de Tudeschi possuíam força de lei.

O labor intelectual desenvolvido entre os séculos XI e XIII, pela famosa Escola dos Glosadores, é digno de referência. Com o objetivo de estudar e interpretar o *Corpus Juris Civilis*, Irnério, Accursio e outros notáveis juristas da época comentavam o texto romano pelo método de glosas marginais e interlineares, que alcançaram grande projeção no mundo europeu. Essa Escola, que surgiu com a fundação da Universidade de Bolonha, foi sucedida pelos comentaristas ou pós-glosadores, que não se limitaram à análise do Direito Romano, mas chegaram a criar um Direito novo, que influenciou a vida jurídica europeia até o início da Idade Moderna.

103. A DOUTRINA NO PRESENTE

No presente a função da doutrina não se limita a interpretar o Direito, como sugere a famosa frase de Kirchmann: "três palavras do legislador e bibliotecas inteiras se transformam em inutilidades". A produção científica dos jurisconsultos se desenvolve também no sentido de construir novos institutos legais, revelando-se útil, nesta perspectiva, ao legislador, que tem a incumbência de renovar o conteúdo das leis. A ciência elabora também princípios gerais de Direito, que orientam os legisladores, magistrados e advogados. Àqueles, na fase de formação da lei e, a estes, na etapa de aplicação.

A exposição doutrinária, modernamente, desenvolve-se por dois métodos principais: o alemão e o francês. Enquanto os juristas alemães utilizam-se dos *Kommentare* dos artigos dos textos, adotando a fórmula dos códigos anotados, os juristas franceses preferem o estudo sistemático do Direito, examinando não artigos isolados, mas os institutos jurídicos, preferindo ainda os repertórios que seguem a ordem alfabética aos códigos anotados, com exceção ao ramo do Direito Penal. A diferença entre a doutrina francesa e a alemã é mais de forma do que de conteúdo. Os juristas alemães, como esclarece René David, perpetuam o dualismo do Direito, que cessou na França com a codificação. Continuam, mesmo que não o reconheçam, fiéis à tradição entre o Direito erudito e o Direito prático. O estudo das normas aplicadas pelos tribunais e também das decisões se faz pelos *Kommentare*, enquanto pelos *Lehrbücher* (tratado) se faz a exposição do sistema e de suas normas, com suas vantagens e inconveniências. A doutrina francesa tende a fundir, conforme opinião de René David, em um só tipo, as duas classes de obras, *Kommentare* e *Lehrbücher*.[10]

Na Inglaterra, o Direito científico está se valorizando atualmente. As obras doutrinárias são designadas por *books of authority* e entre os juristas mais credenciados projetam-se os seguintes nomes: Glanville, Bracton, Littleton, Coke. Segundo o depoimento de René David, modernamente os *textbooks* já estão prevalecendo sobre os repertórios concebidos para uso dos práticos.[11]

Em nosso país, as obras científicas seguem basicamente quatro métodos de exposição: *a*) por análise de instituto jurídico; *b*) por comentários a artigos de leis; *c*) por verbetes; *d*) por comentários a acórdãos de tribunais. Embora não se possa afirmar a superioridade de um em relação ao outro, pois todos são fórmulas idôneas à revelação do Direito, é indubitável que o método de exposição por análise de instituto é o mais indicado aos que iniciam o curso jurídico ou desconhecem a matéria tratada, pois favorece a visão de conjunto sem prejuízo à profundidade da investigação. Quando o cultor do Direito busca a sua maior ilustração relativamente a determinado dispositivo de lei, seja para conhecer a sua amplitude ou para dirimir dúvidas, as obras mais adequadas são as de comentários a artigos. A doutrina que se apresenta em *verbetes*, via de regra, mostra a sua utilidade para as consultas que exigem respostas imediatas. Em nosso país, há importantes obras organizadas em verbetes, que aliam a facilidade da consulta à análise de institutos. Os comentários e críticas a acórdãos são de alcance prático e teórico, pois, além de revelarem as tendências dos tribunais, desenvolvem a exegese do Direito Positivo. Tal método, para traduzir contribuição à Ciência do Direito, há de ser eminentemente crítico e para tanto o expositor deve alicerçar as suas ideias e cotejá-las com a fundamentação dos acórdãos. Na literatura jurídica encontram-se, ainda, da lavra de juristas conhecidos, algumas poucas obras sobre determinados ramos ou institutos e que reúnem pareceres sobre questões controvertidas de Direito. Do exposto, conclui-se que a seleção do método de exposição doutrinária é importante para o conhecimento do Direito. Sendo o método apenas *caminho*, ele não é suficiente à doutrina, que requer, ainda, que as concepções expostas o sejam de forma clara, concisa e fundadas em premissas lógicas.

---

[10] René David, *op. cit.*, p. 109.

[11] René David, *op. cit.*, p. 306.

174 INTRODUÇÃO AO ESTUDO DO DIREITO · PAULO NADER

BIBLIOGRAFIA PRINCIPAL

Ordem do Sumário:

97 – Lino Rodriguez-Arias Bustamante, *Ciencia y Filosofía del Derecho*; Roberto José Vernengo, *Curso de Teoría General del Derecho*;

98 – Mouchet e Becu, *Introducción al Derecho*; Aftalion, Olano, Vilanova, *Introducción al Derecho*;

99 – Luis Legaz y Lacambra, *Filosofía del Derecho*; Felice Battaglia, *Curso de Filosofía del Derecho*;

100 – Luis Legaz y Lacambra, *op. cit.*; René David, *Los Grandes Sistemas Jurídicos Contemporáneos*;

101 – Carlos Maximiliano, *Hermenêutica e Aplicação do Direito*;

102 – Eduardo García Máynez, *Introducción al Estudio del Derecho*;

103 – René David, *op. cit.*

– Capítulo 19 –
PROCEDIMENTOS DE INTEGRAÇÃO: ANALOGIA LEGAL

Sumário: 104. Lacunas da Lei. **105.** O Postulado da Plenitude da Ordem Jurídica. **106.** Noção Geral de Analogia. **107.** O Procedimento Analógico. **108.** Analogia e Interpretação Extensiva.

104. LACUNAS DA LEI

104.1. Noções de Integração e de Lacunas. A integração é um processo de preenchimento de lacunas, existentes na lei, por elementos que a própria legislação oferece ou por princípios jurídicos, mediante operação lógica e juízos de valor. A doutrina distingue a *autointegração*, que se opera pelo aproveitamento de elementos do próprio ordenamento, da *heterointegração*, que se faz com a aplicação de normas que não participam da legislação, como é a hipótese, por exemplo, do recurso às regras estrangeiras.[1] Considerado o sistema jurídico pátrio, a integração se processa pela *analogia* e *princípios gerais de Direito*.

É um dado fornecido pela experiência que as leis, por mais bem planejadas, não logram disciplinar toda a grande variedade de acontecimentos sociais. A dinâmica da vida cria sempre novas situações, estabelece outros rumos e improvisa circunstâncias. As falhas ou lacunas que os códigos apresentam não revelam, forçosamente, incúria ou incompetência do legislador, nem atraso da ciência. Pode-se afirmar que as lacunas são imanentes às codificações. Ainda que se recorra ao processo de interpretação evolutiva do Direito vigente, muitas situações escapam inteiramente aos parâmetros legais. Somente quando os fatos se repetem assiduamente, tornam-se conhecidos e as leis não são modificadas para alcançá-los, é que se poderá inculpar o legislador ou os juristas.

A lacuna se caracteriza não só quando a lei é completamente omissa em relação ao caso, mas igualmente quando o legislador deixa o assunto a critério do julgador. É possível de se manifestar ainda quando a lei, anomalamente, apresente duas disposições contraditórias, uma anulando a outra. De ocorrência mais difícil, esta espécie

---

[1] V. a distinção em Miguel Reale, *Lições Preliminares de Direito*, ed. cit., p. 293.

176 | INTRODUÇÃO AO ESTUDO DO DIREITO · PAULO NADER

de lacuna decorre de defeito da lei e não por imprevisão do legislador. Antes de concluir pela existência de antinomia entre duas normas e abandoná-las, o intérprete deve submetê-las a um rigoroso estudo, com base nos subsídios que a hermenêutica jurídica oferece, pois muitas vezes o conflito é mais aparente do que real.[2] Para Enneccerus ocorre ainda a lacuna "quando uma norma é inaplicável por alcançar casos ou acarretar consequências que o legislador não haveria ordenado se conhecesse aqueles ou suspeitasse estas".[3] Além de não caracterizar uma lacuna, pois a lei oferece a disposição, esta hipótese de não aplicação da regra é problemática, pois a correção do defeito pode ser alcançada, conforme o caso, com a diminuição do campo de incidência da lei, de acordo com os princípios hermenêuticos.

A integração da lei não se confunde com as fontes formais, nem com os processos de interpretação do Direito. Os elementos de integração não constituem fontes formais porque não formulam diretamente a norma jurídica, apenas orientam o aplicador para localizá-las. A pesquisa dos meios de integração não é atividade de interpretação, porque não se ocupa em definir o sentido e o alcance das normas jurídicas. Uma vez assentada a disposição aplicável, aí sim se desenvolve o trabalho de exegese.

104.2. Teorias sobre as Lacunas. Os romanos já haviam admitido a possibilidade das lacunas, tanto em relação ao Direito legislado quanto ao costume, conforme se pode inferir pelo texto de Justiniano: *Nequeleges, neque senatusconsulta ita scribi possunt ut omnes casus qui quando inciderint, comprehendentur* (nem as leis, nem os senatus-consultos podem ser escritos de tal sorte que todos os (casos) que acontecerem estejam nelas compreendidos). Modernamente a doutrina registra cinco opiniões distintas, no tocante ao problema da existência das lacunas, catalogadas por Carlos Cossio: *realismo ingênuo, empirismo científico, ecletismo, pragmatismo e apriorismo filosófico.*[4]

104.2.1. Realismo ingênuo. A evolução social cria, de acordo com esta concepção, espaços vazios, brancos, não apenas na lei, mas no próprio sistema jurídico, de tal sorte que muitos casos não podem ser resolvidos com base em normas preexistentes. Exemplo típico é o seguinte raciocínio apresentado por Cossio: na época em que o Código Napoleão foi sancionado, a eletricidade não era um bem comerciável, não sendo prevista, pois, nessa legislação; logo, os assuntos relacionados ao fornecimento de energia não poderiam ser resolvidos por aquele Código. Criticando esta ordem de raciocínio, o autor argentino argumenta que, em face do caráter abstrato das normas jurídicas, estas se destinam a uma aplicação ampla, que excede à previsão do legislador.

Para Vallado Berrón, a teoria que sustenta a existência de lacunas na lei desenvolve o seu pensamento com o objetivo de fazer crer aos juízes que somente na hipótese de lacunas é admissível o arbítrio judicial. Essa corrente, na opinião do autor, parte do equívoco de considerar o Direito uma ordem estática e não dinâmica.[5]

---

[2]   Os Estatutos da Universidade de Coimbra denominavam *Terapêutica Jurídica* a arte de conciliar disposições aparentemente contraditórias. Na Academia de Ciências Morais e Políticas, em 1841, na França, Blondeau sustentou, ao ler o seu trabalho "A Autoridade da Lei", que, diante de leis contraditórias, quando não se pudesse descobrir a vontade do legislador, o juiz deveria abster-se de julgar, considerar inexistentes os preceitos e arquivar a demanda. Inteiramente incompatível com os princípios da Hermenêutica atual, essa teoria ficou esquecida.

[3]   *Apud* José María Díaz Couselo, *Los Principios Generales del Derecho, Plus* Ultra, Buenos Aires, 1971, p. 20.

[4]   Carlos Cossio, *La Plenitud del Ordenamiento Jurídico*, 2ª ed., Editorial Losada S.A., Buenos Aires, 1947, p. 19 e segs.

[5]   Vallado Berrón, *op. cit.*, pp. 134-5.

104.2.2. Empirismo científico. Com base na *norma de liberdade*, pela qual *tudo o que não está proibido está juridicamente permitido*, Zitelmann e Donati, entre outros, defendem a inexistência de lacunas. Assim, não haveria vácuos no ordenamento.

104.2.3. Ecletismo. Para os adeptos desta corrente, que é majoritária, enquanto a lei apresenta lacunas, a ordem jurídica não as possui. Isto porque o Direito se apresenta como um ordenamento que não se forma pelo simples agregado de leis, mas que as sistematiza, estabelecendo ainda critérios gerais para a sua aplicação. Reconhecendo que esta opinião predomina entre os juristas contemporâneos, Cossio a critica sob a alegação de que "se a relação entre Direito e lei é a do gênero e da espécie, então há de se convir que, não havendo lacunas no Direito, tampouco pode havê-las na lei, pois, segundo a lógica orienta, tudo o que se predica do gênero está necessariamente predicado na espécie..."[6] Discordamos da argumentação de Cossio, pois a premissa de seu silogismo não foi bem assentada. A relação entre o Direito e a lei não se dá com a simplicidade apontada de "gênero e espécie". O Direito não apenas é um continente mais amplo, que abrange a totalidade dos modelos jurídicos vigentes, como também estabelece o elenco das formas de expressão do fenômeno jurídico e os critérios de integração da lei. Se a lei, por exemplo, não é elucidativa quanto a determinado aspecto, este pode ser definido por analogia, costume ou pelo recurso aos princípios gerais de Direito.

104.2.4. Pragmatismo. Esta corrente reconhece a existência de lacunas no ordenamento jurídico, mas entende ser necessário se convencionar, para efeitos práticos, que o Direito sempre dispõe de fórmulas para regular todos os casos emergentes na vida social. São poucos os autores que admitem, abertamente, esta concepção que, na prática, é seguida por muitos juízes e tribunais.

104.2.5. Apriorismo filosófico. Esta é a concepção defendida por Carlos Cossio, segundo a qual a ordem jurídica não apresenta lacunas. O seu pensamento está em concordância com o empirismo científico, mas dele se diferencia na fundamentação. Enquanto para o empirismo científico, na expressão de Cossio, o Direito é tomado como justaposição ou soma de regras jurídicas, o *apriorismo filosófico* o concebe *"como uma estrutura totalizadora, de onde resulta que um regime de Direito positivo é uma totalidade e, por conseguinte, que não há casos fora do todo porque, do contrário, o todo não seria tal todo".*[7]

105. O POSTULADO DA PLENITUDE DA ORDEM JURÍDICA

Se há divergências doutrinárias quanto às lacunas jurídicas, do ponto de vista prático vigora o *postulado da plenitude da ordem jurídica*, pelo qual o Direito Positivo é pleno de respostas e soluções para todas as questões que surgem no meio social. Por mais inusitado e imprevisível que seja o caso, desde que submetido à apreciação judicial, deve ser julgado à luz do Direito vigente. É princípio consagrado universalmente que os juízes não podem deixar de julgar, alegando inexistência ou obscuridade de normas aplicáveis. Na legislação brasileira, o art. 140 do Código de Processo Civil dispõe a respeito: *"O juiz não se exime de decidir sob a alegação de lacuna ou obscuridade do ordenamento jurídico".* Se o magistrado pudesse abandonar uma causa, sob qualquer um daqueles fundamentos, a segurança jurí-

---

[6]   Carlos Cossio, *op. cit.,* p. 42.
[7]   Carlos Cossio, *op. cit.,* p. 57.

178 | INTRODUÇÃO AO ESTUDO DO DIREITO · PAULO NADER

dica estaria comprometida. O art. 4º da Lei de Introdução às normas do Direito Brasileiro, em ordem de preferência, indica os meios de que o juiz dispõe para solucionar os casos: "Quando a lei for omissa, o juiz decidirá o caso de acordo com a analogia, os costumes e os princípios gerais de direito."

106. NOÇÃO GERAL DE ANALOGIA

106.1. Conceito. A analogia *é um recurso técnico que consiste em se aplicar, a uma hipótese não prevista pelo legislador, a solução por ele apresentada para uma outra hipótese fundamentalmente semelhante à não prevista.* Destinada à aplicação do Direito, analogia não é fonte formal, porque não cria normas jurídicas, apenas conduz o intérprete ao seu encontro. O trabalho que desenvolve é todo de investigação. No sentido de criatividade, não elabora, pois o mandamento jurídico preexiste. Estabelecendo esse recurso técnico para a integração do Direito, o legislador simplifica a ordem jurídica, dando-lhe organicidade. A aplicação da analogia legal decorre necessariamente da existência de lacunas da lei. É uma técnica a ser empregada somente quando a ordem jurídica não oferece uma regra específica para determinada matéria de fato. Normalmente essas lacunas surgem em razão do desencontro cronológico entre o avanço social e a correspondente criação de novas regras disciplinadoras. O intervalo de tempo que permanece entre os dois momentos gera espaços vazios na lei. Outras vezes, aparecem em virtude do excesso de abstratividade da norma jurídica que, pretendendo alcançar elevado número de casos, deixa de contemplar diversas situações que, não se acomodando nos esquemas legais, passam a reclamar autonomia e tratamento próprio. Uma vez manifesta, a lacuna deverá ser preenchida, utilizando-se, em primeiro lugar, do procedimento analógico. Ainda aqui o juiz, ou o simples intérprete, se mantém cativo ao Direito Positivo, pois não poderá agir com liberdade na escolha da norma jurídica aplicável. A sua função será localizar, no sistema jurídico vigente, a hipótese prevista pelo legislador e que apresente semelhança fundamental, não apenas acidental, com o caso concreto. A hipótese definida em lei é chamada *paradigma*. A analogia desenvolve o princípio lógico *ubi eadem ratio ibi eadem legis dispositio esse debet* (onde há a mesma razão, deve-se aplicar a mesma disposição legal). Para haver analogia é necessário que ocorra semelhança no essencial e identidade de motivos entre as duas hipóteses: a prevista e a não prevista em lei.[8]

106.2. Fundamento da Analogia. Na necessidade que o legislador possui de dar harmonia e coerência ao sistema jurídico, a analogia tem o seu fundamento. Com efeito, sem esse fator de integração do Direito, fatalmente as contradições viriam comprometer o sistema normativo. Vinculando o aplicador do Direito ao próprio sistema, fica excluída a possibilidade de tratamento diferente a situações basicamente semelhantes, impedindo-se a prática da injustiça.

---

[8] Do ponto de vista literário e prático, o escritor Rubem Alves discorreu sobre analogia, em sua obra *Ao Professor, com o meu carinho*: "... O pensamento são as ideias dançando. Há danças dos tipos mais variados, desde a marcha militar até o balé. A analogia é um passo da dança do pensamento. Pela analogia, o pensamento pula de uma coisa que ele conhece para uma coisa que ele não conhece. Aquilo que desconheço é 'como' isso que conheço. 'Como' não é a mesma coisa que 'igual'. Na analogia eu não afirmo que aquilo é 'igual' a isso. Digo que é 'como'. É só parecido. A analogia não dá conhecimento preciso sobre o desconhecido – mas o torna familiar. Quando se conhece mesmo, de verdade, não é preciso fazer uso de analogias. Se conheço uma maçã, eu digo 'maçã' e pronto. Não vou dizer que ela é 'como' uma pêra redonda vermelha..." (*op. cit.*, 6ª ed., Campinas, Verus Editora, 2004, p. 15).

O Direito Natural, através de seus princípios basilares, também dá fundamento à analogia, pois preconiza igual tratamento para situações em que haja identidade de motivos ou razões.

107. O PROCEDIMENTO ANALÓGICO

Apesar de constituir-se em uma operação lógica, mas não exclusivamente lógica, a analogia não converte o intérprete em um simples autômato que, de posse de um objeto, vai à procura de outro semelhante. De aplicação aparentemente simples, na realidade a analogia pressupõe uma grande percepção e um profundo sentimento ético do aplicador do Direito.

Durante a busca do modelo jurídico, os juízos de valor são utilizados a cada momento. Sem eles, não seriam possíveis as constatações positivas ou negativas. Para se alcançar a certeza de que no caso "1" há a mesma razão que levou o legislador a disciplinar o caso "2", torna-se indispensável a apreciação axiológica. Somente após criterioso estudo, pode-se chegar à conclusão de que há semelhança de fato e identidade de razão entre o caso enfocado e o paradigma escolhido.

Os casos, mais tecnicamente tratados por *supostos* ou *hipóteses* das normas jurídicas, possuem um número variável de características. Para que se torne possível a aplicação da analogia, não basta que entre os casos comparados haja muitas características semelhantes. Normalmente, quanto maior o número de semelhanças, maior a possibilidade de aplicação. Pode ocorrer que dois casos comparados, o previsto e o não previsto pelo legislador, tenham quatro características idênticas e se desassemelhem em apenas uma; ainda assim, a analogia não estará garantida, porque a razão que determinou a norma jurídica pode estar localizada nessa característica ímpar. Por outro lado, em relação aos que mantêm apenas uma característica igual, pode ser possível a aplicação da analogia, desde que a *ratio legis* esteja nessa característica do paradigma. É oportuna a exemplificação da analogia à luz da experiência brasileira. A Lei Civil não prevê, especificamente, a ineficácia de um legado, quando o beneficiário deixa de cumprir encargo estabelecido em testamento. Os tribunais, todavia, assim vêm decidindo, aplicando, por analogia, o disposto, hoje, no art. 562 do Código Civil de 2002, que permite a revogação da doação onerosa por inexecução de encargo.

Muitos autores distinguem duas espécies de analogia: a *legal* e a *jurídica*. A primeira é a hipótese acima analisada, em que o paradigma se localiza em um determinado ato legislativo, enquanto a analogia jurídica se configuraria quando o paradigma fosse o próprio ordenamento jurídico. Entendemos que existe apenas uma espécie de analogia, a *legis*, porquanto a chamada analogia *juris* nada mais representa do que o aproveitamento dos princípios gerais de Direito.[9]

A analogia legal, a par de ser uma importante técnica de revelação do Direito, empregada pela legislação de quase todos os países, com reserva apenas nos setores de Direito Penal, normas de Direito Fiscal[10] e, geralmente, conforme Vicente Ráo, "no tocante às normas de exceção que restringem ou suprimem direitos"[11] é também um instrumental sério e até mesmo grave que, não utilizado com a perícia que requer, pode

---

[9]   Igual opinião é apresentada por Miguel Reale, em *Lições Preliminares de Direito,* ed. cit., pp. 294 e 311.

[10]   A analogia somente é condenada no Direito Penal, para efeito de enquadramento em figuras delituosas, em penas ou como fator de agravamento destas. Não se aplica também o procedimento analógico no Direito Fiscal, quando for para imposição de tributos ou penas ao contribuinte.

[11]   Vicente Ráo, *op. cit.,* vol. I, tomo II, p. 605.

levar o mau intérprete a conclusões falsas, como a que Romero e Pucciarelli narram: "A Terra está povoada por seres vivos; Marte é análogo à Terra, tendo em comum com ela as propriedades *a, b, c* etc.; logo, Marte deve ser povoado por seres vivos..."[12]

108. ANALOGIA E INTERPRETAÇÃO EXTENSIVA

Apesar de procedimentos distintos, a interpretação extensiva e a aplicação analógica da lei muitas vezes são confundidas. Na interpretação extensiva o caso é previsto pela lei diretamente, apenas com insuficiência verbal, já que a *mens legis* revela um alcance maior para o enunciado. A má redação do texto é uma das causas que podem levar à não correspondência entre as palavras da lei e o seu espírito. Nesse caso não se pode falar em lacuna. Existe apenas uma impropriedade de linguagem. Para o procedimento analógico, a lacuna da lei é um pressuposto básico. O caso que se quer enquadrar na ordem jurídica não encontra solução nem na letra, nem no espírito da lei. O aplicador do Direito enceta pesquisa na legislação a fim de focalizar um paradigma, um caso semelhante ao não previsto. Uma vez localizado, desde que a semelhança seja no essencial e haja identidade de motivos, a solução do paradigma será aplicada ao caso não previsto em lei.

Na interpretação extensiva, amplia-se a significação das palavras até fazê-las coincidir com o espírito da lei; com a analogia não ocorre esse fato, pois o aplicador não luta contra a insuficiência de um dispositivo, mas com a ausência de dispositivos.

BIBLIOGRAFIA PRINCIPAL

Ordem do Sumário:

104 – José María Díaz Couselo, *Los Principios Generales del Derecho*; Carlos Cossio, *La Plenitud del Ordenamiento Jurídico*;

105 – Miguel Reale, *Lições Preliminares de Direito*;

106 – Eduardo García Máynez, *Introducción al Estudio del Derecho*;

107 – Eduardo García Máynez, *idem*;

108 – Carlos Maximiliano, *Hermenêutica e Aplicação do Direito*.

---

[12] *Apud* Eduardo García Máynez, *op. cit.*, p. 367.

– Capítulo 20 –
PROCEDIMENTOS DE INTEGRAÇÃO: PRINCÍPIOS GERAIS DE DIREITO

Sumário: 109. Considerações Prévias. **110.** As Duas Funções dos Princípios Gerais de Direito. **111.** Conceito dos Princípios Gerais de Direito. **112.** Natureza dos Princípios Gerais de Direito. **113.** Os Princípios Gerais de Direito e os Brocardos. **114.** A Pesquisa dos Princípios Gerais de Direito. **115.** Os Princípios e o Direito Comparado.

109. CONSIDERAÇÕES PRÉVIAS

O postulado da plenitude da ordem jurídica, pelo qual o Direito Positivo não apresenta lacunas, sendo pleno de modelos para reger os fatos sociais e solucionar os litígios, torna-se possível no plano prático em face dos princípios gerais de Direito.[1] Na esteira de quase todos os códigos estrangeiros, o Direito brasileiro consagrou-os como o último elo a que o juiz deverá recorrer, na busca da norma aplicável a um caso concreto. Os princípios gerais de Direito garantem, em última instância, o critério de julgamento. Malgrado o legislador pátrio se refira especificamente ao juiz, na realidade dirigem-se os princípios aos destinatários do Direito em geral.

Diante de uma situação fática, os sujeitos de direito, necessitando conhecer os padrões jurídicos que disciplinam a matéria, devem consultar, em primeiro plano, a lei. Se esta não oferecer a solução, seja por um dispositivo específico, ou por analogia, o interessado deverá verificar da existência de normas consuetudinárias. Na ausência da lei, de analogia e costume, o preceito orientador há de ser descoberto mediante os princípios gerais de Direito. Nesta situação, não haverá possibilidade, teórica ou prática, de não se revelar a norma reitora, pois, como bem afirma Clóvis Beviláqua, "o jurista penetra em um campo mais dilatado, procura apanhar as correntes diretoras do pensamento jurídico e canalizá-lo para onde a necessidade social mostra a insuficiência do Direito positivo".[2]

---

[1] O presente tema reveste-se de grande importância, tanto que Giorgio del Vecchio, ao estrear na Cátedra de Filosofia do Direito da Universidade de Roma, em 13 de dezembro de 1920, escolheu-o para dissertação, apresentando aos seus ouvintes a monografia especialmente escrita, hoje publicada sob o título *Os Princípios Gerais do Direito*.

[2] *Teoria Geral do Direito Civil*, ed. cit., p. 37.

110. AS DUAS FUNÇÕES DOS PRINCÍPIOS GERAIS DE DIREITO

Na vida do Direito os princípios são importantes em duas fases principais: na elaboração das leis e na aplicação do Direito, pelo preenchimento das lacunas da lei. Os princípios, como acentuam Mouchet e Becu, "guiam, fundamentam e limitam as normas positivas já sancionadas".[3]

Quando se vai disciplinar uma determinada ordem de interesse social, a autoridade competente não caminha sem um roteiro predelineado, sem planejamento, sem definição prévia de propósitos. O ponto de partida para a composição de um ato legislativo deve ser o da seleção dos valores e princípios que se quer consagrar, que se deseja infundir no ordenamento jurídico. Ciência que é, o Direito possui princípios estratificados pelo tempo e outros que vão se formando – *in fieri*. São os princípios que dão consistência ao edifício do Direito, enquanto os valores dão-lhe sentido. A qualidade da lei depende, entre outros fatores, dos princípios escolhidos pelo legislador. O fundamental, tanto na vida como no Direito, são os princípios, porque deles tudo decorre. Se os princípios não forem justos, a obra legislativa não poderá ser justa.

Ao caminhar dos princípios e valores para a elaboração do texto normativo, o legislador desenvolve o método dedutivo. As regras jurídicas constituem, assim, irradiações de princípios. Na segunda função dos princípios gerais de Direito, que é de preencher as lacunas legais, o aplicador do Direito deverá perquirir os princípios e valores que nortearam a formação do ato legislativo. A direção metodológica que segue é em sentido inverso: do exame das regras jurídicas, por indução, vai revelar os valores e os princípios que informaram o ato legislativo.

111. CONCEITO DOS PRINCÍPIOS GERAIS DE DIREITO

A expressão *princípios gerais de Direito*, por ser demasiadamente ampla, não oferece ao aplicador do Direito uma orientação segura quanto aos critérios a serem admitidos na sua aplicação. Para Lino Rodriguez-Arias Bustamante, "o importante é que os princípios gerais de Direito sejam concebidos dentro do âmbito de critérios objetivos..."[4] Na opinião de Del Vecchio, que os identifica com os princípios do Direito Natural, "se bem se observa, o Direito só estabelece um requisito, quanto ao que deve existir entre os princípios gerais e as normas particulares do Direito: que entre uns e outros não haja nenhuma desarmonia ou incoerência..."[5]

Na hipótese de conflito entre princípios fundamentais, geralmente estabelecidos na Constituição Federal, na opinião de Robert Alexy, deve prevalecer aquele que ferir menos intensamente o que for preterido.[6]

Pelo que se observa, ao escolher uma fórmula tão abstrata e indefinida, o legislador, já ciente das divergências doutrinárias que a expressão apresentava, pretendeu oferecer ao aplicador do Direito um critério bem amplo, para a busca dos princípios aplicáveis aos casos concretos. A expressão adotada, atualmente, já constava no art. 7º da Lei Preliminar que, em 1916, acompanhou o Código Beviláqua.[7]

---

[3] Mouchet e Becu, *op. cit.*, p. 273.
[4] Lino Rodriguez-Arias Bustamante, *op. cit.*, p. 599.
[5] *Apud* Lino Rodriguez-Arias Bustamante, *op. cit.*, p. 594.
[6] Robert Alexy, *Revista CONJUR*, 02.7.2016.
[7] O art. 7º da Lei Preliminar era do seguinte teor: "Aplicam-se, nos casos omissos, as disposições concernentes aos casos análogos e, não as havendo, os princípios gerais de direito."

Quarta Parte · **Cap. 20** · PROCEDIMENTOS DE INTEGRAÇÃO: PRINCÍPIOS GERAIS DE DIREITO | **183**

Mans Puigarnau, com objetivo de clarear o entendimento da expressão, submeteu-a à interpretação semântica destacando, como notas dominantes, a *principialidade, generalidade e juridicidade:*

a) Princípios: ideia de fundamento, origem, começo, razão, condição e causa;

b) Gerais: a ideia de distinção entre o gênero e a espécie e a oposição entre a pluralidade e a singularidade;

c) Direito: caráter de juridicidade; o que está conforme a reta; o que dá a cada um o que lhe pertence.[8]

No vasto campo do Direito há uma gradação de amplitude entre os princípios, que varia desde os mais específicos aos absolutamente gerais, inspiradores de toda a árvore jurídica. Entendemos que, embora a fórmula indique princípios *gerais*, a expressão abrange tanto os efetivamente gerais quanto os específicos, destinados apenas a um ramo do Direito. De acordo com a classificação que a doutrina apresenta quanto às categorias de princípios, os de Direito são *monovalentes*, porque se aplicam apenas à Ciência do Direito; os princípios *plurivalentes* aplicam-se a vários campos de conhecimento e os *onivalentes* são válidos em todas as áreas científicas, como o princípio de *causa eficiente*.

Como se depreende, os princípios são fundamentais ao Direito e além do Direito, dado que são origem ou fonte de todas as coisas.

112. NATUREZA DOS PRINCÍPIOS GERAIS DE DIREITO

No exame da natureza dos princípios gerais de Direito, a polêmica dominante é travada entre as duas grandes forças da Filosofia do Direito: a positivista e a jusnaturalista. O positivismo, que tem a Escola Histórica do Direito, nesse particular, como aliada, sustenta a tese de que os princípios gerais de Direito são os consagrados pelo próprio ordenamento jurídico e, para aplicá-los, o juiz deverá ater-se objetivamente ao Direito vigente sem se resvalar no subjetivismo. As afirmações desta corrente, em síntese, são as seguintes:

a) os princípios gerais de Direito expressam elementos contidos no ordenamento jurídico;

b) se os princípios se identificassem com os do Direito Natural, abrir-se-ia um campo ilimitado ao arbítrio judicial;

c) a vinculação de tais princípios ao Direito Positivo favorece a coerência lógica do sistema;

d) os ordenamentos jurídicos possuem um grande poder de expansão, que lhes permite resolver todas as questões sociais.[9]

Para a corrente jusnaturalista ou filosófica, da qual Giorgio del Vecchio é o expoente máximo, os princípios gerais de Direito são de natureza suprapositiva, constantes de princípios eternos, imutáveis e universais, ou seja, os do Direito Natural. O jusfilósofo italiano argumenta que, ainda na hipótese de a lei expressamente indicar, por princípios, os constantes no ordenamento jurídico, como o fez o Código Civil Italiano,[10] os que deverão ser aplicados serão os do Direito Natural, de vez que, ao elaborar as leis, o legislador se guia por eles.

---

8   *Apud* José María Díaz Couselo, *op. cit.*, p. 79.

9   José María Rodríguez Paniagua, *Ley y Derecho*, Editorial Tecnos, Madrid, 1976, p. 122.

10   O preceito consta na segunda parte do art. 12: "... Se um litígio não puder ser decidido por uma disposição expressa, ter-se-ão em conta as disposições que regulam os casos semelhantes e as matérias análogas; se o caso ficar ainda duvidoso, decidir-se-á de acordo com os princípios gerais da ordem jurídica do Estado."

INTRODUÇÃO AO ESTUDO DO DIREITO · PAULO NADER

Ainda quanto à natureza desses princípios, alguns autores identificam-na como legado do Direito Romano, que sempre gozou de grande prestígio e chegou a ser considerado a *ratio scripta*. Para Legaz y Lacambra, essa vinculação dos princípios com o Direito Romano possui valor puramente histórico. Em seus comentários ao art. 7º da Lei Preliminar, Clóvis Beviláqua identificou esse processo de integração com os princípios universais da ciência e da filosofia, como o fizeram Pacchioni e Bianchi: "Não se trata, como pretendem alguns, dos princípios gerais do direito nacional, mas, sim, dos elementos fundamentais da cultura jurídica humana em nossos dias; das ideias e princípios, sobre os quais assenta a concepção jurídica dominante; das induções e generalizações da ciência do direito e dos preceitos da técnica."[11] Gény e Espínola identificaram esses princípios com os ditados pela equidade.

113. OS PRINCÍPIOS GERAIS DE DIREITO E OS BROCARDOS

A possibilidade de se confundirem os princípios gerais de Direito com os brocardos e aforismos foi descartada por Arias Bustamante, sob o fundamento de que eles estreitariam o campo e a função dos princípios. O prestígio dos brocardos já experimentou, ao longo da história, altos e baixos. Enquanto alguns autores os consideram a *ratio scripta, raios divinos* capazes de iluminarem os estudos de Direito, outros negam-lhes importância. A palavra brocardo deriva de Burcardo, Bispo de Worms, que, no início do séc. XI, organizou uma coletânea de regras que foram impressas na Alemanha e na França. Essa coleção de cânones recebeu o nome de *Decretum Burchardi* e as regras e máximas passaram a ser conhecidas por *burcardos* e, posteriormente, por brocardos. A literatura jurídica, especialmente a francesa, destaca as *máximas de Antoine Loysel*, constantes em sua obra *Institutes Coutumières* (1607) que, na opinião de Mazeaud et Mazeaud, constitui *"un excellent traité de droit"*, onde o autor desenvolveu um plano lógico de exposição e de conteúdo. De acordo com os juristas franceses, "*A influência dos* Institutos Costumeiros *sobre os juristas e os práticos dessa época é certa e, também, a contribuição à elaboração de um Direito comum costumeiro".*[12]

Carlos Maximiliano condensou algumas críticas feitas por diversos juristas:

a) a fórmula genérica e ampla dos brocardos muitas vezes é ilusória, pois geralmente são destacados de um determinado texto, onde possuíam vida e significado, mas, uma vez isolados, não conservam o mesmo sentido;

b) às vezes não possuem qualquer valor científico e chegam até a consagrar princípios falsos, v.g., *in claris cessat interpretatio*;

c) o seu emprego muitas vezes excede ao seu campo de aplicação;

d) em face da generalidade e quantidade de brocardos, é sempre possível descobrir algum que venha em abono a alguma tese e ocorre então que, para um mesmo fato, se encontrem brocardos diferentes amparando teses opostas;

e) apesar de enunciados em latim, nem sempre têm a autoridade do Direito Romano, sendo difícil às vezes descobrir-se a sua origem.[13]

De acordo com as ponderações de Carlos Maximiliano, as posições extremas, radicais, não refletem o significado dos brocardos. O apego exagerado aos aforismos é tão condenável quanto o absoluto desprezo. A tendência à generalização é um fato que precisa ser melhor examinado, para se evitarem as distorções jurídicas. O repúdio sistemático aos adágios representa uma renúncia impensada da cultura estruturada através dos tempos.

---

[11] Clóvis Beviláqua, *Código Civil*, Oficinas Gráficas da Livraria Francisco Alves, vol. I, p. 88.

[12] *Op. cit.*, tomo I, 1º vol., p. 85.

[13] Carlos Maximiliano, *op. cit.*, p. 298.

Quarta Parte • **Cap. 20** • PROCEDIMENTOS DE INTEGRAÇÃO: PRINCÍPIOS GERAIS DE DIREITO | **185**

A conclusão é de que é indispensável o maior critério e prudência na aplicação dos brocardos.

114. A PESQUISA DOS PRINCÍPIOS GERAIS DE DIREITO

Para se revelarem os princípios que orientam e estruturam determinado sistema jurídico, o cientista do Direito deverá utilizar-se do método indutivo. Observando as fórmulas adotadas pelo legislador ao regular várias situações semelhantes, o jurista induz a existência de um princípio. Dos princípios encontrados e que informam áreas específicas do Direito, pode novamente induzir um princípio mais amplo e genérico e, por generalizações ascendentes, se chegar ao princípio procurado.

Quando se pretende descobrir o princípio consagrado pelo legislador, o investigador deverá pesquisá-lo, na lição de Carlos Maximiliano, obedecendo a seguinte ordem:

a) no instituto que aborda a matéria;

b) em vários institutos afins;

c) no ramo jurídico como um todo;

d) no Direito Público ou no Direito Privado (dependendo da localização da matéria);

e) em todo o Direito Positivo;

f) no Direito em sua plenitude.

Nesta progressão, de caminhar do mais específico ao mais geral, a possibilidade de falha será menor quanto mais específica for a fonte.[14]

115. OS PRINCÍPIOS E O DIREITO COMPARADO

Os sistemas jurídicos de quase todos os países incluem os princípios gerais de Direito como processo de integração jurídica. Limongi França revela a posição dos códigos das nações cultas, em relação aos princípios gerais de Direito:

Códigos Civis das Nações Cultas

A – *Silenciam*: francês, alemão, japonês;

B – *Consagram*
1 – "Equidade natural" (suíço, chileno);
2 – "Princípios Gerais do Direito Natural" (austríaco);
3 – "Princípios Gerais de Direito" (brasileiro, argentino, mexicano, espanhol);
4 – "Princípios do ordenamento Jurídico do Estado" (italiano).

---

[14] Carlos Maximiliano, *op. cit.*, p. 366.

186 | INTRODUÇÃO AO ESTUDO DO DIREITO · PAULO NADER

Entre os códigos que não seguem a fórmula tradicional figuram, com maior desta-que, o da Áustria, de 1812, o suíço, de 1907 e o da Itália, de 1942. O austríaco, por ter sido inspirado no racionalismo kantiano, além de não prever o costume como fonte, identifi-cou os princípios com os do Direito Natural. Igualmente, o Código Seabra – Código Civil português de 1867 – que previa no art. 16: "Se as questões sobre direitos e obrigações não puderem ser resolvidas, nem pelo texto da lei, nem pelo seu espírito, nem pelos casos análogos, prevenidos em outras leis, serão decididas pelos princípios de direito natural, conforme as circunstâncias do caso". O italiano modificou o critério do Código anterior, que adotava a expressão *princípios gerais de Direito* substituindo-a por *princípios do orde-namento jurídico do Estado*. O principal objetivo desse Código, ao adotar a nova fórmula, foi impedir que a justiça italiana aplicasse princípios de Direito estrangeiro, em plena Se-gunda Guerra Mundial. O critério adotado pelo legislador suíço, considerado por García Máynez "a fórmula mais feliz de integração", ao mesmo tempo que libera o magistrado para aplicar a regra que ele criaria se fosse o legislador, na hipótese de lacuna da lei e na falta do costume, condiciona-o à doutrina e à jurisprudência. Essa orientação acha-se na segunda parte do art. 1º, do teor seguinte:

"Em todos os casos não previstos por lei, o juiz decidirá segundo o costume e, na falta deste, segundo as regras que estabeleceria se tivesse que obrar como legislador. Inspirar--se-á para isso na doutrina e jurisprudência mais autorizada."

BIBLIOGRAFIA PRINCIPAL

Ordem do Sumário:

109 – Clóvis Beviláqua, *Teoria Geral do Direito Civil*;

110 – Giorgio del Vecchio, *Los Princípios Generales del Derecho*; José María Díaz Couselo, *Los Princípios Generales del Derecho*;

111 – José María Díaz Couselo, *op. cit.*;

112 – Luis Legaz y Lacambra, *Filosofía del Derecho*; José María Rodriguez Paniagua, *Ley y Derecho*;

113 – Carlos Maximiliano, *Hermenêutica e Aplicação do Direito*;

114 – Eduardo García Máynez, *Introduccíon al Estudio del Derecho*; Carlos Maximiliano, *idem*;

115 – Limongi França, *Teoria e Prática dos Princípios Gerais de Direito*; José María Díaz Couselo, *op. cit.*

– Capítulo 21 –
A CODIFICAÇÃO DO DIREITO

Sumário: 116. Aspectos Gerais. **117.** Conceito de Código. **118.** A Incorporação. **119.** A Duração dos Códigos. **120.** Os Códigos Antigos. **121.** A Era da Codificação. **122.** Os Primeiros Códigos Modernos. **123.** A Polêmica entre Thibaut e Savigny. **124.** O Código Civil Brasileiro de 1916 e o de 2002. **125.** A Recepção do Direito Estrangeiro.

116. ASPECTOS GERAIS

A importância do Direito não está apenas em seu conteúdo, nos fatos que disciplina e nos valores que elege; está também na forma como se apresenta. Se o ordenamento antigo, de natureza consuetudinária, possuía o mérito de identificar-se com a vida social, *ex facto jus oritur*,[1] os anseios por um Direito mais definido e uniforme levaram os povos à elaboração de textos amplos, centralizadores de sua experiência jurídica. Já na Antiguidade, quando a sociedade era menos complexa e os problemas sociais de menor alcance, manifestava-se a necessidade de ordenações que reunissem os preceitos vigentes. Assim foi que surgiu o Código de Hamurabi, a Legislação Mosaica, a Lei das XII Tábuas e vários outros instrumentos normativos.

Na atualidade, com a vertiginosa evolução científica, tecnológica e industrial, que não se condicionam inteiramente aos imperativos éticos, mas sobretudo aos interesses econômicos, ampliam-se as questões sociais, multiplicam-se os tipos de conflitos humanos e as instituições jurídicas, para atenderem aos novos desafios, não podem caminhar pelo compasso lento dos costumes. Para que o Direito não se revele impotente diante dos novos fatos é indispensável que se atualize pelo processo renovado de elaboração de leis. O Direito simplesmente legislado, disperso em numerosas leis, não atende, também, às exigências de segurança jurídica. Além de dificultarem o conhecimento do modelo jurídico, essas leis extravagantes não formam uma comunidade coerente e escapam, ainda, ao pleno controle do próprio legislador. A sistematização do Direito exige, forçosamente, a concentração das normas em textos devidamente organizados. Esse objetivo pode ser realizado

---
[1] O Direito nasce do fato.

pela codificação ou pela incorporação. A primeira refere-se aos códigos e a segunda, às consolidações.

117. CONCEITO DE CÓDIGO

Código é o conjunto orgânico e sistemático de normas jurídicas escritas e relativas a um amplo ramo do Direito. Nesta acepção, o Código Civil da Prússia, de 1794, foi o primeiro ordenamento elaborado em bases científicas.

O código reúne, em um só texto, disposições relativas a uma ordem de interesse. Pode abranger a quase totalidade de um ramo, como o Código Civil, ou alcançar apenas uma parcela menor da ordem jurídica, como é a situação, por exemplo, do Código Florestal. Não é a quantidade de normas que identifica o código. Este pode apresentar maior ou menor extensão. Normalmente constitui-se por um amplo desenvolvimento, pois a regulamentação de uma ordem de interesse é sempre uma tarefa complexa. Há leis que são extensas e não constituem códigos. Fundamental é a organicidade, que não pode deixar de existir. O código deve ser um todo harmônico, em que as diferentes partes se entrelaçam, se complementam. A aplicação do código é análoga ao funcionamento do organismo animal. Neste, os órgãos diversos conjugam as suas funções e nenhum possui autonomia. As partes que compõem o código desenvolvem uma atividade solidária; há uma interpenetração nos diversos segmentos que o integram. Daí dizer-se que os códigos possuem organicidade.

As disposições, consideradas individualmente, não possuem sentido e constitui uma temeridade a leitura isolada de preceitos, sem o conhecimento prévio do conjunto em que se inserem. A íntima vinculação existente entre as partes de um código influencia nos critérios de interpretação. Esta deve ser sistemática. Ao interpretar, o hermeneuta procede à exegese do Direito, ainda que a sua atenção esteja voltada para um artigo, pois cada fragmento do código só possui vida e sentido quando relacionado com o texto geral. Igualmente procede o juiz. Quando fundamenta a sua decisão em um dispositivo do código, aplica, na realidade, não apenas o dispositivo isolado, mas o ordenamento jurídico em vigor.

A elaboração de um código não é tarefa de agrupamento de disposições já existentes em várias fontes. Não é um trabalho apenas de natureza prática. Implica sempre a atualização científica do Direito. O legislador deve basear-se nos costumes, conservar as normas necessárias, mas atuar com liberdade para inovar, introduzir novos institutos ditados pelo avanço social. A elaboração do código é obra de modernização do Direito, de adoção dos princípios novos formulados pela Ciência do Direito. Nessa tarefa, o legislador deve consultar, inclusive, as fontes externas, pesquisar no Direito Comparado, a fim de criar uma obra que seja, ao mesmo tempo, a expressão de uma realidade histórica e um organismo apto à realização da justiça. A renovação do Direito não pode ser um trabalho apenas de gabinete; seus artífices devem consultar as forças vivas da nação, considerar os subsídios apresentados pelos setores especializados da sociedade e ouvir a opinião do homem simples do povo.

A construção de um código pressupõe o conhecimento científico e filosófico do Direito e requer um apuro de técnica e beleza. Se a ciência fornece os princípios modernos, as novas concepções, a filosofia estabelece as estimativas, o sentido do justo, o critério da segurança. Conforme Filomusi Guelfi: *"A forma mais alta e reflexiva, à qual pode elevar-se a consciência de um povo, é o Código."*[2] A elaboração do código exige uma técnica legislati-

---

[2]   Filomusi Guelfi, *op. cit.*, p. 100.

va mais qualificada e o sentido de arte se revela na beleza do estilo, pela *elegantia juris*, no emprego da língua vernácula.

Quanto à palavra código, esta provém do latim *codex*, havendo divergência entre os autores quanto ao seu significado primitivo. Para a maioria, os antigos empregavam *codex* para denominar as pequenas tábuas de cera onde as leis eram escritas. Para A. B. Alves da Silva, os romanos empregavam *codex* como referência à escrita em pergaminho, por oposição a *liber*, que era a escrita em papiros. Sendo o pergaminho mais resistente, foi escolhido para a escrita das leis, pelo que passou o vocábulo *codex* a expressar, restritamente, o conjunto de normas jurídicas escritas.[3]

118. A INCORPORAÇÃO

A *incorporação* é uma outra forma de organização do Direito Positivo, que se distingue da codificação pelo conteúdo e forma. É um trabalho de natureza prática, que objetiva apenas agrupar, em um só texto, as normas dispersas em diferentes fontes. O resultado da incorporação é a *consolidação*.

Entre o código e a consolidação há um denominador comum e alguns pontos de distinção. Ambos constituem condensação do Direito Positivo sobre determinado ramo. Enquanto o código introduz inovações e é um campo sistematizado, a consolidação limita-se a reunir as normas já existentes e não apresenta, geralmente, rigor lógico. Quando a consolidação se revela sistematizada, é chamada *código aberto*, para indicar que não é um conjunto permanente de normas e pode ser alterado sempre.

A consolidação é uma alternativa útil ao legislador, nas seguintes condições: *a*) quando é urgente a necessidade de organização do Direito vigente, pois o seu preparo é mais rápido do que o de um código; *b*) como etapa preparatória à elaboração de um código. No século XIX, este último procedimento foi adotado em nosso país, com a Consolidação das Leis Civis, elaborada pelo famoso jurista Teixeira de Freitas.

119. A DURAÇÃO DOS CÓDIGOS

O código se destina não só a organizar o Direito, mas a oferecer também estabilidade aos institutos jurídicos. Se é verdade que não se fazem códigos para durar uma eternidade, "é chocante quando o legislador, mal codifica, mal redige os códigos, os altera".[4] Compreende-se, o código é obra de realização complexa, difícil, que exige anos de trabalho e a participação de muitos. Elaborado, cria a necessidade de assimilação, de conhecimento, e para isto é importante a contribuição dos jurisconsultos e da interpretação judicial. Como assinala Miguel Reale, "*Códigos definitivos e intocáveis não os há, nem haveria vantagem em tê-los, pois a sua imutabilidade significaria a perda do que há de mais profundo no ser do homem, que é o seu desejo perene de perfectibilidade*".[5]

Nem todos os ramos do Direito oferecem condições para serem codificados; apenas os que já alcançaram maturidade científica; possuem uma estrutura sólida de princípios e o seu resíduo cambiante é pequeno. É por esta razão, por exemplo, que os ramos do Direito Administrativo e do Trabalho ainda não foram codificados. Para a longevidade dos códigos, alguns juristas defendem a tese de que a codificação somente deve ser efetivada em

---

[3]   A. B. Alves da Silva, *Introdução à Ciência do Direito*, 3ª ed., Editora Agir, Rio de Janeiro, 1956, p. 311.

[4]   Pontes de Miranda, *Comentários ao Código de Processo Civil*, 2ª ed., tomo I, Forense, 1958, p. 20.

[5]   Exposição de Motivos do Anteprojeto de Código Civil.

190 | INTRODUÇÃO AO ESTUDO DO DIREITO · PAULO NADER

época de estabilidade social e política, julgando imprópria a sua elaboração nos períodos de transformações políticas. Em se tratando de ramos de Direito Privado, essa objeção não é válida, porque a área atingida naquelas mudanças é do Direito Público, notadamente a do Direito Constitucional. Para Miguel Reale "toda época é época de codificação, quando se tem consciência de seus valores históricos".[6]

– Quando o código envelhece? Desenvolvendo esta questão, o jurista José Carlos Moreira Alves afirmou que o código envelhece apenas quando deixa de oferecer condições para a formação de novas construções jurídicas.[7] Nessa fase, em que se mostra impotente para esquematizar os problemas sociais, o código atinge o seu período crepuscular e deve ser substituído.

120. OS CÓDIGOS ANTIGOS

120.1. Considerações Gerais. Na acepção antiga, código era um conjunto amplo de normas jurídicas escritas. Não era obra de concepção científica, nem artística. A sua organização não obedecia a uma sequência lógica e, normalmente, não passava de simples compilação dos costumes, de condensação das diferentes regras vigentes. Não se limitava também a disciplinar um ramo do Direito. Compreende-se, pois na Antiguidade a *Jurisprudência* não apresentava divisões, era um todo *pro indiviso*, que abarcava regras civis, penais, comerciais, tributárias. Entre as codificações mais antigas que alcançaram projeção, citam-se as seguintes: Código de Hamurabi, Legislação Mosaica, Lei das XII Tábuas, Código de Manu e o Alcorão.

120.2. Código de Hamurabi. Considerado, até há alguns anos, a legislação mais antiga do mundo, o Código de Hamurabi (2000 a.C.) foi a ordenação que o rei da Mesopotâmia deu ao seu povo, "na tentativa de criar um estado de Direito"[8] e, segundo as palavras de seu próprio idealizador, "para que o forte não oprima o fraco, para fazer justiça ao órfão e à viúva, para proclamar o Direito do país em Babel..."[9] Além de defender, no plano externo, os interesses da Babilônia, Hamurabi foi um notável administrador. Dotado de grande sentido de justiça, decidia, em caráter final, os litígios entre os cidadãos, quando a parte interessada a ele recorria. Levado pela necessidade de reformar velhas instituições e de favorecer a unidade do Estado, providenciou a formação de um código, que não foi apenas uma compilação dos costumes. Na opinião de Truyol y Serra, além de separar o ordenamento jurídico do setor da Moral e da Religião, o Código de Hamurabi possuía um sentido racionalista, pois estabelecia critérios uniformes para uma população heterogênea, há pouco tempo unificada.[10]

Consagrando a pena de talião (olho por olho, dente por dente), o Código reunia 282 preceitos, em um conjunto assistemático e que abrangia uma diversidade de assuntos: crimes, matéria patrimonial, família, sucessões, obrigações, salários, normas especiais sobre os

---

[6]   Miguel Reale, *Estudos de Filosofia e Ciência do Direito*, Edição Saraiva, São Paulo, 1978, p. 165.

[7]   Palestra proferida no *Ciclo de Estudos sobre Atualidades e Tendências do Direito Brasileiro*, em 20.05.77, sob o tema "O Projeto de Novo Código Civil", na Faculdade de Direito da Universidade Federal de Juiz de Fora.

[8]   E. Bouzon, *O Código de Hamurabi*, 2ª ed., Vozes, Petrópolis, 1976, p. 11.

[9]   Hamurabi, em *Epílogo do Código de Hamurabi*.

[10]   Truyol y Serra, *Historia de la Filosofía del Derecho y del Estado*, 4ª ed., Manuales de la Revista de Occidente, Madrid, vol. I, p. 59.

direitos e deveres de algumas classes profissionais, posse de escravos. Escrito em caracteres cuneiformes e gravado em uma estela de diorito negro de 2,25m de altura, uma parte desse código, hoje no museu do Louvre, na França, foi descoberta em 1901, em Susa, por J. de Morgan e decifrada pelo Padre Vincent Scheil. O seu conhecimento completou-se com o estudo de cópias assírias.

Escrito em língua suméria, o Código de Lipit-Istar de Isin foi uma legislação anterior à de Hamurabi. O código mais antigo, até hoje encontrado, foi o de Ur-Namu (2050 a.C. aproximadamente), da terceira dinastia de Ur, achado em 1953, por Samuel Kramer, conhecido também por "tabuinha de Istambul", pelo fato de ter sido gravado em uma pequena tábua. Em vez da pena de talião consagrou a pena de multa em dinheiro.

120.3. Legislação Mosaica. Moisés, que viveu há doze séculos a. C., foi o grande condutor do povo hebreu: livrou-o da opressão egípcia, fundou a sua religião e estabeleceu o seu Direito. A sua importância para os hebreus foi bem situada por Mateo Goldstein: "Israel gravitou ao redor de Moisés tão seguramente, tão fatalmente, como a terra gira em torno do sol."[11]

A legislação que o profeta concebeu acha-se reunida no Pentateuco, um dos códigos mais importantes da Antiguidade e que se divide nos seguintes livros: Gênesis, Êxodo, Levítico, Números e Deuteronômio. O núcleo desse Direito é formado pelo famoso Decálogo, que Moisés teria recebido de Deus, no Monte Sinai. Apesar de consagrar a lei de talião, a sua índole era humanitária, pois previa assistência especial para as viúvas e para os órfãos, socorro aos pobres, ano sabático, proibição da usura. Tão extraordinária foi essa legislação, que Ampère afirmou: "Ou Moisés possuía uma cultura científica igual à que temos no século XIX, ou era inspirado."[12]

120.4. Lei das XII Tábuas. Elaborada no século V a.C., a *Lex Duodecim Tabularum* foi a primeira importante lei romana. Surgiu de uma incansável luta da classe dos plebeus, que pleiteava a codificação das instituições jurídicas, como forma de se evitar o *Jus incertum*, e a igualdade de direitos entre as classes sociais. O conhecimento do Direito, anteriormente, era privilégio da classe patrícia. Após dez anos de reivindicações, o senado aquiesceu ao pedido. A comissão que preparou o texto foi constituída por dez membros, nenhum plebeu, e que foram chamados *decênviros*. Durante a fase de elaboração, um grupo, formado por três observadores, viajou para a Grécia a fim de estudar as leis de Solon. Quanto ao resultado prático dessa viagem, prevalece a tese de que, se trouxe alguma influência à nova legislação, esta foi em grau mínimo, porque a Lei das XII Tábuas expressou bem o espírito do povo romano, "estavam nela, estratificados, o sangue, os nervos e o espírito de Roma".[13]

Quanto aos seus caracteres, há controvérsias. Determinados historiadores chegaram a negar a autenticidade da Lei, porque as tábuas não foram encontradas; enquanto a maior parte dos estudiosos informa que o texto foi inscrito em madeira, alguns poucos entendem ter sido em bronze. Entre as disposições constantes no documento, algumas eram de extrema crueldade: "é lícito matar os que nascem monstruosos"; "seja lícito ao pai e à mãe, banir, vender e matar os próprios filhos". A concisão e clareza com que os seus preceitos foram escritos facilitaram a efetiva aplicação da Lei.

---

[11] Jayme de Altavila, *Origem dos Direitos dos Povos*, 4ª ed., Edições Melhoramentos, São Paulo, 1964, p. 18.

[12] *Apud* Jayme de Altavila, *op. cit.*, p. 14.

[13] Jayme de Altavila, *op. cit.*, p. 61.

120.5. Código de Manu. Escrito em sânscrito e elaborado entre o século II a.C. e o século II d.C., o Código de Manu foi a legislação antiga da Índia, que reunia preceitos não só de ordem jurídica, mas também de natureza religiosa, moral e política. Não chegou a alcançar a importância e a projeção obtidas pelo Código de Hamurabi e a Lei Mosaica. Da premissa de que a humanidade passa por quatro grandes fases, que marcam uma progressiva decadência moral dos homens, os idealizadores do Código julgavam a coação e o castigo essenciais para se evitar o caos na sociedade. Segundo Jayme de Altavila, Manu teria sido apenas um pseudônimo a encobrir o seu verdadeiro autor, que foi a classe sacerdotal.[14] Atribuindo uma origem divina ao Direito, a sua efetividade estaria garantida, pois passaria a ser respeitado e acatado pela fé religiosa.

Esse Código objetivou favorecer a casta brâmane, formada pelos sacerdotes, assegurando-lhe o comando social. Um simples exemplo revela a superioridade dessa casta: "Se um homem achasse um tesouro deveria ter dele apenas 6 ou 10%, conforme a casta a que pertencesse. Se um brâmane, teria todo o tesouro, e se fosse o rei, apenas 50%."[15] Além de injusto, o código de Manu era obscuro e impregnado de artificialismo.

120.6. Alcorão. Do início do século VII, Alcorão, ou simplesmente Corão, é o livro religioso e jurídico dos muçulmanos. Para os seus seguidores, não foi redigido por Maomé, que não sabia escrever, mas ditado por Deus ao profeta, através do arcanjo Gabriel. Fundamentalmente religioso, apresenta descrições sobre o inferno e o paraíso e adota o lema: "Alá é o único Deus e Maomé o seu Profeta." O seu conteúdo normativo revelou-se insuficiente na prática, o que gerou a necessidade de sua complementação através de certos recursos lógicos e sociológicos. Entre estes constam os seguintes: *costume do profeta* (hadiz, sunna), que consistia nos comentários e feitos de Maomé; *consentimento unânime* (ichma), que correspondia ao pensamento da comunidade muçulmana; a *analogia* (quyas) e a *equidade* (ray).

Com a evolução histórica, o Código foi ficando cada vez mais distanciado da realidade e revelou a sua incapacidade para reger a vida social. A solução lógica seria a reformulação objetiva da legislação, mas tal tarefa encontrava um obstáculo intransponível: sendo uma obra de Alá, apenas este poderia reformulá-la. Diante do impasse, os jurisconsultos muçulmanos utilizaram uma série de artifícios para contornar as dificuldades, na tentativa de conciliarem o velho texto com a realidade, como expõe Jean Cruet: "Atribuía-se a este ou àquele versículo um valor puramente moral e religioso, a fim de lhe negar a sanção judicial; punham-se em oposição dois versículos, com o fim de anular ou emendar um pelo outro... numa palavra, para fazer entrar na lei a corrente do Direito espontâneo, combatia-se a lei com a própria lei."[16]

Ainda em vigor em alguns Estados, como Arábia Saudita e Irã, Alcorão estabelece severas penalidades em relação ao jogo, bebida e roubo, além de situar a mulher em condição inferior à do homem.

121. A ERA DA CODIFICAÇÃO

Uma série de fatores contribuiu para o surgimento da era da codificação. Em primeiro lugar, a doutrina da divisão dos poderes, desenvolvida por Montesquieu e já concebida,

---

[14] *Op. cit.*, p. 46.

[15] *Apud* Ralph Lopes Pinheiro, *História Resumida do Direito*, Editora Rio, Rio de Janeiro, 1976, p. 27.

[16] Jean Cruet, *op. cit.*, p. 42.

na Antiguidade, por Aristóteles, pela qual a competência de ordenar o Direito cabia ao Poder Legislativo. Em segundo lugar, o jusnaturalismo racionalista, dominante nos séculos XVII e XVIII, que considerava o Direito um produto da razão, baseado na natureza humana. Com o poder de sua inteligência o homem poderia criar os padrões de regência da vida social, as normas jurídicas. A Escola do Direito Natural defendeu a existência de um Direito eterno, imutável e universal, não apenas nos princípios mas também no conteúdo e que poderia ser deduzido, *more geometrico*, da razão. O racionalismo promoveu, no plano teórico, o rompimento com o passado. O Direito não dependia das tradições, não devia ser condicionado pelo que pensaram as gerações anteriores. A razão tinha o poder de ordenar os passos do presente.

Um outro fator importante foi a necessidade de se garantir a unidade política do Estado. O código, ao promover a unificação do Direito, aumentaria os vínculos sociais e morais dentro do território.

Em 1794 a Prússia colocou em vigor o seu Código Civil, mas foi o Código Napoleão, de 1804, que despertou o interesse dos Estados civilizados para a necessidade de codificarem o seu Direito. É considerado o marco da era da codificação, por sua admirável técnica e conteúdo científico.

O constitucionalismo, que surgiu no século XVIII com a Constituição Norte-Americana de 1787 e a Francesa, de 1791, é indicado por Edgar de Godói da Mata-Machado como "o primeiro responsável pelo prestígio da lei, como gênese do *jus* scriptum".[17]

122. OS PRIMEIROS CÓDIGOS MODERNOS

122.1. O Código Civil da Prússia. O primeiro processo codificador, formulado em base científica, foi o Código Civil da Prússia, que entrou em vigor em 01.06.1794. A pedido de Frederico I, Coccegi elaborou um projeto que denominou por *Jus naturae privatum*, não aproveitado por seu cunho excessivamente racionalista e o seu alheamento às fontes históricas. Em 1780, Frederico II confiou a realização de um novo estudo a Conciller von Carmer. De seu trabalho resultou a aprovação do Código, mas a sua elaboração, conforme observa Gioele Solari, contou com a participação de muitos juristas, de especialistas em Direito Romano, germânico, como também de conhecedores da doutrina do Direito Natural. Caracterizado principalmente por sua concisão e clareza, esse Código não se limitou ao Direito Privado. As suas fontes foram o Direito Romano e germânico e as doutrinas de Wolff.

122.2. O Código Napoleão. O Código Civil francês, que entrou em vigor em 1804, traduziu uma aspiração nacional. Antes da codificação, o ordenamento jurídico era diversificado: ao norte vigoravam as normas costumeiras, da época dos Carolíngios e, ao sul, o Direito escrito, baseado no Direito Romano. Entre 1667 e 1747, visando à unificação e reforma do Direito Privado, Luiz XIV e Luiz XV editaram três Ordenações, consideradas pela doutrina como os primeiros ensaios de um código para a França.

Com a Revolução Francesa e Napoleão Bonaparte no poder, iniciou-se, em 1800, o trabalho de elaboração do código que viria a ser considerado o mais importante do mundo, marco da era da codificação, não apenas por seu significado histórico, mas também por seu valor intrínseco. A Comissão que o elaborou foi constituída pelos seguintes mem-

---

[17] Edgar de Godói da Mata-Machado, *Elementos de Teoria Geral do Direito*, Editora Vega S.A., Belo Horizonte, 1972, p. 234.

bros: Tronché, presidente e especialista em Direito costumeiro e Direito revolucionário; Maleville, secretário e conhecedor do Direito Romano; Bigot de Préameneu e Portalis, o filósofo da Comissão. As obras dos juristas Cujas, Domat e Pothier influenciaram os trabalhos da Comissão.

Napoleão Bonaparte não se limitou a constituir a Comissão, mas acompanhou os seus estudos e participou de algumas discussões, sobretudo quando os assuntos eram de interesse do Estado. Aos membros da Comissão, formulava duas perguntas: *é justo?, é útil?* Esse Código, por sua técnica apurada e conteúdo moderno e científico, exerceu importante influência no Direito de muitos Estados, sendo que alguns chegaram a adotá-lo com poucas alterações, conforme se deu com diversos estados italianos e também com alguns não anexados à França, no início do século XIX, como Mônaco (código de 1818), Bolívia (código de 1830), Romênia (código de 1864). Influenciou, ainda, a legislação da Escócia, Filipinas, Holanda, Japão e, de um modo geral, a dos países filiados ao sistema continental de Direito, como a da Alemanha e a do Brasil, no início do séc. XX.

O que os franceses desejavam, haviam conseguido: um Direito unificado e de grande valor cultural. A consciência da importância desse Código gerou a necessidade de protegê--lo contra critérios de interpretação que pudessem distorcer o seu espírito, quebrar a sua sistemática e aniquilá-lo. A notável conquista não foi útil apenas ao povo, mas à própria classe dos profissionais do Direito, que passaria a operar com normas claras e objetivas. O interesse em preservar a inteireza do Código motivou a formação da Escola da Exegese, que reuniu juristas de renome: Demolombe, Laurent, Marcadé, Troplong, Bugnet e vários outros. Para os adeptos dessa Escola, o Código Napoleão era a única fonte do Direito francês e que não apresentava falhas ou lacunas e a missão do intérprete seria apenas a de revelar a *mens legislatoris*, a vontade do legislador. Entre as célebres afirmações desses juristas, destacam-se as seguintes: "Eu não conheço o Direito Civil, não ensino mais do que o Código Napoleão" (Bugnet); "Os textos antes de tudo" (Demolombe); "Toda a lei, mas nada além da lei" (Aubry).

Inspirado na filosofia racionalista e no individualismo, bem como nas ideias liberais da época, o Código não foi uma elaboração meramente intelectual, pois considerou os costumes vigentes, o Direito Romano, as Ordenações reais e a legislação promulgada entre 1789 e 1804.

Entre os princípios fundamentais adotados constam o do *caráter absoluto da propriedade*, consoante o disposto no art. 544; o *contrato faz lei entre as partes*, conforme o art. 1.134; *o dever de reparação pelos danos causados, ex vi* do art. 1.382.

Se o Código foi elogiado por muitos juristas, como Mignet, para quem ele era "a carta imperecível dos direitos civis, servindo de regra à França e de modelo ao mundo", e por Miguel Reale, que declara: "Pode considerar-se pacífico o reconhecimento de que é com o Código Civil de Napoleão que tem começo a Ciência Jurídica moderna, caracterizada sobretudo pela unidade sistemática e o rigor técnico-formal de seus dispositivos",[18] as críticas, contudo, não faltaram. Alguns o acharam antidemocrático. Para Joseph Charmont ele era "o Código do patrão, do credor e do proprietário". Edmond Picard referiu-se a ele como a "epopeia burguesa do Direito Privado" e Clarin afirmou: "O Código Civil feito para os ricos."[19]

---

[18] Miguel Reale, *Código Napoleão*, Distribuidora Record, Rio de Janeiro, 1962.

[19] *Apud* Evaristo de Moraes Filho, *Introdução ao Direito do Trabalho*, 1º vol., Edição Revista Forense, Rio de Janeiro, 1956, p. 328.

Quarta Parte • **Cap. 21** • A CODIFICAÇÃO DO DIREITO | **195**

Napoleão Bonaparte não escondia o seu orgulho pela grandiosidade do Código: "Minha glória não é ter vencido quarenta batalhas; Waterloo apagará a lembrança de tantas vitórias. O que nada ofuscará, o que viverá eternamente, é o meu Código Civil."

O Código, que ainda se acha em vigor com numerosas alterações, teve o seu nome muitas vezes modificado. Foi promulgado sob o título "Código Civil dos Franceses", denominação inadequada, porque não se destinava apenas aos cidadãos franceses. A segunda edição, de 1807, substituiu o nome para "Código Napoleão", mas, em 1816, voltou-se ao nome primitivo. Quando Napoleão III assumiu o poder, em 1852, restituiu o nome de Código Napoleão, posteriormente alterado para Código Civil Francês, denominação, ao que parece, definitiva.

122.3. O Código Civil da Áustria. Influenciado pela doutrina filosófica de Kant, em 1812 surgiu o Código Civil da Áustria, que teve em Francisco Zeiller o seu principal artífice. Seguidor das ideias kantianas, esse jurista combateu as tendências iluministas de Martini, que também participou ativamente na preparação do projeto, juntamente com Hees. Saint Joseph, ao comentar as fontes desse Código, declarou que, embora não possa ser classificado entre os que tomaram por base o Código Civil Francês, deve-se reconhecer que se aproxima deste Código mais do que o faziam os da Baviera e da Prússia".[20] Os costumes germânicos exerceram influência sobre o Código Austríaco, que possuía uma índole individualista e consagrou a igual liberdade para todos, independentemente de religião, nacionalidade e classe social e reconheceu também que todos os homens possuíam direitos inatos e deveriam ser considerados como pessoas.

123. A POLÊMICA ENTRE THIBAUT E SAVIGNY

Na doutrina, o Código Napoleão provocou, na Alemanha, uma célebre polêmica entre os juristas Thibaut e Savigny. Em 1814, Thibaut, professor da Universidade de Heidelberg, publicou a obra *Sobre a Necessidade de um Direito Civil Geral para a Alemanha*, defendendo a codificação do Direito nacional. A sua exposição é considerada o melhor estudo quanto às vantagens da codificação do Direito. Thibaut despertou a atenção da elite intelectual alemã, quanto à importância do código, não apenas para efeito de organização do ordenamento jurídico, mas também como fator de unidade nacional.

O Direito Positivo deveria atender, na opinião de Thibaut, a duas exigências, uma de natureza formal e outra de ordem material. A primeira dizendo respeito à clareza e objetividade das normas jurídicas e, a segunda, ao conteúdo das instituições, que deveria estar de acordo com a vontade popular. "Lamentavelmente – desabafou Thibaut – não há nenhum país integrante do Reich alemão onde se satisfaça, sequer parcialmente, nem um só desses requisitos."[21] O caos em que se achava o Direito alemão foi apontado por ele: "Todo nosso Direito autóctone é um interminável amontoado de preceitos contraditórios, que se anulam entre si, formulados de tal maneira que separam os alemães uns dos outros e tornam impossível aos juízes e advogados o conhecimento a fundo do Direito."

No mesmo ano, Savigny publicou um livro intitulado *Da Vocação de Nossa Época para a Legislação e a Ciência do Direito*, no qual combateu as ideias de Thibaut, defendendo, ao mesmo tempo, o costume como a fonte mais legítima de expressão do Direito. Para Savigny a codificação possuía a inconveniência de não permitir que o Direito acompanhasse

---

20   *Apud* Vicente Ráo, ed. cit., vol. I, tomo II, p. 133.
21   Thibaut-Savigny, *La Codificación*, Aguilar, Madrid, 1970, p. 11.

a evolução social, provocando o seu esclerosamento. Para ele "... todo Direito se origina primeiramente do costume e das crenças do povo e, depois, pela jurisprudência e, portanto, em todas as partes, em virtude de forças interiores, que atuam caladamente, e não em virtude do arbítrio do legislador".[22]

Sustentou ainda que não havia, na Alemanha, as condições necessárias para um movimento de codificação, pois, "por desgraça, todo o século XVIII tem sido na Alemanha muito pobre em grandes juristas". O pessimismo de Savigny, nesta passagem, é evidente, porque, no início do século XIX, os pandectistas alemães revelavam o seu talento jurídico, que ficou reconhecido mundialmente.

A vitória foi creditada, pela história, a Thibaut, de vez que, em 1900, entrava em vigor o Código Civil Alemão, o famoso B. G. B. (Burgerlisches Gesetzbuch). Para muitos, contudo, a vitória foi parcial, pois o Código somente entrou em vigor após a morte de Savigny e não seguiu o plano idealizado por Thibaut. Este havia sugerido que o texto apresentasse duas partes, uma com o antigo ordenamento e a outra reunindo as inovações.

124. O CÓDIGO CIVIL BRASILEIRO DE 1916 E O DE 2002

No século XIX foram promulgados, em nosso País, o Código Comercial e o Criminal. O primeiro código civil brasileiro foi aprovado em 01.01.1916 e entrou em vigor em igual dia e mês do ano seguinte. A sua elaboração foi precedida de várias tentativas em vão. O Governo brasileiro confiou ao eminente jurista Teixeira de Freitas, primeiramente, a tarefa de elaborar o anteprojeto do código. Após organizar a Consolidação das Leis Civis, Teixeira de Freitas iniciou o preparo do anteprojeto, ao qual denominou simplesmente por "Esboço de um Código" e que reunia 4.908 artigos. Ao se convencer, durante a elaboração, que deveria ser feito um Código de Direito Privado, unificando o Direito Civil e o Comercial, submeteu a ideia ao Governo, que não concordou com a sugestão, motivo pelo qual o jurista abandonou o seu estudo. Por seu valor científico, o "Esboço" influenciou a formação do Código Civil Argentino, preparado por Dalmacio Velez Sarsfield, principalmente em seus três primeiros livros.

Seguiu-se a tentativa de codificação por intermédio de Nabuco de Araújo, que não chegou a concluir o seu trabalho, por motivo de falecimento. Sob o título "Apontamentos de um projeto de Código Civil Brasileiro", em 1878, Felício dos Santos entregou ao Governo a sua contribuição que não foi considerada porque sobreveio a Proclamação da República, que implicou amplas reformulações na vida social, política e jurídica do País. Em 1890 o Governo confiou a Coelho Rodrigues a elaboração de um anteprojeto que, concluído, foi rejeitado sob o fundamento de que não possuía originalidade e não expressava a realidade nacional.

O anteprojeto que se transformou na Lei nº 3.071, de 1º de janeiro de 1916, primeiro código civil brasileiro, foi de autoria do jurista Clóvis Beviláqua.[23] No Congresso Nacional foi amplamente discutido e sofreu numerosas emendas. É considerado de alto nível cien-

---

[22] Thibaut-Savigny, *op. cit.*, p. 58.

[23] Além de notável civilista e autor do Anteprojeto do Código Civil Brasileiro de 1916, Clóvis Beviláqua revelou-se também um cultor da Filosofia do Direito, notadamente por sua obra Juristas Filósofos, onde analisa o pensamento jurídico-filosófico de seis pensadores da época. Adotando um positivismo sociológico, pouco se influenciou pelo positivismo de Augusto Comte, inspirando-se mais no evolucionismo de Spencer e Darwin e ainda no pensamento de Icílio Vanni, Schiatarella, Maine, Hermann Post e sobretudo em Rudolf von Ihering. Conforme relato de Dourado de Gusmão (*O Pensamento Jurídico Contemporâneo*, p. 155), provavelmente foi Clóvis Beviláqua quem, pela primeira vez na América Latina, em sua obra *Estudos Jurídicos*, sustentou o caráter emocional da justiça.

tífico e técnico e incluído entre os principais códigos do início do século. Consagrou o individualismo jurídico e sofreu a influência das codificações francesa, portuguesa e alemã.

Não obstante a boa e reconhecida qualidade do Código Civil de 1916, após duas décadas, apenas, de sua vigência, iniciaram-se as tentativas de sua reformulação. Em 1941, surgiu o Anteprojeto de Código das Obrigações, que teve por autores os juristas Orosimbo Nonato, Hahnemann Guimarães e Philadelpho Azevedo. A ideia, todavia, de unificação das obrigações civis e comerciais não foi aceita. Posteriormente, o Governo Federal confiou aos juristas Orlando Gomes e Caio Mário da Silva Pereira as tarefas de elaboração, respectivamente, dos anteprojetos de Código Civil e Código das Obrigações. Encaminhados pelo presidente da República ao Congresso Nacional, em 1965, os projetos foram retirados posteriormente diante das críticas surgidas no meio jurídico em geral, devido às profundas alterações que se pretendiam na legislação brasileira.

Em 1969, o Governo Federal convidou o Professor Miguel Reale para assumir a coordenação geral da comissão encarregada de elaborar o anteprojeto de Código Civil, que viria, efetivamente, a substituir o Código Beviláqua. Além do eminente jurista-filósofo, a comissão foi constituída pelos seguintes membros: José Carlos Moreira Alves (Parte Geral); Agostinho Neves de Arruda Alvim (Direito das Obrigações); Sylvio Marcondes (Atividade Negocial); Ebert Chamoun (Direito das Coisas); Clóvis do Couto e Silva (Direito de Família) e Torquato Castro (Direito das Sucessões).

Após uma longa tramitação no Congresso Nacional, especialmente em razão da promulgação da Constituição Federal de 1988, o Código Civil foi promulgado em 10 de janeiro de 2002, e a sua vigência iniciada um ano após a sua publicação. Na Câmara Federal atuou como revisor o deputado Ricardo Fiúza, e no Senado Federal, o senador Josaphat Marinho. O novo Códex se assenta em três princípios fundamentais: *eticidade*, *socialidade* e *operabilidade*.

125. A RECEPÇÃO DO DIREITO ESTRANGEIRO

O fenômeno da recepção do Direito estrangeiro consiste no fato de um país adotar a legislação estrangeira sobre determinada matéria. Denomina-se *Jus Receptandi* o sistema incorporador e *Jus Receptatum* o incorporado. A construção do ordenamento jurídico mediante os processos de recepção não pode ser condenada como princípio. O importante a verificar é se a legislação estrangeira se identifica com a realidade social que irá reger. O nacionalismo não é um valor positivo no campo científico. Desde que ocorra a assimilação do Direito forâneo, surge, naturalmente, a necessidade de se promover a sua adaptação, pelo menos em alguns pontos, para que melhor corresponda aos fatos sociais.

O maior exemplo registrado pela História foi a recepção do Direito Romano, procedida pela Alemanha, na passagem da Idade Média para a Moderna. Os fatos que provocaram a recepção foram discriminados pelo jurista alemão A. Merkel: *a*) a confusão do Direito alemão; *b*) a incapacidade de seus órgãos em adaptá-lo às novas necessidades; *c*) a resignação dos alemães, diante de elementos interessados no aproveitamento do Direito Romano, notadamente dos sábios juristas e da própria Corte; *d*) a superioridade técnica do Direito Romano.[24] Os fatores que colaboraram para a incorporação do Direito Roma-

---

[24] Adolfo Merkel, *Enciclopedia Jurídica*, 5ª ed., Editorial Reus (S.A.), Madrid, 1924, p. 306.

198 | INTRODUÇÃO AO ESTUDO DO DIREITO · PAULO NADER

no foram os seguintes: *a*) a Alemanha, geograficamente, era a continuação do Império Romano; *b*) o Direito Romano era considerado a *ratio scripta*; *c*) os tribunais eclesiásticos aplicavam as normas jurídicas romanas. Segundo A. Merkel, a recepção se fez pelas vias consuetudinárias, com o apoio do Governo alemão e com o incentivo dos jurisconsultos. A doutrina designa por *segunda recepção* o estudo sistemático e rigoroso que Savigny e outros membros da Escola Histórica do Direito empreenderam sobre as instituições do Direito Romano.

BIBLIOGRAFIA PRINCIPAL

Ordem do Sumário:

116 – Gioele Solari, *Filosofía del Derecho Privado*; Aftalion, Olano, Vilanova, *Introducción al Derecho*;

117 – Filomusi Guelfi, *Enciclopedia Giuridica*; A. B. Alves da Silva, *Introdução à Ciência do Direito*;

118 – Aftalion, Olano, Vilanova, *op. cit.*; M. V. Russomano, *Comentários à Consolidação das Leis do Trabalho*, vol. I;

119 – Miguel Reale, *Estudos de Filosofia e Ciência do Direito*; Pontes de Miranda, *Comentári*os ao Código de Processo Civil, vol. I;

120 – Truyol y Serra, *Historia de la Filosofía del Derecho y del Estado*, vol. I; Jayme de Altavila, *Origem dos Direitos dos Povos*; E. Bouzon, *O Código de Hamurabi*; Ralph Lopes Pinheiro, *História Resumida do Direito*;

121 – Ramon Badenes Gasset, *Metodologia del Derecho*;

122 – Gioele Solari, *op. cit.*; Vicente Ráo, *O Direito e a Vida dos Direitos*; Carlos Mouchet e Zorraquin Becu, *Introducción al Derecho*;

123 – ThibautsSavigny, *La Codificación*;

124 – Orlando Gomes, *Introdução ao Direito Civil*; Miguel Reale, *op. cit.*;

125 – A. Merkel, *Enciclopédia Jurídica*.

– Quinta Parte –

TÉCNICA JURÍDICA

- Capítulo 22 -
O ELEMENTO TÉCNICO DO DIREITO

Sumário: 126. O Conceito de Técnica. **127.** Conceito e Significado da Técnica Jurídica. **128.** Espécies de Técnica Jurídica. **129.** Conteúdo da Técnica Jurídica. **130.** Cibernética e Direito. **131.** O Direito como Técnica e Ciência.

126. O CONCEITO DE TÉCNICA

O papel das ciências é fornecer ao homem o conhecimento necessário quanto às diversas ordens de fenômenos, tanto os da natureza física quanto os pertinentes ao próprio homem, em seu aspecto individual e social. Para o ser humano, o conhecimento não constitui um fim. Muitas vezes para libertar-se, outras com o simples ímpeto para as realizações, ele explora ao máximo a *ciência*, para dela obter todos os frutos possíveis. Nessa incessante atividade de conversão do saber teórico em prático, o homem cria o mundo da cultura. Para alcançar os fins que deseja, necessita utilizar um conjunto de meios e recursos adequados, ou seja, de empregar a *técnica*. Os antigos definiam-na como *recta ratio factibilium* (reta razão no plano do fazer), para distingui-la, consoante expõe a doutrina, da *recta ratio agibilium* (reta razão no plano do agir). Técnica, no dizer de Legaz y Lacambra, consiste no "conjunto de operações pelas quais se adaptam meios adequados aos fins buscados ou desejados".[1]

Ciência e técnica se aliam para atender aos interesses humanos. Enquanto a primeira dirige o *conhecimento humano*, a segunda tem por objeto a *atividade humana*, conforme a justa colocação de Dias Marques.[2] A técnica, como a ciência de um modo geral, é neutra em relação aos valores. É insensível. Pode ser empregada para promover os elevados interesses do gênero humano, como para destruí-los. A conveniência e oportunidade de seu emprego dependem do homem. Este é quem possui a responsabilidade de desenvolver uma tecnologia humana. É um equívoco considerar-se a técnica uma "ancila" da ciência. O que a técnica pressupõe sempre é o conhecimento que, além de filosófico e científico, pode ser vulgar. Com base neste último, o homem pode desenvolver uma técnica adequada e alcançar resultados positivos. O homem do campo, guiado apenas pelo saber

---
[1] Legaz y Lacambra, *op. cit.*, p. 77.
[2] Dias Marques, *Introdução ao Estudo do Direito*, 4ª ed., Universidade de Lisboa, Lisboa, 1972, p. 59.

202 | INTRODUÇÃO AO ESTUDO DO DIREITO · PAULO NADER

empírico, adota técnicas para o melhor aproveitamento das potencialidades do solo. Daí não concordarmos com A. D'Ors quando afirma que "uma técnica sem ciência é um absurdo".[3] É desejável que ambas caminhem juntas, a ciência indicando o *quê* e a técnica o *como*. O saber que apenas se situa no plano da abstração e não se projeta sobre a experiência humana revela-se estéril.

O mundo da cultura, composto das realizações humanas, é também o mundo da técnica. Todo objeto cultural possui um suporte e um valor. Ao impregnar o suporte de sentido, o homem adota uma técnica. Esta varia em função da natureza de cada objeto (v. item 15).

127. CONCEITO E SIGNIFICADO DA TÉCNICA JURÍDICA

Para que o Direito cumpra a finalidade de prover o meio social de segurança e justiça, é indispensável que, paralelamente ao seu desenvolvimento filosófico e científico, avance também no campo da técnica. Se a Filosofia do Direito ilumina o legislador quanto aos valores essenciais a serem preservados; se a Ciência do Direito estabelece princípios estruturais para a organização do sistema jurídico, tais conquistas permanecerão sem qualquer alcance prático se o *homo juridicus* não for também um *homo faber*, isto é, se ao conhecimento teórico do Direito não for associado o prático. Sem este, a ideia do Direito e a aspiração de justiça não serão suficientes para o controle social. Somente com a conjugação da filosofia, ciência e técnica, a ordem jurídica pode apresentar-se como um instrumento apto a orientar o bem comum.

Técnica jurídica *é o conjunto de meios e de procedimentos que tornam prática e efetiva a norma jurídica*. Quando o legislador elabora um código, as normas ficam acessíveis ao conhecimento; ao desenvolver a técnica de interpretação, o exegeta revela o sentido e o alcance da norma jurídica; com a técnica de aplicação, os juízes e administradores dão efetividade à norma jurídica. Para cumprir as suas tarefas, o técnico obrigatoriamente deverá possuir o conhecimento científico do Direito.

A arte, como processo cultural que realiza o *belo*, é também utilizada pelo Direito, especialmente em relação à linguagem e ao estilo das leis. Vista como *talento*, é indispensável ao técnico que elabora o Direito, aos intérpretes e aos aplicadores. Curiosa é a apreciação de Gustav Radbruch quanto à relação entre o Direito e a arte. Após afirmar que "tanto o Direito pode utilizar a arte como a arte utilizar o Direito", coloca em relevo o contraste que se observa entre ambos e que provoca uma crítica hostil entre os seus cultores. De um lado o Direito se revela como o produto cultural mais rígido e, de outro, a arte se apresenta com as formas mais sutis de expressão do espírito. Talvez, conclui o autor, a estética consegue se evidenciar no Direito justamente pela viva separação existente entre ambos.[4]

128. ESPÉCIES DE TÉCNICA JURÍDICA

Distinguimos três espécies de técnica jurídica: a de elaboração, a de interpretação e a de aplicação do Direito.[5] A *técnica de elaboração*, ligada ao Direito escrito, engloba a fase de

---

[3] Álvaro D'Ors, *op. cit.*, p. 20.

[4] Gustav Radbruch, *op. cit.*, vol. I, p. 262.

[5] Alguns autores cogitam ainda da chamada *técnica doutrinária*, desenvolvida pelos juristas no preparo de seus trabalhos científicos e no ensino do Direito. Entendemos que as técnicas desenvolvidas nessas atividades referem-se a assuntos jurídicos mas não são jurídicas. A elaboração de monografias está ligada às técnicas de comunicação de pensamento e o magistério do Direito às técnicas da didática especial.

Quinta Parte • **Cap. 22** • O ELEMENTO TÉCNICO DO DIREITO | **203**

composição e apresentação do ato legislativo, denominada *técnica legislativa* e a parte relativa à proposição, andamento e aprovação de um projeto de lei, chamada *processo legislativo*. A técnica legislativa é estudada separadamente no capítulo seguinte, enquanto o processo legislativo é abordado no texto referente à lei (Cap. 14).

128.1. Técnica de Interpretação. Esta tem por objetivo a revelação do significado das expressões jurídicas. Não é uma tarefa a ser executada apenas pelos juízes e administradores, mas por todos os destinatários das normas jurídicas. A finalidade da interpretação consiste em proporcionar ao espírito o conhecimento do Direito. Não se restringe à análise do Direito escrito: lei, medida provisória e decreto, mas se aplica também a outras formas de manifestação do Direito, como as normas costumeiras. Os principais meios empregados na interpretação do Direito são: o gramatical, o lógico, o sistemático e o histórico (v. item 152 e segs.).

128.2. Técnica de Aplicação. Por alguns denominada *judicial*, a técnica de aplicação tem por finalidade a orientação aos juízes e administradores, na tarefa de julgar. Não se limita à simples aplicação das normas aos casos concretos, mas compreende os meios de apuração das provas e pressupõe o conhecimento da técnica de interpretação. Tradicionalmente a aplicação do Direito é considerada um silogismo, em que a premissa maior é a norma jurídica, a premissa menor é o fato e a conclusão é a sentença ou decisão. Recaséns Siches opõe-se incisivamente a este entendimento.[6] Identificar uma decisão judicial com um silogismo, na opinião do eminente autor, é um grave erro, pois implica reduzir a atividade do juiz a um automatismo e a situá-lo como simples máquina de subsumir, ou seja, de enquadrar fatos em tipos normativos. O silogismo, como operação puramente racional, lógico-dedutiva, não apresenta sensibilidade, é calculista, matemático, impróprio como instrumento a ser empregado em julgamentos. Os critérios da lógica formal não podem ser adotados pelo Direito, pois, quando não conduzem a resultados desastrosos, mostram-se pelo menos inúteis.

Concordamos com as observações do grande pensador guatemalteco quanto ao nível de participação dos juízes nas decisões; rejeitamos, contudo, a sua conclusão relativa à negação do caráter silogístico da sentença. Os juízes não criam o Direito, mas desenvolvem, é certo, alguma criatividade. De uma ordem jurídica genérica e abstrata extraem a solução que se individualiza com o caso particular; de narrativas contraditórias de fatos, apuram o verdadeiro. O papel desempenhado por um juiz não pode ser comparado efetivamente ao de um autômato. Com a luz de sua razão, o juiz ilumina os fatos e o Direito, para proclamar a justa solução. Esta visão, coincidente com a de Siches, não é incompatível com a crença de que a decisão corresponde a um silogismo.[7] O que é fundamental é entender-se que a premissa maior não consiste na simples colocação da norma jurídica, mas do Direito já conhecido, interpretado pelo juiz e que a premissa menor não corresponde, necessariamente, ao fato na versão apresentada pelas partes, mas o devidamente apurado. Ora, uma vez revelado o verdadeiro sentido e alcance da norma jurídica e estabelecida a natureza real da *quaestio facti*,

---

[6]   Esta opinião é apresentada tanto em sua Introdução como na *Nueva Filosofía de la Interpretación del Derecho*.

[7]   Entre os autores contemporâneos que identificam a aplicação do Direito com o silogismo, acham-se Eduardo García Máynez (*op. cit.*, p. 321), Claude Du Pasquier (*Introduction à la Théorie Générale et à la Philosophie du Droit*, 4ª ed., Delachaux & Niestlé, Neuchatel, 1967, p. 126) e Francesco Ferrara (*op. cit.*, p. 112). Entre os processualistas brasileiros, a esta corrente filia-se Humberto Theodoro Júnior (*Processo de Conhecimento*, 3ª ed., Forense, Rio, 1984, p. 546).

nada mais resta ao magistrado do que projetar as consequências previstas no Direito aos personagens em litígio. Em resumo, o fato de se considerar a aplicação do Direito um silogismo não implica diminuir a importância do trabalho judicial, nem em excluir a contribuição do magistrado na solução de um problema. O silogismo somente é estruturado após a apuração dos fatos e da compreensão do Direito (v. item 77).

129. CONTEÚDO DA TÉCNICA JURÍDICA

Quanto ao conteúdo, A. Torré divide a técnica jurídica em meios formais e substanciais. Com base na classificação apresentada pelo autor argentino, os meios são os seguintes:

1 – Meios Formais
- 1.1 – *Linguagem*
  - 1.1.1 – Vocábulos
  - 1.1.2 – Fórmulas
  - 1.1.3 – Aforismo
  - 1.1.4 – Estilo
- 1.2 – *Formas*
- 1.3 – *Sistema de Publicidade*

2 – Meios Substanciais
- 2.1 – *Definições*
- 2.2 – *Conceitos*
- 2.3 – *Categorias*
- 2.4 – *Presunções*
- 2.5 – *Ficções*

129.1. Meios Formais. Esses meios dizem respeito às formalidades e a seus elementos estruturais, necessários aos atos da vida jurídica. São os seguintes:

129.1.1. Linguagem. A linguagem, tanto em sua forma oral quanto escrita, constitui um elemento essencial à vida em sociedade. Esta pressupõe uma dinâmica de ação que se torna possível pelo diálogo entre os homens. É por meio da palavra que estes comunicam as suas ideias, exteriorizam o seu pensamento. O entendimento humano, que dá consistência à sociedade, tem na linguagem o seu instrumento básico. A própria ciência em geral dela depende para lograr o seu desenvolvimento. Norberto Bobbio, neste sentido, asseverou que "só quando se consegue construir uma linguagem rigorosa, e só naqueles limites em que tal linguagem se constrói, pode falar-se de investigação científica, de ciência, em uma palavra".[8]

O Direito, para se traduzir mediante fórmulas práticas de conduta social, depende das formas mais comuns de comunicação do pensamento. No passado, manifestava-se pela oralidade, chegando a ser enunciado em caracteres riscados em pedra e lançados em pergaminho; no presente a sua principal forma de expressão é a linguagem escrita através

---

[8] Apud J. M. Perez-Prendes y Muñoz de Arraco, *Una Introducción al Derecho*, Ediciones Darro, Madrid, 1974, p. 150.

de códigos.[9] A dependência do Direito Positivo à linguagem é tão grande, que se pode dizer que o seu aperfeiçoamento é também um problema de aperfeiçoamento de sua estrutura linguística. Como mediadora entre o poder social e as pessoas, a linguagem dos códigos há de expressar com fidelidade os modelos de comportamento a serem seguidos por seus destinatários. Ela é também um dos fatores que condicionam a efetividade do Direito. Um texto de lei mal redigido não conduz à interpretação uniforme. Distorções de linguagem podem levar igualmente a distorções na aplicação do Direito.

Na vida jurídica não apenas a linguagem da lei deve reunir os predicados de *simplicidade*, *clareza* e *concisão*, também a constante dos contratos e de outras modalidades de negócios jurídicos. Ainda nas sentenças judiciais a linguagem hermética, inacessível, é um mal a ser evitado. A este respeito, louvável a campanha encetada pela Associação dos Magistrados Brasileiros (AMB), em 2005, em prol da simplificação da linguagem jurídica. Não se preconiza o abandono da terminologia própria do Direito, pois a linguagem jurídica, como se tem afirmado, não é uma questão de estilo, mas de precisão de conceitos.

129.1.1.1. Vocábulos. A linguagem jurídica deve conciliar, a um só tempo, os interesses da ciência com os relativos ao conhecimento do Direito pelo povo, evitando o tecnicismo desnecessário. O vocabulário utilizado na elaboração dos códigos reúne, além de termos de significado corrente, os de sentido estritamente jurídico, como *debênture, anticrese, codicilo*. São utilizados também vocábulos de uso comum mas com sentido jurídico específico, como *repetição, tradição, penhor*.

129.1.1.2. Fórmula. O Direito primitivo era impregnado de fórmulas, normalmente de fundo religioso, adotadas na prática dos negócios jurídicos e atos judiciais. Modernamente há uma tendência para o seu desaparecimento. Algumas ainda são usuais na redação de contratos particulares e públicos e em termos judiciais. Na celebração do casamento civil, determina o Código Civil brasileiro, no art. 1.535, que o presidente do ato profira a seguinte fórmula sacramental: "De acordo com a vontade que ambos acabais de afirmar perante mim, de vos receberdes por marido e mulher, eu, em nome da lei, vos declaro casados."

129.1.1.3. Aforismos. Nos arrazoados, sentenças, trabalhos científicos de um modo geral, a fundamentar argumentos, teses, encontramos aforismos, quase sempre de origem romana: *summum jus, summa injuria; inclusio unius, exclusio alterius* etc.

129.1.1.4. Estilo. A sobriedade, simplicidade, clareza e concisão devem ser as notas dominantes no estilo jurídico. A preocupação fundamental que deve inspirar ao legislador há de ser a clareza da linguagem e a sua correspondência ao pensamento. A beleza do estilo se justifica apenas quando vem ornamentar o saber jurídico. Para Llewellyn o estético no Direito requer uma estrutura intelectual absoluta. Em sua opinião, o Código Civil alemão conseguiu realizar esse ideal.[10] É fato conhecido que Stendhal, famoso escritor francês, possuía o hábito de ler diariamente o Código Napoleão, a fim de aprimorar o seu estilo literário. O Código Civil de 2002, em grande parte, aproveitou a redação do Código Bevi-

---

[9]   Atualmente a ideia do Direito se acha associada à da linguagem. A. D'Ors, em sua já citada obra, faz essa vinculação: "O estudo do Direito é um estudo de livros"; "... também a história do Direito é uma história de códigos"; "... as fontes do Direito são, pois, livros" (*op. cit.*, pp. 9, 10 e 11).

[10]   K. N. Llewellyn, *Belleza y Estilo en el Derecho*, Bosch, Barcelona, 1953, p. 21.

206 | INTRODUÇÃO AO ESTUDO DO DIREITO · PAULO NADER

láqua, de um lado por sua qualidade e, de outro, visando a facilitar a intepretação do texto, já familiar aos profissionais.

129.1.2. Formas. As formalidades exigidas pelo ordenamento jurídico têm a finalidade de proteger os interesses dos que participam na realização dos fatos jurídicos, bem como a de manter organizados os assentamentos públicos, como o de registro das pessoas naturais e jurídicas e de imóveis.

Alguns negócios jurídicos exigem, para a sua realização, a observância de determinadas formas e por isso são chamados *atos formais*. A sua validade é condicionada à forma definida em lei. Em relação a algumas espécies de negócios jurídicos, não se exige a adoção de forma específica e podem ser praticados por qualquer uma não proibida por lei. Estes atos denominam-se *não formais*. Conforme menção do civilista Jefferson Daibert, "é livre a forma até que a lei expressamente indique um caminho...", "... desde que esteja em jogo o interesse privado, permite a lei que a forma seja estabelecida e escolhida pelas partes...".[11]

No âmbito do Judiciário a formalidade é uma constante, pois o rito das ações é pontilhado de exigências formais, que visam à garantia de validade dos atos praticados e à necessidade de controle dos atos judiciais. Estas formas são ditadas pelo Direito Processual, que é um ramo eminentemente técnico.

129.1.3. Sistemas de publicidade. Os acontecimentos da vida jurídica que, direta ou indiretamente, podem afetar o bem comum, devem constar de registros públicos e, conforme a sua natureza, ser objeto de publicidade. Se os fatos da vida jurídica, relevantes do ponto de vista social, se sucedessem no anonimato a segurança jurídica seria um valor utópico e a luta pelo Direito seria inglória. Ao mesmo tempo que oferece condições de conhecimento, o sistema de publicidade assegura a conservação de atos da vida jurídica de interesse coletivo.

Entre os elementos jurídicos que necessariamente devem ser publicados, acham-se as fontes escritas do Direito; fatos ligados à organização das pessoas jurídicas; atos do poder público; determinados atos judiciais; formalidades que antecedem o casamento etc. Outros atos que repercutem na vida social, embora não sejam publicados, devem constar em assentamentos públicos de livre acesso ao conhecimento de pessoas interessadas. Entre estes encontram-se as escrituras públicas lavradas em tabelionatos, inscrições nos cartórios de registro civil, registro de imóveis e nas juntas comerciais.

129.2. Meios Substanciais. De natureza lógica e derivados do intelecto, os meios substanciais são os seguintes:

129.2.1. Definição. A função de definir os elementos que integram o Direito não é própria do legislador. Essa tarefa é específica da doutrina, a quem compete estudar, interpretar e explicar os fenômenos jurídicos. Definir é precisar o sentido de uma palavra ou revelar um objeto por suas notas essenciais. As definições devem possuir a virtude da simplicidade, clareza e brevidade. O legislador deve redigir os textos normativos na presunção de que os agentes que irão manusear os códigos conhecem o significado dos vocábulos jurídicos. Justifica-se o recurso às definições, pelo legislador, nas seguintes hipóteses:

---

[11] Jefferson Daibert, *Introdução ao Direito Civil*, 2ª ed., Forense, Rio de Janeiro, 1975, pp. 438 e 439.

Quinta Parte · **Cap. 22** · O ELEMENTO TÉCNICO DO DIREITO | **207**

a) para evitar insegurança na interpretação, quando ocorre divergência doutrinária sobre a matéria;

b) para atribuir a um fenômeno jurídico sentido especial, distinto do habitual;

c) quando se tratar de um instituto novo, não divulgado suficientemente pela doutrina.

129.2.2. Conceito. Conceito ou noção é a representação intelectual da realidade. Enquanto a definição é um *juízo externo*, que revela o conhecimento de alguma coisa mediante a expressão verbal, o conceito é um *juízo interno*, conhecimento pensante, que pode ou não vir a ser expresso objetivamente por palavras. O termo *lei* é a expressão verbal de um conceito. Este consiste no fato de o espírito possuir a ideia de um objeto por seus caracteres gerais. Para que alguém possa definir um ser deve, primeiramente, possuí-lo intelectualmente, isto é, conhecê-lo.

A Ciência do Direito opera com conceitos fornecidos pela experiência comum, pelas ciências e com as noções que ela própria elabora. A expressão verbal *abuso de direito* é exemplo de um conceito construído pela doutrina jurídica. Ao elaborar as leis e os códigos o legislador emprega conceitos jurídicos, expressando-os mediante palavras escritas. Quanto mais evolui a Ciência do Direito, mais o legislador dispõe de conceitos. A criação de conceitos jurídicos decorre, muitas vezes, da própria evolução dos fatos sociais, que exige uma adaptação do Direito às novas condições. Outras vezes os novos conceitos são apenas invenções que visam ao aperfeiçoamento da ciência jurídica. Comparando a legislação antiga com a contemporânea, observa-se que as leis atuais possuem uma linguagem simplificada em relação àquela. Entre outras razões, isto se deve ao fato de o legislador moderno operar com uma quantidade superior de conceitos e de terminologia correspondente. Frequentemente recorre aos conceitos de culpa, dolo, insolvência, justa causa, extradição, contrato etc. Os conceitos jurídicos, portanto, favorecem a simplificação dos textos legislativos, ao mesmo tempo que lhes imprimem maior rigor e precisão lógica.

129.2.3. Categorias. Com o propósito de simplificar a ordem jurídica, dotá-la de sistematização e torná-la prática, a doutrina cria a categoria, que *é um gênero jurídico que reúne diversas espécies que guardam afinidades entre si.* A pessoa jurídica de Direito Privado, por exemplo, é uma categoria que reúne várias espécies: sociedade simples, sociedade de economia mista, sociedade empresária, associação, fundação. Os fatos jurídicos, bens imóveis, móveis, constituem outros exemplos. As categorias são úteis à técnica dos códigos, porque permitem ao legislador, em vez de enumerar as várias espécies, referir-se apenas ao gênero. Para alguns fins, a lei dispensa um tratamento geral para determinada categoria. Assim, para a alienação de um bem imóvel, independentemente de sua espécie, a lei apresenta um bloco comum de exigências.

129.2.4. Presunções. Inspirando-se no Código Civil francês, Clóvis Beviláqua assim definiu este elemento técnico: "presunção é a ilação que se tira de um fato conhecido para provar a existência de outro desconhecido".[12] A palavra deriva do latim *praesumptio*, composta de *sumere* (tomar, formar) e da preposição *prae*, que rege o ablativo: "*tomar-se*

---

[12] Clóvis Beviláqua, *Código Civil*, vol. I, comentários ao art. 136, Of. Gráf. da Livraria Francisco Alves, p. 322. O *Code Napoléon*, pelo art. 1.349, define as presunções como "*des conséquences que la loi ou le magistrat tire d´un fait connu à un fait inconnu*".

por verdadeiro o fato antes de claramente demonstrado."[13] Em outras palavras, é considerar verdadeiro o apenas provável. No quadro a seguir, apresentamos as espécies de presunção jurídica:

Presunção
- 1 – *Simples ou comum ou de homem:*
- 2 – *Legal*
  - 2.1 – *Absoluta* (juris et de jure)
  - 2.2 – *Relativa* (juris tantum)
  - 2.3 – *Mista ou intermédia*

129.2.4.1. Presunção simples. Também denominada *comum* ou *de homem*, a presunção simples é feita pelo juiz, com base no senso comum, ao examinar a matéria de fato (*presumptiones hominis*). Deve ser deduzida com prudência e apenas quando for possível alicerçar-se em elementos de prova. Ocorre, segundo Moacyr Amaral Santos, quando: "O juiz, fundado em fatos provados, ou suas circunstâncias, raciocina, guiado pela sua experiência e pelo que ordinariamente acontece, e conclui por presumir a existência de um outro fato."[14]

129.2.4.2. Presunção legal. É a estabelecida por lei (*presumptiones iuris*) e se subdivide em:

a) absoluta: também chamada *peremptória* e *juris et de jure* (direito e de direito), esta espécie não admite prova em contrário. Se a parte interessada conseguir provar o contrário, tal fato será insubsistente. O art. 163 do Código Civil de 2002 configura a presente espécie: "*Presumem-se fraudatórias dos direitos dos outros credores as garantias de dívidas que o devedor insolvente tiver dado a algum credor.*"

b) relativa: igualmente denominada *condicional, disputante* e *juris tantum* (até onde o direito permite), caracteriza-se por admitir prova em contrário. A conclusão que a lei atribui a determinadas situações prevalece somente na ausência de prova em contrário. Exemplo: art. 1.231 do Código Civil de 2002: "a propriedade presume-se plena e exclusiva, até prova em contrário." Outros exemplos desta espécie de presunção encontram-se nos artigos 322 a 324 do Códex.

c) mista ou *intermédia*: a lei estabelece uma presunção que, em princípio, não admite prova em contrário, salvo mediante determinado tipo por ela previsto. Pontes de Miranda, como exemplo, indica as presunções do art. 337 combinado com os arts. 338 e 340, todos do Código Civil revogado. Considerando o Código Civil de 2002, pode-se exemplificar a *presunção mista* ou *intermediária* com o teor do art. 1.545.

A presunção legal, como declara Virgílio de Sá Pereira, não é apenas a expressamente declarada em lei, "*mas também a que resulta iniludivelmente do seu sistema*".[15]

---

[13] Moacyr Amaral Santos, *Prova Judiciária no Cível e Comercial*, 2ª ed., Max Limonad, São Paulo, 1952, vol. V, p. 341.

[14] *Op. cit.*, vol. V, p. 415.

[15] *Manual do Código Civil Brasileiro – Direito das Coisas*, Coleção Paulo de Lacerda, 1ª ed., Rio de Janeiro, Jacintho Ribeiro dos Santos – Editor, vol. VIII, 1924, § 60, p. 200.

129.2.5. Ficções. Em determinadas situações o legislador é levado, por necessidade, a aplicar a uma categoria jurídica o regulamento próprio de outra. Quando assim age, ele se utiliza do elemento ficção jurídica que, no dizer preciso de Ferrara, "é um instrumento de técnica legislativa para transportar o regulamento jurídico de um fato para fato diverso que, por analogia de situações ou por outras razões, se deseja comparar ao primeiro".[16] Os acessórios de um imóvel, por exemplo, são móveis por natureza, mas recebem o tratamento jurídico próprio dos imóveis. As embaixadas estrangeiras, por ficção, são tratadas como se estivessem no território de seus Estados para efeito de isenção de impostos e do direito de asilo. Pelo Direito brasileiro, por ficção legal, a herança é considerada como imóvel, pelo que, como Arnoldo Wald observa, qualquer alienação do espólio exige escritura pública.[17] Consoante o jurista Ferrara, a ficção não converte em real o que não é verdadeiro, apenas prescreve idêntico tratamento para situações distintas. É errôneo, pois, afirmar-se que a ficção tem o poder de *tornar verdadeiro o que evidentemente é falso*.[18] Igualmente é imprópria a colocação de Ihering, para quem a ficção jurídica é a "mentira técnica consagrada pela necessidade".

Configuração prática: Ordinariamente, a sentença que declara nulo ou anulado o casamento possui efeito retroativo (*ex tunc*). Estando os cônjuges ou apenas um deles de boa-fé, ter-se-á configurado o casamento putativo em favor de quem ignorava a existência de impedimento matrimonial ou vício. Em relação a ele os efeitos da nulidade ou da anulação não retroagem até à data do casamento, mas atuam a partir da sentença definitiva (*ex nunc*). Opera-se, *in casu*, uma ficção jurídica. Para que o cônjuge inocente não seja prejudicado, em relação a ele, e até à data do trânsito em julgado da sentença, aplicam-se as regras do casamento válido.

130. CIBERNÉTICA E DIREITO

O mundo científico atual está com a sua atenção voltada para a cibernética, na expectativa de colher, cada vez mais, resultados proveitosos dessa tecnologia revolucionária. O audacioso plano de *humanizar* a máquina, em contraposição à presente mecanização do homem, encontra-se em pleno desenvolvimento, sem que se possa prever ainda em que nível poderá estabilizar-se no futuro. A cibernética, nome que deriva do grego *Kubernam,* dirigir, foi definida por Norbert Wiener, seu principal cultor, como a "teoria de todo o campo de controle, seja na máquina ou seja no animal".[19] Em obra publicada em 1948, sob o título *Cybernetics,* Wiener criou esse neologismo.

Apresentando um vasto campo de pesquisa, essa ciência oferece algumas especializações, entre as quais a *informática,* que trata dos computadores e contribui, em diferentes graus de intensidade, com quase todos os setores de atividade social. A sua influência predomina na área das ciências naturais, em face do absoluto rigor das leis da natureza, que comportam uma quantificação de seus fenômenos. Em relação às ciências sociais, a sua importância revela-se gradativamente e de forma indireta.

As possibilidades da cibernética em relação ao Direito acham-se definidas apenas parcialmente. Enquanto alguns juristas mantêm uma certa reserva, outros reivindicam já a existência da *juscibernética* e cogitam, inclusive, da possibilidade de se confiarem aos computadores, futuramente, as decisões judiciais. Fundamentam-se, entre outras razões, nas

---

[16] *Apud* Hermes Lima, *op. cit.,* p. 57.

[17] *Direito das Sucessões,* 5ª ed., Editora Revista dos Tribunais, São Paulo, 1983, p. 6.

[18] Opinião de Carlos Mouchet y Zorraquin Becu, *op. cit.,* p. 162.

[19] *Apud* Ígor Tenório, *Direito e Cibernética,* Coordenada Editora de Brasília, Brasília, 1970, p. 23.

alegações de que haveria, principalmente nos sistemas que se baseiam nos precedentes judiciais, menor índice de erros judiciários e uma distribuição democrática da justiça, sem discriminação de classes sociais. Inegavelmente os dois radicalismos, tanto o cético quanto o eufórico, distanciam-se da realidade. Alguns benefícios que a nova ciência pode proporcionar ao Direito já estão evidentes. Por setor, podemos relacionar as seguintes possibilidades:

130.1. Elaboração das Leis. O Poder Legislativo dispõe de um controle da situação dos projetos de leis por computadores. Estes aparelhos fornecem, também, informações sobre a legislação vigente, dados estatísticos etc. A cada dia ampliam-se os recursos disponibilizados pela eletrônica, especialmente via *internet*.

130.2. Administração da Justiça. Como meio auxiliar, o computador é utilizado pelos tribunais com o objetivo de controlar o andamento dos processos judiciais, bem como em relação às leis vigentes, interpretação do Direito pelos tribunais etc. A pretensão, contudo, de que os computadores absorvam a função de julgar se nos apresenta impraticável porque, se o caso submetido à apreciação da justiça for de aplicação automática de lei, a sua utilidade desaparece, pois esses aparelhos são válidos quando *pensam* e operam em questões mais complexas. Quanto a estas, porém, as carências de sensibilidade, intuição e discernimento em relação a aspectos psicológicos afastam a possibilidade de a máquina vir a substituir o juiz. Cremos que somente o homem pode avaliar e julgar a conduta de outro homem.

Grande avanço da cibernética no campo judiciário foi alcançado com a adoção do *processo eletrônico*, introduzido em nosso sistema pela Lei nº 11.419, de 19 de dezembro de 2006. Nos termos definidos nesta Lei, admite-se a tramitação de processos judiciais, comunicação de atos e transmissão de peças por meio eletrônico. Os tribunais, a partir do segundo semestre de 2015, implantaram o Diário da Justiça eletrônico, bem como o Processo Judicial eletrônico.

Em março de 2007, na cidade de Natal, foi inaugurado o primeiro juizado virtual do País. A avaliação dos primeiros seis meses de seu funcionamento revelou um resultado altamente positivo. Enquanto nos juizados tradicionais o tempo gasto na tramitação de um feito é de 180 dias, em média, com o novo sistema obteve-se uma redução para 45 dias. Além da economia de tempo, houve, também, uma sensível redução nas despesas.

A partir de 2009, o Superior Tribunal de Justiça passou a digitalizar os processos recebidos de outras Cortes. Uma força-tarefa, criada especialmente, digitalizou cerca de 450.000 processos. A partir de setembro daquele ano, o STJ passou a conectar-se eletronicamente com vinte e dois tribunais do país, acelerando, destarte, o procedimento de envio dos autos, que antes demorava meses. Com esta iniciativa, além da aceleração dos feitos, decorrem outras vantagens, como a eliminação de vultosas despesas com os Correios e economia de espaços nas Secretarias. Indagado a respeito da segurança do procedimento, o Ministro César Asfor Rocha, na presidência do STJ, lembrou que 80% das operações bancárias adotam aquele meio e que a Receita Federal mantém o armazenamento eletrônico de dados dos contribuintes há quarenta anos.[20]

Pela Resolução 10/2015, o Superior Tribunal de Justiça estabeleceu normas para o recebimento de recursos dos tribunais de origem, mediante sistema próprio designado de e-STJ. Os recursos em desacordo com as regras do sistema são recusados e devolvidos. En-

---

[20]   Cf. o informativo eletrônico *Portal Jurídico*, <www.conjur.com.br>, edição de 31.08.2009.

tre os benefícios trazidos, os profissionais poderão requerer de qualquer ponto geográfico e até às vinte e quatro horas. Para se valer do procedimento, os advogados devem obter a certificação digital, do tipo A1 ou A3, junto a uma autoridade certificadora integrante da Infraestrutura de Chaves Públicas Brasileiras (ICP-Brasil).

O mundo negocial, especialmente com a elaboração de contratos à distância, vem encontrando na *internet* um poderoso instrumento, que dinamiza o setor comercial. Com esta prática, entretanto, surgem muitos questionamentos jurídicos que não logram respostas imediatas, especialmente porque o ordenamento pátrio carece de uma regulamentação própria.

Embora a importância do contato pessoal entre mestres e acadêmicos, a Física disponibiliza, atualmente, o ensino à distância. Tal avanço se opera tanto pela *internet* quanto por videoconferência. Palestras e cursos por esta modalidade, longe de banalizarem a cultura jurídica, democratizam o ensino, levando o saber especializado também às regiões mais distantes e isoladas de nosso país.

130.3. Pesquisa Científica. No âmbito das universidades, a informática pode ser empregada relativamente ao estudo do Direito vigente, em seus aspectos normativos, doutrinários e jurisprudenciais. Assim, o computador pode ser programado para indicar a lei em vigor, as linhas doutrinárias dos grandes mestres do Direito e a jurisprudência dominante nos tribunais sobre determinadas matérias. Pode destinar-se ao estudo da evolução das ideias jurídicas, bem como à análise do Direito Comparado, hipótese em que proporcionará informações paralelas entre os institutos jurídicos nacionais e os estrangeiros de maior expressão. Com o advento da *internet* as possibilidades da pesquisa se tornaram ilimitadas. O diálogo, em tempo real, entre juristas geograficamente distantes, facilita a divulgação do pensamento científico e a troca de informações.

130.4. Advocacia. Após a publicação de *O Futuro do Direito*, onde previa uma grande mudança na prática do Direito sob a influência da tecnologia da informação, o professor escocês Richard Susskind escreveu *O Fim dos Advogados?*. Antes de seu lançamento, a obra provocou acesas discussões no primeiro semestre de 2008, à vista da divulgação de suas ideias básicas, entre as quais a da tendência à diminuição da procura dos serviços advocatícios. Na exposição do autor, tal fenômeno decorrerá, em parte, das facilidades de informações que a *rede* trará, mediante oferta de modelos ou esquemas legais práticos. Resultará, ainda, da *estratégia de colaboração* entre os clientes, notadamente os das grandes empresas.

O que a tecnologia avançada propiciará, em nossa opinião, não é o fim da advocacia, mas uma crescente adaptação dos causídicos aos novos tempos. Da mesma forma que a máquina não terá sensibilidade para julgar as relações humanas, não terá aptidão para aconselhar ou postular em juízo diante de questões singulares.

Enquanto a atenção do mundo científico volta-se para os avanços dos recursos técnicos, como o processo eletrônico, há pendências de ordem elementar, que exigem respostas justas, como o caso de uma advogada da Carolina do Norte que, por não possuir *e-mail*, e não desejar tê-lo, perdeu a licença para advogar por ato da Suprema Corte daquele Estado Norte-americano.[21]

---

[21]   *Cf.* João Ozório de Melo, *Revista Consultor Jurídico*, edição de 17 de novembro de 2013.

130.5. LGPD. A Lei n. 13.709/2018 (LGPD) tratou da proteção de dados dos cidadãos, especialmente na era da expansão das interações sociais em ambientes virtuais. Mesmo com o advento da internet no início dos anos 1990 no Brasil, a coleta de dados de pessoas interessadas em comprar produtos, contratar serviços ou receber informações necessitava do preenchimento de dados específicos do interessado para que esses atos fossem concretizados.

Com a digitalização da vida, muitos softwares passaram a coletar de forma automática não apenas os hábitos de navegação e consumo dos cidadãos, como também dados pessoais, sem que o cidadão tivesse a menor ciência de que fazia parte de um rol gigantesco de dados coletados que servem a grandes empresas comerciais.

As redes sociais expuseram detalhes da vida de muitos cidadãos, muitos concordando expressamente que suas vidas fossem divulgadas e outros não fornecendo esse consentimento ou fornecendo consentimento diverso para os quais os dados são utilizados.

Além disso, a criação de perfis falsos e o cometimento de crimes nos ambientes de redes sociais e fora delas, simplesmente por navegar na internet, alertaram as autoridades responsáveis pela incolumidade pública e houve a preocupação de frear os crimes e abusos. A Lei Geral de Proteção de dados promulgada em 2018, tendo entrado em vigor em 2020, tem como objetivo principal proteger os direitos fundamentais de liberdade e de privacidade e o livre desenvolvimento da personalidade da pessoa natural.

Seus princípios basilares estão expostos em seu art. 2º: "I – o respeito à privacidade; II – a autodeterminação informativa; III – a liberdade de expressão, de informação, de comunicação e de opinião; IV – a inviolabilidade da intimidade, da honra e da imagem; V – o desenvolvimento econômico e tecnológico e a inovação; VI – a livre iniciativa, a livre concorrência e a defesa do consumidor; e VII – os direitos humanos, o livre desenvolvimento da personalidade, a dignidade e o exercício da cidadania pelas pessoas naturais".

A rigor, a Lei vem em boa hora, pois inverte a lógica da prática até a sua promulgação. O verdadeiro titular dos dados que constam em bancos de dados de empresas, associações e poder público é o cidadão, e não os coletores desses dados. Quem os coleta e armazena só tem poder de divulgá-los e intercambiá-los se o cidadão que os deixou registrados consentiu expressamente com essas possibilidades. Fora o consentimento expresso, valerá sempre a privacidade do dado fornecido à empresa, associação ou poder público a quem o cidadão forneceu o dado.

Foi criada uma Autoridade Nacional de Proteção de Dados vinculada à Presidência da República, mas já há previsão em transformá-la em autarquia. Essa Autoridade está encarregada de proceder à fiscalização dos delitos culposos ou dolosos cometidos por aqueles que detêm os dados e deixaram de protegê-los de acordo com as instruções dadas pelo cidadão que os forneceu. A atividade da Autoridade é incipiente e há poucos casos de autuação de empresas, associações ou órgãos do poder público que tenham feito mau uso dos dados coletados.

131. O DIREITO COMO TÉCNICA E CIÊNCIA

O Direito já se acha inscrito definitivamente no quadro geral das ciências. Poucos são os autores que contestam o seu caráter científico. O ponto fundamental em que se apoia a corrente negativa da Ciência do Direito é a variação constante que se processa no âmbito do Direito Positivo e o caráter heterogêneo predominante no Direito Comparado. Com tal característica o Direito não poderia ser considerado ciência e se reduziria apenas a uma *técnica*. Essa corrente alimentava o seu argumento na ideia, levantada inicialmente por Aristóteles e divulgada amplamente no período da Renascença, de que as ciências consistiam em princípios e noções de natureza absolutamente *universal* e *necessária*. Luis Legaz y Lacambra salienta que os humanistas daquela época tinham aversão para a Ciência do Direito, destacando-se as ironias de Petrarca, Erasmo e Luís Vives, contra os cultores do Direito.[22]

No século XIX os negativistas ampliaram a sua argumentação, apoiando-se na Escola Histórica do Direito e no positivismo jurídico, que não se opunham ao caráter científico do Direito, mas tiveram os seus princípios aproveitados e explorados por aquela corrente. No historicismo, pelo fato de defender o ponto de vista de que o Direito é produto exclusivo da história e que o seu conteúdo é todo variável, de acordo com as peculiaridades dos povos. No positivismo, em razão de desprezar a existência do Direito Natural, para considerar Direito apenas o positivo, que não possui caráter universal e nem sempre é necessário.

Coube a Kirchmann o ataque mais vigoroso à Ciência do Direito. Em uma conferência, sob o título "O Direito não é uma Ciência", realizada em Berlim, em 1847, e que mais tarde ficaria famosa, o procurador do rei no Estado da Prússia fez várias objeções ao caráter científico do Direito. Naquela exposição declarou: "três palavras retificadoras do legislador e bibliotecas inteiras convertem-se em inutilidades". Com esta frase, que ainda hoje preocupa os filósofos do Direito, o autor quis enfatizar o aspecto contingente do Direito.[23]

A contestação à jurisprudência científica, no passado, possuía como centro de gravidade a visão distorcida, que supunha o Direito como algo inteiramente condicionado pelos tempos e lugares, sem conservar nada de perene e universal. No presente, persistem vozes isoladas sustentando a opinião vencida, como a de Paul Roubier, para quem o Direito é apenas uma arte, porque pertence ao *construído*, enquanto o *dado* é fornecido pelas ciências particulares.[24] Quanto a esta crítica, é bom se observar que as ciências sociais mantêm um estreito relacionamento, que nos permite dizer que vivem em um sistema de vasos comunicantes.

O equívoco da corrente negativista deriva de um erro inicial, ao pensar em Ciência do Direito em termos de Direito Positivo. A verdadeira Ciência do Direito reúne princípios universais e necessários. O que é contingente é o desdobramento dos princípios, a sua aplicação no tempo e no espaço. A liberdade, por exemplo, é um princípio fundamental de Direito Natural, universal e necessário, possuindo de mutável apenas a sua forma de regulamentação prática. A variação se faz no acidental e não no essencial, que é o princípio componente do Direito Natural.

---

[22] Legaz y Lacambra, *op. cit.*, p. 217.

[23] Júlio H. Kirchmann, em outras passagens de sua conferência, formulou incisivas críticas à Ciência do Direito: "um povo poderá viver sem ciência jurídica, mas não sem direito"; "a sacrossanta justiça segue sendo objeto de escárnio do povo e as mesmas pessoas educadas, ainda quando têm o direito a seu favor, temem cair em suas garras..."; "... que acúmulo de leis e, não obstante, quanta lentidão na administração da Justiça! Quanta erudição de estudos e, não obstante, quantas oscilações, quanta insegurança na teoria e na prática..."; "... só uma pequena parte tem por objeto o Direito Natural. As nove décimas partes, ou mais, se ocupam das lacunas, dos equívocos, das contradições das leis positivas..."; "o sol, a lua e as estrelas brilham hoje como brilhavam há mil anos; a rosa segue florescendo como no paraíso; o direito, ao contrário, tem-se transformado desde então..." (*La Jurisprudencia no es Ciencia*, 2ª ed., Instituto de Estudios Políticos, Madrid, 1961).

[24] *Apud* Paulo Dourado de Gusmão, *O Pensamento Jurídico Contemporâneo*, Saraiva, São Paulo, 1955, p. 81.

BIBLIOGRAFIA PRINCIPAL

Ordem do Sumário:

126 – Luiz Fernando Coelho, *Teoria da Ciência do Direito*; Machado Netto, *Compêndio de Introdução à Ciência do Direito*;

127 – Eduardo García Máynez, *Introducción al Estudio del Derecho*; Carlos Mouchet y Zorraquin Becu, *Introducción al Derecho*; Paulino Jacques, *Curso de Introdução ao Estudo do Direito*; Franco Montoro, *Introdução à Ciência do Direito*, vol. I;

128 – A. Torré, *Introducción al Derecho*; Paulo Dourado de Gusmão, *Introdução ao Estudo do Direito*;

129 – Hermes Lima, *Introdução à Ciência do Direito*; Carlos Mouchet y Zorraquin Becu, *op. cit.*; Moacyr Amaral Santos, *Prova Judiciária no Cível e Comercial*, vols. I e V; A. Torré, *op. cit.*;

130 – Ígor Tenório, *Direito e Cibernética*; Luiz Fernando Coelho, *op. cit.*;

131 – Luis Legaz y Lacambra, *Filosofía del Derecho*.

– Capítulo 23 –
TÉCNICA LEGISLATIVA

Sumário: 132. Conceito, Objeto e Importância da Técnica Legislativa. **133.** Da Apresentação Formal dos Atos Legislativos. **134.** Da Apresentação Material dos Atos Legislativos.

132. CONCEITO, OBJETO E IMPORTÂNCIA DA TÉCNICA LEGISLATIVA

A elaboração do Direito escrito pressupõe *conteúdo* e *forma*. Aquele consiste em um composto normativo de natureza científica, enquanto esta se limita a um problema de técnica. Ao desenvolver o presente tema, o jurista alemão Rudolf Stammler destaca o sentido da técnica legislativa: "Esta técnica é a arte de dar às normas jurídicas expressão exata; de vestir com as palavras mais precisas os pensamentos que encerra a matéria de um Direito positivo; a arte que todo legislador deve dominar, pois o Direito que surge tem de achar suas expressões em normas jurídicas."[1]

A denominação *técnica legislativa* envolve duas ordens de estudo: *a) processo legislativo*, que é uma parte administrativa da elaboração do ato legislativo, disciplinada pela Constituição Federal e que dispõe sobre as diversas fases que envolvem a formação do ato, desde a sua proposição, até a aprovação final; *b) apresentação formal e material do ato legislativo*, que é uma analítica da distribuição dos assuntos e da redação dos atos legislativos.[2] Esta espécie não obedece a procedimentos rígidos, antes a orientações doutrinárias, que seguem um mesmo curso em seus aspectos mais gerais. Apesar de tal estudo ser próprio do segmento doutrinário, não é fora de propósito se fixarem, em resoluções, algumas normas gerais quanto à apresentação formal e material, com exclusão, naturalmente, à técnica de produção dos códigos, que é altamente especializada e não pode estar condicionada a critérios predeterminados. Cada código corresponde a uma concepção técnica e seus autores necessitam de liberdade metodológica.

A elaboração, redação, alteração e consolidação das leis acham-se disciplinadas, atualmente, em nosso país, *ex vi* da Lei Complementar nº 95, de 26 de fevereiro de 1998.

---

[1] *La Génesis del Derecho*, ed. cit., p. 131.
[2] A expressão *ato legislativo*, multicitada no presente capítulo, é empregada em sentido amplo, equivalente a Direito escrito. Distinguimos, portanto, ato legislativo de ato do Poder Legislativo.

216 | INTRODUÇÃO AO ESTUDO DO DIREITO · PAULO NADER

A criação de um ato legislativo não implica o simples agrupamento assistemático de normas jurídicas. A formação de uma lei requer planejamento e método, um exame cuidadoso da matéria social, dos critérios a serem adotados e do adequado ordenamento das regras. O ato legislativo deve ser um todo harmônico e eficiente, a fim de proporcionar o *máximo de fins* com o *mínimo de meios*, como orienta a doutrina.

Este capítulo tem por objeto de análise apenas a apresentação formal e material do ato legislativo, porquanto a parte relativa ao processo legislativo é examinada no estudo sobre a lei. Consideramos importante o conhecimento do presente tema, tanto para os profissionais do Direito quanto para os estudantes, por seu contato diuturno com as leis e códigos. Esta importância ganha maior significado se os que se dedicam ao estudo do Direito possuem vocação para a vida pública, ocupando ou aspirando a cargos no Poder Legislativo ou Executivo. Destaque-se, ainda, que o conhecimento técnico de redação dos atos legislativos pode ser aplicado, com a devida adaptação, na elaboração de estatutos e regimentos de pessoas jurídicas e ainda em contratos sociais. Por último, salientamos a utilidade que esta ordem de conhecimentos oferece para os trabalhos de interpretação do Direito.

133. DA APRESENTAÇÃO FORMAL DOS ATOS LEGISLATIVOS

133.1. Conceituação. A apresentação formal diz respeito à estrutura do ato, às partes que o compõem e que, em geral, são as seguintes: preâmbulo, corpo ou texto, disposições complementares, cláusulas de vigência e de revogação, fecho, assinatura e referenda.

133.2. Preâmbulo. É toda a parte preliminar às disposições normativas do ato. O vocábulo é de origem latina e formado pela junção do prefixo *pre* (antes, sobre), e do verbo *ambulare* (marchar, prosseguir). Modernamente o preâmbulo reúne apenas os elementos necessários à identificação do ato legislativo. Durante a Idade Média, contudo, eram comuns certas alusões, estranhas à finalidade da lei, como a referência de que *o mundo terá seu fim no ano mil*.[3] O preâmbulo compõe-se dos seguintes elementos:

Preâmbulo
- *a*) epígrafe;
- *b*) rubrica ou ementa;
- *c*) autoria ou fundamento legal da autoridade;
- *d*) causas justificativas;
- *e*) ordem de execução ou mandado de cumprimento

133.2.1. Epígrafe. Do grego *epigrapheus*, o vocábulo é formado por *epi* (sobre) e *graphô* (escrever) e significa *escrever sobre*. É a primeira parte de um ato legislativo e contém a indicação da espécie ou natureza do ato (lei, medida provisória, decreto), o seu número de ordem e a data em que foi assinado. Exemplo: Lei nº 11.419, de 19 de dezembro de 2006. A numeração não tem limite prefixado, mas a sua renovação é recomendável quando atinge um ponto elevado. Em nosso país, no período de 1808 a 1833, como observa Hésio Fernandes Pinheiro, os atos legislativos não foram numerados.[4] A epígrafe é útil não apenas

---

3   Hésio Fernandes Pinheiro, *op. cit.*, p. 26.
4   *Op. cit.*, p. 30.

porque facilita a indicação e a busca de um texto normativo, mas também porque o situa na hierarquia das fontes formais do Direito.

133.2.2. Rubrica ou ementa. É a parte do preâmbulo que define o assunto disciplinado pelo ato. Não constitui um resumo, pois somente faz uma referência à matéria que é objeto de regulamentação. Como a sua finalidade é facilitar a pesquisa do Direito, apresenta-se normalmente em destaque, ora em negrito, ora em grifo. No dizer de Hésio Fernandes Pinheiro, a rubrica deve possuir as seguintes qualidades: *a)* concisão; *b)* precisão de termos; *c)* clareza; *d)* realidade. A Lei mencionada possui a seguinte rubrica: *dispõe sobre inscrição obrigatória que deve constar do rótulo ou embalagem de produto estrangeiro com similar no Brasil e dá outras providências.* Quando a rubrica menciona "*e dá outras providências*", como no exemplo citado, é indispensável que o assunto não explicitado se relacione com o referido. Se a rubrica favorece os trabalhos de seleção do Direito Positivo, porque classifica os assuntos, pode levar o pesquisador menos atento a inobservar algumas disposições contidas no ato e que não são abrangidas por essa parte do preâmbulo. Isto é comum de ocorrer em relação às normas *atópicas* ou *heterotópicas*, que pertencem a um ramo jurídico diverso do tratado pelo ato legislativo. O enunciado da rubrica, em alguns casos, é útil inclusive para fins de interpretação; contudo, orienta Carlos Maximiliano, o *argumento a rubrica* é apenas de ordem subsidiária.[5] Quando a rubrica faz menção apenas a dispositivos de lei, sem qualquer alusão à matéria, transforma-se em elemento ornamental, pois não simplifica a tarefa do pesquisador. Exemplo: *Altera a alínea "i" do item II do Artigo 13, da Lei nº 4.452, de 05 de novembro de 1964* (Dec.-Lei nº 1.681, de 07.05.79). O conjunto formado pela epígrafe e rubrica denomina-se *título* do ato legislativo.

133.2.3. Autoria e fundamento legal da autoridade. Ao indicar a espécie do ato legislativo, a epígrafe indiretamente consigna a autoria; não o faz, porém, de modo completo, pois não esclarece se a lei ou o decreto é de âmbito federal, estadual ou municipal. A autoria se define, especificamente, na parte que se segue à rubrica. Quando o ato é de autoria do Executivo, o preâmbulo registra ainda o fundamento legal em que a autoridade se apoiou: "O Presidente da República, no uso das atribuições que lhe confere o art. 84, incisos IV e VI, alínea..., da Constituição..." Quando o ato é de elaboração do Poder Legislativo, a fórmula usual é esta: "O Presidente da República – Faço saber que o Congresso Nacional decreta e eu sanciono...". O Chefe do Executivo participa do ato na condição de autoridade que sanciona a lei. Consideramos que essa fórmula, por mencionar a palavra *decreta*, incide em uma impropriedade terminológica, cujo termo pode ser substituído por *aprova*. Não é usual, nem de boa técnica, a indicação do nome civil da autoridade, no preâmbulo. Esse, necessariamente, já virá assinalado ao final do ato, com a assinatura.[6]

133.2.4. Causas justificativas. No passado, era comum a inserção das causas justificativas na generalidade dos atos normativos. Na atualidade, só eventualmente se recorre a esse elemento, pelo qual o legislador declara as razões que o levaram a editar o ato. O seu emprego é usual apenas para os atos do Poder Executivo. Atribuindo ao Estado uma função pedagógica, Platão pensava que as leis deveriam ser acompanhadas de uma exposição

---

[5]   Carlos Maximiliano, *op. cit.*, p. 331.
[6]   No preâmbulo do Decreto nº 52.892, de 07 de março de 1972, do Estado de São Paulo, consta especificamente o nome civil da autoridade que o elaborou.

de finalidade.[7] As causas justificativas se revestem de duas formas principais: considerandos e exposições de motivos.

133.2.4.1. Considerandos. Quando o ato legislativo se reveste de grande importância para a vida nacional; quando se destina a reformular amplamente as diretrizes sociais, introduz normas de exceção ou vai provocar um certo impacto na opinião pública, a autoridade apresenta o elenco dos motivos que determinou a criação do instrumento legal, atendendo, ao mesmo tempo, a dois interesses: uma satisfação aos destinatários das normas e uma preparação psicológica que tem por fim a efetividade do novo Direito. Para exemplificar, transcrevemos as justificativas que acompanharam o Decreto-Lei nº 1.098, de 25 de março de 1970, que alterou os limites do mar territorial do Brasil para duzentas milhas marítimas de largura: "... considerando: Que o interesse especial do Estado costeiro na manutenção da produtividade dos recursos vivos das zonas marítimas adjacentes a seu litoral é reconhecido pelo Direito Internacional; Que tal interesse só pode ser eficazmente protegido pelo exercício da soberania inerente ao conceito do mar territorial; Que cada Estado tem competência para fixar seu mar territorial dentro de limites razoáveis atendendo a fatores geográficos e biológicos assim como às necessidades de sua população e sua segurança e defesa..." Tais causas justificativas acompanharam o texto do decreto-lei, em face do significado deste para a economia e a segurança do País.

133.2.4.2. Exposição de motivos. Esta é outra modalidade de justificação de atos legislativos, privativa, contudo, das codificações. É uma peça ampla, analítica, que não se limita a referências fáticas ou a informações jurídicas. É elaborada, na realidade, pelos próprios autores de anteprojetos de códigos. Nela são indicadas as inovações incorporadas ao texto e suas fontes inspiradoras, as teorias consagradas e as referências necessárias ao Direito Comparado. Na prática, a exposição de motivos leva a chancela do Ministro da Justiça e é dirigida ao Presidente da República. Este, ao encaminhar a proposta de novo código, já sob a forma de projeto, para o Poder Legislativo, envia também a exposição de motivos respectiva, que constitui, via de regra, um repositório de lições jurídicas.

133.2.5. Ordem de execução ou mandado de cumprimento. É a parte que encerra o preâmbulo e se identifica por uma fórmula imperativa, determinando o cumprimento do conjunto normativo a seguir apresentado. Nos atos executivos vem expressa, normalmente, em uma palavra impositiva: decreta, resolve, determina, enquanto nas leis geralmente se consubstancia nos termos "Faço saber" ou "Congresso Nacional decreta e eu sanciono...", com a qual se ordena a execução do novo ato.

133.2.6. Valor do preâmbulo. O fundamental em um texto legislativo é o conjunto de normas de controle social que apresenta. O preâmbulo, parte não normativa do ato, possui uma importância apenas relativa. Para alguns fins, é essencial; quanto a outros, manifesta-se de efeito apenas indicativo. Na hipótese de conflito de disposições, decorrente de atos distintos, é indispensável verificar-se, na epígrafe de cada um, a espécie a que pertencem a fim de se definir a primazia com base na hierarquia das fontes criadoras do Direito. Na hipótese de igualdade hierárquica, a data constante na epígrafe irá resolver o conflito em favor da norma mais recente. Outro aspecto positivo que oferece é concernente à interpre-

---

[7] Cf. Felice Battaglia, *op. cit.*, vol. I, p. 138.

Quinta Parte · **Cap. 23** · TÉCNICA LEGISLATIVA | **219**

tação do Direito. Tanto a rubrica quanto as causas justificativas podem irradiar algumas luzes à compreensão do sentido e alcance das normas jurídicas criadas.

133.3. Corpo ou Texto. Esta é a parte substancial do ato, onde se concentram as normas reitoras do convívio social ou uma sistematização de órgãos públicos. O raciocínio jurídico, aplicado ao texto, articula-se em função desse compartimento vital. O preâmbulo e as demais partes que integram o ato têm a sua esquematização a serviço desse complexo dinâmico de fatos, valores e normas.

133.4. Disposições Complementares. Quando o ato legislativo é extenso e a matéria disciplinada comporta divisões, como ocorre em relação aos códigos, são destinados capítulos especiais para as disposições complementares, que contêm orientações diversas necessárias à aplicação do novo texto normativo. Tais disposições se dividem em *preliminares*, *gerais* ou *finais* e *transitórias*.

133.4.1. Disposições preliminares. Como a denominação indica, estas disposições antecedem às regras principais e têm a finalidade de fornecer esclarecimentos prévios, como o da localização da lei no tempo e no espaço, os objetivos do ato legislativo, definições de alguns termos e outras distinções básicas. Esse conjunto de diretivas não dispõe de maneira imediata sobre o objeto do ato nem atende diretamente às suas finalidades. Funciona como instrumento ou meio para que o ato possa entrar em execução. As disposições preliminares são próprias das legislações modernas, que possuem organicidade, em que as normas jurídicas não se relacionam em simples adição, mas se interpenetram e se complementam.

Há uma corrente doutrinária que julga imprópria a inclusão de disposições preliminares em códigos, porque prejudicam a estética, atentam contra a *elegantia juris*. Para se evitar a inserção de títulos preliminares nos códigos, o legislador possui a alternativa de editar, em conjunto com o código, uma lei anexa de introdução. Este foi o critério adotado na elaboração do Código Civil brasileiro, de 1916. A Lei de Introdução às normas do Direito Brasileiro, anteriormente denominada Lei de Introdução ao Código Civil, constitui, na realidade, um conjunto de disposições preliminares à aplicação do sistema jurídico vigente em nosso País.

133.4.2. Disposições gerais e finais. Enquanto as disposições preliminares não se referem diretamente aos fatos regulados pelo ato legislativo, mas sobre eles têm apenas uma influência indireta, as disposições gerais e as finais vinculam-se diretamente às questões materiais da lei. Nos atos mais extensos, que se dividem em títulos, capítulos e seções, pode ocorrer a necessidade de se estabelecerem normas ou princípios gerais de interesse apenas de uma dessas partes, hipótese em que as disposições gerais devem figurar logo após a parte a que se referem. Quando essas normas são aplicáveis a todo o texto, a sua colocação deve ser ao final do ato, sob a denominação de *disposições finais*.

133.4.3. Disposições transitórias. Como seu nome revela, estas disposições contêm normas reguladoras de situações passageiras. Em face da transitoriedade da matéria disciplinada, tais disposições, uma vez cumpridas, perdem a sua finalidade, não podendo assim figurar no corpo da lei, mas em separado, ao final do ato. As disposições transitórias resolvem o problema de situações antigas, que ficam pendentes diante da nova regulamentação jurídica.

133.5. Cláusulas de Vigência e de Revogação. O encerramento do ato legislativo compõe-se das cláusulas de vigência e de revogação. A primeira consiste na referência à data em que o ato se tornará obrigatório. Normalmente entra em vigor na data de sua publicação, hipótese em que o legislador adota a fórmula *esta lei entrará em vigor na data de sua publicação*. Quando os atos legislativos são extensos e complexos, como ocorre com os códigos, é indispensável a *vacatio legis*, ou seja, o intervalo que medeia entre a data da publicação e o início de vigência. Esta cláusula, contudo, não é essencial, de vez que o art. 1º da Lei de Introdução às normas do Direito Brasileiro apresenta uma regra de caráter geral, que prevalece sempre na falta da cláusula de vigência (v. item 135). A cláusula de revogação consiste na referência que a lei faz aos atos legislativos que perderão a sua vigência. Como a anterior, esta cláusula também não é essencial, pois o § 1º do art. 2º da citada Lei de Introdução já prevê os critérios para a revogação de leis. Pelo referido dispositivo "a lei posterior revoga a anterior quando expressamente o declare, quando seja com ela incompatível ou quando regule inteiramente a matéria de que tratava a lei anterior". Assim, tal cláusula se revela inteiramente desnecessária quando vem expressa pela conhecida fórmula "*ficam revogadas as disposições em contrário*". Esta cláusula somente se justifica quando impõe a revogação de uma lei que permaneceria em vigor na falta de uma revogação expressa. A situação se revela mais estranha quando o legislador, após se referir expressamente à revogação de alguns atos legislativos que entram em conflito com a nova lei, acrescenta "*e outras disposições em contrário*". Este apêndice à cláusula de revogação, já desnecessário em face do que dispõe a Lei de Introdução, é um atestado de insegurança do legislador quanto às leis atingidas pelo novo ato. Finalmente, a observação de que as cláusulas de vigência e de revogação podem apresentar-se em artigos distintos ou englobados em um somente. Sobre a Lei Complementar nº 95/98, que em sua primeira leitura sugere a extinção da revogação tácita, *vide* o item 135.

133.6. Fecho. Após a cláusula de revogação, segue-se o fecho do ato legislativo, que indica o local e a data da assinatura, bem como os anos que são passados da Independência e da Proclamação da República. Como anota Rosah Russomano de Mendonça Lima, "estas duas referências à Independência e à República simbolizam uma homenagem do legislador brasileiro aos dois fatos mais significativos da História da Pátria". Exemplo: Brasília, 23 de setembro de 2010; 188º da Independência e 120º da República.

133.7. Assinatura. Documento que é, o ato legislativo somente passa a existir com a aposição das assinaturas devidas. Estas garantem a sua autenticidade. O ato deve ser assinado pela autoridade que o promulga.

133.8. Referenda. No plano federal, a referenda consiste no fato de os ministros de Estado acompanharem a assinatura presidencial, assumindo uma corresponsabilidade pela edição do ato. Conforme o sistema constitucional vigente, a referenda pode ser essencial à formalização do ato. O regime parlamentar, vigente no País nos primeiros anos da década de sessenta, condicionava a validade do ato presidencial à assinatura do Presidente do Conselho e do Ministro da Pasta correspondente. Atualmente a referenda não é essencial à validade dos atos presidenciais, mas constitui, contudo, uma praxe importante, reveladora da coesão existente entre as autoridades que administram o País.

134. DA APRESENTAÇÃO MATERIAL DOS ATOS LEGISLATIVOS

Os critérios metodológicos empregados na distribuição do conteúdo normativo de uma lei, em artigos, subseções, seções, capítulos e títulos, imprimem um sentido de ordem lógica aos atos legislativos e proporcionam ao Direito uma forma prática de exteriorização. Essa divisão, como analisa Villoro Toranzo, *"não é algo arbitrário senão que corresponde ao plano que o legislador teve para ordenar as matérias tratadas"*.[8] O eixo em torno do qual se desenvolve a apresentação material do ordenamento jurídico é formado pelos artigos. Os demais elementos que enunciam o Direito, ou se manifestam como divisão deles, como os parágrafos, incisos, alíneas e itens, ou representam o seu agrupamento, como as subseções, seções, capítulos, títulos.

134.1. Dos Artigos. O vocábulo *artigo* provém de *articulus*, do latim, e significa *parte, trecho, juntura*. Hésio Fernandes Pinheiro o define como "a unidade básica para a apresentação, divisão ou agrupamento de assuntos".[9] É utilizado pela generalidade das codificações como elemento básico, com exceção do Direito alemão que distribui os assuntos mediante parágrafos. Os artigos devem ser numerados, observando-se a seguinte orientação: *a)* os nove primeiros pela sequência ordinal: art. 1º, art. 2º ... art. 9º; *b)* os que se seguem ao art. 9º, pelos números cardinais: art. 10, art. 11... Quando o artigo é dividido em parágrafos ou outros recursos técnicos, denomina-se *caput* a parte anterior ao desdobramento.

Entre as principais regras que devem orientar a elaboração dos artigos, consoante assentamento doutrinário, temos:

a) os artigos não devem apresentar mais do que um assunto, limitando-se assim a enunciar uma regra jurídica. Exemplos: art. 70 do Código Civil de 2002: *"O domicílio da pessoa natural é o lugar onde ela estabelece a sua residência com ânimo definitivo."* Artigo 129 da Consolidação das Leis do Trabalho: *"Todo empregado terá direito anualmente ao gozo de um período de férias, sem prejuízo da remuneração."*

b) no artigo deve figurar apenas a regra geral, enquanto as exceções ou especificações devem ser definidas pelos parágrafos, incisos, alíneas ou itens. Exemplo: Art. 1.543 do Código Civil de 2002: *"O casamento celebrado no Brasil prova-se pela certidão do registro. Parágrafo único. Justificada a falta ou perda do registro civil, é admissível qualquer outra espécie de prova."*

c) a linguagem abreviada das siglas deve ser evitada, pois cria dificuldades ao entendimento do artigo. Contudo, as siglas de uso corrente, como SUS, PIS, FGTS, podem ser aplicadas sem qualquer restrição, pois o que representam é de conhecimento de todos.

d) como fonte de conhecimento do Direito, o artigo deve ser redigido de forma inteligível, ao alcance de seus destinatários. A sua linguagem deve ser simples, clara e concisa. Tal não exclui, porém, o uso de termos específicos do Direito, que devem ser empregados de acordo com a necessidade e o devido cuidado, para não se incidir no tecnicismo jurídico.

e) o emprego de expressões esclarecedoras deve ser evitado, pois estas correspondem a um reforço de linguagem desnecessário e prejudicial ao bom estilo. Se o artigo é redigido com rigor linguístico e lógico, essas expressões nada acrescentam à compreensão do texto e equivalem a simples repetições. Exemplos: isto é, ou seja, por exemplo.

---

[8] Miguel Villoro Toranzo, *op. cit.*, p. 252.

[9] *Op. cit.*, p. 84.

222 | INTRODUÇÃO AO ESTUDO DO DIREITO · PAULO NADER

f) para que a lei seja conhecida em toda a base territorial de seu alcance, as expressões regionais devem ser evitadas.

g) o legislador deve conservar as mesmas expressões para as mesmas ideias, em toda a extensão do ato legislativo, ainda que isto implique prejuízo à beleza do estilo, pois a sinonímia pode levar a dúvidas e a especulações quanto à interpretação do texto.

h) conservar uniformidade no tempo do verbo, que poderá vir no presente ou no futuro simples do presente;

i) as referências numéricas ou em percentuais devem ser escritas por extenso.[10]

134.2. Divisão dos Artigos. Os artigos podem ser desdobrados em parágrafos, incisos, alíneas e itens.

134.2.1. Parágrafo. Este divisor tem por símbolo o sinal gráfico §, formado pela junção vertical da letra "s" repetida, abreviação de *signum sectionis*, equivalente a *signo de seção ou corte*. O vocábulo provém do latim *paragraphus*, composto de *para* (ao lado) e *graphein* (escrever), significando, assim, escrever ao lado. A sua finalidade é *explicar* ou *modificar* (abrir exceção) o artigo. Como escrita secundária, o parágrafo não deve formular a regra geral nem o princípio básico, mas limitar-se a complementar o *caput* do artigo. O seu enunciado não é autônomo pois deve estar intimamente relacionado com a parte inicial do artigo. É de bom estilo o parágrafo apresentar apenas um período, que deve ser pontuado, ao final. O critério de numeração dos parágrafos é igual ao dos artigos: sequência ordinal para os nove primeiros e cardinal para os demais. Quando o artigo apresentar apenas um parágrafo, este não deve ser representado pelo símbolo, mas escrito por extenso: parágrafo único. Exemplo: *"Art. 736. Não se subordina às normas do contrato de transporte o feito gratuitamente, por amizade ou cortesia. Parágrafo único. Não se considera gratuito o transporte quando, embora feito sem remuneração, o transportador auferir vantagens indiretas."* (Código Civil de 2002).

134.2.2. Inciso, alínea e item. Até a 17ª edição, alinhamos o presente estudo ao enfoque de Hésio Fernandes Pinheiro, todavia, com a promulgação da Lei Complementar nº 95, de 26 de fevereiro de 1998, que apresenta nova orientação, julgamos conveniente e oportuna a adoção de critérios uniformes de redação do ato legislativo, sendo certo que a matéria em questão é de natureza apenas técnica e sem implicações ideológicas.

Dispondo no art. 10 sobre o desdobramento dos artigos, a Lei Complementar à Constituição Federal orienta no sentido de que os artigos deverão ser desdobrados em parágrafos ou em incisos; os parágrafos, em incisos, os incisos em alíneas e as alíneas, em itens. Pela instrução legal, os incisos serão representados por algarismos romanos, enquanto as alíneas o serão por letras minúsculas e os itens, por algarismos arábicos. A função do inciso, alínea e item é a mesma, ou seja, a de apresentar requisitos, enumerar situações, elementos, hipóteses. Eles se distinguem graficamente e ainda quanto à parte do artigo que desdobram.

O vocábulo inciso – do latim *incisu* – significa, conforme o *Novo Dicionário Aurélio* "frase que corta outra, interrompendo-lhe o sentido". Em face de tal abrangência o vocábulo poderia indicar tanto o artigo, quanto o parágrafo, inciso, alínea ou item. No texto legislativo a sua função é dividir artigos e parágrafos. Não possui autonomia de sentido,

---

[10] *Vide* o art. 11 da Lei Complementar nº 95, de 16.02.1998.

pois isoladamente nada representa. A sua compreensão somente se revela pela conexão com a parte que desdobra. Exemplo:

> "*Art. 1.552. A anulação do casamento dos menores de dezesseis anos será requerida:*
>
> I – pelo próprio cônjuge menor;
>
> II – por seus representantes legais;
>
> III – por seus ascendentes" (Código Civil de 2002).

Do latim *a linea*, o vocábulo alínea está registrado no *Novo Dicionário Aurélio* como "1. Linha escrita que marca a abertura de novo parágrafo. 2. Cada uma das subdivisões de artigo, indicada por um número ou letra que tem à direita um traço curvo como o que fecha parênteses; inciso, parágrafo". Na orientação da Lei Complementar, alínea é recurso técnico apenas para desdobrar o inciso e graficamente deverá vir representada por letra minúscula.

O vocábulo item significa *igualmente*, *também*, *como* e se destina apenas, como prevê a Lei Complementar, a desdobrar as alíneas, devendo ser expresso em algarismo arábico.

134.3. Agrupamentos dos Artigos. Nos atos legislativos mais extensos, como os códigos e as consolidações, a matéria legislada é classificada por natureza de assuntos. Cada um destes representa-se por um grupo de artigos. Tomando por modelo o Código Civil de 2002, temos um exemplo das formas de agrupamento de artigos:

a) os artigos formam a seção ou subseção;

b) as subseções formam as seções;

c) as seções formam o capítulo;

d) os capítulos formam o título;

e) os títulos constituem o livro;

f) os livros formam a parte;

g) as partes formam o código.

Esta enumeração registra uma ordem crescente de generalização. Assim o capítulo contém assuntos mais genéricos do que as seções e mais específicos do que o título. Observe-se que é possível, ainda, como enuncia a Lei Complementar citada, o agrupamento de artigos em subseções e estas em seções, critério este adotado no Código Civil de 2002 em vários de seus capítulos.

BIBLIOGRAFIA PRINCIPAL

Ordem do Sumário:

132 – Alfredo Colmo, *Técnica Legislativa*;

133 – Hésio Fernandes Pinheiro, *Técnica Legislativa*; Carlos Maximiliano, *Hermenêutica e Aplicação do Direito*; Rosah Russomano de Mendonça Lima, *Manual de Direito Constitucional*; José Afonso da Silva, *Manual do Vereador*;

134 – Hésio Fernandes Pinheiro, *op. cit.*; Miguel Villoro Toranzo, *Introducción al Estudio del Derecho*.

– Capítulo 24 –

A EFICÁCIA DA LEI NO TEMPO E NO ESPAÇO

Sumário: 135. Vigência e Revogação da Lei. **136.** O Conflito de Leis no Tempo. **137.** O Princípio da Irretroatividade. **138.** Teorias sobre a Irretroatividade. **139.** A Noção do Conflito de Leis no Espaço. **140.** O Estrangeiro perante o Direito Romano. **141.** Teoria dos Estatutos. **142.** Doutrinas Modernas quanto à Extraterritorialidade. **143.** O Direito Interespacial e o Sistema Brasileiro.

135. VIGÊNCIA E REVOGAÇÃO DA LEI

Na vida do Direito a sucessão de leis é ato de rotina. Cada estatuto legal tem o seu papel na história. Surge como fórmula adequada a atender às exigências de uma época. Para isto combina os princípios modernos da Ciência do Direito com os valores que a sociedade consagra. O conjunto normativo é preparado de acordo com o modelo fático, em consonância com a problemática social que se desenrola.

Com a promulgação, a lei passa a existir, mas o início de sua vigência é condicionado pela *vacatio legis*. Pelo sistema brasileiro, a lei entra em vigor em todo o País quarenta e cinco dias após a sua publicação. Esse prazo é apenas uma regra geral. Conforme a natureza da lei, o legislador pode optar por um interregno diferente ou até suprimi-lo. Quando a aplicação da lei brasileira for admitida no estrangeiro, a *vacatio legis* será de três meses. Tais disposições estão inseridas no art. 1º da Lei de Introdução às normas do Direito Brasileiro.[1]

A lei começa a envelhecer a partir de seu nascimento. Durante a sua existência, por critérios hermenêuticos, a doutrina concilia o texto com os novos fatos e aspirações coletivas. Chega um momento, porém, em que a lei se revela imprópria para novas adaptações e a sua substituição por uma outra lei torna-se um imperativo. O tempo de duração de uma lei é variável. Algumas alcançam a longevidade, como a Constituição norte-americana de 1787, o *Code Napoléon*, de 1804, o Código Comercial brasileiro, de 1850, ainda vigentes,

---

[1] Observação *a latere*: O verbo viger é defectivo. Não há a primeira pessoa do singular do presente do indicativo e todo o presente do subjuntivo. Conjuga-se: vige, vigendo, vigeu, viger.

mas com alterações. Outras apresentam um período de duração normal e não arrastam a sua vigência artificialmente, como ocorre com as legislações citadas, que sofreram numerosas transformações, que desfiguraram a sua fisionomia original. Algumas há que podem ser chamadas de natimortas, de ocorrência excepcional, de que é exemplo o Código Penal brasileiro de 1969, revogado durante a *vacatio legis*.

A perda de vigência pode ocorrer nas seguintes hipóteses: *a) revogação por outra lei; b) decurso do tempo; c) desuso* (matéria que envolve controvérsia doutrinária e objeto de nosso estudo no capítulo 16). A revogação de uma lei por outra pode ser total ou parcial. No primeiro caso denomina-se *ab-rogação* e no segundo, *derrogação*. Esta divisão foi elaborada pelos romanos, que distinguiram ainda *a sub-rogação*, que consistia na inclusão de outras disposições em uma lei existente e a *modificação*, que era a substituição de parte de uma lei anterior por novas disposições.[2]

A revogação da lei pode ser *expressa* ou *tácita*. Ocorre a primeira hipótese quando a lei nova determina especificamente a revogação da lei anterior. A revogação tácita se opera sob duas formas: *a)* quando a lei nova dispõe de maneira diferente sobre assunto contido em lei anterior, estabelecendo-se assim um conflito entre as duas ordenações. Este critério de revogação decorre do axioma *lex posterior derogat priorem* (a lei posterior revoga a anterior); *b)* quando a lei nova disciplina inteiramente os assuntos abordados em lei anterior. É princípio de hermenêutica, porém, que a lei geral não revoga a de caráter especial. Quando uma lei revogadora perde a sua vigência, a lei anterior, por ela revogada, não recupera a sua validade. Esse fenômeno de retorno à vigência, tecnicamente designado por *repristinação*, é condenado do ponto de vista teórico e por nosso sistema.

No Direito brasileiro, como dispõe o art. 2º da Lei de Introdução às normas do Direito Brasileiro, vigoram os seguintes preceitos quanto à revogação:

> "Art. 2º Não se destinando à vigência temporária, a lei terá vigor até que outra a modifique ou revogue.
>
> § 1º A lei posterior revoga a anterior quando expressamente o declare, quando seja com ela incompatível ou quando regule inteiramente a matéria de que tratava a lei anterior.
>
> § 2º A lei nova, que estabeleça disposições gerais ou especiais a par das já existentes, não revoga nem modifica a lei anterior.
>
> § 3º Salvo disposição em contrário, a lei revogada não se restaura por ter a lei revogadora perdido a vigência."

A revogação, em princípio, deve ser expressa, uma vez que favorece a compreensão da ordem jurídica e à aplicação do Direito nos casos concretos. A Lei Complementar nº 95/98, pelo art. 9º, recomenda ao legislador neste sentido, ao dispor: *"A cláusula de revogação deverá enumerar, expressamente, as leis ou disposições legais revogadas."* Não se conclua, deste preceito, que a revogação tácita foi extinta, uma vez que tal medida provocaria o caos no ordenamento. Por mais preparado que seja o legislador, não seria infalível ao discriminar leis e disposições a serem revogadas por incompatibilidade com a nova lei. E a ordem jurídica, como se sabe, deve ser uma *única voz de comando*. Não pode abrigar contradições, dupla orientação. O supracitado art. 9º contém, apenas, uma orientação ao legislador, visando ao aprimoramento de nossas leis.

---

[2]   Cf. Ariel Alvarez Gardiol, *Introducción a una Teoría General del Derecho – O Método Jurídico*, Editorial Astrea, Buenos Aires, 1976, p. 112.

136. O CONFLITO DE LEIS NO TEMPO

Quando um fato jurídico se realiza e produz todos os seus efeitos sob a vigência de uma determinada lei, não ocorre o conflito de leis no tempo. O problema surge quando um fato jurídico, ocorrido na vigência de uma lei, estende os seus efeitos até a vigência de uma outra. A questão fundamental passa a girar em torno desta indagação: Qual a lei aplicável aos efeitos do fato jurídico: a da época em que se realizou ou a do tempo em que vai produzir seus efeitos? Os princípios que regem essa matéria constituem o chamado *Direito Intertemporal*. Este assunto é abordado também sob os títulos "o conflito de leis no tempo" e "a eficácia da lei no tempo".

Para facilitar a nossa compreensão, figuremos um exemplo prático: ao ingressar na Faculdade de Direito o acadêmico encontra em vigor um determinado currículo e por ele começa o seu curso; caso não ocorra qualquer alteração no elenco das disciplinas, não irá deparar com problemas curriculares. Mas, se durante o seu curso sobrevier um novo currículo, várias perguntas surgirão: *a*) o acadêmico terá direito a prosseguir no seu estudo e formar-se de acordo com o currículo antigo? *b*) deverá o aluno seguir inteiramente as novas disposições, como se não houvesse o currículo anterior? *c*) o currículo novo respeitará os créditos alcançados pelo acadêmico e este deverá adaptar-se às novas exigências? É evidente que a resolução que aprova um novo currículo evita essa ordem de interrogações, por suas disposições transitórias, que definem as situações anteriores. Mas acima dessas normas transitórias, no ordenamento jurídico vigente, há algumas disposições pertinentes ao Direito Intertemporal que devem ser consideradas.

137. O PRINCÍPIO DA IRRETROATIVIDADE

O princípio da irretroatividade, pelo qual uma lei nova não alcança os fatos produzidos antes de sua vigência, não é uma criação moderna. No Direito Romano já prevalecia como critério básico, não respeitado apenas quando uma lei especificamente determinasse que as suas normas alcançassem os assuntos pendentes. Do Direito Romano esse princípio passou para o Direito Canônico, consagrado por Gregório IX. A sua teorização, contudo, desenvolveu-se apenas a partir do século XIX, com a propagação do pensamento liberal.

A Constituição norte-americana de 1787, na seção 5ª do art. 1º, dispôs a respeito: "O Congresso não poderá editar nenhuma lei com efeito retroativo." No art. 2º, o Código Napoleão também consagrou o princípio: "A lei só dispõe para o futuro; não tem efeito retroativo." Todas as Constituições brasileiras, à exceção da Carta de 1937, estabeleceram o princípio da não retroatividade. A Constituição vigente o incluiu no elenco "Dos Direitos e Deveres Individuais e Coletivos", pelo item XXXVI, do art. 5º: "A lei não prejudicará o direito adquirido, o ato jurídico perfeito e a coisa julgada." Em matéria criminal, consoante dispõe o item XL daquele artigo, a lei penal não retroagirá, "salvo para beneficiar o réu". A nossa lei ordinária estabelece que "a lei em vigor terá efeito imediato e geral, respeitados o ato jurídico perfeito, o direito adquirido e a coisa julgada".[3] Não são todas

---

[3]   Este é o teor do *caput* do art. 6º da Lei de Introdução. O legislador brasileiro não se fixou em uma determinada teoria apenas. Ao mencionar *efeito imediato*, influenciou-se pela teoria de Paul Roubier; com a expressão *direito adquirido*, aproveitou o subsídio da teoria clássica. Os §§ 1º e 2º do art. 6º definem, respectivamente, os conceitos de ato *jurídico perfeito* e *direitos adquiridos*: "§ 1º Reputa-se ato jurídico perfeito o já consumado segundo a lei vigente ao tempo em que se efetuou"; "§ 2º Consideram-se adquiridos assim os direitos que o seu titular, ou alguém por ele, possa exercer, como aquele cujo começo do exercício tenha termo prefixo, ou condição

as legislações que situam o princípio em nível de constituição, de que é exemplo o Direito chileno.

Sob o fundamento de que a lei nova traduz os novos anseios sociais, é fórmula aperfeiçoada de justiça, alguns já defenderam a tese de que a lei nova deveria ter aplicação retroativa, isto é, não apenas ser aplicada ao presente, mas igualmente aos fatos pretéritos. Quando estudamos os princípios de segurança jurídica, verificamos que a irretroatividade da lei é fator de grande importância na proteção do indivíduo; que é uma garantia contra a arbitrariedade; que é um princípio de natureza moral. Se fosse admitida a retroatividade como princípio absoluto, *não haveria o Estado de Direito, mas o império da desordem*. O princípio da irretroatividade, como regra geral, é consagrado na doutrina e pela generalidade das legislações. Para Clóvis Beviláqua, "o princípio da não retroatividade é, antes de tudo, um preceito de política jurídica. O direito existente deve ser respeitado tanto quanto a sua persistência não sirva de embaraço aos fins culturais da sociedade, que a nova lei pretende satisfazer."[4] Não concordamos com o embasamento coletivista consignado por Clóvis. O fundamento natural e primário da irretroatividade é a preservação da segurança jurídica do indivíduo.

Quanto ao conflito de leis no tempo, é pacífico, atualmente, que a lei não deve retroagir. O que até hoje não se conseguiu foi encontrar-se "uma fórmula única e geral, aplicável a todos os aspectos do conflito das leis no tempo".[5] A doutrina, de uma forma harmônica, apresenta as seguintes orientações:

Admite-se a retroatividade da lei:

a) no Direito Penal, quando as disposições novas beneficiam aos réus na exclusão do caráter delituoso do ato ou no sentido de minorarem a penalidade;

b) no tocante às leis interpretativas;[6]

c) quanto às leis abolitivas, que extinguem instituições sociais ou jurídicas, incompatíveis com o novo sentimento ético da sociedade, como ocorreu com a abolição da escravatura.[7]

Admite-se o efeito imediato da nova lei:

a) em relação às normas processuais;

b) quanto às normas cogentes ou taxativas, como as de Direito de Família;

c) quanto às normas de ordem pública;

d) quanto ao Direito das Obrigações, no tocante às regras imperativas.

Em relação ao Direito das Sucessões, prevalecem as normas vigentes no momento da abertura da sucessão e, quanto ao testamento, as normas da época em que foi passado.

---

preestabelecida inalterável, a arbítrio de outrem." Já o § 3º define *coisa julgada* como "a decisão judicial de que já não caiba recurso".

[4] Clóvis Beviláqua, *Teoria Geral do Direito Civil*, ed. cit., p. 17.

[5] Vicente Ráo, *op. cit.*, vol. I, tomo II, p. 441.

[6] As leis interpretativas devem ser examinadas cuidadosamente, pois, sob o manto retroativo da interpretação, podem apresentar novos preceitos. Ocorrendo tal hipótese, as regras inovadoras deverão subordinar-se ao disposto no art. 6º da Lei de Introdução às normas do Direito Brasileiro.

[7] Cf. João Bosco Cavalcanti Lana, *Introdução ao Estudo do Direito*, 3ª ed., Civilização Brasileira/IMB, Rio de Janeiro, 1980, p. 112.

138. TEORIAS SOBRE A IRRETROATIVIDADE

Entre as principais teorias que abordam o conceito e a caracterização da irretroatividade da lei, destacam-se as seguintes:

138.1. Doutrina Clássica ou dos Direitos Adquiridos. Esta teoria foi concebida inicialmente pelos juristas da Escola da Exegese, sendo Blondeau o seu primeiro expositor, no início do século XIX. Foi com Chabot, que distinguiu o direito adquirido da simples expectativa, e com Merlin, que a teoria recebeu lineamentos mais amplos e científicos.

Essa teoria parte de uma distinção entre *faculdade, expectativa* e *direito adquirido*. A faculdade foi conceituada como a possibilidade jurídica de se praticar atos, como o de emancipação de filho, por exemplo. A expectativa não passa de uma esperança, como Merlin situou, de se adquirir um direito caso venha a realizar-se um acontecimento futuro, que lhe dará efetividade. É a situação em que se encontra uma pessoa, por exemplo, em relação à herança de um parente próximo, tendo em vista o que dispõe a legislação vigente. Diante da circunstância da época, não há de se falar ainda de direito sucessório, mas apenas expectativa que se transformará em direito caso não haja alteração na ordem sucessória e o fato venha a se consumar. Segundo Merlin, "direitos adquiridos são aqueles que entraram em nosso domínio e, em consequência, formam parte dele e não podem ser desfeitos...".[8]

138.2. Teoria da Situação Jurídica Concreta. Situação jurídica é a posição de uma pessoa em relação à lei. Bonnecase parte da distinção entre situação jurídica abstrata e concreta. A primeira se caracteriza quando a pessoa não é alcançada pela regra; o fato jurídico que a colocaria sob os efeitos da lei não se realizou. É a condição do solteiro, por exemplo, em relação à instituição do matrimônio. A situação jurídica concreta é definida por Bonnecase como "a maneira de ser de uma pessoa determinada, derivada de um ato ou de um fato jurídico que a faz atuar, em seu proveito ou contra si, as regras de uma instituição jurídica, e a qual ao mesmo tempo lhe tem conferido efetivamente as vantagens e as obrigações inerentes ao funcionamento dessa instituição".[9] Situa-se, nesta hipótese, o indivíduo casado em relação à lei do casamento. Para o autor dessa teoria somente se caracteriza a retroatividade quando a lei nova alcança a situação jurídica concreta, o que por ele não é admitido.

138.3. Teoria dos Fatos Cumpridos. Exposta por Windscheid, Dernburg e Ferrara, o importante para essa concepção não é a verificação da existência de direito adquirido, mas a constatação se o fato foi cumprido durante a vigência da lei anterior. De acordo com a orientação de seus expositores, haveria retroatividade apenas quando o ato legislativo atingisse o fato jurídico realizado no passado, desfazendo-o ou alterando os seus efeitos produzidos na vigência da lei revogada.

138.4. Teoria de Paul Roubier. O jurista francês partiu da distinção dos possíveis efeitos da lei em relação ao tempo: *a) efeito retroativo* (ação sobre atos e fatos do passado); *b) efeito imediato* (ação apenas sobre o presente); *c) efeito diferido* (quando a lei vai alcançar o futuro). Para o autor da teoria o ponto capital do problema radica na distinção entre

---

[8]   *Apud* Eduardo García Máynez, *op. cit.*, p. 390.

[9]   J. Bonnecase, *op. cit.*, p. 209.

efeito retroativo e efeito imediato. Em seu entendimento a lei somente deve alcançar os fatos do presente, respeitando os fatos pretéritos. Igualmente não admite que a lei estenda os seus efeitos sobre o futuro.

138.5. A Concepção de Planiol. Análogo à tese de Paul Roubier é o critério proposto por Planiol: "A lei é retroativa quando atua sobre o passado, seja para apreciar as condições de legalidade de um ato, seja para modificar ou suprimir os efeitos de um direito já realizado. Fora de tais casos não há retroatividade, e a lei pode modificar os efeitos futuros de fatos ou de atos anteriores, sem ser retroativa."[10]

138.6. O Princípio *Ratione Materiae*. Ao disciplinar o problema da irretroatividade da lei, o sistema jurídico pode optar pela adoção de determinadas teorias, fixando-se assim em princípios gerais e abstratos, como o fez o legislador brasileiro, ou optar pelo princípio *ratione materiae*, isto é, pela particularização de assuntos. Entre os códigos que seguem essa orientação encontram-se os da Alemanha, Suíça e Itália.

139. A NOÇÃO DO CONFLITO DE LEIS NO ESPAÇO

Enquanto o conflito de leis no tempo se configura pela existência de duas leis nacionais, promulgadas em épocas distintas e que regulam uma igual ordem de interesses, o *conflito de leis no espaço* caracteriza-se pela concorrência de leis pertencentes a diferentes Estados soberanos em decorrência da mobilidade do homem entre os territórios. Da mesma forma que não haveria o primeiro tipo de conflito se todos os fatos fossem *unitemporais*, isto é, se formassem e produzissem os seus efeitos sob o império de uma só lei, não haveria o segundo tipo de conflito se todos os fatos jurídicos fossem *uniespaciais*, ou seja, caso se consumassem em um só Estado, sob a vigência de um sistema único. As normas e princípios que visam à solução do conflito de leis no espaço formam o chamado *Direito Interespacial* que, ao lado do *Direito Intertemporal,* são denominados *superdireitos*, de vez que não criam normas de conduta social, apenas indicam o sistema jurídico aplicável a determinada relação de direito.

Entre os princípios básicos que o Direito Interespacial apresenta, o da *territorialidade* (*lex non valet extra territorium*) significa que a lei a ser aplicada é a do território, vedada, pois, a efetividade do Direito estrangeiro. O da *extraterritorialidade* (personalidade da lei) corresponde à admissão da vigência de lei forânea, em um Estado, sobre determinada matéria. Há dois critérios para a adoção deste princípio: o Estado pode adotar a lei da *nacionalidade* do estrangeiro ou a de seu *domicílio*.

Esse tipo de problema surgiu em um determinado estádio de evolução da humanidade. Entre os povos primitivos não havia como se cogitar do conflito de leis no espaço, porque os homens viviam confinados na base territorial de seus Estados. Como não havia a figura do estrangeiro, apenas um sistema jurídico poderia ser aplicado nas relações interindividuais: o Direito autóctone. Um conjunto de fatores, porém, veio a favorecer o intercâmbio entre os povos: de um lado a ampliação dos conhecimentos geográficos e o aperfeiçoamento da navegação marítima e, de outro, a vontade de conhecer, a ambição, o espírito de aventura, os interesses econômicos. O princípio da *territorialidade* teria que sofrer limitações, sob pena de impedir a mobilidade do homem entre os Estados. Os problemas de natureza jurídica começaram a surgir e as soluções foram ditadas empiricamente. A necessidade de se admitir a aplicação da lei

---

[10] *Apud* Carlos Mouchet y Zorraquin Becu, *op. cit.,* p. 282.

forânea em território nacional não era motivada apenas pelo interesse de proteção ao estrangeiro, mas também para que houvesse reciprocidade de tratamento quanto aos seus nacionais, em terras estranhas.

Teoricamente a solução poderia ser encontrada, conforme Agenor Pereira de Andrade menciona, pela unificação do Direito Privado.[11] Essa fórmula, mais tarde sugerida por Jitta, internacionalista holandês, além de difícil execução, do ponto de vista da teoria do Direito significaria apenas a eliminação do problema.[12]

140. O ESTRANGEIRO PERANTE O DIREITO ROMANO

A sistemática adotada pelo Direito Romano em relação ao estrangeiro não dava margem ao surgimento de conflito de leis no espaço. Ao lado do *Jus Civile* destinado aos cidadãos romanos, *cives,* e aplicado pelo *pretor urbano*, havia o *Jus Gentium*, ordenamento que disciplinava as relações entre os estrangeiros em suas relações recíprocas e com os *cives*. Ao pretor peregrino incumbia a aplicação do Direito das Gentes. Como Agenor Pereira de Andrade observa, ainda quando se aplicava o *Jus peregrinorum*, Direito de origem do estrangeiro, para preencher as lacunas do *Jus Gentium*, não se configurava a hipótese de conflito de leis.[13]

Para que o *Jus Gentium* refletisse ao máximo o espírito cosmopolita, esse ordenamento era composto por normas e princípios adotados pela generalidade das nações. O seu caráter universal levou o jurisconsulto Gaio a identificá-lo com o Direito Natural.

Um edito de Caracalla, no ano 212 (d.C.), concedendo a cidadania aos estrangeiros, pôs termo à dualidade de sistemas jurídicos.

Quando os bárbaros invadiram o Império Romano, provocando a sua ruína, trouxeram consigo os seus costumes e o seu Direito, mas respeitaram o Direito Romano, que se aplicava aos antigos habitantes da região.[14] Estabeleceu-se, em Roma, o princípio da *personalidade da lei,* pelo qual o indivíduo ficaria subordinado ao Direito de sua origem. Instituiu-se, então, o chamado *professio juris,* prática pela qual o juiz perguntava à parte: *sub qua lege vives*? O julgamento se processava, então, pela lei da pessoa. Entre os inconvenientes desse regime estava a impossibilidade de se organizar, como frisa Abelardo Torré, a propriedade imóvel e o sistema policial, que exigiam uniformidade de procedimentos.

Durante o período feudal, que se instituiu na Europa, no século IX, após a morte de Carlos Magno, prevaleceu o princípio da *territorialidade* absoluta. Sob esse regime não havia possibilidade, também, para o surgimento de conflito de leis no espaço.

141. TEORIA DOS ESTATUTOS

Ao final da Idade Média, no século XIII, a necessidade de se fixarem critérios mais precisos para a solução do conflito de leis no espaço, em face do crescente inter-

---

[11] Agenor Pereira de Andrade, *Manual de Direito Internacional Privado*, 4ª ed., Sugestões Literárias S/A, São Paulo, 1983, p. 21.

[12] Para o internacionalista Agenor Pereira de Andrade, a unificação do Direito mundial não se afigura tarefa inatingível: "Cremos que o direito uniforme acabará um dia por alcançar os Estados, envolvendo os países do mundo. Entretanto, julgamos ser esse dia ainda muito remoto" (*op. cit.,* p. 22).

[13] Agenor Pereira de Andrade, *op. cit.,* p. 33.

[14] "Tal o ocorrido na Espanha durante o primeiro período da dominação visigótica (414-589), pois enquanto os visigodos se regiam pelo direito germânico, compilado no "Código de Eurico", os "hispano-romanos" se regiam pelo Direito Romano, contido no "Breviário de Alarico" ou "Lex Romana Visigothorum." (A. Torré, *op. cit.,* p. 381).

câmbio comercial, industrial e intelectual entre os povos, levou alguns juristas a desenvolverem o *sistema dos estatutos*, inicialmente ao norte da Itália.[15] Esse movimento doutrinário, apesar de girar em torno de um só objetivo, dividiu-se em várias escolas como a *italiana do século XIII*, formada pelos glosadores e pós-glosadores; a *francesa do século XVI*, que teve em D'Argentré, Dumoulin e Guy Coquile, seus principais nomes; a *holandesa do séc. XVII*, constituída pelos juristas Paulo, João Voet, Ulrich Huber, além de outros.

Entre os nomes de maior projeção, destacou-se o de Bártolo de Saxoferrato (1314-1357), que sistematizou a teoria dos estatutos, em seu livro *Conflito de Leis* que, durante alguns séculos, serviu de orientação aos povos.[16] O método que adotou foi o de considerar a natureza da relação jurídica e estabelecer princípios adequados de justiça para cada categoria. As regras básicas que indicou foram: as questões relativas aos bens e aos delitos seriam regidas pela *lei do local*; os problemas de família, pelas normas do *domicílio* do pai ou do marido; a celebração dos atos jurídicos, de acordo com a *lei do local*, enquanto os seus efeitos ficariam subordinados à do *território*.

No século XVIII a *escola holandesa* sustentou que o fundamento para a admissão da lei extraterritorial não era o princípio de justiça, mas a cortesia internacional, fundada na utilidade recíproca (*comitas gentium ob reciprocam utilitatem*).

As regras gerais para a solução do conflito de leis no espaço foram sistematizadas pela teoria estatutária, por divisão de matéria, distribuída em três estatutos:

a) estatutos pessoais: referiam-se à capacidade, nome, estado civil, Direito de Família. O princípio aplicável era o da *extraterritorialidade*, de acordo com o domicílio da pessoa;

b) estatutos reais: relacionavam-se aos bens e o princípio a que se submetiam era o da *territorialidade (lex rei sitae)*;

c) estatutos mistos: referiam-se às pessoas e às coisas (sucessões, falências etc.). O princípio aplicável não era sempre o mesmo.

142. DOUTRINAS MODERNAS QUANTO À EXTRATERRITORIALIDADE

142.1. Sistema da Comunidade de Direito. Savigny, em sua famosa obra *Sistema de Direito Romano Atual* (1840-1849), sustentou a tese de que o princípio da *extraterritorialidade* da lei não decorria da simples cortesia internacional, mas fundava-se no surgimento de uma *comunidade de Direito*, criação moderna que unia os povos em torno de interesses comuns e pela necessidade, sob o influxo do cristianismo, de se dispensar ao estrangeiro o mesmo tratamento que aos nacionais. Os critérios de solução apontados pelo jurisconsulto alemão se guiaram pela natureza própria e essencial das relações jurídicas. Era relevante, para ele, o fato de a pessoa se submeter voluntariamente ao império de uma determinada lei, pela escolha do domicílio. Na hipótese de extraterritorialidade da lei, apontava o Direito do domicílio como o mais indicado para disciplinar a matéria.

---

[15] Ao longo dos séculos XII e XIII, designavam-se por *estatutos* os regulamentos jurídicos que vigoravam nas províncias ou municípios de alguns Estados Europeus.

[16] Quanto ao prestígio e fama alcançados por Bártolo, o jurista Laurent fez o seguinte comentário: "Chamaram-no, alguns, o pai do Direito, outros, a lâmpada da Lei. Disseram que a substância mesma da verdade encontrava-se em suas obras, e que advogados e juízes não poderiam fazer melhor do que seguir suas opiniões." *Apud* Agenor Pereira de Andrade, *op. cit.*, p. 39.

Quinta Parte · **Cap. 24** · A EFICÁCIA DA LEI NO TEMPO E NO ESPAÇO | **233**

142.2. Sistema da Nacionalidade. Para os casos de aplicação do estatuto pessoal, Mancini, em 1851, defendeu a tese de que o princípio mais adequado seria o da *nacionalidade*, o *jus sanguinis* e não o *jus soli*, justificando a afirmativa com base no argumento de que os laços que vinculavam os indivíduos à sua pátria eram muito fortes e que o próprio Estado dependia da população para existir. Assim, as pessoas deveriam submeter-se às leis de sua nacionalidade na hipótese de extraterritorialidade.

143. O DIREITO INTERESPACIAL E O SISTEMA BRASILEIRO

Apesar de haver um consenso mundial quanto aos princípios que devem reger o problema do conflito de leis no espaço, a matéria é regulada internamente por leis próprias de cada Estado e mediante tratados internacionais. A matéria é objeto de uma disciplina específica dos cursos jurídicos: Direito Internacional Privado. Em nosso país, as disposições referentes à eficácia da lei no espaço estão localizadas principalmente na Lei de Introdução às normas do Direito Brasileiro, a partir do art. 7º. A Constituição Federal, o Código Civil, Código Penal e Código de Processo Civil estabelecem também algumas regras pertinentes à matéria. Quanto ao estatuto pessoal do estrangeiro, a legislação brasileira adotou, inicialmente, o princípio da *nacionalidade*, vigente até 1942, quando foi promulgada a então denominada *Lei de Introdução ao Código Civil Brasileiro*. Ao alterar o regime para a lei do *domicílio*, a exposição de motivos que acompanhou o ato legislativo justificou a mudança, sob o fundamento de que o Brasil era ainda um país de imigrantes e que os nossos nacionais no exterior eram em número bem inferior ao dos estrangeiros aqui domiciliados e que, além dessa circunstância, havia uma patente dificuldade por parte dos juízes brasileiros em conhecerem o Direito estrangeiro, aplicável sobretudo em questões de sucessão e de Direito de Família.

Com a alteração do princípio para o do domicílio, os estrangeiros que aqui viviam ficaram subordinados não mais à legislação de origem, mas ao Direito brasileiro. Lembre-se de que a alteração do princípio ocorreu em plena "Segunda Guerra Mundial", na qual o Brasil participou, juntando-se aos "aliados", no combate às forças dos "países do eixo".

BIBLIOGRAFIA PRINCIPAL

Ordem do Sumário:

135 – Ariel Alvarez Gardiol, *Introducción a una Teoría General del Derecho*;

136 – Machado Netto, *Compêndio de Introdução à Ciência do Direito*;

137 – Machado Netto, *op. cit.*; Vicente Ráo, *O Direito e a Vida dos Direitos*, vol. I, tomo II;

138 – J. Bonnecase, *Introducción al Estudio del Derecho*; João Franzen de Lima, *Curso de Direito Civil Brasileiro*, vol I;

139 – Agenor Pereira de Andrade, *Manual de Direito Internacional Privado*;

140 – Carlos Mouchet e Zorraquin Becu, *Introducción al Derecho*; Agenor Pereira de Andrade, *op. cit.*;

141 – Abelardo Torré, *Introducción al Derecho*;

142 – Carlos Mouchet e Zorraquin Becu, *op. cit.*;

143 – João Franzen de Lima, *op. cit.*

– Capítulo 25 –
HERMENÊUTICA E INTERPRETAÇÃO DO DIREITO

Sumário: 144. Conceito e Importância da Hermenêutica Jurídica. **145.** Conceito de Interpretação em Geral. **146.** A Interpretação do Direito. **147.** O Princípio *In Claris Cessat Interpretatio*. **148.** A Vontade do Legislador e a *Mens Legis*. **149.** A Interpretação do Direito quanto ao Resultado e Fonte. **150.** O Art. 5º da Lei de Introdução às Normas do Direito Brasileiro. **151.** A Interpretação dos Negócios Jurídicos.

144. CONCEITO E IMPORTÂNCIA DA HERMENÊUTICA JURÍDICA

A palavra hermenêutica provém do grego, *Hermeneúein, interpretar,* e deriva de *Hermes*, deus da mitologia grega, filho de Zeus e de Maia, considerado o intérprete da vontade divina. Habitando a Terra, era um deus próximo à Humanidade, o melhor amigo dos homens.[1]

Todo conhecimento humano, de acordo com F. Gény, desdobra-se em dois aspectos: os princípios e as aplicações. Os princípios provêm da ciência e as aplicações, da arte. No mundo do Direito, *hermenêutica* e *interpretação* constituem um dos muitos exemplos de relacionamento entre princípios e aplicações. Enquanto a hermenêutica é teórica e visa a estabelecer princípios, critérios, métodos, orientação geral, a interpretação é de cunho prático, aplicando tais diretrizes. Não se confundem, pois, os dois conceitos apesar de ser muito frequente o emprego indiscriminado de um e de outro. A interpretação aproveita, portanto, os subsídios da hermenêutica. Esta, conforme salienta Maximiliano, descobre e fixa os princípios que regem a interpretação. A hermenêutica estuda e sistematiza os critérios aplicáveis na interpretação das regras jurídicas.[2]

---

[1] O vocábulo *interpres* expressava, em Roma, a figura do intérprete ou adivinho, daquele que lia o futuro da pessoa pelas entranhas da vítima. Daí dizer-se que interpretar consiste em *desentranhar* o sentido e o alcance das expressões jurídicas.

[2] Carlos Maximiliano, *op. cit.*, p. 14.

O magistrado não pode julgar um processo sem antes interpretar as normas reguladoras da questão. Além de conhecer os fatos, precisa conhecer o Direito, ou seja, dominar a arte de revelar o sentido e o alcance das normas aplicáveis. O empresário, na gestão de seus negócios, não pode descurar do conhecimento do Direito. Orientado por seus assessores, descobre, em cada nova lei, a verdadeira mensagem do legislador. Também o cidadão necessita conhecer o Direito, para bem cumprir as suas obrigações e reivindicar os seus direitos. Para que o Direito conquiste a sociedade, fazendo desta o seu reino, é mister que apresente expressões claras e inteligíveis, a fim de que os indivíduos tomem conhecimento de suas normas e as acatem, preservando-se, assim, o seu domínio, que importa no triunfo da ordem, segurança e justiça.

A efetividade do Direito depende, de um lado, do técnico que formula as leis, decretos e códigos e, de outro lado, da qualidade da interpretação realizada pelo aplicador das normas. Da simplicidade, clareza e concisão do Direito escrito, vai depender a boa interpretação, aquela que oferece uma diretriz segura, que orienta quanto às normas a serem vividas no plexo social, nos pretórios e onde mais é considerado (obras doutrinárias, salas de aula etc.). O êxito da interpretação depende de um bom trabalho de técnica legislativa. O mensageiro-legislador, além de analisar os fatos sociais e equacioná-los mediante modelos de comportamento social, deve exteriorizar as regras mediante uma estrutura que, além de clara e objetiva, seja harmônica e coerente. A tarefa do intérprete é menos complexa quando os textos são bem elaborados. Se considerarmos, ainda, que a hermenêutica fornece princípios para a exegese dos *negócios jurídicos* (contratos, declarações unilaterais de vontade), vamos ter uma visão maior do significado e importância que representa para o mundo do Direito.

Para a formação do intérprete é exigível, além do conhecimento técnico específico, uma gama de condições pessoais, que deve ornar a sua personalidade e cultura. Quanto aos dotes de personalidade, sobressaem-se os de probidade, serenidade, equilíbrio e diligência. A *probidade* é a honestidade de propósitos, é a fidelidade do intérprete às suas convicções, operando sem deixar-se levar por ondas de interesses. O cérebro do intérprete deve atuar livre, sem condicionamentos *extra legem,* para atingir o seu objetivo. A *serenidade* corresponde à tranquilidade espiritual, sem a qual não pode haver produção intelectual, pois o contrário – paixão – obscurece o espírito. O *equilíbrio* é a qualidade que garante a firmeza e coerência. O intérprete precisa ser diligente, não se acomodando diante das dificuldades de sua tarefa. Deve desenvolver todos os esforços, recorrer a todos os meios disponíveis, no sentido de revelar as expressões do Direito. Deve explorar todos os elementos de que dispõe, para dar cumprimento à sua tarefa.

Além destas qualidades, o intérprete deve possuir *curiosidade científica*, interesse sempre renovado em conhecer os problemas jurídicos e os fenômenos sociais. Precisa estar em permanente vigília, atento à evolução do Direito e dos fatos sociais. Deve ser um pesquisador, pois ninguém conhece o suficiente, em termos de ciência. Não se deve prender definitivamente a velhas concepções. O intérprete necessita de um espírito sempre aberto, preparado para ceder diante de novas evidências. O conhecimento do Direito é essencial, bem como o da organização social, com seus problemas e características.

145. CONCEITO DE INTERPRETAÇÃO EM GERAL

A palavra interpretação possui amplo alcance, não se limitando à Dogmática Jurídica. *Interpretar é o ato de explicar o sentido de alguma coisa; é revelar o significado de uma expresão verbal, artística ou constituída por um objeto, atitude ou gesto.* A interpretação consiste na busca do verdadeiro sentido das coisas e para isto o espírito humano lança mão de diversos recursos, analisa os elementos, utiliza-se de conhecimentos da lógica, psicologia e, muitas vezes, de conceitos técnicos, a fim de penetrar no âmago das coisas e identificar a mensagem contida.

Todo objeto cultural, sendo obra humana, está impregnado de significados, que impõem interpretação. A primeira observação em um quadro de pintura moderna geralmente não é suficiente para se descobrir a mensagem de seu autor. Parece um amontoado desconexo de traços e figuras. A nossa maior atenção, contudo, leva-nos a dissipar a primeira impressão, e o que era confuso já revela o seu significado.

O trabalho do intérprete é decodificar e, para isto, percorre inversamente o caminho seguido pelo codificador.

Diante de uma chapa radiográfica o médico faz observações, analisa imagens, levanta dúvidas, para, ao fim de tudo, conhecer. O trabalho que desenvolve é de interpretar. Em todos os momentos da vida, a interpretação é indispensável. Pode-se afirmar que todo conhecimento pressupõe a interpretação que, às vezes, opera no plano da consciência para revelar ao próprio indivíduo o significado de uma emoção ou o alcance de um sentimento.

Interpretação é ato de *inteligência, cultura* e *sensibilidade*. Somente o espírito capaz de *compreender* se acha apto às tarefas de decodificação. Ao sujeito cognoscente não basta, assim, a capacidade de articulação do raciocínio, pois a cultura – ou *conhecimento da vida e da realidade* – é um fator essencial à busca de novos conhecimentos.

146. A INTERPRETAÇÃO DO DIREITO

146.1. Noção Geral. Como todo objeto cultural, o Direito encerra significados. Interpretar o Direito representa revelar o seu sentido e alcance. Temos assim: *a) revelar o seu sentido*: a lei que concede férias anuais ao trabalhador tem o significado, a finalidade de proteger e de beneficiar a sua saúde física e mental; *b) fixar o alcance das normas jurídicas*: significa delimitar o seu campo de incidência. Dentro do exemplo citado, temos que apenas os trabalhadores assalariados, isto é, que participam em uma relação de emprego, fazem jus às normas trabalhistas. De igual modo, as normas da Lei do Regime Jurídico dos Servidores Públicos Civis da União têm o seu campo de incidência limitado.

O trabalho de interpretação do Direito é uma atividade que tem por escopo levar ao espírito o conhecimento pleno das expressões normativas, a fim de aplicá-lo às relações sociais. *Interpretar o Direito é revelar o sentido e o alcance de suas expressões.* Fixar o sentido de uma norma jurídica é descobrir a sua finalidade; é pôr a descoberto os valores consagrados pelo legislador, aquilo que teve por mira proteger. Fixar o alcance é demarcar o campo de incidência da norma jurídica; é conhecer sobre que fatos sociais e em que circunstâncias a norma jurídica tem aplicação.

Ihering afirmou que "a essência do Direito é a sua realização prática", o que significa que o Direito existe é para ser vivido, para ser aplicado, para regrar efetivamente a vida social. Tal objetivo requer, para ser alcançado, o conhecimento prévio da ordenação jurídica por parte de seus destinatários. Para cumprir o Direito é indispensável o seu conhecimento e este é obtido pela interpretação. *Interpretar o Direito é conhecê-lo; conhecer o Direito é interpretá-lo.* Como anota Ruggiero, toda norma jurídica pode ser objeto de interpretação. Não apenas a lei é interpretável, não apenas o Direito escrito, mas toda forma de experiência jurídica. Assim, a norma costumeira, a jurisprudência, os princípios gerais de Direito devem ser interpretados, para se esclarecer o seu real significado e o alcance de suas determinações.[3] Soller julga preferível dizer-se "interpretação do Direito", em vez de "interpretação da lei", porque esta segunda expressão pode levar ao entendimento de que todo direito se manifesta pela lei – ponto de vista defendido pela vetusta Escola da Exegese –, ou, então, à ideia, comentada por Ruggiero, de que só a lei, no setor do Direito, é interpretável.

A hermenêutica jurídica não se ocupa apenas das regras jurídicas genéricas. Fornece também princípios e regras aplicáveis na interpretação das sentenças judiciais e negócios jurídicos. A interpretação pode ter dupla finalidade: teórica e prática. É teórica quando visa apenas a esclarecer, como é próprio da doutrina. É prática quando se destina à administração da justiça e aplicação nas relações sociais.

Todo subjetivismo deve ser evitado durante a interpretação, mas o trabalho do intérprete, como assinalam Mouchet e Becu, deve visar sempre à realização dos valores magistrais do Direito: justiça e segurança, que promovem o bem comum. A melhor interpretação, afirmam os autores argentinos, será a que realize esses valores, não pela via da originalidade ou do subjetivismo, que levariam à arbitrariedade, mas seguindo-se o plano do próprio legislador.[4]

Ao fixar o sentido e o alcance das normas jurídicas, o intérprete não atua como autômato, fazendo simples constatações. Seu papel não é revelar algo que já existia com todos os seus elementos e contornos. A interpretação do Direito exige, de certa forma, *criatividade*. Ao interpretar Beethoven ou Villa Lobos, o músico não se limita a reproduzir as notas musicais, mas vai sempre além, deixando a marca de seu próprio estilo. Ao interpretar os textos jurídicos, o intérprete não se vincula à vontade do legislador, pois o moto-contínuo da vida cria a necessidade de se adaptar as velhas fórmulas aos tempos modernos.

Para Vernengo, a interpretação é uma relação entre sistemas de signos. Quando interpretamos uma lei construímos o mesmo pensamento com outro conjunto de signos mais simples. Substitui-se a linguagem impessoal e formalista da lei pela pessoal e informal do intérprete.[5] Segundo alguns estudiosos, a relação é triádica, composta da expressão original, do sentido e da expressão de quem formula a interpretação. Para alguns autores, a interpretação consiste em se repensar uma ideia. Seria uma rememoração de alguma coisa anteriormente clara, mas que ficou obscurecida pela linguagem da lei. Interpretar seria um ato de pensar novamente o que havia sido feito pelo legislador. Esta concepção é falha, pois subordina o intérprete inteiramente à *mens legislatoris*. Costuma-se afirmar que *a lei é mais sábia do que o legislador* pois, em sua generalidade, prevê mais situações do que o seu autor poderia pensar. Como defender, nesses casos, que o trabalho do intérprete seria repensar o que não passou pela imaginação do legislador?

146.2. A Interpretação conforme a Constituição. Desenvolve-se, atualmente, no âmbito doutrinário e dos tribunais, a *interpretação conforme a constituição*, segundo a qual sempre que a norma jurídica oferecer mais de um sentido e um deles for contrário à Lei

---

3   Roberto de Ruggiero, *op. cit.*, p. 118.

4   Carlos Mouchet y Zorraquin Becu, *op. cit.*, p. 265.

5   Roberto José Vernengo, *Curso de Teoría General del Derecho*, Cooperadora de Derecho y Ciencias Sociales, Buenos Aires, 1972, p. 378.

Maior, apenas este será considerado inconstitucional. De acordo com o critério, uma norma pode ser parcialmente inconstitucional, quando então deverá ser aproveitado apenas o sentido que se harmonize com a regra hierarquicamente superior. O princípio em pauta é mais de aplicação do que de interpretação do Direito, pois visa a orientar sob qual sentido a norma integra a ordem jurídica.

146.3. A Interpretação da Constituição conforme a Lei. Juristas há que se referem, igualmente, à *interpretação da constituição conforme a lei*. Na pesquisa do espírito da norma constitucional o intérprete deverá levar em consideração o sentido da lei ordinária, que é um desdobramento daquela. Ao elaborar a lei ordinária, o legislador parte da compreensão do mandamento constitucional, pelo que o sentido deste pode ser esclarecido pela regra hierarquicamente inferior.

147. O PRINCÍPIO *IN CLARIS CESSAT INTERPRETATIO*

Outrora, vigorava o princípio *in claris cessat interpretatio*. Pensavam os juristas antigos que um texto bem redigido e claro dispensava a tarefa do intérprete. Havia a ideia errônea de que o papel do intérprete era "torcer o significado das normas", para colocá-las de acordo com o interesse do momento. A confirmar a desconfiança no trabalho dos intérpretes, encontramos em Hufeland a declaração de que "é um mal que a lei precise de uma interpretação. As leis não devem estar sujeitas às chicanas jurídicas".[6] O jurista brasileiro Francisco Paula Batista, autor de uma apreciada "Hermenêutica Jurídica", esposou esta tese, há mais de meio século, afirmando: "Ou existem motivos para duvidar do sentido de uma lei, ou não existem. No primeiro caso cabe interpretação, pela qual fixamos o verdadeiro sentido da lei e a extensão do seu pensamento; no segundo, cabe apenas obedecer ao seu preceito literal."[7]

Napoleão Bonaparte, que nutria insatisfação para com os advogados, tendo, inclusive, fechado a "Ordem dos Advogados da França" por vários anos, autorizando a sua reabertura apenas em 1810, quando soube que o Código Civil da França estava sendo interpretado pelos juristas, exclamou: "O meu Código está perdido".

O Código da Baviera, de 1841, foi ao extremo de proibir expressamente a interpretação de suas normas.

Os romanos, com a sua visão profunda em matéria jurídica, não desconheciam a permanente necessidade dos trabalhos exegéticos, ainda que simples fossem os textos legislativos. Este princípio foi reconhecido por Ulpiano: "Embora claríssimo o edito do pretor, contudo não se deve descurar da interpretação respectiva".[8] Não obstante alguns autores citem o jurisconsulto Paulo para contrariar o princípio, esclarece Carlos Maximiliano que a máxima do jurisconsulto "quando nas palavras não existe ambiguidade, não se deve admitir pesquisa acerca da vontade ou intenção", foi estabelecida em relação aos testamentos, para maior garantia, *talvez exagerada*, do respeito pela última vontade.

---

[6] Hufeland, *apud* Eduardo Espínola e Eduardo Espínola Filho, em *Repertório Enciclopédico do Direito Brasileiro*, vol. 23, p. 108.

[7] Paula Batista, *apud* Eduardo Espínola e Eduardo E. Filho, em *Repertório Enciclopédico do Direito Brasileiro*, vol. 28, p. 108.

[8] *"Quamvis sit manifestissimum Edictum Praetoris, attamen non est negligenda interpretatio eius."* Digesto, Liv. 25, Tít. 4, frag. I, § 11.

Apesar de a Escolástica, ao ver de Brugger, ter-se caracterizado pela clareza de conceitos, argumentação lógica e terminologia sem ambiguidade, o seu método de criar distinções e subdistinções impregnou a hermenêutica de sutilezas de raciocínio, até reduzi-la a uma casuística intricada. A sua prática de substituir os textos pelos pareceres dos doutores e dar às glosas um valor superior às leis provocou o desvirtuamento do Direito e favoreceu aqueles que buscavam confundir os textos. Como na Física, ocorreu o fenômeno da reação. Para restabelecer a certeza do Direito e com isto a segurança, surgiu na hermenêutica o princípio *in claris non fit interpretatio* que, apesar de sua formulação latina, não é de origem romana. Concebia-se assim que o trabalho do intérprete era necessário apenas quando as leis fossem obscuras.

Na segunda metade do séc. XIX, começou a reação contra a concepção reinante, que impunha sérios prejuízos ao Direito e à vida social, pois subordinava inteiramente o intérprete à letra da lei. A primeira contestação fundamentada contra o velho princípio partiu do jurista alemão Savigny que, em seu Tratado de Direito Romano, argumentava: "Admitir uma imperfeição acidental das leis, como condição necessária da interpretação, é considerá-la como um remédio a um mal, remédio cuja necessidade deve diminuir à medida que as leis se tornem mais perfeitas."[9]

A inconsistência do princípio se revela a partir do conceito de clareza da lei, que é relativo, pois os textos são claros para alguns e oferecem dúvidas para outros. Por outro lado, a conclusão de clareza da lei já implica um trabalho de interpretação. Há situações normativas que exigem maior ou menor esforço do intérprete, para descobrir a *mens legis*. Às vezes, pelo simples exame gramatical do texto, revelam-se espontaneamente o sentido e o alcance das normas jurídicas. Outras vezes, porém, o aplicador do Direito tem de desenvolver fecundo trabalho de investigação, recorrendo aos diversos subsídios oferecidos pela hermenêutica.

Apegando-se ao valor semântico das palavras, Mauri R. de Macedo procura recuperar o prestígio do antigo brocardo, negando-lhe o sentido tradicional. Considerando que *cessar* "é interromper, é não continuar", pensa o autor que o princípio não exclui a interpretação, mas apenas orienta o intérprete a abandonar o trabalho exegético tão logo constate a clareza do texto.[10]

148. A VONTADE DO LEGISLADOR E A *MENS LEGIS*

148.1. O Sentido da Lei. Há questões capitais na hermenêutica jurídica, que exigem opção doutrinária do intérprete e entre elas destaca-se a indagação sobre o sentido da lei: o intérprete deve pesquisar a vontade do legislador ou o pensamento da lei? O estudo da presente questao, conforme esclarece Paulo Dourado de Gusmao, deu origem aos chamados métodos de interpretação.

Na Antiguidade, quando predominava o pensamento teológico, a lei era a vontade dos deuses. As leis, que possuíam valor sacramental, eram consideradas imutáveis, porque sendo obra divina somente poderiam ser reformuladas por quem as fizera. Criava-se um forte impasse: o imobilismo da lei e a dinâmica dos fatos sociais. A solução que os antigos encontravam era a de fraudar a letra da lei, mediante artifícios.

---

[9] Savigny, *apud* Eduardo Espínola e Eduardo E. Filho, em *Repertório Enciclopédico do Direito Brasileiro*, vol. 28, p. 109.

[10] *A Lei e o Arbítrio à Luz da Hermenêutica*, 1ª ed., Forense, Rio de Janeiro, 1981, p. 19.

Legaz y Lacambra considera bizantina toda essa distinção que envolve as teorias subjetiva e objetiva, a primeira que se preocupa com a vontade do legislador e a segunda, com a vontade da lei, simplesmente porque não admite pesquisa de vontade. Diz o notável jusfilósofo espanhol que, por *vontade*, só poderia cogitar a do legislador, porque a lei não possui vontade e que é preciso romper o mito da *mens legislatoris*, pois "o que o legislador quis não o sabemos, senão através da lei, ou melhor, através de todo o sistema da ordem jurídica."[11]

148.2. A Teoria Subjetiva. Alguns autores anotam, como origem da teoria subjetiva, a Escola da Exegese, que floresceu na França, logo após o advento do Código Napoleão. A pesquisa sobre os critérios adotados pelos glosadores, ao longo dos séculos XII e XIII, nos revela que o trabalho desenvolvido por esses juristas foi culto permanente à vontade do legislador. Ao levarem a cabo a interpretação do Direito Romano, contido no *Corpus Juris Civilis*, os glosadores limitavam-se ao texto.

A promulgação da legislação napoleônica, no início do séc. XIX, trouxe profundas alterações no mundo do Direito, notadamente na hermenêutica jurídica. O Código Civil da França alcançou rapidamente prestígio mundial, sendo considerado uma obra perfeita pelos juristas da época. A Humanidade, no dizer de Villoro Toranzo, estava diante de um mundo novo, "o mundo da razão, da liberdade e do progresso e esse mundo estava todo ele já traçado nos artigos do Código, como se fossem as linhas de um plano arquitetônico".[12] A atitude assumida pelos juristas franceses, ao considerarem Direito Positivo apenas o Código Napoleão e entenderem que o Código não possuía lacunas, originou a formação da Escola da Exegese. Esta crença na infalibilidade do Código Civil, que satisfazia, segundo os juristas da época, a todas as necessidades da vida social, desde que o intérprete examinasse o seu conteúdo e tirasse as conclusões lógicas, gerou a necessidade de reconstrução do pensamento do legislador. A técnica de revelação da vontade do legislador exigia que o intérprete examinasse bem o valor semântico de todas as palavras, comparando o texto a ser interpretado com outros, para evitar os conflitos e contradições. Pelos subsídios da gramática o intérprete vai descobrir o pensamento do legislador, que deve ser acatado incondicionalmente, qualquer que seja o resultado da interpretação, ainda que iníquo e absurdo. A lógica formal será utilizada de acordo com os elementos obtidos no texto, sem dele afastar-se. Contudo, admite-se a pesquisa dos elementos históricos, na medida em que esclareça a intenção do legislador. Permite-se ainda ao intérprete recorrer às obras doutrinárias que serviram de base ao legislador.[13]

148.3. A Teoria Objetiva. Superada a fase do *codicismo*, da exagerada valorização do Código, começou o processo de aperfeiçoamento da teoria da interpretação. A *teoria subjetiva* foi submetida a uma análise crítica, da qual não logrou êxito. Gradativamente a doutrina foi sendo abandonada em favor da *teoria objetiva*, que leva o intérprete a pesquisar a *vontade da lei*. Foi a Escola Histórica, com a concepção evolutiva do Direito, quem mais concorreu, ao ver de Hermes Lima, para se construir a moderna teoria da intepretação. Savigny e ou-

---

[11] Luis Legaz y Lacambra, *op. cit.*, p. 529.

[12] Villoro Toranzo, *op. cit.*, p. 257.

[13] Apesar de amplamente refutada, a teoria subjetiva é admitida por Giuseppe Lumia: "... seu fim (da interpretação) é chegar, através do enunciado da norma, à vontade de quem a elaborou ou de quem provém e, no caso da lei, à vontade do legislador, que pode ser tanto um monarca ou um déspota absoluto como um parlamento" (*Princípios de Teoría e Ideología del Derecho*, Editorial Debate, Madrid, 1978, p. 70).

tros adeptos dessa Escola chamavam a atenção para a importância do pensamento social na formação do Direito, bem como o caráter evolutivo deste. A lei não seria produto de uma só vontade, mas resultado do *querer social*. O legislador não cria a lei em seu intelecto; apropria-se das fórmulas que a organização social sugere, para transfundi-las nos textos. No dizer de Maximiliano, "o indivíduo que legisla é mais ator do que autor, traduz apenas o pensar e o sentir alheios, reflexamente, às vezes, usando meios inadequados de expressão quase sempre".[14]

A teoria subjetiva, subordinando o intérprete ao pensamento do legislador, impedia os processos de aperfeiçoamento da ordem jurídica, possíveis apenas mediante o permanente trabalho de adaptação dos textos legislativos às exigências hodiernas. A teoria objetiva não determina o abandono dos planos do legislador. A liberdade concedida ao intérprete tem como limite os princípios contidos no texto. Despreza a *mens legislatoris* em favor do sentido objetivo dos textos jurídicos, que têm significado próprio, implícito em suas expressões. Quando o legislador elabora um texto normativo, não pode pressentir a infinidade de situações que serão alcançadas no futuro, pela abstratividade da lei. A pesquisa da intencionalidade do legislador conduziria o aplicador do Direito fatalmente a um subjetivismo indesejável. A teoria subjetiva encontra ainda outro grande obstáculo na dificuldade que se teria, nos regimes *democráticos*, de se apurar a vontade do legislador. Nos *totalitários* seria menos difícil a tarefa, pois a lei seria a expressão da vontade individual do chefe de governo. Qual a vontade do legislador, quando a lei é elaborada por um congresso, no qual participam e votam centenas de parlamentares? Como se unificar a vontade heterogênea de centenas de congressistas? Ao intérprete moderno incumbe, conforme conclui Carlos Maximiliano, "determinar o sentido objetivo do texto, a *vis ac potestas legis*; deve ele olhar menos para o passado do que para o presente, adaptar a norma à finalidade humana, sem inquirir da vontade inspiradora da elaboração primitiva".[15]

149. A INTERPRETAÇÃO DO DIREITO QUANTO AO RESULTADO E FONTE

Após interpretar as expressões jurídicas, o exegeta pode chegar a três resultados distintos e que são os seguintes:

149.1. Interpretação Declarativa. Nem sempre o legislador bem se utiliza dos vocábulos, ao compor os atos legislativos. Muitas vezes se expressa mal, utilizando com impropriedade os termos. Quando dosa as palavras com adequação aos significados que deseja imprimir na lei, falamos que a interpretação é *declarativa*. O intérprete chega à constatação de que as palavras expressam, com medida exata, o espírito da lei.

149.2. Interpretação Restritiva. Quando ocorre, porém, que o legislador é infeliz ao redigir o ato normativo, dizendo mais do que queria dizer, a interpretação é restritiva, pois o intérprete elimina a amplitude das palavras. Exemplo: a lei diz descendente, quando na realidade queria dizer filho.

149.3. Interpretação Extensiva. É a hipótese contrária à anterior. O intérprete constata que o legislador utilizou-se com impropriedade dos termos, *dizendo menos do que queria afirmar*. Ocorrendo tal hipótese, o intérprete alargará o campo de incidência

---

[14] Carlos Maximiliano, *op. cit.*, p. 36.
[15] Carlos Maximiliano, *op. cit.*, p. 48.

Quinta Parte • **Cap. 25** • HERMENÊUTICA E INTERPRETAÇÃO DO DIREITO | **243**

da norma, em relação aos seus termos. O exemplo anterior é útil ainda: se o legislador, desejando referir-se a descendente, emprega o vocábulo *filho*.

Quanto à fonte a interpretação do Direito pode ser *autêntica, doutrinária* e *judicial*. Também denominada legislativa, a interpretação autêntica é a que emana do próprio órgão competente para a edição do ato interpretado. Assim, se este emanou do Executivo – decreto ou medida provisória – interpretação autêntica será a que for objeto de um novo decreto ou medida provisória com esclarecimentos sobre o conteúdo do ato anterior. Em igual sentido se o ato interpretado for uma lei, quando então caberá ao Legislativo a exegese. A interpretação autêntica retroage ao início de vigência do texto interpretado. Especialmente por esse motivo – aplicação retroativa – cuidado especial deverá ter o aplicador da lei, para verificar se o ato de interpretação limitou-se a revelar o sentido do texto anterior. Na hipótese de terem ocorrido inovações estas não poderão ser aplicadas retroativamente a não ser nas condições já previstas em nosso ordenamento.[16] A interpretação se diz doutrinária quando localizada em obras científicas, quase sempre tratados especializados, encontrando-se também em pareceres de jurisconsultos e lições de mestres do Direito. Já a interpretação judicial ou jurisprudencial é a de autoria de juízes e tribunais. Na exegese da norma o juiz deve apenas traduzir o sentido e o alcance nela contidos, devendo dar aos textos interpretação atualizadora, vedado-lhe, porém, substituir o critério do legislador pelo seu próprio. Segundo o Ministro Sálvio de Figueiredo Teixeira, do Superior Tribunal de Justiça, "Se o juiz não pode tomar liberdades inadmissíveis com a lei, julgando *contra legem*, pode e deve, por outro lado, optar pela interpretação que mais atenda às aspirações da Justiça e do bem comum."[17]

150. O ART. 5º DA LEI DE INTRODUÇÃO ÀS NORMAS DO DIREITO BRASILEIRO

150.1. A Obrigatoriedade do Art. 5º da LINDB. O citado dispositivo determina que "na aplicação da lei, o juiz atenderá aos fins sociais a que ela se dirige e às exigências do bem comum". A doutrina se divide em duas grandes correntes ao examinar a questão da obrigatoriedade das normas de interpretação, incluídas pelo legislador nos códigos. Faz parte do consenso dos autores que o assunto pertence à doutrina, pois a esta cabe orientar sobre os princípios e critérios da interpretação. O legislador brasileiro é parcimonioso a este respeito. São poucas e contáveis as disposições desta ordem em nosso sistema jurídico. Entende Serpa Lopes que os dispositivos que fixam normas sobre interpretação têm valor apenas de aconselhamento. Diz o eminente mestre: "Trata-se de uma regra de interpretação (art. 5º) ditada pela lei. Nada obstante, não passa de um simples critério de orientação, sem impedir ao intérprete a procura de outros meios de interpretação."[18] Já Carlos Maximiliano coloca as normas dessa natureza no mesmo nível das demais, que regulam diretamente os fatos sociais, julgando-as obrigatórias e sujeitas também à interpretação evolutiva, de acordo com as condições sociais. Julgamos que essas normas têm o mesmo

---

[16] Conforme entendimento manifesto pelo Pleno do Supremo Tribunal Federal, "É plausível, em face do ordenamento constitucional brasileiro, o reconhecimento da admissibilidade das leis interpretativas, que configuram instrumento juridicamente idôneo de veiculação da denominada interpretação autêntica. As leis interpretativas – desde que reconhecida a sua existência em nosso sistema de direito positivo – não traduzem usurpação das atribuições institucionais do judiciário e, em consequência, não ofendem o postulado fundamental da divisão funcional do poder. Mesmo as leis interpretativas expõem-se ao exame e à interpretação dos juízes e tribunais. Não se revelam, assim, espécies normativas imunes ao controle jurisdicional." – *Revista Trimestral de Jurisprudência,* 145/463.

[17] *Revista do Superior Tribunal de Justiça*, nº 26, p. 384.

[18] Serpa Lopes, *op. cit.*, vol. I, p. 145.

INTRODUÇÃO AO ESTUDO DO DIREITO · PAULO NADER

poder de vincular o aplicador do Direito em igualdade de condições com as demais normas. (V. item 75.10)

O respeito à coisa julgada é princípio antigo, anterior mesmo à Lei das XII Tábuas. O princípio visa a resguardar o respeito ao valor segurança jurídica. Baseia-se no brocardo *bis de eadem re ne sit actio* (é vedado, sobre uma mesma relação jurídica, aplicar duas vezes a ação da lei).

150.2. O Significado do Art. 5º da LINDB. Oficialmente, através do art. 5º da Lei de Introdução, o sistema jurídico brasileiro rompeu com a exegese tradicional, que impedia o intérprete de conciliar os textos com as exigências dos casos concretos. O juiz deixaria assim aquela condição de "ente inanimado", como Montesquieu concebera, ou então como descreve Roscoe Pound, em relação à teoria mecânica, que reduz o juiz à condição de operador de máquinas automáticas: "ponham-se os fatos no orifício de entrada, puxe-se uma alavanca e retire-se a decisão pré-formulada".

O art. 5º da Lei de Introdução, de 1942, revela, de início, o descontentamento do legislador com os critérios tradicionais de hermenêutica seguidos em nosso País até aquela época. Apesar de a fórmula adotada não oferecer com segurança os novos critérios, foi cometido ao intérprete papel importante na revelação do Direito. A ele já não cumpre mais assumir atitude passiva diante do Direito e dos fatos. O intérprete passa a ser também um agente eficaz no progresso das instituições jurídicas e na aplicação dos princípios da moderna democracia social, que é a finalidade última a que tende o nosso Direito, sob a filosofia dos *fins sociais e bem comum*. O novo dispositivo consagrou os métodos teleológico e histórico-evolutivo. O primeiro porque o intérprete deve examinar os fins que a lei vai realizar, sem considerar a vontade do legislador, e esses fins devem atender aos interesses da coletividade. O Direito, no dizer de Carlos Maximiliano, "é uma ciência principalmente normativa ou finalística; por isso a sua interpretação há de ser, na essência, teleológica. O hermeneuta sempre terá em vista o fim da lei, o resultado que a mesma precisa atingir e sua atuação prática".[19] Considerando o Direito um "órgão de interesses", o mesmo autor entende que ele deve proteger os interesses materiais e espirituais do indivíduo, a princípio; da coletividade, acima de tudo.

A expressão *fins sociais* visa a eliminar a possibilidade de que meros caprichos pessoais possam surgir em detrimento da coletividade. Quando houver conflito entre o interesse individual e o social, este último deve prevalecer. Tal colocação não tem a finalidade de esmagar o indivíduo em favor do elemento social. Há situações em que o individual pode prevalecer, de acordo com os critérios fixados pelo próprio legislador.

151. A INTERPRETAÇÃO DOS NEGÓCIOS JURÍDICOS

O campo de estudo da hermenêutica jurídica alcança também os negócios jurídicos, como os contratos, testamentos etc. Contudo, como observa Pontes de Miranda, os princípios exegéticos aplicáveis às leis não aproveitam os negócios jurídicos e vice-versa. Para Pontes de Miranda, interpretar negócio jurídico é revelar quais os elementos do suporte fático que entrarão no mundo jurídico e quais os efeitos que, em virtude disso, produzem. Destaca alguns critérios a serem considerados no momento da interpretação do negócio jurídico.

---

[19] Carlos Maximiliano, *op. cit.*, p. 193.

1º) Princípio de Integração: é indispensável a interpretação sistemática do conteúdo integral do negócio jurídico. O intérprete deverá examinar cada parte do conjunto em conexão com as demais;

2º) Princípio da Fixação Genérica: na apuração do real sentido do negócio jurídico, não se deve levar em consideração "ao que é pessoal a cada figurante, ou ao destinatário". O intérprete deverá fixar-se primeiramente no texto, examinando os elementos gramaticais e depois a lei pertinente à matéria, podendo, inclusive, se for necessário, recorrer aos usos;

3º) Princípio da Classificação Técnica: com apoio no conhecimento fornecido pela doutrina e pela lei, o intérprete classifica o negócio jurídico, a fim de determinar-lhe as consequências jurídicas.[20]

Na interpretação dos contratos, destacam-se as chamadas teoria *objetiva* ou da *declaração* e a teoria *subjetiva* ou da *vontade*. Ao considerar que o contrato faz lei entre as partes, a teoria objetiva preconiza, consoante Miguel Reale, a interpretação objetiva, analogamente ao processo de interpretação da lei, pelo qual não se leva em conta o pensamento do legislador. Os adeptos desta teoria distinguem a vontade psicológica da vontade jurídica. Enquanto a primeira é impossível de ser reconstituída, recorrem à segunda, pela qual devem prevalecer tão somente as construções gramaticais, sem qualquer remissão à intencionalidade. Para a teoria *subjetiva* ou *da vontade* o intérprete é orientado no sentido de descobrir a intenção das partes. A interpretação literal é condenada e a subordinação do intérprete ao conteúdo semântico dos vocábulos é condicionada à plena adequação das palavras do elemento volitivo.

A confirmar a tese de que o Direito muitas vezes abandona a sua característica de exterioridade, pela pesquisa do elemento *vontade*, o legislador brasileiro, seguindo a melhor doutrina, pelo art. 112 do Código Civil de 2002 consagrou a teoria subjetiva ao preceituar: *"Nas declarações de vontade se atenderá mais à intenção nelas consubstanciada do que ao sentido literal da linguagem."* Condicionado pela expressão *"atender mais a sua intenção"*, que já figurava no art. 85 do Código Civil de 1916, Carvalho Santos entendeu que o nosso sistema ficou entre as duas teorias, adotando uma concepção eclética.[21] O equívoco é patente. Ao se consagrar a teoria subjetiva, dá-se preeminência ao elemento vontade em relação ao gramatical. Se a adoção da teoria subjetiva implicasse o abandono total da linguagem, teria fundamento a opinião do eminente jurista.

Não obstante a regra genérica do art. 112, o Código Civil de 2002 estabeleceu preceito específico à exegese dos testamentos, como dispõe no art. 1.899, que ordena a prevalência da interpretação *"que melhor assegure a observância da vontade do testador"*. Em outra linguagem, mas dentro de igual princípio, o Código Civil do Chile prevê, no item II do art. 1.069, que *"para conhecer a vontade do testador se aterá mais à substância das disposições do que às palavras"*.

Importante inovação hermenêutica incorporou-se ao nosso ordenamento pelo atual Códex que, no art. 113, determinou a interpretação dos negócios jurídicos de acordo com o *princípio da boa-fé objetiva*, ou seja, em conformidade com os critérios de lealdade e honestidade. Conferiu-se, assim, ao juiz, o papel não apenas de verificar a vontade dos declarantes, mas também o poder de ajustar o acordo às exigências da boa-fé objetiva.

---

[20] Pontes de Miranda, *Tratado de Direito Privado*, Editor Borsói, Rio de Janeiro, 1954, vol. 3, pp. 322 e 327.

[21] Carvalho Santos, *Código Civil Brasileiro Interpretado*, 5ª ed., Livraria Freitas Bastos, 1952, vol. II, p. 285.

BIBLIOGRAFIA PRINCIPAL

Ordem do Sumário:

144 – Carlos Maximiliano, *Hermenêutica e Aplicação do Direito*; Aftalion, Olano e Vilanova, *Introducción al Derecho*;

145 – Eduardo García Máynez, *Introducción al Estudio del Derecho*;

146 – Eduardo García Máynez, *op. cit.*; Carlos Maximiliano, *op. cit.*; Alípio Silveira, *Hermenêutica no Direito Brasileiro*; Roberto José Vernengo, *Curso de Teoría General del Derecho*;

147 – Eduardo Espínola e Eduardo Espínola Filho, *Interpretação da Norma Jurídica, Repertório Enciclopédico do Direito Brasileiro*, vol. 28; Carlos Maximiliano, *op. cit.*;

148 – Luis Legaz y Lacambra, *Flosofía del Derecho*; Carlos Maximiliano, *op. cit.*;

149 – Carlos Maximiliano, *op. cit.*;

150 – Alípio Silveira, *op. cit.*; Carlos Maximiliano, *op. cit.*;

151 – Pontes de Miranda, *Tratado de Direito Privado*, vol. 3; Carvalho Santos, *Código Civil Brasileiro Interpretado*, vol. II.

– Capítulo 26 –
ELEMENTOS DA INTERPRETAÇÃO DO DIREITO

Sumário: 152. Considerações Prévias. **153.** Elemento Gramatical. **154.** Elemento Lógico. **155.** Elemento Sistemático. **156.** Elemento Histórico. **157.** Elemento Teleológico.

152. CONSIDERAÇÕES PRÉVIAS

Na interpretação do Direito Positivo o técnico recorre a vários elementos necessários à compreensão da norma jurídica, entre eles o *gramatical*, também chamado *literal* ou *filológico*, o *lógico*, o *sistemático*, o *histórico* e o *teleológico*.

Na decodificação da mensagem o intérprete alcança o seu objetivo adotando, às vezes, apenas o elemento gramatical e o lógico. Outras vezes, a complexidade normativa leva-o a esgotar os recursos de que dispõe. Importante, em qualquer caso, é que se conscientize de que a *interpretação é uma atividade intelectual única*. Os elementos, na lição de Ferrara, "ajudam-se uns aos outros, combinam-se e controlam-se reciprocamente, e assim todos contribuem para a averiguação do sentido legislativo".[1] Todo o esforço deve ser feito, como orienta Recaséns Siches, no sentido de se alcançar *a máxima individualização da regra geral*. Para o autor guatemalteco, todos os elementos da interpretação são válidos, condicionados, porém, ao fim citado.[2]

153. ELEMENTO GRAMATICAL

Em se tratando de Direito escrito é pelo elemento gramatical que o intérprete toma o primeiro contato com a proposição normativa. Malgrado a palavra se revele, às vezes, um instrumento rude de manifestação do pensamento, pois nem sempre consegue traduzir as ideias, constitui a forma definitiva de apresentação do Direito, pelas vantagens que oferece

---

[1] Francesco Ferrara, *op. cit.*, p. 131.
[2] Luis Recaséns Siches, *Nueva Filosofía de la Interpretación del Derecho*, ed. cit., p. 143.

248 | INTRODUÇÃO AO ESTUDO DO DIREITO · PAULO NADER

do ponto de vista da segurança jurídica. Cumpre ao legislador aperfeiçoar os processos da técnica legislativa, objetivando sempre uma redação simples, clara e concisa.

O elemento gramatical compõe-se da análise do valor semântico das palavras empregadas no texto, da sintaxe, da pontuação etc. No Direito antigo, o processo literal era mais importante do que hoje. Ocorria, às vezes, que os códigos eram escritos em línguas mortas, o que exigia esforço concentrado do intérprete, do ponto de vista gramatical. Modernamente, a crítica que se faz a esse elemento não visa, como é natural, à sua eliminação, mas à correção dos excessos que surgem com a sua aplicação. Objetiva-se evitar o abuso daqueles que se apegam à literalidade do texto, com prejuízo à *mens legis*. O processo meramente literal, no dizer de Max Gmur, é "maliciosa perversão da lei". Celso, o jurisconsulto romano, afirmou que "saber as leis é conhecer-lhes, não as palavras, mas a força e o poder".[3] Embora o valor relativo do elemento gramatical, "no foro e nos parlamentos, o gramaticalismo não é um fantasma; é deplorável realidade".[4] Para mostrar a aberração do apego exagerado à literalidade da lei, Carlos Maximiliano asseverou que qualquer um poderia ser condenado à forca, desde que o julgassem por um trecho isolado de discurso, ou escrito de sua autoria. Ao condenar a interpretação que separa o elemento gramatical do lógico, Stammler sustenta a tese de que a interpretação é um só processo mental, pois o pensamento e o idioma formam uma unidade e quem se apoia numa palavra para esclarecer o pensamento que o exprime, se apega, na realidade, ao pensamento por ela expresso. Em síntese feliz, Eduardo Espínola expõe que "a letra em si é inexpressiva; a palavra, como conjunto de letras ou combinações de sons, só tem sentido pela ideia que exprime, pelo pensamento que encerra, pela emoção que desperta".[5]

154. ELEMENTO LÓGICO

Por ser estrutura linguística que pressupõe vontade e raciocínio, o texto legislativo exige os subsídios da lógica para a sua interpretação. A partir de F. Gény surgiu a distinção, na hermenêutica, da *lógica interna*, que explora os elementos fornecidos pela lógica formal e se limita ao estudo do texto, e a *lógica externa*, que investiga as razões sociais que ditaram a formação dos comandos jurídicos. Modernamente se fala na lógica do *razoável*, doutrina desenvolvida por Recaséns Siches, que visa a combater o apego às fórmulas frias e matemáticas da lógica formal, em favor de critérios flexíveis, mais favoráveis à justiça.

154.1. Lógica Interna. Pela *lógica interna* o intérprete submete a lei à ampla análise, considerando a própria *inteligência* do texto legislativo, alheando-se dos elementos de informação *extra legem*. A lei é estudada dentro de sua unidade de pensamento, através dos métodos dedutivo, indutivo e dos raciocínios silogísticos. A lógica formal, aplicada com exclusividade, imobiliza o Direito, pois considera tão somente os elementos fornecidos pela legislação, não levando em conta a evolução dos fatos sociais. Se por um lado conduz o intérprete a descobrir a intenção do legislador, por outro, como expõe Cogliolo, "oferece aparência de certeza, exterioridades ilusórias, deduções pretensiosas; porém, no fundo o que se ganha em rigor de raciocínio, perde-se em afastamento da verdade, do Direito efetivo, do ideal jurídico".

Seguindo-se os critérios da lógica interna, o intérprete pode examinar a *economia geral da lei*, verificando o lugar onde se situa a norma jurídica, em que seção, capítulo e

---

3   *Apud* Carlos Maximiliano, *op. cit.*, p. 158.
4   Carlos Maximiliano, *op. cit.*, p. 158.
5   Eduardo Espínola e Eduardo Espínola Filho, *op. cit.*, p. 154.

título, o que pode favorecer a fixação do seu sentido e alcance. Pode-se recorrer também ao emprego de regras lógicas, enunciadas normalmente no idioma latino e que, bem empregadas, favorecem a dilucidação dos textos. Entre as mais adotadas, destacamos: *ubi lex non distinguit, nec nos distinguere debemus* (onde a lei não distingue, não devemos distinguir); *excepciones sunt strictissime interpretationis* (as exceções são da mais estrita interpretação); *cessant legis rationis, cessat eius dispositio* (desaparecendo a razão ou o motivo da lei, cessa o que ela dispõe).

154.2. Lógica Externa. Visando a completar o sentido da lei, sem contrariá-la, essa *lógica* se guia na lição dos fatos; orienta-se pela observação dos acontecimentos que provocaram a formação do fenômeno jurídico, indagando, ainda, os fins que ditaram as regras jurídicas. Estudam-se, portanto, a *occasio legis* e a *ratio legis*. Pode o intérprete descer ao exame da história dos institutos e ainda ao Direito Comparado.

O trabalho de interpretação não pode desprezar qualquer subsídio que esclareça os motivos determinantes da promulgação da lei. Conforme expressa o jurista Brandeis, "nenhuma lei, escrita ou não, pode ser entendida sem o pleno conhecimento dos fatos que lhe deram origem ou aos quais vai ser aplicada".[6] Para Holbach, "toda ciência que se limita aos textos de um livro e despreza as realidades da vida é ferida de esterilidade".[7] A interpretação já não é mais uma simples dialética, no dizer de Eduardo Espínola, a qual arma construções geométricas, confinada num círculo de abstrações, de deduções, de conceitos e de princípios; não pode mais ser o produto das elucubrações subjetivas.

154.3. A Lógica do "Razoável". Recaséns Siches, que expõe a doutrina da lógica do *razoável,* julga que foi um erro maiúsculo cometido pela teoria e prática jurídica do séc. XIX o emprego, em assuntos jurídicos, dos métodos da lógica tradicional, também chamada matemático-física, silogística, que se originou com o *Organon* de Aristóteles. Na sua opinião, essa metodologia ajusta-se à matemática, física e outras ciências da natureza, revelando-se, porém, inservível para os problemas ligados à conduta humana. Afirmando que há razões diferentes do racional de tipo matemático ou formalista-silogista, Siches defende a lógica do *razoável,* que é uma "razão impregnada de pontos de vista estimativos, de critérios de valoração, de pautas axiológicas".[8] Entende Recaséns Siches que o Direito, como toda obra humana, é circunstancial, dependendo das condições, das necessidades sentidas e dos efeitos que se trata de produzir mediante uma lei. A interpretação do Direito deve levar em consideração as finalidades das normas jurídicas. A solução satisfatória, extraída da lei e da realidade dos fatos, não pode ser *contra legem.* O autor defende a fidelidade do intérprete à *mens legis.*

Tão importante a *lógica de lo razonable,* de Siches, que influenciou a formação do moderno princípio hermenêutico da *razoabilidade e proporcionalidade,* já analisado nesta obra (item 93.1).

155. ELEMENTO SISTEMÁTICO

Não há, na ordem jurídica, nenhum dispositivo autônomo, autoaplicável. A norma jurídica somente pode ser interpretada e ganhar efetividade quando analisada no conjunto de normas pertinentes a determinada matéria. Quando um magistrado profere uma

---

[6]   *Apud* Eduardo Espínola e E. E. Filho, *op. cit.,* p. 177.

[7]   *Apud* Eduardo Espínola e E. E. Filho, *op. cit.,* p. 178.

[8]   Luis Recaséns Siches, *op. cit.,* p. 164.

250 | INTRODUÇÃO AO ESTUDO DO DIREITO · PAULO NADER

sentença, não aplica regras isoladas; projeta toda uma ordem jurídica ao caso concreto. O ordenamento jurídico compõe-se de todos os atos legislativos vigentes, bem como das normas costumeiras válidas, que mantêm entre si perfeita conexão. Entre as diferentes fontes normativas, não pode haver contradições. De igual modo, deve haver completa harmonia entre os dispositivos de uma lei, a fim de que haja *unicidade* no sistema jurídico, ou seja, uma única voz de comando. Para que a ordem jurídica seja um todo harmônico, é indispensável que a hierarquia entre as fontes formais seja preservada.

Se os dispositivos de uma lei se interdependem e se as diferentes fontes formais do Direito possuem conexão entre si, a interpretação não pode ter por objeto dispositivos ou textos isolados. O trabalho de exegese tem de ser feito considerando-se todo o acervo normativo ligado a um assunto.

O elemento sistemático, que opera considerando os elementos gramatical e lógico, *consiste na pesquisa do sentido e alcance das expressões normativas, considerando-as em relação a outras expressões contidas na ordem jurídica, mediante comparações.* O intérprete, por este processo, distingue a regra da exceção, o geral do particular. A natureza da norma jurídica revela-se também pelo elemento sistemático. O estudo leva à conclusão se a norma jurídica é *cogente* ou *dispositiva, principal* ou *acessória, comum* ou *especial.*

Pratica uma condenável imprudência o profissional que, sem visão do conjunto da lei e de outros dispositivos concernentes à matéria, interpreta artigos isolados. Tal procedimento é anticientífico. A interpretação pura e simples do art. 121 do Código Penal, por exemplo, conduziria a resultados absurdos, se não acompanhada da análise de outros dispositivos daquele diploma legal, que se correlacionam. Quem desenvolve interpretação isolada de dispositivos corre o risco de alcançar resultados falsos, apegando-se, por exemplo, a uma regra geral, quando existe uma específica.

156. ELEMENTO HISTÓRICO

Muitas vezes os conhecimentos gramatical e lógico do texto legislativo não são suficientes à compreensão do espírito da lei, sendo necessário o recurso à pesquisa do elemento histórico. Como força viva que acompanha as mudanças sociais, o Direito se renova, ora aperfeiçoando os institutos vigentes, ora criando outros, para atender o desafio dos novos tempos. Em qualquer situação, o Direito se vincula à história e o jurista que almeja um conhecimento profundo da ordem jurídica, forçosamente deverá pesquisar as raízes históricas do Direito Positivo. A Escola Histórica do Direito, concebendo o fenômeno jurídico como um produto da história, enfatizou a importância do elemento histórico para o processo de interpretação.

O Direito atual, manifesto em leis, códigos e costumes, é um prolongamento do Direito antigo. A evolução da ciência jurídica nunca se fez mediante saltos, mas através de conquistas graduais, que acompanharam a evolução cultural registrada em cada época. Quase todos os institutos jurídicos atuais têm suas raízes no passado, ligando-se às legislações antigas. Entre as disciplinas jurídicas, a História do Direito tem por escopo o estudo do Direito sob a perspectiva histórica; dedica-se à investigação das origens do Direito de uma sociedade específica ou de todos os povos, com a preocupação de estudar o desenvolvimento das instituições e dos sistemas.

Como a finalidade da interpretação moderna não é desvendar a *mens legislatoris,* deve-se dar apenas relativa importância às discussões das comissões técnicas do Congresso e debates parlamentares. Quanto mais antigo for o trabalho preparatório, menos valor oferecerá, pois terá retratado fatos de uma sociedade mais distante (v. item 7).

157. ELEMENTO TELEOLÓGICO

Na moderna hermenêutica o elemento teleológico assume papel de primeira grandeza. Tudo o que o homem faz e elabora é em função de um fim a ser atingido. A lei é obra humana e assim contém uma ideia de fim a ser alcançado. Na fixação do conceito e alcance da lei, sobreleva de importância o estudo teleológico, isto é, o estudo dos fins colimados pela lei. Enquanto a *occasio legis* ocupa-se dos fatos históricos que projetaram a lei, o fator teleológico investiga os fins que a lei visa a atingir. Quando o legislador elabora uma lei, parte da ideia do fim a ser alcançado. Os interesses sociais que pretende proteger, inspiram a formação dos documentos legislativos. Assim, é natural que no ato da interpretação se procure avivar os fins que motivaram a criação da lei, pois nessa descoberta estará a revelação da *mens legis*. Como se revela o elemento teleológico? Os fins da lei se revelam através dos diferentes elementos de interpretação.

A *ideia do fim não é imutável*. O fim não é aquele pensado pelo legislador, é o fim que está implícito na mensagem da lei. Como esta deve acompanhar as necessidades sociais, cumpre ao intérprete revelar os novos fins que a lei tem por missão garantir. Esta evolução de finalidade não significa ação discricionária do intérprete. Este, no afã de compatibilizar o texto com as exigências atuais, apenas atualiza o que está implícito nos princípios legais. O intérprete não age *contra legem*, nem subjetivamente. De um lado tem as coordenadas da lei e, de outro, o novo quadro social e o seu trabalho se desenvolve no sentido de harmonizar os velhos princípios aos novos fatos.

BIBLIOGRAFIA PRINCIPAL

Ordem do Sumário:

152 – Francesco Ferrara, *Interpretação e Aplicação das Leis*;

153 – Eduardo Espínola e Eduardo Espínola Filho, *Repertório Enciclopédico do Direito Brasileiro*, vol. 28;

154 – François Gény, *Método de Interpretación y Fuentes en Derecho Privado Positivo*; Luis Recaséns Siches, *Nueva Filosofía de la Interpretación del Derecho*; Alípio Silveira, *Hermenêutica do Direito Brasileiro*;

155 – Carlos Maximiliano, *Hermenêutica e Aplicação do Direito*; François Gény, *op. cit.*;

156 – Carlos Maximiliano, *op. cit.*;

157 – Carlos Maximiliano, *op. cit.*

– Capítulo 27 –
MÉTODOS DE INTERPRETAÇÃO DO DIREITO

Sumário: 158. Método Tradicional da Escola da Exegese. **159.** Método Histórico-Evolutivo. **160.** A Livre Investigação Científica do Direito. **161.** A Corrente do Direito Livre.

158. MÉTODO TRADICIONAL DA ESCOLA DA EXEGESE

Os métodos se diversificam em função da prioridade que se atribui aos elementos da interpretação e grau de liberdade conferido aos juízes. O método *tradicional* ou *clássico* se valeu do meio gramatical e da lógica interna. Foi adotado pela chamada Escola da Exegese, que se formou na França, no início do século XIX. O pensamento predominante da Escola era *codicista*, de supervalorização do código. Pensavam os seus adeptos que o código encerrava todo o Direito. Não haveria qualquer outra fonte jurídica. Além do código, o intérprete não deveria pesquisar o Direito na organização social, política ou econômica. A sua função limitava-se ao estudo das disposições legais. Em seu teor, o código era considerado absoluto, com regras para qualquer problema social. *Nada havia, no social, que houvesse escapado à previsão do legislador. O código não apresentava lacunas.* Laurent afirmou que os códigos nada deixavam ao arbítrio do intérprete e o Direito estava escrito nos textos autênticos. Para Demolombe o lema era "os textos acima de tudo!". Aubry sentenciou: "Toda a lei, mas nada além da lei!" Estas exclamações dão bem a medida do apego ao código e da rejeição às outras fontes vivas do Direito.

A ideia norteadora da Escola da Exegese foi sintetizada por F. Laurent, um de seus corifeus: *"Se uma teoria não tem as suas raízes nos textos, nem no espírito da lei, deve ser rejeitada; ao contrário, será jurídica se expressa na letra da lei e nos trabalhos preparatórios. Neste caso, deve ser aceita, não se recuando diante de alguma consequência".*[1]

O principal objetivo da Exegese era revelar a vontade do legislador, daquele que planejou e fez a lei. *A única interpretação correta seria a que traduzisse o pensamento de seu autor.* Consequência dos postulados expressos pela Escola foi o entendimento de que o

---

[1] *Principes de Droit Civil Français*, 3ª ed., Bruxelles, Bruylant-Christophe & Cia, Éditeurs, tomo 2º, 1878, § 275, p. 348.

Estado era o único autor do Direito, pois detinha o monopólio da lei e do código. Como os tradicionalistas não admitiram outra fonte normativa, a sociedade ficava impedida de criar o Direito costumeiro. Em resumo, os postulados básicos da Escola da Exegese foram:

a) *Dogmatismo Legal;*

b) *Subordinação à Vontade do Legislador;*

c) *O Estado como Único Autor do Direito.*

O declínio da Escola da Exegese teve início no último quartel do século XIX, na época em que o Poder Judiciário chamou a si a importante tarefa de adaptar os velhos textos às necessidades do tempo. A jurisprudência passou a ter maior prestígio. Capitant registra o ocaso da Escola e a ascensão da jurisprudência: "Porque decidem no vivo dos interesses, afastam-se, quando preciso, das soluções rígidas, impassíveis da doutrina, e um fosso se cava entre a Escola da Exegese e o Tribunal. O que se elabora nos pretórios, pode-se dizer, mas não sem exagero, não é o que se ensina."[2]

A escola da Exegese desenvolveu importante papel ao longo do século XIX. Cumpriu a sua missão em um momento na vida do Direito e quando a evolução da ciência jurídica superou os seus postulados, desapareceu, mas até os dias atuais sentimos ainda a sua influência em nossos tribunais. O pensamento codicista da Escola tinha o propósito de garantir o respeito ao Código Napoleão, que organizou o Direito francês. Fruto de uma grande espera, receavam os juristas da época que, se concedidos amplos poderes ao intérprete, o Código acabaria destruído.

A doutrina moderna já não admite os velhos postulados da Escola da Exegese. O dogmatismo legal, que consistia na tese da autossuficiência dos códigos, já não possui adeptos. Por maior rigor técnico-científico que tenha, o código não pode assimilar todos os fatos sociais. Por maior que seja a previsão do legislador, muitas situações inapelavelmente escapam-lhe à percepção. Por outro lado, não se faz um código para ter vida efêmera. Os códigos duram algumas décadas e é natural que as novas circunstâncias políticas, econômicas e sociais o envelheçam. As mudanças sociais abrem lacunas, espaços em branco, nos textos legislativos. Daí se infere que o postulado do *dogmatismo legal* é falho e não pode servir de critério à moderna Ciência do Direito. A *vontade do legislador* já não é objeto de pesquisa na moderna hermenêutica. O intérprete, com auxílio dos diferentes elementos, deve investigar o espírito da lei. Limitar, por outro lado, toda a produção jurídica aos comandos do Estado, é uma atitude contrária à Ciência do Direito. Dizer que só a lei é Direito é recusar a fonte mais autêntica e genuína, que é o costume.

159. MÉTODO HISTÓRICO-EVOLUTIVO

A doutrina hermenêutica não poderia conformar-se – e não se conformou – com os critérios firmados pela Escola da Exegese, que imobilizava o Direito, impedindo os avanços da ciência jurídica. A concepção tradicionalista parecia inverter o pensamento de que a cultura jurídica está a serviço do homem. A nova corrente, que surgiu ao final do século XIX, atribuía ao intérprete um papel relevante. Cumpria ao Judiciário manter o Direito sempre vivo, atual, de acordo com as exigências sociais. Não era concebível que o Direito ficasse estratificado na forma e no conteúdo, em velhas fórmulas, úteis no passado. A nova

---

[2]   Capitant, *apud* Eduardo Espínola e E. E. Filho, *op. cit.*, p. 294.

tese abraçada não visava à subversão no Direito, mas ao respeito às verdadeiras razões das instituições jurídicas.

O sistematizador desse método foi o francês Saleilles, ao final do século XIX. O intérprete não deveria ficar adstrito à vontade do legislador. A lei, uma vez criada, perde a vinculação com o seu autor. O cordão umbilical é cortado. A lei vai ter vida autônoma, independente. Ao intérprete cumpre fazer uma interpretação *atualizadora*. Não significa alterar o espírito da lei, mas transportar o critério da época para o presente. O raciocínio se faz pela seguinte maneira: ao elaborar determinada lei, o legislador contemplou a realidade existente em 1950, quando foi promulgada; se o legislador, elegendo iguais valores e princípios, fosse legislar para a realidade atual, teria legislado na forma "X". O trabalho é apenas de atualização. Seguindo tal método, a doutrina francesa criou alguns institutos: teoria da imprevisão, teoria do abuso do direito, teoria da responsabilidade por risco causado.

O Direito, por definição, deve ser um reflexo da realidade social. Ora, se a realidade evolui e a lei se mantém estática, o Direito perde a sua força. Em vez de promover o bem social, vai criar problemas e atravancar o progresso. De certa forma o Poder Judiciário vai suprir as deficiências do Legislativo, que se revelou negligente, permitindo a defasagem entre a vida e o Direito. Não se conclua daí a intromissão de poderes. O Judiciário, assim procedendo, não cria o Direito, apenas revela novos aspectos de uma lei antiga.

Apesar de sua flagrante vantagem sobre o método tradicional, não se pode considerar o histórico-evolutivo isento de falhas. Enquanto orienta os processos de interpretação atualizada, satisfaz os interesses da Ciência do Direito. A deficiência dele é não apresentar soluções para o caso de lacunas da lei. Como se atualizar uma lei inexistente? O método, portanto, é incompleto.

160. A LIVRE INVESTIGAÇÃO CIENTÍFICA DO DIREITO

160.1. Aspectos Gerais. A teoria da interpretação logrou um grande progresso com a Livre Investigação Científica do Direito, concepção do jurista francês François Gény, do final do século XIX.

Gény admitia alguns pontos doutrinários da Escola da Exegese e rejeitava outros. Aceitava que o intérprete deveria pesquisar a *vontade do legislador*; não concordou com a tese de que a lei fosse a única fonte formal do Direito; não admitia a infalibilidade do código; reconheceu que as leis apresentavam lacunas e apontou um processo para preenchimento delas. Por princípio de segurança jurídica, o intérprete não estaria autorizado a substituir a vontade do legislador por qualquer outra. A evolução conceptual dos textos poderia ocorrer em relação a noções variáveis por natureza, como a de ordem pública e de bons costumes. Para isso o aplicador do Direito teria que consultar os fatos da sua época e não os do momento da elaboração da lei. Gény não concordou com a separação entre a interpretação gramatical e a lógica, pois uma implicaria necessariamente a outra, dada a interdependência. A separação que poderia ser feita seria a da interpretação que utiliza a fórmula do texto e a que emprega elementos extracódigo.

Considerou relevante o papel da *lógica* para o processo de interpretação. Na pesquisa da *mens legislatoris,* o intérprete não depara com a casuística, mas com uma linguagem ampla, genérica. A lógica se revela útil na averiguação do alcance das regras jurídicas. Para descobrir a intenção do legislador, o intérprete terá que realizar a pesquisa da *ratio legis* e da *occasio legis*. Inicialmente deve verificar as circunstâncias sociais, econômicas, morais, para as quais a lei foi formulada, bem assim o meio social em que a lei se originou, a ocasião em que foi criada. Gény atribuiu aos trabalhos preparatórios apenas um valor relativo. Em todas as fases do processo de interpretação o exegeta deve estar sempre guiado pelo interesse em descobrir a vontade do legislador. Não admitia que se considerassem as *vontades presumidas daquela fonte*. Quando houvesse lacuna, o intérprete deveria recorrer à analogia e aos costumes. Quanto a estes, admitiu apenas o *praeter legem*.

160.2. A Livre Investigação Científica. O método se denomina livre, porque o intérprete não fica condicionado às fontes formais do Direito e, *científico*, porque a solução se funda em critérios objetivos, baseados na organização social. O Direito possui, na sua versão, duas categorias: o *dado* e o *construído*. O *dado* corresponde à realidade observada pelo legislador, às fontes materiais do Direito, como os elementos econômico, moral, científico, técnico, cultural, histórico, político etc. O *construído* é uma operação lógica e artística que, considerando o *dado*, subordina os fatos a uma ordem de fins, como menciona Miguel Reale.[3] Somente depois de haver esgotado os recursos da lei, analogia e costume, ficaria o intérprete livre para pesquisar o modelo jurídico na chamada *natureza positiva das coisas*, que consiste na organização econômica, social e política do país. A divisa de Gény era: "Além do Código Civil, mas através do Código Civil." O intérprete não poderia extrair da sua vontade própria as normas reitoras, mas ler o Direito nos fatos da vida e as regras captadas deveriam estar conforme os princípios do sistema jurídico. Nesse momento, a liberdade do intérprete não é igual à do sociólogo; é uma liberdade que tem o seu limite na índole do sistema jurídico. A ideia de justiça também é uma base orientadora. Gény afirmou que "sendo o justo um fim por alcançar, a missão do intérprete se reduz a descobrir, nas condições dadas, os meios de realização mais idôneos".[4] Interpretando esse pensamento, Eduardo García Máynez esclarece que "depois de buscar uma inspiração na ideia de justiça, deverá o juiz levar em conta, de acordo com as circunstâncias especiais de cada questão concreta, os princípios a que em forma direta, mais ou menos, se haja subordinado aquela ideia".[5]

A Livre Investigação Científica do Direito foi mais um passo à frente na evolução da hermenêutica jurídica e por isso alcançou ampla repercussão.

161. A CORRENTE DO DIREITO LIVRE

161.1. A Doutrina. A corrente do Direito Livre esposou uma doutrina diametralmente oposta à da *Exegese*. Enquanto esta mantinha o intérprete inteiramente dominado pelo texto das leis, impedido de adaptar os dispositivos às exigências modernas, com flagrante prejuízo para a justiça, a corrente do Direito Livre concedia ampla liberdade ao intérprete na aplicação do Direito. A corrente denominou-se *livre,* porque assim deixava o intérprete em face da lei. O juiz, ao decidir uma questão, poderia abandonar o texto legal, se o considerasse incapaz de fornecer uma solução justa para o caso. Se a lei fosse justa deveria ser adotada, caso contrário seria colocada de lado e o intérprete ficaria livre para aplicar a norma que julgasse acorde com os critérios de justiça.

---

3   Miguel Reale, *Lições Preliminares de Direito*, ed. cit., p. 282.
4   F. Gény, *apud* Eduardo García Máynez, *op. cit.*, p. 345.
5   Eduardo García Máynez, *op. cit.*, p. 345.

Na prática a doutrina exposta seguiria esse procedimento: diante de um caso concreto o juiz daria a melhor solução, de acordo com o seu sentimento de justiça e, posteriormente, abriria o código para localizar o embasamento jurídico para a sentença. A divisa seria *a justiça pelo código ou apesar do código*. Esta concepção era avançada e ia muito além das ideias de F. Gény. Por ela o juiz, além de julgar os fatos, julgava também a lei, em face dos ideais de justiça. O juiz possuía o poder de marginalizar leis e de criar normas para casos específicos. Essa doutrina não se estendia ao campo do Direito Penal, em face do princípio da reserva legal. Essa corrente formou-se em reação à exegese tradicional e em apoio às novas ideias que surgiam através de Saleilles e Gény. Estes, contudo, não desprezavam a lei; apenas não se conformavam com a passividade a que era reduzido o juiz, em ter que aceitar a letra da lei dogmaticamente, abandonando a nova realidade viva dos fatos.

Reichel, citado por Máynez, aponta as teses mais difundidas pela corrente do Direito Livre:

"*a*) repúdio à doutrina da suficiência absoluta da lei;

b) afirmação de que o juiz deve realizar, precisamente pela insuficiência dos textos, um labor pessoal e criador;

c) tese de que a função do julgador há de aproximar-se cada vez mais à atividade legislativa."[6]

161.2. Principais Adeptos. No desenvolvimento da doutrina do Direito Livre, os autores distinguem três fases, com a primeira abrangendo o pensamento de diversos juristas, entre 1840 e 1900, denominados precursores e que se distinguiam mais pelos ataques à tese da *plenitude hermética da ordem jurídica*. Destacaram-se: Stobbe, Dernburg, Adickes, Bülow, Stampe, Bekker, Kohler, Steinbach, Wundt e Danz. De um modo geral, defenderam a necessidade de se admitir, para o juiz, uma atividade menos dependente da lei e que se baseasse no estudo dos fatos, de acordo com as exigências da lógica.

A segunda fase corresponde a uma organização das ideias, iniciando-se com o séc. XX e terminando seis anos após. Nessa etapa, destaca-se o jurista austríaco Eugen Ehrlich, que admitiu, em sua obra "Livre Determinação do Direito e Ciência Jurídica Livre", 1903, a liberdade do juiz na hipótese da falta de norma escrita ou costumeira. A atividade criadora do juiz se manifestaria apenas *praeter legem*. Destacaram-se, ainda, Zitelman, Mayer, Radbruch, Wurzel, Sternberg e Müller-Erzbach. Enquanto na segunda fase o pensamento ainda se revela moderado, atinge o seu clímax de radicalização em 1906, na terceira fase, com a obra *A Luta pela Ciência do Direito*, de Kantorowicz, que se apresentou com o pseudônimo Gnaeus Flavius, na qual compara o Direito Livre a uma espécie de "direito natural rejuvenescido". O juiz deveria atuar, afirmava o autor alemão, em função da justiça, do Direito justo e para isso poderia basear-se na lei ou fora da lei. O intérprete deveria desprezar os textos quando estes não favorecessem os ideais da justiça, inspirando-se, então, nos dados sociológicos, de preferência, e orientado pela sua consciência jurídica.

Manifestação mais recente do Direito Livre é a ideia do *uso alternativo do Direito* ou *Direito Alternativo* (v. item 60, nota 21, e item 93). Os alternativistas se orientam pela ideia de justiça a ser aplicada, sobretudo, nas relações econômicas, objetivando pelo menos a amenizar o desequilíbrio entre as classes sociais, impedindo que a lei seja instrumento de satisfação dos mais fortes.

---

6   Reichel, *apud* Eduardo García Máynez, *op. cit.*, p. 347.

161.3. Crítica à Doutrina. A virtude da corrente do Direito Livre foi propugnar pela justiça, que funcionaria como farol para os aplicadores do Direito. Falharam os corifeus dessa corrente, quanto aos meios adotados para a realização da justiça. Ao defenderem a tese da justiça "dentro ou fora da lei", desprezaram o valor segurança, que é de importância capital no Direito. Se este dependesse da subjetividade do juiz, a ordem jurídica deixaria de ser um todo definido e perderia a sua unicidade. A segurança jurídica não exige, porém, o imobilismo do Direito, nem a submissão à literalidade da lei. O que não comporta é a incerteza jurídica, a improvisação, caprichos do Judiciário.

BIBLIOGRAFIA PRINCIPAL

Ordem de Sumário:

158 – Carlos Maximiliano, *Hermenêutica e Aplicação do Direito*; Alípio Silveira, *Hermenêutica no Direito Brasileiro*;

159 – Eduardo García Máynez, *Introducción al Estudio del Derecho*; Carlos Maximiliano, *op. cit.*;

160 – Carlos Maximiliano, *op. cit.*; Eduardo Espínola e Eduardo Espínola Filho, *Repertório Enciclopédico do Direito Brasileiro*, vol. 28; Miguel Reale, *Lições Preliminares de Direito*;

161 – Eduardo García Máynez, *op. cit.*; Eduardo Espínola e E. E. Filho, *op. cit.*

– Sexta Parte –
RELAÇÕES JURÍDICAS

- Capítulo 28 -
SUJEITOS DO DIREITO: PESSOA NATURAL E PESSOA JURÍDICA

Sumário: 162. Personalidade Jurídica. **163.** Pessoa Natural. **164.** Pessoa Jurídica.

162. PERSONALIDADE JURÍDICA

O Direito pode ser considerado dos pontos de vista estático e dinâmico. Sob o primeiro, revela-se um conjunto de regras abstratas que orienta a conduta social. Em sua manifestação dinâmica, projeta-se no quadro das relações sociais para definir, concretamente, os direitos e deveres de cada pessoa. A vida do Direito se apresenta com maior intensidade quando influencia diretamente no curso das ações sociais, por sua irradiação normativa, seja para determinar a forma de realização de um ato jurídico, indicar o comportamento devido ou para classificar fatos, imputando-lhes consequências jurídicas.

O permanente objetivo do Direito, em suas manifestações diversas, é o *ser humano*. As relações que define envolvem apenas os interesses e os valores necessários ao *ente dotado de razão e vontade*. O homem constitui, pois, o *centro de determinações do Direito*. Na acepção jurídica, *pessoa* é o ser, individual ou coletivo, dotado de direitos e deveres. Além do sentido jurídico, a palavra pessoa apresenta outras conotações. Na acepção biológica, significa *homem* ou *mulher* e na linguagem filosófica o *ser inteligente*, que se orienta teleologicamente. Do ponto de vista religioso, pessoa é o ser dotado de alma.[1]

Personalidade jurídica, atributo essencial ao ser humano, *é a aptidão para possuir direitos e deveres, que a ordem jurídica reconhece a todas as pessoas*. Em nosso Direito, esse reconhecimento é feito pelo art. 1º do Código Civil: "Toda pessoa é capaz de direitos e deveres na ordem civil."

---

[1] Jacques Maritain, uma das maiores expressões do pensamento católico contemporâneo, faz tal colocação: "A pessoa humana, por mais dependente que seja dos menores acidentes da matéria, existe em virtude da própria existência de sua alma, que domina o tempo e a morte. É o espírito que é a raiz da personalidade." (*Os Direitos do Homem*, 3ª ed., Livraria José Olímpio, Rio de Janeiro, 1967).

262 INTRODUÇÃO AO ESTUDO DO DIREITO · PAULO NADER

Todo fato regulado por norma jurídica constitui sempre um vínculo entre pessoas. *Sujeito* ou *titular* é o portador de direitos ou deveres em uma relação jurídica. Kelsen contesta a teoria tradicional, que identifica o conceito de sujeito do direito como o de pessoas. Para o jurista austríaco, pessoa "é a unidade de um complexo de deveres jurídicos e direitos subjetivos. Como estes deveres jurídicos e direitos subjetivos são estatuídos por normas jurídicas – melhor: são normas jurídicas –, o problema da pessoa é, em última análise, o problema da unidade de um complexo de normas".[2] O pensamento de Recaséns Siches é semelhante ao kelseniano. A personalidade jurídica que o ser individual ou coletivo possui, em sua opinião, não é uma realidade ou um fato, mas uma *categoria jurídica*, uma criação, que pode ser aplicada a diferentes substratos: "*La personalidad es la forma jurídica de unificación de relaciones.*"[3]

Enquanto, modernamente, toda pessoa é portadora de direitos e deveres e apenas o *ser humano* e o *ser coletivo* possuem personalidade jurídica, no passado a realidade era bem outra. É fato conhecido que Calígula, imperador romano, chegou a nomear o seu cavalo para o cargo de *cônsul*; "... um dos livros da Lei de Parsis, o Código do cão pastor – narra Edmond Picard –, reconhece a este quadrúpede ágil e vigilante o direito de matar um carneiro para se alimentar, quando pela quarta vez o dono lhe recusa de comer."[4] Se por esses exemplos os animais aparecem como alvo de honraria e benefício, em outros, surgem como réus que respondem a processo regular. Diz Kelsen que, durante a Idade Média, "era possível pôr uma ação contra um animal – contra um touro, por exemplo, que houvesse provocado a morte de um homem, ou contra os gafanhotos que tivessem aniquilado as colheitas. O animal processado era condenado na forma legal e enforcado, precisamente como se fosse um criminoso humano".[5]

Paradoxalmente, na mesma época em que se concediam direitos aos animais, negava-se tutela jurídica a determinadas classes sociais. Os estrangeiros, denominados *hostis*, não possuíam o amparo da lei. Os escravos, perante o Direito Romano, por lhes faltar o *status libertatis*, não possuíam personalidade jurídica. É comum, porém, encontrar-se, nos textos romanos, a palavra pessoa empregada no sentido de *ser humano*, como anota San Tiago Dantas.[6] O jurisconsulto Gaio, por exemplo, em uma divisão que apresentou quanto às pessoas, distinguiu duas espécies: *livres* e *escravos*, reconhecendo, pois, a estes a condição de pessoa. Malgrado a inferioridade jurídica dos escravos, em Roma chegaram a alcançar alguns benefícios, como o de participarem de entidades religiosas, *collegia funeratia*; obter algumas vantagens em relação aos senhores e adquirir, inclusive, com o seu pecúlio, o estado de liberdade.

Além da odiosa discriminação contra os estrangeiros, que se atenuou aos poucos até desaparecer, e o tratamento impiedoso dispensado aos escravos, houve, em Roma, a chamada *morte civil*, que ocorria nas hipóteses de condenação à prisão perpétua e na investidura em determinadas ordens monásticas. Em decorrência da *morte civil*, seguia-se a abertura do processo de sucessão. Ainda, em Roma, não se considerava pessoa o recém-nascido que não fosse apto a viver ou não possuísse forma humana (*Non sunt liberi, qui contra formam humani generis converso more procreantur, veluti si mulier monstrosum aliquid, aut prodigiosum enixa sit...*).[7]

---

[2]   Hans Kelsen, *Teoria Pura do Direito*, ed. cit., vol. I, p. 330.

[3]   Luis Racaséns Siches, *Introducción al Estudio del Derecho*, ed. cit., p. 153.

[4]   Edmond Picard, *op. cit.*, p. 74.

[5]   Hans Kelsen, *Teoria Pura do Direito*, ed. cit., vol. I, p. 61.

[6]   San Tiago Dantas, *Programa de Direito Civil*, Editora Rio, Rio de Janeiro, 1977, p. 169.

[7]   "Não são filhos os que, fora do costume, são procriados com forma incomum ao gênero humano, como se alguma mulher desse à luz alguma coisa monstruosa ou prodigiosa...", *Digesto*, Liv. I, tít. V, frag. 14.

Sexta Parte · **Cap. 28** · SUJEITOS DO DIREITO: PESSOA NATURAL E PESSOA JURÍDICA | **263**

As páginas da história que descrevem tais situações, consideradas, hoje, absurdas, revelam não apenas um capítulo da História do Direito, mas a própria vicissitude humana, em seu permanente esforço de autossuperação, em favor dos imperativos da razão.

Além de dispor sobre a pessoa individual, comumente designada por pessoa natural ou física, constituída pelo *ser humano*, a Ciência do Direito criou a pessoa jurídica, formada pela coletividade de indivíduos ou por um acervo de bens colocado para a realização de fins sociais.

163. PESSOA NATURAL

163.1. Considerações Prévias. A palavra *pessoa,* que hoje identifica o portador de direitos e obrigações, provém do vocábulo latino *persona* e tem a sua origem na Antiguidade Clássica. Era empregada, conforme Aulo Gelio esclarece, para designar a máscara, *larva histrionalis,* que os atores usavam em suas apresentações nos palcos, com o fim de tornar a sua voz mais vibrante e sonora. Em sua evolução semântica, persona passou a denominar o próprio ator, o personagem, para depois estender o seu significado e indicar, genericamente, o *homem.*

O estudo das *pessoas* é um capítulo de grande relevo que a Teoria Geral do Direito apresenta. Apesar de sua regulamentação jurídica, em nosso sistema, inserir-se no Código Civil, é matéria que extrapola o interesse restrito desse ramo e do próprio Direito Privado, pois repercute intensamente nas diferentes espécies de relações jurídicas, apresentando, assim, um significado universal para o Direito.

A terminologia consagrada pelo sistema brasileiro, *pessoa natural* e *pessoa jurídica,* para designar, respectivamente, o individual e o coletivo, não é a mais adequada, porque, na realidade, ambas são pessoas jurídicas. Daí Eduardo García Máynez, entre outros autores, preferir nomeá-las por *pessoa jurídica individual* e *pessoa jurídica coletiva.* Em seu famoso "Esboço", Teixeira de Freitas propôs as denominações *de existência visível* e *de existência ideal,* acolhidas, posteriormente, pelo Código Civil argentino.

Toda pessoa natural deve possuir um nome no registro civil, onde assentem, ainda, a maternidade e a paternidade. Em junho de 2019, a 3ª Turma do Superior Tribunal de Justiça admitiu o registro de dupla paternidade sem inclusão do nome da mãe biológica. A hipótese é de reprodução assistida, inexistindo vínculo parental entre a filha e a mãe biológica.

O nome civil pode ser alterado nos casos de união estável ou casamento. A 4ª Turma do Superior Tribunal de Justiça admitiu, ainda, a inclusão do sobrenome do consorte posteriormente ao estabelecimento do vínculo. Em 2011, o Tribunal de Justiça de Santa Catarina admitiu, à pessoa abandonada pelo pai, o uso apenas do sobrenome materno. Cabe, aqui, a interpretação extensiva, ou seja, a exclusão do sobrenome materno na hipótese de abandono pela mãe.

163.2. Início e Fim da Personalidade. No campo doutrinário, há duas correntes a respeito do início da personalidade humana. Uma considera mais acertado fixar-se esse começo a partir do nascimento com vida, enquanto outra, sustentada entre nós por Teixeira de Freitas, Nabuco de Araújo e Felício dos Santos, indica o momento da concepção. O legislador brasileiro optou pela primeira fórmula por considerá-la mais prática. Ao mesmo tempo, porém, dispôs quanto à proteção dos interesses do nascituro. A matéria é regulada

264 INTRODUÇÃO AO ESTUDO DO DIREITO · PAULO NADER

no art. 2º da Lei Civil: "A personalidade civil da pessoa começa do nascimento com vida, mas a lei põe a salvo, desde a concepção, os direitos do nascituro." Ao referir-se ao nascituro a lei alcança, *ipso facto*, a condição do embrião. Tal ilação se obtém mediante a interpretação extensiva. No entanto, projeto de lei neste sentido foi apresentado pelo deputado Ricardo Fiúza, relator junto à Câmara Federal do Projeto que instituiu o Código Civil de 2002. O Direito brasileiro considera a respiração como indicativo de vida, tanto que a Lei dos Registros Públicos determina dois assentos, o de nascimento e o de óbito, quando a criança, havendo respirado, morre no momento do parto.[8]

Nos processos judiciais em que se manifesta o interesse do nascituro, é designado um *curador ao ventre*, durante o período de vida intrauterina.

A personalidade jurídica cessa, conforme dispõe o art. 6º do Código Civil brasileiro, com a morte e pela declaração de ausência por ato do juiz. Quanto à hipótese em que mais de uma pessoa são encontradas sem vida e for relevante apurar-se a ordem dos óbitos, o sistema brasileiro considera-os simultâneos, caso não se consiga provar o contrário. Em relação à *comoriência*, portanto, o legislador brasileiro estabeleceu uma presunção relativa (*juris tantum*) e afastou-se do modelo romano.[9] O esclarecimento quanto à sequência das mortes é relevante apenas quando envolve matéria de sucessão. No tocante à ausência, esta se caracteriza, do ponto de vista jurídico, quando o juiz a declara, após ficar comprovado, em processo especial, que uma pessoa desapareceu de seu domicílio e dela não se tem notícia, decorrido determinado lapso de tempo.

A morte presumida pode ser declarada, todavia, sem decretação de ausência, nos termos do que dispõe o art. 7º da Lei Civil de 2002, quando o óbito se mostra provável em face das circunstâncias. Duas são as hipóteses: *"I – se for extremamente provável a morte de quem estava em perigo de vida; II – se alguém, desaparecido em campanha ou feito prisioneiro, não for encontrado até dois anos após o término da guerra."* Tal declaração pressupõe, ainda, que as buscas e averiguações tenham sido completas.

163.3. Capacidade de Fato. Conforme examinamos no princípio deste capítulo, a personalidade jurídica consiste na aptidão para possuir direitos e deveres, que a ordem jurídica reconhece a todas as pessoas. Para se obter a personalidade jurídica, o nascimento com vida é o suficiente, pois o Direito não impõe qualquer outra condição. *Capacidade de fato consiste na aptidão reconhecida à pessoa natural para exercitar os seus direitos e deveres.* Enquanto a personalidade jurídica se estende a todas as pessoas incondicionalmente e se refere à fruição de direitos e à aquisição de deveres, a capacidade de fato está condicionada a vários requisitos que a legislação apresenta e se refere à possibilidade de a pessoa praticar os atos da vida civil. A incapacidade de fato se divide em absoluta e relativa. Os absolutamente incapazes são impedidos de praticar quaisquer atos da vida civil, devendo ser representados por seus responsáveis. O art. 3º do Código Civil de 2002, com a nova redação trazida pelo Estatuto da Pessoa com Deficiência (Lei nº 13.146, de 06.07.2015),

---

[8] Dispõe o § 2º do art. 53 da Lei nº 6.015, de 31.12.73 – Lei dos Registros Públicos: "No caso de a criança morrer na ocasião do parto, tendo, entretanto, respirado, serão feitos os dois assentos, o de nascimento e o de óbito, com os elementos cabíveis e com remissões recíprocas."

[9] O sistema romano de presunções, que mais tarde influenciou o Código Napoleão, era diverso, como nos dá notícia Eduardo Espínola Filho: "No Direito romano, encontramos a regra de Marciano, pronunciando a simultaneidade dos óbitos, mas as distinções logo se fazem sentir; se há ascendentes e descendentes, presume-se a morte primeiro destes, se impúberes, e, se púberes, a sua sobrevivência..." (*Repertório Enciclopédico do Direito Brasileiro*, ed. cit., vol. X, p. 27).

passou a ter a seguinte redação: *"São absolutamente incapazes de exercer pessoalmente os atos da vida civil os menores de 16 (dezesseis) anos".*

Já o texto do art. 4º do Código Civil passou a ter a seguinte redação: *"São incapazes, relativamente a certos atos ou à maneira de os exercer: I – os maiores de dezesseis e menores de dezoito anos; II – os ébrios habituais e os viciados em tóxico; III – aqueles que, por causa transitória ou permanente, não puderem exprimir sua vontade; IV – os pródigos. Parágrafo único. A capacidade dos indígenas será regulada por legislação especial."*

Os relativamente incapazes podem praticar atos da vida civil, desde que assistidos por seus responsáveis. Às pessoas com transtornos mentais ficam, assim, preservados seus direitos à saúde, educação, trabalho, cultura, lazer, formação de família, além da administração de seus interesses patrimoniais e negociais. O transtorno mental provoca, pois, a incapacidade relativa e não a absoluta.

A espécie de incapacidade, referida no art. 4º, inciso I, desaparece com o fato jurídico da emancipação, definida no art. 5º, parágrafo único, I, do citado diploma legal. *Pródiga* é a pessoa portadora de uma anomalia psíquica, que a induz a esbanjar seus bens; é a que perde a noção dos valores econômicos e se revela perdulária. A sua incapacidade de praticar negócios jurídicos fica restrita às atividades econômicas e é suprida pela nomeação de um curador. Relativamente à capacidade dos índios, dispõe o parágrafo único do supracitado artigo 4º que a mesma será regulada por legislação especial. Os índios se acham sob regime tutelar da Fundação Nacional do Índio (FUNAI), salvo os já integrados à comunidade nacional, que se subordinam ao Direito Comum. Para os índios não há duas categorias de incapacidade e para que ocorra o fim desta é preciso que o interessado requeira a sua liberação do regime tutelar, comprovando: a) idade mínima de 21 anos; b) conhecimento da língua portuguesa; c) habilitação para o exercício de atividade útil à comunhão nacional; d) razoável conhecimento dos usos e costumes da comunhão nacional. Tal procedimento se faz perante juiz de Direito e com participação de representante do Ministério Público.

163.4. Registro, Nome e Domicílio Civil. Os acontecimentos mais importantes na vida da pessoa, do ponto de vista da organização social, devem ser inscritos em registro público, de acordo com as hipóteses previstas no art. 9º da Lei Civil. A sua finalidade é prover a organização social fornecendo aos interessados as informações necessárias mediante o fornecimento de certidões expedidas pelos cartórios. De acordo com o dispositivo citado, devem ser inscritos:

"I – os nascimentos, casamentos e óbitos;

II – a emancipação por outorga dos pais ou por sentença do juiz;

III – a interdição por incapacidade absoluta ou relativa;

IV – a sentença declaratória da ausência e de morte presumida."

Com o lançamento da Central Nacional de Informações do Registro Civil, a partir de agosto de 2014 foi criado o serviço de emissão de certidões eletrônicas de nascimento, casamento, união estável e óbito e foi instituído o Sistema de Informações de Registro Civil (Sirc), que deverá reunir todos os dados dos cartórios de registro civil do País, atualmente regulamentado pelo Decreto nº 9.929/2019.

As sentenças que alteram o estado civil devem ser averbadas em registro público (nulidade ou anulação do casamento, divórcio, separação judicial e restabelecimento da sociedade conjugal). Igualmente os atos judiciais ou extrajudiciais de declaração ou reconhecimento de filiação e os atos de adoção realizada em juízo ou não.

266 | INTRODUÇÃO AO ESTUDO DO DIREITO · PAULO NADER

Ao se inscrever, no registro civil, o nascimento da pessoa natural, providência que poderá ser tomada isoladamente ou em conjunto pelo pai e pela mãe (Lei nº 13.112/2015), é indispensável que se lhe atribua um nome, para efeito de sua identificação. Este se completa com o assentamento do nome de sua filiação e de seus avós. Como esclarece Jefferson Daibert, o nome "é a expressão mais característica da personalidade, o elemento inalienável e imprescritível da individualidade da pessoa".[10] Quanto à natureza do nome civil, doutrinariamente se discute se corresponde a um direito de propriedade ou se consiste em um direito de personalidade. Predomina, porém, a segunda concepção, sob o fundamento de que, além de não possuir valor patrimonial, é inalienável e irrenunciável.

O nome civil possui dois componentes: o *prenome* e o *cognome* ou *nome patronímico*. O primeiro elemento é individual e decorre da preferência e livre escolha dos pais, enquanto o segundo corresponde ao próprio cognome dos pais e é básico para a vinculação da pessoa à família. Quanto à alteração do nome civil, a legislação adota, por princípio, a imutabilidade do prenome, com ressalva, porém, a situações que especifica, como a que expõe a pessoa ao ridículo. Inclusive, recente legislação (Lei nº 14.382/2022) autorizou o oficial do registro civil a recusar nomes que exponham a criança ao ridículo. Caso os genitores não se conformem com a recusa, deverá o oficial do registro submeter a decisão ao juiz competente (art. 55, § 1º, da Lei nº 6.015/1973). Ao completar 18 anos, a pessoa natural pode requerer a modificação em seu prenome, diretamente no Cartório de Registro Civil onde foi registrada. Caberá uma única alteração do prenome após a maioridade. Para sua desconstituição, haverá a necessidade de sentença judicial (art. 56, § 1º, da Lei nº 6.015/1973). Independentemente do registro civil, nas interações entre o cidadão travesti ou transexual e a Administração Pública federal direta, autárquica e fundacional, esta autoriza que aquele possa se identificar com o seu "nome social". O Decreto nº 8.727/2016 autoriza que cidadãos travestis e transexuais requeiram a inclusão de seu nome social nos registros da Administração Pública federal, independentemente de qualquer modificação física de seu gênero natural. Todavia, o nome civil não deve ser omitido, isto é, conviverão nome civil e nome social, optando o interessado por ser identificado pelo nome social que deverá constar em destaque (art. 3º do Decreto nº 8.727/2016).

Salvo normativo específico em âmbito local, as administrações estaduais e municipais estão desobrigadas de seguir mencionado decreto, que, aliás, deveria estar contido em legislação própria (Lei nº 6.015/1973 e Código Civil). Assunto sério como a identificação de um cidadão perante o meio social que o circunda deve ser objeto de lei federal específica sobre a matéria civil e registral nos termos do arts. 22, inciso I, e 236 da Constituição Federal.

Para vários fins de Direito, é indispensável que a pessoa natural tenha um domicílio, o qual corresponde ao lugar onde reside com ânimo definitivo. Na hipótese de a pessoa possuir mais de uma residência regular, pelo que dispõe o art. 71 do Código Civil de 2002, *"considerar-se-á domicílio seu qualquer delas"*. No caso de a pessoa não possuir residência habitual, ter-se-á por seu domicílio o lugar em que for encontrada. Considera-se domicílio da pessoa, quanto às relações ligadas à sua profissão, o lugar onde esta é exercida. Se diversos os lugares, cada qual será considerado domicílio para as relações que lhe corresponderem. Outras disposições acham-se inseridas na Lei Civil, arts. 70 e seguintes.

163.5. Proteção de Dados Pessoais. O ordenamento pátrio, consoante a Lei nº 13.709/2018, regulou a proteção dos dados pessoais tendo por fundamento: "Art. 2º (...) I –

---

[10] *Op. cit.*, p. 164.

o respeito à privacidade; II – a autodeterminação informativa; III – a liberdade de expressão, de informação, de comunicação e de opinião; IV – a inviolabilidade da intimidade, da honra e da imagem; V – o desenvolvimento econômico, tecnológico e a inovação; VI – a livre-iniciativa, a livre concorrência e a defesa do consumidor; VII – os direitos humanos, o livre desenvolvimento da personalidade, a dignidade e o exercício da cidadania pelas pessoas naturais".

164. PESSOA JURÍDICA

164.1. Conceito. Pessoa jurídica é uma construção elaborada pela Ciência do Direito, em decorrência da necessidade social de criação de entidades capazes de realizarem determinados fins, não alcançados normalmente pela atividade individual isolada. Como acentua Orosimbo Nonato, a existência desses entes decorre de uma outorga da ordem jurídica.[11] Elas constituem, no dizer de Orlando Gomes, "grupos humanos personificados para a realização de um fim comum"[12] e, na definição simples e precisa de Jefferson Daibert, pessoa jurídica "é o conjunto de pessoas ou bens destinados à realização de um fim a quem o direito reconhece aptidão para ser titular de direitos e obrigações na ordem civil".[13]

Apesar de o Direito Romano ter apresentado algumas situações jurídicas que se aproximam do conceito de pessoa jurídica, não se pode concluir que esta se configurou entre os romanos. Ao *collegium* e a *sodalitas*, como esclarece San Tiago Dantas, o Direito Romano apenas conferiu alguns atributos, notadamente o de se representarem em juízo por uma única pessoa (*actor* ou *syndicus*) e o de possuírem um patrimônio (*arca*), distinto do pertencente a cada um de seus membros. A grande evolução que se processou entre os romanos nessa parte foi com a noção de *fiscum*, pela qual se passou a distinguir o patrimônio do imperador daquele outro que se destinava a atender os interesses da coletividade. O *fiscum*, porém, não possuía uma personalidade jurídica.

O conceito de pessoa jurídica foi uma elaboração do Direito Canônico. A dificuldade encontrada pelos canonistas para definirem a situação jurídica da Igreja, que não se confundia na pessoa de seus fiéis ou oficiantes, levou-os à concepção dos *seres coletivos*. Diante de um interesse concreto, aqueles teóricos chegaram a imaginar uma entidade distinta de seus membros e capaz de realizar determinados fins, mediante um acervo de bens. Ali estava, na opinião de San Tiago Dantas, a origem da pessoa jurídica. "Esta concepção dos canonistas, que no corpo místico viram uma entidade jurídica, permitiu que se insinuasse no Direito a noção que hoje em dia floresceria como noção de pessoa jurídica."[14]

Limongi França, como caracteres básicos da pessoa jurídica, aponta os seguintes princípios:

a) "Universitas distat a singulis", a universalidade dista da singularidade. Tal princípio evidencia que a pessoa jurídica não se confunde com as pessoas naturais, *singulares*, que a integram. Neste sentido, o *caput* do art. 20 do Código Civil de 1916, dispunha que "as pessoas jurídicas têm existência distinta da de seus membros".

---

[11]   *Repertório Enciclopédico do Direito Brasileiro*, ed. cit., vol. 37, p. 137.

[12]   Orlando Gomes, *op. cit.*, p. 178.

[13]   *Op. cit.*, p. 174.

[14]   *Op. cit.*, p. 208.

b) *"Quod debet, universitas non debent singuli et quod debent singuli nos debent universitas"*, o que deve a pessoa jurídica não devem os indivíduos que a integram, e o que devem os indivíduos a pessoa jurídica não deve. Tal princípio é uma decorrência natural e necessária do anterior. Todavia, quando em decorrência de abuso na administração, verifica-se desvio de finalidade ou confusão patrimonial, o juiz, conforme previsão do art. 50 do Código Civil, atendendo a requerimento de parte interessada ou do Ministério Público, quando este participar do processo, pode decretar a chamada *desconsideração da pessoa jurídica*, hipótese em que o patrimônio do administrador ou dos sócios responderá por obrigação, valendo a medida apenas para determinada situação. Em se tratando de relação de consumo, o juiz poderá decretar a desconsideração, dada a condição vulnerável do consumidor em face do fornecedor. Hipótese contrária é a *desconsideração inversa*, que ocorre quando a pessoa jurídica responde por obrigação de pessoa física que, visando a fraudar direito do cônjuge ou companheiro, leva o seu patrimônio para o da pessoa jurídica.

c) A personalidade jurídica da pessoa coletiva garante-lhe, em princípio, iguais direitos e obrigações aos que possuem as pessoas naturais. É evidente que as exceções a tal enunciado são muitas: obrigações perante o Serviço Militar, direitos políticos, matéria de família etc.

d) A administração dos interesses da pessoa jurídica desenvolve-se sob o comando de pessoas naturais.[15]

164.2. Natureza Jurídica das Pessoas Jurídicas. Uma das questões complexas que a doutrina acusa, no tocante às pessoas jurídicas ou morais, é a de se precisar a sua natureza jurídica. Entre as principais concepções, destacam-se as seguintes:

164.2.1. Teoria da ficção. O principal expositor da presente teoria foi o jurista alemão Savigny, que partiu da premissa de que personalidade jurídica é atributo próprio dos seres dotados de vontade. Como as pessoas jurídicas carecem de arbítrio, segue-se que a sua personalidade é admitida por uma ficção jurídica. Definiu a pessoa jurídica como "ente criado artificialmente e capaz de possuir um patrimônio". A presente concepção é vista como um desdobramento da teoria de Windscheid sobre os direitos subjetivos, situados por esse pandetista como "o poder ou senhorio da vontade reconhecido pela ordem jurídica". As críticas que se apresentam à *teoria da ficção* ocupam-se fundamentalmente de sua premissa, segundo a qual a personalidade jurídica das pessoas naturais é uma decorrência de sua faculdade de querer. Se o elemento vontade fosse essencial, como se justificaria a personalidade jurídica dos infantes e idiotas? Além desta observação, seus opositores alegam que as pessoas jurídicas são entes que possuem determinados fins e capacidade para realizá-los.

164.2.2. Teoria dos direitos sem sujeitos. A essência da pessoa jurídica, de acordo com o pensamento do pandectista Brinz, principal expositor desta teoria, localiza-se em uma distinção de natureza patrimonial. Haveria duas categorias de patrimônio: pessoal e impessoal, esta também denominada *patrimônio afeto a um fim*. Enquanto o patrimônio pessoal, como seu nome indica, pertence a determinado indivíduo, o impessoal carece de dono e seu vínculo prende-se à realização de um determinado fim, gozando, para isto, de proteção jurídica. A crítica que se faz à presente concepção é que não é possível haver

---

[15]   *Apud* Jefferson Daibert, *op. cit.,* p. 180.

Sexta Parte • **Cap. 28** • SUJEITOS DO DIREITO: PESSOA NATURAL E PESSOA JURÍDICA | **269**

direito ou dever desvinculado de um titular, pois direito significa poder de agir conferido a alguém, e todo dever pressupõe um obrigado.

164.2.3. Teorias realistas. Sob a denominação genérica de teorias realistas agrupam-se diversas concepções que apresentam, como denominador comum, o entendimento de que a pessoa jurídica não constitui uma ficção, mas uma realidade. Desvinculam a personalidade jurídica do elemento vontade. Entre as teorias realistas, a que mais se projetou foi a de Otto Gierke, denominada "teoria do organismo social". Para o jurista germânico, não há uma separação absoluta entre a pessoa jurídica e os membros que a integram; ela não se coloca perante os seus membros como algo estranho. A pessoa jurídica se distingue de seus membros, mas ao mesmo tempo constitui uma *unidade* com eles. Possui vontade própria, que não é senão uma decorrência da vontade dos indivíduos que a compõem. A concepção apresentada por Giorgi, Fadda e Bensa, denominada "teoria da realidade objetiva", admite que a pessoa jurídica possui existência real, sob o fundamento de que mostra fortes semelhanças com a pessoa natural.

164.3. Classificação das Pessoas Jurídicas. Enquanto o conceito de pessoa jurídica é de natureza universal, a sua classificação completa varia de acordo com os sistemas jurídicos. A tipologia apresentada pelo ordenamento nacional corresponde, em linha geral, aos critérios básicos apontados pelo Direito Comparado. A principal classificação dos seres coletivos é uma projeção da maior divisão do Direito Positivo: pessoas jurídicas de Direito Público e pessoas jurídicas de Direito Privado. As primeiras se dividem em pessoas jurídicas de Direito Público externo, representadas pelos Estados e órgãos análogos, como a Organização das Nações Unidas (ONU), e pessoas jurídicas de Direito Público interno, que englobam, consoante o disposto no art. 41 do Código Civil, a União, Estados-membros, Distrito Federal, Territórios, Municípios, autarquias, inclusive as associações públicas e demais entidades de caráter público criadas por lei.

As pessoas jurídicas de Direito Privado, previstas no art. 44 da Lei Civil, dividem-se em *associações, sociedades, fundações, organizações religiosas e partidos políticos.* As associações (*universitas personarum*) são entidades que visam a fins culturais, beneficentes, esportivos, religiosos. Não faz parte da natureza das associações o fito de lucro. Podem desenvolver alguma atividade econômica, mas desde que o lucro auferido se destine à consecução do seu objeto e não para divisão entre os associados.

As *fundações,* que correspondem a *universitas bonorum* do Direito Romano, caracterizam-se pela existência de um acervo econômico, instituído como instrumento ou meio para a realização de determinado fim.

As *sociedades* são pessoas jurídicas que objetivam fins lucrativos, com a finalidade de partilhar os resultados entre seus membros. À exceção da *sociedade anônima*, que continua regida por lei própria, as demais se acham reguladas no Código Civil de 2002 e a partir do art. 981. As sociedades, pela nova ordem, classificam-se em *empresárias* e *simples*. As primeiras têm por objeto, conforme definição do art. 982, *"o exercício de atividade própria de empresário sujeito a registro"*, enquanto as *sociedades simples* são as que não têm por objeto a atividade própria de empresário, abrangendo assim as profissões de natureza *intelectual, científica, literária* ou *artística*. Tal espécie se acha disciplinada nos artigos 981, 983, 985, 997 e seguintes do atual Códex.

As organizações religiosas e os partidos políticos, *ex vi* da Lei n. 10.825, de 22.12.2003, podem se estruturar como pessoas jurídicas de Direito Privado. Destarte, a sua criação e funcionamento independem de autorização ou reconhecimento.

BIBLIOGRAFIA PRINCIPAL

Ordem do Sumário:

162 – Luis Recaséns Siches, *Introducción al Estudio del Derecho*; Giorgio del Vecchio, *Lições de Filosofia do Direito*, vol. II;

163 – Clóvis Beviláqua, *Teoria Geral do Direito Civil*; Jefferson Daibert, *Introdução ao Direito Civil*; Washington de Barros Monteiro, *Curso de Direito Civil – Parte Geral*; Eduardo García Máynez, *Introducción al Estudio del Derecho*;

164 – Eduardo García Máynez, *op. cit.*; San Tiago Dantas, *Programa de Direito Civil*; Washington de Barros Monteiro, *op. cit.*

– Capítulo 29 –
RELAÇÃO JURÍDICA: CONCEITO, FORMAÇÃO, ELEMENTOS

Sumário: 165. Conceito de Relação Jurídica. **166.** Formação da Relação Jurídica. **167.** Elementos da Relação Jurídica.

165. CONCEITO DE RELAÇÃO JURÍDICA

A relação jurídica faz parte do elenco dos *conceitos jurídicos fundamentais* e constitui um ponto de convergência de vários componentes do Direito. A sua compreensão é elemento-chave para o conhecimento da Teoria Geral do Direito. Nela se entrelaçam fatos sociais e normas jurídicas. É no quadro amplo das relações jurídicas que se apresentam os sujeitos do direito e se projetam direitos subjetivos e deveres jurídicos.

Pode-se afirmar que a doutrina das relações jurídicas teve início a partir dos estudos formulados por Savigny no século XIX. De uma forma clara e precisa, o jurista alemão definiu relação jurídica como "vínculo entre pessoas, em virtude do qual uma delas pode pretender algo a que a outra está obrigada".[1] Em seu entendimento, toda relação jurídica apresenta um *elemento material*, constituído pela relação social, e outro *formal*, a determinação jurídica do fato, mediante normas.

Coerente com o pensamento da Escola História do Direito, da qual foi o seu corifeu, Savigny atribuiu grande importância ao *fato social* na formação da relação jurídica. Principalmente com Stucka e Pasukanis, a teoria marxista do Direito, que vê no fenômeno jurídico apenas um conteúdo econômico, concorda com a origem social do Direito. A concepção de Savigny é predominante entre os estudiosos da matéria. No Brasil é aceita, entre outros, pelo jurista Pontes de Miranda, para quem "relação jurídica é a relação inter-humana, a que a regra jurídica, incidindo sobre os fatos, torna jurídica".[2] Em igual sentido é a opinião de Miguel Reale: "Quando uma relação de homem para homem se subsume ao

---
[1] *Apud* José María Rodríguez Paniagua, *op. cit.*, p. 69.
[2] Pontes de Miranda, *Tratado de Direito Privado*, ed. cit., vol. I, p. 117.

modelo normativo instaurado pelo legislador, essa realidade concreta é reconhecida como sendo relação jurídica."[3]

Além da concepção de Savigny, para quem a relação jurídica é sempre um vínculo entre pessoas, há outras tendências doutrinárias. Para Cicala, por exemplo, a relação não se opera entre os sujeitos, mas entre estes e a norma jurídica, pois é por força desta que se estabelece o liame. A norma jurídica seria, assim, a mediadora entre as partes. Alguns juristas defenderam a tese de que a relação jurídica seria um nexo entre a pessoa e o objeto. Este foi o ponto de vista de Clóvis Beviláqua: "Relação de direito é o laço que, sob a garantia da ordem jurídica, submete o objeto ao sujeito."[4] Modernamente esta concepção foi abandonada, principalmente em face da teoria dos sujeitos, formulada por Roguin. As dúvidas que havia em relação ao direito de propriedade foram dissipadas pela exposição desse autor. A relação jurídica nessa espécie de direito não seria entre o proprietário e a coisa, mas entre aquele e a coletividade de pessoas, que teria o dever jurídico de respeitar o direito subjetivo.

Na concepção de Hans Kelsen, significativa por partir do chefe da corrente normativista, a relação jurídica não consiste em um vínculo entre pessoas, mas entre dois fatos enlaçados por normas jurídicas. Como exemplo, figurou a hipótese de uma relação entre um credor e um devedor, afirmando que a relação jurídica "significa que uma determinada conduta do credor e uma determinada conduta do devedor estão enlaçadas de um modo específico em uma norma de direito..."[5]

No plano filosófico, há a indagação se a regra de Direito cria a relação jurídica ou se esta preexiste à determinação jurídica. Para a corrente jusnaturalista, o Direito apenas reconhece a existência da relação jurídica e lhe dá proteção, enquanto o positivismo assinala a existência da relação jurídica somente a partir da disciplina normativa. Há determinadas relações que efetivamente antecedem à regulamentação jurídica, pois expressam fenômenos de ordem natural, *in rerum natura*, como é o fato, por exemplo, da filiação.

São as relações jurídicas que dão movimento ao Direito. Em cada uma ocorre a incidência de normas jurídicas, que definem os direitos e os deveres dos sujeitos. Há relação jurídica que se extingue tão logo é produzido o seu efeito: a relação que se estabelece entre o passageiro e o taxista desaparece quando, no local de destino, o preço da corrida é pago. Outras há cujos efeitos são duradouros, como se passa nas relações matrimoniais. Na maior parte dos vínculos, os dois sujeitos possuem direitos e deveres, como nas relações de emprego. Há relações em que os poderes e as obrigações são recíprocos e de igual conteúdo para as duas partes: dever de coabitação entre os cônjuges.

166. FORMAÇÃO DA RELAÇÃO JURÍDICA

As relações de vida formam-se em decorrência de determinados fatores que aproximam os homens e os levam ao convívio. Tais fatores são de natureza fisiológica, econômica, moral, cultural, recreativa etc. A necessidade que o homem possui de suprir as suas várias carências o induz à convivência. É pela vida associativa que obtém os complementos indispensáveis à sua sobrevivência, à satisfação de seus instintos básicos, ao conhecimento das coisas e da própria natureza. São as relações intersubjetivas que formam o suporte ou a matéria das relações de direito. Quando essas relações de vida repercutem no equilíbrio social, não podem permanecer sob o comando aleatório das preferências individuais. Nessa hipó-

---

[3]   Miguel Reale, *Lições Preliminares de Direito,* ed. cit., p. 211.

[4]   Clóvis Beviláqua, *op. cit.,* p. 54.

[5]   *Apud* Ariel Alvarez Gardiol, *op. cit.,* p. 67.

Sexta Parte • **Cap. 29** • RELAÇÃO JURÍDICA: CONCEITO, FORMAÇÃO, ELEMENTOS | **273**

tese é mister a regulamentação jurídica. Uma vez subordinadas ao império da lei, as relações sociais ganham qualificativo jurídico.

Quanto às relações sociais que surgem espontaneamente e não em decorrência de uma elaboração legal, como assinala Jean Dabin, há uma categoria que se revela legítima e outra que se forma de acordo com os princípios e valores sociais. Quanto às relações sociais consideradas negativas ou prejudiciais ao interesse coletivo, o Estado pode proibi-las mediante normas específicas. Tais relações passam a ser consideradas ilícitas e combatidas pela coercitividade estatal. A atitude quanto a essa classe de relação social poderá ser outra, contudo. Por razões de oportunidade ou de impotência para controlá-la, o Estado é levado à tolerância. Não as proíbe, mas também não as declara lícitas. Quanto às relações sociais voluntárias, que beneficiam o interesse coletivo, além de reconhecer a sua licitude, o Estado poderá discipliná-las, se for conveniente, e até mesmo ajudá-las.[6]

As relações jurídicas se formam pela incidência de normas jurídicas em fatos sociais. Em sentido amplo, os acontecimentos que instauram, modificam ou extinguem relações jurídicas denominam-se *fatos jurídicos*. Quando ocorre um determinado acontecimento regulado por regras de Direito, instaura-se uma relação jurídica. Se toda relação jurídica pressupõe uma relação de vida, *Lebenverhaltniss*, nem toda relação social ingressa no mundo do Direito, apenas as relativas aos interesses fundamentais de proteção à pessoa e à coletividade. Assim, os vínculos de amizade, laços sentimentais, permanecem apenas no plano fático.

É a *política jurídica* que indica ao legislador as relações sociais carentes de regulamentação jurídica.[7] O Estado possui a faculdade de impor normas de conduta às diferentes questões sociais. A legitimidade para a ação legislativa, contudo, apresenta limites. As relações puramente espirituais, os fatos da consciência, escapam à competência do legislador, pois "o espírito sopra onde quer". Quando as relações sociais se desenvolvem normalmente pelos costumes, sem acusar problemas de convivência, não é recomendável que a lei as discipline pois, além de inútil, pode quebrar a harmonia que espontaneamente existe nas relações intersubjetivas.

167. ELEMENTOS DA RELAÇÃO JURÍDICA

Integram a relação jurídica os elementos: *sujeito ativo, sujeito passivo, vínculo de atributividade* e *objeto*. O fato e a norma jurídica, que alguns autores arrolam como elementos, são antes pressupostos da existência da relação jurídica.

167.1. Sujeitos da Relação Jurídica. Entre os caracteres das relações jurídicas, há a chamada *alteridade,* que significa *a relação de homem para homem.* Nesse vínculo intersubjetivo, cada qual possui uma situação jurídica própria. Esta consiste na posição que a parte ocupa na relação, como titular de direito ou de dever. Denomina-se *situação jurídica ativa* a que corresponde à posição do agente portador de direito subjetivo e *situação jurídica passiva,* a do possuidor de dever jurídico. Parte é a pessoa ou conjunto de pessoas com uma situação jurídica ativa ou passiva. A referência que se faz com o vocábulo *parte* é para

---

6   Cf. Jean Dabin, *Teoría General del Derecho*, Editorial Revista de Derecho Privado, Madrid, 1955, p. 122.

7   Para o autor Boris Starck, "Entende-se por política jurídica – denominada também política legislativa – a elaboração do conteúdo da regra de direito a reformar ou a construir", *Introduction au Droit*, 3ª ed., Paris, Libraire de la Cour de Cassation, 1991, p. 132.

distinguir os participantes da relação dos chamados *terceiros*, que são pessoas alheias ao vínculo jurídico.

Denomina-se *sujeito ativo* a pessoa que, na relação, ocupa a *situação jurídica ativa*; é o portador do direito subjetivo que tem o poder de exigir do sujeito passivo o cumprimento do dever jurídico. Como na maioria das relações jurídicas as duas partes possuem direitos e deveres entre si, sujeito ativo é o credor da prestação principal. Sujeito ativo ou titular do direito é a pessoa natural ou jurídica. Na opinião de Jean Dabin, há muitas regras jurídicas que não apresentam sujeito ativo, como as relativas ao sistema da tutela, domicílio ou as ditadas em interesse de terceiros em geral. Daí o antigo professor da Universidade de Louvain considerar "um erro representar-se o mundo do Direito, sob o pretexto de que rege as relações dos homens entre si, como uma rede de laços de direitos e obrigações entre pessoas determinadas".[8] Mas, se é possível uma norma jurídica que não apresente sujeito ativo, tal não é admissível quanto às relações jurídicas.

Sujeito passivo é o elemento que integra a relação jurídica com a obrigação de uma conduta ou prestação em favor do sujeito ativo. O sujeito passivo é o responsável pela obrigação principal. Sujeito ativo e passivo apresentam-se sempre em conjunto nas relações jurídicas. Um não pode existir sem o outro, do mesmo modo que não existe direito onde não há dever.

A relação jurídica que envolve apenas duas pessoas é denominada *simples*. *Plurilateral* é a relação em que mais de uma pessoa apresenta-se na situação jurídica ativa ou passiva.[9] Quanto aos sujeitos ainda, as relações podem ser relativas ou absolutas. *Relativa* é aquela em que uma pessoa ou um grupo de pessoas figura como sujeito passivo. *Absoluta* é quando a coletividade se apresenta como sujeito passivo, o que ocorre, *v.g.*, quanto ao direito de propriedade e nos direitos personalíssimos, em que todas as pessoas têm o dever de respeitá-los, investindo-se, pois, na situação jurídica passiva. A relação jurídica pode ser de Direito Público ou de Direito Privado. A primeira hipótese, também denominada *relação de subordinação*, ocorre quando o Estado participa na relação como sujeito ativo, impondo o seu *imperium*. É de Direito Privado, ou de coordenação, quando integrada por particulares em um plano de igualdade, podendo o Estado nela participar não investido de sua autoridade.

Dever de proteção aos animais. Embora a literatura jurídica atual aborde o tema *Direito dos Animais*, deve-se entender por Direito uma relação entre pessoas naturais ou jurídicas. Os animais devem ser considerados tão somente objetos de proteção dos ordenamentos.

Os animais constituem bem móveis que possuem vida, sensibilidade. A posse não autoriza aos seus proprietários a imposição de danos corporais, nem a eliminação plena de sua liberdade. Em se tratando de animais selvagens, não se deve impedir a vida no *habitat* que lhe é próprio.

O ordenamento não considera crime o abate de animal quando a conduta do agente decorrer do seu estado de necessidade ou para saciar a sua fome ou a de seus familiares.

A matéria em pauta é regulada pela Lei 9.605, de 12.02.1998, modificada em parte pela Lei 14.064, de 29.09.2020.

---

8   Jean Dabin, *op. cit.*, p. 128.

9   Terminologia empregada por Alessandro Groppali, *Introdução ao Estudo do Direito*, ed. cit., p. 140.

167.2. Vínculo de Atributividade. No dizer de Miguel Reale, "é o vínculo que confere a cada um dos participantes da relação o poder de pretender ou exigir algo determinado ou determinável". O vínculo de atributividade pode ter por origem o contrato ou a lei.[10]

167.3. Objeto. O vínculo existente na relação jurídica está sempre em função de um objeto. As relações jurídicas são estabelecidas visando a um fim específico. A relação jurídica criada pelo contrato de compra e venda, por exemplo, tem por objeto a entrega da coisa, enquanto no contrato de trabalho o objeto é a realização do trabalho. É sobre o objeto que recai a exigência do sujeito ativo e o dever do sujeito passivo.

Ahrens, Vanni e Coviello, entre outros juristas, distinguem objeto de conteúdo da relação jurídica. O objeto, também denominado *objeto imediato*, é a coisa em que recai o poder do sujeito ativo, enquanto conteúdo, ou *objeto mediato*, é o fim que o direito garante. O objeto é o meio para se atingir o fim, enquanto o fim garantido ao sujeito ativo denomina-se conteúdo. Flóscolo da Nóbrega, com clareza, exemplifica: "Na propriedade, o conteúdo é a utilização plena da coisa, o objeto é a coisa em si; na hipoteca, o objeto é a coisa, o *conteúdo* é a garantia à dívida; na empreitada, o conteúdo é a realização da obra, o objeto é prestação do trabalho; numa sociedade comercial, o conteúdo são os lucros procurados, o objeto é o ramo de negócio explorado."[11]

No estudo do objeto da relação jurídica, várias questões ainda se acham pendentes de definição doutrinária. Entre os autores não há uniformidade de pensamento. Hübner Gallo, nesse sentido, afirmou: "está por elaborar-se uma teoria geral do objeto do direito, ponto sobre o qual existe notória confusão e disparidade de critérios..."[12]

O objeto da relação jurídica recai sempre sobre um bem. Em função deste, a relação pode ser *patrimonial* ou *não patrimonial*, conforme apresente um valor pecuniário ou não. Autores há que identificam o elemento econômico em toda espécie de relação jurídica, sob o fundamento de que a violação do direito alheio provoca uma indenização em dinheiro. Como analisa Icílio Vanni, há um equívoco porque na hipótese de danos morais, o ressarcimento em moeda se apresenta apenas como um sucedâneo, uma compensação que tem lugar apenas quando a ofensa à vítima acarreta-lhe prejuízo, direta ou indiretamente, em seus interesses econômicos. A indenização não é medida pelo valor do bem ofendido, mas pelas consequências decorrentes da lesão ao direito.

A doutrina registra, com muita divergência, que o poder jurídico de uma pessoa recai sobre: *a) a própria pessoa; b) outras pessoas; c) coisas*. Quanto à possibilidade de o poder jurídico incidir sobre a própria pessoa, alguns autores a rejeitam, sob a alegação de que não é possível, do ponto de vista da lógica jurídica, uma pessoa ser, ao mesmo tempo, sujeito ativo e objeto da relação. Tendo em vista o progresso da ciência, que tornou possíveis conquistas extraordinárias, como a de um ser vivo ceder a outro um órgão vital, parte de seu corpo, em face do elevado alcance social e moral que esse fato apresenta, entendemos que a Ciência do Direito não pode recusar essa possibilidade, devendo, sim, a lógica jurídica render-se à lógica da vida.

Dentro dessa ordem de indagação, surge um problema apresentado por João Arruda: o indivíduo possui direito sobre as peças anatômicas destacadas de seu corpo? Extirpado um órgão do corpo humano, esse pode ser apropriado pelo cirurgião? João Arruda defen-

---

[10] Miguel Reale, *Lições Preliminares de Direito*, ed. cit., p. 214.

[11] Flóscolo da Nóbrega, *Introdução ao Direito*, 5ª ed., José Konfino, Editor, Rio de Janeiro, 1972, p. 161.

[12] Jorge I. Hübner Gallo, *op. cit.*, p. 224.

deu a tese de que "o homem tem direito às diferentes partes do seu corpo, mesmo quando essas partes sejam deste separadas... não se dá aí direito ao médico, pelo corte de uma parte do corpo, ou ao dentista pela extração de dentes, é que não há, nesses casos, como se diz, a *ocupação* determinando a propriedade do operador".[13] Entendemos que o aspecto jurídico desta matéria acha-se inteiramente subordinado aos valores morais. O Direito Positivo deve consagrar alguns princípios apenas para admitir, em tal hipótese, que a pessoa autorize ou não uma destinação nobre para o órgão extraído de seu corpo. O Código Civil de 2002, pelo *caput* do art. 14, dispôs: *"É válida, com objetivo científico, ou altruístico, a disposição gratuita do próprio corpo, no todo ou em parte, para depois da morte."*

Quanto à possibilidade de o poder jurídico recair sobre outra pessoa, a maior parte da doutrina revela-se contrária, destacando-se, nesse sentido, as opiniões de Luis Legaz y Lacambra e Luis Recaséns Siches. Entre nós, Miguel Reale admite que uma pessoa possa ser objeto de direito, sob a justificativa de que "tudo está em considerar a palavra 'objeto' apenas no sentido lógico, ou seja, como a razão em virtude da qual o vínculo se estabelece. Assim a lei civil atribui ao pai uma soma de poderes e deveres quanto à pessoa do filho menor, que é a razão do instituto do pátrio poder".[14]

BIBLIOGRAFIA PRINCIPAL

Ordem do Sumário:

165 – Giuseppe Lumia, *Principios de Teoría e Ideología del Derecho*; José María Rodríguez Paniagua, *Ley y Derecho*;

166 – Jean Dabin, *Teoría General del Derecho*;

167 – Miguel Reale, *Lições Preliminares de Direito*; Icílio Vanni, *Lições de Filosofia do Direito*; João Arruda, *Filosofia do Direito*; Jorge I. Hübner Gallo, *Introducción al Derecho*.

---

13   João Arruda, *op. cit.*, p. 40.
14   Miguel Reale, *Lições Preliminares de Direito*, ed. cit., p. 216.

– Capítulo 30 –
DIREITO SUBJETIVO

Sumário: 168. Origem do Direito Subjetivo e Aspectos Gerais. **169.** Conceito de Direito Subjetivo. **170.** Situações Subjetivas. **171.** A Natureza do Direito Subjetivo – Teorias Principais. **172.** Classificação dos Direitos Subjetivos. **173.** Aquisição, Modificações e Extinção dos Direitos.

168. ORIGEM DO DIREITO SUBJETIVO E ASPECTOS GERAIS

O quadro social registra um permanente movimento de forças individuais e coletivas, que lutam pela obtenção e eficácia de direitos subjetivos. Nas relações de vida, cada qual procura assumir a posição de comando, de senhorio, de titular de direitos. No meio civilizado, o *ter* e o *poder* decorrem de direitos subjetivos, constituídos à luz do ordenamento jurídico. O esforço pela conquista e firmeza de direitos não se limita ao plano amistoso. Quando não é possível o diálogo e o entendimento, os tribunais podem definir a existência de direitos e seus respectivos titulares. O significado dos direitos subjetivos é tão amplo, que se pode dizer, ainda, que o próprio Direito Positivo é instituído para defini-los e para determinar a sua forma de aquisição e tutela. Esta é a dimensão de importância do presente capítulo de estudo.

Enquanto para muitos autores a distinção entre o Direito objetivo e o subjetivo era familiar aos romanos, Michel Villey defende a tese de que para o Direito Romano clássico, o *seu de cada um* era apenas o resultado da aplicação dos critérios da lei, "uma fração de coisas e não um poder sobre as coisas". Para o ilustre professor da Universidade de Paris, "o *jus* é definido no Digesto como o que é justo (*id quod justum est*); aplicado ao indivíduo, a palavra designará a parte justa que lhe deverá ser atribuída (*jus suum cuique tribuere*) em relação aos outros, neste trabalho de repartição (*tributio*) entre vários que é a arte do jurista".[1]

A ideia do direito como atributo da pessoa e que lhe proporciona benefício, somente teria sido claramente exposta, no século XIV, por Guilherme de Occam, teólogo e filósofo inglês, na polêmica travada com o Papa João XXII, a propósito dos bens que se achavam em poder da Ordem Franciscana. Para o Sumo Pontífice, aqueles religiosos não eram proprietários das coisas, embora o uso que delas faziam há longo tempo. Em defesa dos franciscanos, Guilherme de Occam desenvolve a sua argumentação, na qual distingue o simples uso, por concessão e revogável, do verdadeiro direito, que não pode ser desfei-

---

[1] Michel Villey, *Filosofia do Direito – Definições e Fins do Direito*, 1ª ed., Editora Atlas S.A., São Paulo, 1977, p. 120.

to, salvo por motivo especial, hipótese em que o seu titular poderia reclamá-lo em juízo. Occam teria, assim, considerado dois aspectos do direito individual: *O poder de agir e a condição de reclamar em juízo.*

No processo de fixação do conceito de direito subjetivo, foi importante a contribuição da escolástica espanhola, principalmente através de Suárez, que o definiu como "o poder moral que se tem sobre uma coisa própria ou que de alguma maneira nos pertence".[2] Posteriormente, Hugo Grócio admitiu o novo conceito, também aceito por seus comentaristas Pufendorf, Feltmann, Thomasius, integrantes da Escola do Direito Natural. É reconhecida especial importância à adesão de Christian Wolf (1679-1754) ao novo conceito, sobretudo pela grande penetração de sua doutrina nas universidades europeias.

O termo *direito subjetivo* é de formação relativamente recente, pois data do século XIX. Para Ariel Alvarez Gardiol, a denominação não é própria, porque tanto o *subjectum juris* quanto a *norma agendi* são, na realidade, objetivos.[3] Enquanto o vocábulo direito apresenta essa dualidade de sentidos em várias línguas, os ingleses identificam o direito subjetivo pela palavra *right* e designam o Direito objetivo por *law,* que também significa *lei.* Na língua alemã, *Recht* expressa o Direito objetivo e *Berechtigung,* o direito subjetivo. Nas línguas neolatinas, notadamente, o vocábulo *direito* apresenta esse duplo aspecto e é pelo sentido completo da frase que se distingue uma acepção da outra. Quando se diz "ter direito a..." e geralmente quando se coloca o substantivo no plural, *direitos,* a referência é ao direito subjetivo.

Pela doutrina tradicional, enquanto o Direito objetivo era chamado por *norma agendi,* designando o conjunto de preceitos que organiza a sociedade, o subjetivo foi conceituado como *facultas agendi,* ou seja, como faculdade de agir garantida pelas regras jurídicas. Modernamente, com a distinção que se faz entre direito subjetivo e faculdade jurídica, tal colocação já se acha superada, mas conservando a virtude de indicar o Direito objetivo e o subjetivo "de maneira complementar, um impensável sem o outro".[4]

169. CONCEITO DE DIREITO SUBJETIVO

O direito subjetivo apresenta-se sempre em relação jurídica. Apesar de relacionar-se com o Direito objetivo, ele se opõe correlatamente é ao dever jurídico. Um não existe sem o outro. O sujeito ativo da relação é o portador de direito subjetivo, enquanto o sujeito passivo é o titular de dever jurídico. Este possui o encargo de garantir alguma coisa àquele. O direito subjetivo apresenta duas esferas: a da *licitude* e a da *pretensão.* A primeira corresponde ao âmbito da liberdade da pessoa, *agere licere,* pelo qual pode movimentar-se e atuar na vida social, dentro dos limites impostos a todos pelo ordenamento jurídico. É ele quem garante a conduta livre dos indivíduos, porque o Direito objetivo impõe a toda a coletividade o dever jurídico de respeitar essa faixa de liberdade, bem como a integridade física e moral de cada um.[5] De acordo com a observação de Recaséns Siches, não se deve dizer, propriamente, que se tem direito às simples condutas, como a de *transitar pelas ruas* ou a de *fumar,* mas sim que se tem direito de agir livremente sem ser impedido ou molestado por qualquer pessoa.[6] Esse direito se constitui pelo que a doutrina atual denomina por *reverso material dos deveres jurídicos de outros sujeitos,* quer dizer, a existência do direito decorrente do dever jurídico, que todos os membros da sociedade possuem, de respeitar

---

2   *Apud* José María Rodríguez Paniagua, *op. cit,* p. 53.
3   Ariel Alvarez Gardiol, *op. cit,* p. 68.
4   Miguel Reale, *Lições Preliminares de Direito,* ed. cit., p. 248.
5   Cf. Giuseppe Lumia, *op. cit.,* p. 99.
6   Luis Recaséns Siches, *Tratado General de Filosofía del Derecho,* 5ª ed., Editorial Porrua, S.A., México, 1975, p. 235.

a liberdade individual. A *pretensão* é a aptidão que o direito subjetivo oferece ao seu titular de recorrer à via judicial, a fim de exigir do sujeito passivo a prestação que lhe é devida.[7]

O direito subjetivo decorre da incidência de normas jurídicas sobre fatos sociais. As regras podem qualificar os direitos tanto pela imposição de deveres jurídicos aos sujeitos que se encontrem em determinadas situações ou reconhecendo, diretamente, vantagens aos portadores de situações jurídicas específicas. O direito subjetivo consiste, assim, *na possibilidade de agir e de exigir aquilo que as normas de Direito atribuem a alguém como próprio.*

Na ordem social, é o Direito objetivo que define os direitos subjetivos, enquanto, no plano moral, pode-se cogitar, conforme Jean Dabin, do chamado direito subjetivo moral. Se, do ponto de vista científico, o direito subjetivo decorre do Direito objetivo, não se pode negar que, no plano filosófico, o ordenamento jurídico é instaurado com a finalidade de amparar os direitos humanos. Ao requerer alguma providência judicial, o interessado deve fundamentar o seu pedido não na *ordem natural das coisas*, ou simplesmente na existência do bem moral, mas em determinados dispositivos que integram o ordenamento jurídico.

Para o jurista Pontes de Miranda, a existência do direito subjetivo pressupõe a antecedente existência de normas jurídicas: "Direito objetivo é a regra jurídica, antes, pois, de todo direito subjetivo e não subjetivado. Só após a incidência de regra jurídica é que os suportes fáticos entram no mundo jurídico, tornando-se fatos jurídicos. Os direitos subjetivos em todos os demais efeitos são eficácia do fato jurídico; portanto, *posterius*."[8]

Na doutrina exposta por San Tiago Dantas, o direito subjetivo pode ser identificado por três elementos: *a)* porque a um direito corresponde um dever jurídico; *b)* porque esse direito é passível de violação, mediante o não cumprimento do dever jurídico pelo sujeito passivo da relação jurídica; *c)* porque o titular do direito pode exigir a prestação jurisdicional do Estado, ou seja, tem a iniciativa da coerção. Com base nessa orientação segura do notável civilista pátrio, descartamos a possibilidade de se considerar direito subjetivo ao que Recaséns Siches denomina "o direito subjetivo como poder de formação jurídica",[9] pelo qual a pessoa pode praticar negócios jurídicos em sentido amplo, como o de outorgar um testamento. Esta prática, como as demais que decorrem do *princípio da autonomia da vontade*,[10] não constitui um direito subjetivo, porque não se opõe a qualquer dever jurídico. Configura, sim, a *faculdade jurídica*. A possibilidade jurídica de se contrair matrimônio, emancipar o filho menor, doar bens, é mera faculdade decorrente da permissibilidade legal. Quando se afirma que o trabalhador possui direito a receber salário, a situação jurídica desse, efetivamente, é de portador de direito subjetivo porque, correlatamente, a empresa se apresenta com o dever jurídico; pode ocorrer a hipótese de esse direito ser violado pelo sujeito passivo da relação jurídica e o seu titular fazer valer a sua pretensão na justiça.

170. SITUAÇÕES SUBJETIVAS

Para Miguel Reale, o direito subjetivo é uma espécie do gênero *situação subjetiva*, que define como "a possibilidade de ser, pretender ou fazer algo, de maneira garantida, nos limites atributivos das regras de direito". Interesse legítimo, poder e faculdade são as outras espécies.

---

[7] A doutrina processual admite que o direito de ação é desvinculado do direito subjetivo. Logicamente não seria possível condicionar a instância judicial ao direito subjetivo, pois a apreciação já implicaria julgamento.

[8] Pontes de Miranda, *Tratado de Direito Privado*, ed. cit., vol. 1, p. 5.

[9] Luis Recaséns Siches, *Tratado General de Filosofía del Derecho*, ed. cit., p. 237.

[10] É o princípio pelo qual o indivíduo tem a liberdade de praticar atos jurídicos *lato sensu*, de firmar contratos de natureza vária e com as condições que lhe aprouver.

280 | INTRODUÇÃO AO ESTUDO DO DIREITO · PAULO NADER

Interesse legítimo é a condição preliminar indispensável à postulação em juízo, segundo a qual o interessado evidencia a relevância do objeto questionado. Ao receber a petição do advogado, cumpre ao juiz verificar se a matéria envolve legítimo interesse econômico ou moral. Ao proceder a tal exame, o magistrado não atinge o mérito, apenas aprecia se a questão envolve pelo menos um desses valores. *Poder* é a situação subjetiva que retrata a condição da pessoa obrigada, por força de lei, a fazer alguma coisa em benefício de alguém, investindo-se de autoridade. É a hipótese do pátrio poder, que não chega a ser direito subjetivo dos pais, pois não há dever jurídico por partes dos filhos. Giuseppe Lumia, que prefere a denominação *potestade*, oferece também, como exemplo, os poderes atribuídos a quem possui o dever de gerir a administração pública no interesse da coletividade.[11]

A *faculdade jurídica*, que Ferrara definiu como "o poder que o sujeito possui de obter, por ato próprio, um resultado jurídico independentemente de outrem", classifica-se de acordo com a natureza de seus efeitos e pelos seguintes modos: *a*) a faculdade de criar determinados efeitos jurídicos, como a de se adotar uma criança; *b*) a faculdade de extinguir determinados efeitos jurídicos, como a que possui o sócio de uma empresa, para dissolver a sociedade; *c*) a faculdade de se alterarem efeitos jurídicos, como a do casal que, por mútuo consentimento, promove a sua separação judicial; *d*) a faculdade de transmitir a outras pessoas determinados efeitos jurídicos, como se verifica nos casos de alienação de bens ou cessão de créditos.[12] A distinção entre o direito subjetivo e a faculdade jurídica não significa, contudo, que se acham inteiramente desvinculados. Há determinadas faculdades que decorrem da existência do direito subjetivo, como a de doar um certo bem, que pressupõe o direito de propriedade.

171. A NATUREZA DO DIREITO SUBJETIVO – TEORIAS PRINCIPAIS

Sobre a natureza do direito subjetivo há várias concepções, entre as quais destacam-se:

171.1. Teoria da Vontade. Para Bernhard Windscheid (1817-1892), jurisconsulto alemão, o direito subjetivo "é o poder ou senhorio da vontade reconhecido pela ordem jurídica". O maior crítico dessa teoria foi Hans Kelsen, que por meio de vários exemplos a refutou, demonstrando que a existência do direito subjetivo nem sempre depende da vontade de seu titular. Os incapazes, tanto os menores como os privados de razão e os ausentes, apesar de não possuírem vontade no sentido psicológico, possuem direitos subjetivos e os exercem por meio de seus representantes legais. Reconhecendo as críticas, Windscheid tentou salvar a sua teoria, esclarecendo que a vontade seria a da lei. Para Del Vecchio, a falha de Windscheid foi situar a vontade na pessoa do titular *in concreto*, enquanto deveria considerar a vontade como simples potencialidade. A concepção do jusfilósofo italiano é uma variante da teoria de Windscheid, pois também inclui o elemento vontade (querer) em sua definição: "a faculdade de querer e de pretender, atribuída a um sujeito, à qual corresponde uma obrigação por parte dos outros."[13]

171.2. Teoria do Interesse. Rudolf von Ihering (1818-1892), jurisconsulto alemão, centralizou a ideia do direito subjetivo no elemento interesse, afirmando que direito subjetivo seria "o interesse juridicamente protegido". As críticas feitas à teoria da vontade são repetidas aqui, com pequena variação. Os incapazes, não possuindo com-

---

[11] Giuseppe Lumia, *op. cit*, p. 106.
[12] San Tiago Dantas, *op. cit*, p. 153.
[13] Giorgio del Vecchio, *Lições de Filosofia do Direito*, ed. cit., vol. II, p. 182.

preensão das coisas, não podem chegar a ter interesse e nem por isso ficam impedidos de gozar de certos direitos subjetivos. Considerado o elemento interesse sob o aspecto psicológico, é inegável que essa teoria já estaria implícita na *da vontade*, pois não é possível haver vontade sem interesse. Se tomarmos, porém, a palavra interesse não em caráter subjetivo, de acordo com o pensamento da pessoa, mas em seu aspecto objetivo, verificamos que a definição perde em muito a sua vulnerabilidade. O interesse, considerado não como "o meu" ou "o seu" interesse, mas tendo em vista os valores gerais da sociedade, não há dúvida de que é elemento integrante do direito subjetivo, de vez que este expressa sempre interesse de variada natureza, seja econômica, moral, artística etc. Muitos criticam ainda esta teoria, entendendo que o seu autor confundiu a finalidade do direito subjetivo com a natureza.

171.3. Teoria Eclética. Georg Jellinek (1851-1911), jurisconsulto e publicista alemão, considerou insuficientes as teorias anteriores, julgando-as incompletas. O direito subjetivo não seria apenas vontade, nem exclusivamente interesse, mas a reunião de ambos. O direito subjetivo seria "o bem ou interesse protegido pelo reconhecimento do poder da vontade". As críticas feitas isoladamente à teoria da vontade e à do interesse foram acumuladas na presente.

171.4. Teoria de Duguit. Seguindo a linha de pensamento de Augusto Comte, que chegou a afirmar que "dia chegará em que nosso único direito será o direito de cumprir o nosso dever ... Em que um Direito Positivo não admitirá títulos celestes e assim a ideia do direito subjetivo desaparecerá...", Léon Duguit (1859-1928), jurista e filósofo francês, no seu propósito de demolir antigos conceitos consagrados pela tradição, negou a ideia do direito subjetivo, substituindo-o pelo conceito de função social. Para Duguit, o ordenamento jurídico se fundamenta não na proteção dos direitos individuais, mas na necessidade de manter a estrutura social, cabendo a cada indivíduo cumprir uma função social.

171.5. Teoria de Kelsen. Para o renomado jurista e filósofo austríaco, a função básica das normas jurídicas é impor o dever e, secundariamente, o poder de agir. O direito subjetivo não se distingue, em essência, do Direito objetivo. Afirmou Kelsen que "o direito subjetivo não é algo distinto do Direito objetivo, é o Direito objetivo mesmo, de vez que quando se dirige, com a consequência jurídica por ele estabelecida, contra um sujeito concreto, impõe um dever, e quando se coloca à disposição do mesmo, concede uma faculdade". Por outro lado, reconheceu no direito subjetivo apenas um simples reflexo de um dever jurídico, "supérfluo do ponto de vista de uma descrição cientificamente exata da situação jurídica".[14]

172. CLASSIFICAÇÃO DOS DIREITOS SUBJETIVOS

A primeira classificação que apresentamos sobre o direito subjetivo refere-se ao seu *conteúdo*, figurando, como divisão maior, a relativa ao Direito Público e Direito Privado.[15]

172.1. Direitos Subjetivos Públicos. A distinção entre o direito subjetivo público e o privado toma por base a pessoa do sujeito passivo da relação jurídica. Quando o

---

[14]   Hans Kelsen, *op. cit.*, vol. I, p. 248.

[15]   O presente esquema baseia-se na classificação apresentada pelo Prof. Flóscolo da Nóbrega, em sua *Introdução ao Direito*, ed. cit., p. 159.

282 | INTRODUÇÃO AO ESTUDO DO DIREITO · PAULO NADER

obrigado for pessoa de Direito Público, o direito subjetivo será público e, inversamente, quando na relação jurídica o obrigado for pessoa de Direito Privado, o direito subjetivo será privado. Esta distinção não é antiga, de vez que até há pouco tempo, relativamente, não se admitia a existência de direito subjetivo público, em face da ideia predominante de que o Estado, como autor e responsável pela aplicação do Direito, não estaria sujeito às suas normas. O direito subjetivo público divide-se em direito de liberdade, de ação, de petição e direitos políticos. Em relação ao direito de liberdade, na legislação brasileira, como proteção fundamental, há os seguintes dispositivos:

A) Constituição Federal: inciso II do art. 5º – "Ninguém será obrigado a fazer ou deixar de fazer alguma coisa senão em virtude de lei" (princípio denominado por *norma de liberdade*);

B) Código Penal: art. 146, que complementa o preceito constitucional – "Constranger alguém, mediante violência ou grave ameaça, ou depois de lhe haver reduzido, por qualquer outro meio, a capacidade de resistência, a não fazer o que a lei permite, ou a fazer o que ela não manda – pena ..." (delito de *constrangimento ilegal*);

C) Constituição Federal: inciso LXVIII do art. 5º – "*Conceder-se-á habeas corpus* sempre que alguém sofrer ou se achar ameaçado de sofrer violência ou coação em sua liberdade de locomoção, por ilegalidade ou abuso de poder."

O *direito de ação* consiste na possibilidade de se exigir do Estado, dentro das hipóteses previstas, a prestação jurisdicional, isto é, que o Estado, através de seus órgãos competentes, tome conhecimento de determinado problema jurídico concreto, promovendo a aplicação do Direito.

O *direito de petição*, previsto no art. 5º, inciso XXXIV, da Constituição Federal, desdobra-se em duas séries de prerrogativas: a) defesa de direito e combate à ilegalidade ou abuso de poder; b) obtenção de certidões junto às repartições públicas, objetivando a defesa de direito e informação de situações de interesse pessoal. Qualquer pessoa poderá requerer aos poderes públicos, com direito à resposta.

É por meio dos *direitos políticos* que os cidadãos participam do poder. Por eles, podem exercer as funções públicas tanto no exercício da função executiva, legislativa ou judiciária. Incluem-se, nos direitos políticos, os direitos de votar e de ser votado.

Na tutela de direitos subjetivos públicos, a Constituição Federal de 1988 inovou o Direito pátrio ao criar os institutos do *mandado de injunção* e do *habeas data*, respectivamente nos incisos LXXI e LXXII, do art. 5º. O primeiro visa ao preenchimento, junto ao Supremo Tribunal Federal, de lacunas em nosso ordenamento decorrentes da não regulamentação de "direitos e liberdades constitucionais e das prerrogativas inerentes à nacionalidade, à soberania e à cidadania". Na prática, todavia, tal direito tem-se mostrado inócuo pela não realizabilidade do mandamento constitucional. Já o *habeas data* objetiva o conhecimento, perante os juízos de Direito, de informações pessoais constantes em registros ou bancos de dados públicos, bem como a retificação em assentamentos.

172.2. Direitos Subjetivos Privados. Sob o aspecto econômico, os direitos subjetivos privados dividem-se em *patrimoniais e não patrimoniais*. Os primeiros possuem valor de ordem material, podendo ser apreciados pecuniariamente, o que não sucede com os não patrimoniais, de natureza apenas moral. Os patrimoniais subdividem-se em *reais, obrigacionais, sucessórios e intelectuais*. Os direitos reais – *jus in re* – têm por objeto um bem móvel ou imóvel, como o domínio, usufruto, penhor. Os obrigacionais, também chamados de crédito ou pessoais, têm por objeto uma prestação pessoal, como ocorre no mútuo, contrato de trabalho etc. Sucessórios são os direitos surgidos em decorrência do falecimento de seu titular e transmitidos aos herdeiros. Finalmente, os direitos intelectuais dizem respeito aos autores e inventores, que têm o privilégio de explorar a sua obra, com exclusão de outras pessoas.

Os direitos subjetivos de caráter não patrimonial desdobram-se em personalíssimos e familiais. Os primeiros são os direitos da pessoa em relação à sua vida, integridade corpórea e moral, nome etc. São também denominados *inatos*, porque tutelam o ser humano a partir do seu nascimento. Já os direitos familiais decorrem do vínculo familiar, como os existentes entre os cônjuges e seus filhos.

A segunda classificação dos direitos subjetivos refere-se à sua eficácia. Dividem-se em absolutos e relativos, transmissíveis e não transmissíveis, principais e acessórios, renunciáveis e não renunciáveis.

172.2.1. Direitos absolutos e relativos. Nos direitos *absolutos* a coletividade figura como sujeito passivo da relação. São direitos que podem ser exigidos contra todos os membros da coletividade, por isso são chamados *erga omnes*. O direito de propriedade é um exemplo. Os relativos podem ser opostos apenas em relação a determinada pessoa ou pessoas, que participam da relação jurídica. Os direitos de crédito, de locação, os familiais são alguns exemplos de direitos que podem ser exigidos apenas contra determinada ou determinadas pessoas, com as quais o sujeito ativo mantém vínculo, seja decorrente de contrato, de ato ilícito ou por imposição legal.

172.2.2. Direitos transmissíveis e não transmissíveis. Como os nomes indicam, os primeiros são os direitos subjetivos que podem passar de um titular para outro, o que não ocorre com os não transmissíveis, seja por absoluta impossibilidade de fato ou por impossibilidade legal. Os direitos personalíssimos são sempre direitos não transmissíveis, enquanto os direitos reais, em princípio, são transmissíveis.

A transmissibilidade dos direitos se opera *inter vivos* ou *mortis causa*, isto é, entre pessoas vivas, como nos contratos de locação e comodato, ou em razão de morte, como na sucessão legítima e na testamentária. Na sucessão *mortis causa*, os direitos se transmitem no momento da morte do autor da herança, *abertura da sucessão*, ainda que os herdeiros sejam desconhecidos. Trata-se de uma ficção jurídica, que visa a evitar a figura de direitos subjetivos sem titularidade. Com a aceitação da herança pelos herdeiros verifica-se a ratificação da aquisição da propriedade e da posse, que se mantêm indivisíveis até o momento da partilha.

172.2.3. Direitos principais e acessórios. Os primeiros são independentes, autônomos, enquanto os direitos acessórios estão na dependência do principal, não possuindo existência autônoma. No contrato de mútuo, o direito ao capital é o principal e o direito aos juros, acessório.

172.2.4. Direitos renunciáveis e não renunciáveis. Os direitos renunciáveis são os que o sujeito ativo, por ato de vontade, pode deixar a condição de titular do direito sem a intenção de transferi-lo a outrem, enquanto nos irrenunciáveis tal fato é impraticável, como se dá com os direitos personalíssimos.

173. AQUISIÇÃO, MODIFICAÇÕES E EXTINÇÃO DOS DIREITOS

173.1. Aquisição. Os direitos subjetivos não são eternos e nem imutáveis. Estão sujeitos a uma evolução análoga à dos seres vivos, pois nascem, duram e perecem. Alguns acompanham a pessoa a partir do nascimento, como os direitos personalíssimos; outros são adquiridos durante a existência. A aquisição *é um fato pelo qual alguém assume a condição de titular de um direito subjetivo.* Duas razões podem ditar seu aparecimento: *a) determinação da lei (ope legis)*, como no direito à vida, à honra etc.*; b) por ato de vontade*, em que surge pela prática de ato jurídico. A aquisição pode decorrer de um ato exclusivo do agente, como na ocupação; por ato de outra pessoa, como no testamento; por ato conjunto de pessoas, como nos contratos.

A aquisição do direito subjetivo pode ocorrer por dois modos: *originário* e *derivado*. Na aquisição originária o direito não decorre de uma transmissão, mas se manifesta autonomamente com o seu titular. Exemplo: o direito que se adquire com a caça de um animal.[16] Já na aquisição derivada ocorre apenas mudança ou transferência de titularidade do direito. Esta modalidade divide-se em duas espécies: *translativa* e *constitutiva*. Pela primeira, o direito se transfere integralmente ao novo titular, como na hipótese de venda de um prédio. Pela segunda espécie, *constitutiva*, o antigo titular conserva algum poder sobre o bem, como se dá no caso de desmembramento do direito de propriedade, em que o antigo titular transfere apenas a *nuda proprietas*, conservando o direito de usufruto.

Os modos distintos de aquisição não apresentam iguais reflexos. A aquisição originária não está sujeita a vícios, porque o direito não possui qualquer vínculo com o passado, não possui história. Já o direito decorrente de aquisição derivada, pode apresentar um condicionamento anterior que o macule, como na hipótese de compra de um objeto furtado.

173.2. Modificações. A modificação de um direito subjetivo pode ocorrer sob variados modos. Alessandro Groppali distingue a modificação em *subjetiva* e *objetiva*. Na primeira espécie, ocorre a mudança do titular do direito ou do dever jurídico, que pode operar-se por ato *inter vivos* ou *mortis causa*. A modificação objetiva é a transformação que alcança o objeto. Isto pode ocorrer sob o aspecto *quantitativo*, quando o objeto sofre uma diminuição, na hipótese, *v.g.*, de alienação de parte de um terreno, ou com um acréscimo, como na modificação que surge por aluvião.[17]

Do ponto de vista do objeto a mudança pode ser também qualitativa, como ocorre na situação em que o dono de um imóvel, gravado com a cláusula de inalienabilidade, obtém a sub-rogação do seu direito em outro imóvel de característica equivalente.

173.3. Extinção. O direito subjetivo pode extinguir-se com o perecimento do objeto, alienação, renúncia, prescrição e decadência.

173.3.1. Perecimento do objeto. Se o direito recai sobre a coisa e esta perde as suas qualidades essenciais ou o valor econômico, considera-se extinto o direito. Igual efeito jurídico se dá com o perecimento do objeto e quando este se confunde com outro, do qual não possa se destacar e na hipótese, ainda, em que se localize em lugar inacessível, como é a situação de um objeto lançado em um abismo ou no fundo do mar.

---

[16]   As coisas sem dono são chamadas *res nullius.*

[17]   Aluvião é o fenômeno natural que consiste no acúmulo de terras em uma propriedade ribeirinha, pelo processo lento de depósito feito pelas águas de um rio.

173.3.2. Alienação. É a transferência do direito, a título gratuito ou oneroso.

173.3.3. Renúncia. Consiste no ato espontâneo pelo qual alguém se abdica de um direito, como no caso de um herdeiro que não aceita a herança.

173.3.4. Prescrição. A prescrição é a *perda do direito de ação pelo decurso do tempo.* Com ela, o direito não desaparece, mas fica sem meios de obter a proteção judicial, em decorrência da inércia de seu titular, que não movimentou o seu interesse em tempo hábil. A partir do momento em que se patenteie o *"interesse e legitimidade",*[18] o interessado tem um determinado prazo para fazer valer o seu direito de questionar em juízo. O ilustre civilista San Tiago Dantas vinculou a noção de prescrição à ocorrência de uma lesão do direito: "Não surge o problema da prescrição, enquanto não há uma lesão do direito... A prescrição nada mais é do que a convalescença da lesão do direito pelo não exercício da ação... Quer dizer que a prescrição conta-se sempre da data em que se verificou a lesão do direito".[19] O pressuposto para o direito de ação, contudo, não é a lesão do direito, como apontou San Tiago Dantas, mas a existência de *interesse* e *legitimidade.* Dentro daquele raciocínio, quem ingressasse em juízo teria direito e, consequentemente, deveria ganhar a ação. A processualística moderna concebe o direito de ação como direito autônomo, independente da existência de um direito subjetivo.

A prescrição é instituída, como afirma Machado Paupério, "como meio de paz social, para não eternizar as querelas".[20] Além da prescrição extintiva do direito de ação, há também a prescrição aquisitiva, pertinente à obtenção de um direito pelo decurso do tempo, como na usucapião, em que a posse mansa e pacífica, durante um prazo estabelecido em lei (2,5, 10 ou 15 anos), dá ao usucapiente o domínio da coisa imóvel. A matéria se encontra disciplinada entre os artigos 1.238 e 1.244 da Lei Civil. As disposições ali constantes se aplicam restritivamente, ou seja, são inaplicáveis por analogia, consoante a decisão da 3ª Turma do Superior Tribunal de Justiça.[21]

Contrariando a orientação doutrinária, a Lei nº 11.280, de 16.02.2006, conferiu ao juiz o poder de declarar, de ofício, a prescrição, revogando a vedação do art. 194 do Código Civil. Tal inovação, incluída no elenco das medidas que visam à celeridade dos feitos judiciais, tem sido objeto de críticas da comunidade jurídica.

173.3.5. Decadência. A decadência é uma figura que se assemelha à prescrição, mas que produz efeitos distintos. Consiste na perda de um direito pelo decurso do tempo. Enquanto a prescrição fulmina apenas o direito de ação, pela decadência extingue-se inteiramente o direito. O fundamento social da decadência é o mesmo que o da prescrição. Tutela-se o valor segurança jurídica das pessoas. Não é justo, como observa San Tiago Dantas, "que se continue a expor as pessoas à insegurança que o direito de reclamar mantém sobre todos, como uma espada de Dâmocles."[22] Além de produzirem efeitos diferentes quanto ao direito, distinguem-se também, prescrição e decadência, quanto a outras particularidades: enquanto há fatos que interrompem o prazo prescricional, o prazo de decadência não se interrompe; a prescrição, como a decadência, pode ser declarada *ex officio* pelo juiz e a qualquer momento.

---

[18] No art. 17, o Código de Processo Civil dispõe: "Para postular em juízo é necessário ter interesse e legitimidade."

[19] San Tiago Dantas, *op. cit.,* pp. 399 e 401.

[20] Machado Paupério, *op. cit,* p. 267.

[21] Conforme Pedro Canário, *Consultor Jurídico,* edição de 07.10.2013.

[22] San Tiago Dantas, *op. cit,* p. 397.

BIBLIOGRAFIA PRINCIPAL

Ordem do Sumário:

168 – Michel Villey, *Filosofia do Direito – Definições e fins do Direito*; José María Rodríguez Paniagua, *Ley y Derecho*;

169 – Giuseppe Lumia, *Princípios de Teoría e Ideología del Derecho*; Luis Recaséns Siches, *Tratado General de Filosofía del Derecho*; San Tiago Dantas, *Programa de Direito Civil*;

170 – Miguel Reale, *Lições Preliminares de Direito*; Giuseppe Lumia, *op. cit.*; San Tiago Dantas, *op. cit.*;

171 – Eduardo García Máynez, *Introducción al Estudio del Derecho*; Hans Kelsen, *Teoria Pura do Direito*, vol. I;

172 – Eduardo García Máynez, *op. cit.*; Flóscolo da Nóbrega, *Introdução ao Direito*; Carlos Mouchet y Zorraquin Becu, *Introducción al Derecho*;

173 – Alessandro Groppali, *Introdução ao Estudo do Direito*; Hermes Lima, *Introdução à Ciência do Direito*; Machado Paupério, *Introdução à Ciência do Direito*; San Tiago Dantas, *op. cit.*

– Capítulo 31 –
DEVER JURÍDICO

Sumário: 174. Considerações Prévias. **175.** Aspecto Histórico. **176.** Conceito de Dever Jurídico. **177.** Espécies de Dever Jurídico. **178.** Axiomas de Lógica Jurídica. **179.** Dever Jurídico e Efetividade do Direito.

174. CONSIDERAÇÕES PRÉVIAS

Com a matéria do presente capítulo, completa-se o ciclo de estudos intitulado relações jurídicas. Os diversos assuntos já abordados nesta unidade deixaram patentes algumas notas peculiares aos deveres jurídicos. O esquema da relação jurídica mostrou a simetria existente entre direito subjetivo e dever jurídico, sob os liames da lei. Foi destacada, também, a correlação essencial que envolve direito e dever, pela qual um não pode existir sem o outro, aspecto este que não havia escapado ao apurado senso jurídico dos romanos: "*jus et obligatio sunt correlata*", *o direito e a obrigação são termos correlativos*, o que equivale a dizer, em linguagem figurada, que estão entre si como os dois lados de uma moeda.

Enquanto o direito subjetivo expressa sempre um poder sobre algum bem, oponível a outrem, o dever jurídico impõe, ao seu titular, a sujeição àquele poder. Se, do ponto de vista do interesse individual, o direito subjetivo se revela mais importante do que o dever jurídico, porque oferece benefício ao seu titular, no plano da teoria do Direito não há qualquer prevalência. Ambos decorrem de um mesmo acontecimento, cujos efeitos são definidos por lei, e participam, em conjunto, de uma relação jurídica. Não obstante esse nivelamento científico, ao mesmo tempo em que se acumulam os estudos sobre o direito subjetivo, pouca atenção se dá à doutrina do dever jurídico, que é relativamente pequena.

175. ASPECTO HISTÓRICO

O conceito do dever jurídico, ainda hoje objeto de controvérsia, começou a ser teorizado a partir de Cristiano Tomásio, no início do século XVIII. Anteriormente não era considerado categoria independente, mas obrigação de ordem moral, que ordenava a obediência ao Direito. O jurisconsulto alemão distinguiu a *obligatio interna*, que estabelecia imperativo apenas para a consciência, da *obligatio externa*, correspondente ao dever jurídico e que o situava no plano da objetividade. Para ele, o que caracterizava o dever em geral era o temor de algum mal ou o interesse em algum benefício. Essa ideia, que apenas deu início à doutrina do dever jurídico, alcançou repercussão, sendo aceita, inclusive, pelos estudiosos que não seguiam a linha de pensamento de Cristiano Tomásio.

Com Emmanuel Kant (1724 – 1804) novas ideias foram lançadas. O filósofo alemão distinguiu os dois deveres apenas quanto aos motivos da ação e não em relação ao conteúdo de cada um, pois achava que todos os deveres jurídicos expressavam, direta ou indiretamente, deveres morais. Tal concepção mereceu a crítica de Gustav Radbruch, pois situava a Moral como simples caudatária do Direito, colocando-a na posição de quem firma a aceitação de uma nota promissória em branco.[1]

Somente no século XIX, com John Austin (1790 – 1859), foi que se operou, de uma forma mais esclarecida, a independência do dever jurídico em relação à moral e a alguns elementos psicológicos. O jurisconsulto inglês, que concebeu a estrutura da norma jurídica como *mandato,* formulou uma noção sistemática do dever jurídico e o considerou componente essencial ao Direito. Contudo, em 1912, ainda, Julius Binder afirmava: "não há um conceito de dever jurídico", o direito não obriga "juridicamente a nada..."[2] Modernamente, sob o influxo do pensamento Kelseniano, a doutrina vincula a problemática do dever jurídico, de uma forma predominante, aos aspectos normativos do Direito.

176. CONCEITO DE DEVER JURÍDICO

Às vezes empregamos indistintamente os termos *dever jurídico* e *obrigação,* embora o primeiro apresente um sentido mais amplo e genérico do que o segundo. Aquele se aplica a qualquer relação jurídica, para expressar a conduta exigida, enquanto o vocábulo *obrigação* diz respeito aos vínculos de conteúdo patrimonial, como os existentes nos contratos. Referindo-se à obrigação, Puig Brutau observa que *"Muchas veces se emplea como equivalente a deber, y concretamente a 'deber jurídico', que en realidad es un concepto más amplio que el de obligación".*[3] Dever jurídico e obrigação, por outro lado, não se confundem com o conceito de *sujeição,* que *é a posição jurídica de uma pessoa em face de um direito potestativo de outrem.* É neste sentido a exposição de Orlando Gomes: "a necessidade de suportar as consequências jurídicas do exercício regular de um direito potestativo, tal como é o caso do empregado ao ser dispensado pelo empregador".[4]

Só há dever jurídico quando há possibilidade de violação da regra social. Dever jurídico é a conduta exigida. É imposição que pode decorrer diretamente de uma norma de caráter geral, como a que estabelece a obrigatoriedade do pagamento de impostos, ou, indiretamente, pela ocorrência de certos fatos jurídicos de diferentes espécies: a prática de um ilícito civil, que gera o dever jurídico de indenização; um contrato, pelo qual se contraem obrigações; declaração unilateral de vontade, em que se faz uma determinada promessa. Em todos esses exemplos o dever jurídico deriva, em última análise, do ordenamento jurídico, que prevê consequências para essa variada forma de comércio jurídico. Devemos dizer, juntamente com Recaséns Siches, que "o dever jurídico se baseia pura e exclusivamente na norma vigente".[5] Consiste na *exigência que o Direito objetivo faz a determinado sujeito para que assuma uma conduta em favor de alguém.*

---

[1]   Cf. José María Rodríguez Paniagua, *op. cit.*, p. 39.

[2]   *Apud* José María Rodríguez Paniagua, *op. cit.*, p. 35.

[3]   Fundamentos de Derecho Civil, 4ª ed., Bosch, Casa Editorial S.A., 1988, tomo I, vol. II, p. 5.

[4]   Obrigações, 16ª ed., Rio de Janeiro, Ed. Forense, 2004, p. 11.

[5]   Luis Ricaséns Siches, *Tratado General de Filosofía del Derecho*, ed. cit., p. 241.

Ao fundar-se o dever jurídico tão somente nas regras de Direito, não se assume uma posição neutra em relação à Moral, nem se pretende afastar o Direito da influência dos princípios éticos. Essa influência é necessária e já se faz presente no processo de elaboração das normas jurídicas, quando o legislador se baseia nos valores básicos consagrados pela sociedade. A Moral participa, portanto, na criação dos futuros deveres jurídicos.

O jurista deve distinguir o dever de natureza jurídica, que nasce da incidência de regras de Direito sobre relações de vida, dos deveres morais e dos derivados das Regras de Trato Social. Muitas vezes há coincidência de disposição entre as diferentes espécies de deveres. A obrigação de não matar é, ao mesmo tempo, jurídica, moral, social e religiosa. Outras vezes o dever é apenas de caráter jurídico, como o de participar às autoridades fiscais a mudança de endereço. Algumas situações caracterizam exclusivamente o dever social, como a obrigação do pagamento de dívida decorrente de jogo. Nem a lei, nem a Moral estabelecem obrigatoriedade a respeito, mas há um convencionalismo social que obriga o jogador a pagar a sua dívida.

Quanto ao conceito do dever jurídico, a doutrina registra duas tendências, uma que o identifica como *dever moral* e a outra que o situa como realidade de natureza estritamente normativa. A primeira, a mais antiga, é difundida por correntes ligadas ao jusnaturalismo. Alves da Silva, entre nós, defende essa ideia: "obrigação moral absoluta de fazer ou omitir algum ato, conforme as exigências das relações sociais", "... é obrigação moral ou necessidade moral, da qual só é capaz o ente moral".[6] O espanhol Miguel Sancho Izquierdo também segue essa orientação: "necessidade moral que o homem tem de cumprir a ordem jurídica" e também é neste sentido a definição de Rodríguez de Cepeda, citada por Izquierdo: "necessidade moral de fazer ou omitir o necessário para a existência da ordem social".[7]

A tendência moderna, contudo, é a comandada por Hans Kelsen, que identifica o dever jurídico com as expressões normativas do Direito objetivo: "o dever jurídico não é mais que a individualização, a particularização de uma norma jurídica aplicada a um sujeito", "um indivíduo tem o dever de se conduzir de determinada maneira quando esta conduta é prescrita pela ordem social".[8] Com muita ênfase, Recaséns Siches expressa essa mesma opinião: "o dever jurídico se funda única e exclusivamente na existência de uma norma de Direito Positivo que o impõe: é uma entidade pertencente estritamente ao mundo jurídico".[9]

Eduardo García Máynez situou a natureza do dever jurídico em termo de liberdade, ao defini-lo como "a restrição da liberdade exterior de uma pessoa, derivada da faculdade, concedida a outra ou a outras, de exigir da primeira certa conduta, positiva ou negativa".[10] Seu patrício mexicano, Fausto E. Vallado Berrón, considerou esta definição "metajurídica" porque induz a considerar que alguém é livre fora do Direito. Para Berrón "o dever jurídico não é probabilidade de ser sancionado, nem temor a uma pena, nem restrição de liberdade, senão a única possibilidade lógica de ser livre".[11]

A doutrina moderna, sobretudo através de García Máynez, desenvolveu a teoria segundo a qual o sujeito do dever jurídico possui também direito subjetivo de cumprir a sua

---

[6] A. B. Alves da Silva, *op. cit.*, p. 40.

[7] Miguel Sancho Izquierdo, *Princípios del Derecho Natural*, 5ª ed., Zaragoza, 1955, p. 354.

[8] Hans Kelsen, *Teoria Pura do Direito*, ed. cit., vol. I, p. 225.

[9] Luis Recaséns Siches, *Tratado General de Filosofía del Derecho*, ed. cit., p. 241.

[10] Eduardo García Máynez, *op. cit.*, p. 268.

[11] Fausto E. Vallado Berrón, *op. cit.*, p. 124.

obrigação, isto é, de não ser impedido de *dar*, *fazer* ou *não fazer* algo em favor do sujeito ativo da relação jurídica.

O dever jurídico nasce e se modifica em decorrência de um fato jurídico *lato sensu* ou por imposição legal, identicamente ao que sucede com o direito subjetivo. Normalmente a extinção do dever jurídico se dá com o cumprimento da obrigação, mas pode ocorrer também por força de um fato jurídico *lato sensu* ou determinação da lei.

177. ESPÉCIES DE DEVER JURÍDICO

Em função de certas características que pode apresentar, o dever jurídico classifica-se de acordo com os seguintes critérios:

177.1. Dever Jurídico Contratual e Extracontratual. Contratual é o dever decorrente de um acordo de vontades, cujos efeitos são regulados em lei. As partes, atendendo aos interesses, vinculam-se através de contrato, onde definem seus direitos e deveres. O dever jurídico contratual pode existir a partir da celebração do contrato ou do prazo determinado pelas partes, podendo sujeitar-se à condição suspensiva ou resolutiva. O motivo determinante de um acordo de vontades é a fixação de direitos e deveres. Normalmente os contratos estabelecem uma cláusula penal, para a hipótese de violação do acordo. O descumprimento de um dever jurídico ocasiona, então, o nascimento de um outro dever jurídico, qual seja o de atender à consequência prevista na cláusula penal. O dever jurídico extracontratual, também denominado *obrigação aquiliana*, tem por origem uma norma jurídica. O dano em um veículo, por exemplo, provocado por um abalroamento, gera direito e dever para as partes envolvidas.

177.2. Dever Jurídico Positivo e Negativo. Dever jurídico positivo é o que impõe ao sujeito passivo da relação uma obrigação de *dar* ou *fazer*, ao passo que o dever jurídico negativo exige sempre uma *omissão*. A generalidade do Direito Positivo cria deveres jurídicos comissivos, enquanto o Direito Penal, em sua quase totalidade, impõe deveres *omissivos*.

177.3. Dever Jurídico Permanente e Transitório. Nos deveres jurídicos permanentes a obrigação não se esgota com o seu cumprimento. Há relações jurídicas que irradiam permanentemente deveres jurídicos. Os deveres jurídico-penais, por exemplo, são ininterruptos. Transitórios ou instantâneos são os que se extinguem com o cumprimento da obrigação. O pagamento de uma dívida, *v. g.*, faz cessar o dever jurídico do seu titular.

178. AXIOMAS DE LÓGICA JURÍDICA

O estudo do dever jurídico revela-nos a existência de cinco importantes axiomas, conforme analisa Eduardo García Máynez, a saber: axioma de inclusão; de liberdade; de contradição; de exclusão do meio; de identidade.[12]

178.1. Axioma de Inclusão. "Tudo o que está juridicamente ordenado está juridicamente permitido." É a teoria do direito de cumprir o próprio dever. Ao se determinar juridicamente que o eleitor deve votar, juridicamente é-lhe permitido que o faça.

---

[12]   Eduardo García Máynez, *op. cit.*, p. 268.

178.2. Axioma de Liberdade. "O que estando juridicamente permitido, não está juridicamente ordenado, pode-se livremente fazer ou omitir-se." O testamento é negócio jurídico permitido por lei e como esta não lhe deu caráter de obrigação, pode-se praticá-lo ou não.

178.3. Axioma de Contradição. "A conduta juridicamente regulada não pode ser, ao mesmo tempo, proibida e permitida." A ordem jurídica deve ser um todo harmônico e bem definido. Deste axioma deduzimos o princípio da isonomia da lei, segundo o qual *todos são iguais perante a lei*. Esta não pode ser aplicada ao sabor das conveniências, com *dois pesos e duas medidas*.

178.4. Axioma de Exclusão do Meio. "Se uma conduta está juridicamente regulada, está proibida, ou está permitida". Deduz-se que tudo aquilo que não está proibido, está juridicamente permitido.

178.5. Axioma de Identidade. "Todo objeto do conhecimento jurídico é idêntico a si mesmo." Deve-se entender que o juridicamente proibido está juridicamente proibido e o juridicamente permitido está juridicamente permitido.

179. DEVER JURÍDICO E EFETIVIDADE DO DIREITO

É pelo cumprimento do dever jurídico que o Direito alcança efetividade. Possuem deveres jurídicos não apenas os indivíduos enquanto membros da sociedade, mas também aqueles que, por sua condição de autoridade administrativa ou judiciária, têm a missão de aplicar normas jurídicas. A efetividade jurídica, cujo estudo mais aprofundado acha-se afeto à Sociologia do Direito, caracteriza-se quando as regras de Direito são acatadas nas relações intersubjetivas e aplicadas pelos funcionários.

A efetividade do Direito possui graus. É *plena* quando é aceita, de uma forma generalizada, por seus destinatários diretos e pelos funcionários. É *relativa* quando, ao mesmo tempo, uma parte numerosa de indivíduos e/ou funcionários desvia a sua conduta das prescrições legais, e outra parte obedece-as. A efetividade do Direito objetivo é nula quando não é acatado genericamente por seus destinatários diretos e indiretos. Ocorrendo tal hipótese, tem-se caracterizada a chamada *lei em desuso*.

BIBLIOGRAFIA PRINCIPAL

Ordem do Sumário:

174 – Eduardo García Máynez, *Introducción al Estudio del Derecho*;

175 – José María Rodríguez Paniagua, *Ley y Derecho*; Ariel Alvarez Gardiol, *Introducción a una Teoría General del Derecho*;

176 – Luis Recaséns Siches, *Tratado General de Filosofía del Derecho*; Fausto E. Vallado Berrón, *Teoria General del Derecho*; Eduardo García Máynez, *op. cit.*; Hans Kelsen, *Teoria Pura do Direito*, vol. I;

177 – Paulo Dourado de Gusmão, *Introdução ao Estudo do Direito*; A. L. Machado Netto, *Compêndio de Introdução à Ciência do Direito*;

178 – Eduardo García Máynez, *op. cit.*;

179 – Elías Díaz, *Sociología y Filosofía del Derecho*; Ariel Alvarez Gardiol, *op. cit.*

– Sétima Parte –

DOS FATOS JURÍDICOS

– Capítulo 32 –
FATO JURÍDICO: CONCEITO E CLASSIFICAÇÃO

Sumário: 180. Considerações Gerais. **181.** Suposto Jurídico e Consequência. **182.** Conceito de Fato Jurídico. **183.** Caracteres e Classificação dos Fatos Jurídicos.

180. CONSIDERAÇÕES GERAIS

Em decorrência de sua participação na vida social, as pessoas mantêm entre si uma pluralidade de relações jurídicas. Em algumas, figuram como titulares de direito e, em outras, como portadores de deveres jurídicos. Determinadas situações jurídicas são necessárias e permanentes, como as relativas aos direitos personalíssimos, enquanto outras são contingentes e podem ser transitórias, como a situação jurídica do inquilino e a do trabalhador. O patrimônio jurídico de cada pessoa, representado pela totalidade de suas situações jurídicas, apresenta uma parte imutável e outra cambiante, evolutiva, resultado, em grande parte, do comércio jurídico.[1] Dá-se o fenômeno que Theodor Sternberg, com elegância de estilo, descreve: "A órbita da vida social move-se em uma contínua produção, modificação e extinção dos direitos subjetivos. Sob a influência dos diversos fatos, desloca-se a agrupação dos interesses humanos como os coloridos fragmentos de um caleidoscópio, e correlativamente trocam de posição direitos e obrigações."[2]

Nessa contínua translação, as relações jurídicas acompanham o ciclo da vida, pois nascem, produzem efeitos e extinguem-se. Cada direito e dever pressupõem a ocorrência de um fato e a existência de normas reguladoras; pressupõem a existência do fato jurídico, que é a principal mola do intercâmbio jurídico. Na origem dos fatos jurídicos, *acontecimento da vida social a que o Direito objetivo determina efeitos jurídicos*, manifestam-se duas forças: a liberdade e a necessidade. É a livre disposição de vontade que permite o

---

[1] Tal particularidade na vida jurídica das pessoas apresenta uma parecença com a vida das instituições jurídicas. Algumas normas e princípios, por expressarem a ordem natural das coisas, são permanentes, enquanto outros são contingentes, de natureza histórica e cambiante.
[2] Theodor Sternberg, *Introducción a la Ciencia del Derecho*, Editorial Labor, S.A., Barcelona, 1930, p. 241.

296 | INTRODUÇÃO AO ESTUDO DO DIREITO · PAULO NADER

vinculum juris, e a necessidade de se atribuir efeitos jurídicos a alguns fatos da natureza é que gera, modifica e extingue as relações jurídicas.

Em vez de fato jurídico, alguns autores preferem outras denominações: *fato jurígeno* (Edmond Picard), *fatos submetidos ao Direito* (Roguin). A expressão mais corrente, porém, é *fato jurídico*, empregada em vários idiomas: *fait juridique, fatto giuridico, Tatbestand*.

Fato jurídico é uma espécie do gênero *fato*. Este é definido como "qualquer transformação da realidade" ou "transformação do mundo exterior". O qualificativo jurídico significa que o fato concreto é regulado pelo Direito. Os fatos jurídicos criam novas situações jurídicas, tanto em relação às pessoas de Direito Privado, quanto às pessoas jurídicas de Direito Público. Apesar de os princípios e normas, referentes aos fatos jurídicos, localizarem-se, em nosso sistema, no Código Civil, a matéria é de interesse de todos os ramos do Direito e se apresenta como objeto da Teoria Geral do Direito.

181. SUPOSTO JURÍDICO E CONSEQUÊNCIA

181.1. Conceituações. Fato jurídico, em sentido amplo, é qualquer acontecimento que gera, modifica ou extingue uma relação jurídica. Como toda relação jurídica envolve direito e dever, esses, automaticamente, são atingidos de igual modo pelo fato jurídico. Eduardo García Máynez e vários outros autores analisam o fato jurídico a partir da estrutura lógica da norma, assim descrita por eles: "Se *A* é, *B* deve ser", em que *A* corresponde à hipótese e *B* à consequência. Na definição de Máynez, *suposto jurídico* é "a hipótese de cuja realização dependem as consequências estabelecidas pela norma".[3] Quando a Lei Penal, no art. 163, estabelece penalidade para quem "destruir, inutilizar ou deteriorar coisa alheia", a hipótese da norma consiste na ação de danificar e a *consequência* é representada pela sanção penal. O fato jurídico seria a realização da *hipótese* ou suposto da norma jurídica. Máynez chama a atenção para que não se confunda o fato jurídico com o suposto, porque este é um momento meramente normativo e teórico e aquele é uma realização concreta.

181.2. Relação entre a Hipótese e a Consequência. Em função desses dois elementos da norma, *hipótese* e *consequência*, Máynez desenvolve uma linha de raciocínio, adotando, como exemplo prático, um caso de dano civil, em que cães de um caçador invadiram uma propriedade e causaram prejuízos materiais. As diferentes questões analisadas, em relação à hipótese e à consequência da norma jurídica, foram as seguintes: *a)* a existência da norma não significa que a hipótese tenha de se realizar concretamente. A hipótese que prevê os danos à propriedade alheia pode ocorrer ou não na prática; *b)* uma vez realizada a *hipótese*, segue-se, obrigatoriamente, a *consequência*. Verificada a invasão pelos cães e a ocorrência dos prejuízos, caracteriza-se o dever jurídico de indenização; *c)* entre a *consequência jurídica* e a sua aplicação prática, a relação é contingente, ou seja, pode operar-se ou não. O proprietário dos bens atingidos, que possui uma pretensão contra o dono dos animais, poderá ou não exercitar o seu direito. As três conclusões apresentam-se de acordo com o esquema seguinte, proposto pelo autor:

---

[3]   Eduardo García Máynez, *op. cit.*, p. 172.

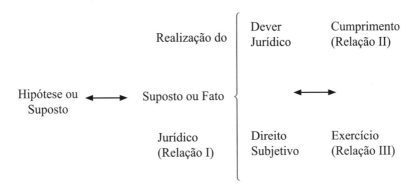

I – Relação Contingente; II – Relação Necessária; III – Relação Contingente.

Entendemos que a última conclusão aplica-se apenas nas relações de Direito Privado. Tomemos por exemplo o art. 121 do Código Penal: "matar alguém – pena: reclusão de 6 a 20 anos". Não se pode sustentar, para este caso, que a relação entre a consequência e a realização efetiva seja contingente, pois a autoridade judicial não poderá renunciar a aplicação da penalidade.

181.3. Suposto Jurídico Simples e Complexo. O suposto jurídico é simples quando apenas um requisito o compõe. Exemplo: "Toda pessoa é capaz de direitos e deveres na ordem civil" (art. 1º do Código Civil). É complexo quando pressupõe mais de um requisito. Exemplo: direito de votar, que é condicionado às hipóteses de:

a) idade;

b) nacionalidade ou naturalização;

c) gozo de direitos políticos.

182. CONCEITO DE FATO JURÍDICO

Fato jurídico é acontecimento do *mundo fático* a que o Direito determina efeitos jurídicos: nascimento, roubo, testamento, emancipação etc. Necessariamente reúne dois elementos: suporte fático e regra de Direito. *Suporte fático* é o fenômeno definido na hipótese ou suposto da norma jurídica. É o fato que, ocorrido, provoca a aplicação da *disposição* ou *consequência* da regra jurídica. Para ser *jurídico* é indispensável que o fato seja regulado pelo ordenamento, isto é, que sofra a incidência das normas de Direito. Os fatos jurídicos são as fontes que geram, modificam ou extinguem relações jurídicas.

O mundo fático, como se pode acompanhar pelo quadro de ilustração, ao final do presente parágrafo, engloba todos os acontecimentos que se passam na realidade exterior, produzidos pelo homem ou pelas forças da natureza. É o vastíssimo campo das transformações objetivas: a queda de uma árvore, uma simples chuva, a morte, uma pipa que se ergue no ar, um contrato para produção artística, uma geada que devasta plantações etc. Não são todos os acontecimentos do mundo fático que se projetam no mundo dos direitos, apenas os que se revelam importantes para o equilíbrio social.

O *mundo dos direitos* é constituído pelas relações jurídicas. Compõe-se dos acontecimentos do *mundo fático*, relevantes para a sociedade, pois exercem influência quanto à segurança e justiça. Nos exemplos citados, a árvore que caiu, a chuva que não causou prejuízos e a evolução da pipa são apenas fatos, que não apresentam qualificação jurídica, pois não provocam mudanças sociais, nem são alvo de tutela jurídica. Permanecem apenas situados no *mundo fático*. A morte, o contrato e a geada, por afetarem importantes interesses sociais, têm seus efeitos definidos em lei e, além de se situarem no *mundo fático*, ingressam no *mundo dos direitos*, pois são fatos jurídicos que vão instaurar, modificar ou extinguir relações jurídicas. Assim, todos os acontecimentos que movimentam o *mundo dos direitos* participam do mundo fático e somente as ocorrências fundamentais aos valores de convivência participam no *mundo dos direitos*. Chamam-se *fatos jurídicos* os acontecimentos do *mundo fático* selecionados por normas jurídicas que os regulamentam.

Quando se diz que certos fatos caminham ou passam do mundo fático para o *mundo dos direitos* a fim de criar, modificar ou extinguir relações jurídicas, se diz figuradamente, porque não há dois momentos temporais: um de natureza fática e outro de ordem jurídica. Quando sucede o fato definido no suposto da norma jurídica ele ingressa, simultaneamente, no *mundo fático* e no *mundo dos direitos*.

A presente concepção é apresentada pelo jurista Pontes de Miranda em admirável síntese: "Com a incidência da regra jurídica, o suporte fático, colorido por ela (= juridicizado), entra no mundo jurídico. A técnica do direito tem como um dos seus expedientes fundamentais, e o primeiro de todos, esse, que é o de distinguir, no mundo dos fatos, os fatos que não interessam ao direito e os fatos jurídicos que formam o mundo jurídico, donde dizer-se que, com a incidência da regra jurídica sobre o suporte fático, esse entra no mundo jurídico."[4] Preferimos a denominação *mundo dos direitos*, por ser expressão menos abrangente e alcançar apenas o âmbito das relações jurídicas, que é o setor atingido e movimentado pelos fatos jurídicos. A terminologia mundo jurídico, adotada por Pontes de Miranda, é mais ampla e se refere também ao ordenamento jurídico em sua formulação teórica.

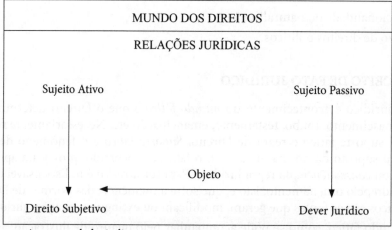

---

[4] Pontes de Miranda, *Tratado de Direito Privado*, ed. cit., vol. 1, p. 74.

Sétima Parte · **Cap. 32** · FATO JURÍDICO: CONCEITO E CLASSIFICAÇÃO | **299**

183. CARACTERES E CLASSIFICAÇÃO DOS FATOS JURÍDICOS

183.1. Caracteres. Entre os caracteres dos fatos jurídicos, a doutrina apresenta os seguintes: *a*) o acontecimento a que se refere o fato jurídico é sempre relevante para o bem--estar da coletividade. O qualificativo *jurídico* só é atribuído aos fatos que se relacionem com os objetivos básicos do Direito: a manutenção da ordem e segurança, pelos critérios de justiça; *b*) os fatos jurídicos podem ser produzidos por ato de vontade do homem, como o matrimônio, ou gerados pela natureza, independente da vontade: um abalo sísmico que provoca o desabamento de um prédio; *c*) possuem *alteridade*, pois dizem respeito sempre a um vínculo entre duas ou mais pessoas, seja para constituí-lo, modificá-lo ou extingui--lo; *d*) possuem *exterioridade,* de vez que são acontecimentos que produzem efeitos de constatação objetiva.

183.2. Classificação. A divisão dos fatos jurídicos é matéria de muita controvérsia e discussão doutrinária. No quadro a seguir, apresentamos uma classificação aceita, modernamente, por vários autores:

$$
\text{Fato Jurídico } \textit{lato sensu}
\begin{cases}
\text{1 – Fato Jurídico } \textit{stricto sensu} \\[2ex]
\text{2 – Ato Jurídico } \textit{lato sensu}
\begin{cases}
\text{2.1 – Lícito }
\begin{cases}
\text{2.1.1 – Ato Jurídico } \textit{stricto sensu} \\[1ex]
\text{2.1.2 – Negócio Jurídico}
\end{cases} \\[3ex]
\text{2.2 – Ilícito}
\end{cases}
\end{cases}
$$

Enquanto, em sentido amplo, fato jurídico "é todo e qualquer fato que, na vida social, venha a corresponder ao modelo de comportamento ou de organização configurado por uma ou mais normas de direito",[5] fato jurídico *stricto sensu* é apenas o acontecimento provocado por agentes da natureza, independentemente da vontade humana e que, repercutindo na vida jurídica, cria, modifica ou extingue relação jurídica. Neste sentido, um incêndio, o deslocamento natural de terra de um lado do rio para a outra margem, o nascimento, a morte, uma doença que positive a invalidez perante uma instituição previdenciária, são exemplos de fato jurídico gerado por forças naturais.

Os fatos jurídicos em sentido estrito dividem-se em duas espécies: *acontecimentos naturais ordinários* e *acontecimentos naturais extraordinários*. Os primeiros são fenômenos previsíveis, normais, regulares, como o nascimento, a morte, o aluvião, o decurso do tempo. Os acontecimentos naturais extraordinários, como a própria denominação indica, são fatos que não se apresentam com regularidade, são contingentes, escapam à previsão e ao controle. Configuram esta espécie: o caso fortuito, a força maior, o *factum principis*.

Enquanto a doutrina não logrou ainda uma distinção precisa entre caso fortuito e força maior, a legislação brasileira submeteu-os a igual tratamento: exoneração de responsabilidade da pessoa obrigada (art. 393 do Cód. Civil). Esses acontecimentos caracterizam-se pela *imprevisibilidade* ou *inevitabilidade* e pela *ausência de culpa*.[6] O *factum principis* pro-

---

5   Miguel Reale, *Lições Preliminares de Direito*, ed. cit., p. 199.
6   No Digesto, a força maior foi definida como "o ímpeto de coisa maior que não se pode repelir" e o *caso fortuito* foi considerado como um acidente que não podia ser previsto pelo homem. Cf. Miguel Villoro Toranzo, *op. cit.*, p. 339.

300 | INTRODUÇÃO AO ESTUDO DO DIREITO · PAULO NADER

duz o mesmo efeito jurídico que a força maior e o caso fortuito. Dá-se o *fato do príncipe* quando, em decorrência de normas emanadas de órgãos do Estado, as partes ficam impedidas, juridicamente, de cumprir as cláusulas do contrato que firmaram. Na definição de Baudry-Lacantinerie e Barde: "Entende-se pelo termo genérico de *fait du prince* todos os impedimentos que resultam de uma ordem ou de uma proibição emanada de autoridade pública".[7]

Ato jurídico *lato sensu* é todo e qualquer acontecimento decorrente da *vontade humana*, com repercussão no mundo dos direitos. Divide-se em ato *lícito* e *ilícito,* conforme seja admitido ou não pelas regras jurídicas. Os atos lícitos se subdividem em ato jurídico *stricto sensu* e em *negócio jurídico.* O ato jurídico em sentido estrito corresponde à realização da vontade do homem, que cria, modifica ou extingue direito, sem que haja acordo de vontades. Os efeitos que provoca são os definidos em lei e não pela vontade (*ex lege* e não *ex voluntate*). Os seus efeitos se produzem, como afirma Carlos Alberto da Mota Pinto, "mesmo que não tenham sido previstos ou queridos pelos seus autores, embora muitas vezes haja concordância entre a vontade destes e os referidos efeitos".[8] Exemplos: a elaboração de uma obra artística, a construção de um prédio, a ocupação ou posse de um terreno. O negócio jurídico se caracteriza por ser ato humano e pelo fato de se concretizar com expressa declaração de vontade. Seus efeitos são os fixados na declaração de vontade e admitidos pelo ordenamento jurídico. Exemplos: adoção, testamento, compra e venda.

BIBLIOGRAFIA PRINCIPAL

Ordem do Sumário:

180 – Theodor Sternberg, *Introducción a la Ciencia del Derecho*; Eduardo García Máynez, *Introducción al Estudio del Derecho*;

181 – Eduardo García Máynez, *op. cit.*; Machado Netto, *Compêndio de Introdução à Ciência do Direito*;

182 – Pontes de Miranda, *Tratado de Direito Privado*, vol. I; Eduardo García Máynez, *op. cit.*;

183 – A. Torré, *Introducción al Derecho*; Miguel Reale, *Lições Preliminares de Direito*; Carlos Alberto da Mota Pinto, *Teoria Geral do Direito Civil*.

---

[7] G. Baudry-Lacantinerie et L. Barde, *Traité Theórique et Pratique de Droit Civil – Des Obligations*, 3ª ed., Paris, *De La Société Recueil J.-B. Sirey et du Journal du Palais*, 1906, tomo 1º, p. 487.

[8] *Teoria Geral do Direito Civil*, 1ª ed., Coimbra Editora Ltda., Coimbra, 1976, p. 243.

– Capítulo 33 –
DOS NEGÓCIOS JURÍDICOS

Sumário: 184. Conceitos e Aspectos Doutrinários. **185.** A Relação entre os Negócios Jurídicos e o Ordenamento Jurídico. **186.** Classificação dos Negócios Jurídicos. **187.** Elementos dos Negócios Jurídicos. **188.** Defeitos dos Negócios Jurídicos.

184. CONCEITOS E ASPECTOS DOUTRINÁRIOS

A teoria geral dos atos jurídicos é uma elaboração dos pandectistas alemães. Os romanos se detiveram apenas no estudo dos princípios que regiam os contratos, e o que hoje se assinala como construção romana deriva de um trabalho de pesquisa e dedução, desenvolvido pelos romanistas modernos, com base naqueles subsídios.[1] *Ato jurídico*, conforme as noções estudadas no capítulo anterior, é espécie do gênero fato jurídico. Em sentido amplo, é determinação da vontade a que o ordenamento jurídico reconhece efeitos de Direito. Dividem-se em atos lícitos e ilícitos. Os atos lícitos se subdividem em ato jurídico *stricto sensu* e negócio jurídico. Em sentido estrito, configura-se pela realização da vontade, cujos efeitos são os apontados em lei, de que é exemplo a composição de uma obra literária ou a edificação de um prédio. Já o negócio jurídico realiza-se com a declaração da vontade e seus efeitos são os definidos pela própria declaração e dentro do que a ordem jurídica permite. Não qualquer declaração, apenas aquelas a que o Direito objetivo admite efeitos. Uma simples declaração de amizade, por exemplo, não se enquadra na espécie, porque é matéria estranha aos fins do Direito. É indispensável que a declaração expresse um *querer espontâneo* e que seu objeto se inclua no elenco dos fins tutelados pelo ordenamento jurídico. O conceito de negócio jurídico ainda é relativamente novo na doutrina jurídica. Apesar de alguns autores não o distinguirem ainda do ato jurídico *stricto sensu*, a maior parte dos teóricos estuda e desenvolve o seu conceito. Em face de sua importância na vida jurídica, foi apontado pela doutrina, conforme atesta Alessandro Levi, como o "*centro vital de todo o sistema de Direito privado*" e considerado, na atualidade, o passo mais importante para a construção dinâmica do Direito.[2]

---

[1] Cf. San Tiago Dantas, *op. cit.*, p. 260.
[2] *Teoria Generale del Diritto*, 2ª ed., CEDAM, Padova, 1967, p. 330.

302 | INTRODUÇÃO AO ESTUDO DO DIREITO · PAULO NADER

A liberdade que a ordem jurídica confere às pessoas para a realização de negócios jurídicos, permite um melhor ajustamento nos interesses sociais. Pelos negócios jurídicos as pessoas naturais e jurídicas criam o seu próprio dever ser, assumindo espontaneamente novas obrigações e adquirindo direitos. Os negócios constituem, ao lado do Direito escrito e costumeiro, uma fonte especial de elaboração de normas jurídicas individualizadas, denominada fonte negocial. Essa possibilidade, que decorre do *princípio da autonomia da vontade*, atende, em parte, à filosofia existencialista, que não concorda com a uniformização de tratamento jurídico, pois cada pessoa é portadora de uma natureza e de um condicionamento próprio.[3]

Os negócios jurídicos personalizam o Direito, dão-lhe um selo de pessoalidade, o que corresponde aos anseios do existencialismo, o qual deseja "que o sentimento da existência individual não desapareça num sistema impessoal". O *poder negocial* atende, igualmente, à pretensão do liberalismo individualista, que preconiza uma faixa mais ampla para a livre determinação das pessoas e, correlatamente, menor intervenção do Estado nos assuntos privados.

Na doutrina, alguns autores indagam se os efeitos jurídicos dos negócios derivam da própria declaração de vontade ou do ordenamento jurídico. Para o jurisconsulto alemão Heinrich Dernburg, as partes possuem a livre iniciativa para a prática do negócio jurídico, enquanto o ordenamento jurídico participa também na produção dos efeitos. Neste mesmo sentido é a opinião de Von Thur, que distinguiu os efeitos desejados pelas partes dos efeitos legais aplicáveis complementarmente. Hans Nawiasky, com clareza e precisão, definiu a situação dos efeitos jurídicos: "a obrigatoriedade das normas jurídicas individuais criadas por meio de negócios jurídicos privados deve-se única e exclusivamente a que o ordenamento jurídico estatal prescreve a sua observância e ordena ao juiz que, em caso de violação, deve recorrer à coercitividade".[4]

185. A RELAÇÃO ENTRE OS NEGÓCIOS JURÍDICOS E O ORDENAMENTO JURÍDICO

A liberdade para a prática de negócio jurídico sofre algumas limitações, impostas pelo Estado e ditadas pela necessidade de se resguardarem os interesses fundamentais do indivíduo e da coletividade. Quanto às relações entre os negócios jurídicos e o Direito objetivo, as situações principais são as seguintes:

A) A proibição da prática de negócio jurídico, tendo em vista a natureza de seu objeto. Exemplo: a denominada *pacta corvina*, pela qual o que se acha na expectativa de herdar pretende transferir os futuros direitos. Tal prática é condenada por ferir princípios de natureza moral.

B) O negócio jurídico é permitido, mas a legislação coloca obstáculos à inserção de determinadas cláusulas. Exemplo: o contrato de locação pode ser firmado regularmente, mas a lei proíbe que o preço do aluguel seja vinculado ao valor do salário-mínimo. O contrato de trabalho é livre para as partes, mas a lei não reconhece qualquer cláusula que não respeite as chamadas conquistas sociais, como o direito a férias.

---

[3]   "A filosofia existencial nega a preexistência de quaisquer critérios e, consequentemente, abandona totalmente a decisão à liberdade do homem, ao qual incumbe constituir o seu próprio *Dasein*, já que sobre ele ou para além dele se não divisam quaisquer orientações vinculativas" (J. Baptista Machado, Antropologia, Existencialismo e Direito, Coimbra, 1965, *Separata da Revista de Direito e Estudos Sociais*, vol. XII, nos 1-2, p. 36).

[4]   Hans Nawiasky, *Teoría General del Derecho*, Estudio General de Navarra, Ediciones Rialp, S.A., Madrid, 1962, p. 290.

Sétima Parte • **Cap. 33** • DOS NEGÓCIOS JURÍDICOS | **303**

C) Há negócios jurídicos cujos efeitos de direito são programados inteiramente pelo ordenamento jurídico, de que é exemplo o matrimônio.

D) Determinados negócios jurídicos, não previstos pelo ordenamento do Estado, são disciplinados integralmente pelas partes, que dispõem livremente quanto aos seus efeitos jurídicos.

E) Quando há normas jurídicas de natureza dispositiva, aplicáveis, portanto, na falta de regras ajustadas pelos interessados, podem ocorrer três situações diferentes:

I – o negócio jurídico regula inteiramente a matéria;

II – o negócio jurídico estabelece o vínculo, mas sem regulamentá-lo. Nesta hipótese os efeitos jurídicos são os definidos em lei;

III – as partes firmam o negócio jurídico definindo apenas parcialmente os seus efeitos jurídicos. Neste caso o preenchimento das lacunas será feito pelos critérios da lei.

186. CLASSIFICAÇÃO DOS NEGÓCIOS JURÍDICOS

Em sua generalidade os autores apresentam a seguinte classificação dos negócios jurídicos:

186.1. Negócio Jurídico Unilateral e Bilateral. Ocorre a primeira espécie, quando apenas uma vontade participa na elaboração do negócio, como na outorga de um testamento ou na renúncia à herança. *Bilateral* é o que se aperfeiçoa pela participação de mais de uma pessoa, que declaram a sua concordância em ato simultâneo. A maior parte dos negócios jurídicos bilaterais é constituída pelos contratos. Estes são acordos de vontade que visam à produção de efeitos jurídicos, amparados pelo ordenamento vigente.

186.2. Negócio Jurídico Oneroso e Gratuito. Quando o negócio jurídico envolve objeto patrimonial, pode ser oneroso ou gratuito. Ocorre a primeira espécie quando há uma troca de valores entre as partes; a uma prestação, segue-se uma contraprestação. Exemplo: compra e venda. É *gratuito* o negócio jurídico, quando apenas uma das partes entrega o seu quinhão. Exemplo: doação, comodato.

186.3. Negócio Jurídico *Inter Vivos* e *Mortis Causa*. A generalidade dos negócios jurídicos é da primeira espécie, ou seja, são praticados para produzir efeitos enquanto vivas as partes. Negócio jurídico *mortis causa* consiste na declaração de vontade, para produzir efeitos jurídicos após a morte do declarante. Exemplo: testamento, seguro de vida.

186.4. Negócio Jurídico Solene ou Formal e Não Solene. Quando o negócio jurídico é relevante do ponto de vista social, o ordenamento jurídico impõe a observância de determinada solenidade como requisito de validade. Dá-se a hipótese em que os romanos diziam *forma dat esse rei* (a forma é que dá existência à coisa). Negócio jurídico não solene é o que não depende de uma forma predeterminada para a sua validade. Essa espécie é predominante. Enquanto no presente abandonam-se as formalidades desnecessárias, a ponto de se dizer que a regra geral é a não solenidade dos negócios, no passado o Direito estava inteiramente dominado pelas formas, principalmente no tocante aos processos judiciais, conforme narra San Tiago Dantas: "... o ritual era o mais minucioso e exigia, sobretudo ao tempo das *legis actiones* – ascender a cena judiciária a um quadro sucessivo de representações, em que as partes simulavam lutas, simulavam a disputa física de um objeto, o ma-

304 | INTRODUÇÃO AO ESTUDO DO DIREITO · PAULO NADER

gistrado intervinha, apartava, dizia-lhes palavras sacramentais, tudo simuladamente, até que, enfim, a controvérsia contestada ia se colocar perante um *iudex* para que proferisse a sua decisão".[5]

186.5. Negócio Jurídico Típico e Atípico. Diz-se que o negócio jurídico é *típico* ou *nominado*, quando o ordenamento jurídico o define e prevê os seus efeitos jurídicos. Exemplos: mandato, compra e venda. Os *atípicos* ou *inominados* não são previstos ou regulados por lei. As partes interessadas poderão praticá-los desde que seu objeto seja lícito. Pelo que dispõe o art. 1.639 do Código Civil de 2002, os nubentes possuem liberdade para definir, como lhes aprouver, quanto ao regime de bens no matrimônio. Poderão adotar um dos quatro regimes definidos em lei ou escolher uma espécie atípica ou inominada. No ordenamento pátrio, a cessão de contrato constitui negócio jurídico inominado.

186.6. Existência, Validade e Eficácia. Ao analisar a juridicidade de um possível negócio jurídico, a tarefa que se impõe ao intérprete, em primeiro lugar, é a verificação, no *plano da existência*, da presença dos elementos essenciais ao ato: declaração de vontade, indicação de objeto, solenidade do ato quando exigida. Na prática, o legislador civil não distingue negócio jurídico inexistente de negócio jurídico nulo, o que é um equívoco de natureza teórica. Como Antônio Junqueira de Azevedo enfatiza, não se confundem os planos da *existência*, *validade* e *eficácia* dos negócios jurídicos.[6] Se, por exemplo, em um contrato que se pretende de compra e venda falta o objeto ou não houve declaração, não se dirá que o negócio jurídico é inválido, mas simplesmente inexistente. De igual modo, se a forma solene exigida não foi observada, a hipótese será de negócio jurídico inexistente. Por exemplo: a ideia de um casamento celebrado por tabelião de notas.

Constatada a existência do negócio jurídico, na etapa seguinte o intérprete analisa o *plano da validade*, quando o ato poderá ser *válido* ou *inválido*. Se inválido, a sua classificação será de *negócio jurídico nulo* ou *anulável*, conforme o critério da Lei Civil.

Apenas quando se trata de negócio jurídico existente e válido é que o intérprete se ocupa do *plano da eficácia*, quer dizer, da possibilidade de o negócio jurídico produzir efeitos em relação a terceiro. A venda de um imóvel pelo executado, embora existente e válido, é ineficaz em relação aos credores.

187. ELEMENTOS DOS NEGÓCIOS JURÍDICOS

Os elementos dos negócios jurídicos apresentam-se em dois grupos: *essenciais* e *acidentais*.

187.1. Elementos Essenciais. O negócio jurídico depende da declaração da vontade e da existência de um fim protegido pelo ordenamento jurídico. Quanto à declaração da vontade, dois aspectos revelam-se importantes: *a*) a sua efetiva manifestação; *b*) concordância entre a vontade declarada e a vontade real. Quanto a este aspecto o Direito brasileiro estabelece um critério para a interpretação dos negócios jurídicos, de acordo com a teoria *subjetiva* ou *da vontade*, que determina que se atribua prioridade à intenção do declarante em relação à linguagem do texto. O art. 112 da Lei Civil dispõe: "Nas declarações

---

[5] San Tiago Dantas, *op. cit.*, p. 264.
[6] *Negócio Jurídico – Existência, Validade e Eficácia*, 4ª ed., São Paulo, Editora Saraiva, 2002, p. 63.

Sétima Parte • **Cap. 33** • DOS NEGÓCIOS JURÍDICOS | **305**

de vontade se atenderá mais à intenção nelas consubstanciada do que ao sentido literal da linguagem".[7]

Em decorrência dos dois princípios, exige-se para a validade do negócio jurídico: *a) agente capaz; b) objeto lícito; c) forma legal*. O agente deve possuir capacidade para exercitar o seu direito. Caso não a possua, o seu representante deverá praticar o negócio de acordo com a lei. O objeto não pode contrariar a lei, a Moral ou os bons costumes. Ele há de ser possível, ainda, do ponto de vista jurídico e físico. Impossível fisicamente é o objeto que não está ao alcance do homem, por exemplo, a venda de um planeta. Juridicamente impossível é o objeto cuja negociação é proibida por lei. Para que o negócio jurídico seja válido, exige-se ainda a forma prevista ou não proibida em lei.

187.2. Elementos Acidentais. Genericamente tratados *por modalidades dos negócios jurídicos*, os elementos acidentais são de natureza contingente, podem ou não ser incluídos na declaração de vontade. Esses elementos podem limitar ou até mesmo suprimir a eficácia do negócio jurídico. Entre os elementos acidentais destacam-se três: a *condição*, o *termo* e o *modo*.

187.2.1. Condição. A Lei Civil, no art. 121, definiu este elemento como "a cláusula que, derivando exclusivamente da vontade das partes, subordina o efeito do negócio jurídico a evento futuro e incerto". A eficácia ou a resolução do negócio jurídico fica na dependência de um elemento eventual, que poderá ocorrer ou não com o tempo. As principais espécies de condição são duas: a *suspensiva* e a *resolutiva*. O negócio jurídico submetido a uma cláusula suspensiva somente produzirá efeito se ocorrido o determinado fato. Enquanto este não se realizar, apenas haverá uma expectativa para a parte interessada. Exemplo: o pai promete um automóvel ao filho, sob a condição de obter classificação no exame de vestibular.

Com a condição *resolutiva* a situação se revela oposta. Praticado o negócio jurídico, este passa a produzir naturalmente os seus efeitos, que deverão cessar, caso venha a ocorrer determinado fato previsto na declaração de vontade. Exemplo: uma pessoa transfere uma propriedade para outra, enquanto não se case.

Outra classificação é a que divide as condições em *potestativas, casuais* e *mistas*. A primeira espécie se caracteriza pela circunstância de que o evento futuro e incerto depende exclusivamente do principal interessado. É *casual* a condição que depende de uma coisa fortuita, fora do alcance das partes. *Mista* é a que depende, ao mesmo tempo, da vontade da pessoa e de um fato futuro e incerto. San Tiago Dantas exemplifica as três espécies: "Dá-se um objeto a alguém se este vier a São Paulo no verão. Eis uma condição potestativa. Dá-se um fogareiro elétrico se no inverno a temperatura chegar a tantos graus. Eis uma condição casual. Agora, dá-se tal objeto se for o donatário eleito senador. Eis uma condição mista."[8]

187.2.2. Termo. Termo é um momento futuro, a partir do qual um negócio jurídico começará a produzir efeito jurídico ou perderá a sua eficácia. Há duas espécies de termo: inicial (*dies a quo*), a partir do qual o negócio jurídico passará a ter eficácia, e final (*dies ad quem*), data em que o negócio jurídico deixará de produzir efeitos. Denomina-se *prazo* o espaço de tempo que medeia entre a declaração da vontade e o termo final. Enquanto na *condição* o evento futuro é incerto, no termo o momento futuro é certo.

---

[7] A doutrina registra também a teoria da *declaração*, pela qual o intérprete deve examinar objetivamente a linguagem do texto, sem preocupar-se com a vontade do declarante.

[8] San Tiago Dantas, *op. cit.*, p. 307.

306 | INTRODUÇÃO AO ESTUDO DO DIREITO · PAULO NADER

187.2.3. Modo ou encargo. É uma cláusula obrigacional que o declarante insere no negócio jurídico, pela qual o beneficiário deverá atender a determinada exigência. Pode ser instituído em negócio *inter vivos* ou *mortis causa*. Exemplo: alguém doa um prédio à municipalidade, para que esta instale, no local, uma biblioteca pública.

188. DEFEITOS DOS NEGÓCIOS JURÍDICOS

A declaração da vontade é um dos elementos essenciais do negócio jurídico. É indispensável, todavia, que ela expresse o querer espontâneo do agente quanto aos diferentes dados do ato negocial, como o tipo de relação e objeto. Deve haver correspondência entre a vontade real e a declarada. A este respeito o Código Civil de 2002 estabelece uma exceção com a *reserva mental*, prevista no art. 110. Esta ocorre quando o autor não quer, intimamente, o que manifestou. Prevalece o conteúdo declarado, salvo se o destinatário tinha conhecimento da reserva mental.

O Código Civil, *ex vi* dos arts. 138 a 165, dispõe sobre os *defeitos dos negócios* jurídicos, que são vícios comprometedores da validade dos atos. São os seguintes: *erro ou ignorância, dolo, coação, estado de perigo, lesão* e *fraude contra credores*. Ocorrendo qualquer um deles o negócio jurídico será *anulável*. A simulação, prevista no art. 167, faz *nulo* o ato negocial.

188.1. Erro ou Ignorância. Apesar de conceitos distintos, erro e ignorância produzem igual efeito em relação aos negócios jurídicos. Ignorância é a ausência de conhecimento, total ou parcial, em relação a aspectos do negócio jurídico. Erro é a manifestação de uma vontade que se forma sob pressupostos falsos. Ao determinar-se volitivamente, o agente representa mentalmente uma situação, que não corresponde à realidade. *Error facti*, erro de fato; *error juris*, quando a falsa representação recai sobre o Direito. A doutrina distingue erro essencial de erro acidental. O primeiro versa sobre os elementos constitutivos do negócio jurídico e pode referir-se ao tipo do negócio (*error in negotio*); sobre a identidade do objeto (*error in corpore*); sobre qualidade essencial da coisa (*error in substantia*); em relação à pessoa, sua identidade ou qualidade (*error in persona*).

No *erro acidental* a distorção entre o conhecimento e a realidade é de menor proporção. Revela-se por diferentes espécies: *a) error in qualitate*: a falsa representação refere-se a qualidades secundárias; *b) error in quantitate*: quando o objeto é material e o erro recai sobre o seu peso, medida ou quantidade; *c)* erro quanto a cláusulas acessórias ou sobre elementos acidentais dos negócios jurídicos: condição, termo, modo. O erro ou ignorância faz anulável o negócio jurídico, quando a falsa causa for o motivo determinante do negócio. O Código Civil dispõe sobre este vício entre os artigos 138 a 144.

188.2. Dolo. Verifica-se o dolo nos negócios jurídicos quando o declarante é induzido ao erro pela má-fé de alguém. É artifício pelo qual se leva o declarante a praticar negócio jurídico, sob uma falsa representação da realidade. O autor da manobra pode ser parte do negócio ou terceiro. Consoante a doutrina, ao apreciar o dolo, deve-se levar em consideração a condição pessoal da vítima, a sua experiência, grau de discernimento. Isto não significa, porém, como assinala De Page, "que se deva proteger a ignorância imperdoável ou a negligência grosseira".[9] Para que o negócio jurídico, assim viciado, obtenha anulação, é preciso que o agente do dolo participe na relação jurídica.

---

9   *Apud* Orlando Gomes, *op. cit.*, p. 342.

Somente na hipótese do dolo principal (*dolo dans*), causa determinante da prática, é que o negócio é anulável. O dolo acidental (*dolo incidens*), que influencia apenas em aspectos secundários do negócio jurídico, garante à vítima somente o direito de reclamar uma indenização por perdas e danos. A presente matéria é disciplinada a partir do art. 145 do Código Civil.

188.3. Coação. Coação é ato de ameaça, de intimidação, pelo qual se obriga alguém a praticar determinado negócio jurídico. Esse defeito pode manifestar-se pela violência ou pelo simples constrangimento psicológico. Para que se caracterize e o negócio possa ser anulado, são requisitos:

a) temor de dano ao declarante, à sua família ou a seus bens;

b) perigo atual ou iminente;

c) que o objeto da ameaça seja de valor igual ou superior ao do negócio;

d) ser a causa determinante do negócio;

e) ser ilegal.

O presente vício acha-se regulado pelo Código Civil entre os artigos 151 a 155.

188.4. Estado de Perigo. Esta espécie de defeito, introduzida em nosso sistema pelo Código Civil de 2002, caracteriza-se quando alguém pratica o negócio forçado pela necessidade de salvar-se, ou à pessoa de sua família, de grave dano, assumindo obrigação excessivamente onerosa, imposta pela outra parte, que atua assim com o *dolo de aproveitamento*. A matéria é tratada no art. 156 da Lei Civil que, pelo parágrafo único, deixa a critério do juiz a decisão quando a pessoa a ser salva não pertencer à família do declarante.

188.5. Lesão. Inovação também do novo diploma legal, a *lesão* está prevista no art. 157 e seus dois parágrafos. No conceito legal figura um elemento *subjetivo*, que é a necessidade ou a inexperiência do declarante, e um outro *objetivo*, constituído pela manifesta desproporção entre a obrigação assumida e o valor da prestação oposta. A apuração do desequilíbrio entre os quinhões deve considerar a época em que o negócio jurídico foi realizado. A anulação do negócio jurídico poderá ser evitada se a parte beneficiada oferecer suplemento ou concordar com a redução de sua vantagem.

188.6. Fraude contra os Credores. Dá-se a fraude contra os credores quando alguém, em estado de insolvência ou com o propósito de ficar insolvente, transfere bens de sua propriedade, que serviriam de garantia ao pagamento de suas dívidas. Denomina-se ação revocatória ou pauliana a que tem por fim anular o negócio jurídico que apresenta esse tipo de defeito. Sobre esta matéria, o Código Civil dispõe a partir do art. 158.

188.7. Simulação. Incluída entre os defeitos dos negócios jurídicos no Código Civil de 1916, a simulação é tratada pelo Código vigente como circunstância que provoca nulidade absoluta, ou seja, faz nulo o ato negocial. Na simulação, o declarante não é vítima; é agente de um artifício, que tem por mira fraudar a lei. As partes agem de comum acordo, fazendo um conluio. Na definição de Clóvis Beviláqua, *"é a declaração enganosa da vontade, visando a produzir efeito diverso do ostensivamente indicado"*.[10] A Lei Civil regula esta matéria no art. 167.[11]

---

[10]   Clóvis Beviláqua, *Código Civil*, ed. cit., vol. I, p. 380.

[11]   A matéria afeta aos Negócios Jurídicos se acha amplamente desenvolvida no vol. 1 do *Curso de Direito Civil – Parte Geral*, deste autor, publicado, também, pela Editora Forense.

BIBLIOGRAFIA PRINCIPAL

Ordem do Sumário:

184 – Roberto de Ruggiero, *Instituições de Direito Civil*, vol. I; San Tiago Dantas, *Programa de Direito Civil*;

185 – Hans Nawiasky, *Teoria General del Derecho*;

186 – Roberto de Ruggiero, *op. cit.*; San Tiago Dantas, *op. cit.*; Vicente Ráo, *Ato Jurídico*;

187 – Roberto de Ruggiero, *op. cit.*; San Tiago Dantas, *op. cit.*;

188 – Orlando Gomes, *Introdução ao Direito Civil*; Roberto de Ruggiero, *op. cit.*; San Tiago Dantas, *op. cit.*

– Capítulo 34 –
ATO ILÍCITO

Sumário: **189.** Conceito e Elementos. **190.** Categorias. **191.** Classificação do Elemento Culpa. **192.** Excludentes do Ilícito. **193.** Teoria Subjetiva e Teoria Objetiva da Responsabilidade. **194.** Abuso do Direito.

189. CONCEITO E ELEMENTOS

Ato ilícito é a conduta humana violadora da ordem jurídica. Só pratica ato ilícito quem possui dever jurídico. A ilicitude implica sempre a lesão a um direito pela quebra do dever jurídico. Como espécie do gênero *fato jurídico*, cria, modifica ou extingue nova relação jurídica. Excetuado o ilícito contratual, a prática gera uma relação jurídica, em que o autor do ilícito assume um dever jurídico de reparar a infração. O conceito de ilícito corresponde à *injuria* (*in ius – contra ius*) dos romanos, que era a antítese do *Jus*. A teoria dos atos ilícitos foi obra dos pandectistas alemães do século XIX, quando da elaboração da parte geral do Código Civil alemão.

Para a configuração do ilícito concorrem os elementos: *conduta, antijuridicidade, imputabilidade* e *culpa*. Os dois primeiros são os elementos objetivos do ato e os demais, os subjetivos. O ilícito é sempre uma conduta humana, ainda que instrumentalmente a lesão ao direito se faça pela força de um ser irracional ou por qualquer outro meio. A antijuridicidade significa que a ação praticada é proibida pelas normas jurídicas. A imputabilidade é a responsabilidade do agente pela autoria do ilícito. Enquanto na esfera criminal a conduta antijurídica de um menor não torna imputável o seu pai ou responsável, o contrário se passa no âmbito civil, em face da culpa *in vigilando*, a ser estudada no item seguinte.

A culpa é o elemento subjetivo referente ao *animus* do agente ao praticar o ato. É um elemento de ordem moral, que indica o nível de participação da consciência na realização do evento. Culpa é um termo análogo ou analógico, de vez que é um vocábulo que apresenta dois sentidos afins. Emprega-se culpa em sentido amplo e em sentido estrito. *Lato sensu* abrange o dolo e a culpa propriamente dita. Ato ilícito doloso é o praticado com determinação de vontade, intencionalmente. No ato culposo não se verifica o propósito deliberado de realização do ilícito. A responsabilidade deriva de uma conduta imprópria do agente que, podendo evitar a ocorrência do fato, que é previsível, não o faz. Conscientemente não deseja o resultado, mas não impede o acontecimento. A culpa pode decorrer de *negligência, imperícia* ou *imprudência*. A *negligência* revela-se pelo descaso ou acomodação. O agente do ato possui um dever jurídico e não toma as medidas necessárias e que estão ao seu alcance. Na *imperícia*, a culpa se manifesta por falhas de natureza técnica, pela falta de conhecimento ou de habilidade. A *imprudência* se caracteriza pela imoderação, pela falta de cautela; o agente revela-se impulsivo, sem a noção de oportunidade.

A consequência para a prática dos atos ilícitos é a reparação dos danos ou a sujeição a penalidades, previstas em lei ou em contrato. O Código Civil brasileiro, no *caput* do art. 186, define ato *ilícito*: "aquele que, por ação ou omissão voluntária, negligência ou imprudência, violar direito e causar dano a outrem, ainda que exclusivamente moral, comete ato ilícito". Tal definição é complementada pelo artigo seguinte, onde se considera *ilícito* o ato praticado com abuso de direito. Para situações especiais, o Código Civil dispensa o elemento culpa na caracterização do ato ilícito, conforme o texto do parágrafo único do art. 927: "*Haverá obrigação de reparar o dano, independentemente de culpa, nos casos especificados em lei, ou quando a atividade normalmente desenvolvida pelo autor do dano implicar, por sua natureza, risco para os direitos de outem.*"

Decompondo-se o conceito do ato ilícito, temos o seguinte quadro, de acordo com a *teoria das causas:*

ATO ILÍCITO

CAUSA	*ELEMENTO CONCEPTUAL*
1. Eficiente ⟶	Conduta Humana
2. Material ⟶	Dano ou Perigo
3. Formal ⟶	Culpa (ou Risco)
4. Final ⟶	Ressarcimento ou Penalidade

190. CATEGORIAS

Fundamentalmente há duas categorias de ilícito: o civil e o penal. No primeiro o descumprimento do dever jurídico, contratual ou extracontratual, contraria normas de Direito Privado e tem por consequência a entrega de um bem ou de uma indenização. Ocorre o ilícito penal quando a conduta antijurídica enquadra-se em um tipo de crime definido em lei. Em face do princípio da reserva legal, não pode haver crime e nem pena sem lei anterior. A sanção penal consiste geralmente em uma restrição à liberdade individual ou no pagamento de multa. Entre uma categoria e outra, Alessandro Groppali situa o ilícito administrativo, que apresenta três espécies: *a) ilícito disciplinar*, cuja sanção pode variar desde a repreensão até a demissão do servidor; *b) ilícito de polícia,* que tem como pena uma restrição à liberdade; *c) ilícito fiscal,* cuja penalidade é de natureza pecuniária.[1]

Um critério diverso de classificação foi proposto por Planiol, com base na regra jurídica violada. O notável jurista distinguiu os ilícitos em três categorias: *a) contra a honestidade,* os atos que implicam deslealdade ou improbidade do agente. Este critério, que se guia pelos valores de ordem moral, assenta-se na máxima *fraus omnia corrumpit* (fraude corrompe tudo); *b) contra a habilidade,* os decorrentes de erros praticados no exercício da profissão, via de regra por negligência, imperícia ou imprudência; *c) contra a lei,* os que não revelam

---

[1] Cf. Alessandro Groppali, *Introdução ao Estudo do Direito,* ed. cit., p. 205.

Sétima Parte · **Cap. 34** · ATO ILÍCITO | **311**

desonestidade do agente, nem são praticados no exercício profissional, mas são proibidos por lei, em face de algum interesse social relevante.[2]

191. CLASSIFICAÇÃO DO ELEMENTO CULPA

De acordo com o enfoque civilista analisado por Alessandro Groppali, o elemento culpa apresenta a seguinte classificação:

191.1. Intensidade da Culpa. Sob este aspecto a doutrina distingue três graus: culpa grave, leve e levíssima. Considera-se que a culpa é grave quando o autor do ilícito falta com os cuidados adotados amplamente pela sociedade, *id est non intelligere quod omnes intelligunt* (isto é, não entender o que todos entendem). O ilícito é praticado diante de um quadro em que o simples homem do povo seria capaz de indicar a conduta adequada. A culpa é leve quando o agente não revela a prudência comum aos homens de capacidade mediana. É levíssima quando a conduta exigida pelas circunstâncias se revela ao alcance de uma minoria, dotada de grande discernimento.

191.2. Conteúdo da Culpa. Quando a culpa decorre da violação de um dever jurídico omissivo, ela se diz *in faciendo*. O agente não deve praticar ato, não obstante, o realiza. Configura esta espécie a culpa do comerciante que vende bebida alcoólica a menor, apesar da proibição legal. A culpa se diz *in non faciendo* (ou *in omittendo*) quando o agente deixa de praticar um ato a que estava obrigado. O médico que deixa de prestar socorro a um paciente; o pai que nega assistência material ou intelectual ao filho, incidem nesta espécie.

191.3. Critérios de Avaliação. O sistema jurídico pode adotar dois critérios distintos de aferição da responsabilidade: *in abstracto* ou *in concreto*. Pelo primeiro, a avaliação da culpa se faz tendo em vista o comportamento do *bom pai de família (bonus pater familias)*, sem levar-se em conta o condicionamento próprio do agente. O segundo critério – culpa *in concreto* – consiste na verificação do nível de discernimento, cultura ou aptidão da pessoa. Nas legislações modernas, prevalece o critério da culpa *in abstrato*. Em alguns casos, porém, a própria lei determina que se levem em consideração as condições particulares do agente.

191.4. Natureza da Relação. A culpa pode ser *contratual* ou *extracontratual*. Ocorre a primeira quando o agente deixa de cumprir uma obrigação assumida em um contrato. Exemplo: o ilícito *in non faciendo* praticado pelo inquilino que não paga o aluguel devido. Chama-se extracontratual a culpa que deriva do não cumprimento de um dever criado por regras jurídicas. Exemplo: a culpa originada de um atropelamento de trânsito.

191.5. Agente. A culpa pode originar-se de um *fato próprio* ou de um *fato de outrem*. A primeira hipótese é quando o indivíduo, possuindo capacidade de fato e agindo por sua conta, pratica a violação de um dever jurídico. Exemplo: o eleitor que não participa nas eleições. Ocorre a culpa por fato de outrem quando o responsável pelo ato ilícito não participa pessoalmente no evento. A sua culpa deriva de uma omissão quanto ao controle da causa eficiente do ilícito. Apresenta três modalidades: *a)* culpa *in vigilando*: é a responsabilidade específica dos pais e tutores, que têm o dever de orientar e acompanhar os filhos e pupilos; *b)*

---

[2] Cf. José de Aguiar Dias, *Da Responsabilidade Civil*, 4ª ed., Forense, 1960, vol. II, p. 440.

312 | INTRODUÇÃO AO ESTUDO DO DIREITO · PAULO NADER

culpa *in eligendo*: é a responsabilidade dos patrões, em relação aos atos praticados por seus empregados; *c)* culpa *in custodiendo*: é a responsabilidade assumida pelo dono de um animal ou de coisa inanimada, de cuja força resulta um evento considerado ilícito. A culpa se funda na falta de diligência do proprietário quanto ao controle e fiscalização de seus pertences.

192. EXCLUDENTES DO ILÍCITO

No art. 188, o Código Civil brasileiro apresenta três excludentes para a ilicitude: legítima defesa, exercício regular de um direito reconhecido, estado de necessidade.

192.1. Legítima Defesa. Esta medida é de natureza especial e extraordinária, pois o caminho natural para a defesa dos direitos é a via judicial. O aforismo de Bacon confirma: *Lex cavet civibus magistratus legibus* (a lei protege os cidadãos; o magistrado, as leis). A atualidade ou iminência de uma agressão injusta não comporta ou admite quaisquer gestões. A reação moderada, a título de defesa, além de direito, é dever moral. Quando há esbulho, por exemplo, em que o proprietário se vê privado da posse de qualquer bem, a lei permite a reação incontinenti. Consoante Clóvis Beviláqua, "a autodefesa destina-se a evitar o mal da violação do direito. A autossatisfação ou justiça particular propõe-se a restaurar o direito, que a agressão injusta fez sucumbir".[3]

192.2. Exercício Regular de um Direito. O direito subjetivo é para ser exercitado. A sua utilização normal, de acordo com a sua finalidade, não caracteriza qualquer ilícito. Assim, o proprietário que ajuíza uma ação de despejo contra uma empresa, ao reaver o imóvel, nenhuma responsabilidade tem quanto a eventuais prejuízos sofridos pela locatária, em decorrência da paralisação temporária de atividade devido à mudança.

192.3. Estado de Necessidade. Estado de Necessidade. Esta excludente foi definida pela lei civil no inc. II do art. 188: "a deterioração ou destruição da coisa alheia, ou a lesão a pessoa, a fim de remover perigo iminente." No estado de necessidade apresenta-se um conflito entre direitos pertencentes a titulares distintos. Para tutelar o direito próprio, alguém destrói ou inutiliza o bem jurídico de outrem. Esta ação é ilícita apenas se não excede os limites indispensáveis à remoção do perigo. Conforme Machado Paupério discrimina, os requisitos do estado de necessidade são os seguintes:

"1º que exista um *perigo atual* e *inevitável* para um bem jurídico qualquer do agente ou de outrem;

2º que não tenha sido o perigo provocado voluntariamente pelo agente;

3º que, finalmente, não se possa exigir, de maneira razoável, o sacrifício do bem que está ameaçado, e que compense este a destruição da coisa alheia".[4]

193. TEORIA SUBJETIVA E TEORIA OBJETIVA DA RESPONSABILIDADE

193.1. A Responsabilidade no Passado. Nos tempos primitivos, diante da lesão de um direito, prevalecia o princípio da vingança privada. A própria vítima ou seus familiares

---

[3] Clóvis Beviláqua, *Código Civil*, ed. cit., vol. I, p. 345.

[4] Machado Paupério, *op. cit.*, p. 246.

Sétima Parte · **Cap. 34** · ATO ILÍCITO | **313**

reagiam contra o responsável. Quando surgiu a chamada *pena de talião*, olho por olho, dente por dente, houve um progresso. Se, anteriormente, não havia qualquer critério convencionado, a retribuição do mal pelo mesmo mal estabelecia a medida da reparação. Esse critério, que surgiu espontaneamente no meio social, chegou a ser consagrado por várias legislações, inclusive pela Lei das XII Tábuas. A grande evolução na matéria ocorreu com a composição voluntária, em que a vítima entrava em acordo com o infrator, a fim de obter uma compensação pelo dano sofrido. O resgate (*poena*), que a vítima recebia, consistia em uma parcela em dinheiro ou na entrega de um objeto. Tal critério foi institucionalizado posteriormente e recebeu a denominação de *composição tarifada*. A Lei das XII Tábuas estabeleceu o *quantum* ou valor do resgate. Com a *Lex Aquilia*, inspirada na doutrina do pretor Aquiles, ocorreu um importante avanço quanto à composição. Além de definir mais objetivamente os atos ilícitos, substituiu as penas fixas: o resgate deveria ser no valor real da coisa (v. item 201).

193.2. As Teorias da Responsabilidade. Para a teoria subjetiva, abraçada de uma forma ampla pelo Direito brasileiro, na esteira das grandes legislações, a culpa é essencial à caracterização do ilícito. Sem ela, não há ilícito, não há responsabilidade. Na esfera criminal a teoria subjetiva é absoluta. Em face do princípio "o ônus da prova cabe a quem alega", a vítima é quem possui o encargo de provar a culpa do infrator, a fim de obter a reparação de seu direito. Modernamente, em face do progresso científico e tecnológico, que transformou a sociedade em um aparelho complexo, onde o homem convive com o perigo e ocorrem, a cada instante, as mais variadas formas de acidente, a doutrina reconhece a necessidade de se proteger, de um modo mais eficaz, o interesse da vítima pelo ressarcimento. A contribuição que a doutrina e a jurisprudência têm dispensado ao problema social e jurídico consiste em alguns processos técnicos, apontados por Alvino Lima:

"1) Na admissão, com facilidade, da existência de uma culpa.

2) No reconhecimento de presunções de culpa.

3) Na transformação da responsabilidade aquiliana em contratual.

4) Na extensão do próprio conceito de culpa."[5]

Com a finalidade de corrigir as distorções e injustiças que decorrem da aplicação da teoria subjetiva, vários juristas conceberam a responsabilidade sem culpa e traçaram os lineamentos da teoria *objetiva* ou *do risco*. Os fundamentos apresentados em favor desta teoria foram descritos, em admirável síntese, por Alvino Lima: "Partindo da necessidade da segurança da vítima, que sofreu o dano, sem para ele concorrer, os seus defensores sustentam que *les faiseurs d 'actes*, nas suas múltiplas atividades, são os criadores de riscos, na busca de proveitos individuais. Se destas atividades colhem os seus autores todos os proveitos, ou pelo menos agem para consegui-los, é justo e racional que suportem os encargos, que carreguem os ônus, que respondam pelos riscos disseminados – *Ubi emolumentum, ibi onus*. Não é justo, nem racional, nem tampouco equitativo e humano, que a vítima, que não colhe os proveitos da atividade criadora dos riscos e que para tais riscos não concorreu, suporte os azares da atividade alheia."[6]

Apesar de prevalecer, entre nós, os critérios da teoria subjetiva, que fundamenta a responsabilidade no elemento culpa, a legislação brasileira não ficou insensível às exigências dos novos tempos. Várias leis nacionais adotam os princípios da teoria objetiva, como o Decreto

---

5   Alvino Lima, *Culpa e Risco*, 1ª ed., Editora Revista dos Tribunais Limitada, São Paulo, 1963, p. 77.
6   Alvino Lima, *op. cit.*, p. 124.

314 | INTRODUÇÃO AO ESTUDO DO DIREITO · PAULO NADER

nº 2.681, de 1912, que dispõe sobre o transporte de passageiros nas estradas de ferro, Lei de Acidente do Trabalho, Código de Defesa do Consumidor (arts. 12 e 14). Consoante o citado parágrafo único do art. 927 do Código Civil, adota-se também a *responsabilidade objetiva* quando a atividade normalmente desenvolvida gera risco para os direitos de outrem, como se verifica com as empresas manipuladoras de inflamáveis.

194. ABUSO DO DIREITO

Abuso do direito é uma forma especial de prática do ilícito, que pressupõe a existência de um direito subjetivo, o seu exercício anormal e o dano ou mal-estar provocado às pessoas. No passado predominava o caráter absoluto dos direitos. Os titulares poderiam utilizar seus direitos sem quaisquer limitações, pois *qui suo iure utitur neminem laedit* (quem usa de seu direito a ninguém prejudica). A figura do abuso do direito, se não chegou a ser teorizada pelos romanos, pelo menos foi conhecida do ponto de vista doutrinário, como se pode inferir da frase do jurisconsulto Gaio: *Male enim nostro jure uti non debemus* (não devemos usar mal de nosso direito – *Inst.* I, 53).[7] Um caso famoso na jurisprudência alemã e que bem caracteriza a figura do abuso do direito passou-se no início do século passado. O proprietário de uma fazenda, sob a alegação de que sempre que se encontrava com o seu filho ocorria altercação, impediu-lhe que penetrasse em suas terras, a fim de visitar o túmulo de sua mãe. Apesar de não encontrar amparo na legislação, o filho recorreu à Justiça e obteve ganho de causa, sendo-lhe garantido o direito de visitar as terras nos dias de festa. Tal decisão, proferida em 1909, foi o grande marco para a plena caracterização do abuso do direito no ordenamento jurídico alemão.[8]

No Direito moderno, o Código Civil da Prússia, de 1794, foi a primeira legislação a proibir o exercício do direito fora dos limites próprios.[9] Na França, no período que antecedeu ao Código Napoleão, o art. 420 das Máximas Gerais do Direito francês previa o uso antissocial da propriedade: "Não é permitido a qualquer pessoa fazer em sua propriedade o que não lhe der serventia e prejudicar a outros." O Código Napoleão, porém, sintonizado com o pensamento individualista, não consagrou tal princípio. No Direito brasileiro esta forma de ilícito se acha prevista no art. 187 do Código Civil de 2002: "Também comete ato ilícito o titular de um direito que, ao exercê-lo, excede manifestamente os limites impostos pelo seu fim econômico ou social, pela boa-fé ou pelos bons costumes."[10]

---

7   "O exemplo fundamental do ato emulativo encontra-se no trabalho de *Pistoia* que, respondendo a uma consulta, relata a abertura de uma janela na parede de um edifício, feita com simples objetivo de olhar para dentro de um convento de freiras. Respondendo à consulta, *Pistoia* não deixa de invocar o exemplo romano... O jurisconsulto medieval, com toda a liberdade, inventa sobre aquelas as teorias que deseja. De maneira que *Pistoia* responde o problema, dizendo: *malitia non est indulgenda."* (San Tiago Dantas, *op. cit.,* p. 369).

8   Luis Legaz y Lacambra, *op. cit.,* p. 734.

9   O critério adotado pelo Código Civil da Prússia, nos §§ 36 e 37, foi o seguinte: "O que exerce o seu direito, dentro dos limites próprios, não é obrigado a reparar o dano que causa a outrem, mas deve repará-lo, quando resulta claramente das circunstâncias, que entre algumas maneiras possíveis de exercício de seu direito foi escolhida a que é prejudicial a outrem, com intenção de lhe acarretar dano."

10   No Código Civil de 1916, o abuso de direito foi previsto por uma fórmula indireta, no art. 160, ao indicar *"o exercício regular de um direito reconhecido"* como excludente do ilícito. De acordo com o argumento *a contrario sensu* o dispositivo de lei reconheceu que o *exercício não regular* não seria excludente e era, portanto, um ilícito. O Código Civil peruano, de 1984, embora não defina o abuso de direito considera-o ato ilícito, como se infere do teor do art. II do Título Preliminar: "A lei não ampara o exercício nem a omissão abusivos de um direito. Ao demandar indenização ou outra pretensão, o interessado pode solicitar as medidas cautelares apropriadas para evitar ou suprimir provisoriamente o abuso".

Alguns juristas, notadamente franceses do séc. XIX, não admitem a figura do abuso do direito. Planiol, por exemplo, considerou que a expressão se compõe de duas palavras antitéticas, que não se harmonizam. Demolombe, cognominado o *príncipe da exegese*, foi o maior defensor do caráter absoluto dos direitos subjetivos, não admitindo, pois, o conceito de abuso do direito.

Atualmente a teoria do abuso do direito não apenas é reconhecida, como também considerada indispensável à segurança social. A necessidade de proteção aos interesses coletivos torna inadmissível que o espírito de emulação ou capricho de um possuidor de direito prejudique o bem-estar social. O direito subjetivo deve ser utilizado de acordo com a sua destinação, com a finalidade que lhe é própria, dentro dos limites impostos pelo interesse coletivo.

BIBLIOGRAFIA PRINCIPAL

Ordem do Sumário:

189 – Alvino Lima, *Culpa e Risco*; José de Aguiar Dias, *Da Responsabilidade Civil*;

190 – José de Aguiar Dias, *op. cit.*; Alessandro Groppali, *Introdução ao Estudo do Direito*;

191 – Alvino Lima, *op. cit.*; Alessandro Groppali, *op. cit.*;

192 – Clóvis Beviláqua, *Código Civil*, I; Machado Paupério, *Introdução à Ciência do Direito*;

193 – Alvino Lima, *op. cit.*; José de Aguiar Dias, *op. cit.*;

194 – Luis Legaz y Lacambra, *Filosofía del Derecho*; Alvino Lima, *op. cit.*; San Tiago Dantas, *Programa de Direito Civil*.

– Oitava Parte –

ENCICLOPÉDIA JURÍDICA

– Capítulo 35 –
RAMOS DO DIREITO PÚBLICO

Sumário: 195. Considerações Prévias. **196.** Direito Constitucional. **197.** Direito Administrativo. **198.** Direito Financeiro. **199.** Direito Internacional Público. **200.** Direito Internacional Privado. **201.** Direito Penal. **202.** Direito Processual.

195. CONSIDERAÇÕES PRÉVIAS

A presente unidade, que versa sobre os ramos do Direito, objetiva proporcionar ao estudante a visão universal da árvore jurídica. Seu intento não é abordar conceitos e temas fundamentais de cada ramo, mas oferecer a perspectiva de estudo das diversas disciplinas especiais. A discriminação dos ramos não se fará exaustiva ou total. Vamos limitar a nossa apreciação apenas aos ramos tradicionais, aqueles que formam disciplinas integrantes dos currículos de cursos. O ordenamento jurídico é um conjunto harmônico de regras que não impõe, por si, qualquer divisão em seu campo normativo. A setorização em classes e ramos é obra de iniciativa da Ciência do Direito ou Dogmática Jurídica, na deliberação de organizar o Direito Positivo, para fazê-lo prático ao conhecimento, às investigações científicas, à metodologia do ensino e ao aperfeiçoamento das instituições jurídicas.

Sublinhamos, novamente, a necessidade de se considerar todo ramo do Direito como espécie de um gênero comum. Antes de ser adjetivo, *público, privado, penal, civil,* o conjunto de normas expressa o substantivo Direito. Assim, cada ramo do Direito Positivo, além de possuir caracteres próprios, participa das propriedades inerentes à árvore jurídica: *processo de adaptação social; normas coercitivas sob o comando do Estado; sujeição à variação histórica e submissão aos princípios fundamentais do Direito Natural; fórmula de realização dos valores segurança e justiça.*

O critério adotado na classificação dos ramos jurídicos é o da antiga divisão do Direito Público e Privado que, apesar de sua reconhecida deficiência, revela duas tendências fundamentais no estudo da Jurisprudência.

196. DIREITO CONSTITUCIONAL

A palavra *constituição* é um termo equívoco, porque possui várias acepções inteiramente distintas. Em sentido amplo, significa *estrutura* e, sob esse aspecto, todo ser apresenta uma

320 | INTRODUÇÃO AO ESTUDO DO DIREITO · PAULO NADER

constituição: homem, livro, automóvel. No campo jurídico o vocábulo é empregado em sentido material e formal. Do ponto de vista material, constituição representa a organização dos poderes e órgãos do Estado, bem como as normas protetoras das pessoas. Sob o aspecto formal, constituição significa o documento legal que define a estrutura estatal. Como a existência de um Estado pressupõe organização interna, todos possuem, necessariamente, uma constituição do ponto de vista material. Nem todos, porém, apresentam uma constituição formal, como é o caso da Inglaterra, que a possui consuetudinária.

Direito Constitucional *é o ramo do Direito Público que dispõe sobre a estrutura do Estado, define a função de seus órgãos e estabelece as garantias fundamentais da pessoa.* É um direito que limita a ação do governo, pois estabelece faixas de competência para os poderes. É também um direito de garantia das pessoas, pois as constituições modernas estabelecem um elenco de garantias fundamentais aos seres humanos. Denomina-se *parte orgânica* da constituição a que dispõe sobre a estrutura do Estado e *parte dogmática* a que se refere aos direitos e garantias individuais. Em nossa Constituição, esta parte se acha inserida nos setenta e oito itens do art. 5º.

A ciência do Direito Constitucional começou a formar-se com os estudos promovidos por Montesquieu, ao desenvolver a clássica divisão dos poderes. A consolidação dessa ciência, como saber autônomo e sistemático, ocorreu ao final do século XVIII, com a promulgação das primeiras constituições: a norte-americana, em 1787; as constituições francesas de 1791, 1793 e 1795, além da famosa "Declaração dos Direitos do Homem e do Cidadão", na França, em 1789.

A importância das constituições decorre também de sua superioridade hierárquica em relação às leis ordinárias. As constituições fixam os princípios e as grandes coordenadas da vida jurídica do Estado e o legislador ordinário desenvolve essas regras gerais, através dos códigos e legislação extravagante. Enquanto o termo *constituição* é aplicado ao documento votado pelos representantes do povo, o vocábulo *carta* designa a Lei Maior outorgada pelo governo.

Pelo fato de a constituição expressar o sistema político do Estado e definir a proteção básica do cidadão, constitui uma importante fonte de conhecimentos quanto à filosofia política e social do povo, não obstante a possibilidade de ocorrer o fenômeno das constituições que Ángel Latorre denomina *semânticas*, "cujas normas têm pouca ou nenhuma relação com a realidade política do país em que em teoria regem, sendo essa circunstância deliberadamente desejada pelo legislador".[1]

O Brasil já promulgou sete Constituições: as de 1824, 1891, 1934, 1937, 1946, 1967, substancialmente alterada pela Emenda Constitucional de 17 de outubro de 1969, e a de 1988.

A Constituição atual, a exemplo das anteriores, é de natureza rígida, uma vez que as exigências para a sua modificação são maiores do que as necessárias à legislação ordinária. A proposta de emenda é especial, pois, partindo, do legislativo federal, deverá conter a assinatura, no mínimo, de um terço dos membros da Câmara dos Deputados ou do Senado Federal. Poderá a proposta originar-se, também, do Presidente da República ou de mais da metade das Assembleias Legislativas, manifestando-se, cada uma delas, pela maioria relativa de seus membros. Já a aprovação da proposta de emenda deve ser votada na Câmara dos Deputados e no Senado Federal e obter a anuência de, no mínimo, três quintos dos votos dos respectivos membros, em dois turnos de votação, conforme prevê o art. 60, § 2º, da Constituição.

---

[1]   Ángel Latorre, *op. cit.*, p 191.

Nem toda matéria, por outro lado, é passível de emenda constitucional, uma vez que a Lei Maior fixou algumas *cláusulas pétreas* no art. 60, § 4º. Assim, não pode ser objeto de deliberação qualquer proposta que vise a abolir:

"I – a forma federativa de Estado;

II – o voto direto, secreto, universal e periódico;

III – a separação dos Poderes;

IV – os direitos e garantias individuais."

Mesmo se tratando de uma constituição rígida, a Constituição brasileira de 1988 é mais formalmente rígida do que concretamente na aplicação de suas normas. Excesso de previsões constitucionais acabam por enfraquecer a força normativa de uma constituição.[2]

Caminhando com o constitucionalismo dos séculos XVII e XIX surge também o liberalismo, uma teoria que preconiza a valorização do indivíduo a despeito do Estado, procurando salvaguardar-lhe a liberdade, a propriedade e seu direito à felicidade. Mas constituições liberais procuram ser sucintas prevendo a forma do Estado (unitário ou federal); a forma de governo (democrático); ao modo de aquisição ou assunção ao poder (voto direto ou voto dos representantes); exercício do poder; estruturação dos órgãos de poder (Legislativo, Executivo e Judiciário) e a limitação a esse poder.

As constituições surgidas especialmente após a Segunda Grande Guerra, em um movimento que se denominou de constituições-garantia, procuraram trazer aos textos constitucionais normas que naturalmente fariam parte do sistema legislativo ordinário, como por exemplo, na Constituição de 1988, direitos trabalhistas, que poderiam normalmente estar contidos na legislação infraconstitucional e, de fato, já se encontra, mas ao dar ares constitucionais a esses direitos, o constituinte quis dar-lhe força, mas acaba por enfraquecer sua aplicação pois a sociedade organizada atual prescinde de excessos de direitos e necessita de simplificação, dando ao cidadão a autodeterminação de decidir sobre suas opções de forma individual e não tutelada pelo Estado que a todo tempo, exige de empregados e empregadores respeito a regras que não têm mais sentido em um mundo que caminha aceleradamente para o "fator cambiante" da realidade.

Outras regras que a doutrina denomina como programáticas são as que o Estado como organização social não consegue cumprir. Ou ele simplesmente falta com verdade ao seu povo ou ele obriga a outros atores sociais a desempenharem o que ele não consegue. Vejamos o que está disposto no art. 6º de nosso texto constitucional: "São direitos sociais a educação, a saúde, a alimentação, o trabalho, a moradia, o transporte, o lazer, a segurança, a previdência social, a proteção à maternidade e à infância, a assistência aos desamparados, na forma desta Constituição". A todo direito concedido pelo Estado corresponde a um dever que este próprio Estado deve fornecer. Como fornecer tudo o que o Estado reconhece como direito do cidadão?

É simplesmente impossível e a tendência é que se possa, à medida que o tempo passa, conceder menos. As constituições-garantia asseguram muito pouco ao cidadão, mas esse, ao invés de exigir a verdade, prefere entorpecer-se com o diletantismo do constituinte e acreditar que tudo o que foi prometido como direito efetivamente concretizar-se-á.

---

[2] Manoel Gonçalves Ferreira Filho, *Curso de Direito Constitucional*, 42ª ed., Rio de Janeiro, Forense, 2022. *E-book.* p. 10. Disponível em: https://app.minhabiblioteca.com.br/reader/books/9786559644582/. Acesso em: 22 out. 2024.

196.1. Direito Ambiental. Intimamente vinculado à Constituição da República, o Direito Ambiental é o ramo cuja finalidade é a de fixação de princípios e normas que, não obstante permissivas do uso e do aproveitamento do solo, zelam pela proteção do meio ambiente, garantindo a sua sustentabilidade. A matéria é direcionada pela Lei Maior, art. 225, que assegura a todos a efetividade do meio ecologicamente equilibrado. A exploração do meio ambiente, todavia, deve ser exercitada com responsabilidade.

Se a exploração de recursos minerais causar a degradação do meio ambiente, seu autor deverá restabelecer as condições saudáveis da natureza, reparando, ao mesmo tempo, eventuais danos provocados.

A importância do Direito Ambiental é constante, já que há realidade climáticas cambiantes que levam as nações a terem fenômenos naturais causadores de grandes catástrofes o que se vincula ao excesso de utilização do dióxido de carbono (gás carbônico) que é utilizado de forma maciça na produção de energia no mundo inteiro e forma um mercado pujante de compra e venda que fortalece as trocas de recursos entre as nações. Aquelas que produzem muito gás carbônico, no geral, as nações mais desenvolvidas devem compensar esses efeitos deletérios comprando de nações que produzem menos gás carbônico que poderiam, levando-se em conta o seu parque industrial e sua efetiva produção do gás carbônico que fica aquém de suas capacidades.

O Homem como beneficiário e causador de males na própria natureza se insere na conceituação de sua existência. Natureza abarca a humanidade. O Homem sendo parte da natureza, lhe é obrigatório cuidar do seu meio-ambiente visando o seu sustento e a sua própria preservação. Para o Direito que convencionaram chamar de Direito Ambiental, as ações humanas são a causa de seu sustento e de sua destruição, mas também têm o condão de serem os preservadores deste meio ambiente que durante muitos séculos não fez outra ação que não fosse a exploração pura e simples.

O caminhar da Humanidade e os fenômenos ambientais maléficos recorrentes fazem com que o Homem se conscientize de seus atos e busque a preservação da natureza, que ao final, é a sua própria preservação, pois ele é parte fundamental na existência de um meio ambiente produtivo e sadio.

Especialmente, após o fim da bipolarização entre economia de mercado e os regimes socialistas, os homens voltaram seus olhos para a conservação do meio ambiente, enquanto a ciência apontava que a alta produção e lançamento de gás carbônico na atmosfera estavam atingindo a conhecida camada de ozônio que tem como uma das principais funções deter os raios ultravioletas que atingem a Terra.

Há teorias sérias e críveis que o ataque a esta camada de ozônio que nos protege está afetando as condições climáticas em todo o mundo e elevando a temperatura em vários locais da Terra. Esse aumento de temperatura ora beneficia, ora prejudica a produção agroalimentar, por isso as nações se voltam cada vez mais para a proteção de seus meios ambientes com a promulgação de normas visando à utilização de recursos agrícolas respeitando-se normas ambientais.

Concomitantemente, surgem normativas que obrigam o setor industrial a cada vez mais a rever seus processos de produção, sobretudo indústrias que produzem grandes quantidades de gás carbônico no sentido de limitar essa produção ou buscar formas de emissão do gás que sejam diminuídas com a aplicação de filtros especiais que absorvem o gás carbônico levando ao meio ambiente quantidade bem menores deste gás.

O Direito Ambiental, em razão de tudo o que escrevemos, hoje tem um alcance que vai além da própria preservação da natureza, ele visa controlar a saciedade humana pela produção insana de bens, por isso, essencialmente as nações que têm noção das transformações pelas quais passamos estão se organizando para promulgarem normas idênticas ou semelhantes em todo o planeta com o único fim de criar um meio ambiente que permita a produção dos bens, mas simultaneamente não descure dos malefícios que essa produção causa.

197. DIREITO ADMINISTRATIVO

A finalidade do Estado é promover o bem-estar da coletividade. Para alcançar o seu objetivo deve apresentar, em primeiro lugar, uma estrutura definida de *poder*, que é uma atribuição do Direito Constitucional e, em segundo lugar, desenvolver a prestação de serviços públicos, cujo estudo compete à Dogmática Administrativa. O pensamento central desse ramo é o conceito de *serviço público*, que é a atividade estatal dirigida à satisfação das necessidades coletivas de ordem fundamental, como o fornecimento de energia elétrica, correio, abastecimento de água, transportes, obras públicas, segurança etc. Em que medida e dentro de que limites deve ser prestado esse serviço, é algo que diz respeito à filosofia política de cada Estado e sobre isto há várias correntes doutrinárias. As principais se reduzem a duas: *a individualista*, para quem o Estado deve intervir o mínimo possível no desenvolvimento social e limitar-se às atividades próprias do Estado-Guardião, e a *coletivista* ou *socializante*, que preconiza o Estado-Providência, participante em todos os assuntos de relevância social.

É o Direito Administrativo que estabelece a fórmula jurídica para a realização do serviço público, cujo conceito foi definido por Jèze como "toda organização de caráter permanente destinada a satisfazer as necessidades públicas de um modo regular e contínuo".[3] Como a execução e o controle dos serviços públicos dependem do trabalho de funcionários qualificados, o Estado admite servidores de acordo com o que estabelecem as normas específicas, que se incluem no objeto do Direito Administrativo. Este ramo, na definição de Themístocles Brandão Cavalcanti, "é o conjunto de princípios e normas jurídicas que presidem ao funcionamento das atividades do Estado, à organização e ao funcionamento dos serviços públicos, e às relações da administração com os indivíduos".[4]

O Direito Administrativo não se confunde com a Ciência da Administração, que estuda os modelos teóricos relativos à gestão dos interesses coletivos. Esta Ciência, que se ocupa com a política e a técnica da administração, oferece importantes subsídios ao Direito Administrativo, que é modelo concreto de administração da coisa pública. A Dogmática Administrativa, que hoje é um ramo autônomo, destacou-se do Direito Constitucional a partir do início do século XIX. Seus princípios básicos surgiram na França, com a organização dos serviços públicos, promovida por Napoleão Bonaparte.

Considerado por alguns como o Direito do futuro, bem se pode afirmar que o Administrativo é o Direito do presente, tal a sua penetração na vida social e os seus reflexos nos diversos ramos jurídicos. É um Direito que se desenvolve amplamente e que, por ser um campo demasiadamente vasto e carecer ainda de estabilidade, não se acha totalmente codificado. Em nosso País, a codificação das normas administrativas se faz de forma progressiva e por partes. Assim é que possuímos códigos de Água, Florestal, de Mineração, de Caça, de Conduta da Alta Administração Federal, Regime Jurídico dos Servidores Públicos Civis da União, entre outros.

---

[3]   *Apud* Jorge I. Hübner Gallo, *op. cit.*, p. 387.
[4]   Themístocles Brandão Cavalcanti, *Curso de Direito Administrativo*, 6ª ed., Freitas Bastos, Rio de Janeiro, 1961, p. 23.

INTRODUÇÃO AO ESTUDO DO DIREITO · PAULO NADER

Além de se orientar pelos princípios comuns ao Direito Público, como os da *legalidade, moralidade, impessoalidade, publicidade, eficiência*, o Direito Administrativo consagra os princípios específicos da *supremacia do interesse público sobre o privado* e o da *indisponibilidade dos interesses públicos*.

198. DIREITO FINANCEIRO

Direito Financeiro *é o ramo do Direito Público que disciplina a receita e a despesa pública*. Para realizar os serviços públicos, o Estado necessita de recursos financeiros, obtidos mediante cobrança de impostos, contribuições, taxas, bem como por sua atividade empresarial. O movimento de arrecadação do dinheiro público e o seu emprego em obras e despesas gerais constituem o objeto do Direito Financeiro. Nessa disciplina são estudados os tributos, crédito, Direito Financeiro Penal, despesa pública. Apesar de as expressões Direito Tributário e Direito Fiscal serem empregadas, muitas vezes, como equivalentes ao Direito Financeiro, constituem apenas uma parte desse ramo referente às contribuições. Enquanto para a Escola Francesa o aspecto mais importante do Direito Financeiro é o que se refere à obtenção dos meios, para a Escola Alemã fundamental é a parte relativa à despesa pública. Tais preferências não apresentam um fundamento lógico, de vez que as duas tarefas são etapas necessárias e indispensáveis de um mesmo processo.

Apesar de alguns juristas, como Bompani, considerarem o Direito Financeiro um simples apêndice do Direito Administrativo, a generalidade dos autores reconhece a sua autonomia. Até o início do século passado, a Dogmática Financeira não apresentava princípios próprios e seus estudos localizavam-se nos compêndios de Direito Constitucional, Direito Administrativo e Ciência das Finanças.

A doutrina jurídica, que serviu de base ao surgimento do Direito Financeiro como ramo autônomo, foi a desenvolvida, primeiramente, pelo austríaco Myrbach Rhinfield (1909) e pelo alemão Enno Becker. Foram decisivos também os estudos apresentados, mais tarde, pelos italianos Pugliese, Grizzioti, Ingroso, Jarach e pelos franceses Trotabas e Hebrard. Em nosso País, até à metade do século XX, o Direito Financeiro era considerado um campo anexo da Ciência das Finanças. Atualmente, porém, apresenta um grande desenvolvimento e suas normas fundamentais acham-se inseridas no Código Tributário Nacional, de 1966.

199. DIREITO INTERNACIONAL PÚBLICO

O Direito Internacional Público *é o ramo jurídico que disciplina as relações entre os Estados soberanos e os organismos análogos*. As suas principais fontes formais são os tratados e os costumes internacionais. A sua existência pressupõe as chamadas *bases sociológicas: a) pluralidade de Estados soberanos*, pois se houvesse apenas um Estado, o Estado Mundial, não haveria dualidade de interesses e, consequentemente, não se justificariam quaisquer normas que não fossem as internas; *b) comércio internacional*, pois a grande massa de interesses apresenta conteúdo econômico e envolve a troca de riquezas; *c) princípios jurídicos coincidentes*, de vez que, inexistindo valores comuns, faltariam os critérios de entendimento.[5]

Originalmente esse ramo jurídico recebeu a denominação de *Direito das Gentes*, adotada pelo espanhol Francisco Suárez (1548-1617) e pelo holandês Hugo Grócio (1583-1645). Em Roma essa expressão foi empregada em sentido diverso, pois se referia às nor-

---

[5]   Cf. Celso D. de Albuquerque Mello, *op. cit.*, 1º vol., p. 37.

mas que regulavam as relações jurídicas dos estrangeiros. A denominação proposta por Suárez foi aceita e generalizou-se entre os povos de diferentes línguas: *droit des gens, law of nations, derecho de gentes, diritto delle genti*. Apesar de a denominação ser mantida na Alemanha, *Völkerrecht,* modernamente foi substituída pelo nome Direito Internacional, de uso corrente nos diversos idiomas: *droit international, international law, diritto internazionale*. Essa expressão, contudo, tem sido criticada por alguns autores por se referir ao conceito de nação, que é de ordem sociológica e não jurídica. Sugerem, esses juristas, a substituição pelo termo *interestatal*.

A teorização do Direito Internacional foi encetada pela Escola Espanhola do Direito das Gentes, constituída, entre outros nomes, por Francisco Vitória, Soto, Molina, Francisco Suárez, que defenderam, nos séculos XVI e XVII, a existência de uma comunidade internacional, fundada na independência e igualdade de direito entre os Estados. Foi importante também a contribuição de Hugo Grócio, considerado por muitos o "pai do Direito Internacional". Foi esse jurista que formulou a divisão do objeto do Direito Internacional em *guerra* e *paz*, em sua obra intitulada *De Jure Belli ac Pacis* (1625). Tal critério ainda perdura, sendo incluída a parte relativa ao Direito de neutralidade nos estudos sobre a guerra.

O Direito Internacional, que é também Direito Positivo, apresenta várias semelhanças com o Direito interno, conforme discrimina o internacionalista Celso D. de Albuquerque Mello: "*a*) é uma ordem normativa; *b*) é dotado de sanção; *c*) tem idêntica noção de ato ilícito, isto é, que ele consiste na violação de uma norma."[6] Na opinião de Luis Legaz y Lacambra, o Direito Internacional apresenta todos os supostos essenciais da juridicidade: "*a*) há um ponto de vista sobre a justiça a realizar; *b*) há uma pluralidade de sujeitos de direito; *c*) há uma recíproca correlação de licitude; *d*) há uma forma de viver social que se cristaliza em um conjunto de normas jurídicas."[7]

Não obstante os elementos comuns entre o Direito Internacional e o Direito interno, alguns autores discutem a existência desse ramo do Direito e há quem chegue a negar o caráter jurídico das normas internacionais (v. item 44, *in fine*). Questionam, entre outros aspectos, os seguintes: 1º) A impossibilidade de um Estado, em face de sua soberania, subordinar-se a qualquer ordenamento não ditado por ele próprio; 2º) A ausência de um poder legislativo; 3º) A falta de uma jurisdição internacional; 4º) A falta de sanção. Tais argumentos encontram resposta imediata: o Direito Internacional não subordina os Estados a um poder estranho, mas ao império das normas jurídicas e o conceito atual de soberania não é incompatível com a submissão à ordem jurídica; assim como no Direito interno há uma criação espontânea do Direito, o consuetudinário, que não requer a intervenção ou comando do Estado, na ordem internacional é possível também a produção normativa independentemente de um poder superior ao Estado; a aludida falta de uma jurisdição internacional compromete apenas, e em parte, a efetividade do Direito e não a sua validade, o que, dito em outras palavras, quer dizer que não se deve confundir o "ser" do Direito com o "dever-ser"; apesar de deficiente, existe a sanção internacional, sob diferentes modalidades: represália, boicote, bloqueio pacífico, guerra etc.

Quanto à relação entre o Direito Internacional e o Direito interno, a doutrina apresenta duas grandes correntes: a *dualista* e a *monista*. Para a primeira corrente, os dois direitos constituem sistemas inteiramente independentes, que estão entre si como dois círculos tangentes. Para o monismo, ao contrário, os dois direitos se integram num sistema único. Nesse ponto, bifurcam-se as opiniões. Para a linha hegeliana, no ordenamento

---

6   Celso D. de Albuquerque Mello, *op. cit.*, 1º vol., p. 41.

7   *Apud* Carlos Mouchet y Zorraquin Becu, *op. cit.*, p. 491.

326 | INTRODUÇÃO AO ESTUDO DO DIREITO · PAULO NADER

jurídico único, a predominância é do Direito interno sobre o Direito Internacional, em face do caráter absoluto da soberania e, para a outra corrente, na qual se destacam os adeptos da Escola de Viena (Kelsen, Verdross, Kunz e outros), a norma internacional ocupa uma posição superior ao Direito interno, que lhe deve submissão. Como síntese das correntes dualista e monista, surgiram as *teorias conciliadoras*, que admitem a existência de dois sistemas jurídicos com uma subordinação parcial. Alguns Estados reconhecem expressamente a obrigatoriedade interna das normas internacionais. Na Inglaterra existe o princípio de que "o Direito Internacional é parte do Direito da Inglaterra" e na Alemanha o art. 25 da Constituição Federal determina: "As regras gerais do Direito Internacional são parte do Direito federal. Têm primazia sobre as leis e produzem direitos e obrigações imediatas para os habitantes do território federal." Os organismos internacionais, que zelam pelo aperfeiçoamento e efetividade do Direito Internacional, são, entre outros, a Organização das Nações Unidas (ONU), criada em 1945; a Organização dos Estados Americanos (OEA), de 1948; a Corte Internacional de Justiça, sediada em Haia.

200. DIREITO INTERNACIONAL PRIVADO

O Direito Internacional Privado, na definição de Agenor Pereira de Andrade, "é o conjunto de normas que têm por objetivo solucionar os conflitos de leis entre ordenamentos jurídicos diversos, no plano internacional, indicando a lei competente a ser aplicada".[8] Quando estudamos a eficácia da lei no espaço já entramos em contato com o principal objeto desse ramo (v. item 139).

Embora a prevalência da opinião de que se trata de um ramo do Direito Privado, entendemos, juntamente com Miguel Reale e Paulo Dourado de Gusmão, que a sua natureza é de Direito Público.[9] Pelos elementos que a definição acima oferece, verifica-se que esse ramo, apesar de produzir efeitos sobre os particulares, não cria modelos de conduta intersubjetiva, pois limita-se a indicar o sistema jurídico a ser aplicado às relações sociais, o nacional ou o estrangeiro. As suas normas são de caráter cogente ou taxativo, pois as partes interessadas não podem alterar os seus efeitos.

A denominação desse ramo tem sido criticada por diversos autores, quanto aos três vocábulos que a compõem. Para alguns, não chega a ser *Direito*, sendo apenas um conjunto de princípios ou normas técnicas que resolvem conflitos de leis. Na opinião de outros juristas, não possui caráter *internacional*, pois é regulado internamente pelos próprios Estados para ser aplicado em seus territórios. A expressão é criticada ainda em razão do termo *privado*, pois muitos consideram esse ramo como sendo de Direito Público. Outras denominações têm sido apresentadas: Direito Intersistemático, Direito Civil Internacional, Direito Privado Universal dos Estrangeiros, Direito dos Limites, Conflito de Leis.

Quanto ao objeto da disciplina, não há uniformidade de pensamento entre os juristas. Para a Escola Francesa, o Direito Internacional Privado regula: *a*) o conflito de leis no espaço; *b*) os aspectos jurídicos da nacionalidade; *c*) a situação jurídica do estrangeiro. Alguns autores, como Haroldo Valadão e Amílcar de Castro, estendem o objeto de estudo do Direito Internacional Privado à solução de conflitos entre ordenamentos jurídicos de um mesmo Estado. As opiniões divergem também quanto à inclusão dos conflitos de leis de natureza penal, administrativa, processual e fiscal. Na opinião de Agenor Pereira de

---

8   Agenor Pereira de Andrade, *op. cit.*, 25.

9   Miguel Reale, *Lições Preliminares de Direito*, ed. cit., p. 348 e Paulo Dourado de Gusmão, *Introdução ao Estudo do Direito*, ed. cit., p. 215.

Andrade, não se pode aceitar a ideia "de que houvesse confrontos de leis no plano externo que fugissem ao estudo da nossa disciplina, por se situarem nessa ou naquela departição do direito".[10]

Apesar de alguns autores negarem autonomia ao Direito Internacional Privado, ela é reconhecida de uma forma generalizada pelos cientistas do Direito. O fato de grande parte de suas normas localizarem-se, em nosso sistema, na Lei de Introdução ao Código Civil, é algo contingente e que não indica qualquer dependência ao ramo do Direito Civil.

Em 1928, a Sexta Conferência Interamericana aprovou, em Havana, um Código de Direito Internacional Privado, cujo projeto foi elaborado pelo jurista cubano Antonio Sanchez de Bustamante. Esse diploma legal, que recebeu o nome de Código de Bustamante, foi ratificado pelo Brasil, através do Decreto Legislativo nº 5.467, de 7 de janeiro de 1929.

201. DIREITO PENAL

Direito Penal *é o ramo do Direito Público que define os crimes, estabelece as penalidades correspondentes e dispõe sobre as medidas de segurança.* Na definição de Mezger "é o conjunto de normas jurídicas que regulam o poder punitivo do Estado, ligando ao delito, como pressuposto, a pena como consequência".[11] A missão deste ramo, na visão de René Ariel Dotti, "consiste na proteção de bens jurídicos fundamentais ao indivíduo e à comunidade".[12] Além da denominação Direito Penal, a mais divulgada atualmente, esse ramo é também designado por Direito Criminal. Enquanto a primeira denominação faz referência à consequência jurídica a que está sujeito o autor do crime, a segunda se reporta ao conceito nuclear do ramo, que é o crime. Alguns autores criticam a expressão Direito Penal, por não abranger uma parte importante desse ramo, que são as medidas de segurança. Outros nomes foram sugeridos: Direito Repressivo (Puglia); Direito Restaurador ou Sancionador (Valdés); Direito de Defesa Social (Martinez); Direito Protetor dos Criminosos (Dorado Montero) etc.

Antes de atingir a atual fase, em que o titular dos *jus puniendi* é o Estado, o Direito Penal passou por diversas etapas: *a)* vingança privada; *b)* composição voluntária; *c)* composição legal; *d)* repressão do Estado. Primitivamente, a vítima ou seus familiares reagiam à lesão do direito, pela própria força (v. item 193). Na fase da composição voluntária a vítima entrava em acordo com o criminoso e trocava o seu perdão por uma compensação econômica. Posteriormente, esse critério de composição, instituído naturalmente pelas partes, foi adotado pelas legislações, que impunham ao infrator um pagamento à vítima. Finalmente, no período de humanização do direito, para o qual César Beccaria (1738-1794) contribuiu decisivamente, com a sua *obra Dei Delitti e delle Pene*, o Estado detém o monopólio do direito de punir e o faz mediante critérios científicos que objetivam, de um lado, a intimidação e, de outro, a readaptação social do criminoso.

A Moral, que exerce grande influência em toda a árvore jurídica, manifesta-se de uma forma mais intensa no ramo penal. Ao definir as infrações, a Dogmática Penal lida com o *mínimo ético*, ou seja, com os princípios morais mais relevantes e essenciais ao bem-estar da coletividade. Por esse motivo o Código Penal é considerado, por alguns, como o *código moral de um povo* e o ilícito penal é referido, às vezes, como *ilícito moral*. Giulio Battaglini explica as razões: "enquanto nos demais ramos do Direito a Moral é, antes de

---

[10] Agenor Pereira de Andrade, *op. cit.*, p. 23.

[11] *Apud* E. Magalhães Noronha, *Direito Penal*, Edição Saraiva, São Paulo, 1959, 1º vol., p. 12.

[12] *Curso de Direito Penal – Parte Geral*, 2ª ed., Editora Forense, Rio de Janeiro, 2005, p. 3.

328 | INTRODUÇÃO AO ESTUDO DO DIREITO · PAULO NADER

mais nada, *critério de valoração* (com exceção da instituição do matrimônio que, no Direito Civil, é regulada por leis de ética natural), no Direito Penal o *conteúdo material* do preceito se constitui principalmente de normas morais (direito natural)."[13]

Quanto às infrações penais, os sistemas jurídicos apresentam dois critérios básicos. Alguns países, como a Alemanha, França e Bélgica, adotam uma divisão tricotômica: *crime, delito* e *contravenção*, cujos conceitos se distinguem apenas sob o aspecto de gravidade do ilícito. Nesse sistema, o delito é infração mais grave do que a contravenção e mais leve do que o crime. Em outros países, como o nosso, adota-se apenas uma divisão dicotômica: *crime* ou *delito* e *contravenção*. Não há uma distinção ontológica entre crime e contravenção. O critério é o quantitativo. Daí Nélson Hungria haver cognominado a contravenção por "crime anão". A distinção maior é quanto às penas e o seu cumprimento.

O ponto maior de convergência da Dogmática Penal reside no conceito de *crime* e seus elementos constitutivos. Costuma ser definido como *ação humana, típica, ilícita e culpável. A) Ação Humana*: somente o homem possui responsabilidade criminal. As pessoas jurídicas não podem ser sujeito ativo do crime. A responsabilidade criminal é apenas a de seus dirigentes. Nem os irracionais, como se admitia outrora, são imputáveis. Não obstante, em nosso País, a Lei nº 9.605/98 prevê a responsabilidade criminal da pessoa jurídica que, sob determinadas condições, agride o meio ambiente. As penas previstas são restritivas de direitos. Os requisitos básicos para a responsabilidade penal são: idade mínima de dezoito anos e discernimento. *B) Típica:* a tipicidade consiste no fato de a ação praticada enquadrar-se em um modelo de crime definido em lei. Prevalece, no Direito Penal, o princípio de *estrita legalidade: nullum crimen, nulla poena, sine lege* (não há crime e nem há pena sem lei). Este é um princípio de vital importância para a segurança jurídica dos indivíduos. Como decorrência lógica, não se admite a analogia em matéria penal para efeito de enquadramento da conduta em tipos de crime e fixação de penas. Discute-se a respeito da aplicação da analogia *in bonam partem* que favorece ao acusado. Rocco, Bettiol, Delitala e outros admitem-na, enquanto Nélson Hungria, Von Hippel, Asúa e outros a ela se opõem. *C) Ilícita:* a ação praticada é contrária ao Direito. O antijurídico penal pressupõe sempre a tipicidade. *D) Culpabilidade*: é o elemento subjetivo da ação. Para haver crime é necessário que o agente da ação tenha agido intencionalmente ou com imprudência, negligência ou imperícia. Chama-se crime doloso o praticado com deliberação e vontade; culposo, quando não desejando conscientemente o resultado da ação, o agente não o impede. Em matéria penal, portanto, não há qualquer aplicação da *teoria objetiva da responsabilidade* ou da *responsabilidade sem culpa*. Questiona-se quanto à inclusão da punibilidade no conceito de crime. O penalista italiano Giulio Battaglini defendeu-a, mas prevalece, contudo, a opinião contrária, e o argumento mais forte foi apresentado por Sauer, ao afirmar que o crime é o pressuposto da pena, ou seja, esta é o efeito jurídico da prática do crime.

202. DIREITO PROCESSUAL

Direito Processual *é o ramo jurídico que reúne os princípios e normas reguladoras dos atos judiciais tendentes à aplicação do Direito aos casos concretos.* Esse ramo surgiu apenas em uma fase de maior desenvolvimento científico do Direito. Nos tempos primitivos a solução jurídica dos conflitos interindividuais era uma tarefa dos particulares. O poder público não assumia o encargo de resolver os litígios. Quando alguém se julgava lesado em

---

[13] *Direito Penal – Parte Geral*, Edição Saraiva, São Paulo, 1964, p. 6.

seu direito, tomava a iniciativa de obter a reparação do dano sofrido, mediante expediente próprio. Era o sistema de *autodefesa*.

Modernamente a tarefa de julgar e aplicar a lei aos casos concretos é monopólio do Estado e só excepcionalmente se admite o desforço pessoal (legítima defesa). Para o cumprimento de seu dever de resolver as questões jurídicas manifestas, o Estado moderno dispõe de um poder próprio, o Judiciário, especificamente estruturado para desenvolver a atividade jurisdicional. A função que exerce é da máxima importância para a segurança jurídica dos indivíduos. A efetividade do Direito não depende apenas de leis aperfeiçoadas, indicadoras de modelos de comportamento social. É indispensável, complementarmente, um sistema eficiente de regras que organizem a prestação jurisdicional, para que o Poder Judiciário, com independência, critério científico e a celeridade desejada, julgue os pedidos que lhe são dirigidos.

O Direito Processual, também denominado Direito Judiciário, é caracterizado como um Direito *adjetivo* ou *formal*, como meio de distinção do que regula diretamente os fatos sociais, caracterizado como Direito *substantivo* ou *material*. A alusão ao Direito Processual como Direito adjetivo é criticada por alguns autores, sob o fundamento de que o adjetivo pressupõe o substantivo, fato esse que não ocorre na relação entre as normas processuais e as civis ou criminais, pois é possível haver um processo judicial sem a existência concreta de Direito material.

Historicamente as normas processuais surgiram no bojo das leis materiais, como apêndice. Atualmente, porém, o Direito Processual revela-se autônomo não apenas no ponto de vista científico e doutrinário, mas também no campo legislativo. Assim é que, ao lado do Código Civil e Comercial, há um Código de Processo Civil, que estabelece os procedimentos judiciais a serem observados quando as pretensões forem de natureza civil ou comercial. Igualmente, além do Código Penal, há o Código de Processo Penal, destinado a regular as ações criminais.

Discute-se, doutrinariamente, se o Direito Processual pertence à classe do Direito Público ou Direito Privado. A opinião prevalente o situa entre os ramos do Direito Público. Alguns autores, notadamente franceses, entendem que o processo civil pertence ao gênero do Direito Privado, enquanto o processo penal, ao Direito Público. Alegam que no processo civil as partes possuem ampla liberdade na prática dos atos judiciais e que os interesses em jogo são apenas particulares, enquanto o processo criminal é inflexível, pois nem o juiz, nem as partes podem alterar o rumo da ação criminal. Ángel Latorre contesta a alegada dualidade de interesses: "A coletividade e a ordem jurídica, em seu conjunto, estão interessadas em que os conflitos entre particulares se resolvam com rapidez e justiça. A função judicial no âmbito do processo civil é também um exercício do poder público em prol da comunidade e não simplesmente um instrumento nas mãos dos particulares."[14]

O objeto de estudo do Direito Processual centraliza-se em três aspectos fundamentais: *a) jurisdição; b) ação; c) processo*. A jurisdição *consiste no poder que os juízes e tribunais possuem de declarar o direito sobre as questões que lhe são submetidas*. A palavra jurisdição é de origem latina *Iurisdictio*, que significa *dizer o direito*. Divide-se em *contenciosa* e *voluntária*. A primeira se ocupa das questões litigiosas, enquanto a segunda apresenta um caráter administrativo, sendo provocada quando o interessado deseja uma declaração ou autorização judicial. Para Calamandrei, apenas a contenciosa constitui efetivamente uma jurisdição. O conceito de jurisdição não se confunde com o de *competência*. Esta é a

---

[14] Ángel Latorre, *op. cit.*, p. 202.

medida da jurisdição, ou seja, *é a aptidão do juiz para exercer sua jurisdição em caso determinado.*[15]

O direito de ação consiste na faculdade, que o portador de um interesse econômico ou moral possui, de submeter uma pretensão, contra um sujeito de direito, à apreciação do Poder Judiciário, exigindo-lhe a prestação jurisdicional. É um direito autônomo, que não depende do suporte de um direito subjetivo. *Processo é o conjunto de atos judiciais necessários à declaração do direito aos casos concretos.*

A vida está registrada em cada processo. Os anseios, as discórdias, todos os tipos possíveis de conflito social desembocam no Judiciário e clamam por soluções acordes à moral e à justiça social. As atenções se voltam para o *magistrado*, que conduz o processo, decide incidentes e julga o mérito das questões, mas o peso da responsabilidade se distribui, em diferentes parcelas, para todos aqueles que interferem no andamento das causas. *Coragem, serenidade* e *operosidade* devem ser o apanágio do julgador. Atento às questões de fato, deve ser um permanente estudioso, mantendo-se atualizado não apenas com a ordem jurídica, mas ainda em face da ciência em geral e da *Jurisprudentia* em particular.

Os advogados canalizam as questões ao judiciário e discutem os fatos e o seu enquadramento jurídico, além de desenvolverem a retórica de persuasão e convencimento. São os que mantêm contato imediato com as partes e percebem a sua tensão e sofrimento. Devem ser eternos estudiosos, como os demais profissionais do Direito, uma vez que este não deixa de evoluir.

Atualmente, em especial em países mais desenvolvidos, começam a surgir novas especialidades na advocacia. Ao lado do *expert* em Direito Constitucional, Civil, Comercial, Trabalhista, Tributário, Penal, Administrativo, Meio Ambiente, Internacional, há profissionais que atuam, entre outras modalidades, como *Gerente de riscos jurídicos* – cujo objetivo é avaliar a conveniência de uma contenda; *Supervisor de relações com os clientes* – profissional que acompanha a relação entre o advogado e o cliente, em nome da banca de advocacia; *Recrutador de futuros profissionais* – cuja missão é encaminhar bacharelandos e novos advogados a se engajarem em campo de trabalho, seja em grandes escritórios ou em empresas; *Especialista em protocolo* – profissional que orienta os advogados da banca, que atuarão em outro país, quanto às formalidades, aos usos e aos costumes a serem observados.[16]

O Ministério Público é fiscal da lei e representante da sociedade. Nas causas de interesse social ou de incapazes, a sua presença é indispensável. Sua atuação perante o judiciário não é passiva, pois possui legitimidade para ajuizar ação civil pública e de investigação de paternidade, avultando-se a sua importância com a promulgação da Constituição Federal de 1988.

As *defensorias públicas* patrocinam as causas dos hipossuficientes e dão uma dimensão democrática à Justiça. Graças a elas torna-se possível a garantia de *acesso* ao judiciário, que é um princípio democrático fundamental. Devem os defensores reunir iguais predicados aos advogados em geral.

Os poderes públicos municipais, estaduais e federal têm a sua advocacia particular patrocinada por *procuradores*, que ocupam cargo público e são advogados.

---

[15] Alsina, *apud* Mouchet y Becu, *op. cit.*, p. 392.

[16] Pesquisa nesse sentido é apresentada por João Ozório de Melo, em *Consultor Jurídico*, edição de 8 de outubro de 2013.

Os bacharéis que ingressam em uma das profissões jurídicas, bem como os que as exercem, atualmente, têm a sua atenção voltada não apenas para os estudos, mas ainda para o desenvolvimento do *networking*, que é uma prática de contatos com pessoas e instituições, que induz a sua notoriedade, bem como o seu enriquecimento cultural. A rede de relacionamentos se faz com a participação em palestras, congressos, seminários, quando o profissional, novo ou já experiente, revela o seu valor e a sua aptidão para o exercício da profissão, seja como advogado, defensor público, procurador, promotor de justiça ou magistrado, despertando ou reforçando a atenção do mundo jurídico para a importância do seu trabalho. A credibilidade alcançada pelo profissional afasta barreiras, facilitando a sua atuação, bem como a progressão na carreira.

BIBLIOGRAFIA PRINCIPAL

Ordem do Sumário:

195 – Texto;

196 – Eduardo García Máynez, *Introducción al Estudio del Derecho*; Ángel Latorre, *Introducción al Derecho*; Celso Ribeiro Bastos, *Curso de Direito Constitucional*;

197 – T. Brandão Cavalcanti, *Curso de Direito Administrativo*; Mário Masagão, *Curso de Direito Administrativo*; Mouchet y Becu, *Introducción al Derecho*;

198 – Mouchet y Becu, *op. cit.*; Jorge I. Hübner Gallo, *Introducción al Derecho*;

199 – Celso D. de Albuquerque Mello, *Curso de Direito Internacional Público*; Ángel Latorre, *op. cit.*;

200 – Agenor Pereira de Andrade, *Manual de Direito Internacional Privado*; Miguel Reale, *Lições Preliminares de Direito*; Paulo Dourado de Gusmão, *Introdução ao Estudo do Direito*;

201 – Giulio Battaglini, *Direito Penal – Parte Geral*; E. Magalhães Noronha, *Direito Penal*, vol. 1º; Basileu Garcia, *Instituições de Direito Penal*, vol. I, tomo I; René Ariel Dotti, *Curso de Direito Penal – Parte Geral*;

202 – Mouchet y Becu, *op. cit.*; Ángel Latorre, *op. cit.*

– Capítulo 36 –
RAMOS DO DIREITO PRIVADO

Sumário: **203.** Direito Civil. **204.** Direito Comercial ou Empresarial. **205.** Direito do Trabalho.

203. DIREITO CIVIL

Direito Civil *é o conjunto de normas que regulam os interesses fundamentais do homem, pela simples condição de ente humano*. É considerado a *constituição do homem comum*, por se referir às principais etapas e valores da vida humana. Em face de sua grande generalidade, esse ramo apresenta alguma dificuldade para uma definição rigorosa, de acordo com os princípios da lógica. O seu gênero próximo, que é o Direito Privado, praticamente se confunde com o seu objeto, daí os autores, em boa parte, se encaminharem para as definições enumerativas do conteúdo. Sob o aspecto objetivo, Clóvis Beviláqua o define como "o complexo de normas jurídicas relativas às pessoas, na sua constituição geral e comum, nas suas relações recíprocas de família e em face dos bens considerados em seu valor de uso". Sob o aspecto subjetivo, considerou-o "o poder de ação que a ordem jurídica assegura à generalidade dos indivíduos".[1]

A denominação desse ramo é bem antiga e provém dos romanos (*Jus Civile*), que a empregavam, porém, em sentido muito amplo, como o estatuto jurídico aplicável aos cidadãos, em oposição ao *Jus Gentium*, destinado aos estrangeiros. Durante a Idade Média, sob a denominação Direito Civil, compreendia-se todo o Direito Positivo, com exceção ao Direito Canônico, que apresentava princípios e normas próprias. Somente com as primeiras codificações, já ao final do século XVIII, foi que a Dogmática Civil se personalizou. Na Alemanha, por exemplo, até a promulgação do famoso B.G.B., o termo Direito Civil era equivalente ao Direito Privado. Em relação ao Direito Público, é considerado conservador, de vez que, tendo alcançado o estádio de amadurecimento científico, pouco evoluiu. A sedimentação doutrinária do Direito Civil vem acumulando-se desde a época dos romanos aos dias atuais. É o ramo que tem experimentado, no dizer de Ángel Latorre, "a mais larga e refinada elaboração doutrinal e o que proporciona o sistema de conceitos e o conjunto de

---

[1] Clóvis Beviláqua, *Teoria Geral do Direito Civil*, ed. cit., p. 64.

334 | INTRODUÇÃO AO ESTUDO DO DIREITO · PAULO NADER

aptidões mentais mais completas e perfiladas no mundo do Direito".[2] Como não poderia ser diferente, é dinâmico e acompanha a evolução dos costumes, da ciência, da técnica. Em nosso país, o seu sub-ramo *Família* vem se modificando incessantemente a partir do último quartel do século passado e mais intensamente com a promulgação da Constituição Federal de 1988. O Supremo Tribunal Federal, em 2011, à guisa de interpretar a Lei Maior, inovou o Direito de Família, ao admitir o vínculo homoafetivo como entidade familiar.

A Dogmática Civil é um Direito geral e comum, que se aplica supletivamente a outros ramos do Direito Privado, nos casos de lacunas. É também o Direito Privado por excelência. Dele se destacaram vários ramos, como o trabalhista, comercial, agrário, minas, entre outros. O processo de desprendimento de disciplinas, ocorrente nesse ramo, é análogo ao que se passou no âmbito da Filosofia, que inicialmente abarcava todas as áreas de conhecimento mas que, lenta e progressivamente, foi perdendo o seu domínio e apresenta, hoje, um objeto de estudo bem mais limitado. Em relação ao Direito Civil, não se pode afirmar ainda que o processo de formação de novos sub-ramos tenha-se acabado e que o seu objeto atual represente o seu núcleo definitivo. A este respeito Clóvis Beviláqua externou opinião afirmando que "até onde irá esse fenômeno de desenvolvimento crescente da matéria jurídica e formação de novos grupos autônomos é difícil dizer, mas sente-se que a energia não está esgotada".[3] Por esse motivo costuma-se dizer que o Direito Civil possui caráter residual.

O objeto de estudo do Direito Civil apresenta dois setores distintos. Um deles se refere à matéria de interesse comum aos diversos ramos jurídicos e que abrange o estudo sobre as *pessoas, bens* e *fatos jurídicos*. O outro setor constitui propriamente a temática do Direito Civil e compreende as seguintes matérias, conforme a ordem fixada pelo Código Civil de 2002: *Obrigações, Empresa, Coisas, Família* e *Sucessões*, que expressam os interesses fundamentais da pessoa. À *família* o homem se vincula pelos instintos vitais e afetivos. As regras de Direito não criam essas relações mas as reconhecem, protegendo-as. O Direito de Família apresenta um conteúdo moral acentuado e nele se manifestam claramente os princípios do Direito Natural. O *princípio da autonomia da vontade*, amplamente utilizado no Direito Civil em geral, possui uma diminuta expressão no Direito de Família, sendo aplicável, somente em parte, quanto ao regime de bens no casamento, adoção, separação conjugal por mútuo consentimento, divórcio direto. O Direito das Obrigações reflete também uma necessidade primária do homem, que é de obter, mediante vínculos jurídicos, os meios necessários de sobrevivência. É pela força jurídica dos contratos que o homem compra os alimentos e utensílios indispensáveis, aluga uma casa, adquire um terreno. Esta parte do Direito Civil é comandada pelo aludido princípio da autonomia da vontade. O liberalismo jurídico não é absoluto, pois, na proteção da parte mais fraca e de acordo com o interesse social, o Direito estabelece limites à livre disposição da vontade. O Direito das Coisas diz respeito à propriedade de bens móveis e imóveis. A posse e o uso das coisas materiais são indispensáveis à satisfação das necessidades vitais do homem. O Direito das Sucessões, que disciplina a transmissão de bens *mortis causa*, é dominado pelo princípio da legitimidade da herança e do direito de testar.

204. DIREITO COMERCIAL OU EMPRESARIAL

204.1. Noção do Ramo. Com a unificação das obrigações civis e comerciais, promovida pelo Código Civil de 2002, o Direito Comercial, em nosso país, passou por ampla

---

[2]   Ángel Latorre, *op. cit.*, p. 208.
[3]   Clóvis Beviláqua, *Teoria Geral do Direito Civil*, ed. cit., p. 64.

reformulação. Entre as mudanças, verificou-se a substituição da figura do *comerciante* pela do *empresário*. Há autores que mantêm a nomenclatura *Direito Comercial* para o ramo, enquanto outros optaram por designá-lo *Direito de Empresa* ou *Direito Empresarial*. A favor daquela denominação, pesa a tradição do nome; em abono a este último, a evolução no objeto de disciplina do ramo jurídico. A tendência doutrinária, avaliamos, é a unificação, por sua maior abrangência, da expressão Direito de Empresa ou Direito Empresarial.

O Código Civil inovou ao instituir, na Parte Especial, o *Direito de Empresa*, onde dispõe sobre a figura do *empresário* e regula as diferentes espécies de *sociedades*, sem esgotar a abordagem destas. Assim é que deixa para a legislação especial o regulamento das sociedades anônimas. Figuram, também, extracódigo, entre outras: Lei nº 9.279/96, que dispõe sobre a propriedade industrial; Lei nº 7.357/85, que disciplina os cheques; Lei nº 6.404/76, que trata das sociedades por ações; Lei nº 5.474/68, que regula a emissão de duplicatas.

O vetusto Código Comercial, de 1850, não se acha revogado por inteiro. O art. 2.045 do Código Civil derrogou toda a sua Parte Primeira, compreensiva dos arts. 1º ao 456, conservando a vigência da Parte Segunda, afeta ao comércio marítimo. Importante documento legislativo se liga também às empresas: Lei nº 11.101/05, que dispõe sobre recuperação e falência.

Não obstante o novo Códex tenha regulado o Direito Empresarial e, na parte das Obrigações, disciplinado a matéria de títulos de crédito, tais campos normativos não passaram a integrar o *Jus Civile*. Somente uma visão codicista, retrógrada, sustentaria tal integração. Tais institutos jurídicos pertencem ao Direito Comercial ou Empresarial e seus estudos, nas universidades, possuem autonomia, devendo ser versados nas disciplinas identificadas por uma dessas nomenclaturas.

Embora o Código das Obrigações suíço, de 1881, tenha sido o pioneiro na unificação das obrigações civis e comerciais, evolução maior operou-se no Código Civil italiano, de 1942, que abandonou a teoria dos *atos de comércio* para consagrar a *teoria da empresa*. Esta foi incorporada à vida jurídica brasileira antes da promulgação do Código Civil de 2002, que a oficializou. Antes deste Códex, a doutrina e a jurisprudência promoveram a sintonia de nosso ordenamento com a imperiosa necessidade da unificação.[4]

O Direito Empresarial gira em torno da figura do empresário e este pode ser definido como *pessoa física ou jurídica que desenvolve atividade de natureza econômica, produzindo ou promovendo a circulação de bens ou serviços*. O *comércio*, atualmente, é apenas um dos objetos do Direito Comercial ou Empresarial, que dispõe, mais extensamente, sobre as atividades econômicas dedicadas à produção ou circulação de bens ou serviços, tendo o lucro por finalidade.

Importante destacar que tramita no Congresso Nacional projeto de lei que institui novo Código Comercial, objeto de críticas na doutrina, que acusa a falta de apuro técnico.

204.2. A Palavra "Comércio". De origem latina – *comercium* – o vocábulo é composto da preposição *cum* e do substantivo *merx*, significando *comprar para vender*. O emprego da palavra, contudo, costuma ser feito em três sentidos diferentes: *geral, econômico* e *jurídico*. Em seu significado geral o vocábulo traduz a permuta de qualquer coisa, de sentimentos, de serviços e de relações. Dá ainda a ideia de comunicação física, moral e intelectual. Daí falar-se em comércio de amizades, de simpatia, de afeto. A palavra é em-

---

4   *V.* em Fábio Ulhoa Coelho, *Curso de Direito Comercial – Direito de Empresa*, 13ª ed., Editora Saraiva, São Paulo, 2009, vol. I, p. 23.

336 | INTRODUÇÃO AO ESTUDO DO DIREITO · PAULO NADER

pregada também na linguagem religiosa, conforme salientou Scaccia, "o celeste comércio de Deus com os homens".[5] No sentido econômico, o comércio é um agente da circulação das riquezas. No dizer de De Plácido e Silva, "é a instituição a que, como intermediária ou medianeira, se atribui a função de atender as necessidades do consumo público".[6] É, portanto, trabalho de mediação. A venda direta do produtor ao consumidor não representa comércio em sentido econômico, malgrado caracterizar-se como troca. Em seu significado jurídico, comércio representa *o conjunto de atos medianeiros, praticados com habitualidade e com o fito de lucro.*

204.3. A Relação entre o Direito Comercial e o Civil. O Direito Comercial, como o do Trabalho, destacou-se do Direito Civil, alcançando autonomia científica e didática, como um direito de classe, inicialmente. O comércio, dado o seu forte incremento, não pôde acompanhar os lentos compassos de evolução do Direito Civil, porquanto este é um ramo de índole conservadora. Como destaca Jean Cruet, o Direito Comercial, na sua origem, "não foi outra coisa senão um grande e vitorioso protesto da prática contra um direito comum muito estreito, muito lento e muito complexo, aplicado por juízes muito formalistas, estranhos ao espírito do comércio".[7] Por outro lado, o Direito Civil possui um cunho formalista, enquanto o Direito Comercial é estruturado com menor rigor formal. Legaz y Lacambra, fazendo paralelo entre os dois ramos, afirmou que "a maior diferença entre o Direito Civil e o Comercial está aí: o formalismo do primeiro tem criado, como réplica e complemento, a liberdade do segundo; o comércio tem preferido – por exigência de sua própria natureza – a cômoda insegurança da liberdade das formas à incômoda segurança do formalismo".[8]

204.4. A História do Comércio. A história do comércio coincide com a própria história da vida social. Desde as mais recuadas épocas, o homem valeu-se do comércio, visando a atender às suas mais elementares necessidades de vida. Por intuição, os antigos tiveram conhecimento da importância e das grandes vantagens que o comércio traria para cada um. Nesse princípio, o comércio consistia apenas na simples troca ou escambo. O caçador permutava com o pescador a sua produção excedente. Os que possuíam aptidões manufatureiras trocavam entre si os objetos que faziam. Durante um longo período o comércio restringiu-se ao fenômeno da troca. Várias eram as dificuldades que se apresentavam, conforme apontam os autores: a dificuldade em se encontrar alguém que buscasse determinado objeto; que esse alguém, sendo encontrado, oferecesse algo do interesse do outro; a equivalência entre os valores dos objetos; a dificuldade do transporte.

As dificuldades foram atenuadas, em parte, pela criação de feiras locais onde se encontravam as pessoas desejosas de permutar os objetos. Dava-se então o que a história registra como *comércio mudo,* ou seja, as transações eram feitas sem qualquer diálogo, o que possibilitava inclusive a troca de riquezas entre grupos ou tribos inimigas. Os que se interessavam pelo comércio dirigiam-se para o local de costume, depositavam no chão os objetos que traziam, retiravam-se e iam-se ocultar, esperando que algum grupo interessado colocasse, diante daqueles objetos, os que trazia para a transação.

---

5   *Apud* João Eunápio Borges, *Curso de Direito Comercial Terrestre,* 1ª ed., Forense, Rio de Janeiro, 1959, vol. I, p. 10.

6   De Plácido e Silva, *Noções Práticas de Direito Comercial,* 11ª ed., Forense, Rio de Janeiro, 1960, vol. I, p. 18.

7   Jean Cruet, *op. cit.,* p. 141.

8   Luis Legaz y Lacambra, *op. cit.,* p. 129.

Depois que o segundo grupo se ocultasse, o primeiro se dirigia até os objetos e, interessando-se na troca, carregava os depositados pelo outro grupo.

O grande impulso no comércio embrionário, no sentido de seu desenvolvimento, foi alcançado com a invenção da *mercadoria intermediária*, que serviu de meio de troca ou padrão. Inicialmente essa mercadoria consistia em cabeças de gado (*pecus*, da qual deriva a palavra *pecúnia),* vindo depois as pedras preciosas, o ouro e a prata. Somente mais tarde foi que surgiu a moeda, o dinheiro, que veio eliminar alguns problemas que ainda dificultavam o comércio.

204.5. Evolução Histórica do Direito Comercial. As origens da prática comercial estão perdidas na noite dos tempos, mas o Direito que disciplina essa relação tem o seu marco inicial na Idade Média, sobretudo nas cidades mercantis italianas. As normas e princípios anteriores a essa Idade não têm maior expressão doutrinária, constituindo, ao dizer de João Eunápio Borges, "a pré-história do Direito Comercial". Na Idade Antiga, foi precisamente no Mediterrâneo Oriental onde surgiram as primeiras normas comerciais, para atender às necessidades nascentes, notadamente no setor marítimo. O comércio pelo mar exigia um grande acervo de normas para resolver os problemas que naturalmente iam surgindo, como os de pagamento de mercadorias, fretes, câmbios etc. A *Lex Rhodia*, datada de dez séculos antes de Cristo, tem sido indicada como a primeira compilação dos costumes comerciais de que se tem notícia e que versava intensamente sobre o comércio marítimo. Em Roma, malgrado o grande destaque dos romanos na área do Direito, não se distinguiu o Direito Comercial do Direito Civil. Como salientam Mouchet y Becu, apesar de os romanos terem sido comerciantes, na Antiguidade, "não sentiram necessidade de um direito especial para tal atividade, dada a flexibilidade e universalidade que davam ao Direito Civil o poder criador do pretor".[9]

Na época o comércio marítimo alcançava o auge, diante das facilidades que encontrava, em contrapartida ao comércio terrestre, que ficou muito limitado, em face da organização feudal então existente. Na Idade Média – e se estendendo até a Moderna – as corporações e seus tribunais foram o núcleo do desenvolvimento do Direito Comercial. Na região central do Mediterrâneo, as cidades de Amalfi, Gênova, Veneza desenvolveram intensa atividade comercial. Nessas cidades, encontramos a raiz do capitalismo comercial e financeiro. As compilações mais conhecidas dessa época são as "Tábuas Amalfitas", "Juízos de Olerón", "Ordenanças de Wisby", as da "Hansa Teutônica", as do "Livro do Consulado do Mar", de Barcelona.

Na Idade Moderna, em face dos grandes acontecimentos da época, como a Descoberta da América e do Caminho Marítimo para as Índias, o comércio ganhou um novo impulso. O comércio evoluía do Mediterrâneo Central às costas do Atlântico, com a hegemonia de Portugal e Espanha, no séc. XVI, e da Holanda, no séc. XVII. França e Inglaterra desenvolveram intenso comércio no séc. XVIII. Na Idade Moderna, destacaram-se, entre os documentos legislativos, a "Ordenança Francesa" de 1673, sendo Colbert ministro, e a "Ordenança Francesa" de 1681; o Código Marítimo Sueco, de 1667, Leis Indianas, de 1688, e as "Ordenanças de Bilbao", de 1737.

Na Idade Contemporânea, a Dogmática Comercial iniciou-se com intenso movimento codificador, cujo marco pode ser considerado o Código de Comércio Francês (1807), superado, doutrinariamente, pelo Código das Obrigações suíço (1881), e, em especial, pelo *Codice Civile* (1942), que consagrou a teoria da empresa. À exceção da Inglaterra e

---

[9] Carlos Mouchet y Zorraquin Becu, *op. cit.*, p. 423.

338 | INTRODUÇÃO AO ESTUDO DO DIREITO · PAULO NADER

dos Estados Unidos da América do Norte, os países da Europa e da América passaram a ter seu código, como Espanha (1829), Portugal (1833), Rússia (1835), Holanda (1838), Brasil (1850), Argentina (1862), Chile (1865).

205. DIREITO DO TRABALHO

205.1. Denominações. Várias denominações foram propostas para identificar o dinâmico ramo do Direito, que tem por mira disciplinar as relações entre empregador e empregado, figurando, com maior destaque, as seguintes: Direito do Trabalho, Legislação Social, Direito Industrial, Direito Laboral, Direito Obreiro. A primeira expressão é a mais generalizada e, no dizer de Abelardo Torré, a mais acertada, porque faz referência direta ao fato social que rege esse setor jurídico.[10] A segunda – Legislação Social –, apesar de possuir um inconveniente, pelo fato de todo ramo do Direito ser *social*, possui a vantagem de se referir sinteticamente ao Direito do Trabalho e à Previdência Social.

205.2. Classificação. Relativamente à maior divisão do Direito Positivo, nas cinco primeiras edições deste livro situamos o Direito do Trabalho no rol do Direito Público, sob o fundamento de que nele o princípio da autonomia da vontade sofre grandes restrições e pela presença de normas de ordem pública. Nosso entendimento, hoje, é diverso. Embora o Direito do Trabalho apresente um contingente substancial de normas de ordem pública, que impõe limites consideráveis ao poder de disposição das partes contratantes na relação de emprego, a natureza das relações jurídicas que disciplina não é de subordinação, isto é, o poder público não participa de um dos polos. O laço jurídico se estabelece em um quadro de coordenação de interesses. Considerando o problema à luz da *teoria dos interesses em jogo*, temos que, embora a legislação trabalhista seja relevante para o Estado, nela predomina o interesse dos particulares, daqueles que se empenham em obter melhores condições de trabalho ou de produção. Se estudarmos o problema, tomando por base a *teoria do titular da ação* ou a *das normas distributivas e adaptativas* (v. item 47), a conclusão não será diferente: o Direito do Trabalho se filia à classe do Direito Privado.

205.3. Definição. Para Messias Pereira Donato, o Direito do Trabalho "é o corpo de princípios e de normas jurídicas que ordenam a prestação do trabalho subordinado ou a este equivalente, bem como as relações e os riscos que dela se originam".[11] O núcleo desse Direito consiste na *prestação de trabalho por conta alheia*. O Direito do Trabalho não contempla qualquer tipo de trabalho, mas somente o que é feito em favor de outrem e sob *dependência*.

205.4. Características. É um ramo profundamente social e que despreza o individualismo jurídico. A liberdade contratual, vigente no Direito Civil, sofre amplas restrições no *novo Direito*. É um Direito de tutela à classe trabalhadora, que por seu intermédio vê humanizadas as condições de trabalho. Por alguns tem sido chamado de *Direito de desigualdade*, porque visa a equilibrar, com uma superioridade jurídica, a inferioridade social e econômica do trabalhador.

---

10   Abelardo Torré, *op. cit.*, p. 715.
11   Messias Pereira Donato, *Curso de Direito do Trabalho*, 1ª ed., Edição Saraiva, São Paulo, 1975, p. 5.

205.5. Fins do Direito do Trabalho.

Os fins específicos do Direito do Trabalho, na enumeração de Paulino Jacques, são os seguintes: "*a*) organizar a vida do trabalho dependente e subordinado (duração, salário, férias etc.); *b*) proteger o trabalhador e seus dependentes na doença, na invalidez e nos acidentes (auxílios, aposentadoria, pensão, indenização etc.); *c*) organizar a vida associativa do trabalhador (sindicatos, federações e confederações etc.); *d*) promover a defesa dos direitos e interesses legítimos dos empregados (justiça e processo do trabalho e do seguro social)."[12] A parte afeta aos auxílios em geral, aposentadorias, pensões, desprenderam-se do Direito do Trabalho e passaram a formar um novo ramo: o *Direito Previdenciário*.

205.6. A Autonomia do Direito do Trabalho.

O Direito do Trabalho é, hoje, um ramo autônomo do Direito, possuindo princípios próprios, que o distinguem de todos os outros ramos. Até o primeiro quartel do séc. XX, porém, ele estava vinculado ao Direito Civil. As poucas normas que existiam sobre a relação de emprego se localizavam no Código Civil de cada país. Muito pouca proteção era dispensada ao trabalhador. O famoso Código Napoleão, considerado o marco da *era da codificação,* possuía apenas dois artigos sobre o trabalho. No art. 1.780, ainda em vigor, proíbe-se que o trabalhador arrende os seus serviços por toda a vida. O art. 1.781, por sua vez, mostrava um flagrante privilégio de casta, ao considerar que devia ser tida como verdadeira em sua afirmação a palavra do patrão em relação à importância dos salários, o pagamento relativo ao ano corrente e ao anterior. Tal disposição foi derrogada em 1.868.

205.7. A Evolução do Direito do Trabalho no Século XX.

Os princípios que o Papa Leão XIII expôs em sua famosa Encíclica "Rerum Novarum" foram consagrados pelo Tratado de Versalhes, firmado em 28 de junho de 1919, que recomendou aos países signatários a adoção das seguintes normas de proteção ao trabalho: 1) o trabalho não deve ser considerado como mercadoria; 2) o direito de associação; 3) salário justo; 4) jornada de trabalho de oito horas diárias ou de quarenta e oito semanais; 5) um dia de descanso semanal, coincidente com o domingo, sempre que possível; 6) proibição do trabalho infantil e a obrigação de limitar o trabalho dos jovens, de modo a lhes permitir perfeito desenvolvimento físico e intelectual; 7) o princípio da isonomia salarial.

Em 1919 foi criada a Organização Internacional do Trabalho (OIT) e, mais tarde, o *Bureau,* que funciona nessa entidade e desenvolve uma atividade intensa, visando à unificação do Direito do Trabalho.

Em quase todos os países do mundo são criadas, com grande frequência, novas leis sociais, com o fito de proteção ao trabalhador e à sua família. No Brasil, a legislação social é uma das mais adiantadas. Ao lado da Consolidação das Leis do Trabalho, promulgada pelo Dec.-Lei nº 5.452, de 1º de maio de 1943, que reuniu a legislação editada pela revolução de 1930, existe um grande número de leis, decretos-leis e decretos. A Lei nº 13.467, de 13.7.2017, modificou amplamente a Consolidação das Leis do Trabalho, adequando-a às exigências da modernidade.[13]

---

[12]   Paulino Jacques, *Curso de Introdução ao Estudo do Direito*, 4ª ed., Forense, Rio de Janeiro, 1981, p. 54.

[13]   Também a MP 905 de 11.11.2019 traz alterações ainda provisórias à Consolidação às Leis do Trabalho. Esta Media Provisória perdeu a vigência, tendo em vista a falta de apreciação do Congresso Nacional nos prazos previstos no art. 62 da CF. Perdendo a vigência, perde-se a eficácia normativa desde a edição, mas o Congresso nacional deve produzir decreto legislativo (art. 62, § 3º, da CF) para disciplinar as relações jurídicas delas decorrente. Caso não o

340 | INTRODUÇÃO AO ESTUDO DO DIREITO · Paulo Nader

205.8. Direito do Consumidor. Atualmente, em nosso País, destaca-se do Direito Civil e do Direito Empresarial, o Direito do Consumidor que, em sua essência, trata do contratante final que adquire o produto ou serviço para consumo próprio.

A preocupação com o Direito do Consumidor surge de um binômio: sociedade de massa e produção em série.

Nunca foi a preocupação do homem que viveu até o início do século XX regrar a atividade do consumo. Como escrevemos acima, o homem antigo ou medieval praticava seu comércio em feiras que se espalhavam pelas cidades. Era o comércio miúdo que imperava até o surgimento da sociedade industrial. A preocupação em regrar a normatividade consumerista surge quando produtos e serviços alcançam milhares, milhões ou bilhões de pessoas.

Antes do surgimento desta preocupação, a partir do momento que o homem começa a formar sua família, sua tribo e reivindicar um território para estar com sua família e as demais famílias que constituem a sua tribo, inicia entre os membros da comunidade, as trocas necessárias de alimentos e equipamentos que todos necessitavam para utilizar na caça de animais e, posteriormente, quando o homem se assenta em determinado território e descobre as virtudes das plantações, a veia caçadora do homem é substituída, em parte, pela tendência a se fixar em determinado território, plantar o seu próprio alimento e fazer trocas internas e externas.

São tempos imemoriais. O comércio, envolvendo a troca, nasce e é inerente à condição humana. Especula-se que a Terra tenha em torno de 4,56 bilhões de anos e o homem, na pré-história teria passado a habitar a Terra no período Paleolítico Inferior que corresponde há cerca de 3,3 milhões de anos.

São milhões de anos para a passagem e o desenvolvimento do homem como caçador para o homem como plantador ou fazendeiro, como se utiliza no vernáculo.

Tudo isso antecede a formação das nações, mas o ponto aqui é que sempre houve um "valor" para as trocas que os homens faziam entre si. Com a formação de tribos e depois nações e a constituição de civilizações organizadas surge a cunhagem de moedas.

Os primeiros vestígios de formação de uma civilização que cunhava moedas são da China, por volta de 1.100 a.C.[14] Com a cunhagem de moedas as trocas entre tribos, nações e civilizações passa a ter uma proporção exponencial de desenvolvimento até alcançar posteriormente com árabes e italianos, os títulos de crédito.

Importante esse pequeno retalhe introdutório para deixar claro que independente da era que estejamos, muitos falam em Pós-Modernidade, o homem quando soube acumular a sua produção passou a fazer trocas e posteriormente a vender seus produtos para outros interessados. A cunhagem de moedas pelas civilizações também fez parte do domínio por meio da cobrança de tributo e o exclusivismo na cunhagem do dinheiro circulante.

Não obstante todos os avanços, a sociedade efetivamente começa com uma produção maciça de bens a partir da Revolução Industrial iniciada na Inglaterra, por volta de 1750, com a fabricação dos primeiros teares. Mesmo os ingleses tendo sido precursores na produção em série de determinados tipos de bens, todos os países europeus começaram a investir em indústrias e produtos para o consumo de suas populações.

---

faça, todos as relações jurídicas ocorridas no prazo de validade da Medida Provisória consideram-se válidas (art. 62, § 7º, da CF) e devem ser interpretadas de acordo com a redação original.

[14] Enciclopédia Britannica, verbete: coin. Disponível em: https://www.britannica.com/money/coin. Acesso em: 1º jan. 2025.

Sem muitas regulações, as produções alimentícias e industriais foram se espalhando pelo mundo de forma desordenada, ou melhor dizendo, de forma ordenada pelo mercado, com a lei da oferta e da demanda.

Contudo, com o incremento incessante da tecnologia, sobretudo nos séculos XIX e XX, o mundo se torna um mundo produtor de alimentos e equipamentos indispensáveis para se produzir mais.

Esse incremento tecnológico e o consumo respectivo acabaram necessitando de regulamentação das nações que viam seus parques industriais aumentarem. As primeiras regulamentações, incialmente, eram vinculadas a determinadas a atividades, depois passaram a ser genéricas e abarcavam qualquer tipo de produção e comércio.

Tudo criado para dar maior segurança às trocas entre as nações, homens e sobretudo a segurança no manuseio ou consumo de produtos e alimentos.

Durante a existência do Império Romano, as normas comerciais faziam parte do *jus civile*, o direito privado que regia as interações entre os cidadãos. Na Idade Média, com a constituição de *guildas* que eram associações compostas por determinados tipos de criadores de produtos ou produtores de alimentos passaram a regulamentar os processos de produção, tendo como principal objetivo estabelecer o exclusivismo na produção de bens, o que atrasou sobremaneira a economia de mercado que impera nos dias atuais na maior parte dos países.

No Brasil, tivemos o nosso vetusto Código Comercial, promulgado em 1850. E ainda com sua segunda parte que trata do comércio marítimo ainda em vigor. Mas a atividade comercial sempre esteve afeta às leis civis, embora existam normas autônomas que tratam exclusivamente do direto do comércio, mas as relações entre particulares, comerciais ou simplesmente civis, sempre foram tratados em nossas codificações civis até os dias atuais. Surgem legislações que tratam dos tipos societários independentes (Direito Empresarial), embora vários tipos societários ainda constem das legislações civis.

Embora seja uma atividade regulada, nem sempre a equidade entre o produtor e o consumidor foi respeitada. Com fases protecionistas que várias nações do mundo passaram, os produtos nacionais sempre "ordenaram" as normatizações para obter mais vantagens e capacidade de sobrevivência com os poucos produtos estrangeiros que sempre conseguiram penetrar em território nacional.

Mesmo havendo regras que estipulavam deveres e direitos de compradores e vendedores, o estágio atual da humanidade é de um consumismo desenfreado. Esse consumismo desenfreado leva à produção desmesurada de bens que nem sempre têm a qualidade que deles se espera.

Com promulgação da Constituição Federal de 1988, o Ato das Disposições Constitucionais transitórias determinou que o legislador promulgasse um Código de Defesa do Consumidor em até 120 dias da promulgação da Constituição Federal. Esse mandamento levou à promulgação do Código de Defesa do Consumidor brasileiro, Lei n. 8.078, de 11 de setembro de 1990.

É uma Lei complexa que trata de Política Nacional de Relações de Consumo, direitos básicos do consumidor, qualidade de produtos e serviços, práticas comerciais, proteção contratual e sanções administrativas no Título I da lei que, modestamente, entendemos ser a parte mais importante do ato normativo.

A Lei estabeleceu claramente direitos e deveres de produtores, comerciantes e consumidores e dos prestadores de serviços, engendrando um mecanismo de proteção ao consumidor que possa ter adquirido um produto ou contratado um serviço com vícios

342 | INTRODUÇÃO AO ESTUDO DO DIREITO · PAULO NADER

(ilícitos na produção ou comercialização) ou com defeitos (que comprometem a segurança do consumidor).

Estabeleceu práticas comerciais aceitáveis, cláusulas contratuais que possam ser aceitas, impedindo a isenção de responsabilidade do produtor, comerciante e/ou prestador de serviços e estabeleceu uma série de proibições na propaganda dos bens consumíveis. Por fim, reviu completamente o arcabouço civil que trata do contrato entre as partes interessadas, a responsabilidade de produtos e prestadores de serviços e a prescrição das ações visando a recobrar os danos causados por um produto ou serviço malfeito ou mal executado.

O ponto mais expressivo talvez a diferenciar o direito do consumidor de outros contratantes clássicos cujo tratamento se dá nas leis civis e empresariais é o fato de estarmos diante do consumidor puro. Consumidor puro é aquele que adquire o produto ou serviço como destinatário final (art. 2º da Lei. n. 8.078/1990). Ou seja, ele adquire para o próprio consumo.

Os contratantes que adquirem produtos ou serviços para a formação de outros produtos ou serviços são tratados nas leis civis e não no direito consumerista.

O Código de Defesa do Consumidor é um mecanismo complexo que faltava ao País, para ter uma organização moderna de suas práticas comerciais. Além desta Lei, o Brasil também respeita tratados relativos ao consumo que tenham sido ratificados pelo processo previsto constitucionalmente (art. 84, inciso VIII da CF) e a produção de normas por órgãos federais e estaduais que estabelecem critérios de medidas, quantidades e componentes de produtos que podem ser aceitos e os que são proibidos.

A competência para legislar sobre o consumo é concorrente, ficando a União Federal, em regra, com a promulgação de regras gerais, e os Estados com as especificidades locais dos produtos e serviços que são comercializados em seus territórios.

BIBLIOGRAFIA PRINCIPAL

Ordem do Sumário:

203 – Clóvis Beviláqua, *Teoria Geral do Direito Civil*; Miguel Reale, *Lições Preliminares de Direito*; Ángel Latorre, *Introducción al Derecho*;

204 – João Eunápio Borges, *Curso de Direito Comercial Terrestre*; Fran Martins, *Curso de Direito Comercial*; De Plácido e Silva, *Noções Práticas de Direito Comercial*; Paulino Jacques, *Curso de Introdução à Ciência do Direito*; Carlos Mouchet y Zorraquin Becu, *Introducción al Derecho*; A. Torré, *Introducción al Derecho*;

205 – Messias Pereira Donato, *Curso de Direito do Trabalho*; Evaristo de Moraes Filho, *Introdução ao Direito do Trabalho*; Paulino Jacques, *Curso de Introdução à Ciência do Direito*.

– Nona Parte –

FUNDAMENTOS DO DIREITO

– Capítulo 37 –
A IDEIA DO DIREITO NATURAL

Sumário: 206. A Insuficiência do Direito Positivo. **207.** Conceito. **208.** Origem e Via Cognoscitiva. **209.** Caracteres. **210.** A Escola do Direito Natural. **211.** Revolucionário ou Conservador? **212.** Crítica. **213.** Os Direitos do Homem e o Direito Natural. **214.** Concepção Humanista do Direito.

206. A INSUFICIÊNCIA DO DIREITO POSITIVO

O motivo fundamental que canaliza o pensamento ao Direito Natural é a permanente aspiração de justiça que acompanha o homem. Este, em todos os tempos e lugares, não se satisfaz apenas com a ordem jurídica institucionalizada. O Direito Positivo, visto como expressão da vontade do Estado, é um instrumento que tanto pode servir à causa do gênero humano como pode consagrar os valores negativos que impedem o pleno desenvolvimento da pessoa. Por inclinação, ao questionar o Direito Positivo vigente, o homem busca, em seu próprio sentimento de justiça e de acordo com a sua visão sobre a *ordem natural das coisas*, encontrar a legitimidade das normas que lhe são impostas. O contrário, a atitude acrítica, seria a admissão de que não existe, para o legislador, qualquer limite ou condicionamento na tarefa de estruturar a ordem jurídica.

A ideia do Direito Natural é o eixo em torno do qual gira toda a Filosofia do Direito. O jusfilósofo ou é partidário dessa ideia ou é defensor de um monismo jurídico, visão que reduz o Direito apenas à ordem jurídica positiva. Como expõe Benjamin de Oliveira Filho, há dois posicionamentos básicos, a rigor, na Filosofia do Direito: o do positivismo jurídico, que é uma concepção relativista do Direito, e o da velha Escola do Direito Natural. O mais, diz o eminente autor, "não passa de tentativas efêmeras de inovação, logo apagadas no curso do tempo".[1]

Chama-se *jusnaturalismo* a corrente de pensamento que reúne todas as ideias que surgiram, no correr da história, em torno do Direito Natural, sob diferentes orientações. Durante esse longo tempo, o Direito Natural passou por altos e baixos, por fases de grande prestígio e por períodos críticos. Na metade do século XX, após haver enfrentado uma rigorosa crítica, trazida pelos ventos frios do positivismo e devido também aos excessos

---
[1] *Op. cit.*, p. 158.

de seus próprios adeptos, reacendeu, no espírito dos juristas, o entusiasmo pelo Direito Natural, que hoje se encontra no apogeu, na fase que a História da Filosofia do Direito registra como a de seu *renascimento*.

A corrente jusnaturalista não se tem apresentado, no curso da história, com uniformidade de pensamento. Há diversos matizes, que implicam a existência de correntes distintas, mas que guardam entre si um denominador comum de pensamento: a convicção de que, além do Direito escrito, há uma outra ordem, superior àquela e que é a expressão do Direito justo. É a ideia do Direito perfeito e por isso deve servir de modelo para o legislador. É o Direito ideal, mas ideal não no sentido utópico, mas um ideal alcançável. A divergência maior na conceituação do Direito Natural está centralizada na origem e fundamentação desse Direito. Para o estoicismo helênico, localizava-se na natureza cósmica. No pensamento teológico medieval, o Direito Natural seria a expressão da vontade divina. Para outros, se fundamenta apenas na razão. O pensamento predominante na atualidade é o de que o Direito Natural se fundamenta na natureza humana.

O prestígio que o pensamento jusnaturalista realcançou, no último quartel do século XX, promoveu o retorno dos jusfilósofos ao antiquíssimo tema, com a apresentação de variados estudos e de novas obras, que se incorporaram a essa imensa corrente de pensamento, que começou a se formar a partir das reflexões de Heráclito, no século VI a.C. Da filosofia helênica até o presente, a ideia do Direito Natural não deixou de ser cultivada e por este motivo as opiniões e literatura que a envolvem são vastíssimas.

O antiquíssimo *Livro dos Mortos*, do Egito Antigo, revela as preocupações daquele povo em relação aos critérios de justiça e que os egípcios consideravam o Direito como manifestação da vontade divina. O morto, segundo aquele registro, comparecia ao Tribunal de Osíris, ante a deusa Maat, cujo nome significava lei, ordem que governava o mundo, e que segurava em uma das mãos um cetro e na outra o coração, símbolo da vida. O morto devia, para alcançar a felicidade supraterrena, conforme relata Victor Cathrein, dizer a oração dos mortos, em sua defesa: "Eu não matei, nem causei prejuízo a ninguém. Não escandalizei no lugar da justiça. Não sabia mentir. Não fiz mal. Não obriguei, como superior, a trabalhar para mim durante todo o dia os meus criados. Não maltratei os escravos por ser superior a eles. Não os abandonei na fome. Não lhes fiz chorar. Não matei. Não ordenei matar. Não rompi o matrimônio. Não fui impudico. Não esbanjava. Não diminuí nos grãos. Não rebaixava nas medidas. Não alterava os limites do campo etc."[2]

Na literatura grega, o diálogo de Antígona com o rei Creonte, na terceira tragédia da trilogia de Sófocles (494-406 a.C.), expressa, de forma inequívoca, a crença no Direito Natural e a sua superioridade em relação ao Direito temporal. Creonte havia determinado que Polinice, morto em uma batalha, não fosse sepultado, com o que Antígona, sua irmã, rebelando-se contra a ordem do tirano, disse-lhe: "... tuas ordens não valem mais do que as leis não escritas e imutáveis dos deuses, que não são de hoje e nem de ontem e ninguém sabe quando nasceram."

207. CONCEITO

O raciocínio que nos conduz à ideia do Direito Natural parte do pressuposto de que todo ser é dotado de uma *natureza* e de um *fim*. A natureza, ou seja, as propriedades que compõem o ser, define o fim a que este tende a realizar. Para que as potências ativas do

---

[2] Victor Cathrein, *Filosofía del Derecho*, 5ª ed., Instituto Editorial Reus, S.A., Madrid, 1946, p. 163.

homem se transformem em ato e com isto ele desenvolva, com inteligência, o seu papel na ordem geral das coisas, é indispensável que a sociedade se organize com mecanismos de proteção à natureza humana. Esta se revela, assim, como a grande condicionante do Direito Positivo. O adjetivo *natural,* agregado à palavra *direito,* indica que a ordem de princípios não é criada pelo homem e que expressa algo espontâneo, revelado pela própria natureza. A presente colocação decorre da simples observação de fatos concretos que envolvem o homem e não de meras abstrações ou dogmatismos. A premissa básica de nosso raciocínio, com toda evidência, se revela verdadeira. Como asseverou Max Weber, "não existe ciência inteiramente isenta de pressupostos e ciência alguma tem condição de provar seu valor a quem lhe rejeite os pressupostos".[3] Com outras palavras, Jacques Leclercq fez a mesma afirmação: "Sem admitir determinadas evidências, não é possível viver."[4]

A ideia do Direito Natural tem sido apresentada em dois níveis: como ontologia e como deontologia. Os jusnaturalistas que defendem o Direito Natural ontológico admitem o Direito Natural como ser do Direito, como o legítimo Direito. Os jusfilósofos partidários do Direito Natural deontológico representam esse Direito apenas como um conjunto de valores imutáveis e universais, mais identificado com a Ética. Como salienta Elías Díaz, a primeira fórmula engloba a segunda.[5]

Como destinatário do Direito Natural, o legislador deve ser, ao mesmo tempo, um observador dos fatos sociais e um analista da natureza humana. Para que as leis e os códigos atinjam a realização da justiça – causa final do Direito – é indispensável que se apoiem nos princípios do Direito Natural. A partir do momento em que o legislador se desvincular da *ordem natural,* estará criando uma ordem jurídica ilegítima. O divórcio entre o Direito Positivo e o Natural gera as chamadas *leis injustas,* que negam ao homem o que lhe é devido.

208. ORIGEM E VIA COGNOSCITIVA

A origem do Direito Natural se localiza no próprio homem, em sua *dimensão social,* e o seu conhecimento se faz pela conjugação da experiência com a razão. É observando a natureza humana, verificando o que lhe é peculiar e essencial, que a razão induz os princípios do Direito Natural. Durante muito tempo o pensamento jusnaturalista esteve mergulhado na Religião e concebido como de origem divina. Assim aceito, o Direito Natural seria uma revelação feita por Deus aos homens. Coube ao jurisconsulto holandês, Hugo Grócio, considerado "o pai do Direito Natural", promover a laicização desse Direito. A sua famosa frase ressoa até os dias atuais: "O Direito Natural existiria mesmo que Deus não existisse ou que, existindo, não cuidasse dos assuntos humanos."

Infelizmente, uma falsa compreensão leva alguns juristas, ainda hoje, a um visível preconceito em relação ao Direito Natural, julgando-o ideia metafísica ou de fundo religioso. É indiscutível que se levarmos em consideração que a ordem natural das coisas foi estabelecida pelo Criador, este, em última análise, seria o autor do Direito Natural. Con-

---

[3]   Max Weber, *Ciência e Política – Duas Vocações* – Ed. Cultrix. São Paulo, 1970, p. 49.
[4]   Jacques Leclercq, *Do Direito Natural à Sociologia,* Duas Cidades, São Paulo, p. 29. José Hermano Saraiva expõe no mesmo sentido: "Não se pode construir uma ciência sem o suporte de uma axiomática. Toda a ciência é constituída por um determinado conjunto de afirmações, e estas afirmações são julgadas verdadeiras ou falsas em relação a um conjunto de axiomas cuja validade é anterior à definição da ciência..." (Movimento da Codificação, palestra publicada na *Revista de Direito,* do Ministério Público do Estado da Guanabara, 1974, nº 19, p. 240).
[5]   Elías Díaz, *op. cit.,* p. 10.

348 | INTRODUÇÃO AO ESTUDO DO DIREITO · PAULO NADER

tudo, a ordem de raciocínio mais recomendável é a de se partir diretamente da ideia que envolve a natureza humana e o fim a que tende realizar.

209. CARACTERES

O jusnaturalismo atual concebe o Direito Natural apenas como um conjunto de amplos princípios, a partir dos quais o legislador deverá compor a ordem jurídica. Os princípios mais apontados referem-se ao direito à vida, à liberdade, à participação na vida social, à união entre os seres para a criação da prole, à igualdade de oportunidades. O chamado *direito natural normativo*, erro do séc. XVIII, que pretendeu, *more geometrico*, estabelecer códigos de Direito Natural, é ideia inteiramente abandonada.

Tradicionalmente os autores indicam três caracteres para o Direito Natural: ser eterno, imutável e universal; isto porque, sendo a natureza humana a grande fonte desses Direitos, ela é, fundamentalmente, a mesma em todos os tempos e lugares.

Em sua obra *Qué queda del Derecho Natural?*, o jurista chileno Eduardo Novoa Monreal apresenta um elenco bem mais amplo de caracteres, onde enumera: 1) *universalidade* (comum a todos os povos); 2) *perpetuidade* (válido para todas as épocas); 3) *imutabilidade* (da mesma forma que a natureza humana, o Direito Natural não se modifica); 4) *indispensabilidade* (é um direito irrenunciável); 5) *indelebilidade* (no sentido que não podem os direitos naturais ser esquecidos pelo coração e consciência dos homens); 6) *unidade* (porque é igual para todos os homens); 7) *obrigatoriedade* (deve ser obedecido por todos os homens); 8) *necessidade* (nenhuma sociedade pode viver sem o Direito Natural); 9) *validez* (seus princípios são válidos e podem ser impostos aos homens em qualquer situação em que se encontrem).[6]

210. A ESCOLA DO DIREITO NATURAL

Enquanto por *jusnaturalismo* entende-se a imensa corrente de juristas-filósofos que consagram aqueles princípios de proteção à dignidade do homem, a chamada Escola do Direito Natural compreende apenas a fase racionalista, vigente entre os séculos XVI e XVIII, e que teve como corifeus Hugo Grócio, Hobbes, Spinoza, Pufendorf, Wolf, Rousseau e Kant. A doutrina desenvolvida pela Escola, conforme estudo de Ruiz Moreno, apresenta os seguintes pontos básicos: a natureza humana como fundamento do Direito; o *estado de natureza* como suposto racional para explicar a sociedade; o contrato social e os direitos naturais inatos.[7]

Os caracteres fundamentais da Escola, segundo Luño Peña, foram os seguintes: racionalista no método; subjetivista no critério; anti-histórica nas exigências e humanitária no conteúdo.[8]

Esta Escola deixou-se influenciar fortemente pela filosofia racionalista e pretendeu, *more geometrico*, formar códigos de Direito Natural. Concebeu este Direito como eterno, imutável e universal, não apenas nos princípios, mas igualmente em sua aplicação prática. A grande virtude da Escola foi a de considerar a *natureza humana* como a grande fonte do Direito.

---

[6] Eduardo Novoa Monreal, *Qué queda del Derecho Natural?*, Depalma, Buenos Aires, 1967, p. 97.

[7] Ruiz Moreno, *Filosofía del Derecho*, Buenos Aires, Editorial Guillermo Kraft Ltda., 1944, p. 260.

[8] Luño Peña, *Historia de la Filosofía del Derecho*, Editorial La Hormiga de Oro, S. A. Barcelona, 1949, vol. II, p. 221.

211. REVOLUCIONÁRIO OU CONSERVADOR?

Os partidários da ideia do Direito Natural têm a consciência de que os princípios que expressam os valores essenciais de proteção ao homem formam uma ordem apta a legitimar o Direito Positivo. Na medida em que o Estado dispõe de estatutos legais que ferem os direitos do homem, os jusnaturalistas recusam a legitimidade dessa ordem. Com base no Direito Natural, levantam uma bandeira de reivindicação, no sentido de colocar o Direito Positivo em harmonia com a ordem natural. O jusnaturalismo revela-se, assim, como um meio ou instrumento a atacar todas as formas de totalitarismo. E é por este motivo, como lembra Jacques Leclercq, que "os governantes não gostam de ouvir falar de Direito Natural, porque este só é invocado para se lhes opor resistência".[9]

Para a deflagração da Revolução Francesa, o pensamento jusnaturalista colaborou de forma decisiva. Em nome do Direito Natural foram condenadas as velhas instituições francesas, que se revelaram impróprias aos ideais de justiça social. O *homo juridicus* que se identifica com o valor justiça não se acomoda diante das opressões e desigualdades. Luta em favor de uma ordem legítima; combate as distorções sociais; clama pela efetiva proteção à vida e à liberdade. Se necessário, lança-se ao recurso extremo: a revolução.

Se a ideia do Direito Natural é útil no processo de aperfeiçoamento das instituições jurídicas, pode, em contrapartida, falsamente ser utilizada como instrumento de conservação de uma ordem jurídica injusta e ilegítima, por força de manobras de quem detém o poder. O jusfilósofo espanhol Elías Díaz denunciou o regime de seu país pela utilização dessa ideologia jurídica: "Aqueles *grandes e sacrossantos princípios* – defendidos pelos jusnaturalistas espanhóis – têm sido os utilizados nesse largo e negro período como ideologia reacionária para sua incorporação à legislação, à prática política ou à administração e aplicação do Direito."[10]

A esta altura cumpre uma distinção necessária. Não se pode acusar o Direito Natural de servir de base aos regimes injustos. A falsa definição dos direitos naturais, os sofismas, os artifícios de toda ordem, sim, é que podem desempenhar esse papel desastroso. A execução dessa prática, contudo, é a própria negação do Direito Natural; é a postergação dos princípios que orientam a ordem natural das coisas, é o antidireito, é a ilegitimidade.

212. CRÍTICA

A crítica ao Direito Natural se divide em dois níveis: a dos que se opõem ao substantivo "Direito" e a dos que atacam o adjetivo "Natural". A oposição ao substantivo visa a contestar a concepção do Direito Natural ontológico, segundo a qual esta ordem expressa o *ser do Direito*. A crítica ao adjetivo é propriamente ao Direito Natural deontológico e tem a finalidade de negar qualquer tipo de influência e de importância ao jusnaturalismo, recusando-lhe até a condição de valor ético. Entre os opositores à ideia do Direito Natural ontológico encontram-se críticos que admitem o Direito Natural deontológico, como Perelman, Passerin d'Entreves, Bertrand de Jouvenal e Prelot.

Durante o século XIX, o positivismo de inspiração comtiana alcançou ampla repercussão no âmbito do Direito, colocando-se em posição antagônica ao jusnaturalismo. A partir daí, estabeleceu-se a maior e definitiva cisão na área da Filosofia do Direito, porque, enquanto o jusnaturalismo preconizava uma outra ordem jurídica além da estabelecida pelo Estado, o positivismo reconhecia como Direito apenas o positivo. O

---

[9]   Jacques Leclercq, *op. cit.*, p. 20.

[10]   Elías Díaz, *op. cit.*, p. 9.

positivismo surgiu em uma fase difícil e crítica na história do Direito Natural, quando o jusnaturalismo se encontrava comprometido pelos excessos da Escola do Direito Natural.

A mensagem que o positivismo trazia para a ciência, de se valorizarem apenas os fatos concretos, a realidade observável e a consequente rejeição de todos elementos abstratos, encontrou receptividade entre os juristas e filósofos do Direito, incompatibilizados com o abstracionismo e a metafísica da Escola do Direito Natural. Em suas diferentes manifestações, o Direito Natural é negado pelo positivismo jurídico por considerá-lo ideia metafísica. Como método de pesquisa e de construção, o positivismo só admite como válido o método indutivo, que se baseia nos fatos da experiência, recusando valor científico ao método dedutivo, por julgá-lo dogmático.

O conflito entre a Escola Histórica do Direito e o jusnaturalismo é mais aparente do que real. Os pontos de discordância localizam-se nas características de universalidade e imutabilidade, apresentadas pelo Direito Natural. Para o historicismo, o Direito é um produto da história e, como tal, vive em permanente transformação. Diante de tais colocações se afigura irremediável o dissídio entre as duas correntes de pensamento. A conciliação, contudo, além de possível é necessária e indispensável.

A moderna concepção jusnaturalista reconhece o Direito Natural como conjunto de princípios e não mais um Direito Natural normativo e sistematizador. Se em determinado período o antagonismo existente entre o Direito Natural e o historicismo jurídico se mostrava absoluto e inconciliável, na visão atual do jusnaturalismo há evidentes pontos de contato entre ambos. Se de um lado o jusnaturalismo se distancia do historicismo por admitir princípios eternos, imutáveis e universais, de outro dele se aproxima, ao reconhecer que tais princípios, em contato com a realidade existencial, se adaptam em conformidade com a variação do tempo e do espaço, sem perder a sua essência. A função moderna do Direito Natural é traçar as linhas dominantes de proteção ao homem, para que este tenha as condições básicas para realizar todo o seu potencial para o bem. O direito de liberdade, por exemplo, se de um lado possui um substrato comum e invariável em todos os povos, de outro, sofre a influência do momento histórico, condicionado o seu modelo concreto aos fatos da época e do lugar. Há um século o alemão Eugen Ehrlich abordou aspectos de convergência entre o pensamento jusnaturalista e a concepção histórica do Direito: "Ambos têm em comum a recusa de aceitar cegamente como Direito tudo aquilo que o Estado lhes apresenta como tal; procuram chegar à essência do Direito por via científica. E ambos localizam a origem do Direito fora do Estado: os primeiros na natureza humana, os outros no sentimento de justiça do povo."[11]

Como acentua Del Vecchio, o Direito não possui apenas um conteúdo nacional; possui também um conteúdo humano. Com isto o jusfilósofo italiano indica que no Direito estão sempre presentes elementos universais (conteúdo humano) e elementos históricos (conteúdo nacional). Em Miguel Reale encontramos uma lúcida visão da convivência harmônica entre o jusnaturalismo moderno e o historicismo moderado, dentro da mesma perspectiva apresentada pelo mestre de Bolonha: "Temos a convicção de que, apesar das incessantes mutações históricas operadas na vida do Direito, há, todavia, um núcleo resistente, uma "constante axiológica do Direito", a salvo de transformações políticas, técnicas ou econômicas."[12]

A proposta de um "Direito Natural de conteúdo variável", apresentada por Stammler, na Alemanha, e a do "Direito Natural de conteúdo progressivo", fórmula substitutiva

---

[11] *Op. cit.*, p. 19.
[12] Miguel Reale, *Filosofia do Direito*, ed. cit., p. 517.

sugerida por Renard, na França, no século XX, revelam uma preocupação da corrente jusnaturalista em conciliar os princípios do Direito Natural com as transformações que se operam na vida social. Em nosso país, Clóvis Beviláqua chegou a admitir a concepção de Stammler, por considerá-la compatível com o empirismo.

213. OS DIREITOS DO HOMEM E O DIREITO NATURAL

Apesar de abrangente, a expressão *Direitos do Homem* é empregada como referência ao conjunto de normas e princípios enunciados sob a forma de declarações, por organismos internacionais, dentro do propósito de despertar a consciência dos povos e governantes quanto à necessidade de esses se organizarem internamente a partir da preservação dos valores fundamentais de garantia e proteção ao homem.

Organizações Internacionais Não Governamentais (OING), ao lado de instituições nacionais, vêm atuando eficazmente em diversos países onde são detectados focos de violação dos direitos humanos fundamentais. No Brasil, junto ao Ministério da Justiça, funciona a Secretaria de Estado dos Direitos Humanos, que objetiva a tutela desses direitos.

As normas e os princípios não decorrem de simples convencionalismos, fruto do acaso ou contingências, mas se apresentam sob embasamento filosófico sólido e calcado em milênios de experiência do homem sobre o homem. Os *Direitos do Homem* estabelecem parâmetros básicos, estruturais, e formam um núcleo de condições essenciais ao relacionamento dos homens entre si e com o Estado. O Direito Natural e os *Direitos do Homem*, apesar de participarem de igual faixa ontológica e cultivarem idênticos valores, são conceitos que não se confundem. Enquanto o Direito Natural pesquisa a natureza humana e dela extrai os princípios modelares do Direito Positivo, os *Direitos do Homem* se desprendem do Direito Natural, com o qual se vinculam umbilicalmente, para apresentarem, de uma forma menos abstrata, aqueles princípios já transformados em normas básicas.

Não há como se confundir, também, os *Direitos do Homem* com o chamado *Direito Natural normativo*, do século XVIII, porque, enquanto este pretendeu codificar toda a ordem natural ligada aos atos humanos e era obra isolada de pensadores, aqueles apresentam um elenco reduzido e geral de normas, que encontram expressão no consenso dos representantes de muitos povos, reunidos em assembleias. Também é necessário que não se cometa o equívoco de se identificarem as declarações com o *ser dos Direitos do Homem*. As declarações, como obra humana, podem não assimilar, com perfeição, as lições que a natureza positiva das coisas oferece. As declarações podem apresentar falhas tanto na inclusão como na exclusão de normas ou princípios essenciais.

Apesar de reconhecermos uma fixidez nos *Direitos do Homem*, no tocante aos seus princípios mais gerais e abstratos, admitimos, por outro lado, analogamente à concepção de Renard em relação ao Direito Natural, os *Direitos do Homem de conteúdo progressivo*, como forma de atender, historicamente, às novas exigências de proteção fundamental à pessoa humana, geradas pelo desenvolvimento científico e ético.

214. CONCEPÇÃO HUMANISTA DO DIREITO

Após três décadas de reflexão sobre o conceito do Direito, desenvolvida especialmente à luz das doutrinas polarizadoras do *jusnaturalismo* e *juspositivismo* e sedimentada no magistério jurídico e exercício da magistratura, alcançamos conclusões que direcionam o nosso pensamento sobre o fenômeno jurídico. A primeira delas é que é imprescindível a harmonia e coerência lógica entre a teoria e a prática do Direito, ou seja, o que pensamos é o mesmo que devemos exercitar. Inconcebível, pois, o divórcio entre o pensamento teórico e a atividade prática. O que o professor pensa, escreve e orienta é o mesmo que deve informar às decisões do magistrado.

Com toda evidência os radicalismos professados pelas correntes antagônicas do *jusnaturalismo* e *positivismo jurídico* são impraticáveis, pois não conciliam os valores *justiça* e *segurança* de forma a satisfazer os interesses em jogo. Professar o *jusnaturalismo* e aplicar a *doutrina positivista* é contradição na qual o *homo juridicus* não deve incidir. Via de regra o positivista convicto preconiza, na prática, a aplicação pura e simples da norma, numa atitude subserviente ao dogmatismo legal. Ora, se o jusnaturalismo puro compromete a ordem, promovendo a insegurança jurídica, o juspositivismo radical induz o jurista à alienação da causa final dos procedimentos jurídicos, que é a solução de justiça substancial.

A *Concepção Humanista do Direito*, que em estudos isolados vimos sustentando, procura conciliar os valores justiça e segurança, captando a essencialidade do pensamento jusnaturalista, sem a inconveniência de subverter a ordem jurídica, amesquinhando o valor *segurança*. Como instrumento que visa a paz social, o Direito é processo cultural criado pela sociedade e que deve sempre tutelar o direito à vida, à liberdade e à igualdade de oportunidade da pessoa humana e não apenas na dimensão teórica dos compêndios. A atitude que preconizamos para o jurista é a de aplicação do *Jus Positum* nas condições estabelecidas pelo legislador, considerando-se sempre presentes aqueles três direitos fundamentais. É que a lei deve ter por limite a tutela desses direitos, de tal forma que, atentando eventualmente contra qualquer um daqueles três princípios, *direito não será*, carecendo de aplicabilidade. A ideia nuclear da Concepção Humanista do Direito é da presença permanente, compulsória, de preceitos garantidores do direito à vida, à liberdade e à igualdade de oportunidade. Assim, esses direitos fundamentais não apenas orientam o legislador, mas têm assento real ou presumido em toda ordem jurídica. Nos Estados democráticos de Direito tais princípios se acham consagrados na Lei Maior, pelo que o conceito de Direito ora exposto é uma defesa da pessoa humana contra possíveis Estados totalitários.

BIBLIOGRAFIA PRINCIPAL

Ordem do Sumário:

206 – Benjamin de Oliveira Filho, *Introdução à Ciência do Direito*; Victor Cathrein, *Filosofía del Derecho*;

207 – Jacques Leclercq, *Do Direito Natural à Sociologia*; Johannes Messner, *Ética Social*;

208 – Johannes Messner, *op. cit.*; Giorgio del Vecchio, *Lições de Filosofia do Direito*;

209 – Eduardo Novoa Monreal, *Qué queda del Derecho Natural?*;

210 – Ruiz Moreno, *Filosofía del Derecho*; Luño Peña, *Historia de la Filosofía del Derecho*;

211 – Elías Díaz, *Sociología y Filosofía del Derecho*;

212 – H. Kelsen, Bobbio e outros, *Crítica del Derecho Natural*;

213 – Jorge I. Hübner Gallo, *Introducción al Derecho*;

214 – Paulo Nader, *Filosofia do Direito*.

– Capítulo 38 –
O POSITIVISMO JURÍDICO

Sumário: 215. O Positivismo Filosófico. **216.** O Positivismo Jurídico. **217.** Crítica.

215. O POSITIVISMO FILOSÓFICO

Francesco Carnelutti, no estudo intitulado "Balanço do Positivismo Jurídico", fala-nos que o *positivismo jurídico é espécie jurídica* do gênero *positivismo*, sendo, portanto, a projeção do positivismo filosófico no setor do Direito. O mestre italiano situa o positivismo de forma precisa, colocando-o como meio-termo entre dois extremos: o *materialismo* e o *idealismo*. Para o materialismo a realidade está na matéria, rejeitando toda abstração e assumindo uma posição antimetafísica. Para o idealismo a realidade está além da matéria. O positivismo mantém-se distante da polêmica. Ele simplesmente se desinteressa pela problemática, julgando-a irrelevante para os fins da ciência. O positivista, em sua indiferença, revela-se *ametafísico*.

O positivismo filosófico floresceu no século XIX, quando o método experimental era amplamente empregado, com sucesso, no âmbito das ciências da natureza. O positivismo pretendeu transportar o método para o campo das ciências sociais. O trabalho científico deveria ter por base a observação dos fatos capazes de serem comprovados. A mera dedução, o raciocínio abstrato, a especulação, não possuíam dignidade científica, devendo, pois, ficar fora de cogitação.

O método experimental, adotado pelo positivismo, compõe-se fundamentalmente de três fases: *a) observação; b) formulação de hipótese; c) experimentação*. A observação é o ponto de partida. O pensamento humano é atraído por algum acontecimento ou fenômeno. A sucessão de fatos observados sugere a formulação de uma hipótese, que deverá explicar os fatos. Finalmente, a experimentação. Aqui o cientista põe à prova a sua hipótese, o seu pensamento. A experimentação deverá ser a mais ampla possível. Alcançado o êxito, ou seja, a confirmação do suposto, o conhecimento terá alcançado um valor científico.

Augusto Comte (1798-1857), apesar de influenciado, em seu pensamento positivista, pelo filósofo francês Saint-Simon, de quem foi discípulo em Paris, é considerado o fundador dessa corrente filosófica, por meio de sua obra *Curso de Filosofia Positiva*, composta de seis volumes e escrita no período de 1830 a 1842.[1] Em sua teoria, há dois aspectos principais que se destacam: 1 – *a lei dos três estados*; 2 – *a classificação das ciências.*

215.1. A Lei dos Três Estados. O pensamento humano, historicamente, passa por três etapas e, correlatamente, as organizações sociais: a *teológica* ou *mitológica*, a *metafísica* e a *positiva. Etapa teológica*: nesse período, os fenômenos que ocorriam eram atribuídos aos deuses, demônios, duendes e espíritos. Predominava a imaginação, a mera fantasia. Os chefes e imperadores eram considerados representantes dos deuses. *Etapa metafísica*: a explicação das coisas passa a ser feita através de princípios abstratos. Esse estádio é dominado pela especulação filosófica. A natureza é explicada pelas causas e pelos fins. *Etapa positiva*: esse período representa uma reação contra as fases anteriores. Caracteriza-se pelo exame empírico dos fatos. Alguns autores qualificam a "lei dos três estados" de metafísica, de vez que, envolvendo afirmações categóricas, não foi comprovada cientificamente.

215.2. Classificação das Ciências. Augusto Comte formulou uma classificação das ciências, adotando o critério de caminhar das mais gerais às mais específicas e, ao mesmo tempo, das mais simples às mais complexas. Eis a ordem: *Matemática, Astronomia, Física, Química, Biologia, Sociologia.* Esta classificação é incompleta, de vez que enumera apenas as ciências da matéria, deixando de citar as do espírito. A Sociologia, cujo vocábulo foi por ele criado, achava-se ainda na etapa teológica, segundo o autor, que atribuiu a si a missão de elevá-la ao estádio positivo. Para Comte o Direito era uma seção da Sociologia e a Psicologia, por influência de Gal, denominou-a de "biologia transcendental".

216. O POSITIVISMO JURÍDICO

O positivismo jurídico, fiel aos princípios do positivismo filosófico, rejeita todos os elementos abstratos na concepção do Direito, a começar pela ideia do Direito Natural, por julgá-la metafísica e anticientífica. Em seu afã de focalizar apenas os dados fornecidos pela experiência, o positivismo despreza os juízos de valor, para se apegar apenas aos fenômenos observáveis. Para essa corrente de pensamento o objeto da Ciência do Direito tem por missão estudar as normas que compõem a ordem jurídica vigente. A sua preocupação é com o Direito existente. Nessa tarefa o investigador deverá utilizar apenas os juízos de constatação ou de realidade, não considerando os juízos de valor. Em relação à justiça, a atitude positivista é de um ceticismo absoluto. Por considerá-la um *ideal irracional*, acessível apenas pelas vias da emoção, o positivismo se omite em relação aos valores.

Para o positivismo jurídico só existe uma ordem jurídica: a comandada pelo Estado e que é soberana. Eis, na opinião de Eisenmann, um dos críticos atuais do Direito Natural, a proposição que melhor caracteriza o positivismo jurídico: "Não há mais Direito que o Direito Positivo."[2] Assumindo atitude intransigente perante o Direito Natural, o positivismo jurídico se satisfaz plenamente com o *ser* do Direito Positivo, sem cogitar sobre a forma ideal do Direito, sobre o *dever-ser* jurídico. Assim, para o positivista a lei assume a condição de único valor.

---

[1]   Nomeado professor da Escola Politécnica de Paris, foi dispensado, como ele mesmo confessa, "pela imoral falsidade de de seu materialismo matematizante".

[2]   Ch. Eisenmann, "El jurista y el Derecho Natural", em *Crítica del Derecho Natural, op. cit.*, p. 276.

Como método de pesquisa e de construção, só admite como válido o método indutivo, que se baseia nos fatos da experiência, recusando valor científico ao método dedutivo, por julgá-lo dogmático.[3]

A Escola da Exegese desenvolveu programa típico do positivismo. Essa Escola, já vencida pelo tempo, defendeu o fetichismo legal. A sua doutrina era o *codicismo*. Este, no dizer de Carnelutti, "é uma identificação exagerada ou exasperada do Direito com a lei". Era a ideia de que o código tinha solução para todos os problemas. O Direito repousava exclusivamente na lei.

Participaram dessa corrente de pensamento, hoje decadente, entre outros, os adeptos da Escola da Exegese, na França, os da Escola dos Pandectistas, na Alemanha, os adeptos da Escola Analítica de Jurisprudência, de John Austin, na Inglaterra, além do austríaco Hans Kelsen, do francês Léon Duguit, dos brasileiros Tobias Barreto, Sílvio Romero, Clóvis Beviláqua, Pedro Lessa e Pontes de Miranda.

217. CRÍTICA

O positivismo jurídico, que atingiu o seu apogeu no início do século XX, é hoje uma teoria em franca decadência. Surgiu em um período crítico da história do Direito Natural, durou enquanto foi novidade e entrou em declínio quando ficou conhecido em toda a sua extensão e consequências. Com a ótica das ciências da natureza, ao limitar o seu campo de observação e análise aos fatos concretos, o positivismo reduziu o significado humano. O ente complexo, que é o homem, foi abordado como prodígio da Física, sujeito ao princípio da causalidade. Sua atenção se converge apenas para o *ser* do Direito, para a lei, independentemente de seu conteúdo. Identificando o Direito com a lei, o positivismo *é uma porta aberta aos regimes totalitários*, seja na fórmula comunista, fascista ou nazista.

O positivismo jurídico é uma doutrina que não satisfaz às exigências sociais de justiça. Se, de um lado, favorece o valor segurança, por outro, ao defender a filiação do Direito a determinações do Estado, mostra-se alheio à sorte dos homens. O Direito não se compõe exclusivamente de normas, como pretende essa corrente. As regras jurídicas têm sempre um significado, um sentido, um valor a realizar. Os positivistas não se sensibilizaram pelas diretrizes do Direito. Apegaram-se tão somente ao concreto, ao materializado. Os limites concedidos ao Direito foram muito estreitos, acanhados, para conterem toda a grandeza e importância que encerra. A lei não pode abarcar todo o *Jus*. A lei, sem condicionantes, é uma arma para o bem ou para o mal. Como sabiamente salientou Carnelutti, assim como não há verdades sem germes de erro, não há erros sem alguma parcela de verdade. O mérito que Carnelutti vê no positivismo é conduzir a atenção do analista para a descoberta do Direito Natural: "A observação daquilo que se vê é o ponto de partida para chegar àquilo que se não vê."[4]

---

[3]   Sob condições especiais, o positivismo admite o método dedutivo: "*a)* que o dado de partida seja um dado diretamente observado; *b)* que as consequências sejam comprovadas pela observação; *c)* havendo a falta de um resultado afirmativo, deverá a observação ser abandonada; *d)* as conclusões obtidas não têm outro valor que o de pura hipótese." (Badenes y Gasset, *op. cit.*).

[4]   Francesco Carnelutti, "Balanço do Positivismo Jurídico", em *Heresias do Nosso Tempo*, Livraria Tavares Martins, Porto, 1960, p. 289.

BIBLIOGRAFIA PRINCIPAL

Ordem do Sumário:

215 – Francesco Carnelutti, "Balanço do Positivismo Jurídico", em *Heresias do Nosso Tempo*; Miguel Reale, *Filosofia do Direito*;

216 – Francesco Carnelutti, *op. cit.*; Miguel Reale, *op. cit.*; Edgar Bodenheimer, *Ciência do Direito, Filosofia e Metodologia Jurídicas*; H. Kelsen, Bobbio e Outros, *Crítica del Derecho Natural*; J. P. Galvão de Souza, *O Positivismo Jurídico e o Direito Natural*;

217 – Francesco Carnelutti, *op. cit.*; J. P. Galvão de Souza, *op. cit.*

– Capítulo 39 –
O NORMATIVISMO JURÍDICO

Sumário: 218. O Significado da Teoria Pura do Direito. **219.** A Teoria Pura do Direito. **220.** A Pirâmide Jurídica e a Norma Fundamental. **221.** Crítica à Teoria Pura do Direito.

218. O SIGNIFICADO DA TEORIA PURA DO DIREITO

Na Filosofia do Direito contemporânea, a teoria normativista do austríaco Hans Kelsen (1881-1973) tem sido um divisor de águas: de um lado os kelsenianos e, de outro, os antikelsenianos. A Teoria Pura reduz a expressão do Direito a um só elemento: *norma jurídica*. Separando o mundo do *ser*, pertinente às ciências naturais, da ordem do *dever-ser*, Kelsen situou o Direito nesta última. A ordem jurídica formaria uma pirâmide normativa hierarquizada, onde cada norma se fundamentaria em outra e a chamada Norma Fundamental legitimaria toda a estrutura normativa. O objeto da Ciência do Direito seria o estudo apenas da norma jurídica.

Qual o significado dos fatos e dos valores para Kelsen? Aqui está um ponto onde vários expositores têm vacilado, como observou Josef Kunz (1890-1970), que foi o seu principal seguidor na América do Norte.[1] Ao depurar a Ciência do Direito dos elementos oriundos da Sociologia, Psicologia, Economia, Ética e outras ciências, a intenção de Kelsen não foi relegar a importância dos fatos sociais e dos valores jurídicos, tanto é assim que escreveu obras sobre Sociologia, Justiça e Direito Natural. Para ele, os fatos e os valores seriam objetos da Sociologia Jurídica e da Filosofia do Direito, respectivamente. Seu intento maior foi criar uma teoria que impusesse o Direito como ciência e não mais fosse abordado como seção da Sociologia ou simples capítulo da Psicologia. Essa preocupação de Kelsen se justifica historicamente, de vez que a sua teoria foi elaborada em uma fase crítica do pensamento jurídico, "en una situación de crisis de la Cultura, del Derecho y del Estado", como expõe Luño Peña.[2] Uma visão concreta da Ciência do Direito antes de Kelsen é fornecida por Miguel Reale: "Quando Hans Kelsen, na segunda década deste século, desfraldou a bandeira da Teoria Pura do Direito, a Ciência Jurídica era uma espécie de

---

[1] Josef L. Kunz, *La Teoria Pura del Derecho*, Editora Nacional, México, 1974.
[2] Luño Peña, *Historia de la Filosofía del Derecho*, ed. cit., vol. II, p. 331.

358 | INTRODUÇÃO AO ESTUDO DO DIREITO · PAULO NADER

cidadela cercada por todos os lados, por psicólogos, economistas, políticos e sociólogos. Cada qual procurava transpor os muros da Jurisprudência, para torná-la sua, para incluí-la em seus domínios."[3]

219. A TEORIA PURA DO DIREITO

Kelsen adotou uma ideologia essencialmente positivista no setor jurídico, desprezando os juízos de valor, rejeitando a ideia do Direito Natural, combatendo a metafísica. A teoria que criou se refere exclusivamente ao Direito Positivo. É uma teoria nomológica, de vez que compreende o Direito como *estrutura normativa*. O Direito seria um grande esqueleto de normas, comportando qualquer conteúdo fático e axiológico. Assim, o Direito brasileiro seria tão Direito quanto o dos Estados Unidos da América do Norte ou o da Rússia. Kelsen rejeitou a ideia da justiça absoluta. Admitiu, porém, como conceito de justiça, a aplicação da norma jurídica ao caso concreto. A justiça seria apenas um valor relativo. A sua teoria não pretende expressar o que o Direito deve ser, mas sim o que é o Direito. Não expõe qual deve ser a fonte do Direito, mas indica as fontes formais do Direito. Kelsen abandonou, assim, a axiologia, bem como o elemento sociológico. Daí, porém, não se pode concluir, com acerto, que para ele a Moral e a Sociologia não tivessem importância. A sua ideia, porém, é que as considerações de ordem valorativa estão fora da Ciência do Direito.

O centro de gravidade da Teoria Pura localiza-se na *norma jurídica*. Esta pertence ao reino do *Sollen* (dever-ser), enquanto a lei da causalidade, que rege a natureza, pertence ao reino do *Sein* (ser). O Direito é uma realidade espiritual e não natural. Se no domínio da natureza a forma de ligação dos fatos é a causalidade, no mundo da norma, é a *imputação*. A norma jurídica expressa, pela versão definitiva de Kelsen, um *mandamento*, um *imperativo*: "Se A é, B deve ser", em que "A" constitui o *suposto* e "B", a *consequência*.

220. A PIRÂMIDE JURÍDICA E A NORMA FUNDAMENTAL

A estrutura normativa, objeto da Ciência do Direito, apresenta-se hierarquizada. As normas jurídicas formam uma pirâmide apoiada em seu vértice. Eis a graduação: constituição, lei, sentença, atos de execução. Isto significa, por exemplo, que uma sentença, que é uma norma jurídica individualizada, se fundamenta na lei e esta, por seu lado, apoia-se na constituição. Acima desta, acha-se a Norma Fundamental, ou Grande Norma, ou ainda Norma Hipotética, que pode ser uma outra constituição anterior ou uma revolução triunfante. E a primeira constituição, onde se apoiaria? A primeira constituição, diz Dourado de Gusmão, não é um *fato histórico, mas hipótese necessária para se fundar uma teoria jurídica*. Como expõe Ángel Latorre, a *norma fundamental* é um dos pontos mais obscuros da Teoria Pura.

Kelsen eliminou vários dualismos no campo jurídico: Direito/Estado, Direito objetivo/subjetivo, Direito interno/internacional. O Estado não seria mais do que a personalização da ordem jurídica porque não é mais do que uma ordem coativa da conduta humana, ordem que é jurídica. Kelsen nega a existência do direito subjetivo, de vez que a *possibilidade de agir* é apenas uma consequência da norma jurídica. O que se denomina por direito subjetivo, interpreta Lacambra, "não é mais do que o mesmo Direito objetivo que, em certas condições, coloca-se à disposição de uma pessoa". Negou também o dualismo de Direito interno e internacional. Defendeu a tese de que não são dois sistemas jurídicos independentes

---

[3]   Miguel Reale, *Filosofia do Direito*, ed. cit., vol. 2, p. 401.

Nona Parte • **Cap. 39** • O NORMATIVISMO JURÍDICO | **359**

e nem contrapostos, mas um sistema único, com prevalência das normas internacionais. Em sua obra *Teoria Geral do Direito e do Estado*, defende a tese de que o Direito Internacional é que legitima o Direito nacional.

Entre os seguidores da Teoria Pura do Direito, destacam-se: A. Verdross e Josef Kunz, no Direito Internacional; Merkel, no Direito Administrativo; Kaufmann e Fritz Schreier, na Teoria Geral do Direito. Aderiram também à Teoria Pura: o tcheco F. Weir, o polaco S. Rundstein, o iugoslavo Pitamic, o húngaro Horvath, o dinamarquês Ross, o japonês Otaka. Na Argentina, pontifica-se o jusfilósofo Carlos Cossio, autor da Teoria Egológica do Direito,[4] enquanto o professor Lourival Vilanova, da Universidade Federal de Pernambuco, foi o principal analista e expositor do pensamento kelseniano, no Brasil.

221. CRÍTICA À TEORIA PURA DO DIREITO

Várias são as restrições ao pensamento jurídico de Kelsen. Conforme expressão de Ángel Latorre, as críticas apresentam duas vertentes. Uma se refere a pontos concretos de sua doutrina, como, por exemplo, a obscuridade do conceito da *norma fundamental*. Outra restrição nessa vertente é em relação à identidade entre Direito e Estado, que se considera perigosa. A outra série de restrições refere-se ao sentido global de sua doutrina, ao pretender, principalmente, isolar o fenômeno jurídico dos demais fenômenos sociais. O Jurista, diz Miguel Villoro Toranzo, não deve lamentar o relacionamento do Direito com outras ciências, "pelo contrário, nisso reside a grandeza da ciência jurídica, em oferecer uma síntese humanista, sob o signo da justiça, sobre os diversos aspectos da conduta social humana".[5]

BIBLIOGRAFIA PRINCIPAL

Ordem do Sumário:

218 – Miguel Reale, *Filosofia do Direito*; Luño Peña, *História de la Filosofía del Derecho*;

219 – Hans Kelsen, *Teoria Pura do Direito* e *Teoria Geral das Normas*; Josef L. Kunz, *La Teoría Pura del Derecho*;

220 – Luis Legaz y Lacambra, *Filosofía del Derecho*; Paulo Dourado de Gusmão, *Introdução ao Estudo do Direito*;

221 – Ángel Latorre, *Introducción al Derecho*; Miguel Villoro Toranzo, *Introducción al Estudio del Derecho*.

---

[4] Além de notável intérprete da teoria kelseniana, Carlos Cossio (1903-1987) é o autor da famosa Teoria Egológica do Direito. Cossio pretendeu dar um giro copernicano na Filosofia do Direito, ao conceber o Direito não como norma, fato ou valor, mas como *conduta humana*. Os estudos que o Prof. Cossio encetou na Filosofia do Direito foram muito úteis e objeto de consideração pelos grandes estudiosos da matéria. Julgamos que a conduta não expressa o Direito em si, mas revela a sua vivência, a sua projeção prática, o momento culminante do processo jurídico, justamente quando o Direito se torna efetivo.

[5] Miguel Villoro Toranzo, *op. cit.*, p. 60.

– Capítulo 40 –
A TRIDIMENSIONALIDADE DO DIREITO

Sumário: 222. A Importância de Reale no Panorama Jurídico Brasileiro. **223.** A Teoria Tridimensional do Direito.

222. A IMPORTÂNCIA DE REALE NO PANORAMA JURÍDICO BRASILEIRO

Uma concepção integral do fenômeno jurídico encontramos formulada na Teoria Tridimensional do Direito, especialmente na chamada *fórmula Reale*. Apesar de o tridimensionalismo estar implícito na obra de vários autores, como a de Emil Lask, Gustav Radbruch, Roscoe Pound e em todas as concepções culturalistas do Direito, é justamente com Miguel Reale que encontra a sua formulação ideal e que o credencia como rigorosa teoria.

O fenômeno jurídico, qualquer que seja a sua forma de expressão, requer a participação dialética do *fato, valor* e *norma*. A originalidade do professor brasileiro está na maneira como descreve o relacionamento entre os três componentes. Enquanto para as demais fórmulas tridimensionalistas, denominadas por Reale *genéricas* ou *abstratas*, os três elementos se vinculam como em uma adição, quase sempre com prevalência de algum deles, em sua concepção, chamada *específica* ou *concreta*, a realidade fático-axiológico-normativa se apresenta como unidade, havendo nos três fatores uma implicação dinâmica. Cada qual se refere aos demais e por isso só alcança sentido no conjunto. As notas dominantes do fato, valor e norma estão, respectivamente, na *eficácia, fundamento* e *vigência*.

O principal nome de nossa Filosofia do Direito atual, e de todos os tempos, é o de Miguel Reale (1910-2006), que alcançou projeção mundial, notadamente, por sua famosa Teoria Tridimensional do Direito, reconhecida, entre outros jusfilósofos, por Luis Legaz y Lacambra e Luis Recaséns Siches. A influência de Miguel Reale na filosofia brasileira, de um modo geral, e em particular na Filosofia do Direito, tem as suas causas, em primeiro lugar, na precisão, rigor lógico e originalidade de sua extensa produção científica[1] e, de outro, por sua intensa participação na vida cultural brasileira, seja na

---

[1] Entre as principais obras de Miguel Reale, destacam-se: *O Estado Moderno* (1934); *Fundamentos do Direito* (1940); *Filosofia do Direito* (1953); *Pluralismo e Liberdade* (1963); *Teoria Tridimensional do Direito* (1968); *O Direito como Experiência* (1968); *Lições Preliminares de Direito* (1976); *Política de Ontem e de Hoje* (1978); *Estudos de Filosofia e Ciência*

condição de presidente do Instituto Brasileiro de Filosofia, seja como professor titular de Filosofia do Direito e ex-Reitor da Universidade de São Paulo. Esse conjunto de fatores levou-o a uma ascendência natural sobre os pensadores nacionais, sobretudo a partir do terceiro quartel do séc. XX. Em função de Reale, o pensamento jurídico-filosófico brasileiro começou a depender menos das fontes externas de conhecimento e a explorar mais o seu potencial criador.

Como a demonstrar o fato de que os filósofos não limitam a sua atuação, necessariamente, ao campo das especulações, Miguel Reale participou, decisivamente, na produção do Código Civil de 2002, na condição de coordenador da comissão elaboradora.

223. A TEORIA TRIDIMENSIONAL DO DIREITO

Para Miguel Reale toda experiência jurídica pressupõe sempre três elementos: fato, valor e norma, ou seja, "um elemento de fato, ordenado valorativamente em um processo normativo". O Direito não possui uma estrutura simplesmente factual, como querem os sociólogos; valorativa, como proclamam os idealistas; normativa, como defendem os normativistas. Essas visões são parciais e não revelam toda a dimensão do fenômeno jurídico. Este congrega aqueles componentes, mas não em uma simples adição. Juntos vão formar uma síntese integradora, na qual "cada fator é explicado pelos demais e pela totalidade do processo".

As *Lebenverhaltnis* – relações de vida – são a fonte material do Direito. Ao disciplinar uma conduta, o ordenamento jurídico dá aos fatos da vida social um modelo, uma fórmula de vivência coletiva. Seja uma norma jurídica: "É nula a doação de todos os bens sem reserva de parte, ou renda suficiente para a subsistência do doador" (art. 548 do C. Civil). O *fato* – uma dimensão do Direito – é o acontecimento social referido pelo Direito objetivo. É o fato interindividual que envolve interesses básicos para o homem e por isso enquadra-se dentro dos assuntos regulados pela ordem jurídica. No exemplo citado, o *fato* é a circunstância de alguém, possuidor de bens, desejar promover a doação de seu patrimônio a outrem, sem reservar o suficiente para o custeio de suas despesas. O *valor* é o elemento moral do Direito; é o ponto de vista sobre a justiça. Toda obra humana é impregnada de sentido ou valor. Igualmente o Direito. No caso analisado, a lei tutela o valor *vida* e pretende impedir um fato anormal e que caracterizaria uma situação *sui generis* de abuso do direito. A norma consiste no padrão de comportamento social, que o Estado impõe aos indivíduos, que devem observá-la em determinadas circunstâncias. No exemplo do art. 548, a norma expressa um dever jurídico omissivo. A conduta imposta é de abstenção. Fato, valor e norma acham-se intimamente vinculados. Há uma interdependência entre os três elementos. A referência a um deles implica, necessariamente, a dos demais. Somente por abstração o Direito pode ser apreciado em três perspectivas:

a) o Direito como valor do justo: pela Deontologia Jurídica e, na parte empírica, pela Política Jurídica;

b) como norma jurídica: Dogmática Jurídica ou Ciência do Direito; no plano epistemológico, pela Filosofia do Direito;

c) como fato social: História, Sociologia e Etnologia Jurídica; Filosofia do Direito, no setor da Culturologia Jurídica.

---

do Direito (1978); *O Homem e seus Horizontes* (1980); *Verdade e Conjetura* (1983); *O Projeto do Novo Código Civil* (1999); *Estudos Preliminares do Código Civil* (2003); *História do Novo Código Civil* (2005).

O Direito, para Reale, é fruto da experiência e localiza-se no mundo da cultura. Constituído por três fatores, o Direito forma-se da seguinte maneira: Um valor – podendo ser mais de um – incide sobre um prisma (área dos fatos sociais) e se refrata em um leque de *normas possíveis*, competindo ao poder estatal escolher apenas uma, capaz de alcançar os fins procurados. Um valor, para Miguel Reale, pode desdobrar-se em vários *dever-ser*, cabendo ao Estado a escolha, a decisão. O jusfilósofo salienta que toda lei é uma opção entre vários caminhos. Contesta, porém, o decisionismo, que erra ao exagerar o poder de escolha. Em relação ao fato, acentua que nunca é um fato isolado, mas um "conjunto de circunstâncias".

Em sua concepção, o fenômeno jurídico é uma realidade fático-axiológico-normativa, que se revela como produto histórico-cultural, dirigido à realização do bem comum. Ao mesmo tempo que rejeita o historicismo absoluto, não admite valores meta-históricos. A pessoa humana, fundamento da liberdade, é um valor absoluto e incondicionado. A ênfase que dá à experiência não exclui uma concepção de Direito Natural em termos realistas. Apesar de sua natureza dinâmica, o Direito possui um *núcleo resistente*, uma *constante axiológica*, invariável no curso da história.

O autor da Teoria Tridimensional definiu o Direito como "realidade histórico-cultural tridimensional, ordenada de forma bilateral atributiva, segundo valores de convivência". O Direito é fenômeno histórico, mas não se acha inteiramente condicionado pela história, pois apresenta uma *constante axiológica*. O Direito é uma realidade cultural, porque é o resultado da experiência do homem. A bilateralidade é essencial ao Direito. A bilateralidade-atributiva é específica do fenômeno jurídico, de vez que apenas ele confere a possibilidade de se exigir um comportamento.

BIBLIOGRAFIA PRINCIPAL

Ordem do Sumário:

222 – Paulo Dourado de Gusmão, *O Pensamento Jurídico Contemporâneo*;

223 – Miguel Reale, *Filosofia do Direito* e *Teoria Tridimensional do Direito*; Luis Recaséns Siches, *Introducción al Estudio del Derecho*; Luis Legaz y Lacambra, *Revista Brasileira de Filosofia*, Fasc. 81.

BIBLIOGRAFIA

AFTALION, Enrique R.; OLANO, Fernando Garcia & VILANOVA, José. *Introducción al Derecho*, 9ª ed., Buenos Aires, Cooperadora de Derecho e Ciencias Soc., 1972.

ALEXY, Robert, *Revista CONJUR*, 02.7.2016.

ALMEIDA JUNIOR, João Mendes de. *Noções Ontológicas de Estado, Soberania, Fundação, Federação, Autonomia*, São Paulo, Saraiva, 1960.

ALTAVILA, Jaime de. *Origem dos Direitos dos Povos*, 4ª ed., São Paulo, Melhoramentos, 1964.

ALVES, Rubem. *Ao Professor com o Meu Carinho*, 6ª ed., Campinas, Veros Editor, 2004.

AMARAL, Francisco. *Direito Civil – Introdução*, 4ª ed., Rio de Janeiro, Renovar, 2002.

ANDERSON, Wilfred A. e PARKER, Frederick B. *Uma Introdução à Sociologia*, Rio de Janeiro, Zahar, 1971.

ANDRADE, Agenor Pereira de. *Manual de Direito Internacional Privado*, 4ª ed., São Paulo, Sugestões Literárias, 1983.

AQUINO, Tomás de. *Suma Teológica*, trad. de Alexandre Correa, 2ª ed., Porto Alegre, EST-Sulina-UCS, vol. IV, 1980.

ARISTÓTELES. *Ética à Nicômaco*, São Paulo, Os Pensadores, Abril Cultural, 1973.

ARRACO, J. M. Perez-Prendez y Muñoz de. *Una Introducción al Derecho*, Madrid, Ediciones Darro, 1974.

ARRUDA, João. *Filosofia do Direito*, 3ª ed., São Paulo, 1942.

ASCENSÃO, José de Oliveira. *O Direito – Introdução e Teoria Geral*, 1ª ed., Lisboa, Fundação Calouste Gulbenkian, 1978.

BARBOSA, Rui. *Oração aos Moços*, São Paulo, Edições Leia, 1959.

BARROSO, Luís Roberto. *O Direito Constitucional e a Efetividade de suas Normas*, 5ª ed., Rio de Janeiro, Renovar, 2001.

BATTAGLIA, Felice. *Curso de Filosofía del Derecho*, trad. da 3ª ed., Madrid, Reus, 1951.

BATTAGLINI, Giulio. *Direito Penal – Parte Geral*, Edição Saraiva, São Paulo, 1964.

BAUDRY-LACANTINERIE, G. et BARDE, L. *Traité Théórique et Pratique de Droit Civil – Des Obligations*, 3ª ed., Paris, De La Société Recueil J.-B. Sirey et du Journal du Palais, 1906, tomo 1º.

BERRÓN, Fausto E. Vallado. *Teoría General del Derecho*, 1ª ed., México, Universidad Nacional Autónoma de México, 1972.

BEVILÁQUA, Clóvis. *Teoria Geral do Direito Civil*, 3ª ed., Ministério da Justiça e Neg. Interiores, 1966.

BEVILÁQUA, Clóvis. *Código Civil dos Estados Unidos do Brasil – Comentários*, Rio de Janeiro, Livraria Francisco Alves, s/d, vol. I.

BIANCA, C. Massimo. *Diritto Civile*, 2ª ed., Milano, Giuffrè Editore, 2002, vol. I.

BOBBIO, Norberto. *Studi per una Teoria Generale del Diritto*, 1ª ed., Torino, G. Giappichelli Editore, 1970.

BOCHENSKY, J. M. *Diretrizes do Pensamento Filósofico*, 4ª ed., São Paulo, Editora Herder, 1971.

BODENHEIMER, Edgar. *Ciência do Direito, Filosofia e Metodologia Jurídicas*, Rio, Forense, 1966.

BODENHEIMER, Edgar. *Teoría del Derecho*, México, Fondo de Cultura Económica, 1942.

BONNECASE, J. *Introducción al Estudio del Derecho*, trad. da 3ª ed., Puebla, Editorial José M. Cajica Fr., 1944.

BOUZON, E. *O Código de Hammurabi*, Petrópolis, Vozes, 1976.

BRUNNER, Emil. *La Justicia*, 1ª ed., Centro de Estudios Filosóficos, Universidad Autónoma de México, 1961.

BRUTAU, José Puig. *La Jurisprudencia Como Fuente del Derecho*, 1ª ed., Barcelona, Bosch, s/d.

BRUTAU, José Puig. *Fundamentos de Derecho Civil*, 2ª ed., Barcelona, Bosch, Casa Editorial, S. A., 1989, tomo preliminar; 4ª ed., 1988, tomo I, vol. II.

BURNS, Edward Mcnall. *História da Civilização Ocidental*, trad. da 4ª ed. norte-americana, Porto Alegre, Editora Globo, 1967, tomo I.

BUSTAMANTE, Lino Rodriguez-Arias. *Ciencia y Filosofía del Derecho*, Buenos Aires, Ediciones Jurídicas Europa-América, 1961.

CAMUS, E. F. *Filosofía Jurídica*, Habana, Universidad de La Habana, 1948.

CARDOSO, Benjamim N. *A Natureza do Processo e a Evolução do Direito*, São Paulo, Cia. Editora Nacional, 1943.

CARNELUTTI, Francesco. "Balanço do Positivismo Jurídico", em *Heresias do Nosso Tempo*, Porto, Livraria Tavares Martins, 1960.

CARREL, Alexis. *O Homem, Esse Desconhecido*, Porto, Editora Educação Nacional.

CATHREIN, Victor. *Filosofía del Derecho*, 5ª ed., Madrid, Reus, 1946.

CAVALCANTI, Themístocles Brandão. *Curso de Direito Administrativo*, 6ª ed., Rio de Janeiro, Freitas Bastos, 1961.

CAVALIERI FILHO, Sergio. *Programa de Sociologia Jurídica*, 11ª ed., Rio de Janeiro, Editora Forense, 2004.

CHIAPPINI, Júlio O. Em *Anuário nº 1 de la Facultad de Derecho y Ciencias Sociales de la Pontificia Universidad Católica Argentina*, Rosário, 1979.

CÍCERO, *Das Leis*, São Paulo, Cultrix, 1967.

COELHO, Fábio Ulhoa. *Curso de Direito Comercial – Direito de Empresa*, 13ª ed., Editora Saraiva, São Paulo, 2009.

COELHO, Luiz Fernando. *Lógica Jurídica e Interpretação das Leis*, Rio de Janeiro, Forense, 1979.

COELHO, Luiz Fernando. *Teoria da Ciência do Direito*, São Paulo, Saraiva, 1974.

COGLIOLO, Pietro. *Filosofia do Direito Privado*, Lisboa, Livraria Clássica Editora, 1915.

COSSIO, Carlos. *La Plenitud del Ordenamiento Jurídico*, 2ª ed., Buenos Aires, Editorial Losada S.A., 1947.

COSSIO, Carlos. *Teoría de la Verdad Jurídica*, Buenos Aires, Editorial Losada, S.A., 1954.

COULANGES, Fustel de. *A Cidade Antiga*, Lisboa, Livraria Clássica Editora, 1957.

COUSELO, José Maria Díaz. *Los Princípios Generales del Derecho*, Buenos Aires, Plus Ultra, 1971.

CRUET, Jean. *A Vida do Direito e a Inutilidade das Leis*, Antiga Casa Bertrand – José Bastos & Cia. – Livraria Editora, Lisboa, 1908.

DABIN, Jean. *Teoría General del Derecho*, trad. da 2ª ed., Madrid, Revista de Direito Privado, 1955.

DAIBERT, Jefferson. *Introdução ao Direito Civil*, 2ª ed., Rio de Janeiro, Editora Forense, 1975.

DANTAS, San Tiago. *Programa de Direito Civil*, Rio de Janeiro, Editora Rio, 1977.

DAVID, René. *Los Grandes Sistemas Jurídicos Contemporáneos*, trad. da 2ª ed., Madrid, Aguilar, 1969.

DEMOLOMBE, C. *Cours de Code Napoléon*, Paris, Cosse, Marchal et Billard, s/d., vol. 1.

DIAS, José de Aguiar. *Da Responsabilidade Civil*, 4ª ed., Rio, Forense, 1960.

DÍAZ, Elías. *Sociología y Filosofía del Derecho*, 1ª ed., 3ª reimpressão, Madrid, Taurus, 1977.

DONATO, Messias Pereira. *Curso de Direito do Trabalho*, São Paulo, Saraiva, 1975.

BIBLIOGRAFIA | **367**

D'ORS, Álvaro. *Una Introducción al Estudio del Derecho*, 2ª ed., Madrid, Rialp, 1963.

DOTTI, René Ariel. *Curso de Direito Penal – Parte Geral*, 2ª ed., Editora Forense, Rio de Janeiro, 2005.

DU PASQUIER, Claude. *Introducción à la Théorie Générale et à la Philosophie*, 4ª ed., Neuchatel, Delachaux & Niestlé, 1967.

DUARTE, José Florentino. *O Direito como Fato Social*, Porto Alegre, Sérgio Antônio Fabris Editor, 1982.

DURKHEIM, Émile. *As Regras do Método Sociológico*, 2ª ed., São Paulo, Editora Nacional, 1960.

EISENMANN, Ch. *El Jurista y el Derecho Natural, Crítica del Derecho Natural*, Madrid, Taurus, 1966.

ESPÍNOLA, Eduardo e ESPÍNOLA FILHO, Eduardo. *Repertório Enciclopédico do Direito Brasileiro*, vol. 28, Rio de Janeiro, Borsoi.

FERRARA, Francesco. *Interpretação e Aplicação das Leis*, 2ª ed., Coimbra, Arménio Amado Editor, Sucessor, 1963.

FERREIRA, Paulo Condorcet Barbosa. *A Introdução ao Estudo do Direito no Pensamento de seus Expositores*, Editor Liber Juris Ltda., Rio de Janeiro, 1982.

FERREIRA FILHO, Manoel Gonçalves. *Curso de Direito Constitucional*, 42ª ed., Rio de Janeiro, Forense, 2022. *E-book.*

FONSECA, Roberto Piragibe da. *Introdução ao Estudo do Direito*, 2ª ed., Rio de Janeiro, Freitas Bastos, 1964.

FRANÇA, R. Limongi. *Formas e Aplicação do Direito Positivo*, São Paulo, Rev. dos Tribunais, 1960.

FRANÇA, R. Limongi. *Teoria e Prática dos Princípios Gerais do Direito*, São Paulo, Rev. dos Tribunais, 1963.

GALLO, Jorge I. Hübber. *Introducción al Derecho*, 3ª ed., Santiago do Chile, Editorial Jurídica de Chile, 1966.

GARCIA, Dínio de Santis. "As Regras de Trato Social em Confronto com o Direito", em *Ensaios de Filosofia do Direito*, São Paulo, Saraiva, 1952.

GARDIOL, Ariel Alvarez, *Introducción a una Teoría General del Derecho*, Buenos Aires, Astrea, 1975.

GASSET, Ramon Badenes. *Metodología del Derecho*, Barcelona, Bosch, 1959.

GÉNY, François. *Método de Interpretación y Fuentes en Derecho Privado Positivo*, 2ª ed., Madrid, 1925.

GOLDSCHMIDT, Werner. *Introducción al Derecho*, Buenos Aires, Aguilar, 1960.

GOMES, Orlando. *Introdução ao Direito Civil*, Rio de Janeiro, Editora Forense, 1957.

GOMES, Orlando. *Obrigações*, 16ª ed., Rio de Janeiro, Editora Forense, 2004.

GRAU, José Corts. *Curso de Derecho Natural*, 4ª ed., Madrid, Editora Nacional, 1970.

GROPPALI, Alexandro. *Introdução ao Estudo do Direito*, 1ª ed., Coimbra, Coimbra Editora Ltda., 1968.

GROPPALI, Alexandro. *Doutrina do Estado*, 2ª ed., São Paulo, Saraiva, 1962.

GUELFI, Filomusi. *Enciclopedia Giuridica*, 6ª ed., Napoli, Cav. Nicola Jovence & Cia. Editori, 1910.

GUSMÃO, Paulo Dourado de. *Introdução ao Estudo do Direito*, 8ª ed., Rio de Janeiro, Editora Forense, 1978.

GUSMÃO, Paulo Dourado de. *O Pensamento Jurídico Contemporâneo*, São Paulo, Saraiva, 1955.

HAESAERT, J. *Théorie Générale du Droit*, Bruxelles, Établissements Émile Bruylant, 1948.

HECK, Philipp. *El Problema de la Creación del Derecho*, Barcelona, Ariel, 1961.

HEGEL, Guilherme Frederico, *Introdução à História da Filosofia*, 3ª ed., Coimbra, Arménio Amado-Editor, Sucessor, 1974.

HELLER, Hermann. *Teoria do Estado*, São Paulo, Mestre Jou, 1968.

HENKEL, Heinrich. *Introducción a la Filosofía del Derecho*, 1ª ed., Madrid, Taurus, 1968.

HESSEN, Johannes. *Filosofia dos Valores*, 3ª ed., Coimbra, Arménio Amado – Editor, Sucessor, 1967.

HOBBES, Thomas. *Leviatã*, São Paulo, Os Pensadores, Abril Cultural, 1974.

HOLMES, Oliver Wendell. *O Direito Comum*, Rio de Janeiro, O Cruzeiro, 1967.

HUNGRIA, Nélson. *Cultura, Religião e Direito*, pub. particular, 1943.

IZQUIERDO, Miguel Sancho. *Princípios de Derecho Natural*, 5ª ed., Zaragoza, 1955.

J. PAULO II. *Carta Encíclica Centesimus Annus*, Edições Paulinas, São Paulo, 1991.

JACQUES, Paulino. *Curso de Introdução ao Estudo do Direito*, 4ª ed., Rio de Janeiro, Forense, 1981.

KANTOROWICZ, Hermann. *La Definición del Derecho*, Madrid, Revista de Occidente, 1964.

368 | INTRODUÇÃO AO ESTUDO DO DIREITO · PAULO NADER

KELSEN, Hans. *Teoria Pura do Direito*, 2ª ed., Arménio Amado, Editor, Sucessor, Coimbra, 1962.

KELSEN, Hans. *Qué es la Justicia?*, 3ª ed. castelhana, Córdoba, Universidad Nacional de Córdoba, 1966.

KIRCHMANN, Júlio H. *La Jurisprudencia no es Ciencia*, 2ª ed., Madrid, Instituto de Estudios Políticos, 1961.

KUNZ, Josef L. *La Teoría Pura del Derecho*, México, Editora Nacional, 1974.

LACAMBRA, Luis Legaz y. *Filosofía del Derecho*, 2ª ed., Barcelona, Bosch, 1961.

LACROZE, Federico Torres. *Manual de Introducción al Derecho*, Buenos Aires, La Ley, 1967.

LANA, João Bosco Cavalcanti. *Introdução ao Estudo do Direito*, 3ª ed., Rio de Janeiro, Civilização Brasileira, 1980.

LATORRE, Ángel. *Introducción al Derecho*, 2ª ed., Barcelona, Ariel, 1969.

LECLERCQ, Jacques. *Do Direito Natural à Sociologia*, Duas Cidades, São Paulo, s/d.

LEVI, Alessandro. *Teoria Generale del Diritto*, 2ª ed., Padova, CEDAM, 1967.

LÉVY-BRUHL, Henri. *Sociologia do Direito*, São Paulo, Difusão Europeia do Livro, 1964.

LIMA, Alvino. *Culpa e Risco*, 1ª ed., São Paulo, Rev. dos Tribunais, 1963.

LIMA, Eusébio de Queiroz. *Princípios de Sociologia Jurídica*, 3ª ed., Rio de Janeiro, Freitas Bastos, 1933.

LIMA, Eusébio de Queiroz. *Teoria do Estado*, 7ª ed., Rio de Janeiro, A Casa do Livro Ltda., 1953.

LIMA, Hermes. *Introdução à Ciência do Direito*, 21ª ed., Rio de Janeiro, Freitas Bastos, 1971.

LIMA, João Franzen de. *Curso de Direito Civil Brasileiro*, vol. I, 4ª ed., Rio de Janeiro, Forense, 1960.

LIMA, Mário Franzen de. *Da Interpretação Jurídica*, 2ª ed., Rio de Janeiro, Forense, 1955.

LLEWELLYN, K. N. *Belleza y Estilo en el Derecho*, Barcelona, Bosch, 1953.

LOPES, Miguel Maria de Serpa. *Curso de Direito Civil*, vol. I., 4ª ed., Rio de Janeiro, Freitas Bastos, 1962.

LUISI, Luiz. *Filosofia do Direito*, Sérgio Antônio Fabris Editor, Porto Alegre, 1993.

LUMIA, Giuseppe. *Princípios de Teoría e Ideología del Derecho*, Madrid, Editorial Debate, 1978.

MACEDO, Mauri R. de. *A Lei e o Arbítrio à Luz da Hermenêutica*, Rio de Janeiro, Forense, 1981.

MACHADO, J. Baptista. *Antropologia, Existencialismo e Direito*, Coimbra, 1965.

MACHADO NETTO, A. L. *Compêndio de Introdução à Ciência do Direito*, 2ª ed., São Paulo, Saraiva, 1973.

MACHADO NETTO, A. L. *O Direito e a Vida Social*, São Paulo, Editora Nacional, 1966.

MAQUIAVEL, Nicolau. *O Príncipe*, São Paulo, Os Pensadores, Abril Cultural, 1973.

MARITAIN, Jacques. *Os Direitos do Homem*, Rio de Janeiro, José Olympio, 1967.

MARQUES, J. Dias. *Introdução ao Estudo do Direito*, 4ª ed., Lisboa, 1972.

MARTINS, Fran. *Curso de Direito Comercial*, 2ª ed., Rio, Forense, 1958.

MATA-MACHADO, Edgar de Godói da. *Elementos de Teoria Geral do Direito*, Belo Horizonte, Vega.

MAUSS, Marcel. *Sociologia e Antropologia*, vol. II, São Paulo, Editora Pedagógica e Universitária, 1974.

MAXIMILIANO, Carlos. *Hermenêutica e Aplicação do Direito*, 7ª ed., Rio de Janeiro, Freitas Bastos, 1961.

MAYER, Max Ernst. *Filosofía del Derecho*, 2ª ed., Barcelona, Labor, 1937.

MÁYNEZ, Eduardo García. *Introducción al Estudio del Derecho*, 12ª ed., México, Porrua, 1964.

MAZEAUD, Henri *et alii*. *Leçons de Droit Civil*, 12ª ed., Paris, Montchrestein, 2000, tomo I, 1º vol.

MELLO, Celso D. de Albuquerque. *Direito Internacional Público*, 6ª ed., Rio de Janeiro, Freitas Bastos, 1979.

MENDES, José. *Ensaios de Filosofia do Direito*, São Paulo, Duprat & Cia, 1903.

MERKEL, Adolfo. *Enciclopédia Jurídica*, 5ª ed., Madrid, Reus, 1924.

MIAILLE, Michel. *Uma Introdução Crítica ao Direito*, 1ª ed., Lisboa, Moraes Editores, 1979.

MIRANDA, Pontes de. *Sistema de Ciência Positiva do Direito*, 2ª ed., Rio de Janeiro, Borsoi, 1972.

MIRANDA, Pontes de. *Tratado de Direito Privado*, Rio de Janeiro, Borsoi, 1954.

MIRANDA, Pontes de. *Comentários ao Código de Processo Civil*, 2ª ed., Rio de Janeiro, Forense, 1961.

MIRANDA, Pontes de. *Comentários à Constituição de 1967*, tomo I, São Paulo, Rev. dos Tribunais, 1967.

BIBLIOGRAFIA | **369**

MONCADA, L. Cabral de. *Estudos Filosóficos e Históricos*, vol. I, Coimbra, Acta Universitas Conimbrigensis, 1958.

MONREAL, Eduardo Novoa. *Qué queda del Derecho Natural?*, Santiago, Depalma, 1967.

MONREAL, Eduardo Novoa. *Derecho, Política y Democracia*, Editorial Temis Librería, Bogotá, 1983.

MONREAL, Eduardo Novoa. *El Derecho como Obstáculo al Cambio Social*, 3ª ed., México, Siglo Veintiuno Editores, 1979.

MONTESQUIEU, Barão de. *Do Espírito das Leis*, Edições e Publicações Brasil, 1960.

MONTORO, A. S. de Bustamante y. *Introducción a la Ciencia del Derecho*, 3ª ed., Habana, Cultural.

MORAES FILHO, Evaristo de. *Introdução ao Direito do Trabalho*, Rio de Janeiro, Forense, 1956.

MORENO, Martin T. Ruiz. *Filosofía del Derecho*, Buenos Aires, Editorial Guillermo Kraft, 1944.

MOUCHET, Carlos y Zorraquin Becu. *Introducción al Derecho*, 7ª ed., Buenos Aires, Editorial Perrot, 1967.

NASCIMENTO, Amauri Mascaro. *Compêndio de Direito do Trabalho*, São Paulo, LTR, 1976.

NAWIASKY, Hans. *Teoría General del Derecho*, trad. da 2ª ed., Estudio General de Navarra, Madrid, Rialp, 1962.

NÓBREGA, Flóscolo da. *Introdução ao Direito*, 5ª ed., Rio de Janeiro, Konfino Editor, 1972.

NORONHA, E. Magalhães. *Direito Penal*, São Paulo, Saraiva, 1959.

OLIVEIRA FILHO, Benjamin de. *Introdução à Ciência do Direito*, 4ª ed., Rio de Janeiro, Konfino Editor, 1967.

PAIVA, Vicente Ferrer Neto. *Elementos de Direito Natural*, 2ª ed., Universidade de Coimbra, Coimbra, 1850.

PANIAGUA, José María Rodríguez. *Ley y Derecho*, Madrid, Tecnos, 1976.

PARSONS, Talcott e SHILLS, Edward A. Estudo em *Homem e Sociedade*, de CARDOSO, Fernando Henrique e IANNI, Octávio, São Paulo, Editora Nacional, 1966.

PASCAL, Blaise. *Pensamentos*, Clássicos Garnier, 2ª ed., São Paulo, Difusão Europeia do Livro, 1961.

PAUPÉRIO, A. Machado. *Introdução à Ciência do Direito*, 4ª ed., Rio de Janeiro, Forense, 1977.

PEÑA, Henrique Luño. *História de la Filosofía del Derecho*, Barcelona, Editorial la Hormiga de Oro, 1948.

PEÑA, Henrique Luño. *Derecho Natural*, Barcelona, Editorial La Hormiga de Oro, 1947.

PERELMAN, Chaim. *De La Justicia*, México, Universidad Nacional Autónoma de México, 1964.

PICARD, E. *O Direito Puro*, Lisboa, Antigas Livrarias Aillaud e Bertrand.

PINHEIRO, Hésio Fernandes. *Técnica Legislativa*, 2ª ed., Freitas Bastos, 1962.

PINHEIRO, Ralph Lopes. *História Resumida do Direito*, Rio de Janeiro, Editora Rio, 1976.

PINTO, Carlos Alberto da Mota. *Teoria Geral do Direito Civil*, 1ª ed., Coimbra, Coimbra Editora Ltda., 1976.

RADBRUCH, Gustav. *Filosofia do Direito*, 4ª ed., Coimbra, Arménio Amado, Editor, Sucessor, 1961.

RÁO, Vicente. *O Direito e a Vida dos Direitos*, São Paulo, Max Limonad, 1960.

RAWLS, John. *Uma Teoria da Justiça*, Brasília, Editora Universidade de Brasília, 1981.

REALE, Miguel. *Lições Preliminares de Direito*, 2ª ed., São Paulo, Saraiva, 1976.

REALE, Miguel. *Filosofia do Direito*, 7ª ed., São Paulo, Saraiva, 1975.

REALE, Miguel. *Estudos de Filosofia e Ciência do Direito*, São Paulo, Saraiva, 1978.

RIO, Renato Alberto Teodoro di. *Direito Educacional*, Universidade de Taubaté, Taubaté, 1982.

ROSS, Alf. *Sobre el Derecho y la Justicia*, Editorial Universitaria de Buenos Aires, 1974.

ROUBIER, Paul. *Théorie Générale du Droit*, 2ª ed., Paris, Recueil Sirey, 1951.

RUGGIERO, Roberto de. *Instituições de Direito Civil*, vol. I, São Paulo, Saraiva, 1971.

SANTOS, J. M. de Carvalho. *Código Civil Brasileiro Interpretado*, 5ª ed., Rio de Janeiro, Freitas Bastos, 1953.

SANTOS, Moacyr Amaral. *Prova Judiciária no Cível e no Comercial*, 2ª ed., São Paulo, Max Limonad, 1952.

SARAIVA, José Hermano. "Movimento da Codificação", em *Revista de Direito* do Ministério Público do Estado da Guanabara, nº 19, Rio de Janeiro, 1974.

SAUER, Wilhelm. *Filosofía Jurídica y Social*, Barcelona, Labor, 1933.

SAVIGNY e THIBAUT. *La Codificación*, Madrid, Aguilar, 1970.

SERRA, Truyol y. *Historia de la Filosofía del Derecho y del Estado*, 4ª ed., Madrid, Manuales de la Revista de Occidente, 1970.

SERRANO, Jonathas. *Filosofia do Direito*, 3ª ed., Rio de Janeiro, F. Briguiet & Cia, 1942.

SICHES, Luis Recaséns. *Introducción al Estudio del Derecho*, México, Porrua, 1970.

SICHES, Luis Recaséns. *Nueva Filosofía de la Interpretación del Derecho*, 2ª ed., México, Porrua, 1973.

SICHES, Luis Recaséns. *Tratado General de Filosofía del Derecho*, 5ª ed., México, Porrua, 1975.

SICHES, Luis Recaséns. *Vida Humana, Sociedad y Derecho*, 3ª ed., México, Porrua, 1952.

SIDOU, J.M. Othon. *Direito Legal*, 1ª ed., Forense, Rio, 1985.

SILVA, A. B. Alves da. *Introdução à Ciência do Direito*, 3ª ed., Rio de Janeiro, Agir, 1956.

SILVA, De Plácido e. *Noções Práticas de Direito Comercial*, 11ª ed., Rio de Janeiro, Forense, 1960.

SILVEIRA, Alípio. *Hermenêutica no Direito Brasileiro*, São Paulo, Rev. dos Tribunais, 1968.

SOLER, Sebastián. *Las Palabras de la Ley*, 1ª ed., México, Fondo de Cultura Economica, 1969.

STAMMLER, Rudolf. *Tratado de Filosofía del Derecho*, México, Editora Nacional, 1974.

STAMMLER, Rudolf. *La Génesis del Derecho*, Calpe, Madrid, 1925.

STARCK, Boris. *Introduction au Droit*, 3ª ed., Paris, Libraire de la Cour de Cassation, 1991.

STERNBERG, Theodor. *Introducción a la Ciencia del Derecho*, trad. da 2ª ed., Barcelona, Labor, 1930.

TARDE, Gabriel. *Las Transformaciones del Derecho*, Buenos Aires, Atalaya, 1947.

TENÓRIO, Ígor. *Direito e Cibernética*, Coordenada Editora de Brasilia, 1970.

TERAN, Juan *Manuel. Filosofía del Derecho*, Editorial Porrua, 1ª ed., México, 1952.

TOBENAS, José Castan. *La Idea de Justicia*, Madrid, Reus, 1968.

TORANZO, Miguel Villoro. *Introducción al Estudio del Derecho*, México, Porrua, 1966.

TORNAGHI, Hélio. *Instituições de Processo Penal*, 1ª ed., Forense, Rio de Janeiro, tomo IV.

TORRÉ, Abelardo. *Introducción al Derecho*, 5ª ed., Buenos Aires, Perrot, 1965.

TOSTA, Jorge. *Manual de Interpretação do Código Civil*, 1ª ed., Rio de Janeiro, Campus Jurídico, 2008.

VAMPRÉ, Spencer. *O que é o Código Civil*, São Paulo, Livraria e Oficinas Magalhães, s/d.

VANDEVELDE, Kenneth J. *Pensando como um Advogado*, 1ª ed., São Paulo, Martins Fontes, 2000.

VANNI, Icílio. *Lições de Filosofia do Direito*, São Paulo, Pocai Weiss & Cia., 1916.

VARELA, João de Matos Antunes. *Noções Fundamentais de Direito Civil*, 1ª ed., Coimbra, Coimbra Editora Limitada, 1945, vol. I.

VASCONCELOS, Arnaldo. *Teoria da Norma Jurídica*, 1ª ed., Rio de Janeiro, Forense, 1979.

VECCHIO, Giorgio del. *Lições de Filosofia do Direito*, 3ª ed., Coimbra, Arménio Amado, Editor, Sucessor, 1959.

VECCHIO, Giorgio del. *A Justiça*, São Paulo, Saraiva, 1960.

VECCHIO, Giorgio del. *Los Princípios Generales del Derecho*, 2ª ed., Barcelona, Bosch, 1948.

VERNENGO, Roberto José. *Curso de Teoría General del Derecho*, Buenos Aires, Cooperadora de Derecho y Ciencias Sociales, 1972.

VESCOVI, Enrique. *Introducción al Derecho*, 4ª ed., Montevidéo, Editorial Letras, 1967.

VIANA, Antônio Aurélio de S.; NUNES, Dierle. *Precedentes – A mutação no ônus argumentativo*, Rio de Janeiro, Forense, 2017. *E-book.*

VILLEY, Michel. *Filosofia do Direito*, São Paulo, Atlas, 1977.

WALD, Arnoldo. *Direito das Sucessões*, 5ª ed., São Paulo, Ed. Revista dos Tribunais, 1983.

WEBER, Max. *Ciência e Política – Duas Vocações*, São Paulo, Cultrix, 1970.

WEBER, Max. *Economia y Sociedad*, trad. espanhola da 4ª ed. alemã, México, Fondo de Cultura Económica, 1987.

WELZEL, Hans. *Derecho Injusto y Derecho Nulo*, Madrid, Aguilar, 1971.

ZIPPELIUS, Reinhold. *Teoria Geral do Estado*, trad. da 12ª ed., Lisboa, Fundação Calouste Gulbenkian, 1997.

ÍNDICE ALFABÉTICO DE ASSUNTOS
(Os números referem-se aos itens)

A

Ab-rogação da lei, 135
Abstratividade da norma jurídica, 44, 60
Abuso do direito, 194
Ação, 202
Ação do direito, 12
Ação humana, 201
Ação social, 12
Acepções da palavra direito, 39
Ações afirmativas, 58
Aculturação e direito, 13
Adaptação externa, 8
Adaptação humana, 8
Adaptação interna, 8
Adaptação social, 8
Administração da justiça, 130
Advocacia, 130
Aforismos jurídicos, 129
Alcorão, 16, 120
Alienação, 173
Alínea de artigo, 134
Alteridade, 52, 167, 183
Analogia, 106 e segs.
– conceito, 106
– fundamento, 106
– e interpretação extensiva, 108
– jurídica, 107
– legal, 107
– procedimento, 107
Anarquismo, 47
Anteprojeto de código, 12, 124
Antijuridicidade, 201
Aplicação da lei, 77, 128

Aquisição do direito, 173
Arbitrariedade, 72
Argumento de autoridade, 101
Argumento de fonte, 101
Arte, 127
Arte e direito, 127
Artigo de lei, 134
Assinatura do ato legislativo, 133
Associações, 164
Ativismo judicial, 93
Ato de comércio, 204
Ato ilícito, 183, 189 e segs.
– e abuso do direito, 194
– categorias, 190
– conceito, 189
– culpa, 189, 191
– elementos, 189
– espécies, 189
– excludentes, 192
– responsabilidade (teoria), 193
Ato jurídico, 129, 183, 184
Ato legislativo, 133, 134
– alínea, 134
– apresentação formal, 133
– apresentação material, 134
– artigo, 134
– assinatura, 133
– autoria e fundamento legal da autoridade, 133
– causas justificativas, 133
– cláusulas de vigência e de revogação, 133
– corpo ou texto, 133
– disposições complementares, 133
– epígrafe, 133

– fecho, 133
– inciso, 134
– item, 134
– letra, 134
– noção, 132 nota 1
– ordem de execução, 133
– parágrafo, 134
– preâmbulo, 133
– *referendum*, 133
– rubrica, 133
Ato lícito, 183
Atos-regras, 73
Atributividade, 44, 167
Ausência, 163
Autodefesa, 202
Autonomia e moral, 17
Autoria do ato legislativo, 133
Auxílio emergencial, 55
Axiologia, 30
Axiomas, 178

B

Bem, 16, 17
Bem comum, 59,150
Bilateralidade, 17, 44, 223
Breviário de Alarico, 141 nota 13
Brocardos jurídicos, 113

C

Capacidade, 163
Caráter científico do direito, 131
Caso fortuito, 183
Categoria, 129
Certeza jurídica, 62
Cibernética e direito, 130
– administração da justiça, 130
– elaboração das leis, 130
– pesquisa científica, 130
Ciência (pressupostos), 207
Ciência da administração, 197
Ciência do direito, 1, 5, 6, 39, 90, 127, 131
Ciência e técnica, 126
Ciências jurídicas, 5
Cientista do direito, 97
Cláusulas de vigência e de revogação do ato legislativo, 133
Cláusulas gerais, 45
Cláusulas pétreas, 196

Clima e direito, 21
Coação, 14, 37, 44, 188
Codex, 117
Codicismo, 63, 158, 216
Codificação do direito, 65, 116 e segs.
Código, 117 e segs.
– Alcorão, 120
– anteprojeto, 12, 124
– da Baviera, 147
– de Bustamante, 200
– Civil alemão, 123
– Civil da Áustria, 122
– Civil brasileiro, 124, 129
– Civil da Prússia, 117, 122
– de Comércio francês, 204
– conceito antigo, 120
– conceito moderno, 117, 120
– duração, 119, 135
– elaboração, 117
– etimologia, 117
– era da codificação, 1, 121
– de Eurico, 141 nota 13
– de Hamurabi, 16, 120
– Legislação Mosaica, 120
– de Manu, 120
– Napoleão (Código Civil francês), 78, 93, 121, 122, 123, 129, 148, 205
– paralelo com a consolidação, 118
– polêmica entre Thibaut e Savigny, 123
– popular, 65
Coercibilidade, 17, 37, 44
Coisa julgada, 66
Comitê de Investigação de Sociologia do Direito, 7
Common Law, 65, 73
Comoriência, 163
Competência, 202
Competição social, 12
Composição legal, 201
Composição voluntária, 193, 201
Composição tarifada, 193
Conceito, 129
Conceitos específicos do direito, 2
Conceitos gerais do direito, 2
Conceitos jurídicos indeterminados, 45
Concepção humanista do Direito, 214
Condição, 187
Conflito de leis no espaço, 139 e segs., 200
Conflito de leis no tempo, 136
Conflito social, 12
Conhecimento do direito, 6
Consequência (norma jurídica), 181

ÍNDICE ALFABÉTICO DE ASSUNTOS | **373**

Consideranda do ato legislativo, 61, 133
Consolidação de leis, 118
Constitucionalismo, 121
Constituição, 196
Conteúdo do direito, 167
Contravenção, 201
Convencionalismos sociais, 18
Cooperação social, 12
Coronavírus, 55
Corpus Juris Civilis, 17
Costume, 78 e segs., 85, 92, 99, 116
Covid-19, 13, 55
Culpabilidade, 201
Cultura, 33
Culturalismo jurídico, 222
Curador ao ventre, 163
Crime, 201
Crise do direito, 75
Culpa, 189, 191
– agente, 191
– conceito, 189
– conteúdo, 191
– critério, 191
– intensidade, 191
– natureza, 191
Currículos dos cursos jurídicos, 4

D

Decadência, 173
Decálogo, 16
Decisão judicial, 128
Decreto, 75
Decreto-lei, 75
Definições, 129
Definições do direito, 35 e segs.
– etimológica, 36
– históricas, 38
– real ou lógica, 37
– semântica, 36
Delito, 201
Demografia e direito, 21
Derrogação da lei, 135
Desuso das leis, 85 e segs.
Dever jurídico, 169, 174, e segs.
– axiomas, 178
– classificação, 177
– conceito, 176
– e eficácia do direito, 179
– histórico, 175

– natureza, 176
Dever moral, 175, 176
Diagnose do direito, 77
Diagnose do fato, 77
Direito de ação, 172
Direito: acepções da palavra, 39
Direito e adaptação social, 8, 9
Direito adjetivo, 202
Direito Administrativo, 197
Direito Ambiental, 196.1
Direito e arte, 127, 129
Direito alternativo, 60 nota 21, 93, 161
Direito autóctone, 139
Direito canônico, 164
Direito científico, 97
Direito Civil, 49, 203
Direito Civil e Direito Comercial (relação), 204
Direito Civil Internacional, 200
Direito das Coisas, 203
Direito codificado, 65
Direito Comercial ou Empresarial, 49, 204
Direito Comparado, 5, 7
Direito comum, 49
Direito Constitucional, 196
Direito costumeiro, 78 e segs.
– conceito, 79
– elementos, 80
– espécies, 82
– paralelo com a lei, 79
– prova, 84
– teoria da força normativa dos fatos, 79
– valor, 83
Direito do Consumidor, 205.8
Direito dos animais, 167.1
Direito e cultura, 33, 34
Direito especial, 49
Direito Empresarial, 49, 204
Direito e Estado, 67
Direito de Família, 203
Direito Financeiro, 198
Direito formal, 202
Direito das Gentes, 199
Direito geral, 48
Direito Interespacial, 139, 143
Direito Internacional Privado, 200
Direito Internacional Público, 199
Direito Intersistemático, 200
Direito Intertemporal, 136
Direito justo, 206
Direito: laicização, 16
Direito dos limites, 200

Direito e linguagem, 81
Direito livre, 65, 75, 93, 161
Direito material, 202
Direito misto, 47
Direito-modelo, 99
Direito e moral, 9, 14, 17, 22
Direito Natural, 9, 16, 39, 206 e segs.
Direito: notas essenciais, 26
Direito objetivo, 39, 169
Direito das obrigações, 203
Direito particular, 48
Direito Penal, 201
Direito de petição, 172
Direito Positivo, 9, 39, 206
Direito primitivo, 14, 16, 78, 202
Direito Processual, 202
Direito Público e Direito Privado, 47
– direito misto, 47
– ramos, 47, 196 e segs.
– teoria dos interesses em jogo, 47
– teoria monista, 47
– teoria das normas distributivas e adaptativas, 47
– teoria do titular da ação, 47
– teorias dualistas, 47
– trialismo, 47
Direito regular, 50
Direito e religião, 16, 22
Direito e revolução, 24
Direito Romano, 17, 74, 78, 93, 112, 125, 140, 147, 162, 164, 168, 174, 184, 203
Direito singular, 50
Direito subjetivo, 39, 168 e segs.
– aquisição, 173
– classificação, 172
– conceito, 169
– elementos, 169
– extinção, 173
– e faculdade jurídica, 170
– modificações, 173
– origem, 168
– situações subjetivas, 170
– teorias, 171
Direito substantivo, 202
Direito das Sucessões, 203
Direito do Trabalho, 49, 205
Direitos absolutos, 172
Direitos acessórios, 172
Direitos adquiridos, 138
Direitos familiais, 172
Direitos e garantias individuais, 196
Direitos do homem, 72, 213
Direitos inatos, 172

Direitos intelectuais, 172
Direitos não patrimoniais, 172
Direitos não renunciáveis, 172
Direitos não transmissíveis, 172
Direitos obrigacionais, 172
Direitos patrimoniais, 172
Direitos personalíssimos, 172
Direitos políticos, 172
Direitos principais, 172
Direitos reais, 172
Direitos relativos, 172
Direitos renunciáveis, 172
Direitos sucessórios, 172
Direitos transmissíveis, 172
Disciplinas jurídicas, 5, 6, 7
Disposições complementares do ato legislativo, 133
Disposições transitórias do ato legislativo, 133
Divisão dos poderes, 93, 121
Divulgação do direito, 65
Dogmática jurídica, 6
Dogmatismo legal, 158
Dolo, 188
Domicílio civil, 163
Doutrina jurídica, 97 e segs.
– argumento de autoridade, 101
– argumento de fonte, 101
– conceito, 97
– e costume, 99
– fonte indireta, 100
– influência no mundo jurídico, 99
– métodos de exposição, 103
– três funções, 98
– valor no passado, 102

E

Economia e direito, 22, 165
Ecologia, 62
Edito, 93
Educação e direito, 22
Efetividade do direito, 7, 9, 179, 202, 222
Eficácia da lei no espaço, 139 e segs., 200
Eficácia da lei no tempo, 135 e segs.
Elaboração de leis, 130
Elemento teleológico, 157
Encargo, 187
Encíclica Rerum Novarum, 58, 205
Enciclopédia jurídica, 1, 3
Endonorma, 43
Epicurismo, 17

ÍNDICE ALFABÉTICO DE ASSUNTOS | **375**

Epígrafe, 133
Equidade, 60
Era da codificação, 1, 121
Erro, 188
Erro de direito, 76
Escola analítica de jurisprudência, 216
Escola do Direito Natural, 121, 210
Escola espanhola do direito das gentes, 199
Escola da exegese, 122, 148, 158, 159, 216
Escola dos glosadores, 102, 148
Escola histórica do direito,7, 81, 100, 131, 148, 156, 165, 212
Escola holandesa, 141
Escola dos pandectistas, 216
Escola do socialismo catedrático, 70
Escolástica, 147
Escravos, 162
Especialista em protocolo, 202
Essência da norma jurídica, 44
Estabilidade do direito, 65
Estado, 67 e segs.
– conceito, 68
– elementos, 68
– fins, 70
– nação, 68
– origem, 69
– população, 68
– povo, 68
– relação com o direito, 71
– soberania, 68
– teoria do contrato social, 69
– teoria matriarcal, 69
– teoria patriarcal, 69
– teoria sociológica, 69
– território, 68
Estado de cultura, 70
Estado de direito, 72
Estado-guardião, 197
Estado legal, 65
Estado de natureza, 11
Estado de necessidade, 192
Estado-providência, 197
Estado sem lei, 65
Estadualidade do direito, 67
Estatutos mistos, 141
Estatutos pessoais, 141
Estatutos reais, 141
Estilo jurídico, 129
Estoicismo, 17
Estrangeiro e o direito, 140, 162

Estrutura lógica da norma jurídica, 43
Eticismo, 54
Evolução do direito, 19, 65
Exercício regular do direito, 192
Existência divina, 16
Existencialismo, 184
Exposição de motivos do ato legislativo, 133
Extinção do direito, 173
Extraterritorialidade da lei, 139, 142

F

Factum principis, 183
Faculdade jurídica, 169, 170
Facultas agendi, 168
Fascismo, 63
Fatos, 180, 222, 223
Fato jurídico, 3, 139, 166, 180 e segs.
– caracteres, 183
– classificação, 183
– conceito, 181, 182
– elementos, 182
– mundo dos direitos, 182
– origem, 180
– quadro de ilustração, 182
– uniespacial, 139
– unitemporal, 139
Fato jurígeno, 180
Fato social, 13, 165
Fatores do direito, 19 e segs.
– conceito, 19
– fatores culturais do direito, 22
– fatores naturais do direito, 21
– princípios metodológicos, 20
Fecho do ato legislativo, 133
Ficção jurídica, 129
Filosofia do direito, 1 e segs., 6, 206, 218
Fins sociais da lei, 150
Fontes do direito, 3, 7, 73, 184
– formas, 73
– históricas, 73
– materiais, 73
Fonte negocial, 67, 73, 184
Força maior, 183
Forças atuantes na legislação, 23
Formas, 129
Fórmulas jurídicas, 129
Fraude contra credores, 188
Fundação, 164
Fundamentos do direito, 222

G

Garantismo, 62
Generalidade da norma jurídica, 44, 51
Geografia e direito, 21
Gerente de riscos jurídicos, 202
Glosadores, 148
Golpe de Estado e direito, 24
Grupos organizados e direito, 23

H

Habeas data, 172
Hansa teutônica, 204
Hermeneúein, 144
Hermenêutica jurídica, 144 e segs.
Heteronomia da norma jurídica, 17
Hierarquia da norma jurídica, 116
Hipótese (norma jurídica), 181
História do comércio, 204
História do direito, 4, 5, 7, 156
Homem: conhecimento, 5
Homo juridicus, 35, 127, 211
Humanistas e ciência do direito, 131

I

Idealismo, 215
Ideologia e direito, 22
Ignorância no ato jurídico, 188
Ignorância da lei, 65, 76
Imperatividade da norma jurídica, 44
Imperativo categórico, 43
Imperativo hipotético, 43
Imperícia, 189
Imprudência, 189
Imputabilidade, 189
Imputação, 219
Incapacidade absoluta, 163
Incapacidade relativa, 163
Inciso de artigo, 134
Incorporação, 118
Informática e direito, 130
Injustiça, 61
Instituto jurídico, 42
Instituto uno, 75
Instrumentos de controle social, 14
Integração do direito, 104
Interesse legítimo, 170
Interpretação do direito, 3, 77, 144 e segs.

– art. 5º da Lei de Introdução ao Cód. Civil, 150
– autêntica, 149
– conceito, 145, 146
– conforme a constituição – 146
– classificação quanto ao resultado, 149
– declarativa, 149
– direito livre, 161
– doutrinária, 149
– elemento gramatical, 153
– elemento histórico, 156
– elemento lógico, 154
– elemento sistemático, 117, 155
– elemento teleológico, 157
– escola da exegese, 122, 148, 158, 159, 216
– extensiva, 108, 149
– jurisprudencial, 149
– livre investigação científica do direito, 160
– método histórico-evolutivo, 159
– método tradicional, 158
– obrigatoriedade das normas interpretativas, 150
– *occasio legis*, 157
– o princípio *in claris cessat interpretatio*, 147
– restritiva, 149
– sentido da lei: teorias objetiva e subjetiva, 148
Introdução à Ciência do Direito, 4
Interpretatio romana, 93
Interação social, 12
International Sociological Association (ISA), 7
Introdução ao Estudo do Direito, 1 e segs.
Invenções e direito, 22
Irretroatividade da lei, 65, 137 e segs.
Item de artigo, 134

J

Judicialização, 93
Juízes – grau de liberdade, 93 e segs., 161
Juízo de constatação, 6
Juízo disjuntivo, 43
Juízo hipotético, 43
Juízo de Deus, 16
Juízos de Olerón, 204
Jurisconsulto, 97
Jurisdição, 202
Jurisprudência, 66, 90 e segs.
– acepção romana, 90
– conceito, 90
– conceptualista, 93
– criadora, 94

ÍNDICE ALFABÉTICO DE ASSUNTOS | **377**

– de interesses, 93

– espécies, 91

– paralelo com o costume, 92

– processos de unificação, 96

– uniformidade e continuidade, 66

Jurisprudentes, 102

Jurista, 97

Jurística, 39

Juscibernética, 130

Jus Civile, 140, 203

Jus gentium, 140, 203

Jus incertum, 65, 66

Jusnaturalismo, 6, 53, 61, 63, 112, 121, 165, 206 e segs.

Jus peregrinorum, 140

Jus publice respondendi, 102

Justiça, 37, 39, 52 e segs., 161, 216

– e bem comum, 59

– caráter absoluto, 53

– comutativa, 56, 58

– conceito, 52

– concepção aristotélica, 56

– corretiva, 56

– convencional, 57

– definição clássica, 52

– distributiva, 56, 58

– elementos, 55

– geral, 56, 58

– importância, 53

– judiciária, 56

– leis injustas, 61

– particular, 56

– e segurança, 62

– social, 55, 58

– substancial, 57

K

Kommentare, 103

L

Lacuna da lei, 104

– conceito, 104

– teorias (realismo ingênuo, empirismo científico, ecletismo, pragmatismo, apriorismo filosófico), 104

Legalidade – sistema, 40

Leges imperfectae, 45

Leges minus quam perfectae, 45

Leges perfectae, 45

Leges plus quam perfectae, 45

Legislação mosaica, 120

Legislação social, 205

Legislador, 13, 14, 117

Legítima defesa, 192

Legitimidade do direito, 7

Lehbücher, 103

Lei, 73 e segs.

– adjetiva, 75

– anacrônica, 86

– aplicação, 77

– artificial, 86

– conceito, 75

– defectiva, 86

– das XII Tábuas, 18, 65, 78, 120

– das Citas, 102

– de Introdução, 75

– em desuso, 86

– etimologia, 75

– fins sociais, 150

– formação, 75

– injusta, 61, 86, 207

– instituto uno, 75

– lacunas, 104

– obrigatoriedade, 76

– da natureza, 28

– de ordem pública, 75

– em sentido amplo, 75

– em sentido estrito, 75

– em sentido formal, 75

– em sentido formal-material, 75

– substantiva, 75

– dos três estados, 215

Letra de artigo, 134

Lex Aquilia, 193

Lexicografia e direito, 36

Lex Rhodia, 204

Lex Romana Visigothorum, 141 nota 13

Liberalismo, 47, 184

Liberdade, 131

Liberdade do juiz, 93 e segs., 161

Licitude, 169

Linguagem e direito, 81

Linguagem jurídica, 129

Livre investigação científica do direito, 160

Livro do consulado do mar, 204

Livro dos mortos, 206

378 INTRODUÇÃO AO ESTUDO DO DIREITO · PAULO NADER

Lógica externa, 154
Lógica formal e direito, 154
Lógica interna, 154
Lógica jurídica – axiomas, 178
Lógica do razoável, 154

M

Maat (deusa), 206
Mandado de injunção, 172
Marxismo, 97, 165
Materialismo, 214
Medida provisória, 75
Medidas de hostilidade e direito, 23
Método dedutivo, 216
Método experimental, 215
Método indutivo, 216
Mínimo ético, 17, 201
Missão do Direito, 13
Modificação do direito, 174
Modificação da lei, 135
Modo, 187
Moral e Direito, 9, 14, 17, 22
Morte civil, 162
Mundo da cultura, 8, 27, 32, 126
Mundo do direito, 33
Mundo dos direitos, 182
Mundo fático, 182

N

Nação, 68
Nacionalismo jurídico, 125
Natureza humana, 210
Negação da Ciência do Direito, 131
Negligência, 189
Negócio jurídico, 151, 183, 184 e segs.
– classificação, 186
– conceito, 184
– defeitos, 188
– elementos, 187
– interpretação, 151
– limitações, 185
– modalidades, 187
Networking, 202
Noção do direito, 26
Nome, 163
Norma agendi, 168
Norma ética, 15
Norma fundamental, 218, 220
Norma jurídica, 9, 14, 41 e segs., 218 e segs., 222
– atópica ou heterotópica, 133
– caracteres, 44
– classificação, 45

– conceito, 41
– estrutura lógica, 43
Norma de liberdade, 172
Norma da solidariedade, 18
Norma técnica, 15
Normativismo jurídico, 43, 61, 218 e segs.

O

Objeto do direito, 167
Objetos culturais, 27, 32
Objetos ideais, 27, 29, 33
Objetos metafísicos, 27, 31, 33
Objetos naturais, 27, 28, 33
Obrigação aquiliana, 177
Occasio legis, 157
Ontologia, 27
Opinião pública e Direito, 23
Ordem de execução do ato legislativo, 133
Ordem jurídica, 40
Ordem natural das coisas, 17, 25, 54, 206
Ordenamento jurídico, 9, 155, 195
Ordenanças de Wisby, 204
Organização do Estado, 64
Organização Internacional do Trabalho (OIT), 205
Organizações Internacionais não Governamentais (OING), 213

P

Pandectistas, 184, 189
Parágrafo de lei, 134
Parte, 167
Pena de talião, 193
Perinorma, 43
Personalidade jurídica, 162, 163
Pesquisa científica, 130
Pessoa, 162, 163
Pessoa jurídica, 162, 163, 164
– caracteres básicos, 164
– classificação, 164
– conceito, 164
– natureza: teorias, 164
Pessoa natural, 163
Pirâmide jurídica, 220
Plenitude da ordem jurídica, 105, 109, 161
Poder, 170
Poder Judiciário, 64
Poder negocial, 73, 184
Polêmica entre Thibaut e Savigny, 123
Política e Direito, 23
Política jurídica, 6 nota 7, 65, 166
População, 68
Positividade do Direito, 65

ÍNDICE ALFABÉTICO DE ASSUNTOS | 379

Positivismo, 112, 131, 215
– filosófico, 215
– jurídico, 6, 54, 61, 63, 165, 206, 212, 215 e segs.
Potestade, 170
Povo, 68
Precepta iuris, 17
Prescrição, 173
Prestação jurisdicional, 202
Presunção jurídica, 129
Pretensão, 169
Pretor romano, 93, 102, 140
Prévia calculabilidade da sentença, 66
Princípio da acessibilidade do código, 65
Princípio da autonomia da vontade, 70, 73, 184, 185, 203
Princípio da causalidade, 28, 33
Princípio da causa eficiente, 111
Princípio da coerência e harmonia, 40
Princípio do domicílio, 139, 142, 143
Princípio da finalidade, 33
Princípio da irretroatividade, 137
Princípio da isonomia da lei, 44
Princípio da nacionalidade, 139, 142, 143
Princípio da personalidade da lei, 140
Princípio da razoabilidade e proporcionalidade, 93
Princípio da reserva legal, 83
Princípio *in claris cessat interpretatio*, 147
Princípio *iura novit curia*, 84
Princípios gerais de Direito, 3, 109 e segs.
– e brocardos, 113
– conceito, 111
– e o Direito Comparado, 115
– duas funções, 110
– natureza, 112
– pesquisa, 114
Privilégio, 51
Processo, 202
Processo legislativo, 128, 132
Pródigo, 163
Programa Bolsa Família, 55
Promulgação, 75, 135
Proposição normativa, 43
Publicidade do Direito, 129
Prudentes, 102

R

Racionalismo, 121
Racionalismo filosófico, 78
Ramos do Direito, 195 e segs.
Realismo jurídico, 93
Recepção do Direito estrangeiro, 9, 125
Recrutador de futuros profissionais, 202

Recursos naturais e Direito, 69
Referendo do ato legislativo, 133
Registro civil, 163
Regras de trato social, 14, 18
Regulamento, 75
Relação jurídica, 3, 165 e segs., 174
– conceito, 165
– elementos, 165, 167
– espécies, 167
– formação, 166
– natureza, 165
– quadro de ilustração, 182
Relações de vida, 166
Relativismo, 53
Religião e Direito, 16, 22
Renúncia de direito, 173
Repristinação da lei, 135
Reserva mental, 188
Responsa prudentium, 102
Retroatividade da lei, 137
Revelação científica do Direito, 160
Reverso material dos deveres, 109
Revogação da lei, 88, 135
Revolução e Direito, 24, 50
Revolução francesa, 93
Rubrica, 133

S

Sanção, 16, 45, 75
Sanção premial, 44
Secretaria de Estado de Direitos Humanos, 213
Segunda recepção, 125
Segurança do homem, 16
Segurança jurídica, 16, 37, 62 e segs., 89, 161
– conceito, 62
– necessidade humana, 63
– princípios do Direito aplicado, 66
– princípios do Direito estabelecido, 65
– princípios relativos à organização do Estado, 64
Sentido da lei – teorias, 148
Serviço público, 197
Silogismo e aplicação do Direito, 128
Silogismo da sociabilidade, 12
Silvícolas, 163
Simulação, 188
Sistemas éticos, 17
Sistemas de ideias gerais, 1, 2, 3
Sistema da comunidade de Direito, 14
Sistema dos estatutos, 141
Sistema jurídico romano-germânico, 65
Sistema de legalidade, 40
Sistema da nacionalidade, 142

Sistema de publicidade, 129
Situação jurídica ativa, 167
Situação jurídica passiva, 167
Situações subjetivas, 170
Soberania, 68
Sociabilidade humana, 10
Socialismo, 47, 52
Sociedade civil, 164
Sociedade comercial, 164
Sociedade e Direito, 5, 7, 13
Sociologia do Direito, 6 e segs.
Sociologia dos valores, 80
Sociologismo jurídico, 7
Solidariedade mecânica, 12
Solidariedade orgânica, 12
Solidarismo social, 12
Sub-rogação da lei, 135
Sujeição, 176
Sujeito ativo, 167
Sujeito de direito, 162
Sujeito passivo, 167
Súmulas dos tribunais, 96
Súmulas vinculantes, 96
Supervisor de relações com os clientes, 202
Suporte fático, 182
Suposto jurídico, 180, 181

T

Tábuas amalfitas, 204
Técnica, 126, 127
Técnica jurídica, 2, 127 e segs.
– de aplicação, 128
– conceito, 127
– de elaboração, 128
– de interpretação, 128
– legislativa, 128, 132, 133, 134
– meios formais, 129
– meios substanciais, 129
– processo legislativo, 128, 132
Teleologia da lei, 157
Teoria da autoridade, 76
Teoria dos círculos concêntricos, 17
Teoria dos círculos secantes, 17
Teoria do contrato social, 69
Teoria dos direitos sem sujeitos, 164
Teoria eclética (direito subjetivo), 171
Teoria egológica do Direito, 43, 220 nota 4
Teoria dos estatutos, 141
Teoria dos fatos cumpridos, 138
Teoria da ficção (pessoa jurídica), 164

Teoria da força normativa dos fatos, 79
Teoria geral do Direito, 1, 3
Teoria marxista do Direito, 165
Teoria matriarcal, 69
Teoria objetiva da responsabilidade, 193
Teoria dos objetos, 27
Teoria patriarcal, 69
Teoria de Paul Roubier, 138
Teoria positivista, 76
Teoria pura do Direito, 43, 61, 88, 162, 218 e segs.
Teoria do risco, 159
Teoria da situação jurídica concreta, 138
Teoria sociológica (origem do Estado), 69
Teoria subjetiva da responsabilidade, 193
Teoria dos sujeitos, 165
Teoria tridimensional do Direito, 222, 223
Teoria da valoração, 76
Teoria da vontade (direito subjetivo), 171
Teorias contratualistas, 76
Teorias neocontratualistas, 76
Teorias realistas (pessoa jurídica), 164
Terceiro, 167
Termo, 187
Territorialidade da lei, 139, 140
Território, 68
Território do Direito, 25, 27, 34
Tipicidade, 201
Titular do direito, 162
Tratado de Versalhes, 205
Tribunal dos mortos, 102
Tridimensionalismo jurídico, 222, 223

U

Unificação do Direito, 13, 139
Unificação da jurisprudência, 96
Universidade popular, 65
Uso alternativo do Direito, 60 nota 21, 93, 161
Usos sociais, 18

V

Vacatio legis, 135
Valores, 30, 222, 223
Vícios da vontade, 188
Vigência do Direito, 222
Vigência da lei, 135
Vínculo de atributividade, 167
Vingança privada, 193, 201
Vocábulos jurídicos, 129
Vontade do legislador, 148, 158, 159, 160
Vontade da lei, 148